Die Bonus-Seite

Ihr Vorteil als Käufer dieses Buches

Auf der Bonus-Webseite zu diesem Buch finden Sie zusätzliche Informationen und Services. Dazu gehört auch ein kostenloser **Testzugang** zur Online-Fassung Ihres Buches. Und der besondere Vorteil: Wenn Sie Ihr **Online-Buch** auch weiterhin nutzen wollen, erhalten Sie den vollen Zugang zum **Vorzugspreis**.

So nutzen Sie Ihren Vorteil

Halten Sie den unten abgedruckten Zugangscode bereit und gehen Sie auf **www.galileodesign.de**. Dort finden Sie den Kasten **Die Bonus-Seite für Buchkäufer**. Klicken Sie auf **Zur Bonus-Seite / Buch registrieren**, und geben Sie Ihren **Zugangs-code** ein. Schon stehen Ihnen die Bonus-Angebote zur Verfügung.

Ihr persönlicher
Zugangscode   xept-8z7q-imfs-cwkg

Markus Wäger

Adobe Photoshop CS5

Schritt für Schritt zum perfekten Bild

Galileo Press

Liebe Leserin, lieber Leser,

als Einsteiger in Photoshop hat man es nicht gerade leicht. Startet man die Software zum ersten Mal, sieht man zunächst nichts außer einer großen grauen Fläche. Zahlreiche Menüs und Paletten laden zwar zum Klicken und Ausprobieren ein, hat man aber ein bestimmtes Ziel vor Augen, weiß man oft nicht, wo man überhaupt anfangen soll – so umfangreich ist die Software.

Mit diesem Workshop-Buch von Markus Wäger wird Ihnen der Einstieg in Photoshop leicht fallen. Denn anders als in einem normalen Handbuch, müssen Sie sich hier nicht erst theoretisch durch die Funktionen und Werkzeuge hangeln, sondern können direkt einsteigen. Folgen Sie doch einfach unserem Autor auf seinem Weg durch das Programm, und arbeiten Sie die Workshops chronologisch durch. Da sich das Buch an Ihrem Arbeitsalltag orientiert, lernen Sie automatisch die Funktionen und Werkzeuge kennen, die Sie benötigen, um mit Photoshop eine Stufe weiterzukommen. Und wenn Sie einmal eine konkrete Frage haben, helfen Ihnen der ausführliche Index und die aussagekräftigen Überschriften der Workshops dabei, schnell die Lösung für Ihr Problem zu finden.

Sie werden schnell merken, dass Markus Wäger genau auf Ihre Fragen eingeht: Er ist Adobe Certified Expert und kennt die typischen Anwenderfragen aus unzähligen Schulungen. Zudem hat er für die Neuauflage die Rückmeldungen von Lesern und Seminarteilnehmern eingearbeitet, sodass Sie sich schon bald sehr gut mit Photoshop auskennen und keine Probleme mehr mit der Anwendung der vielen Funktionen haben werden. Das komplette Beispielmaterial finden Sie natürlich auf der Buch-DVD.

Nun bleibt mir noch, Ihnen viel Spaß beim Nacharbeiten der Workshops zu wünschen. Sollten Sie Fragen, Anmerkungen oder Lob zu diesem Buch haben, freue ich mich über Ihre E-Mail.

Katharina Geißler
Lektorat Galileo Design

katharina.geissler@galileo-press.de
www.galileodesign.de
Galileo Press · Rheinwerkallee 4 · 53227 Bonn

Inhalt

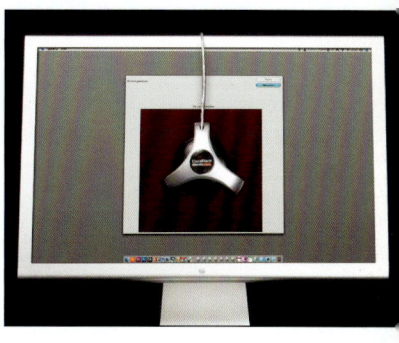

Pinsel, Stempel & Radierer

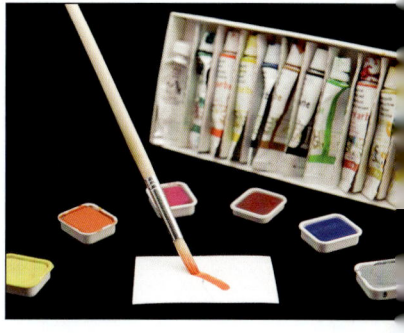

Auswahl & Maskierung

Pfad & Text

Helligkeit & Kontrast

Farbe & Schwarzweiß

Fotografie & Camera Raw

Montage & Collage

Retusche & Bildmanipulation

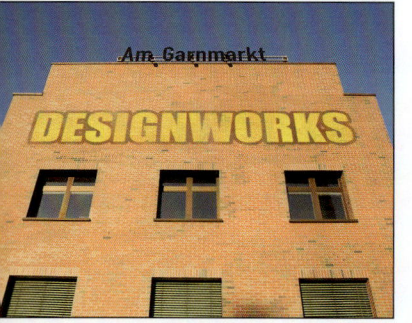

Filter & Effekte

Automatisierung & Web

Workshop-Buch 3.0

Beim Schreiben dieses Buches habe ich mich bemüht, noch mehr als in den beiden Vorgängerbüchern zu Photoshop CS3 und CS4 ganz konkret auf Ihre Bedürfnisse und Fragen einzugehen und es Ihnen so leicht wie möglich zu machen, mit Photoshop zu perfekten Ergebnissen zu gelangen. Das Feedback meiner Seminarteilnehmer hat mir dabei besonders geholfen und mir gezeigt, welche Übungen gut verstanden werden und welche Workshops man verbessern könnte.

All diese Erfahrungen sind in dieses Buch eingeflossen. Aus Rückmeldungen freundlicher Leser habe ich auch erfahren, dass sich die eine oder der andere im Verlauf der Ausgabe zu Photoshop CS4 immer schwerer getan hat, dem Verlauf der Übungen zu folgen. Ich bin beim Schreiben davon ausgegangen, dass dieses und jenes schon in den vorangegangenen Workshops beschrieben wurde und somit geläufig sein sollte. Das ist natürlich ein etwas übertriebener Anspruch an den Neueinsteiger, denn all das Knowhow, das sich der erfahrende Benutzer in Jahren aneignet, kann sich kaum jemand in den drei Wochen oder zwei Monaten merken, die man sich vielleicht Zeit nimmt, ein Workshop-Buch durchzuarbeiten.

Das ist auch das Problem eines Workshop-Buchs: Einerseits wäre es sinnvoll, alle zur Ausführung einer Aufgabe notwendigen Schritte in jedem Workshop neulich zu beschreiben. Da sich allerdings viele Schritte in vielen Workshops wiederholen, wird das für alle Leser langweilig, denen eine Reihe solcher Detailschritte bereits geläufig ist.

Gerade die Arbeit mit Masken ist für die meisten Einsteiger zunächst abstrakt und schwer nachvollziehbar. Workshops, bei denen Masken eine maßgebliche Rolle spielen, sind aber ohne dieses Verständis schwer zu lösen – also müssten dieselben Erklärungen Workshop für Workshop wiederholt werden.

Ist einem das Licht in Sachen Masken aber erst einmal aufgegangen, dann erscheint, was zuvor so verwirrend war, plötzlich wie das Logischste der Welt, und dann liest es sich mühsam, wenn manche Erklärungen wieder und wieder durchgekaut werden.

Um es beiden Lesern recht zu machen – jenen, denen eine Thematik oder eine Arbeitsweise noch nicht ganz geläufig, und jenen, denen dieselbe Sache bereits klar ist –, habe ich in dieser Auflage ausgiebig von Querverweisen Gebrauch gemacht. Überall, wo Arbeitsschritte ausgeführt werden sollen, die bereits in einem vorangegangenen Workshop erklärt wurden und die sich nicht in wenigen Worten beschreiben lassen, habe ich auf die früheren Workshops verwiesen.

Natürlich ist es wahrscheinlich, dass ich trotz der ausgiebigen Verweiserei nicht an jedes Detail gedacht habe, auf das man hätte verweisen können. Doch wenn Sie irgendwo nicht klarkommen und nach der Beschreibung einer Arbeitsweise, einer Palette oder eines

Werkzeugs suchen, bitte ich Sie, vom umfangreichen Index am Ende des Buchs Gebrauch zu machen.

Unklarheiten sind mir auch zu unserer Schreibweise von Tastaturbefehlen zu Ohren gekommen, weshalb ich hier die ensprechenden Symbole kurz erklären möchte:

> ⌨ Strg / ⌘ = Strg richtet sich an Windows-User; auf englischen Tastaturen oder in der Schweiz entspricht das »Ctrl«; ⌘ ist die äqivalente Taste am Mac, die nach Apple-Jargon »Befehl« heißt.

> ⌨ ← = Diese Taste ist mir bereits unter vielen Namen untergekommen: Delete, Backspace, Löschen, Rückschritt, … In den meisten Programmen ist sie mit »Entfernen« weitgehend identisch. In Photoshop hingegen funktionieren Tastaturbefehle, wie »Fläche füllen«, mit ← , aber nicht mit »Entfernen«!

Ziel dieses Buchs ist es, Sie, lieber Leser, vom Einsteiger zum Profi aufzubauen. Auch wenn ich beim Schreiben mein Möglichstes versucht habe, Ihnen diesen Weg möglichst leicht zu machen, werden Sie feststellen, dass die Workshops des Buchs von Kapitel zu Kapitel anspruchsvoller werden. Doch nicht erst von Kapitel zu Kapitel! Da es auch notwendig ist, ein solches Buch thematisch sinnvoll zu gliedern, gibt es auch in frühen Kapiteln bereits sehr anspruchsvolle Aufgaben.

Damit Sie dennoch eine Vorstellung vom Schwierigkeitsgrad haben, haben wir alle Workshops eingangs mit einer Kennzeichnung zum Schwierigkeitsgrad versehen – vom 1. Grad für Einsteiger, über den 2. Grad für Aufsteiger, bis hin zum 3. Schwierigkeitsgrad für Überflieger, in denen Techniken beschrieben werden, die man absolut als Profitechniken bezeichnen kann.

Wenn Sie Einsteiger sind, dann ist es wahrscheinlich, dass Sie sich in den ersten Wochen mit Übungen des 3. Schwierigkeitsgrads noch schwertun. Lassen Sie diese Workshops dann einfach einige Zeit liegen, und versuchen Sie es wieder, wenn Sie in der praktischen Anwendung von Photoshop mehr Erfahrung sammeln konnten.

Ich hoffe, mit diesem Buch zu Ihrem Vorankommen in Photoshop beizutragen, doch wirklich lernen kann man Photoshop nur in der praktischen Anwendung.

Diesem Buch liegt eine DVD bei, auf der Sie die Beispielbilder zu den Workshops finden. Außerdem bekommen Sie obendrauf auch Auszüge aus einem Video-Training. Bei allen Workshops, zu denen Sie solche ergänzenden Lektionen auf DVD finden, finden Sie im Buch einen solchen Verweis.

▶ Video-Training

Lassen Sie mich noch einen kurzen Dank aussprechen, an alle, die dieses Buch möglich gemacht haben: Meinen Eltern (die mich möglich gemacht haben), meinen Schwestern und Freunden, die auf mich noch mehr verzichten mussten, als sie es eh schon immer müssen, den Leuten bei Galileo, die mein Geschreibe checken und korrigieren mussten, und natürlich meinem lieben Schatz, die – Gott sei's gedankt – stets hinter mir steht.

Bleibt mir nur noch, Ihnen jetzt viel Spaß beim Lesen des Buchs zu wünschen. Sollten Sie Fragen zum Buch haben, oder sollte Ihnen ein Fehler ins Auge gesprungen sein, kontaktieren Sie mich bitte unter *buero@markuswaeger.com.*

Markus Wäger

Photoshop-Grundlagen

**Der Jumbo unter den Bildbearbei-
tungsprogrammen.** Oder der Kampfjet
für jeden Bildbearbeitungseinsatz, wenn
man es martialisch ausdrücken möchte.
Das ist Photoshop.

Lassen Sie mich Ihnen als Erstes Ihr
Cockpit zeigen und wie Sie es sich darin
bequem machen. Erfahren Sie die Grundlagen über die wichtigsten Instrumente,
mit denen Sie mit Photoshop zu unge-
ahnten Höhen in der digitalen Bildbearbeitung aufsteigen können.

Steigen Sie ein!

Foto: Pascal Reis, mit freundlicher Genehmigung
des Luftfahrtmuseums Altenrhein (CH)

Photoshop-Grundlagen

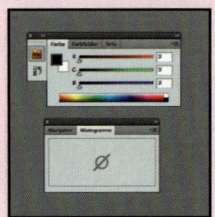

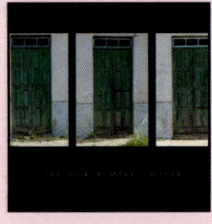

Der Photoshop-Arbeitsbereich

Benutzeroberfläche, Werkzeuge und Paletten im Überblick

Adobe hat bereits mit Photoshop CS3 und dem grafischen Teil der Creative Suite 3 (InDesign und Illustrator) einen großen Schritt zur Vereinheitlichung der Benutzeroberfläche getan. In CS5 hat sich diese Oberfläche nur mehr in gestalterischen Details verändert, was durchaus zu begrüßen ist. Möchten Sie effizient mit den Programmen arbeiten, ist es zuallererst notwendig, diese Oberfläche zu verstehen.

Die Benutzeroberfläche ist das Cockpit, über das wir zu Höhenflügen in der Bildgestaltung abheben und sie steuern. Dabei ist Photoshop keinesfalls mit einem kleinen Segelflugzeug zu vergleichen. Das Programm ist der Jumbojet unter den Bildbearbeitungspro-

grammen. Lernen Sie also zunächst das Cockpit kennen, bevor Sie zu den richtigen Bildbearbeitungsabenteuern aufbrechen.

Haben Sie bereits mit Photoshop CS3 oder CS4 gearbeitet, werden Sie sich in CS5 sofort zu Hause fühlen.

Elemente der Benutzeroberfläche

Ganz oben finden Sie die MENÜLEISTE ❶. Der abgebildete Screenshot wurde auf einem Mac aufgenommen. Bei ihm klebt das Hauptmenü immer am oberen Bildschirmrand. Wenn Sie mit Windows arbeiten, dann ist das Hauptmenü Teil des Programmfensters.

Direkt unter dem Hauptmenü befindet sich am Mac die ANWENDUNGSLEISTE ❷. Damit diese Anwendungsleiste, wie hier abgebildet, Teil der Kopfleiste des Programmfensters ist, müssen Sie über das Menü FENSTER den ANWENDUNGSRAHMEN aktivieren. Unter Windows bildet die Anwendungsleiste generell mit der Kopfleiste eine Einheit – den eben erwähnten Anwendungsrahmen gibt es nicht.

Sowohl am Mac als auch unter Windows finden Sie darunter die Palette OPTIONEN ❸, über die Sie die Werkzeuge einstellen.

Die WERKZEUGE ❹ sind in der schmalen Palette am linken Bildschirmrand zu Hause. Haben Sie noch nie mit einem Grafikprogramm gearbeitet, ist es sicher etwas ungewohnt, dass Sie für jeden kleinsten Handgriff ein anderes Werkzeug auswählen müssen. Es ist wie in einer richtigen Werkstatt: Fürs Nägel einschlagen nehmen Sie den Hammer, fürs Sägen die Säge und fürs Schleifen das Schleifpapier oder eine Feile.

Bilder, die Sie bearbeiten, sind umgeben von der ARBEITSFLÄCHE ❺. Während Sie in In-Design und Illustrator diesen Bereich nutzen können, um Gestaltungselemente zwischenzulagern, kann sie in Photoshop nicht genutzt werden. Sie können jedoch mit einem Rechtsklick darauf ihre Farbe ändern, sollten Sie beispielsweise Weiß oder Schwarz gegenüber Grau vorziehen. Ich empfehle jedoch, bei Grau zu bleiben.

Die LINEALE ❻ befinden sich an der oberen und der linken Seite des Dokumentfensters, sofern man sie über das Menü ANSICHT eingeblendet hat. Die Lineale haben primär zwei Funktionen: Man kann hineinklicken und die sogenannten Hilfslinien daraus hervorziehen, und man kann die Maßeinheiten, nach denen Distanzen und Ausdehnungen angegeben werden, verändern, indem man mit der rechten Maustaste hineinklickt, und so z. B. von Zentimeter auf Pixel wechseln.

Am unteren Ende des Dokumentfensters sehen Sie die aktuelle ZOOMSTUFE ❼, mit der das Bild gerade am Monitor angezeit wird. Das hat nichts mit der Größe zu tun, mit der das Bild aus dem Drucker kommt. Stellen Sie sich die Zoomstufe eher wie ein Mikroskop vor. Wenn Sie durch ein Mikroskop eine Ameise betrachten, dann bedeutet das nicht, dass das Insekt plötzlich so groß ist, sondern Sie sehen es nur vergrößert.

Unterhalb des Dokumentfensters habe ich die Palette MINI BRIDGE ❽ angedockt. Sie ist neu in Photoshop CS5 und erleichtert das Auffinden und Öffnen von Dateien. Wenn Sie Adobe Bridge bereits kennen: Das ist die kleine Schwester.

Mini Bridge befindet sich nicht von vornherein an dieser Stelle, sondern wurde von mir dort angedockt, weil ich diesen Platz sehr angenehm dafür finde. Mehr über Mini Bridge und wie Sie sie da unten andocken können erfahren Sie in diesem Kapitel.

Dieses Symbol ❾ können die meisten Anwender getrost vergessen. Es hat mit dem Programm Version Cue zu tun, dessen Weiterentwicklung meines Wissens nach mittlerweile eingestellt wurde.

Rechts davon können Sie Dokumentinformationen ❿ einstellen, wenn Sie auf die Schaltfläche klicken. Bei mir steht die Anzeige auf DOKUMENTPROFIL (Farbprofil), weshalb im Feld links daneben die Information »sRGB IEC1966-2.1 (8bpc)« zu lesen ist.

Ganz rechts angedockt sehen Sie einige Paletten ⓫, von Adobe auch liebevoll Bedienfelder genannt. Ohne diese Elemente läuft in Photoshop nicht viel.

Oberhalb des Bildes sehen Sie die Tabs ⓬, die in CS4 eingeführt wurden. Der Screenshot zeigt drei solcher Tabs von drei geöffneten Dokumenten. Mit einem Klick auf einen solchen Tab kann man zwischen den Dokumenten hin und her springen.

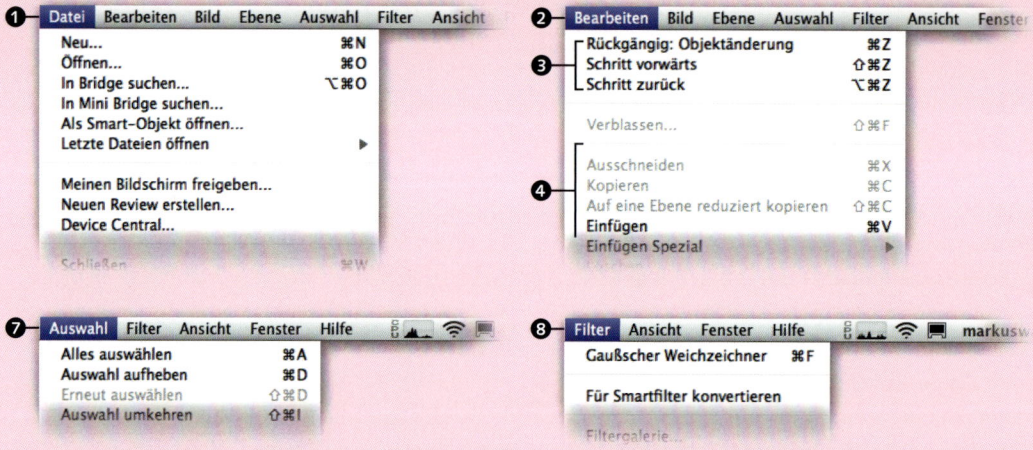

Es ist angerichtet: Die Menüs

Obschon Photoshop ein Programm ist, in dem mehr über Paletten gearbeitet wird als über Menüs, sollten wir als Erstes einen Blick auf die Menüs werfen und die wichtigsten Punkte kurz besprechen. Mir fällt in meinen Seminaren sehr oft auf, dass sich Anwender, die zum ersten Mal mit einem Gestaltungsprogramm arbeiten, von den vielen Befehlen, Dialogen, Werkzeugen und Paletten überfordert fühlen. Sie wissen oft gar nicht, wo sie ansetzen sollen, um etwas Bestimmtes auszuführen. Viele sind aus Office-Programmen kleine Schaltflächen für alle wichtigen Befehle gewohnt. Photoshop bietet jedoch viel zu viele Funktionen, um alle mithilfe eines Buttons in einer Leiste anbieten zu können.

Doch es ist gar nicht so schwer, sich in den Menüs zurechtzufinden. Adobe hat sich viel Mühe gegeben, diese logisch aufzubauen und zu strukturieren. Man braucht sich nur zu überlegen: »Was möchte ich als Nächstes tun?«

Eine Datei öffnen, platzieren, speichern oder exportieren? Alle notwendigen Menübefehle finden sich im Menü DATEI ❶. Am unklarsten ist vielleicht der zweite Menüpunkt, BEARBEITEN ❷. Dort können Sie ebenso

Arbeitsschritte rückgängig machen wie kopieren und ausschneiden, Flächen und Konturen füllen, Objekte skalieren und den Umgang mit dem Farbmanagement regeln. Wann immer Sie etwas ausführen möchten, was weder zu BILD, EBENE, AUSWAHL, FILTER, ANSICHT oder FENSTER passt, suchen Sie am besten hier zuerst.

Besonders wichtig sind die ersten drei Punkte ❸ in diesem Menü. Wenn Sie einen Befehl rückgängig machen wollen, wählen Sie RÜCKGÄNGIG … oder ⌨Strg⌨/⌘ + Z.

Gewöhnen Sie sich lieber heute als morgen an, Tastaturbefehle zu nutzen. Sie werden dadurch bedeutend produktiver arbeiten. Zumindest die wichtigsten sollten Sie sich merken, und zu denen gehört ⌨Strg⌨/⌘ + Z einfach dazu.

Anders als in anderen Programmen, wo Sie durch mehrfaches Drücken von ⌨Strg⌨/⌘ + Z auch mehrere Schritte rückgängig machen können, stellt Photoshop den gerade rückgängig gemachten Arbeitsschritt wieder her, wenn Sie den Befehl erneut aufrufen. Doch mit SCHRITT ZURÜCK oder ⌨Strg⌨/⌘ + ⌨Alt⌨ + Z können Sie auch in Photoshop über Menü oder Tastaturbefehl weitere Schritte rückgän-

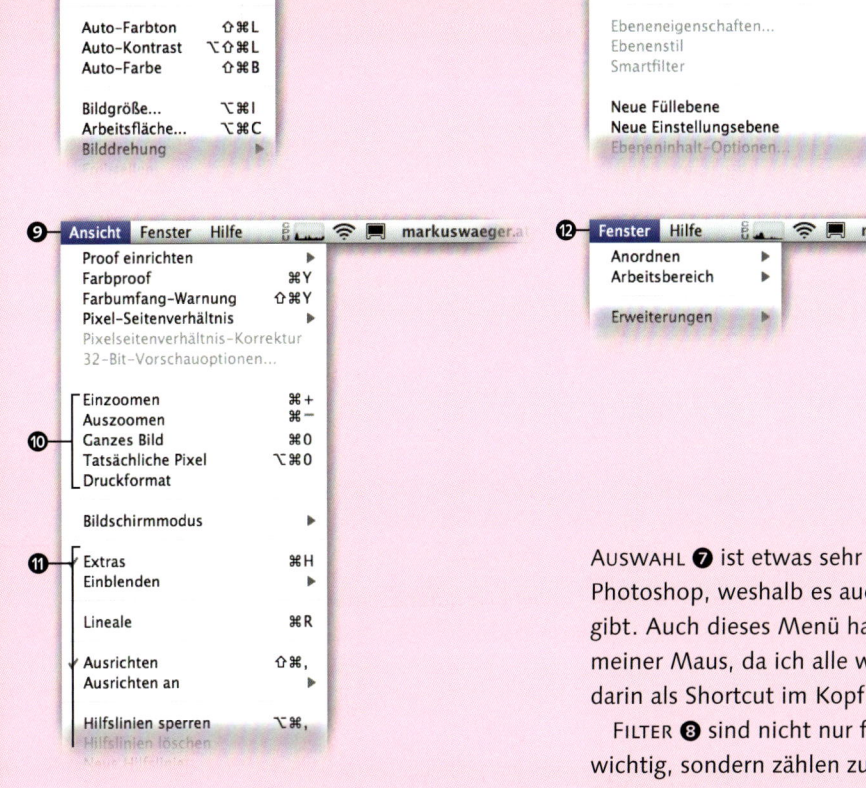

❺ Bild | Ebene | Auswahl | Filter | Ansicht | Fenster | Hilfe

Modus ▶
Korrekturen ▶
Auto-Farbton ⇧⌘L
Auto-Kontrast ⌥⇧⌘L
Auto-Farbe ⇧⌘B
Bildgröße... ⌥⌘I
Arbeitsfläche... ⌥⌘C
Bilddrehung ▶

❻ Ebene | Auswahl | Filter | Ansicht | Fenster | Hilfe

Neu ▶
Ebene duplizieren...
Löschen ▶
Ebeneneigenschaften...
Ebenenstil ▶
Smartfilter ▶
Neue Füllebene ▶
Neue Einstellungsebene ▶
Ebeneninhalt-Optionen...

❾ Ansicht | Fenster | Hilfe · markuswaeger.a

Proof einrichten ▶
Farbproof ⌘Y
Farbumfang-Warnung ⇧⌘Y
Pixel-Seitenverhältnis ▶
Pixelseitenverhältnis-Korrektur
32-Bit-Vorschauoptionen...

❿
Einzoomen ⌘+
Auszoomen ⌘−
Ganzes Bild ⌘0
Tatsächliche Pixel ⌥⌘0
Druckformat

Bildschirmmodus ▶

⓫
Extras ⌘H
Einblenden ▶
Lineale ⌘R
✓ Ausrichten ⇧⌘,
Ausrichten an ▶
Hilfslinien sperren ⌥⌘,
Hilfslinien löschen
Neue Hilfslinie

⓬ Fenster | Hilfe · markuswaeger.at

Anordnen ▶
Arbeitsbereich ▶
Erweiterungen ▶

gig machen. Mit SCHRITT VORWÄRTS oder Strg/⌘ + ⇧ + Z stellen Sie einen gerade rückgängig gemachten Schritt wieder her.

Ebenso wichtig sind die Befehle zum Kopieren und Einfügen ❹, die Sie darunter finden.

Im Menü BILD ❺ geht es im Wesentlichen um den Farbraum – zum Beispiel CMYK oder RGB –, um Farb- und Tonwertkorrekturen und um die Größe und Drehung der Arbeitsfläche.

Im Menü EBENE ❻ dreht sich alles um Ebenen. Bei mir klappt dieses Menü jedoch selten auf, weil sich die gleichen Einstellungen und Funktionen auch in der Palette EBENEN befinden und dort schneller erreichbar sind. Die Ebenen-Palette gehört ohnehin zu den zentralen Schaltstellen in Photoshop.

AUSWAHL ❼ ist etwas sehr Wichtiges in Photoshop, weshalb es auch dafür ein Menü gibt. Auch dieses Menü hat viel Ruhe vor meiner Maus, da ich alle wichtigen Befehle darin als Shortcut im Kopf habe.

FILTER ❽ sind nicht nur für Spezialeffekte wichtig, sondern zählen zum unverzichtbaren Rüstzeug.

Wenn Sie etwas aus- oder einblenden wollen, sind Sie im Menü ANSICHT ❾ an der richtigen Adresse. Besonders wichtig sind die Befehle für das Ein- und Auszoomen ❿ und auch jene, die mit der Ansicht und der Aktivität von Rastern, Hilfslinien, Auswahlbegrenzungen zu tun haben ⓫. Über den Unterpunkt EINBLENDEN lässt sich die Sichtbarkeit dieser Hilfsmittel steuern, über den Unterpunkt AUSRICHTEN AN, ob sie aktiv und *magnetisch* sind.

Über das Menü FENSTER ⓬ können Sie zwischen offenen Fenstern wechseln oder auch eine zweite Ansicht für dasselbe Dokument aufmachen. Wichtig ist aber vor allem, dass Sie hier alle Paletten wiederfinden, die Sie zur Arbeit an einem Photoshop-Dokument brauchen, sollten sie geschlossen sein.

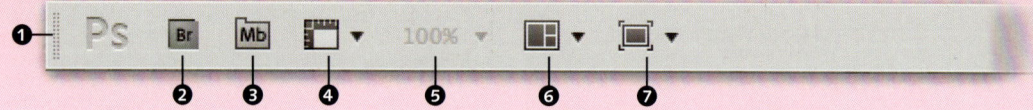

Anwendungsrahmen und Anwendungsleiste

In der Anwendungsleiste ❶ befinden sich ein paar Schaltflächen, die mit der Anzeige von Dateien zu tun haben. Während sich in Photoshop CS4 in der damals neuen Leiste noch ein paar Werkzeuge befanden, hat Adobe diese mit CS5 wieder dort belassen, wo sie hingehören: in der Werkzeugpalette.

Eine Besonderheit für Mac-User ist der Anwendungsrahmen ❽. Er bringt Windows-Feeling auf den Mac. Wenn Sie über das Menü FENSTER den Menüpunkt ANWENDUNGS-RAHMEN ❾ aktivieren, werden alle offenen Dokumentfenster in einem Anwendungsfenster zusammengefasst. Außerdem docken Paletten dann nicht mehr am Bildschirmrand, sondern am Rahmen dieses Anwendungsfens-

ters an. Das ist zwar etwas weniger Mac-typisch, doch es bringt gewisse Vorteile mit sich, vor allem, wenn man beim Arbeiten gerne die Tabs nutzt. Aktivieren Sie am Mac diesen Anwendungsrahmen, dann wird die Anwendungsleiste ❶ ein Teil der Kopfleiste des Anwendungsrahmens ❽.

Mit der ersten Schaltfläche hinter dem Photoshop-Icon öffnen Sie die Adobe Bridge ❷ und können mit ihr Bilder in Ordnern suchen und über sie öffnen. Die Schaltfläche rechts davon öffnet die neue Palette MINI BIDGE ❸. Daneben befindet sich ein kleines Menü für Lineale, Raster und Hilfslinien ❹. Dann kommt die Anzeige der Zoomstufe ❺. Klicken Sie darauf, können Sie die Zoomstufe über das eingeblendete Menü verändern und die Bildanzeige vergrößern oder verkleinern.

Nett ist die Schaltfläche Dokumente anordnen ❻. Damit lassen sich geöffnete Dokumente im Anwendungsrahmen verteilt gemeinsam zur Ansicht bringen ❿. Das ist vor allem bequem, wenn man mehrere Bilder vergleichen oder den Inhalt eines Bildes in ein anderes hinüberkopieren möchte.

3. Vollbildmodus ⓮: In diesem Modus werden alle Paletten und selbst die Menüleiste ausgeblendet, und man sieht nur mehr das Bild vor schwarzem Hintergrund.

Durch Drücken der Taste F kann man zwischen den drei Modi wechseln.

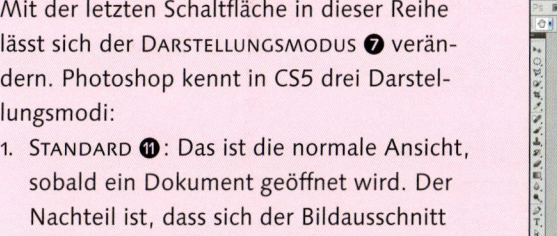

Mit der letzten Schaltfläche in dieser Reihe lässt sich der Darstellungsmodus ❼ verändern. Photoshop kennt in CS5 drei Darstellungsmodi:

1. Standard ⓫: Das ist die normale Ansicht, sobald ein Dokument geöffnet wird. Der Nachteil ist, dass sich der Bildausschnitt nicht verschieben lässt, solange am Arbeitsflächenrand keine Rollbalken angzeigt werden ⓬. Das ist in manchen Bildbearbeitungssituationen eine lästige Einschränkung.

2. Ich wechsle deshalb meistens sofort in den Vollbildmodus mit Menüleiste ⓭: In dieser Ansicht nimmt die Arbeitsfläche des Dokuments den gesamten Bildschirm ein. Zwar verschwinden die Tabs, dafür kann man die Bildansicht beliebig bis an den Rand des Bildschirms und sogar darüber hinaus schieben. Besonders wenn man mit dem Lasso-Werkzeug 🔲 eine Auswahl erstellt, ist dieser Bewegungsspielraum meist ein Vorteil.

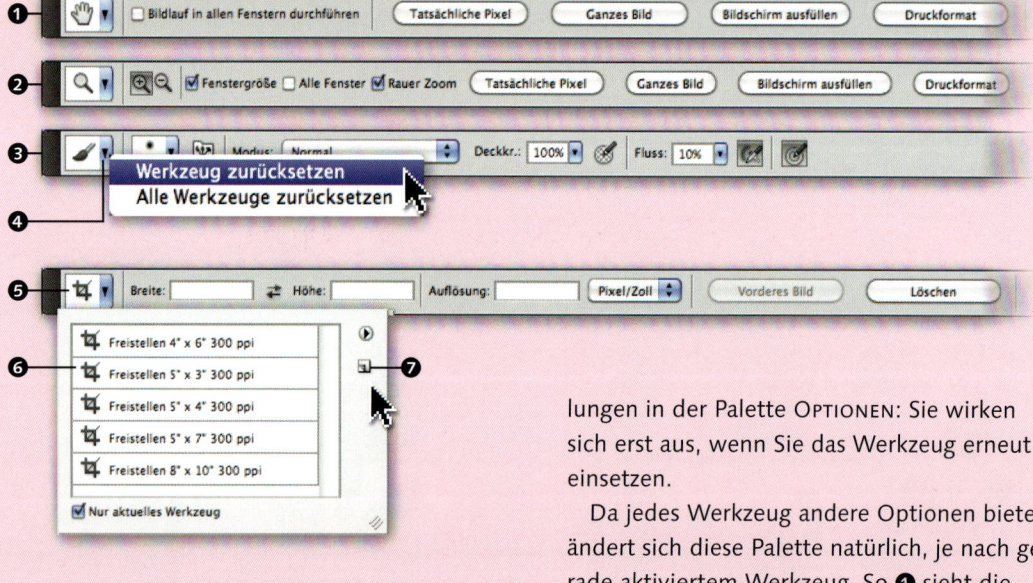

Die Palette »Optionen«

Unter der Anwendungsleiste finden Sie standardmäßig die Optionen-Palette. Mit dieser Palette nehmen Sie Voreinstellungen für das gerade aktive Werkzeug vor. Die Betonung liegt auf *Vor*-Einstellung. Photoshop-Anfänger würden hier gerne Aktionen nachjustieren, die sie gerade ausgeführt haben. Doch das geht nicht!

Stellen Sie sich vor, Sie haben eine Bohrmaschine, um ein Loch in eine Wand zu bohren. Sie bestücken das Werkzeug mit einem Bohrer einer bestimmten Größe, justieren die Drehrichtung, aktivieren die Schlagbohrfunktion und stellen die Geschwindigkeit ein. Das sind die Voreinstellungen, die Sie für die Bohrmaschine vornehmen können.

Nun haben Sie das Loch gebohrt, und es stellt sich heraus, dass es zu klein ist. Also ersetzen Sie den Bohrer durch einen größeren. Was geschieht mit dem Loch in der Wand? Richtig. Gar nichts! Sie müssen die Bohrmaschine erst neuerlich einsetzen. Genau gleich verhält es sich mit den meisten Einstel-

lungen in der Palette OPTIONEN: Sie wirken sich erst aus, wenn Sie das Werkzeug erneut einsetzen.

Da jedes Werkzeug andere Optionen bietet, ändert sich diese Palette natürlich, je nach gerade aktiviertem Werkzeug. So ❶ sieht die Palette beispielsweise aus, wenn Sie das HAND-WERKZEUG 🖐 aktiviert haben. Wenn Sie das ZOOM-WERKZEUG 🔍 aktivieren, sehen Sie diese Optionen ❷.

Manche Werkzeuge bieten außerordentlich viele Einstellungsoptionen, und wenn sie einmal nicht machen, was Sie von ihnen erwarten, ist es nicht leicht herauszufinden, welche Einstellung für das scheinbar seltsame Verhalten verantwortlich ist, zum Beispiel das PINSEL-WERKZEUG 🖌 ❸. Wenn das der Fall ist, klicken Sie mit der rechten Maustaste auf das nach unten weisende Dreieck ❹ bei der ersten Schaltfläche der Optionen-Palette und wählen aus dem Menü WERKZEUG ZURÜCK-SETZEN. Damit funktioniert das Werkzeug wieder so, wie es von Adobe erfunden wurde. Merken Sie sich diesen Befehl gut, Sie werden ihn sicher öfter gebrauchen können. Es ist der schnellste Weg, Werkzeuge auf die Standardeinstellung zurückzusetzen.

Egal, welches Werkzeug gerade aktiv ist, die erste Schaltfläche ❺ wird immer angezeigt, es wechselt lediglich das Symbol, das sich darin befindet. Wenn Sie daraufklicken, erscheint eine Palette mit Werkzeugvorgaben ❻, hier zum Beispiel für das FREISTELLUNGSWERKZEUG ☐. Sie können über NEUE WERKZEUGVORGABE ERSTELLEN ☐ ❼ auch eigene Einstellungen als Vorgabe sichern und dann über diese Palette mit einem Klick aufrufen.

Die Palette OPTIONEN gehört mit der Werkzeugpalette zu den wichtigsten Paletten und sollte deshalb immer eingeblendet bleiben.

Die Werkzeugpalette

Was dem Handwerker seine Werkzeugkiste, das ist dem Bildwerker seine Werkzeugpalette.

Allerdings kennt Photoshop wesentlich mehr Werkzeuge, als auf den ersten Blick zu sehen sind. Hinter allen unten rechts mit einem kleinen Dreieck ❽ gekennzeichneten Werkzeugen verbergen sich weitere Tools. Wenn Sie über einer solchen Werkzeugschaltfläche die Maustaste drücken und eine Sekunde Geduld haben, wird ein Menü eingeblendet, über das Sie auf die weiteren Werkzeuge Zugriff erhalten.

Angeführt wird die Kolumne der Tools vom VERSCHIEBEN-WERKZEUG ❾, mit dem sich Ebenen verschieben und ausrichten lassen. Dann folgen die AUSWAHL-WERKZEUGE ❿, eine absolut überlebensnotwendige Sammlung, denn Auswahlen gehören zum zentralen Rüstzeug der Bildbearbeitung. Um ein Bild auf einen kleineren Bereich zu beschneiden, verwendet man am besten das FREISTELLUNGSWERKZEUG ⓫. Die PIPETTE ⓬ dient zum Messen und Aufnehmen von Farben; dahinter verbirgt sich ein Werkzeug zum Messen von Winkeln und Distanzen.

Als Nächstes folgt ein großes Arsenal an unterschiedlichen PINSELN ⓭, mit denen Sie malen, retuschieren oder radieren können. Mit dem VERLAUFSWERKZEUG ⓮ erstellen Sie Verläufe. Die folgenden beiden Werkzeug-

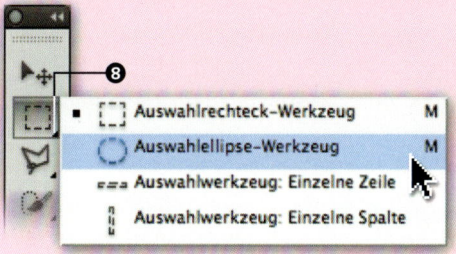

gruppen ⓯ sind im Grunde wieder Pinsel-Werkzeuge, mit denen Sie Pixel verschieben, weichzeichnen, schärfen, aufhellen und abdunkeln können sowie bunter bzw. weniger bunt machen.

Mit den nächsten vier Werkzeuggruppen ⓰ erstellen Sie Textebenen und sogenannte Formebenen, letztere verwendet man meist, um einfache rechteckige oder runde Flächen zu erstellen, es sind aber auch Flächen wie Sprechblasen möglich. Außerdem ermöglichen es diese Werkzeuge auch, ein Objekt aus einem Bild so freizustellen, dass der Hintergrund in einem Layoutprogramm nicht mehr sichtbar ist.

Abgeschlossen wird das Werkzeug-Arsenal von Werkzeugen zum Ein- und Auszoomen, Verschieben und Drehen der Bildschirmansicht ⓱.

Die nachfolgenden Schaltflächen sind keine Werkzeuge, sondern haben mit Farben zu tun. Die beiden großen Quadrate ⓴ zeigen an, was gerade als Vordergrund- und Hintergrundfarbe eingestellt ist. Mit den beiden kleinen Quadraten ⓲ stellen sie Vorder- und Hintergrundfarbe zurück auf Schwarz und Weiß. Der gebogene Pfeil ⓳ bietet Ihnen die Möglichkeit, Vordergrund- und Hintergrundfarbe zu vertauschen.

Die letzte Schaltfläche dient dazu, in den sogenannten MASKIERUNGSMODUS ㉑ zu wechseln. In meinen Augen ein Relikt aus vergangenen Tagen. Wenn Sie mit Ebenenmasken arbeiten, können Sie auf den Maskierungsmodus gut verzichten.

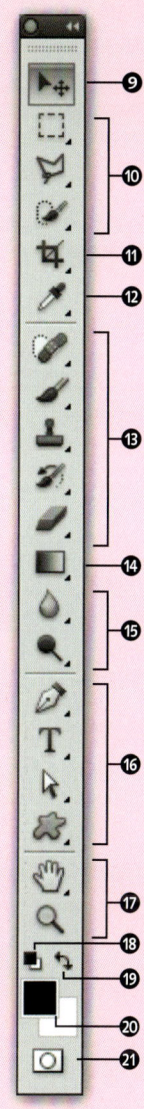

Wenn Sie den Mauszeiger für einen Moment über einer Werkzeug-Schaltfläche positionieren, ohne die Maustaste zu drücken, dann erscheint die sogenannte QUICKINFO. Diese verrät Ihnen zum einen, wie das Werkzeug unter dem Mauszeiger heißt, und zum anderen – in Klammern –, mit welcher Taste Sie das Werkzeug aufrufen können. So können Sie beispielsweise durch Drücken der Taste M ❶ das AUSWAHLELLIPSE- bzw. das AUSWAHLRECHTECK-WERKZEUG aufrufen, je nachdem, welches gerade im Vordergrund ist.

Derartige Shortcuts gibt es nicht nur für Werkzeuge, sondern auch zum Wechseln und Zurückstellen von Vorder- und Hintergrundfarbe. Mit X ❷ können Sie so Vorder- und Hintergrundfarbe tauschen. Mit D lassen sich diese beiden Farbquellen auf Schwarz und Weiß zurückstellen (D steht für den englischen Begriff »Default Colors«).

Adobe Bridge

Adobe Bridge ist kein Bestandteil von Photoshop, sondern ein eigenständiges Programm, das dem Sichten, Organisieren, Bewerten und Verschlagworten von Bildern dient. Aufrufen können Sie sie direkt aus Photoshop heraus, indem Sie die kleine Schaltfläche in der Anwendungsleiste klicken ❸.

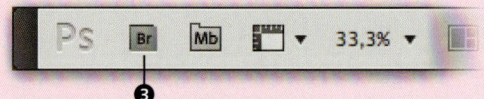

In Bridge finden Sie direkt unter der Kopfleiste eine Bedienleiste mit zentralen Funktionen. So können Sie beispielsweise mit den ersten vier Schaltflächen ❹ durch bisher benutzte Verzeichnisse surfen, so wie Sie in Ihrem Internet-Browser die zuletzt aufgerufenen Seiten wieder aufrufen können.

Über die Boomerang-Schaltfläche ❺ können Sie mit einem Klick wieder zu Photoshop wechseln.

Sie können den FOTO-DOWNLOADER ❻ aufrufen, um Bilder direkt von Ihrer Kamera auf Ihre Festplatte zu übertragen.

Die nächste Schaltfläche ❼ bietet ein kleines Menü für den Überprüfungs- (Mac) bzw. Betrachtungsmodus (Windows) – eine Ansicht, in der nur die Bilder des aktuellen Ordners angezeigt werden und der Rest von Bridge durch einen grauen Hintergrund ersetzt wird. Dabei handelt es sich um eine Funktion zur Stapelumbenennung, mit der Sie ausgewählte Bilder automatisch mit neuen Dateinamen versehen können und Zugriff auf die Dateiinformationen des ausgewählten Bildes erhalten.

Sie können ein in Bridge ausgewähltes Bild mit Adobe Camera Raw öffnen ❽, einem weiteren Photoshop-Zusatzprogramm, das speziell für die Bearbeitung sogenannter Raw-

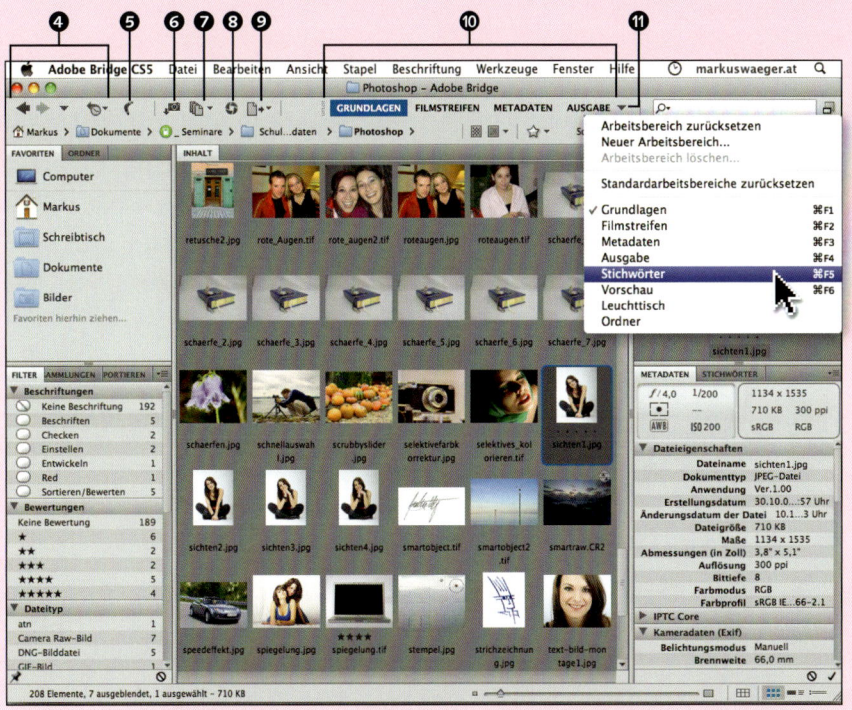

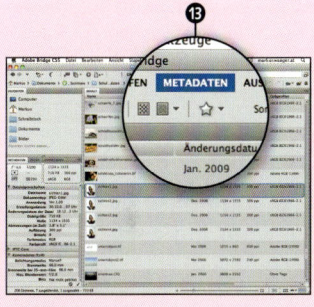

Dateien gedacht ist, die man mit Photoshop nicht direkt bearbeiten kann.

Mit der danach folgenden Schaltfläche ❾ exportieren Sie Bilder als PDF oder als Webgalerie. So lässt sich beispielsweise aus den ausgewählten Bildern ein PDF erstellen, das diese als Miniaturen samt Dateinamen anzeigt – man nennt das einen Kontaktabzug. Wenn Sie auf diese Schaltfläche klicken und AUSGABE IN WEB ODER PDF wählen, kommen Sie zur Ansicht AUSGABE ❺. Die wichtigsten Einstellungen, die Sie dann rechts am Fenster finden, erklären sich von selbst. Ich habe als Format A4 gewählt, dazu vier Spalten und vier Zeilen für die Miniaturen und dadurch den Abzug in Abbildung ❿ erhalten.

Bridge hat viele solcher Arbeitsbereiche, die Sie mit den abgebildeten Schaltflächen ❿ aufrufen können. Neben der oben groß abgebildeten GRUNDLAGEN-Ansicht gibt es eine FILM-STREIFEN-Ansicht ❷, die aufgrund der großen Vorschau geeignet ist, Bildbestände zu sich-

ten, und eine METADATEN-Ansicht ❸, die eine Listenansicht der Bilder im Ordner anzeigt mit vielen Dateiinformationen. Wie viele Ansichten in der Bedienleiste angezeigt werden, hängt von der Größe Ihres Monitors ab, doch Sie können über das kleine Dreieck ⓫ hinter den Schaltflächen über ein Menü auf alle Arbeitsbereiche zugreifen. Natürlich können Sie die Paletten, aus denen die Bridge-Benutzeroberfläche besteht, auch individualisieren und so zusammenstellen, wie es Ihren Ansprüchen ent-

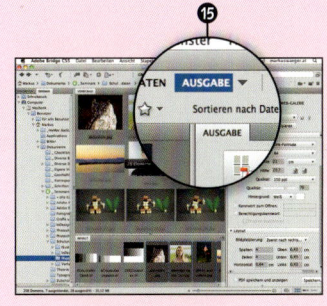

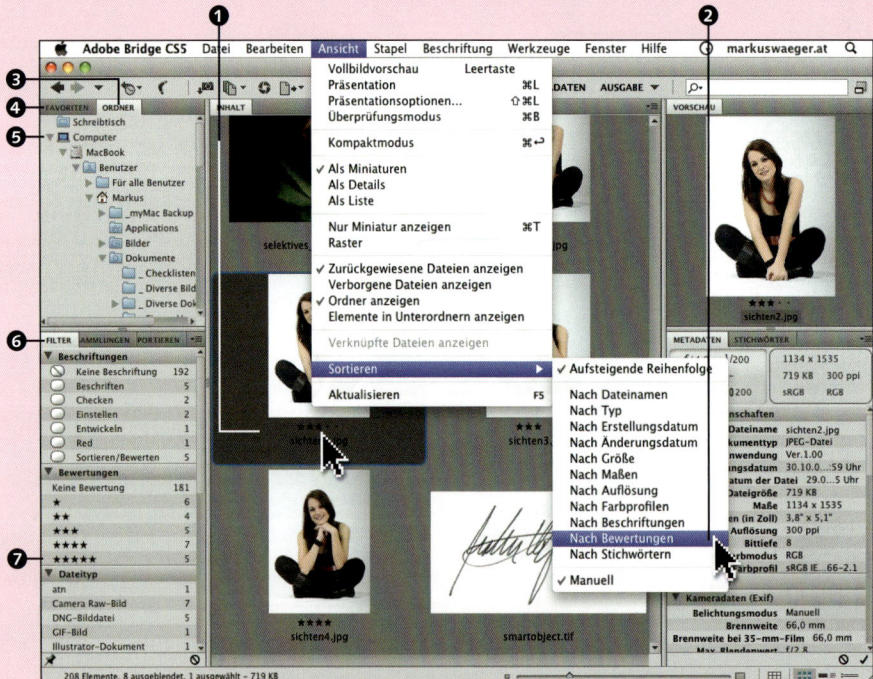

gegenkommt. Diese Anordnung der Elemente können Sie dann als eigenen Arbeitsbereich sichern.

Sie können über die Palette ORDNER ❸ auf alle Verzeichnisse ❺ auf Ihrem Computer und angehängten Laufwerken zugreifen und wichtige Verzeichnisse als FAVORITEN ❹ speichern.

Besonders interessant finde ich die Möglichkeit, Bilder mit Sternen zu bewerten; die guten mit fünf und die weniger gelungenen mit einem. Das ist sehr hilfreich, wenn man aus einem Bildbestand die Highlights herausfiltern möchte. Das können Sie machen, indem Sie in der Inhalts-Übersicht auf den Bereich zwischen Bild und Dateiname klicken ❶ oder indem Sie, wie ich, die Tastaturbefehle ⌷Strg⌷/⌘ + ⌷1⌷ bis ⌷Strg⌷/⌘ + ⌷5⌷ nutzen.

Wenn Sie alle Bilder bewertet haben, lassen sie sich über das Menü ANSICHT · SORTIEREN · NACH BEWERTUNGEN ❷ sortiert in Filmstreifen anzeigen. Alternativ können Sie auch FILTER ❻

einsetzen, um beispielsweise nur die Bilder mit fünf Sternen ❼ anzeigen zu lassen.

Wenn Sie in der Vorschau-Palette ❽ in ein Bild klicken, erscheint eine Lupe ❾, die einen Ausschnitt in tatsächlicher Größe anzeigt. Zum Schließen dieser Lupe klicken Sie auf das X in der rechten unteren Ecke des Lupenrahmens ❿.

Arbeitet man intuitiv mit Bridge, dann nimmt man an, dass durch einen Doppelklick auf ein Bild in der Vorschau dasselbe in Photoshop geöffnet wird. Stattdessen öffnet sich jedoch die Lupe. Zum Öffnen einer Datei müssen Sie sie jedoch im Filmstreifen doppelklicken ⓫.

Zuletzt möchte ich noch die Möglichkeit erwähnen, die Bilder in einem Ordner als Diashow zu zeigen. Dazu wählen Sie das Menü ANSICHT · PRÄSENTATION. Während der Vorführung können Sie Bilder auch bewerten, allerdings nicht mit ⌷Strg⌷/⌘ + ⌷1⌷ bis ⌷5⌷, sondern nur mit ⌷1⌷ bis ⌷5⌷, ohne ⌷Strg⌷/⌘.

Bridge bietet einen enormen Funktionsumfang, und eine kurze Beschreibung, wie hier, wird den Möglichkeiten, die das Programm bietet, nur mäßig gerecht. Man könnte ein ganzes Buch über das Programm schreiben. Doch die für die meisten Anwender wichtigsten Funktionen haben Sie jetzt kennengelernt, und wir wollen uns nicht länger damit aufhalten, denn ich bin sicher, Sie sind schon sehr auf die Arbeit mit Photoshop gespannt.

Mini Bridge

Ganz will uns das Thema Bridge jedoch nicht loslassen, denn in Photoshop CS5 hat Bridge nun Einzug in Form einer Palette gehalten, die den Namen MINI BRIDGE trägt. Aufrufen können Sie Mini Bridge – wie auch alle anderen Paletten – über das Menü FENSTER in Photoshop. Damit Mini Bridge funktioniert, muss Bridge im Hintergrund geöffnet sein. Falls Bridge nicht geöffnet ist, können Sie das Pro-

gramm über eine Schaltfläche ❷ starten.

Ist Bridge gestartet, zeigt ein Teil der Palette einen Navigationsbereich ❸, mit dem Sie auf die Verzeichnisse auf der Festplatte zugreifen können. Wenn Sie mit Computern vertraut sind – und ich bin mir sicher, das sind Sie –, dann werden Sie sich leicht damit zurechtfinden.

Der andere Teil zeigt einen Filmstreifen des gewählten Verzeichnisses. Bridge und Mini Bridge arbeiten nahtlos zusammen; so werden z. B. Sterne, die Sie in Bridge vergeben, augenblicklich in Mini Bridge angezeigt.

Mit einem Doppelklick auf die Miniatur im Filmstreifen ❹ können Sie ein Bild in Photoshop öffnen. Für mich ist Mini Bridge eines der Highlights in Photoshop CS5.

Arbeitsbereich einrichten

Individualisieren Sie die Paletten-Anordnung.

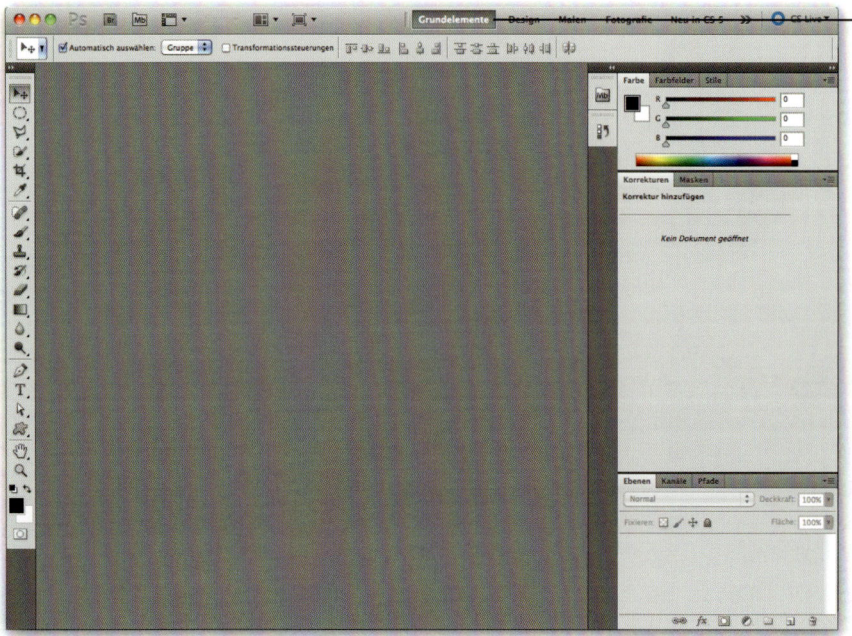

Für Photoshop fallen mir viele anerkennende Bezeichnungen ein: Es ist Kaiser und König der digitalen Bildbearbeitung. So etwas wie die k. u. k. Monarchie der Pixelschubserei. Oder, wie ich eigentlich am liebsten sage, der Jumbo unter den Bildbearbeitungsprogrammen. So viel Funktion verlangt viele Einstellungen, die in Photoshop meist über Paletten vorgenommen werden. In unserem ersten Workshop zeige ich Ihnen deshalb, wie Sie es sich im Cockpit bequem machen und die zahlreichen Paletten optimal auf Ihrem Bildschirm anordnen.

Zielsetzungen:

Den Standard-Arbeitsbereich aufbohren

Einen individualisierten Arbeitsbereich einrichten

Den eigenen Arbeitsbereich speichern

1 Palettengruppe vom Rand abkoppeln

Um unseren individualisierten Arbeitsbereich
einzurichten, koppeln Sie zunächst einmal die
ganze Palettengruppe vom Rand ab. Dazu fassen Sie sie an der dunkelgrauen Kopfleiste
und ziehen sie in den Arbeitsbereich.

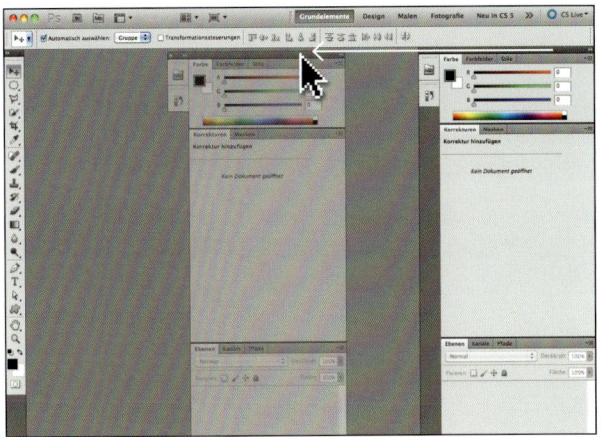

2 Paletten am Rand andocken

Ziehen Sie dann die Palette KORREKTUREN an
der Registerkarte ❶ (das ist das Rechteck, das
über die Palette hinausragt und ihren Namen
trägt) an den rechten Rand des Anwendungsrahmens, bis eine blaue Linie ❷ am Rand angezeigt wird. Ausschlaggebend dafür ist die
Position des Mauszeigers. Sie müssen also den
Mauszeiger bis an den Rand führen. Wenn Sie
loslassen, ist die Palette am Rand angedockt.

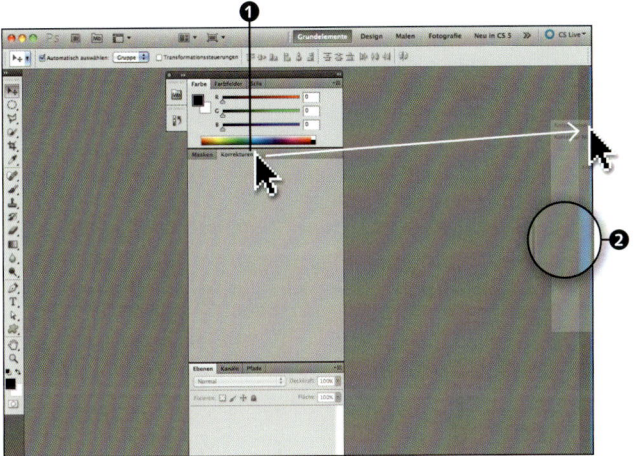

3 Palettengruppe am Rand andocken

Nun wollen wir eine Palettengruppe am Rand
andocken. Hierzu ziehen Sie die Gruppe aus
Ebenen-, Kanäle- und Pfade-Palette am frei-
en, dunkelgrauen Bereich rechts neben den
Registerkarten ❸. Ziehen Sie sie an das untere
Ende der bereits angedockten Palette KORREK-
TUREN, bis auch hier wieder eine blaue Linie
angezeigt wird, diesmal horizontal ❹. Sobald
Sie loslassen, ist die Palettengruppe unterhalb
der Palette Korrekturen angedockt.

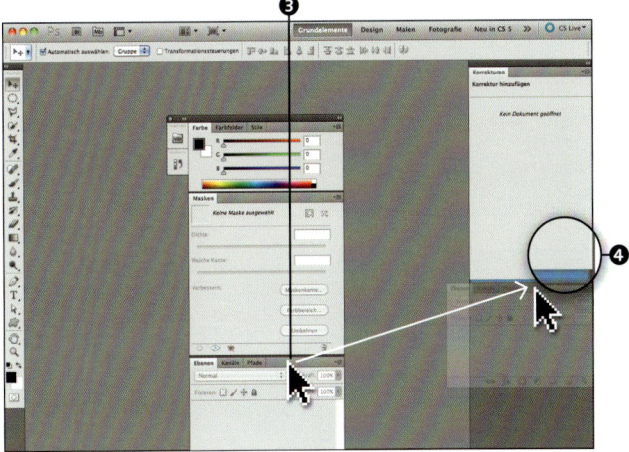

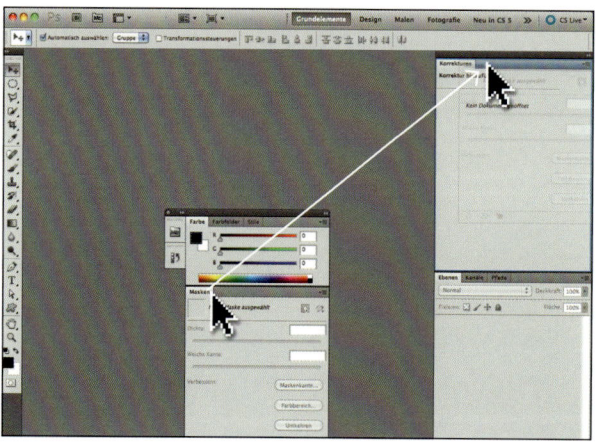

4   Paletten kombinieren

Möchten Sie zwei Paletten zu einer Palettengruppe vereinen, dann ziehen Sie diese direkt
auf den Platz neben der Registerkarte. Auch
hier signalisiert Ihnen eine blaue Markierung,
wo die Palette angedockt wird. In diesem Fall
wird der Bereich neben der Registerkarte der
bereits angedockten Palette blau, und es
erscheint ein blauer Rand um diese Palette
herum.

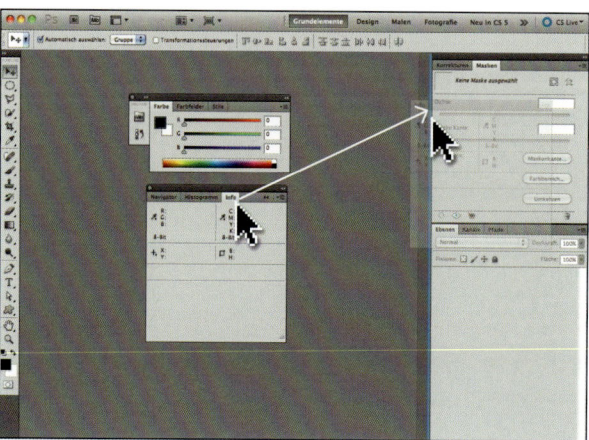

5   Zweite Palettenspalte

Als Nächstes wollen wir die Palette INFO als
zweite Spalte neben der bereits angedockten
Palettenspalte andocken. Rufen Sie dazu die
Palette INFO über das Menü FENSTER auf. Ziehen Sie die Palette dann wieder an ihrer Registerkarte an den linken Rand der bereits be-
festigten Palettenspalte – auch hier erscheint
wieder eine blaue Linie als Indikator dafür,
dass Sie die Palette ablegen können, und auch
hier ist die Position des Mauszeigers ausschlaggebend.

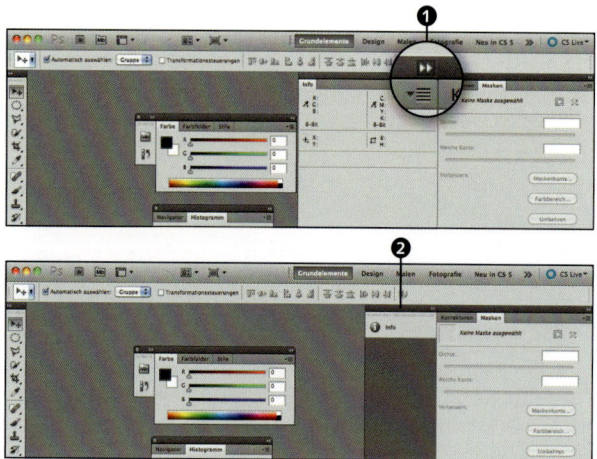

6   Auf Symbol minimieren

So offen nebeneinander brauchen zwei Palet-
tenspalten eine Menge Platz, deshalb wollen
wir die nicht ganz so wichtige Palette INFO zu
einem Symbol minimieren. Dazu klicken Sie
auf die beiden kleinen Dreiecke ❶ im Kopf
der angedockten Palette INFO.

Je nachdem, wie man zuvor bereits mit der
Benutzeroberfläche gearbeitet hat, sehen Sie
danach nur mehr ein i-Symbol, oder den Namen INFO daneben ❷.

7 Symbol komplett minimieren

Um noch mehr Platz zu sparen, können Sie den Mauszeiger an den linken Rand der Palette bewegen, und sobald ein Doppelpfeil ❸ erscheint, können Sie die Schaltfläche mit der Maus schmaler ziehen.

Das Resultat ist eine sehr kleine Schaltfläche ❹, die wenig Platz weg nimmt, aber die Palette schnell und mit einem Klick verfügbar macht.

Auf dieselbe Art können Sie übrigens auch offene Paletten breiter und schmaler ziehen oder auch verlängern und verkürzen.

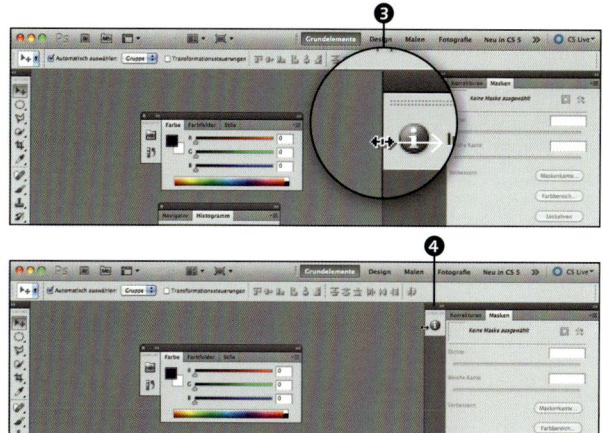

8 Mini Bridge unten andocken

Die Mini Bridge ❻ lässt sich auch unten am Fenster andocken, was ich sehr angenehm finde. Achten Sie hierbei auf die blaue Linie.

Die Palette Protokoll – ebenfalls eine beliebte und wichtige Palette – habe ich unter der Palette Info in der schmalen Palettenspalte abgelegt ❼. Die restlichen Paletten habe ich geschlossen. Schließen können Sie Paletten, indem Sie auf den kleinen runden Punkt ❺ in der Kopfleiste klicken.

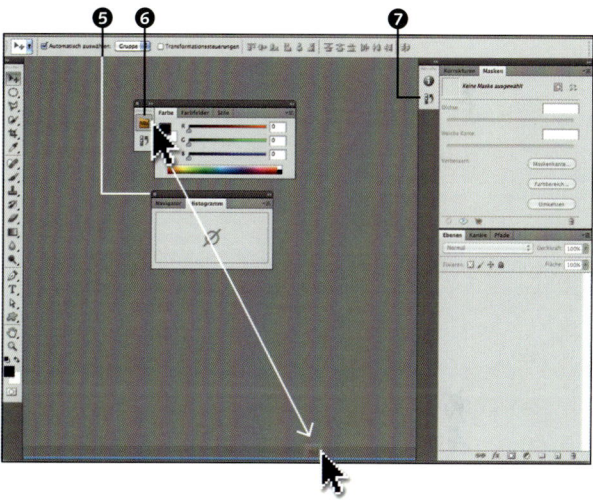

9 Arbeitsbereich speichern

Jetzt speichern wir den Arbeitsbereich über ❽ und neuer Arbeitsbereich ❿. Im Dialogfenster aktiviere ich, dass die Menüs in diesem Arbeitsbereich so bleiben sollen, wie im Moment eingestellt ⓬ (man kann Menübefehle ausblenden), lasse aber deaktiviert, dass durch den Wechsel des Arbeitsbereichs Tastaturbefehle wechseln ⓫.

Ist der Arbeitsbereich einmal in Unordnung, kann ich von nun an über den Befehl Designworks zurücksetzen ❾ rasch wieder aufräumen.

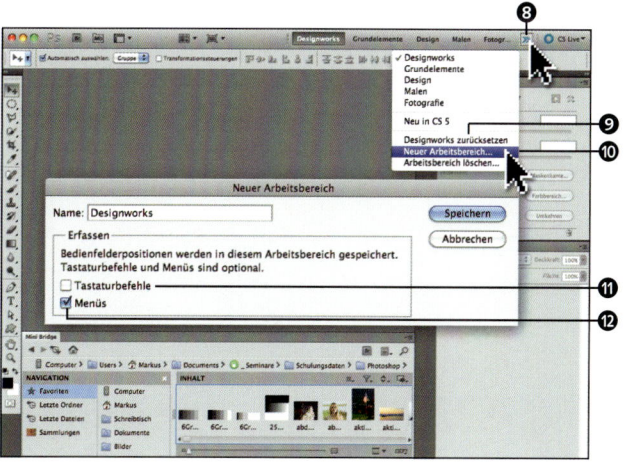

SCHWIERIGKEITSGRAD 1 FÜR EINSTEIGER

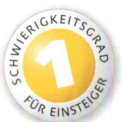

Ansicht, Zoom und Hand-Werkzeug

Wie Sie die Anzeige im Dokumentfenster verändern können.

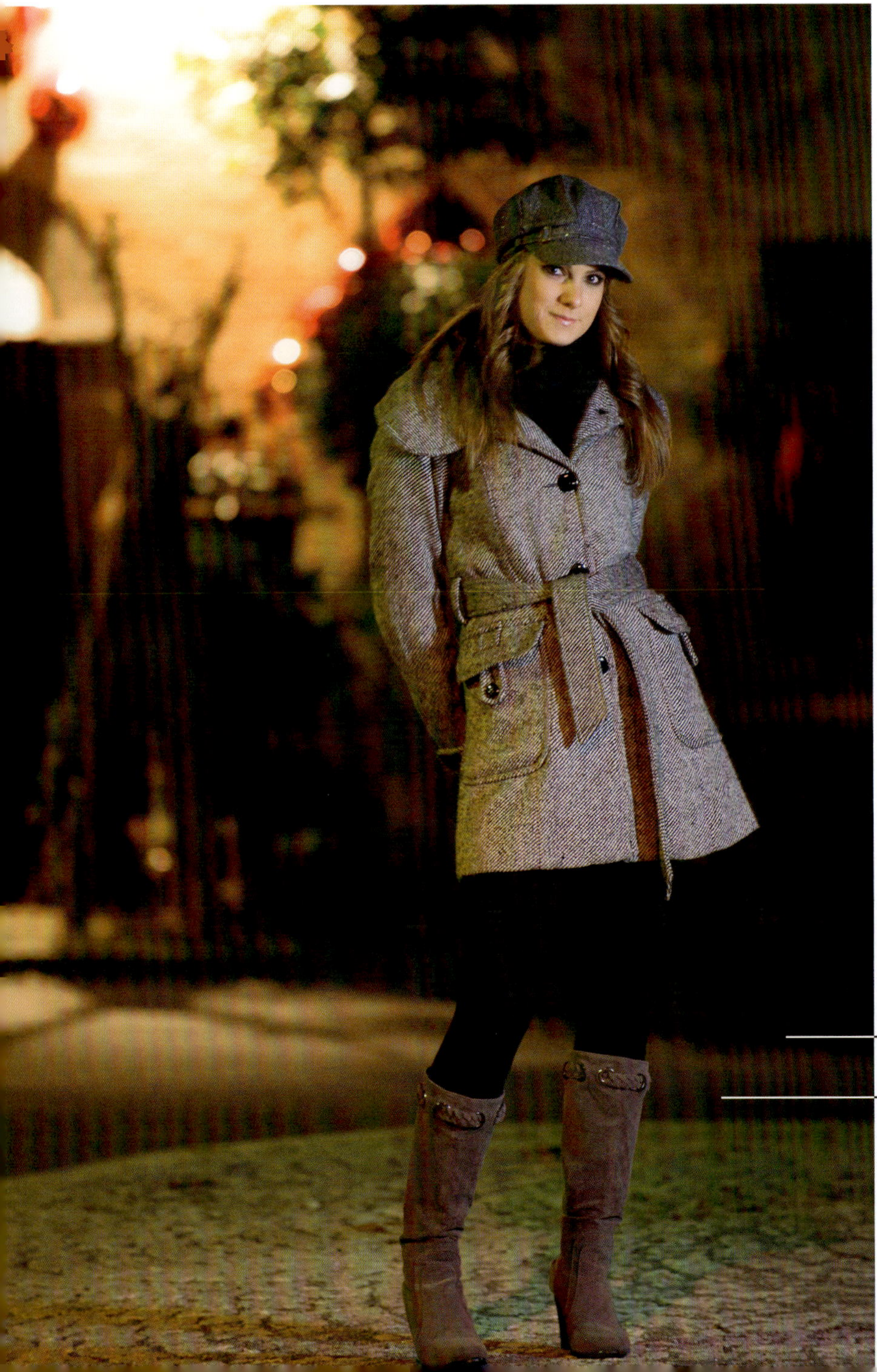

Die Bildansicht zu verändern, einzuzoomen und auszuzoomen oder einfach nur die Ansicht zu verschieben gehört zu den wichtigsten Handgriffen in Photoshop. Hier erfahren Sie alles, was sie darüber wissen sollten.

Zielsetzungen:

Darstellungsgröße des Bildes verändern

Ansicht verschieben

[ansicht.tiff]

Foto: Markus Wäger, Modell: Alexandra

1 Bild über Mini Bridge öffnen

Wenn Sie dem ersten Workshop gefolgt sind, dann befindet sich die Palette MINI BRIDGE an der Unterseite des Anwendungsfensters. Über COMPUTER ❶ im Bereich NAVIGATION können Sie das Verzeichnis mit dem Beispielmaterial auf der DVD zum Buch aufrufen oder – falls Sie die Daten auf Ihre Festplatte kopiert haben – auf diesen Ordner zugreifen. Wenn Sie den Ordner gefunden haben, öffnen Sie das Bild »ansicht.tiff« per Doppelklick ❷. Sollte die Bridge nicht offen sein, klicken Sie in Mini Bridge zuvor auf diese Schaltfläche ❸.

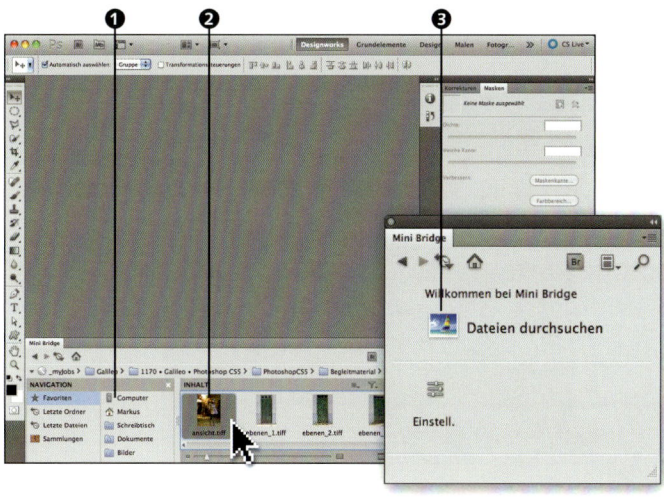

2 Einzoomen

Mit einem Doppelklick ❹ auf die Registerkarte MINI BRIDGE minimieren Sie die Palette, und sie nimmt nur mehr sehr wenig Platz am unteren Ende des Anwendungsrahmens ein.

   Nun wollen Sie Alex – so heißt das Modell – sicher etwas größer im Fenster sehen. Zum Vergrößern der Ansicht aktivieren Sie das ZOOMWERKZEUG 🔍. Klicken Sie in das Bild zum Einzoomen ❺. Sie können auch die Schaltläche GANZES BILD ❻ nutzen, um das Bild so groß wie möglich im Fenster anzuzeigen.

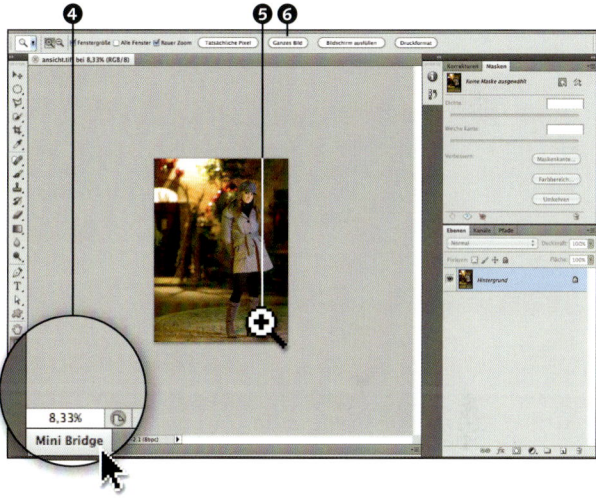

3 Auszoomen

Um die Ansicht wieder verkleinern zu können halten Sie die [Alt]+Taste gedrückt, und klicken Sie neuerlich. Wichtig: Das Bild wird durch die Lupe nicht größer und nicht kleiner – es wird nur größer oder kleiner angezeigt!

   Profi-Tipp: Halten Sie die [Strg]/[⌘] + [Leertaste], wird ebenfalls die Lupe aktiviert, ohne dass Sie das Werkzeug wechseln. [Strg]/[⌘] + [Alt] + [Leertaste] aktiviert die Lupe zum Auszoomen. Lassen Sie die Tasten los, sind Sie wieder bei dem Werkzeug angelangt, mit dem Sie gerade gearbeitet haben.

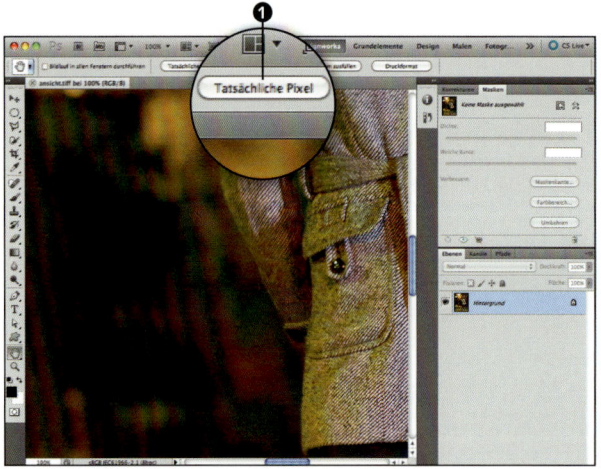

4   Tatsächliche Pixel

Die einzige verlässliche Ansicht zur Beurteilung der Bildqualität eines Pixelbildes ist TATSÄCHLICHE PIXEL. Deshalb finden Sie in der Optionen-Palette auch eine Schaltfläche ❶ dafür, wenn das ZOOM- 🔍 oder HAND-WERKZEUG 🖐 aktiviert ist.

Profi-Tipp: Arbeiten Sie, wann immer Sie sensible Retuschen vornehmen, Bildrauschen reduzieren oder Bildschärfe erhöhen, in der Ansicht TATSÄCHLICHE PIXEL. Es kann sonst sein, dass das Bild durch die Bearbeitung Detailqualität verliert und Sie es nicht sehen.

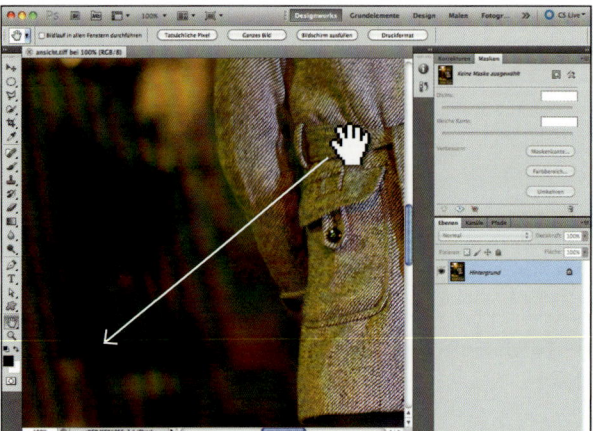

5   Ansicht verschieben

Viele Bilder werden in der Ansicht TATSÄCHLICHE PIXEL nicht mehr ganz ins Fenster passen. Mit dem HAND-WERKZEUG 🖐 können Sie die Ansicht innerhalb des Dokumentfensters verschieben.

Profi-Tipp: Nutzen Sie auch hier ein Tastaturkürzel, um das Werkzeug temporär aufzurufen, nämlich die ⟨Leertaste⟩. Auch hier landen Sie durch Loslassen der Leertaste wieder bei dem Werkzeug, das zuvor aktiviert war, und mit dem Sie meist weiterarbeiten wollen.

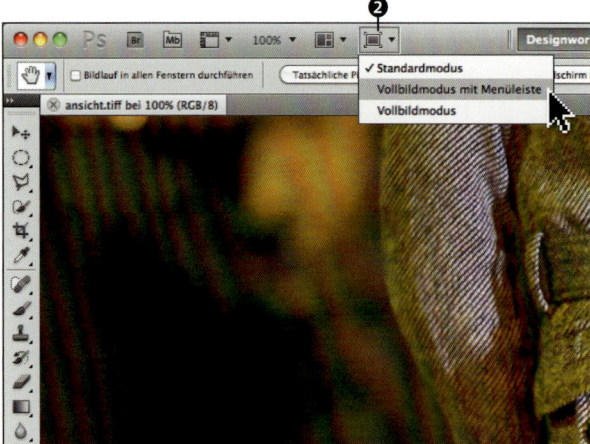

6   Vollbildmodus mit Menüleiste

Wenn Sie beabsichtigen, eine aufwendigere Auswahl zu erstellen, dann empfehle ich den Wechsel in den VOLLBILDMODUS MIT MENÜLEISTE ❷. Es wäre jetzt etwas umständlich, zu erklären, welche Vorteile es bringt. Aber wenn Sie einmal ein paar Minuten mit dem POLYGON-LASSO 🔽 an einer Auswahl arbeiten und nicht weiterkommen, weil eine Palette dort liegt, wo sie weiterarbeiten sollten, werden Sie verstehen, wovon ich schreibe.

7 Hand-Werkzeug auf Stereoiden

Das Tastaturkürzel, um das HAND-WERKZEUG zu aktivieren, ist H. Versuchen Sie einmal das: Aktivieren Sie ein beliebiges Werkzeug, und drücken (und halten) Sie dann die Taste H. Drücken und halten Sie ebenso die Maustaste. Die Bildansicht springt auf GANZES BILD, und ein Rahmen ❸ wird angezeigt. Wenn Sie ihn mit der Maus verschieben und die Maustaste dann loslassen, springt die Bildansicht auf den Bereich, auf den Sie gezogen haben, und zoomt zurück auf die zuvor eingestellte Zoomstufe.

8 Verschieben mit dem Scrollrad

Eine alternative Möglichkeit, den Bildausschnitt zu verschieben, bieten die Scrollräder an, die die meisten Mäuse heute haben. Das ist vor allem dann eine Option, wenn Sie mit Ihrer Maus nicht nur rauf- und runterrollen können, sondern auch seitwärts. So braucht man das Werkzeug nicht zu wechseln.

9 Alternative zum Zoomen

Halten Sie die Taste Alt gedrückt, dann können Sie durch Rollen mit dem Scrollrad nach oben ein- und nach unten auszoomen. Oder Sie machen es ganz über die Tastatur und wählen Strg/⌘ + + für das Ein- und Strg/⌘ + – für das Auszoomen.

   Profi-Tipp: Wenn das ZOOM-WERKZEUG aktiv ist, und Sie die Maustaste drücken, dann wird durch eine Bewegung nach rechts eingezoomt und nach links ausgezoomt. Das ist neu in CS5.

Arbeiten mit Ebenen

Ebenen sind der Dreh- und Angelpunkt der Bildgestaltung.

Wer mit Photoshop arbeitet, kommt um den Umgang mit Ebenen kaum herum. Warum auch? Schließlich erleichtern Sie das Kombinieren von Bildern außerordentlich und lassen die Türen für jede erdenkliche nachträgliche Änderung offen.

In diesem Workshop werden Sie Bild- und Textebenen kennenlernen. Sie werden lernen, wie mehrere Bilder in einem neuen Dokument zusammengefügt werden können und wie Sie Ebenen skalieren.

Zielsetzungen:

Drei Bilder über schwarzem Hintergrund zusammenstellen

Montage mit einem Titel versehen
[ebene_1.tiff, ebene_2.tiff, ebene_3.tiff]

THE DOORS BY MARKUS WÄGER

Foto: Markus Wäger

1 Bilder mit Mini Bridge öffnen

Im vorangegangenen Workshop haben wir die MINI BRIDGE minimiert. Falls die Palette noch allein durch die Registerkarte am unteren Bildschirmrand zu sehen ist, öffnen Sie sie mit einem Doppelklick auf die Registerkarte ❶.

Suchen Sie dann im Ordner mit dem Begleitmaterial die Bilder »ebene_1.tiff«, »ebene_2.tiff« und »ebene_3.tiff«. Klicken Sie auf das erste Bild und bei gedrückter ⇧-Taste auf das letzte der Bilder ❷. Es sollten alle drei Bilder ausgewählt sein, und Sie können sie mit Doppelklick in Photoshop öffnen.

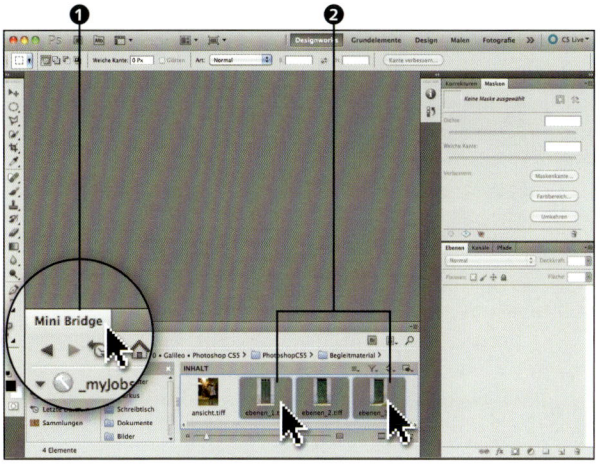

2 Neues Dokument einrichten

Die drei Bilder sind nach dem Öffnen als Tabs ❸ im Anwendungsrahmen zu sehen. Die MINI BRIDGE können Sie mit einem Doppelklick auf die Registerkarte minimieren. Für den Hintergrund des »Triptychons« brauchen wir ein neues Dokument. Wählen Sie NEU im Menü DATEI oder Strg/⌘ + N. Stellen Sie 126 mm für BREITE, 96 mm für HÖHE und 300 Pixel per Zoll für die AUFLÖSUNG ein. Wählen Sie den FARBMODUS mit RGB-FARBE und 8-BIT für die Farbtiefe. Den HINTERGRUND-INHALT werden wir im Dokument einfärben.

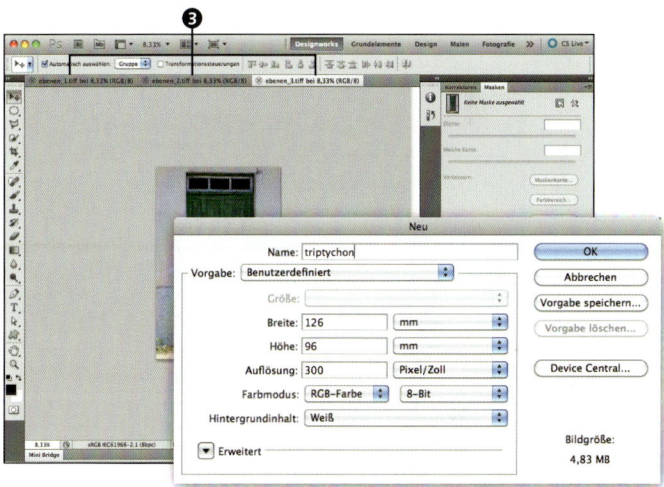

3 Fläche füllen

Der Hintergrund ❻ soll schwarz eingefärbt werden. Prüfen Sie, ob die VORDERGRUNDFARBE ❺ Schwarz ist. Wenn nicht, klicken Sie auf STANDARDFARBEN ❹ (D). Wählen Sie anschließend im Menü BEARBEITEN • FLÄCHE FÜLLEN ❼ und dort VERWENDEN • VORDERGRUNDFARBE. Bestätigen Sie mit OK.

Profi-Tipp: Schneller geht es mit dem Tastaturkürzel Alt + ← (← steht für die Taste, die man auch Backspace, Delete oder Rückschritt nennt). Mit Strg/⌘ + ← können Sie mit der Hintergrundfarbe füllen.

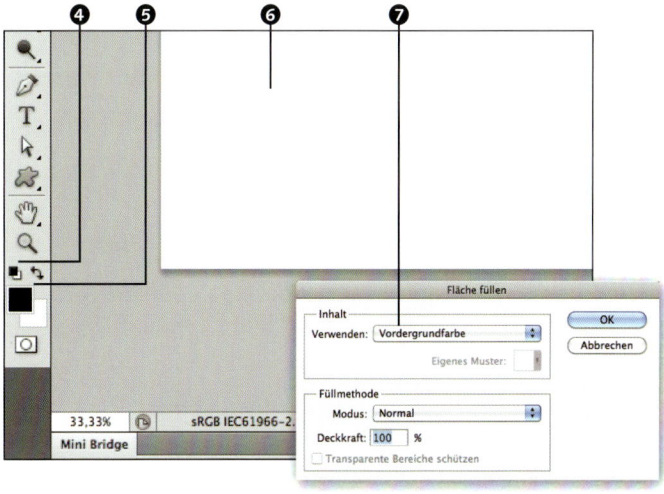

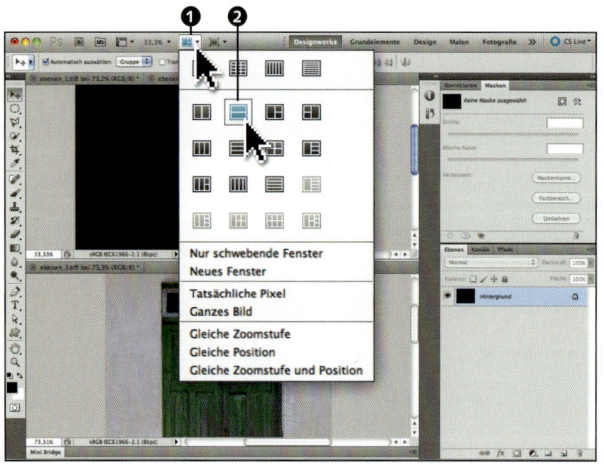

4 Dokumente anordnen

Über die Schaltfläche DOKUMENTE ANORDNEN ❶ können Sie mit 2 ÜBEREINANDER ❷ den Anwendungsrahmen aufteilen. Sie sollten anschließend drei Dokumente in der oberen Hälfte sehen (genau genommen ein Dokument ganz und von zwei anderen die Tabs) und ein Dokument in der unteren Hälfte.

Bei mir ist das Dokument mit dem schwarzen Hintergrund zusammen mit zwei »ebene«-Bildern oben. Diese Anordnung möchte ich noch ändern.

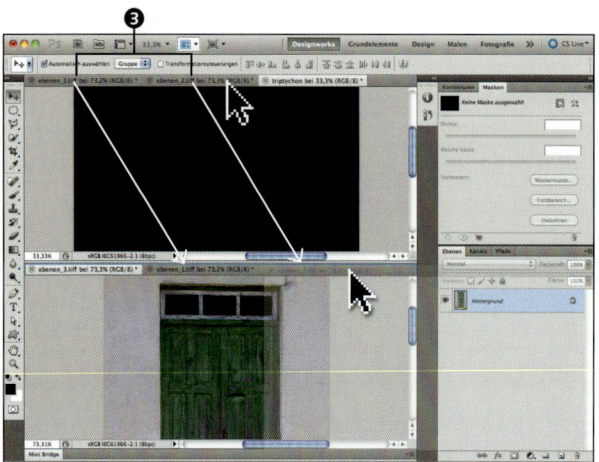

5 Anordnung ändern

Stellen Sie nun die Dokumente so zusammen, dass sich »ebene_1.tiff«, »ebene_2.tiff« und »ebene_3.tiff« in der unteren und das Dokument mit dem schwarzen Hintergrund in der oberen Hälfte befindet. Dazu fassen Sie die Dokumente an den Registerkarten ❸ und ziehen Sie sie auf den Bereich der Registerkarten in der anderen Bildschirmhälfte. Das funktioniert im Grunde so, wie Sie es bereits bei den Paletten gelernt haben.

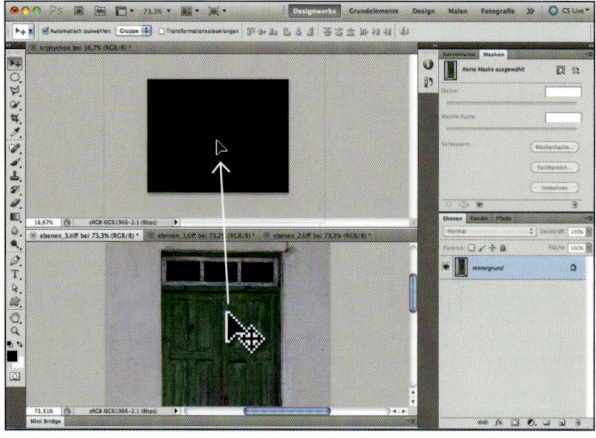

6 Bilder vereinen

Nun sind wir bereit, die drei Bilder der Türen in dem Bild mit dem schwarzen Hintergrund zu vereinen. Aktivieren Sie dazu das VERSCHIEBEN-WERKZEUG ▶✛ und ziehen Sie ein Bild nach dem anderen in das Dokument mit dem Hintergrund, indem Sie irgendwo auf das jeweilige Bild klicken und es per Drag & Drop auf dem schwarzen Hintergrund fallenlassen.

Profi-Tipp: Halten Sie beim Hinüberschieben der Bilder die ⇧-Taste gedrückt, damit die Bilder zentriert im Bild mit dem Hintergrund abgelegt werden.

7   Alle Dokumente zusammenfassen

Haben Sie alle drei Fotos in den Hintergrund gezogen, sehen Sie in der Palette EBENEN ❻ für jedes Bild eine Ebene. Vor dem Hintergrund selbst sehen Sie nur eine Tür ❼, nämlich jene Ebene, die in der Palette EBENEN zuoberst liegt – was hier oben angezeigt wird, verdeckt die Ebenen darunter.

Sie können nun ALLE ZUSAMMENLEGEN ❹ wählen, um nur mehr das vorderste Dokument zu sehen, oder die anderen Dokumente schließen, indem Sie auf das kleine X ❺ in den Registerkarten klicken.

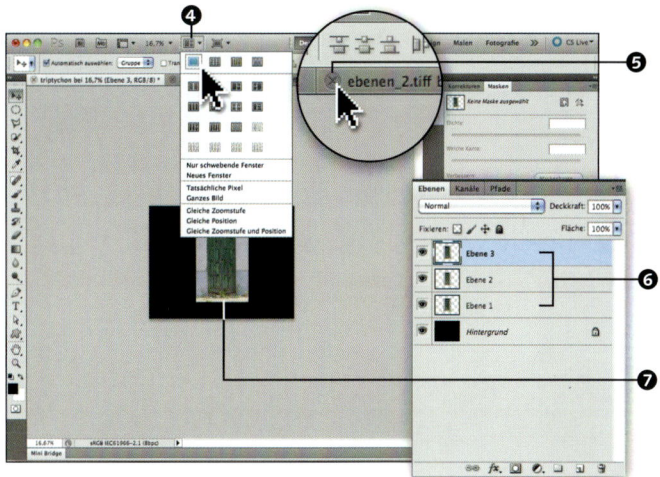

8   Frei transformieren

Die Fotos sind zu breit, um nebeneinander Platz zu finden. Um sie gemeinsam zu verkleinern, klicken Sie auf die oberste Tür ❿ und bei gedrückter ⇧-Taste auf die unterste ⓫. Danach sollten alle drei farblich als ausgewählt gekennzeichnet sein. Wählen Sie im Menü BEARBEITEN • FREI TRANSFORMIEREN (Strg/⌘ + T). Es erscheint ein Rahmen mit Anfassern ❽. An den Eckanfassern ❾ können Sie nun ziehen, um das Format zu ändern. Halten Sie dabei die ⇧-Taste gedrückt, damit die Proportionen erhalten bleiben.

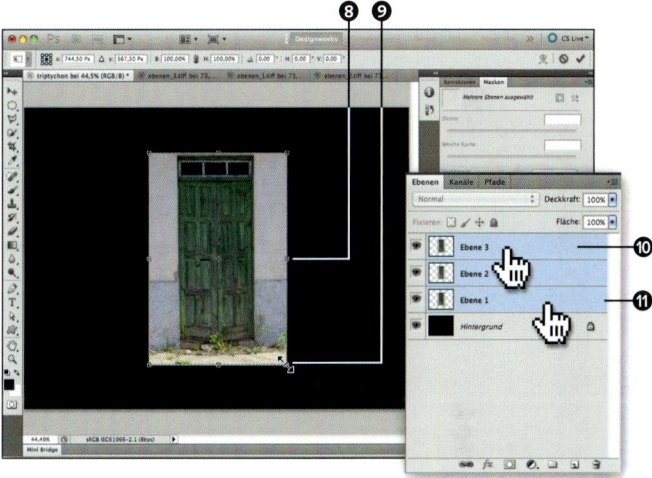

9   Prozentual skalieren

Tipp: Alternativ zum Skalieren mit der Maus können Sie auch einen Prozentwert eingeben. Um das gleiche Ergebnis zu erhalten wie ich, gehen Sie am besten genauso vor. Ich habe zunächst als REFERENZPUNKT oben Mitte ⓬ eingestellt. Dadurch bleibt bei der Verkleinerung die obere Kante, wo sie ist. Dann habe ich bei der BREITE 80 % ⓭ eingegeben. Ist das Verketten-Symbol ⓮ aktiv, wird die Höhe automatisch mit angepasst. Bestätigen Sie anschließend mit ↵.

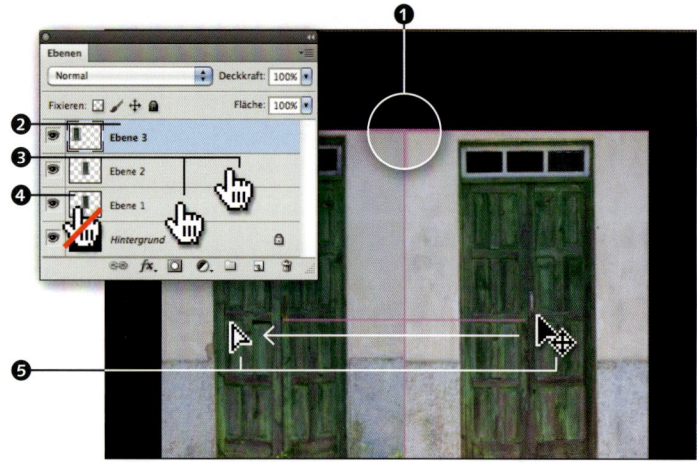

10 Ebenen verschieben

Klicken Sie bei gedrückter ⌈Strg⌉/⌘-Taste auf die unteren Bildebenen ❸, um Ihre Auswahl aufzuheben, so dass nur mehr die oberste ❷ aktiv ist. Klicken Sie dabei nicht auf die Miniatur ❹ – das hat etwas anderes zur Folge.

Verschieben Sie mit dem Verschieben-Werkzeug ⊞ die ausgewählte Ebene ❺. Wenn Sie zuvor im Menü Ansicht • Einblenden • Intelligente Hilfslinien aktiviert haben, erscheinen automatisch Hilfslinien, die Ihnen helfen, die Ebenen an den oberen und seitlichen Kanten aneinander auszurichten ❶.

11 Verschieben über Tastatur

Wenn das Verschieben-Werkzeug ⊞ aktiv ist, können Sie Ebenen auch mit den Pfeiltasten der Tastatur verschieben. Wir verwenden diesen Trick, um sicherzustellen, dass die Abstände zwischen den Bildern gleichmäßig sind. Wenn Sie aber nur die ⌈←⌉-Taste drücken, ist die Distanz der Ebenen zueinander sehr gering. Halten Sie zusätzlich die ⌈⇧⌉-Taste, um die Distanz zu verzehnfachen. Auf diese Art habe ich viermal bei gedrückter ⌈⇧⌉-Taste die ⌈←⌉-Taste gedrückt, um die gezeigte Distanz zu erreichen.

12 Schritte für Ebene wiederholen

Wiederholen Sie die Schritte 10 und 11 für die mittlere Ebene ❼ (»Ebene 2«), und schieben Sie die Ebene nach rechts. Am Ende sollten die drei Ebenen nebeneinanderstehen.

Hinweis: Für das Verschieben-Werkzeug lässt sich Automatisch auswählen ❻ aktivieren (nach Standard aktiviert). Wenn Sie den Workshop bisher wie gezeigt durchgeführt haben, dann sollte es auch funktionieren, wenn diese Option aktiv ist. Möchte man aber Ebenen erreichen, die von anderen verdeckt werden, muss man sie abschalten.

13 Text erstellen

Mit dem TEXT-WERKZEUG $\boxed{T}$ klicken Sie in die Mitte des Bereichs unter den Bildern ❽. Photoshop erstellt eine neue Textebene ⓫ oberhalb der zuletzt ausgewählten Ebene ⓰.

Über 📄 ❾ öffnen Sie die Palette ZEICHEN. Stellen Sie die SCHRIFTART ❿, den SCHRIFTSCHNITT ⓫ und die SCHRIFTGRÖSSE ⓬ ein. Ich habe außerdem die LAUFWEITE ⓭ auf +200 erhöht, damit der Text viel Zeichenabstand erhält, und $\boxed{TT}$ ⓮ für GROSSBUCHSTABEN aktiviert. Schreiben Sie nun den Text.

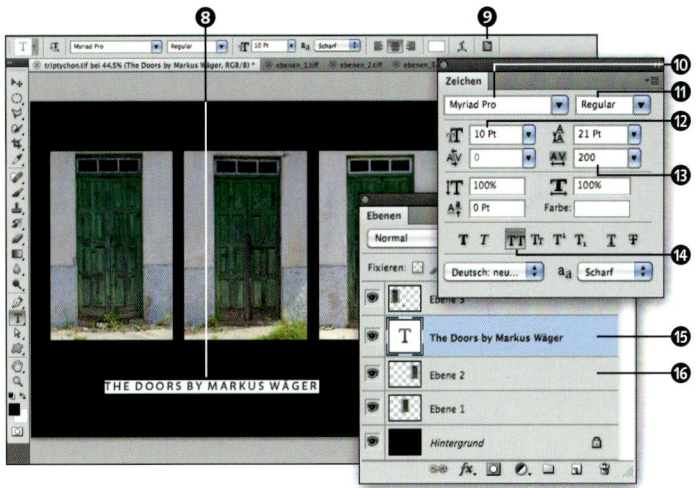

14 Ebenen ausrichten

Nun wollen wir noch sicherstellen, dass der Text in der Breite tatsächlich mittig steht. Dazu aktivieren Sie in der Palette EBENEN zusätzlich zur Textebene den Hintergrund, indem Sie bei gedrückter $\boxed{\text{Strg}}$-Taste auf den Hintergrund klicken ⓲.

Aktivieren Sie wieder das VERSCHIEBEN-WERKZEUG $\boxed{\blacktriangleright_+}$. In der Optionen-Palette erscheinen Schaltflächen zum Ausrichten der Ebenen ⓱. Klicken Sie auf $\boxed{\underline{\underline{\mathbb{A}}}}$. Der Text sollte jetzt in der Mitte der Arbeitsfläche stehen.

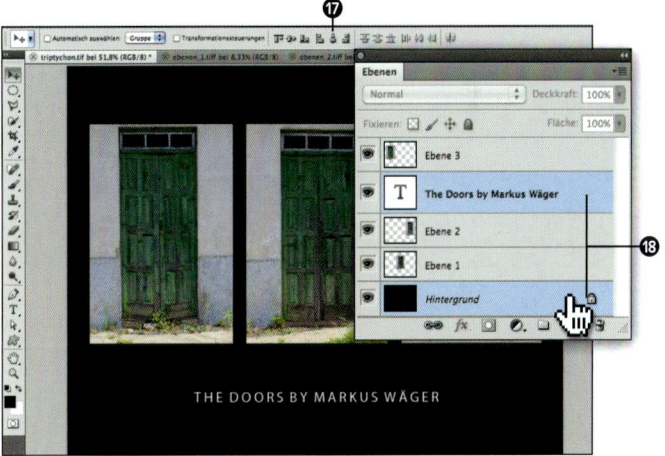

15 Text ändern

Wenn Sie den Text noch einmal ändern wollen, dann aktivieren Sie das TEXT-WERKZEUG $\boxed{T}$ und wählen den Text auf dieselbe Art aus, wie Sie es auch in einem Textbearbeitungsprogramm tun. Alternativ können Sie den Text auch mit einem Doppelklick auf die Miniatur der Textebene in der Palette EBENEN auswählen ⓴.

Ich habe die Schriftart noch einmal geändert. Das können Sie ebenfalls über die Palette ZEICHEN oder auch über die Optionen-Palette ⓳ erreichen.

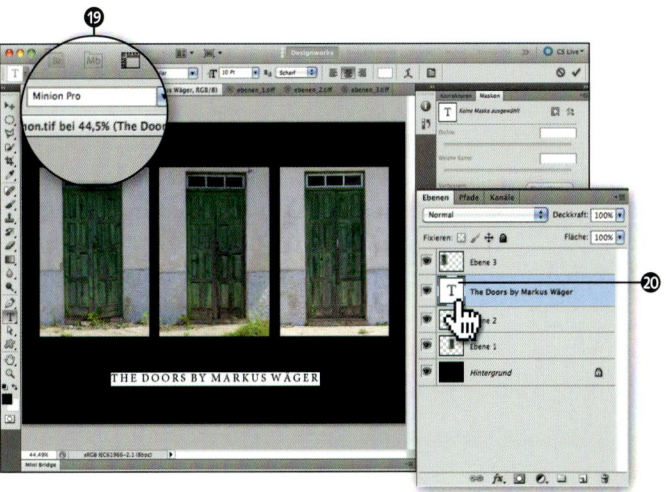

Ebenen

Alles eine Frage der Ebene

Die Palette EBENEN sollte stets mit im Mittelpunkt des Interesses stehen. Gerade Einsteigern ist zu empfehlen, diese Palette im Auge zu behalten. Vor allem die Arbeit mit Text scheint vielen Anwendern etwas Probleme zu bereiten und führt nicht selten zu einer Vielzahl leerer, überflüssiger Ebenen.

Sie sehen auf dieser Seite die Ebenen-Palette einer Photoshop-Datei mit einer ganzen Reihe an verschiedenen Ebenen und Ergänzungsfunktionen zu Ebenen. Sie brauchen das jetzt nicht auswendig zu lernen – wir werden uns in den folgenden Workshops noch ausführlich mit allem beschäftigen. Für den Moment ist es nur wichtig, zu verstehen, wie ein Bild mit mehreren Ebenen aufgebaut sein kann und dass es viele Arten von Ebenen gibt.

Ebenen, die in dieser Palette weiter oben stehen, verdecken immer ganz oder teilweise alle Ebenen darunter. Eine Ebene kann deckend, mehr oder weniger stark durchsichtig oder in Teilbereichen ganz transparent sein, was mit einem solchen ▨ Transparenzmuster gekennzeichnet ist. Sie können jede Ebene separat bearbeiten, indem Sie sie mit einem Klick in der Palette EBENEN zur aktuellen machen. Prüfen Sie immer, ob die richtige Ebene aktiv ist, wenn etwas nicht funktioniert.

Abbildung ❶ zeigt die Palette EBENEN des Bildes ❷. Abbildung ❸ zeigt, wie diese Ebenen übereinanderliegen.

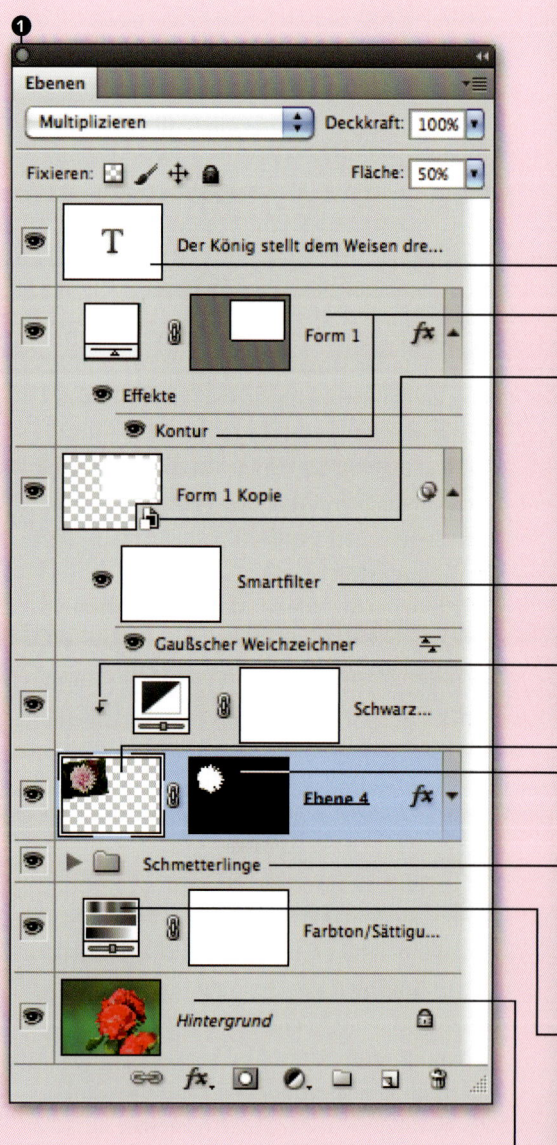

②

Textebene

Formebene mit Ebenenstil (Effekt) »Kontur«

Mit Formwerkzeugen ▢▢▢◯◯/✦ und
Zeichenstift ✐, lassen sich Formebenen erstellen.

Smart-Objekt

Ebenen lassen sich über einen Rechtsklick auf die
Ebene in Smart-Objekte konvertieren, wodurch man
auf Sie angewendete Arbeitsschritte später wieder
rückgängig machen kann.

Smart-Filter

Filter, die als Smart-Filter auf Smart-Objekte angewendet werden, lassen sich später wieder zurücknehmen.

Schnittmaske

Der gewinkelte Pfeil zeigt eine Schnittmaske an. Die
Einstellung dieser Einstellungsebene (braun färben) ist
nur auf der Ebene direkt darunter sichtbar.

Bildebene

Ebenenmaske

Schwarz in einer Ebenenmaske blendet die entsprechenden Bereiche der Bildebene aus; nur in den
weißen Bereichen ist die Bildebene sichtbar.

Gruppe

Eine Gruppe kann mehrere Ebenen beinhalten.

Einstellungsebene

Einstellungsebenen verändern Farben oder Tonwerte
aller Ebenen darunter. Einstellungsebenen als Schnittmaske wirken nur auf die Ebene darunter.

Hintergrund

Der Hintergrund ist eine Ebene mit Einschränkungen:
Keine andere Ebene kann darunter verschoben werden
und sie selbst auch nicht; sie kann nicht transparent
sein.

❸

Bilder mit unterschiedlicher Auflösung kombinieren

Hier lernen Sie, wie Sie aus zwei Bildern eine Montage erstellen.

Mit diesem Workshop nehmen wir schon einmal das Thema der Bildmontagen vorweg. Dabei werden Sie mit dem Bild eines Massaikriegers arbeiten, das ich für Sie bereits freigestellt habe. Wie Sie ein Motiv freistellen, werden Sie später erfahren.

Zielsetzungen:

Bildauflösungen prüfen

Auflösung des Ortes reduzieren

Person in den Ort verschieben

Größe und Position der Person anpassen

[kombinieren_1.tif, kombinieren_2.tif]

Foto: Markus Wäger

Foto: Ulla Trampert, pixelio.de

1 Dokumente kombinieren

Öffnen Sie die beiden Dokumente »kombinie-ren_1.tif« und »kombinieren_2.tif«, und bringen Sie sie über DOKUMENTE ANORDNEN ▦ ▾ nebeneinander zur Ansicht. Aktivieren Sie das Verschieben-Werkzeug ►⊹, und ziehen Sie den Massaikrieger in das Bild der Gasse.

2 Ist das Bild geschrumpft?

Aus dem stattlichen Massai ist ein Pygmäe geworden ❶. Wie kann das geschehen? Am Monitor scheint der Krieger größer zu sein als der Ausschnitt der Gasse.

Die Lösung: Das Bild der Gasse wird mit 8,33 % ❷ dargestellt, das des Massai mit 25 % ❸ (bei größeren Bildschirmen sind die Prozentwerte größer). Klicken Sie auf 🗑 ❹, um die Ebene des Massai noch einmal zu löschen.

Profi-Tipp: Klicken Sie bei gedrückter [Alt]-Taste auf 🗑 , dann ersparen Sie sich den Dialog, ob Sie wirklich löschen möchten.

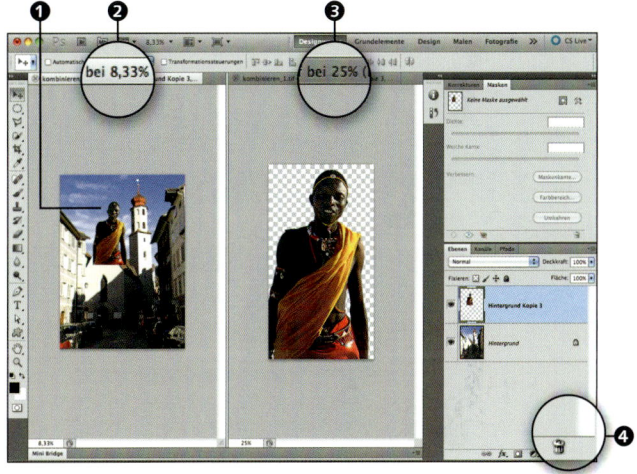

3 Zoomfaktor angleichen

Wenn Sie über ZOOMFAKTOR ❺ das Bild der Gasse auf dieselbe Zoomstufe wie den Massai bringen – bei mir sind es eben 25 % – dann sehen Sie den Unterschied von vornherein.

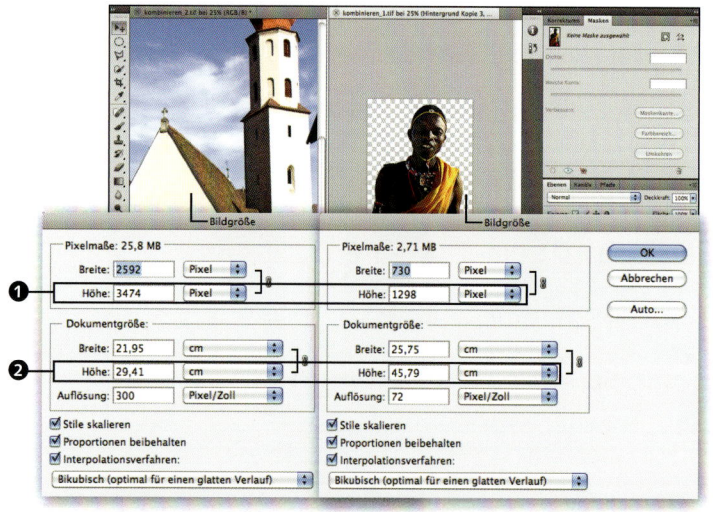

4 Bildauflösungen vergleichen

Öffnen Sie über das Menü BILD den Dialog BILDGRÖSSE. Wenn Sie hier im Bereich DOKUMENTGRÖSSE die HÖHE der beiden Bilder vergleichen, bekommen Sie den Eindruck, das Bild des Massai wäre mit 45,79 cm deutlich höher als die Innenstadt mit 29,41 cm ❷. Wenn Sie die Bilder ausdrucken, ist der Massai tatsächlich größer. Doch wenn Sie Bilder in Photoshop kombinieren, zählen allein die PIXELMASSE, und da ist das Massai-Bild 1298 Pixel hoch und das Gassen-Bild 3474 ❶.

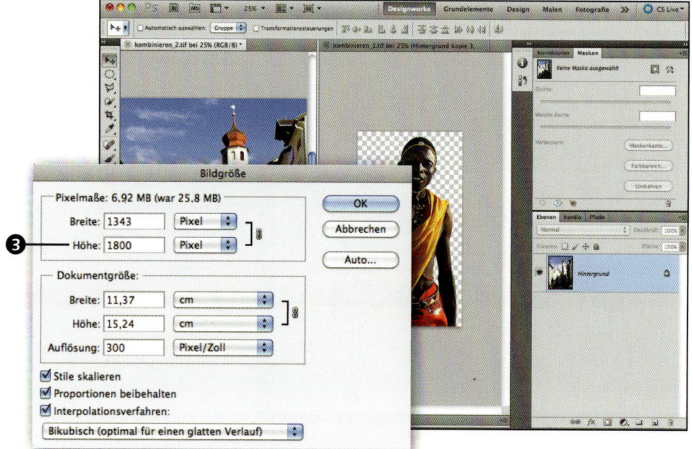

5 Pixelauflösung verringern

Schön wäre es nun, wenn wir die Pixelauflösung des Massai-Bildes erhöhen könnten. Doch leider sollte man das nicht machen, weil dadurch die Bildqualität leidet. Also habe ich für das Bild »kombinieren_2.tif« über BILD den Dialog BILDGRÖSSE aufgerufen und unter PIXELMASSE die HÖHE auf 1800 Pixel ❸ reduziert. Dadurch sollte ich den Massai etwa so groß in das Gassen-Bild bekommen, wie ich mir das vorstelle.

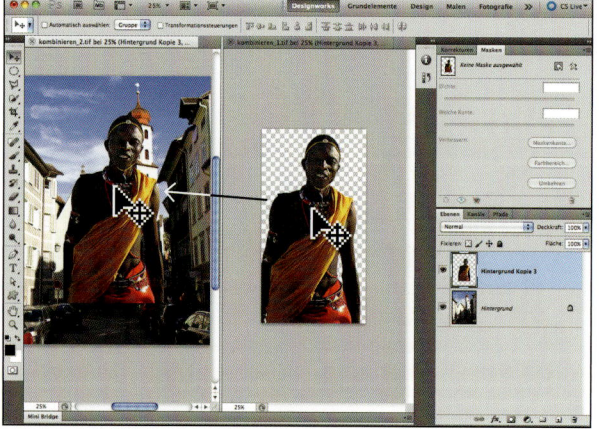

6 Neuerlich kombinieren

Mit dem VERSCHIEBEN-WERKZEUG ⯈ kombiniere ich die beiden Bilder zum zweiten Mal. Nun sieht das Resultat besser aus. Der Massai ist größer im Bild, und es sieht aus, als stünde er näher vor der Kamera.

7   Ebene am Rand platzieren

Nun verschiebe ich den Krieger noch an den linken unteren Rand, um zu sehen, wie das aussieht. Wenn die INTELLIGENTEN HILFSLINIEN (Menü ANSICHT • EINBLENDEN) aktiviert sind, erscheinen lilafarbene Hilfslinien ❹, sobald die Ebene exakt an den Rändern anschließt.

❹

8   Frei transformieren

Etwas zu groß ist der Massai noch. Um ihn kleiner zu bekommen, wähle ich im Menü BEARBEITEN • FREI TRANSFORMIEREN. Dadurch erscheint um den großen Mann herum der bereits beschriebene Rahmen mit Anfassern. Damit Breite und Höhe nicht unterschiedlich skaliert werden, sondern die Proportionen erhalten bleiben, halte ich dabei die ⇧-Taste gedrückt. Ich verkleinere den Besucher der Vorarlberger Kleinstadt über die Eckanfasser nur wenig, gerade so viel, dass der Kopf im hellen Bereich unterhalb der Dächer bleibt.

9   Frei transformieren bestätigen

Vergessen Sie nicht, dass Sie FREI TRANSFOR-MIEREN immer mit ↵ bestätigen müssen (das Symbol ↵ steht für Return bzw. Enter auf Ihrer Tastatur), bevor Sie weiterarbeiten können. An diesem Bild müssen wir aber nichts mehr verändern. Unsere Bildmontage ist fertig.

Schwierigkeitsgrad 1 für Einsteiger

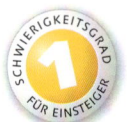

Professionelle Bildkorrekturen

Nicht-destruktive Korrekturen mit Einstellungsebenen

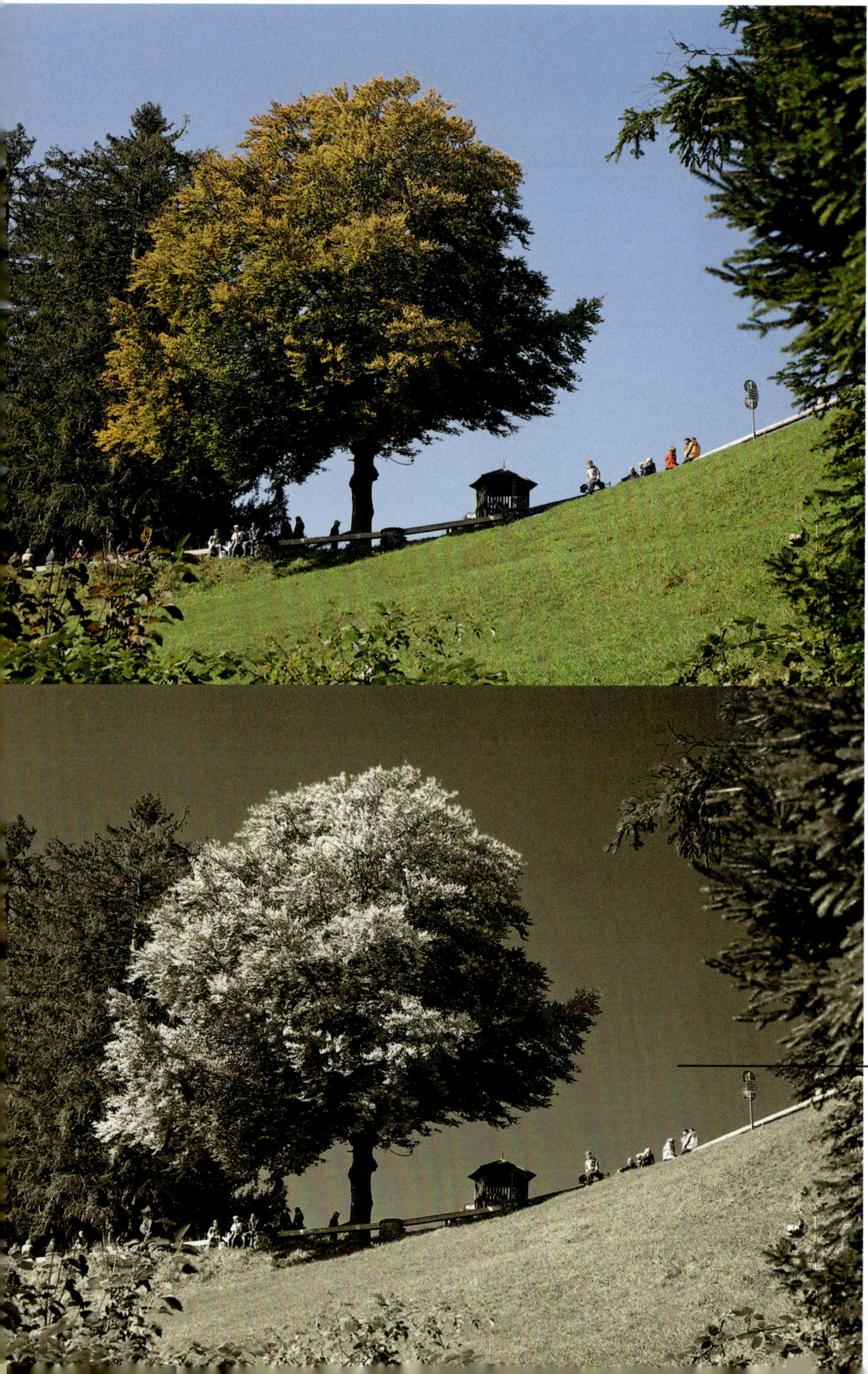

Wenn Sie mit Photoshop Auftragsarbeiten ausführen, dann ist es wichtig, dass Sie sich immer alle Optionen offenhalten. Es ist nichts Ungewöhnliches, dass Sie ein Bild ausarbeiten, Ihr Auftraggeber aber Korrekturen verlangt. Destruktive Bildbearbeitung bedeutet, dass Sie das Bild nachhaltig verändern. Wenn Sie ein Bild in Schwarzweiß ausarbeiten und das über das Menü Bild • Korrekturen machen, dann sind die Farbinformationen fort. Nachdem Sie das Bild einmal geschlossen haben, bringt nichts in der Welt die Farben zurück (wenn man von einer Sicherungskopie des Originals einmal absieht).

Besser ist es, Sie arbeiten nicht-destruktiv, und bei Korrekturen geht das über Einstellungsebenen bzw. die Palette Korrekturen.

Zielsetzung:

Ein Farbbild nicht-destruktiv in ein monochromes Bild umwandeln

[korrekturen.tif]

Foto: Markus Wäger

1   Destruktive Bildbearbeitung

Um ein Bild monochrom einzufärben, eignet sich die Korrektur SCHWARZWEISS. Öffnen Sie den Dialog über BILD • KORREKTUREN • SCHWARZWEISS. Unter VORGABE ❶ habe ich ROTFILTER MIT HOHEM KONTRAST ausgesucht. Außerdem habe ich für die monochrome Färbung FARBTON ❷ aktiviert. So weit, so gut. Wenn Sie den Dialog schließen, dann haben Sie die Farben des Ausgangsbildes gelöscht.

Nehmen Sie den Arbeitsschritt über Menü BEARBEITEN • RÜCKGÄNGIG: SCHWARZWEISS zurück ([Strg]/[⌘] + [Z]).

2   Nicht-destruktive Bildbearbeitung

Wenn es denkbar ist, dass Sie eine Korrektur später vielleicht zurücknehmen wollen, sollten Sie nicht-destruktiv arbeiten. Das geht bei Korrekturen über Einstellungsebenen.

In der Palette KORREKTUREN finden Sie u.a. SCHWARZWEISS-VORGABEN ❸. Ein Klick auf das Dreieck davor macht ROTFILTER MIT HOHEM KONTRAST ❹ zugänglich. Wenn Sie darauf klicken, ist das Resultat so wie zuvor. Allerdings bleibt das Bild selbst farbig ❻, die Einstellungsebene ❺ verändert lediglich das Aussehen.

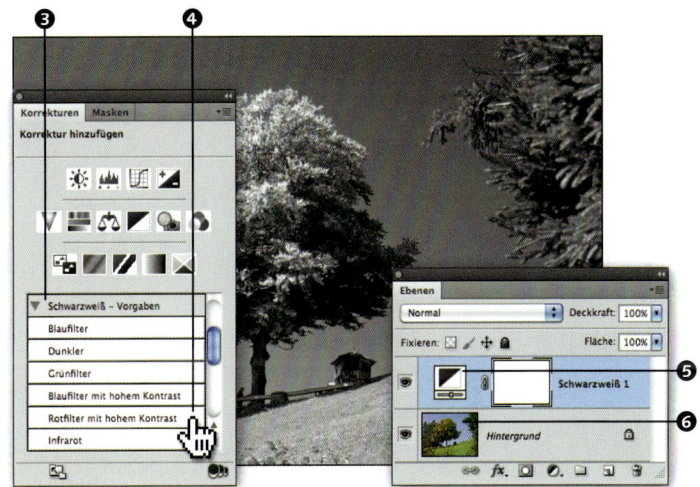

3   Farbton und Änderungen

Haben Sie sich für eine Korrektur entschieden, wechselt die KORREKTUREN-Palette ihr Aussehen. Auch hier finden Sie die Option FARBTON ❼.

Wenn Sie die Korrektur zu einem späteren Zeitpunkt verändern wollen, machen Sie einen Doppelklick auf die Einstellungen-Miniatur ❽ – das öffnet die Palette KORREKTUREN. Sie können die Einstellungsebene auch ausblenden 👁 ❾, um das Bild wieder farbig zu sehen. Oder wenn Sie die Einstellungsebene doch nicht mehr brauchen, ziehen Sie sie auf das Mülleimer-Symbol 🗑 ❿.

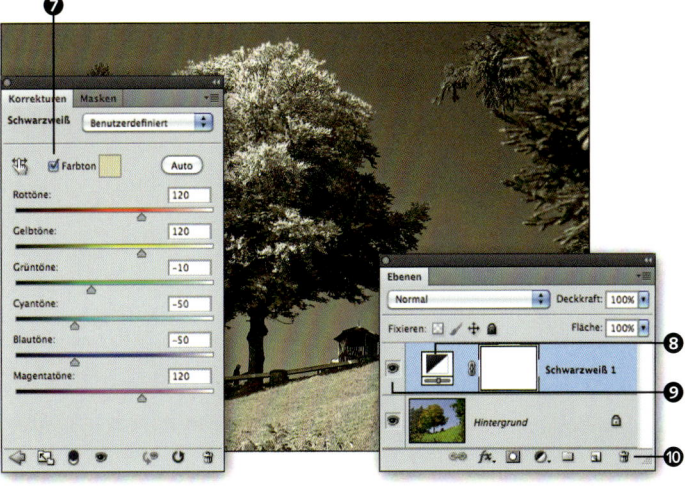

SCHWIERIGKEITSGRAD 1 FÜR EINSTEIGER

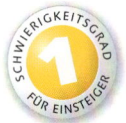

Arbeitsschritte rückgängig machen

Strg/⌘ + Z *mit Übersicht*

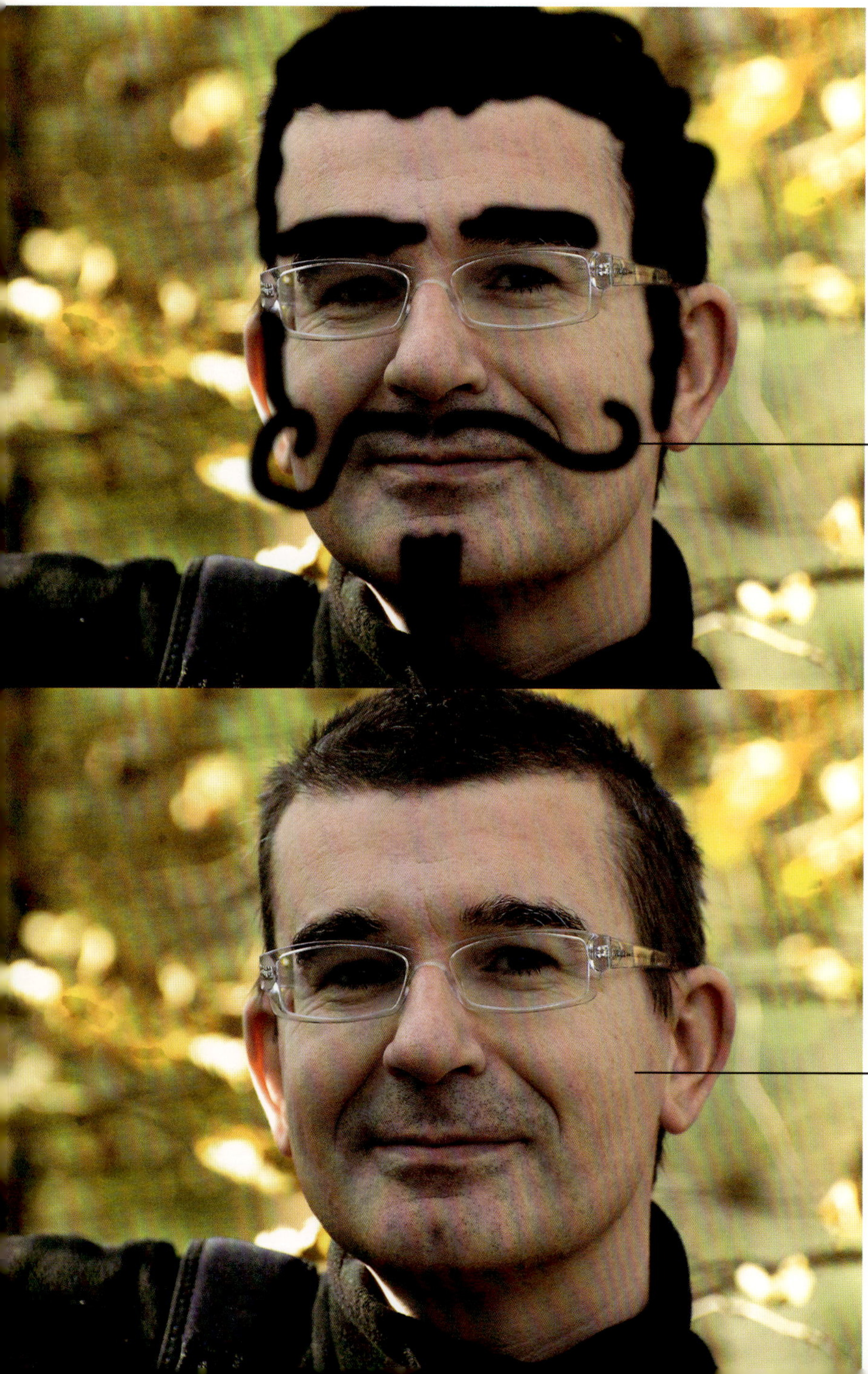

OK. Es gibt Lustigeres als Gesichter mit Bärten zu bemalen. Aber ich fand die Idee ganz nett, um Ihnen zu zeigen, wie die Palette PROTOKOLL funktioniert. Und es muss ja auch in einem Fachbuch nicht immer ganz bierernst zugehen. Ziel dieses Workshops ist es nicht, ein Kunstwerk zu schaffen, sondern Ihnen die Palette PROTOKOLL näherzubringen und Ihnen zu zeigen, wie Sie mit ihrer Hilfe mehrere Arbeitsschritte (oder sogar alle) rückgängig machen und, wenn Sie es sich doch anders überlegen, wiederherstellen können.

Zielsetzungen:

Ein Bild bemalen

Verunglückte Arbeitsschritte wieder rückgängig machen

[protokoll.tiff]

Foto: Andrea Langer

1 Pinsel einstellen

Aktivieren Sie für diesen kurzen Workshop das PINSEL-WERKZEUG ✏. Wenn das PINSEL-WERKZEUG (oder ein anderer Pinsel, Stempel oder Radierer) aktiv ist, und Sie klicken mit der rechten Maustaste ins Bild, erscheint eine Palette, mit der Sie die GRÖSSE des Pinsels einstellen können. Wählen Sie eine Einstellung, mit der Sie den Autor gut anschmieren können, wie z. B. 40 Pixel.

2 Malen

Mit schwarzer Vordergrundfarbe male ich nun einen Bart, noch buschigere Augenbrauen und eine schicke Frisur auf mein Foto.

Wenn Ihnen nicht gefällt, was Sie geschaffen haben, ist das kein Problem: Es gibt die Palette PROTOKOLL. Nach Standard werden bis zu zwanzig Arbeitsschritte protokolliert und in der Palette PROTOKOLL als Liste angezeigt.

Tipp: Über Menü INDESIGN (Mac) / BEARBEITEN (Windows) • VOREINSTELLUNGEN • LEISTUNG • PROTOKOLLOBJEKTE können Sie noch mehr Schritte für die Aufzeichnung einstellen.

3 Schritte rückgängig machen

Mit Klick auf einen Arbeitsschritt ❷ machen Sie die nachfolgenden Schritte rückgängig. Klicken Sie nicht in das kleine Quadrat ❸ vorne, denn es ist für etwas anderes da (siehe Seite 121). Sobald Sie einen neuen Arbeitsschritt ausführen, werden die nachfolgenden Schritte gelöscht. Sollten Sie die Schritte doch nicht rückgängig machen wollen, klicken Sie wieder auf einen der nachfolgenden Schritte ❹. Wenn Sie alle Schritte zurücknehmen wollen, klicken Sie auf den Schnappschuss ❶ ganz oben in der Palette.

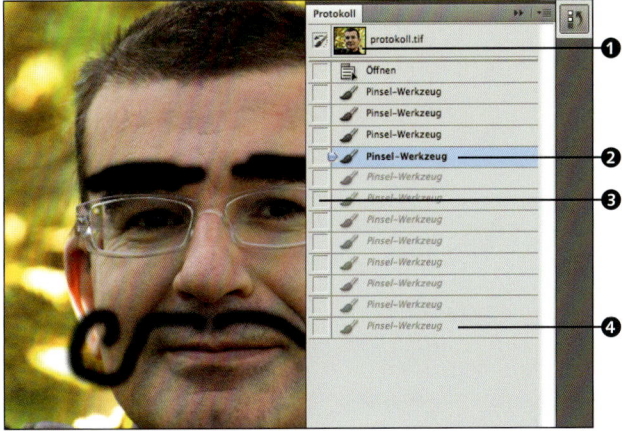

Drei Schritte für jedes Bild:
Größe, Schärfe & Farbraum

Drei Schritte sollst du gehen. Bilder lassen sich auf undenklich viele Arten verändern, manipulieren und bearbeiten. Jedes Foto ist anders, und jedes erfordert andere Bearbeitungsschritte. Bevor man beginnt, ein Bild zu bearbeiten, sollte man immer erst nachdenken. Oder besser *vor*denken: Welche Probleme tauchen in diesem Bild auf? Wie soll es am Ende aussehen, und mit welchen Werkzeugen und Funktionen kann ich das erreichen?

Es gibt jedoch drei Schritte, die man praktisch auf jedes Bild anwendet:

1. Bildauflösung prüfen und bei Bedarf anpassen
2. Schärfen und Rauschen reduzieren
3. in den passenden Farbraum konvertieren

Foto: Pascal Reis, mit freundlicher Genehmigung des Druckereimuseums Druckwerk in Dornbirn (A)

Drei Schritte für jedes Bild: Größe, Schärfe & Farbraum

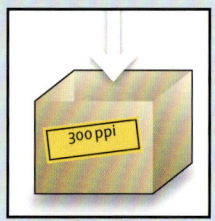

Auflösung prüfen

Wie groß kann ich mein Bild drucken?

Drucker benötigen für die optimale Wiedergabe eines Bildes eine bestimmte Auflösung. Im Offsetdruck sind das meist 300 ppi, in einer Tageszeitung können 200 ppi genug sein. Fotolabore nehmen die Daten zur Entwicklung von Fotoabzügen auch gerne mit 300 ppi. Bevor Sie ein Bild bearbeiten, sollten Sie erst überprüfen, ob sich mit den Pixelmaßen eines Bildes bei der benötigten Auflösung überhaupt die gewünschte Größe ausdrucken lässt. Was nützt Ihnen stundenlange Feinarbeit in Photoshop, wenn Sie am Ende entdecken, dass Sie das Bild gar nicht so groß drucken können, wie Sie es gerne hätten?

Zielsetzungen:

Überprüfen, wie groß sich ein Bild in guter Qualität drucken lässt

Ändern der Auflösung ohne Verlust an Detailinformationen und Schärfe

[groesse.jpg]

Foto: Markus Wäger

1   Bildgröße

Wählen Sie im Menü BILD • BILDGRÖSSE
([Strg]/[⌘] + [Alt] + [I]).

Würden wir dieses Bild so drucken, erzielte
es ein Format von knapp 52 cm Breite und etwas über 38 cm Höhe ❶. Allerdings liegt die
AUFLÖSUNG nur bei 75 ppi ❷ (Pixel per Inch,
hier PIXEL/ZOLL). Bei dieser Auflösung werden
im Druck die Pixel sichtbar, was Sie bei ge-
nauem Betrachten des Ausschnitts des Ausgangsbildes auf der linken Seite deutlich erkennen können. Viele Druckverfahren verlangen nach einer Auflösung von 300 ppi.

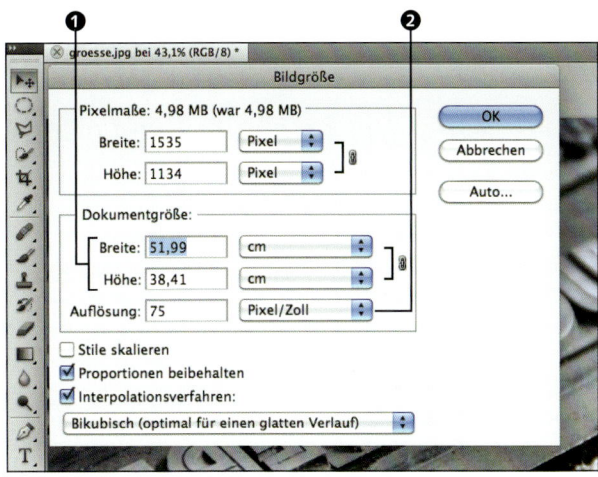

2   Interpolationsverfahren deaktivieren

Wir wollen herausfinden, wie groß wir das
Bild bei 300 ppi drucken können. Deaktivieren
Sie dazu die Option INTERPOLATIONSVERFAH-
REN ❹. Bei einer Interpolation weden die PI-
XELMASSE neu berechnet. Werden sie reduziert, verliert das Bild an Bildauflösung und
hat danach weniger Detailinformationen.
Werden sie erhöht, muss Photoshop Pixel dazuerfinden, die vorher nicht da waren, und
das Bild wird unscharf. Ist die Option deaktiviert, sind die PIXELMASSE fixiert ❸ und
können nicht verändert werden.

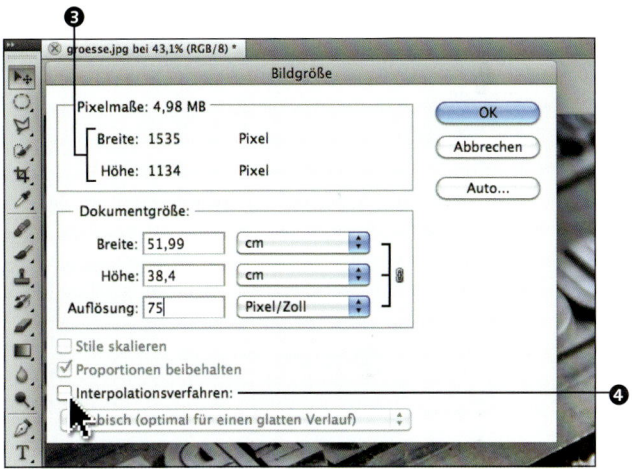

3   Gewünschte Auflösung eingeben

Geben wir dem Drucker als AUFLÖSUNG
300 ppi ❻ (das ist das Vierfache der Ur-
sprungsauflösung 75 ppi) an, schrumpft das
Bild auf 13 cm Breite ❺ (das ist ein Viertel von
der Ursprungsbreite 52 cm). Je höher die Auflösung gewählt wird, desto geringer fällt die
Breite aus, wenn die Pixelmaße unverändert
bleiben.

Mit dem Trick finden Sie also heraus, wie
groß Sie ein Bild bei einer gewünschten Auflösung drucken können, ohne dass Sie Detailinformationen oder Schärfe verlieren.

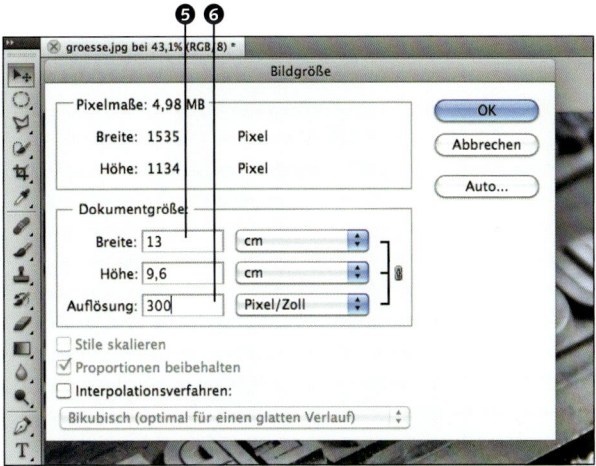

Bildgröße und Auflösung

Alles dreht sich um Pixel und Auflösung.

Auflösung. Dieses Wort ist einerseits von zentraler Wichtigkeit für den Bildbearbeiter, andererseits mit sehr vielen Bedeutungen belegt. Das fängt bei der Sensorauflösung an, geht über die Bildauflösung, die Bildschirmauflösung, die Druckauflösung und meint manchmal auch die Rasterweite. Und alles nennt man landläufig kurz »Auflösung«. Kein Wunder, dass da auch Profis nicht immer ganz durchsteigen und sich das Thema für Einsteiger fast völlig unverständlich darstellt.

Das Problem dabei ist, dass allen Bildbearbeitern und Grafikern eingebläut wurde, dass 300 Pixel per Inch *die* gute Auflösung für alle Fälle sei. Bitte verbannen Sie diese Weisheit aus Ihrem Kopf! Ein Wert wie 300 ppi allein sagt nichts über die Qualität eines Bildes aus. Punkt.

Parallel zur Bezeichnung Pixel per Inch (ppi) kennt man auch Dots per Inch (dpi). Streng genommen ist Pixel per Inch die korrekte Bezeichnung in Bezug auf die Pixel eines Digitalbildes oder eines Monitors, Dots per Inch ist richtig für die meist runden Punkte eines Druckrasters. Doch landläufig werden beide synonym verwendet.

Wir werden für die weiteren Ausführungen den europäischen Kontinent verlassen und auf unser geliebtes metrisches System verzichten. Stattdessen werden wir hier von Inch sprechen. Auch wenn es Bildbearbeiter gibt, die Pixel per Zentimeter angeben, so hat sich die angelsächsische Angabe Inch weitgehend durchgesetzt. Abbildung ❶ hat ein Format von 2,5 Inch × 2 Inch, das sind 63,5 mm × 50,8 mm (1 Inch = 25,4 mm).

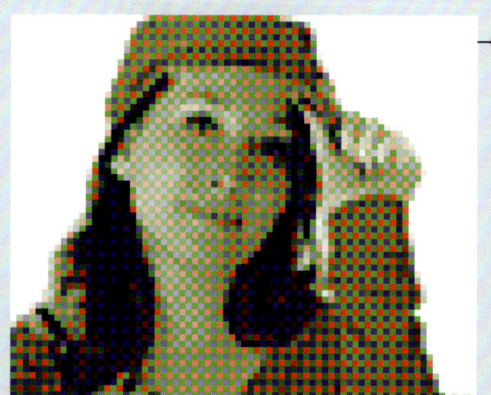

Die Sensorauflösung

Auflösung beginnt beim Sensor Ihrer Kamera (oder Ihres Scanners). Jede Digitalkamera trägt so einen Sensor in sich. Auf diesem Sensor befinden sich meist Millionen lichtempfindlicher Zellen, von denen jede entweder für Rot, Grün oder Blau empfindlich ist. Der Sensor meiner Digitalkamera beispielsweise hat 12,87 Millionen solcher Zellen. Mit den Informationen dieser Zellen errechnet die Elektronik der Kamera Bilder, die aus 4.256 × 2.832 Pixeln bestehen. Wenn Sie diese beiden Zahlen miteinander multiplizieren, dann erhalten Sie etwa zwölf Millionen Pixel. Die Kamera hat also 12 Megapixel (MP).

Was die Kamera sieht, können wir uns etwa so ❷ vorstellen. Allerdings habe ich für das abgebildete Beispiel eine sehr viel kleinere Auflösung gewählt, als das bei einer echten Kamera der Fall wäre. Wir stellen uns vor, unsere Kamera hätte nur 75 × 60 Pixel. Wenn Sie mit dieser Kamera ein Bild aufnehmen, dann wird die Information des Sensors vom Computer in der Kamera in der Regel zu einem JPEG entwickelt. Aus der Auflösung des Sensors ergibt sich dabei auch die Auflösung des Bildes ❸ – die Bildauflösung.

Die Bildauflösung

Pixelbilder bestehen aus Pixeln. Pixel ist ein Kunstwort aus den englischen Begriffen Picture (landläufig als Pix bezeichnet) und Element. Die Pixel sind die Informationsträger eines jeden Pixelbildes. Je mehr Pixel ein Bild hat, desto mehr Detailinformation über das abgelichtete Motiv beinhaltet es.

Das Bild unserer imaginären Kamera besteht aus 75 Pixeln in der Breite × 60 Zeilen übereinander. 75 × 60 = 4.500 Pixel. 4.500 klingt nach viel Informationsgehalt, ist aber für ein Pixelbild sehr wenig, wie Sie in Abbildung ❸ sehen können; die einzelnen Pixel – die einzelnen Informationseinheiten – sind deutlich sichtbar.

Bild ❶ besteht aus 450.000 Pixeln, also 450.000 Einzelinformationen. Das ist genug, um den Lichtreflex in den Augen ebenso wiederzugeben wie den kleinen Nasenring.

Im Bild ❸ hingegen sind die Pixel so groß, dass alle feinen Details verloren gehen – Lichtreflex und Nasenring gehen in der geringen Detailauflösung unter.

Mit 450.000 Informationsbausteinen lässt sich ein Bild viel detaillierter beschreiben als mit 4.500, so, wie sich mit 450.000 Wörtern eine Geschichte viel ausführlicher erzählen lässt als mit 4.500.

Das heißt, ausschlaggebend für die Detailtiefe und somit für die Qualität eines Bildes ist neben der Qualität der fotografischen Umsetzung vor allem die Bildauflösung. Je mehr Pixel Breite × Pixel Höhe, also je mehr Megapixel ein Bild enthält, desto feinere Details lassen sich abbilden. Detailinformationen, die in einem Bild aufgrund zu geringer Bildauflösung nicht vorhanden sind, lassen sich nachträglich nicht mehr einfügen. Das heißt, aus Bild ❸ lässt sich der Glanz in den Augen und der kecke Nasenring nicht mehr herauskitzeln.

❸

60 Pixel

75 Pixel

PPI: Die Ausgabeauflösung

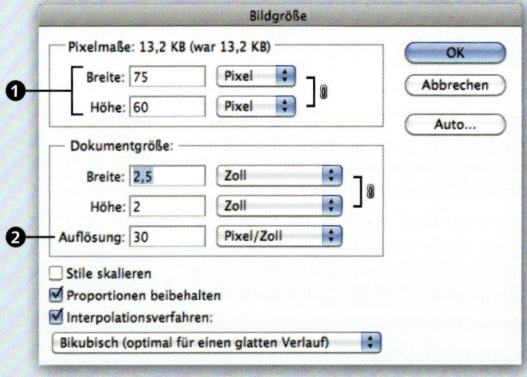

Oben sehen Sie Photoshops BILDGRÖSSE-Dialog. Unter PIXELMASSE werden BREITE und HÖHE in Pixeln angegeben ❶. Das ist das, was wir im Vorangegangenen als »Bildauflösung« bezeichnet haben.

Im Bereich DOKUMENTGRÖSSE finden Sie ein Feld, das mit AUFLÖSUNG ❷ beschriftet ist. Da Auflösung, wie eingangs angemerkt, viele verschiedene Bedeutungen hat, wäre es präziser von »Ausgabeauflösung« zu sprechen. Oder von »Druckausgabeauflösung«, denn mit dem Wert, den Sie hier einstellen, definieren Sie lediglich, wie viele Pixel sich der Drucker von der Bildauflösung nehmen darf, um ein Inch

auszufüllen. Wenn Sie den Wert der Ausgabeauflösung verdoppeln und dabei die Pixelmaße unverändert lassen (siehe vorangegangenen Workshop), ändert sich nichts an der Bildqualität selbst, sondern das Bild kommt lediglich in der halben Größe aus dem Drucker. Die Ausgabeauflösung bestimmt also nicht die Qualität des Bildes selbst, sondern allein, wie groß das Bild bei einer bestimmten Qualität *aus dem Drucker* kommt.

Die Druckausgabeauflösung ❷ ist also ausschließlich im Zusammenhang mit dem Drucken wichtig. Für Arbeiten für den Monitor, also für Bildschirmpräsentationen und das Internet, ist der dort eingestellte Wert belanglos. Programme für Bildschirmpräsentationen und Webdesign richten sich in der Regel ausschließlich nach den PIXELMASSEN ❶.

Stellen Sie sich die Druckausgabeauflösung als Etikett für den Drucker vor. Die Metapher geht so: Sie packen Ihr Pixelbild in ein Paket (das ist die Datei) und schicken es zum Drucker (das Gerät, nicht der Mensch). Damit er weiß, wie groß er das Bild drucken soll, heften Sie ein Etikett, zum Beispiel mit der Aufschrift 30 ppi, an das Paket ❸. Sie sagen dem Drucker damit: »Lieber Drucker, hier ist ein Bild, das ist 75 Pixel breit. Von diesen

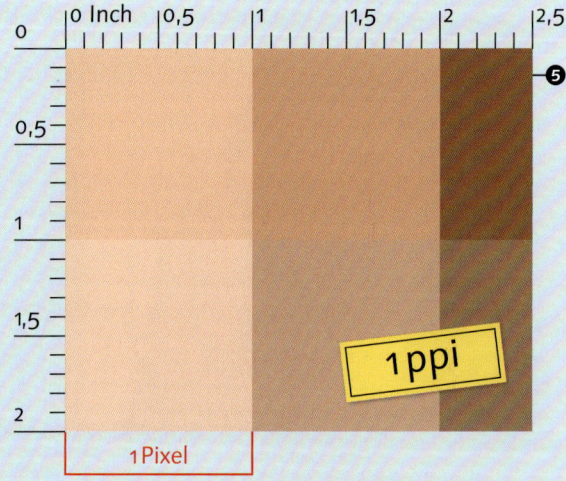

75 Pixeln darfst du jeweils 30 Pixel nehmen, um damit ein Inch zu füllen.«

Der Drucker bedankt sich brav für das Paket und druckt Ihr Bilddokument aus ❹. Er füllt die ersten 30 Pixel in ein Inch, und es bleiben 45 Pixel übrig. Er füllt das zweite Inch, 15 Pixel bleiben übrig. Mit diesen 15 Pixeln kann er noch ein halbes Inch füllen.

Bildpixel haben keine fixe metrische Größe. Das Pixelmaß ist eine relative Maßeinheit. Die Größe des Pixels ergibt sich erst im Ausdruck. Wenn Sie ein Bild, wie im vorangegangenen Beispiel, mit 30 Pixeln per Inch an einen Drucker schicken, dann werden die Pixel 1/30 Inch groß.

Stellen Sie dasselbe Bild über den Dialog BILDGRÖSSE auf 1 Pixel per Inch und senden es an den Drucker, dann wird es 75 Inch × 60 Inch groß (ungefähr 190 cm × 152 cm). Auf der gegenüberliegenden Seite sehen Sie einen Ausschnitt ❺ aus diesem gigantischen Bild. Bei der Einstellung »1 Pixel per Inch« ist im Druck dann natürlich ein Pixel exakt ein Inch groß.

Nun wissen Sie natürlich, dass 1 ppi keine realistische Druckausgabeauflösung für ein Bild ist. Der Offsetdrucker hätte gerne 300 ppi. Also stellen Sie den Wert für die Auflösung auf 300 ppi ein ❽. Sie stecken Ihr Bild

wieder ins Datenpaket. Der Drucker nimmt das vorhandene Pixelmaterial auf, sieht 300 ppi als Ausgabeauflösung und, dass 75 Pixel vorhanden sind, und druckt das Bild 0,25 Zoll breit. Klar: Wenn 300 Pixel per Inch ❼ vorgegeben sind, kann ein Bild mit 75 Pixeln Breite ❻ nur 0,25 Inch breit werden.

LPI: Die Rasterweite

So, wie ein digitales Bild eine Pixelauflösung hat, so besitzt ein gedrucktes Bild eine Rasterauflösung. Um den Eindruck Tausender Farben mit nur drei Grundfarben plus Schwarz vermitteln zu können, müssen Bilder für die drucktechnische Reproduktion als Punkte gerastert werden. Für Massendruckverfahren geschieht dieser Vorgang in der Belichtungsabteilung von Druckereien. Über einen Raster Image Processor, kurz RIP, werden die angelieferten Daten in ein Druckraster umgerechnet und auf Druckplatten belichtet.

Bei den gängigsten Rasterverfahren sind die Rasterpunkte zeilen- und spaltenweise aneinander ausgerichtet und neben- und untereinander angeordnet. Der Abstand von der Mitte eines Rasterpunktes zur Mitte des nächsten Punktes bestimmt, wie groß die Raster-

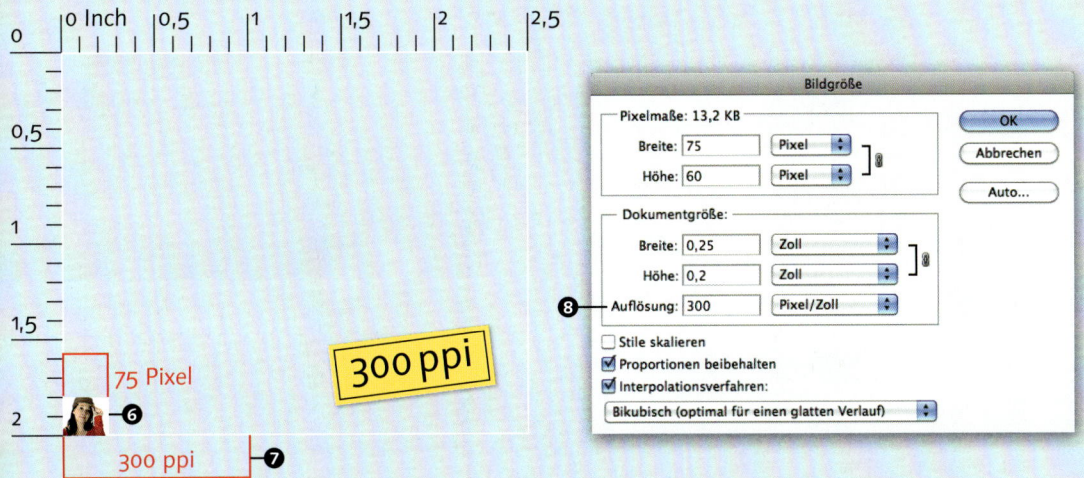

punkte maximal werden können. Den Abstand von Mittelpunkt zu Mittelpunkt der Rasterpunkte bezeichnet man als Rasterweite. Angegeben wird die Rasterweite in Lines per Inch (lpi), also Linien pro Zoll.

Im Offsetdruck ist dieser Abstand sehr gering, so dass die Rasterpunkte so winzig werden, dass Sie mit bloßem Auge praktisch nicht zu sehen sind. In einer Tageszeitung ist der Abstand größer, wodurch die Rasterpunkte größer werden, so dass Sie sie auch mit bloßem Auge gut sehen können.

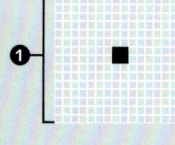

150 *Pixel* per Inch besagt, dass der Drucker für den Ausdruck 150 Pixel auf der Länge eines Inches aneinander reiht. Ein Pixel wird dementsprechend ¹/150 Inch groß.

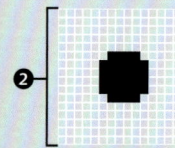

150 *Lines* per Inch besagt, dass der Drucker ein Inch in 150 Rasterpunkte unterteilt. Der Abstand von der Mitte eines Rasterpunkts zur Mitte des nächsten beträgt demnach ¹/150 Inch, d. h. ein Rasterpunkt kann maximal ¹/150 Inch groß werden.

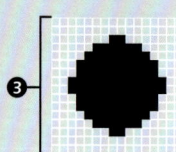

Die Ausgabeauflösung (ppi) bestimmt also, wie viele Pixel des Digitalbildes für ein Inch verwendet werden. Je höher der Wert, desto kleiner die Pixel. Die Rasterweite bestimmt, wie grob das Druckraster ausfällt. Damit die Pixel im Druck nicht sichtbar sind, muss die Ausgabeauflösung mindestens so hoch sein wie die Rasterweite. Die durch das Druckverfahren (z. B. hochwertiger Offsetdruck, Zeitungsdruck oder Siebdruck) vorgegebene Rasterweite bestimmt dementsprechend, wie hoch die Ausgabeauflösung eingestellt werden muss.

DPI: Die Punktdichte

Da die Rasterweite bestimmt, wie hoch die Ausgabeauflösung eingestellt werden muss, ist es für den Bildbearbeiter, der seine Arbeiten auch korrekt drucken lassen möchte, wichtig, den Zusammenhang zu verstehen.

Von weniger großer Bedeutung ist für ihn in der Regel die sogenannte Punktdichte, die in Dots per Inch (dpi / Punkte per Zoll) angegeben wird. Da Sie davon aber immer wieder hören oder lesen werden, möchte ich kurz erklären, was es damit auf sich hat.

Die Rasterpunkte des Druckrasters werden auch wieder aus Punkten zusammengesetzt. Diese Punkte werden auf einer Rastermatrix, zum Beispiel aus 16×16 winzigkleinen Feldern, generiert ❶. Höhe bzw. Breite dieser Matrix sind identisch mit der Rasterweite. Das heißt, bei 150 lpi ist die Rastermatrix ¹/150 Inch groß.

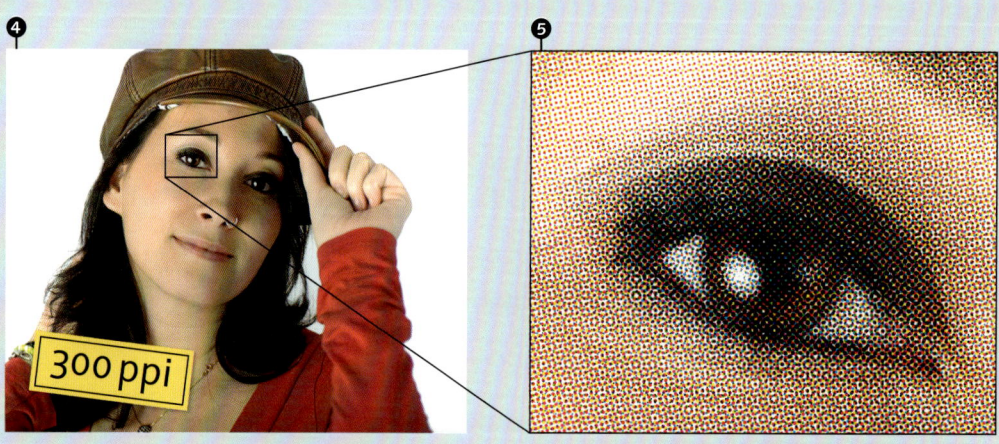

300 ppi

Je mehr Felder der Matrix durch aneinanderliegende Punkte ausgefüllt sind, desto größer wird der Rasterpunkt (Abbildung ❶ bis ❸).

Die Belichtung eines Druckrasters erfolgt oft mit 2.400 dpi. 2.400 Punkte geteilt durch 16 ergibt 150 Punkte-Linien.

Weshalb die Rasterweite wichtig für die Ausgabeauflösung ist

Hat ein Bild 300 ppi ❹ und wird mit einem Offsetdruckraster mit 150 lpi ❺ gedruckt, dann ist die Pixelauflösung doppelt so groß wie die Auflösung des Druckrasters. Die quadratischen Pixel lösen sich dadurch im Punktraster des Drucks auf und sind nicht mehr zu erkennen.

Würde man das Bild hingegen mit 60 ppi ❻ für einen Druck mit 150 lpi belichten, dann kommen 2,5 Rasterpunkte auf einen Pixel ❼ und diese sind dann im Druckbild ❾ als quadratisches Muster ❽ erkennbar.

Als Faustregel gilt, dass Digitalbilder dann mit maximaler Schärfe gedruckt werden, wenn die Ausgabeauflösung doppelt so hoch ist wie die Rasterweite.

Erfolgt ein Druck also mit 150 lpi, was ein gängiger Wert für den hochwertigen Offsetdruck ist, dann sollte die Ausgabeauflösung 300 ppi betragen (150 lpi × 2 = 300 ppi). Beim Zeitungsdruck mit 75 lpi sind dementsprechend 150 ppi Ausgabeauflösung ausreichend (75 lpi × 2 = 150 ppi).

Da die Rasterweite in Deutschland sehr oft in Linien per Zentimeter (lpcm) angegeben wird, müssen Sie sie in diesem Fall zuerst in Lines per Inch umrechnen. Ein Inch entspricht 2,54 Zentimetern, also sähe die Rechnung bei einem 60er Raster so aus: 60 lpcm × 2,54 ≈ 150 lpi.

So viel zum theoretischen Hintergrund. In der Praxis lassen sich diese Werte oft relativieren. Da Sie wahrscheinlich für die Praxis arbeiten, möchte ich Ihnen ein paar praktische Gedanken mit auf den Bildbearbeitungsweg geben und dazu zwei Geschichten aus *meiner* Praxis erzählen.

Es müssen nicht immer 300 ppi sein

Ich habe einmal den Auftrag bekommen, drei Verpackungsbeileger im Format 60 × 45 cm neu zu gestalten. Diese wurden bereits mit je einem passenden Bild gedruckt, und meine Aufgabe war es, sie mit denselben Aufnahmen nachzubauen. Vom Auftraggeber erhielt ich

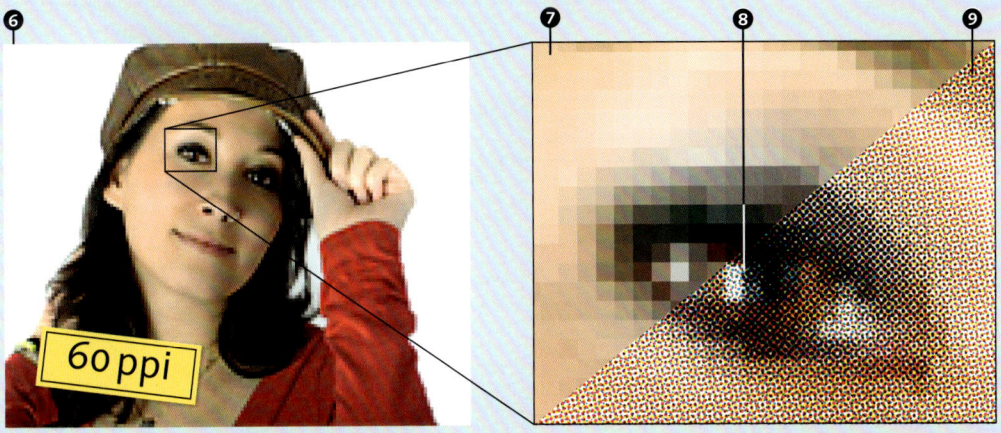

60 ppi

die beim ersten Druck verwendeten Digital-bilder. Nun haben Sie ja gelernt, dass Sie immer erst die Auflösung von Bildern prüfen sollten, bevor Sie damit weiterarbeiten.

Bei dieser Prüfung hat sich herausgestellt, dass die Bildauflösung beim erforderlichen Druckformat nur eine Druckausgabeauflösung von 72 ppi bis 120 ppi ergab – das war bei den drei Bildern unterschiedlich.

Natürlich habe ich meinen Auftraggeber über die *zu geringe* Auflösung informiert und wir haben die vorangegangenen Drucke unter die Lupe genommen. Dabei stellte sich heraus, dass bei genauer Betrachtung die Unschärfe, die bei so geringer Auflösung zu erwarten ist, sichtbar war. Beim Bild mit 72 ppi konnte man sogar die Pixel erkennen.

In der Praxis wird kaum jemand ein Bild im Format von 60 × 45 cm so nah betrachten, dass er die nicht optimale Qualität erkennen kann. Anders sieht es aber bei kleineren Abbildungen aus. Wenn man sich für ein klein abgebildetes Bild interessiert, wird man nah herangehen, und dann werden Qualitätsmängel viel deutlicher sichtbar.

Man kann nie zu viel Auflösung haben

Versierte Fotografen wissen, dass die Schärfe eines Bildes vor allem von der Qualität der Objektive, von der Blende und vom richtigen Fokussieren beim Fotografieren abhängt. Wenn Sie ein Motiv unscharf oder verwackelt aufnehmen, dann kann auch der beste Scharfzeichnungsfilter der Welt kein scharfes Digitalbild mehr daraus zaubern.

Gängige Auflösungen bei digitalen Spiegelreflexkameras sind derzeit 10 bis 25 Megapixel. Da sich mit der Pixelanzahl, die die daraus resultierenden Digitalbilder haben, niemals ein Foto in einem Posterformat von 50 × 70 cm bei 300 ppi drucken lässt, wird den Fotografen

eingetrichtert, dass für ein Poster auch 72 ppi noch genug sind.

Ich habe diese Einschätzung bis zum Frühjahr 2008 geteilt. Dann war ich auf einer Fotovernissage, bei der befreundete Fotografen Naturbilder ausgestellt haben. Sehr schöne Aufnahmen, metergroß auf edle Leinwand gedruckt. Aus der Distanz war man von allen Bildern sehr beeindruckt. Doch luden vor allem Landschaftsbilder dazu ein, sich die Bilder auch aus nächster Nähe anzusehen. Man wollte vielleicht ein Haus, eine Person in der Ferne oder einen Baum etwas näher betrachten. Doch da diese Bilder mit relativ geringer Sensorauflösung fotografiert wurden – ca. sechs bis zwölf Megapixel – sah man beim Nähertreten die Elemente der Aufnahme nur mehr unscharf, was man dann irgendwie als etwas enttäuschend empfindet.

Einige Zeit später hatte ich einen Herrn in einem Seminar, der mit einer Sinar-Mittelformatkamera ebenfalls Landschaften fotografiert. Bei ihm hat ein einziges Bild ca. 30 Megapixel, und er baut dann in Photoshop mehrere solcher Bilder zu Panoramen zusammen (wir werden uns noch ansehen, wie das geht). Er war so freundlich, mir einen Fotoprint im Format von ca. 1 × 3 m im Büro vorbeizubringen und zu zeigen. Auch *seine* Landschaftsaufnahmen sind beeindruckend. Doch die Bildauflösung, die er mit seiner Ausrüstung (mit dem Preis eines Kleinwagens) zustande bringt, hat es, im Gegensatz zu den zuerst beschriebenen Fotos, erlaubt, in den Bildern auch aus nächster Nähe noch viele Details zu erkennen.

Ich möchte Ihnen mit diesen beiden Geschichten lediglich vor Augen führen, dass Bildauflösung am Ende immer etwas Relatives ist. Wie hoch die richtige Druckausgabeauflösung für das Werk ist, an dem Sie gerade arbeiten, hängt einerseits vom Druckverfahren und der Rasterweite ab, darüber hinaus aber auch vom Anspruch an die Qualität, die der Aufgabe des Druckwerks angemessen erscheint, und nicht zuletzt von der Art, wie man es betrachtet, bzw. aus welcher Distanz man es sich voraussichtlich ansehen wird.

100 % und tatsächliche Pixel

Jeder Bildschirm hat eine Bildschirmauflösung. Ein roter, ein grüner und ein blauer Lichtpunkt ❶ stellen immer gemeinsam einen Pixel dar. Eine klassische Bildschirmauflösung ist zum Beispiel 1.280 × 1.024 Pixel.

Unser Bildschirm hat der Einfachheit halber nur 30 × 20 Pixel ❸. Bringen Sie ein Bild mit 150 Pixeln Breite und 100 Pixeln Höhe auf diesem Bildschirm ganz zur Ansicht ❹, dann dann können Sie nur jedes fünfte Pixel sehen.

Wenn Sie in Photoshop so weit in ein Bild einzoomen, dass das Programm den ZOOM-FAKTOR mit 100 % angibt ❷, dann heißt das

nicht, dass das Bild so groß aus dem Drucker kommen würde, sondern dass ein Pixel des Digitalbildes einem Pixel des Bildschirms entspricht ❺. Im Menü ANSICHT wird diese Zoomstufe als TATSÄCHLICHE PIXEL bezeichnet.

Das ist *die* Ansicht, in der Sie im Ausschnitt am Bildschirm jedes Pixel des Bildes sehen können, ohne dass Photoshop etwas unterschlagen muss.

Wenn Sie sensible Retuschen vornehmen, das Rauschen reduzieren oder scharfzeichnen, dann *muss* das Bild immer in dieser Ansicht angezeigt werden.

Natürlich haben Sie dann meist auch Bildbereiche außerhalb des Ausschnitts, der auf dem Bildschirm dargestellt wird ❻. Doch durch eine kleinere Zoomstufe muss Photoshop immer einen Teil der Wahrheit – einen Teil der Pixel – verschweigen. Deshalb ist die Ansicht TATSÄCHLICHE PIXEL von zentraler Bedeutung, um Bilder in Schärfe und Qualität beurteilen zu können.

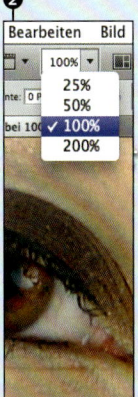

❸

20 Pixel

30 Pixel

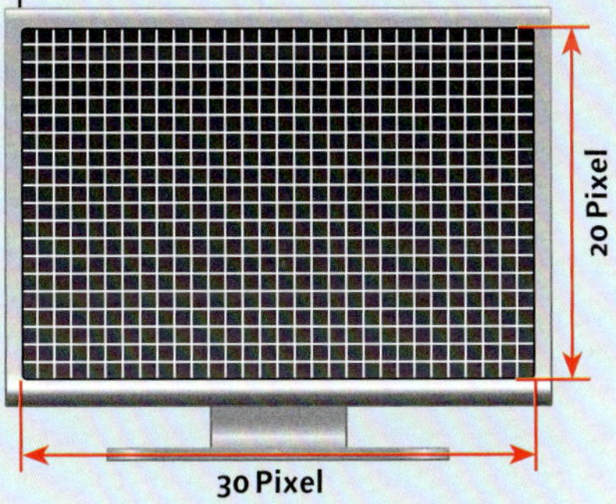

❹

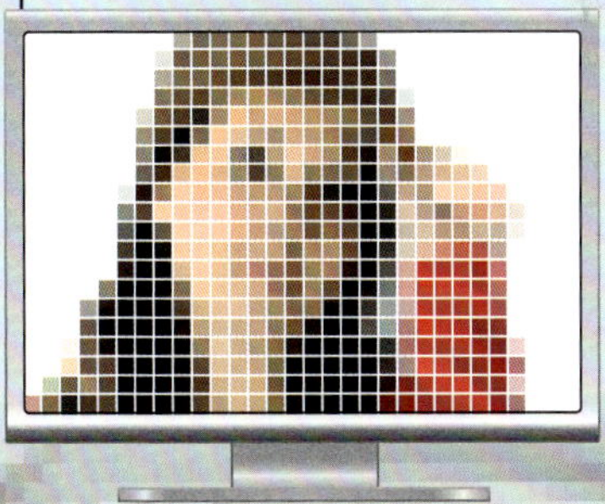

❺

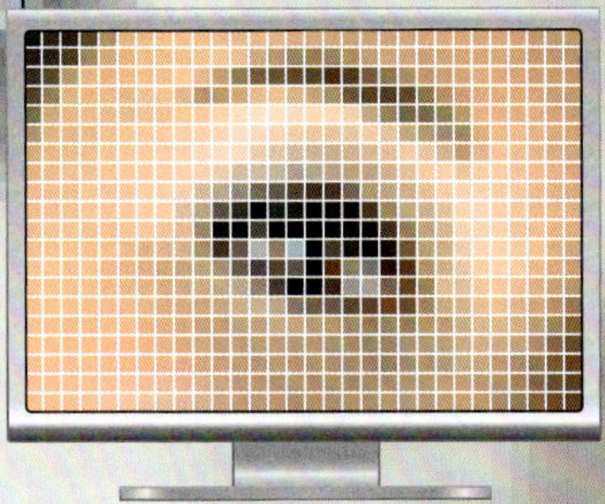

❻

Bildauflösung interpolieren

Wenn ein Bild mehr Auflösung hat, als erforderlich ist.

Ich habe eingangs zu diesem Kapitel geschrieben, dass es drei Bearbeitungsschritte gibt, durch die praktisch jedes Bild durch muss. Der erste Schritt sollte immer die Auflösung betreffen. Zumindest müssen Sie prüfen, ob die Bildauflösung für die gewünschte Druckausgabeauflösung ausreichend ist. Ist die Bildauflösung zu hoch, sollte man sie verringern und Photoshop das Bild neu berechnen lassen. Man nennt das Neuberechnen der Bildauflösung (Pixelmaße), wie sie bereits im ersten Workshop erfahren haben, interpolieren. Sehr oft geschieht das zu Beginn des Bildbearbeitungsprozesses.

Zielsetzungen:

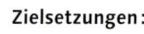

Bildausgabeauflösung und Ausgabeformat einstellen

[aufloesung_verringern.jpg]

Foto: Markus Wäger, Modell: Verena

1 Interpolationsverfahren

Wählen Sie zum Verringern der Bildauflösung im Menü BILD • BILDGRÖSSE. Aktivieren Sie die Option Interpolationsverfahren ❶, falls sie deaktiviert ist.

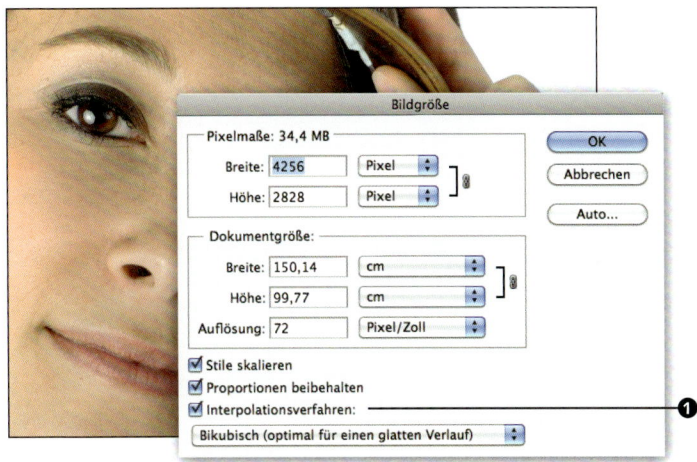

2 Bikubisch schärfer

Wählen Sie aus dem Menü unten im Dialogfenster die Option BIKUBISCH SCHÄRFER (OPTIMAL BEI VERKLEINERUNGEN) ❷. Wenn Sie die Auflösung eines Bildes verringern wollen, dann ist das die richtige Einstellung.

Möchten Sie die Auflösung eines Bildes erhöhen, dann wählen Sie BIKUBISCH GLATTER (OPTIMAL BEI VERGRÖSSERUNGEN). Allerdings sollte man die Pixelmaße eines Bildes in der Regel nicht erhöhen, weil Photoshop dann Bildpixel dazuerfinden muss und das Resultat unscharf wird.

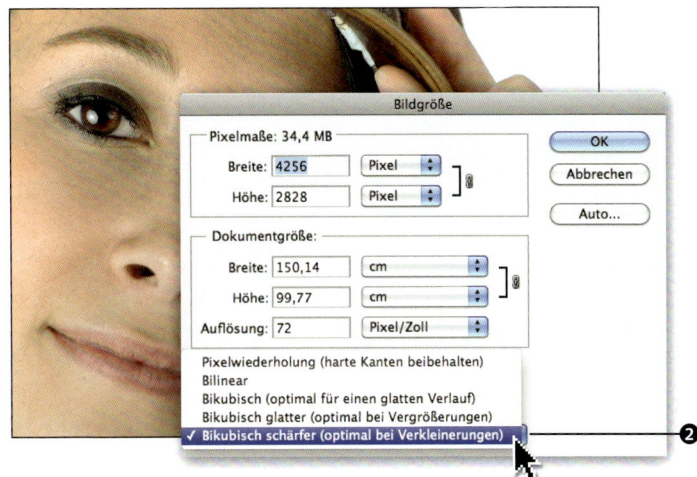

3 Ausgabeauflösung und Ausgabeformat

Geben Sie zuerst die gewünschte Ausgabeauflösung an ❹. Meist sind das 300 ppi. Definieren Sie danach BREITE oder HÖHE ❸.

Wenn PROPORTONEN BEIBEHALTEN ❺ aktiviert ist, können Sie nicht beide Werte unabhängig verändern. Das ist normalerweise auch richtig, denn Sie wollen die Proportionen eines Bildes sicher nicht verzerren. Danach bestätigen Sie den Dialog mit OK.

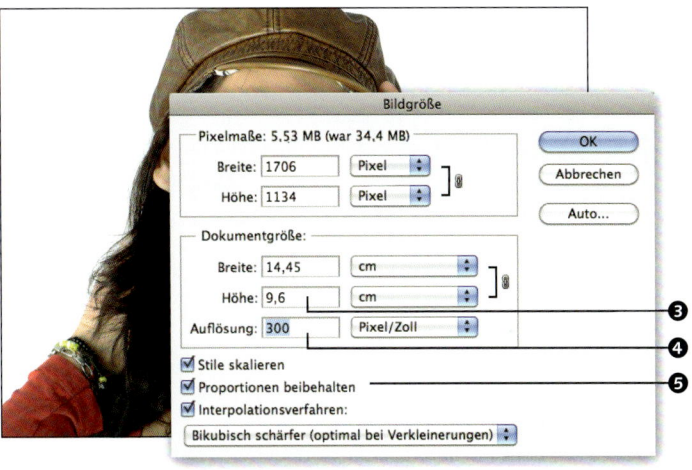

Ein Bild beschneiden und spiegeln

Mit dem Freistellungswerkzeug den Bildausschnitt verkleinern

Bilder auf einen kleineren Ausschnitt zuzuschneiden gehört zum Alltag des Grafikers (auch wenn viele Fotografen uns deswegen hassen). In diesem Workshop lernen Sie (fast) alle Kniffe dazu. Darüber hinaus werden Sie auch gleich noch erfahren, wie man die Bildschirmanzeige eines Fotos drehen kann, ohne das Foto selbst zu drehen, und wie ein Bild gespiegelt wird.

Zielsetzungen:

Bild auf einen kleineren
Ausschnitt zurückschneiden

Ausschnitt drehen

Bild spiegeln

[freistellen.jpg]

Foto: Markus Wäger, mit freundlicher Genehmigung der Adlerwarte am Pfänder in Bregenz (A)

1   Beschneidungsrahmen erstellen

Wählen Sie das FREISTELLUNGSWERKZEUG ⬚.
Erstellen Sie einen Rahmen, der den Bereich
umschließt, auf den Sie das Bild beschneiden
wollen ❸. An den Anfassern ❷ an Ecken und
Seiten können Sie das Format weiter anpassen. Die Hilfslinien ❶ dienen dazu, markante
Bildpunkte nach der Drittelregel zu verteilen.

Tipp: Halten Sie beim Aufziehen die ⬚-
Taste für einen quadratischen Beschnitt gedrückt. Durch ⬚Alt⬚ entsteht ein Rahmen, bei
dem der Punkt, an dem Sie zu ziehen beginnen, in der Mitte liegt.

2   Ausschnitt drehen

Nach Standardeinstellung wird der Bereich
außerhalb des Beschneidungsrahmens 75 %
dunkler ❹ angezeigt; wenn Sie die DECK-
KRAFT auf 100 % ❻ einstellen, wird er ganz
schwarz ❺, und Sie sehen nur mehr den Bereich innerhalb des Rahmens.

Bewegen Sie den Mauszeiger nahe an eine
Ecke der Auswahl, können Sie den Beschnei-
dungsrahmen auch drehen ❼.

Profi-Tipp: Das Fadenkreuz ✛ in der
Mitte der Auswahl ist Zentrum für die
Drehung und kann verschoben werden.

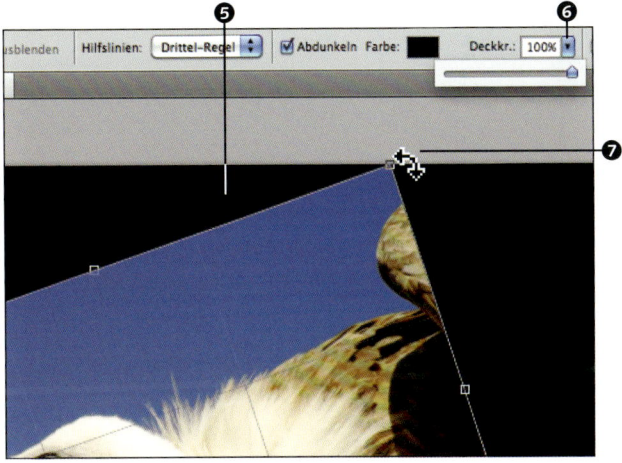

3   Arbeitsfläche spiegeln

Wenn Sie mit dem gewählten Bildausschnitt
zufrieden sind, müssen Sie mit ⏎ bestätigen – bevor Sie das nicht gemacht haben,
können Sie in Photoshop nicht weiterarbeiten.

Zum Abschluss möchte ich das Bild noch
spiegeln, damit der Geier in mein Buch hi-
neinsieht, nicht über den Rand hinaus. Wählen Sie zum Spiegeln im Menü BILD • BILDDRE-
HUNG • ARBEITSFLÄCHE HORIZONTAL SPIEGELN.

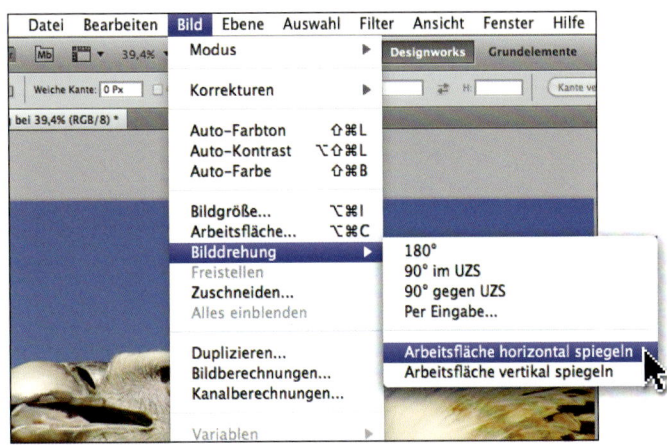

Arbeitsfläche erweitern

Zusätzlicher Platz für Ihre Bildgestaltung

Oft benötigen Sie zur Bearbeitung eines Bildes zusätzlichen Raum. In diesem Workshop erfahren Sie, wie Sie den Platz um Ihr Bild herum erweitern können.

Zielsetzungen:
Arbeitsfläche erweitern
Schwarzen Hintergrund erstellen
Doppelte Kontur um das Bild
[arbeitsflaeche1.psd]

Foto: Markus Wäger

1 Hintergrund in reguläre Ebene umwandeln

Die Ebene HINTERGRUND hat drei besondere Eigenschaften: Sie kann nicht mit dem VER-SCHIEBEN-WERKZEUG ▶✛ verschoben werden, sie kann nicht transparent sein, und keine Ebene kann hinter ihr liegen. Wir brauchen Transparenz und eine Ebene darunter. Mit einem Doppelklick auf den Hintergrund ❶ wandeln Sie ihn zur regulären Ebene um.

Profi-Tpp: Wenn Sie beim Doppelklick die `Alt`-Taste halten, ersparen Sie sich den Dialog ❷ zur Änderung des Ebenennamens.

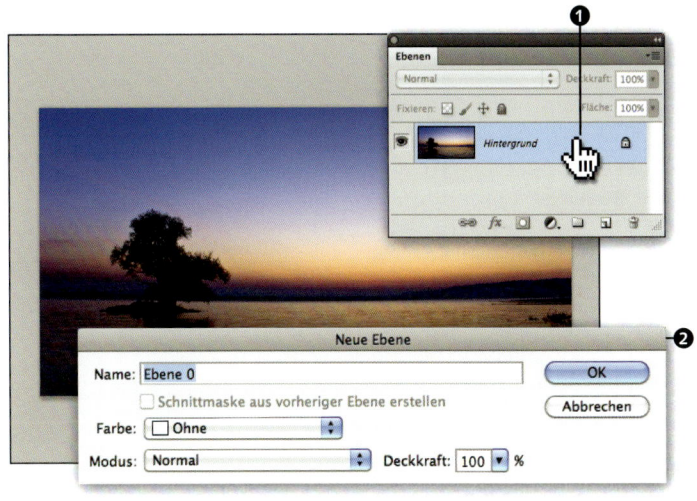

2 Arbeitsfläche relativ erweitern

Für den zusätzlichen Platz, den wir um das Bild benötigen, wählen Sie BILD • ARBEITS-FLÄCHE. Wir wollen an allen Seiten 2 cm anfügen. Aktivieren Sie dazu RELATIV ❺, und geben Sie 4 cm für BREITE ❹ und HÖHE ein. Achten Sie darauf, dass der Anker in der Mitte ❻ fixiert ist, so dass die Erweiterung zu je 2 cm oben, unten und an den Seiten angefügt wird. Nachdem Sie mit OK bestätigt haben, ist die Arbeitsfläche erweitert ❸. Das grau-weiße Schachbrettmuster ▦ zeigt an, dass diese Bereiche transparent sind.

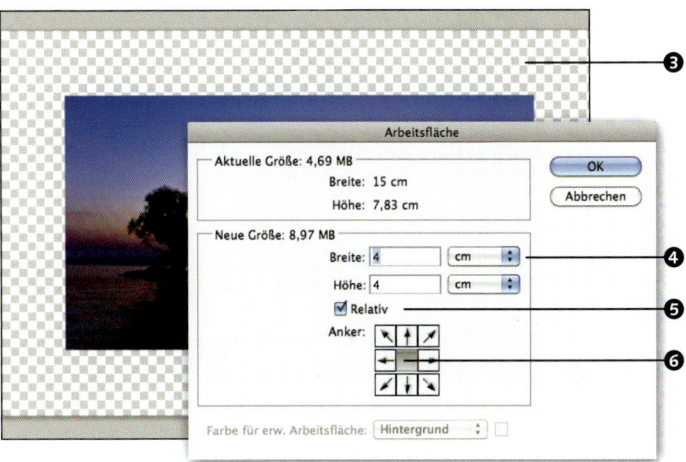

3 Arbeitsfläche absolut erweitern

Wir wollen nun die Arbeitsfläche auf eine Höhe von 12,5 cm erweitern. Dazu rufen Sie neuerlich den Dialog ARBEITSFLÄCHE auf. Deaktivieren Sie diesmal die Option RELA-TIV ❾, und geben Sie als HÖHE 12,5 cm ❽ an. Durch das Deaktivieren von RELATIV wird der Wert für die Höhe nicht zur Ursprungshöhe ❼ dazugerechnet, sondern die Arbeitsfläche wird insgesamt auf 12,5 cm vergrößert. Aktivieren Sie den ANKER oben ❿, damit die Erweiterung nur unten angefügt wird ⓫.

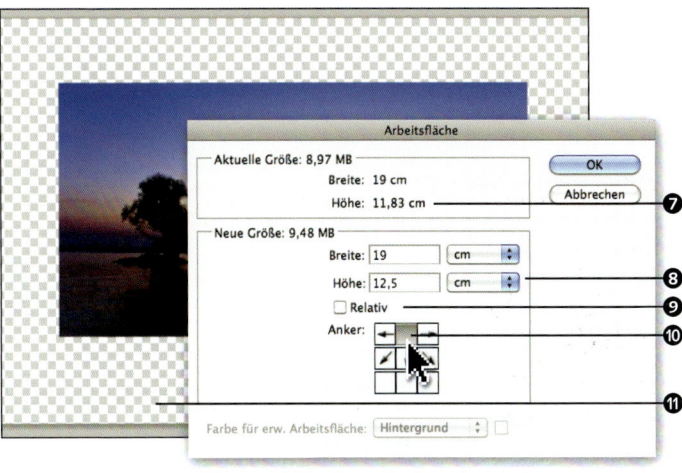

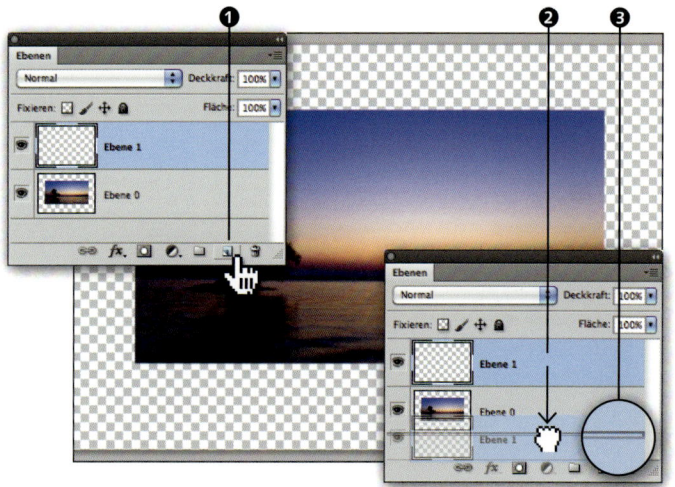

4 Neue Ebene darunter

Klicken Sie in der Palette EBENEN auf die Schaltfläche für NEUE EBENE ERSTELLEN ❶. Die neue Ebene wird immer oberhalb der ausgewählten Ebene erstellt. Ziehen Sie sie mit der Maus unter die »Ebene 0« ❷. Achten Sie darauf, dass Sie die Ebene erst dann unter einer anderen Ebene ablegen können, wenn eine doppelte Linie ❸ erscheint.

Profi-Tipp: Wenn Sie während des Klicks auf [ ] die [Strg]/[⌘]-Taste gedrückt halten, wird die neue Ebene automatisch unterhalb der aktuellen erstellt.

5 Fläche füllen

Den Hintergrund wollen wir schwarz füllen. Fotos kommen vor schwarzem Hintergrund besonders farbprächtig zur Geltung. Überprüfen Sie, ob Schwarz die VORDERGRUNDFARBE ❺ ist. Sollte hier eine andere Farbe angezeigt werden, klicken Sie auf die Schaltfläche für STANDARDFARBEN [ ] ❹.

Füllen Sie dann die Fläche mit der Vordergrundfarbe mit dem Kurzbefehl [Alt] + [←].

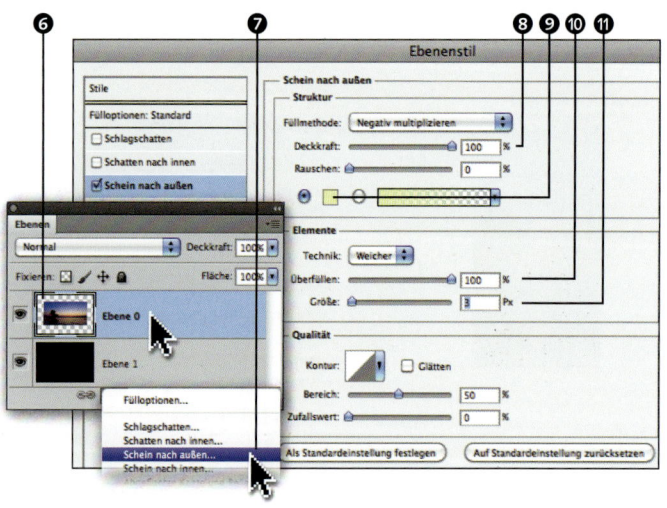

6 Schein nach außen als Kontur

Klicken Sie auf die obere Ebene ❻, um sie zur aktuellen zu machen. Um der Ebene eine Doppelkontur zu verpassen, wählen Sie über die Schaltfläche EBENENSTIL HINZUFÜGEN *fx.* SCHEIN NACH AUSSEN ❼. Dieser Ebenenstil ist zwar nicht dazu gedacht, Konturen zu erstellen, aber man kann ihn dazu missbrauchen. Stellen Sie die DECKKRAFT ❽ und ÜBERFÜLLUNGEN ❿ auf 100 % und die GRÖSSE ⓫ auf 3 Pixel – diese Einstellung macht aus dem Schein einer Kontur. Klicken Sie dann hier ❾, um die Farbe für diese Kontur zu wählen.

7 Farbe wählen

Der FARBWÄHLER wird geöffnet. Wählen Sie hier Weiß über das große Feld für Sättigung und Helligkeit – ich drücke dazu nahe der linken ober Ecke die Maustaste und ziehe die Maus dann in die Ecke hinein bzw. darüber hinaus ⓬ –, oder geben Sie für Rot, Grün und Blau je 255 ein ⓭.

Schließen Sie den Dialog mit OK. Ihr Bild sollte jetzt eine weiße Kontur haben. Verlassen Sie den Dialog aber noch nicht.

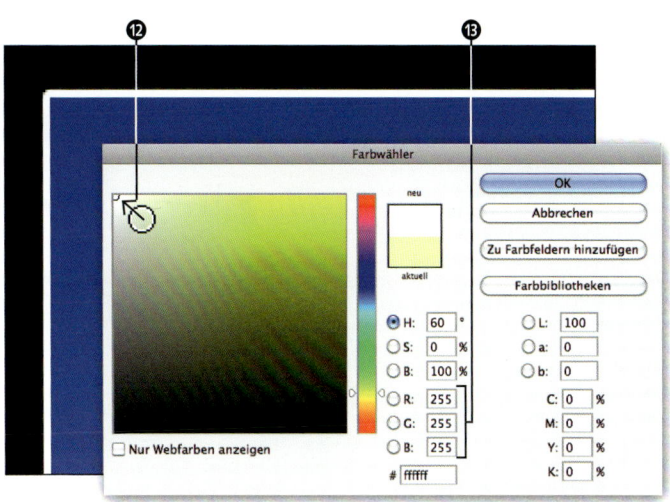

8 Kontur als zweite Kontur

Klicken Sie im EBENENSTIL-Dialog ganz unten auf Kontur ⓮; klicken Sie dabei nicht auf ☐, sondern rechts davon, weil ansonsten die Einstellungsoptionen nicht angezeigt werden. Ich habe als GRÖSSE 3 Pixel ⓰ bestimmt und als POSITION • INNEN ⓯ gewählt. Die FARBE sollte nach Standard Schwarz sein. Nun sollte Ihr Bild eine doppelte Kontur bekommen haben. Wenn Sie den Dialog mit OK geschlossen haben, sehen Sie in der Palette EBENEN die beiden Effekte an »Ebene 0« angehängt ⓱.

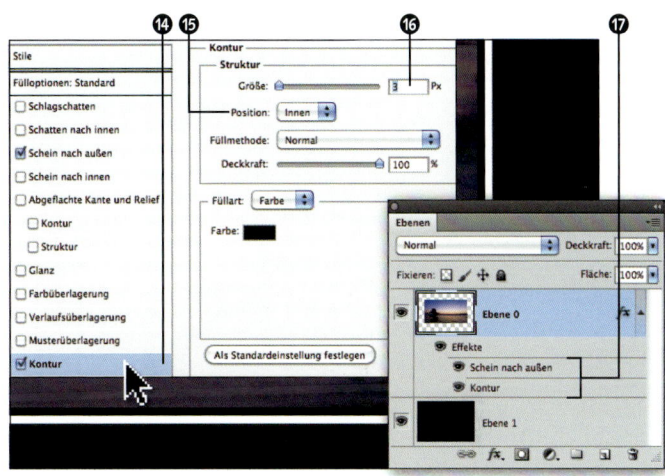

9 Text hinzufügen

Am Ende habe ich noch eine Textebene hinzugefügt. Dabei bin ich vorgegangen, wie im Workshop »Arbeiten mit Ebenen« in Schritt 13 auf Seite 41 beschrieben. Zum Zentrieren habe ich jedoch nicht, wie dort in Schritt 14 beschrieben, die beiden Ebenen ausgewählt, sondern lediglich mit dem VERSCHIEBENWERKZEUG ▶✛ die Textebene zur Mitte hin gezogen. Wenn INTELLIGENTE HILFSLINIEN (Menü ANSICHT • EINBLENDEN) aktiviert sind, wird automatisch eine lilafarbene Hilfslinie eingeblendet, sobald Sie die Mitte erreichen.

Format und Auflösung auf einen Streich

Das Freistellungswerkzeug im Einsatz

Ein Grafiker braucht sehr oft ein Bild in einem ganz bestimmten Format und einer ganz bestimmten Ausgabeauflösung. Dabei muss meistens auch noch der Bildausschnitt angepasst werden. Wäre es nicht schön, man könnte diese beiden Schritte – beschneiden und Auflösung anpassen – in einem Aufwasch erledigen? Das geht! Der Luxus geht sogar noch weiter: Sie können die Vorgaben für die Werkzeugeinstellung speichern, um sie bei Bedarf mit einem Klick aufrufen zu können.

Zielsetzungen:

Neuen Ausschnitt wählen

Fixes Ausgabeformat definieren

Druckausgabe auf 300 ppi festlegen

Werkzeugvorgabe speichern

[freistellen_und_anpassen.jpg]

Foto: Markus Wäger

1 Bildgröße einstellen

Zum Beschneiden eines Bildes auf eine bestimmte Größe und eine bestimmte Ausgabeauflösung aktivieren Sie das FREISTELLUNGSWERKZEUG und stellen zunächst über die Palette OPTIONEN die gewünschten Werte ein. Für dieses Bild habe ich 129 mm BREITE, 99 mm HÖHE und eine AUFLÖSUNG von 300 ppi gewählt ❶. Ziehen Sie dann, wie im Workshop »Ein Bild beschneiden und spiegeln« auf Seite 69, den Freistellungsrahmen auf. Verschieben Sie den Rahmen mit der Maus ❷ an die gewünschte Stelle.

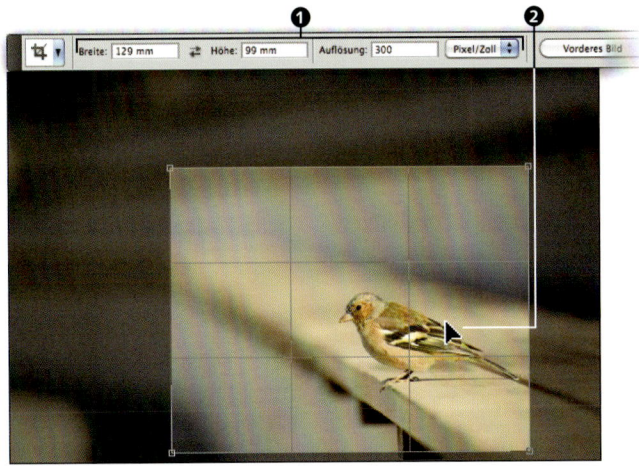

2 Achtung Auflösung!

Beachten Sie, dass es hierbei geschehen kann, dass sich im Bereich, den Sie wählen, die Bildauflösung (nicht die Ausgabeauflösung) erhöht. Sie sollten das Bild nach dem Freistellen also in der 100 %-Ansicht ❹ (TATSÄCHLICHE PIXEL) prüfen. Wenn für den gewählten Ausschnitt genügend Bildpixel im Ursprungsbild vorhanden waren, dann ist das Bild in dieser Ansicht scharf ❸. Wenn für den Ausschnitt zu wenig Pixel vorhanden sind, dann muss Photoshop Pixel dazuerfinden, und das Ergebnis ist unscharf ❺.

3 Werkzeugvorgaben speichern

Wenn Sie öfter Bilder auf dieses Format beschneiden wollen, dann sollten Sie die Einstellungen als Werkzeugvorgabe speichern. Klicken Sie dazu auf die Schaltfläche der Werkzeugvorgaben ❻ und dann auf die Schaltfläche für NEUE WERKZEUGVORGABE ERSTELLEN. Im anschließenden Dialog können Sie der Einstellung einen Namen geben.

Von nun an können Sie die Einstellung jederzeit über diese Palette mit einem Klick aufrufen.

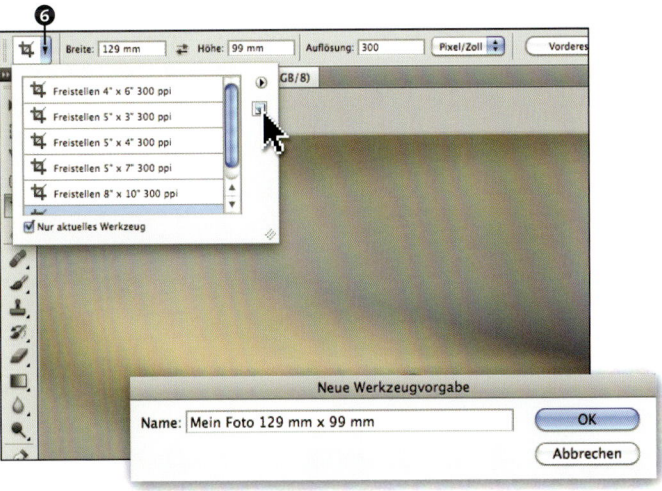

Scharfzeichnen mit »Unscharf maskieren«

Schärfe und Rauschen gehen Hand in Hand.

Sie können ein unscharfes oder verwackeltes Bild nicht in ein scharfes Bild verwandeln. Man kann ein Bild überhaupt nicht schärfer machen, als es aufgenommen wurde bzw. als es Ihnen vorliegt. Man kann lediglich durch Erhöhen des Kontrastes an jenen Stellen, wo helle Flächen unmittelbar auf dunkle treffen, den Eindruck erzeugen, als wäre das Bild schärfer. Scharfzeichnen bedeutet also nicht, dass das Bild schärfer wird, sondern nur, dass es schärfer aussieht. Und dieser Eindruck lässt sich nur in kleinen Dosen erzeugen.

Es gibt viele Methoden, Bilder zu schärfen. UNSCHARF MASKIEREN ist in meinen Augen der einfachste Weg, und dennoch absolut effizient.

▶ Video-Training

Weitere Methoden, um das Rauschen zu entfernen, zeigt Lektion 2.1.

Zielsetzungen:
Bildschärfe erhöhen
Bildrauschen im Rahmen halten
[schaerfen.jpg]

Foto: Markus Wäger

1 Wie funktioniert Schärfen?

Rechts sehen Sie den Dialog Unscharf maskieren aus dem Menü Filter • Scharfzeichnungsfilter. Ich habe die Vorschau ❸ deaktiviert und die Werte einmal extrem eingestellt. So sehen Sie, dass beim Scharfzeichnen an Stellen, an denen helle und dunkle Pixel direkt aufeinander treffen ❶, die hellen Pixel noch heller und die dunklen noch dunkler ❷ gemacht werden. Dadurch entsteht der Eindruck, das Bild wäre schärfer.

Profi-Tipp: Durch Drücken der Taste [V] können Sie die Vorschau an- und abschalten.

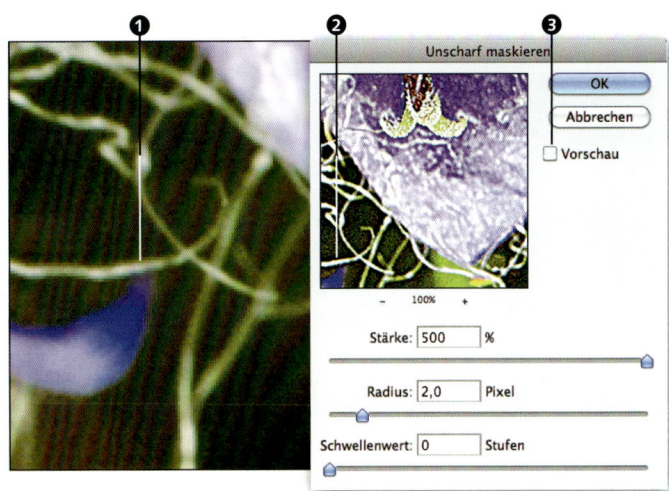

2 Stärke schrittweise einstellen

Zunächst stelle ich Stärke auf 100 %, Radius auf 1 Pixel (ich lasse den immer auf 1, nur bei Bildern für das Internet verwende ich 0,3) und den Schwellenwert auf 0 Stufen. Dann klicke ich in das Feld Stärke ❹. Wenn Sie nun [↑] drücken, erhöht sich der Wert um 1, drücken Sie [↓], verringert sich der Wert um 1. Halten Sie dabei [⇧], geht das in Zehnerschritten.

Tipp: Wenn Sie die [Leertaste] halten, können Sie den Ausschnitt im Dokumentfenster auch hinter Dialogfenstern verschieben ❺.

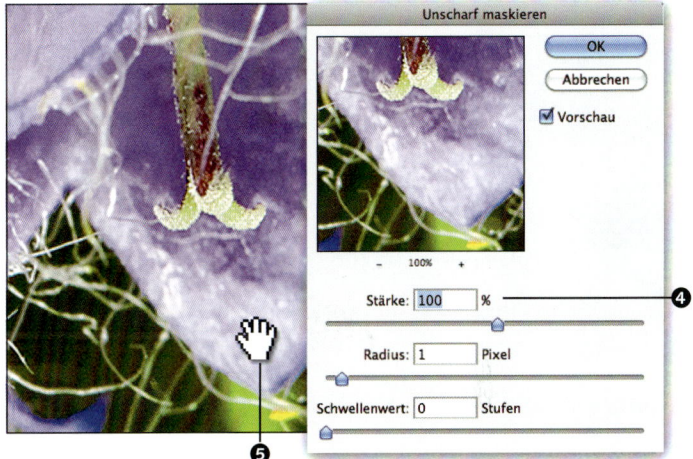

3 Rauschen reduzieren

Auf diese Weise taste ich mich an einen Wert von 160 % heran. Wenn Sie zwischendurch die Vorschau an- und abschalten, erkennen Sie, um wie viel das Bild schärfer geworden ist.

Leider erhöht sich durch Schärfen auch das Bildrauschen – so nennt man die Struktur aus hellen und dunklen Pixeln ❼, die sich in der Digitalfotografie nicht vermeiden lässt und die vor allem in dunklen Bereichen ❻ deutlich zutage treten kann. Dieses Rauschen lässt sich mit dem Schwellenwert ❽ wieder etwas reduzieren.

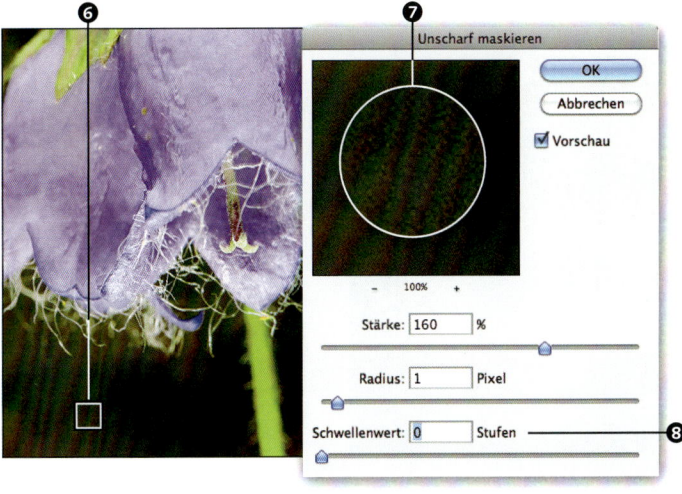

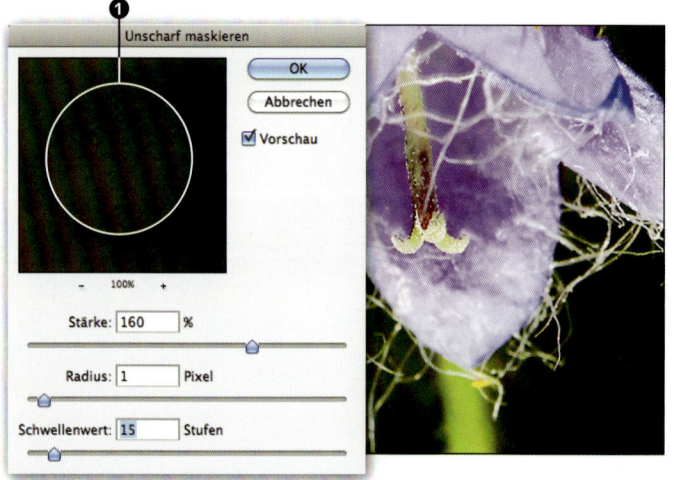

4 Schwellenwert anheben

Ich mache SCHWELLENWERT zum aktiven Eingabefeld und erhöhe den Wert mit ⌂ + ↑ auf 10 Stufen. Am Monitor ist in dunklen Bereichen zu sehen, dass das Rauschen wieder zurückgegangen ist **❶**. Ich erhöhe mit ⌂ + ↑ auf 20, wodurch sich das Rauschen nur mehr kaum wahrnehmbar reduziert. Da die Erhöhung des Schwellenwerts die Schärfung wieder untergräbt, sollte man den Wert nicht höher als notwendig ansetzen. Ich entscheide mich, den Schwellenwert auf 15 zu reduzieren, indem ich fünfmal ↓ drücke.

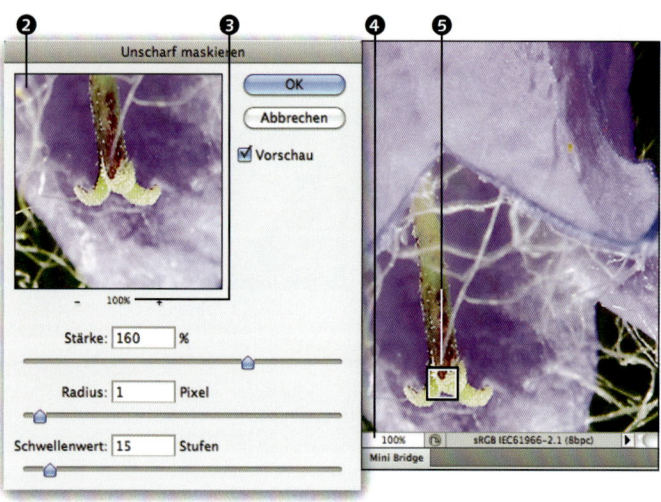

5 Unbedingt tatsächliche Pixel!

Wichtig ist während der ganzen Aktion in der Ansicht TATSÄCHLICHE PIXEL bzw. 100 % zu arbeiten (siehe dazu Seite 65). Ob Sie sich in dieser Ansicht bewegen, sehen Sie unten im Dokumentfenster **❹** und unter der Live-Vorschau im Dialog UNSCHARF MASKIEREN **❸**.

Tipp: Wenn Sie innerhalb des Dokumentfensters (ohne eine Zusatztaste zu drücken) klicken **❺**, wird diese Stelle zum Bereich innerhalb der Live-Vorschau **❷**.

6 Vorher/nachher vergleichen

Nachdem Sie den Dialog mit OK bestätigt haben, können Sie den Unterschied vorher/nachher prüfen. Drücken Sie Strg/⌘ + Z, um UNSCHARF MASKIEREN rückgängig zu machen, also vorher zu sehen **❻**. Drücken Sie noch einmal Strg/⌘ + Z, um das Ergebnis von UNSCHARF MASKIEREN wiederherzustellen **❼**. Strg/⌘ + Z vorher, Strg/⌘ + Z nachher. So können Sie gut entscheiden, ob die Bearbeitung zu einer Verbesserung geführt hat.

Farbmanagement

… damit Sie auch bekommen, was Sie sehen.

Farbmanagement – nur für Profis?

Farbmanagement sollte ein Muss für professionelle Bildbearbeiter und Grafiker sein. Leider ist dem (noch) nicht immer so. Sogar manche Druckerei steht auf dem Standpunkt, es sei Unsinn, weil sich Farben ohnehin auf verschiedenen Ausgabemedien niemals perfekt angleichen lassen. Dass es nicht perfekt wird, dass dieselben Farben auf verschiedenen Papieren und erst recht am Bildschirm immer anders aussehen werden, ist eine Tatsache. Doch auch wenn es nicht *perfekt* wird, lässt sich mit Farbmanagement die Vorhersagbarkeit von Farbergebnissen *optimieren*.

Auch wenn Sie kein Profi werden möchten und nur als ambitionierter Hobbyfotograf oder -bildbearbeiter mit Photoshop werkeln, sollten Sie über Farbmanagement nachdenken. Gerade Fotografen beschweren sich oft über Druckereien, die nicht imstande sind, die wunderbaren Farben ihrer Dias und Digitalbilder auf Papier zu übertragen. Manchmal mögen die Druckereien tatsächlich nicht optimal gearbeitet haben, doch oft liegt die Ursache für den Ärger auch an mangelndem Wissen über Farbmanagement und darüber, dass sich die Farben eines Monitors ganz einfach nicht 1:1 auf Papier übertragen lassen.

Farbe ist relativ

Wenn Sie glauben, Farbe ist, wie sie ist, dann muss ich Sie enttäuschen. Farbe ist etwas äußerst Relatives.

Da wären zum einen Umwelteinflüsse wie Tages- und Jahreszeit, die die Farben von Objekten beeinflussen. Auch wenn Sie keinen Himmel sehen, merken Sie, ob eine Aufnahme im Winter oder im Sommer aufgenommen wurde, in der Frühe, am Mittag oder bei Sonnenuntergang oder ob gerade ein Gewitter heranzog. Das liegt daran, dass sich das Licht je nach Sonnenstand verändert. Am Morgen ist es bläulich, am Mittag relativ neutral, und am Abend bei Sonnenuntergang verschiebt es sich ins Gelblich-Rötliche.

Die Art des Lichtes ist ein Faktor, der bestimmt, wie Sie Farben sehen. Wichtig ist dieser Umstand auch, wenn Sie an Bildern arbeiten. Bilder sollten unter neutralen Lichtbedingungen bearbeitet werden. Die absoluten Profis schaffen für die farbverbindliche Bildbearbeitung sogar einen Raum unter Normlicht, frei von Tageslichteinfluss und ohne farbige Reize an Wänden und Einrichtung.

So weit brauchen Sie als *Normalnutzer* von Photoshop nicht unbedingt zu gehen. Es genügt, wenn Sie annähernd gleichbleibende Bedingungen in Ihrer Bildbearbeitungsumgebung schaffen und Ihren Computer und Monitor etwas für die Farbdarstellung optimieren.

Foto: istockphoto.com ❶

Foto: istockphoto.com ❷

Foto: Markus Wäger ❸

Foto: istockphoto.com ❹

Foto: istockphoto.com ❺

Unterschiedliche Geräte, unterschiedliche Farben

Nehmen wir an, Sie befinden sich auf Fotosafari. Sie spazieren an einem See entlang und sehen ein Motiv ❶, das sich festzuhalten lohnt. Sie greifen nach Ihrer (digitalen) Kamera und fangen das Motiv ein.

Das, was das *Auge der Kamera sieht* und auf die Speicherkarte überträgt ❷, ist seine Interpretation dessen, was Sie *mit Ihren Augen* sehen ❶. Je nachdem, welche Einstellungen Sie an der Kamera vorgenommen haben oder für welche vorprogrammierten Parameter sich die Software des Geräts entschieden hat, wird das Bild anders aussehen. Keine zwei Kameras werden dasselbe Motiv am selben Ort zur selben Zeit 1:1 identisch aufnehmen.

Wenn Sie das Bild auf Ihren Computer übertragen und am Monitor betrachten ❸, werden Sie vielleicht feststellen, dass die Farben und die Wirkung nicht so sind, wie Sie es in Erinnerung haben. Wo liegt das Problem? Hat die Kamera die Farben falsch gesehen? Oder lügt der Monitor?

Diese Frage lässt sich nicht pauschal beantworten – beides ist möglich. Sicher ist aber, dass auch keine zwei Bildschirme die Farben identisch darstellen werden. Das liegt zum einen daran, was für einen Monitor in welcher Qualität von welchem Hersteller Sie benutzen (streng genommen auch daran, wie alt er ist und wie lange er heute schon läuft).

Es liegt aber auch an den Farbeinstellungen des Betriebssystems. Diese sind standardmäßig so konfiguriert, dass sie für Aufgaben in Büros geeignet sind, nicht aber für die Bilddarstellung und -bearbeitung.

Meist werden Monitore und Computer von den Herstellern zuallererst für den Verkauf optimiert und das geschieht in der Regel dadurch, dass sie so eingestellt werden, dass sie Farben möglichst knallig, satt, leuchtend hell in den Lichtern und in den dunklen Bereichen tiefschwarz darstellen.

Wahrscheinlich werden Sie das Bild auch ausdrucken. Und Sie haben bestimmt schon einmal erfahren, dass das Bild, das aus dem Drucker kommt ❹, anders aussieht als das, was Sie am Bildschirm vor Augen haben ❸.

Arbeiten Sie mit Photoshop für die Druckvorstufe, dann soll das Motiv wahrscheinlich mit einer Offsetdruckmaschine auf Papier gedruckt werden. Auch dabei gibt es eine ganze Reihe an Faktoren, die beeinflussen, wie die Farben des ursprünglichen Motivs letzten Endes auf dem Papier ankommen ❺ – vor allem das verwendete Papier.

Das Problem beginnt mit der immensen Vielfalt an Farben in unserer natürlichen Umgebung und liegt ebenso am enormen Helligkeitsunterschied zwischen strahlendem Weiß und tiefschwarzer Dunkelheit.

Denken Sie einmal daran, wie es ist, wenn Sie aus einem sehr dichten, schattigen Wald in eine sonnige Lichtung treten. Sie kneifen die Augen zusammen, weil sich Ihre Augen erst an die Helligkeit anpassen müssen. Ihre Augen können nicht gleichzeitig dunkelste Schatten und hellstes Licht erfassen. Eine Kamera kann es genauso wenig. Ein Monitor auch nicht. Und Papier kann den immensen Unterschied zwischen ganz Weiß und absolutem Schwarz unserer natürlichen Umgebung schon gar nicht wiedergeben. Das ist das eine Problem bei der fotografischen Wiedergabe realer Szenen.

Das andere Problem betrifft die Leuchtkraft der Farben. Die Natur kennt eine immense Bandbreite an Farben. Wir Menschen können die meisten davon sehen, allerdings nicht alle. Infrarot und Ultraviolett liegen außerhalb der Bandbreite unseres Sehvermögens. Bienen können ultraviolette Farben sehen, und ich habe einmal gelesen, dass der für unsere Augen weiße Krokus für die Augen einer Biene ultraviolett sein soll – wie auch immer das aussehen mag.

Kameras sehen weniger Farben als unsere Augen – Ihr Farbumfang ist beschränkter als der unseres Wahrnehmungssystems. Mit Monitoren verhält es sich nicht anders. Monitore stellen Bilder mithilfe leuchtender Bildschirmpixel dar, und deshalb sind sie trotz der Einschränkungen in der Lage, relativ leuchtende Farben zu zeigen.

Bei Ausdrucken hingegen kommt das Licht aus der Umwelt, und das Bild auf Papier oder sonst einem Trägermaterial reflektiert es lediglich. Deshalb und weil die zum Druck verwendeten Farben nie ganz rein sein können, kann ein gedrucktes Bild niemals so leuchtend bunte Farben wiedergeben, wie ein Monitor.

Kalibrierung und ICC-Profile

Die beschriebenen Probleme beschäftigen Menschen, seit es Farbfotografie und Farbdruck gibt. Seit Mitte der 1990er gibt es verstärkte internationale Bemühungen, einheitliche Standards für die farbverbindliche Darstellung von Bildern auf unterschiedlichen Ausgabemedien zu definieren. Dazu wurde ein Standardfarbraum definiert, der quasi als Urmeter für die Farbwiedergabe angesehen werden kann.

Für digitale Bildaufnahmegeräte, wie Scanner und Digitalkameras, und Ausgabegeräte, wie Bildschirme, Beamer, Farbdrucker und Druckmaschinen, wurden sogenannte ICC-Profile definiert (ICC = International Color Consortium). In diesen Profilen sind die Charakteristiken eines Ausgabegeräts notiert.

Foto: Markus Wäger

Mein-Display.icc ❸

Mein-Printer.icc ❹

Foto: istockphoto.com

Foto: Markus Wäger

Foto: istockphoto.com

Foto: istockphoto.com

Gerade bei Bildschirmen ist die Analyse und Erstellung eines individuellen Profils für jedes einzelne Gerät unabdingbar, will man ordentliche Farbkorrekturen vornehmen und keine farblichen Blindflüge veranstalten.

Den Vorgang des Überprüfens und Justierens der Farbdarstellung von Monitoren (aber auch von Kameras, Scannern etc.) bezeichnet man als Profilierung, landläufig spricht man aber meist von Kalibrierung. Zwar besteht die Möglichkeit, die Kalibrierung manuell »bloßen Auges« vorzunehmen, diese Methode darf aber nicht als allzu zuverlässig betrachtet werden. Sicherer ist es, diese Aufgabe einem Gerät zu überlassen. Solche Geräte gibt es ab ca. 100 Euro von Herstellern wie Pantone, Gretag Macbeth oder DataColor. Auch wenn einfachste Kalibrierungsgeräte nicht den Ansprüchen von Farbmanagement-Profis gerecht werden, erzielt man nach meiner Erfahrung dennoch eine deutliche Verbesserung gegenüber gänzlich nicht kalibrierten Systemen.

Bei der Kalibrierung wird das Gerät, ein sogenanntes Densitometer ❶, vor dem Bildschirm angebracht. Ein Programm stellt am Bildschirm eine Abfolge von Farbtönen dar, die vom Densitometer aufgenommen werden. Die aufgenommenen Daten übermittelt das Gerät an die Software, und diese erkennt daraus, auf welche Art dieser spezielle Monitor Farben verfälscht darstellt. Aus diesen Informationen kann die Software eine Beschreibung verfassen, inwieweit der Monitor vom definierten Standardfarbraum abweicht, und sie speichert diese als sogenanntes ICC-Profil ❷ in einem speziellen Verzeichnis des Betriebssystems.

Da der Computer nun *weiß*, auf welche Art der Monitor Farben nicht richtig darstellt ❸, kann er gegensteuern und die Farbinformation, die er an ihn sendet, so anpassen, dass die Wiedergabe mit einem Maximum an Farbtreue erfolgt ❻.

Ebenso, wie für den Bildschirm ein eigenes Profil notwendig ist, sollte auch für den Fotodrucker ein individuelles Profil erstellt werden ❹. Leider waren bislang Lösungen, die eine solide Kalibrierung von Druckern ermöglichen, erheblich teurer als jene für Monitore. Es gibt mit Colormunki ein Gerät, das sowohl den Bildschirm als auch den Drucker kalibrieren kann, recht gut sein soll und im erschwinglichen Rahmen liegt. Darüber hinaus gibt es auch schon Fotodrucker, die sich selbst kalibrieren. Wie zuverlässig das ist, kann ich Ihnen nicht sagen, doch es wäre ein Schritt in die richtige Richtung.

Die meisten Hersteller stellen für ihre Drucker Profile zur Verfügung, die auf eine Kombination von Gerätetyp, herstellerspezifischen Tinten und Papiersorten – ebenfalls vom Hersteller des Druckers – abgestimmt sind. Ein solches Profil für einen Gerätetyp erreicht zwar nicht die Qualität eines Individualprofils, doch die dadurch erzielten Ergebnisse sin durchaus zufriedenstellend.

Digitalkameras ließen sich ebenso individuell kalibrieren. Doch meist beschränkt man sich bei ihnen darauf, zwischen den ICC-Profilen sRGB und Adobe RGB zu wählen, was für die meisten Anwender ausreichend ist.

Vor allem die Kalibrierung des Monitors ist aber jedem zu empfehlen, der Farben und Tonwerte mit einem gewissen Maß an Zuverlässigkeit am Bildschirm bearbeiten möchte.

Wie funktionieren Profile?

Die Sache ist im Grunde einfacher, als es zunächst scheint. Sie haben die Aufnahme eines Sees. Die Kamera hat das Bild mit einem ICC-Profil versehen ❺ (dies ist beim Bild keine separate Datei, sondern wird in die Bilddatei hineingeschrieben) – meist entweder das »Adobe 1998 RGB«- oder ein »sRGB«-Profil. Öffnen Sie das Bild in Photoshop, erkennt das

Programm das Profil. Photoshop weiß nun, auf welche Art dieses Bild vom definierten Standard-Farbraum abweicht. Da nach der Kalibrierung die Bildschirmdarstellung richtig eingestellt ist, ergibt sich aus dem Eingabeprofil der Kamera ❺ und dem (Bildschirm-) Ausgabeprofil des Monitors ❻ eine farbrichtige Darstellung.

Dasselbe gilt für den kalibrierten Drucker. Dank des Druckerprofils sind Photoshop die farblichen Eigenheiten des Druckers bekannt, es kann das Bild so an ihn übergeben, dass Farbverfälschungen auf das kleinstmögliche Maß reduziert werden ❼.

Ausgabeprofile für den Offsetdruck

Der Parameter, der die Darstellung von Farben und Tonwerten am meisten beeinflusst, ist im Offsetdruck das Papier. Es gibt gestrichene Papiere, die eine glatte, versiegelte Oberfläche aufweisen – auf diesen stehen Farben in der Regel satt und brillant. Die zweite große Gruppe an Papieren sind ungestrichene. Hier sind die Poren offen, die Oberfläche ist eher rau, Druckfarben werden vom Papier aufgesogen – auf solchen Papieren verlieren Bilder an Tiefe und Leuchtkraft.

Um den druckspezifischen Eigenheiten dieser beiden *Papierklassen* entgegenzuwirken und eine im Rahmen des physikalisch Möglichen einheitliche Darstellung auf gestrichenem wie ungestrichenem Papier zu gewährleisten ❽, hat die ECI (European Color Initiative) eine Reihe von Profilen für die wichtigsten Drucktechniken und Papiersorten veröffentlicht. Diese können von der Website der ECI *(www.eci.org)* heruntergeladen werden. Sie erfahren dort auch mehr über Farbmanagement.

Farbräume

Jedes Darstellungsmedium, ob gestrichenes oder ungestrichenes Papier, ob Bildschirm oder Beamer, stellt Farben anders dar. Bildschirme können Millionen sehr leuchtender Farben anzeigen. Auf gestrichenem Papier sind es ein paar Hunderttausend, die noch relativ satt und tief sein können (tief bedeutet, dass kräftige Schatten bis hin zu sattem Schwarz möglich sind). Und auf ungestrichenem Papier werden Farben stumpfer, und die Schatten verlieren an Tiefe. Auf Zeitungspapier werden sie noch einmal stumpfer, und da ja Weiß immer vom Papier kommt, sind hier auch die Lichter (die ganz hellen Bildbereiche) immer etwas schmutzig.

Als Betrachter fällt uns das normalerweise gar nicht auf, da unser Wahrnehmungssystem sehr flexibel auf verschiedene Licht- und Farbverhältnisse reagiert und sich an die Gegebenheiten anpasst. Man könnte sagen, unsere Augen kalibrieren sich von Moment zu Moment selbstständig neu. Doch wenn man dasselbe Bild auf gestrichenes und ungestrichenes Papier druckt und beides unmittelbar der Darstellung am Bildschirm gegenüberstellt, wird man feststellen, dass alle drei Abbildungen unterschiedlich sind. Dagegen kann auch Farbmanagement nichts machen. Farbmanagement kann lediglich bewirken, dass die Abweichungen so gering wie möglich gehalten werden.

Die unterschiedliche Qualität, mit der ein Medium Farben darstellt, bezeichnet man als Farbraum. Ein solcher Farbraum lässt sich grafisch darstellen. Ich habe unten fünf Screenshots von Farbräumen abgebildet. Verzweifeln Sie nicht, wenn Ihnen diese seltsamen bunten Formen spanisch vorkommen, man muss solche Gebilde nicht wirklich deuten können, doch Sie sehen zumindest, dass sich ihre Form und ihre Größe unterscheidet.

Abbildung ❶ zeigt den Farbraum Adobe RGB (1998). Dieser Farbraum umfasst sowohl die leuchtendsten Farben von Monitoren (genau genommen geht er sogar über den Farbumfang der meisten Monitore hinaus) als auch jene des Druckfarbraumes. Deshalb wird dieser Farbraum auch als Einstellung für alle Grafiker und Bildbearbeiter empfohlen.

Qualitativ hochwertige Monitore können mehr und leuchtendere Farben darstellen als preiswerte. Wenn Sie Ihre Bilder nicht für den Druck bearbeiten, sondern für die Anzeige im Internet und auf verschiedenen Monitoren, dann sollte ein Farbraum gewählt werden, der nicht *allzu groß* ist und den kleinsten gemeinsamen Nenner aller Bildschirme darstellt. Das ist der sRGB-Farbraum ❷.

Auch für die verschiedenen Druckverfahren und Papiere gibt es eigene Farbräume und dazu passende Profile, wie ISO Coated ❸ (für gestrichenes Papier), ISO Uncoated ❹ (für ungestrichenes Papier) und ISO Newspaper ❺ (für Zeitungspapier).

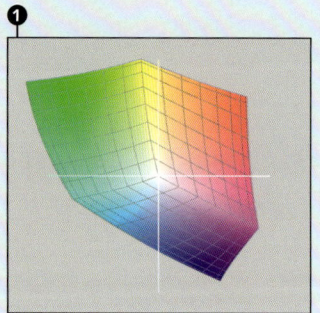
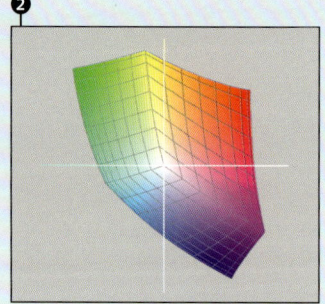
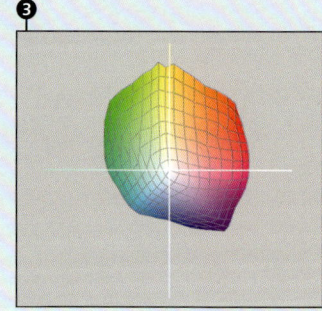

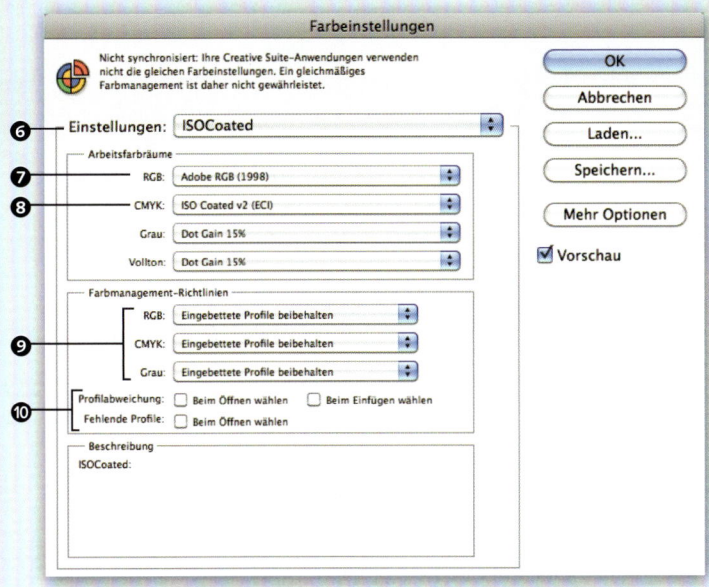

Farbmanagement in Photoshop

Zu unterscheiden sind allgemeine Voreinstellungen, die den generellen Umgang des Programms mit Farbmanagement regeln, und Einstellungen, die für ein bestimmtes Bild vorgenommen werden.

Für Arbeiten für die Druckvorstufe empfiehlt es sich, die Profile der ECI in dem dafür vorgesehenen Ordner des Systems zu installieren. Am Mac ist das COMPUTER / LIBRARY / APPLICATON SUPPORT / ADOBE / COLOR / PROFILES / RECOMMENDED. Unter Windows legen Sie die Profile in das Verzeichnis C:\ WINDOWS \ SYSTEM32 \ SPOOL \ DRIVERS \ COLOR (bzw. Rechtsklick • PROFIL INSTALLIE-

REN). Wenn die Profile im System installiert sind, wählen Sie in Photoshop BEARBEITEN • FARBEINSTELLUNGEN. Es erscheint der links abgebildete Dialog.

Das Menü EINSTELLUNGEN ❻ sollte nach Standard EUROPA, UNIVERSELLE ANWENDUNGEN 2 anzeigen. Der Bereich ARBEITSFARBRÄUME bestimmt, welches Profil bei der Konvertierung eines Bildes von einem Farbraum in einen anderen verwendet werden soll. Ich habe als RGB-Arbeitsfarbraum ADOBE RGB (1998) ❼ bestimmt und als CMYK-Arbeitsfarbraum ISO COATED v2 (ECI) ❽ (»ISO Coated« ist ein Profil der ECI, das nicht vorinstalliert ist; wenn Sie auf die ISO-Profile verzichten wollen, stellen Sie COATED FOGRA27 (ISO 12647-2:2004) ein). Damit sind Sie für den Druck in der Regel auf der sicheren Seite, denn meist wird auf gestrichenes Papier gedruckt.

Einstellungen im Bereich FARBMANAGEMENT-RICHTLINIEN haben keinen Einfluss auf die Konvertierung zwischen Farbräumen, sondern definieren, wie mit Abweichungen umgegangen werden soll. Jedes Bild sollte heute mit einem Farbprofil versehen sein. Öffnen Sie ein Bild, das mit einem anderen Profil versehen ist, als Sie es voreingestellt haben – also beispielsweise sRGB anstatt Adobe RGB –, dann bemerkt Photoshop diese Abweichung. Mit den drei Menüs RGB, CMYK und GRAU ❾ können Sie einstellen, wie in diesem Fall vorgegangen werden soll. In den meisten Fällen ist es am besten, dass EINGEBETTETE PROFILE BEIBEHALTEN werden.

Sind die drei Optionen darunter ❿ deaktiviert, dann überlassen Sie es Photoshop, laut Ihren Einstellungen das Profil beizubehalten oder in den voreingestellten Arbeitsfarbraum zu konvertieren. Da man ohnehin in den meisten Fällen das Profil, das in ein Bild eingebettet ist, behalten sollte (zumindest so lange, bis man es wirklich von RGB nach

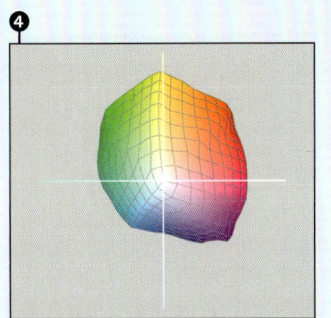

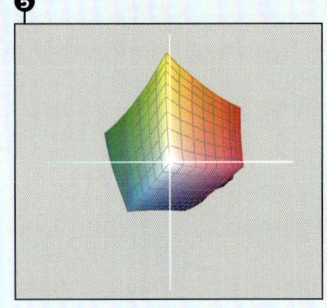

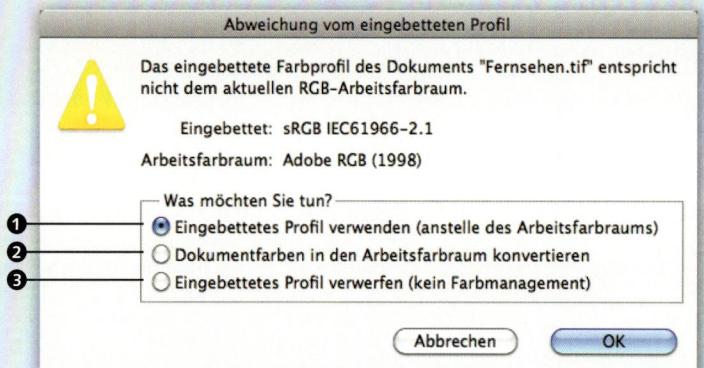

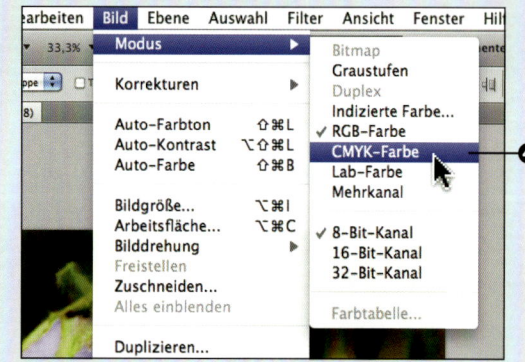

CMYK umwandeln möchte), können die meisten Anwender diese Optionen getrost deaktivieren, vorausgesetzt in den Menüs darüber ist Eingebettete Profile beibehalten ausgewählt.

Haben Sie die Optionen für Profilabweichungen aktiviert, und öffnen Sie ein Bild, dessen Farbprofil von Ihrem unter Arbeitsfarbräume definierten Profil abweicht, erscheint die Warnmeldung oben. Sie haben nun drei Möglichkeiten:

❶ Eingebettetes Profil verwenden (anstelle des Arbeitsfarbraums) – in der Regel die zu empfehlende Auswahl

❷ Dokumentfarben in den Arbeitsfarbraum konvertieren – nur, wenn Sie wissen, was Sie tun

❸ Eingebettetes Profil verwerfen (kein Farbmanagement) – für Photoshop wohl die schlechteste Wahl

Bilder von einem Farbraum in einen anderen konvertieren

Jeder, der bereits eine gewisse Zeit Bilder mit Photoshop für Massendruckverfahren aufbereitet hat, hat auch schon Bilder von einem RGB-Farbraum in einen CMYK-Farbraum konvertiert. Die meisten Benutzer verwenden dazu den Befehl Bild • Modus • CMYK-Farbe ❹. Das ist auch nicht grundsätzlich ver-

kehrt. Doch für welches Druckverfahren und welches Papier ist das Ergebnis dann optimiert? Für gestrichenes oder ungestrichenes Papier – oder gar für den Zeitungsdruck?

Verschiedene Papier haben eine unterschiedliche Verarbeitungsqualität. Gestrichenes Papier verträgt sehr viel Farbe. Ein CMYK-Bild besteht aus vier Grundfarben. Pro Grundfarbe ist eine Druckplatte notwendig. Wenn eine Druckplatte eine Fläche trägt, die nicht gerastert ist, dann spricht man von 100 % Farbauftrag. Würden Sie in Photoshop eine Fläche erstellen, die Sie mit 100 % Cyan, 100 % Magenta, 100 % Gelb und 100 % Schwarz füllen, dann hätte jede Druckplatte 100 % Farbauftrag. Man spricht dann von 400 % Farbauftrag. Das mag weder das Papier noch Ihre Druckerei. Bei gestrichenem Papier liegt das Maximum in der Regel bei 360 %, bei Zeitungspapier kann das Maximum schon einmal bei 240 % liegen. Schon von daher kann auf gestrichenes Papier sehr viel satter gedruckt werden als auf Zeitungspapier.

Wenn Sie über ein Set an Pantone-Farbfächern verfügen, dann nehmen Sie einmal den Fächer für gestrichenes Papier (Coated) und ungestrichenes Papier (Uncoated) zur Hand. Suchen Sie die Farbe 485 in beiden Fächern heraus, und vergleichen Sie. Sie werden sehen, dass die Unterschiede beachtlich sind, obwohl beide mit exakt derselben Farbe ge-

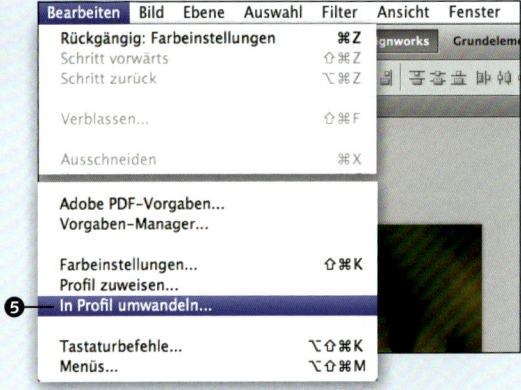

druckt wurden. Wegen des variierenden Aufnahmevermögens für den Farbauftrag und des verschiedenen Farbverhaltens von Papieren muss dasselbe Bild für den Druck auf unterschiedliche Papiersorten auf eine ganz andere Art umgerechnet werden, um ein einigermaßen identisches Ergebnis zu liefern.

Wenn Sie im Menü BILD • MODUS • CMYK-FARBE wählen, dann erfolgt die Umwandlung auf Basis des Profils COATED FOGRA27 – ein Profil für gestrichenes Papier. Wenn Sie die ECI-Profile installiert und die Farbeinstellungen, wie auf Seite 85 beschrieben, angepasst haben, dann erfolgt die Konvertierung auf Basis von ISO COATED V2 (ECI). Ersteres ist *nicht schlecht*, Letzteres meist *optimal* für gestrichene Papiere. Doch wenn Ihr Bild zum Beispiel auf Zeitungspapier gedruckt wird, dann ist es *suboptimal*.

Besser ist es, eine Farbkonvertierung über das Menü BEARBEITEN • IN PROFIL UMWANDELN ❺ vorzunehmen (was wir im folgenden Workshop machen werden).

Ich weiß, Sie würden viel lieber lustige Workshops durchführen, als sich mit schnöder Farbtheorie langweilen zu lassen. Wahrscheinlich leben viele Fotografen und Grafiker auch ohne dieses Know-how ganz gut. Aber gelegentlich werden Sie enttäuscht sein, dass die Ergebnisse im Druck so anders erscheinen als am Monitor. Natürlich kann ich Ihnen nicht

versprechen, dass Sie mit Farbmanagement die Farben des Bildschirms auf Papier bekommen – das geht in vielen Fällen ganz einfach nicht –, aber wenn Sie Ihren Monitor kalibrieren, das korrekte Profil für die Umwandlung Ihrer Bilder von RGB nach CMYK dem Papier angemessen auswählen und sich die Fähigkeit Photoshops zu Nutze machen, bereits am Bildschirm simulieren zu können, wie Farben im Druck aussehen werden, dann werden Ihre Ergebnisse einfach besser vorhersehbar.

Creative Suite-Farbeinstellungen

Wenn Sie auch mit anderen Programmen der Adobe Creative Suite arbeiten, können Sie die Einstellungen, die Sie im Dialog FARBEINSTELLUNGEN von Photoshop vornehmen, auch speichern. Über die Adobe Bridge können Sie die Farbmanagementeinstellungen für Photoshop, InDesign und Illustrator dann abstimmen. Dazu rufen Sie im Menü BEARBEITEN die FARBEINSTELLUNGEN auf, wodurch der unten abgebildeten Dialog geöffnet wird. Hier wählen Sie Ihre Wunscheinstellung aus und klicken auf ANWENDEN, um die Programme zu synchronisieren.

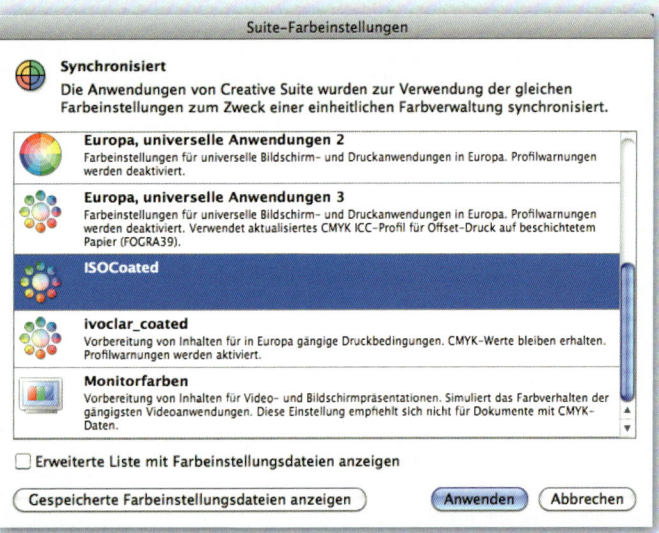

SCHWIERIGKEITSGRAD 2 FÜR AUFSTEIGER

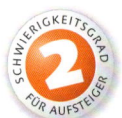

Richtige Farben für den Druck

Korrekte CMYK-Konvertierung

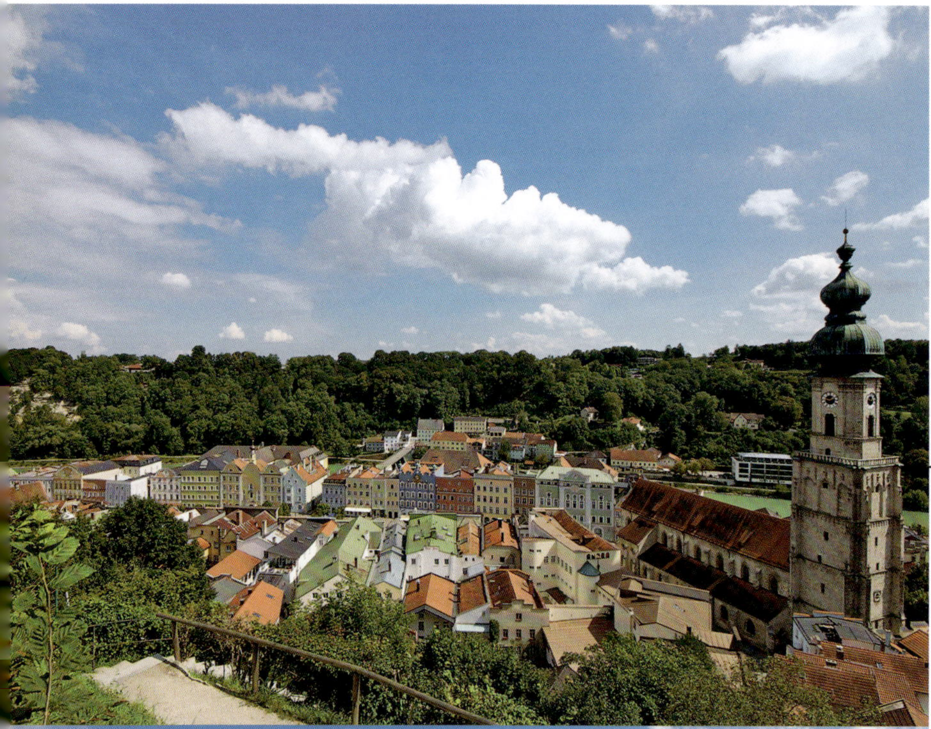

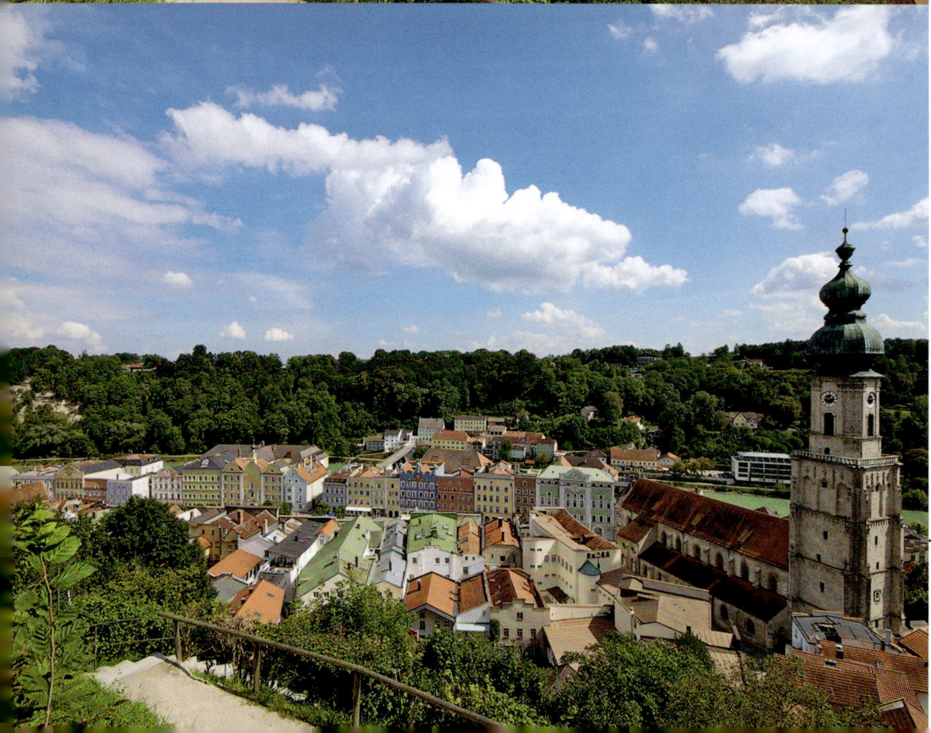

Wer ein optimales Ergebnis erwartet, kommt nicht umhin, sich nach dem passenden Farbprofil in der Druckerei zu erkundigen oder zumindest in Erfahung zu bringen, was für Papier verwendet wird, um die Umwandlung dann mit einem der Standardprofile vorzunehmen.

Am Computer (RGB) lässt sich das Aussehen eines Bildes im Druck (CMYK) simulieren. Das ist Gold wert, um schon während der Bearbeitung einen Eindruck von den Ergebnissen zu bekommen. In diesem Workshop habe ich das Thema Softproof und CMYK-Konvertierung zusammengefasst. Das heißt jedoch nicht, dass die Einstellung des Softproofs einen notwendigen Zwischenschritt zur Umwandlung darstellt.

Die Farbraumkonvertierung ist in der Regel der letzte Schritt der Bildbearbeitung.

Zielsetzung:

Softproof am Bildschirm einrichten, Bild mit passendem Profil umwandeln:

Mit falschem Profil umgewandelt

Mit korrektem Profl umgewandelt

[cmyk-farbe.jpg]

1   Softproof

Ich habe im Exkurs über Farbmanagement beschrieben, dass im Druck sehr viel weniger
Farben möglich sind als am Bildschirm. Das ist
schlecht für mich, denn ich kann Ihnen somit
im gedruckten Buch nicht zeigen, wie die Farben bei mir am Bildschirm aussehen.

Es ist aber gut für Sie, denn dadurch, dass
die meisten Farben des Drucks am Bildschirm
darstellbar sind, können Sie das Aussehen
eines gedruckten Bildes am Bildschirm
simulieren. Man nennt das Softproof.

2   Proof-Bedingungen anpassen

Wählen Sie im Menü ANSICHT • PROOF EIN-
RICHTEN • BENUTZERDEFINIERT. Es öffnet sich
der Dialog PROOF-BEDINGUNG ANPASSEN.

Unser Bild soll auf ungestrichenes Papier
gedruckt werden, deshalb aktivieren wir im
Menü ZU SIMULIERENDES GERÄT ❶ UNCOATED
FOGRA29 (ISO 12647-2 : 2004) (oder, falls Sie
ISO-Profile installiert haben, ISO UNCOATED).
Aktivieren Sie zusätzlich PAPIERFARBE SIMULIE-
REN ❷. Aktivieren Sie die VORSCHAU ❸, um zu
sehen, wie sich die Einstellung auf die Bild-
schirmdarstellung auswirkt.

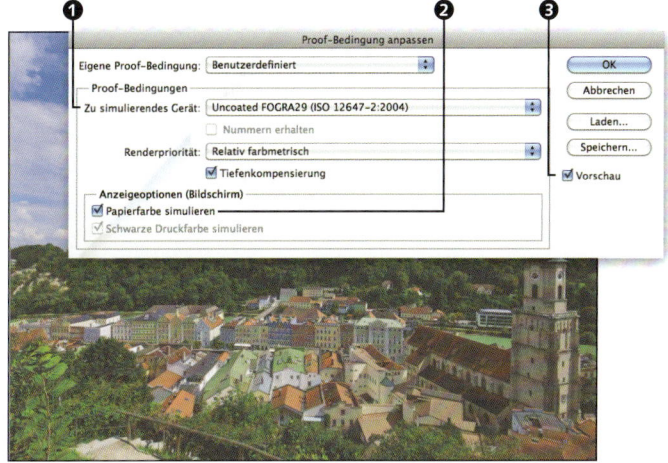

3   Farbproof

Der direkte Vorher/Nachher-Vergleich am
Monitor ist zunächst etwas schockierend. Wo
sind all die schönen Farben hin? Doch da auf
Papier einfach nicht so viele Farben möglich
sind wie am Bildschirm, werden Sie als Gestalter damit leben müssen. Zumindest sehen
Sie jetzt, wie das Resultat im Druck aussieht,
und nicht nur, wie schön es am Monitor ist.

Sie können den Softproof jederzeit wieder
über das Menü ANSICHT • FARBPROOF aus-
schalten und sehen das Bild dann wieder so,
wie es digital aussieht.

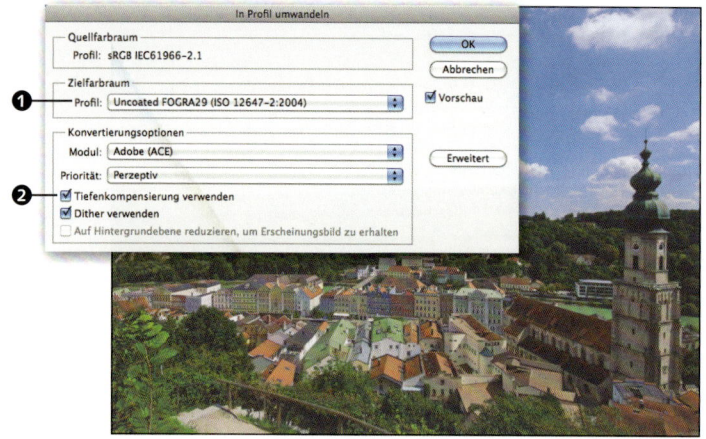

4   In Profil umwandeln

Als Grafiker sind Sie meist dafür verantwortlich, Bilder im CMYK-Farbraum in der Druckerei anzuliefern. Die meisten machen das über das Menü MODUS. Sie wissen aber inzwischen, dass damit für gestrichenes Papier optimiert konvertiert wird. Wählen Sie stattdessen im Menü BEARBEITEN • IN PROFIL UMWANDELN. Wählen Sie hier das passende Profil ❶ für die Papierart, auf die gedruckt wird. Beachten Sie, dass TIEFENKOMPENSIERUNG VERWENDEN ❷ aktiviert ist, damit die dunklen Bereiche nicht *abstumpfen*.

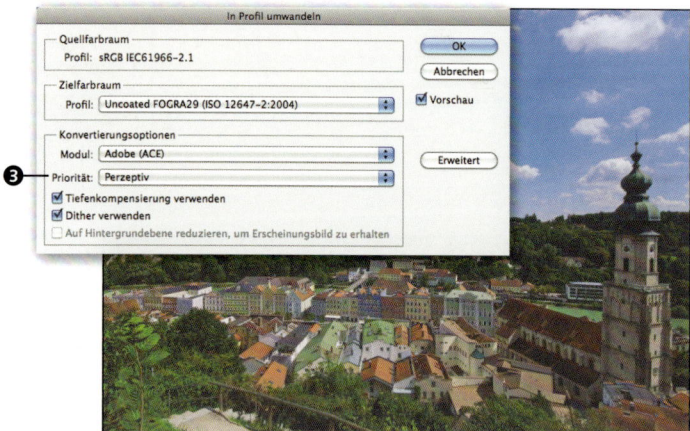

5   Priorität

Bei der PRIORITÄT ❸ sind zwei mögliche Menüpunkte interessant: PERZEPTIV und RELATIV FARBMETRISCH. PERZEPTIV soll eine Umwandlung ergeben, die am ehesten der menschlichen Wahrnehmung entspricht, was demnach die beste Wahl sein sollte.

Ich entscheide mich jedoch bei jedem Bild individuell für eine dieser beiden Optionen, wobei ich die Bildschirmvorschau nutze. Wenn Sie unschlüssig sind, sollten Sie PERZEPTIV den Vorzug geben.

6   Umwandlung bestätigen

Bestätigen Sie den Dialog mit OK. Die Umwandlung ist abgeschlossen.

Hinweis: Wie schon erwähnt, lässt sich vieles, was am Bildschirm sichtbar ist, nicht 1:1 auf den Druck übertragen. Die Blätter dieses Buches sind gestrichen. Deshalb kann ich Ihnen kein realistisches Ergebnis zeigen, und deshalb sind die Endresultate hier auch weniger gut als das Ausgangsbild, das für dieses Papier optimiert konvertiert wurde.

Schwierigkeitsgrad 1 Für Einsteiger

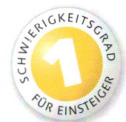

Für Web und Geräte speichern

Ein Doppelworkshop mit Foto und Grafik

Bilder für das Internet werden von Laien meist als JPEG gespeichert. Doch nicht immer ist das die optimale Variante. In diesem Workshop zeige ich Ihnen den ganzen Prozess, vom Öffnen der Dateien über das Anpassen der Auflösung und das Scharfzeichnen (wo notwendig), bis hin zum Export für das Internet und zum Finden der optimalen Einstellungen.

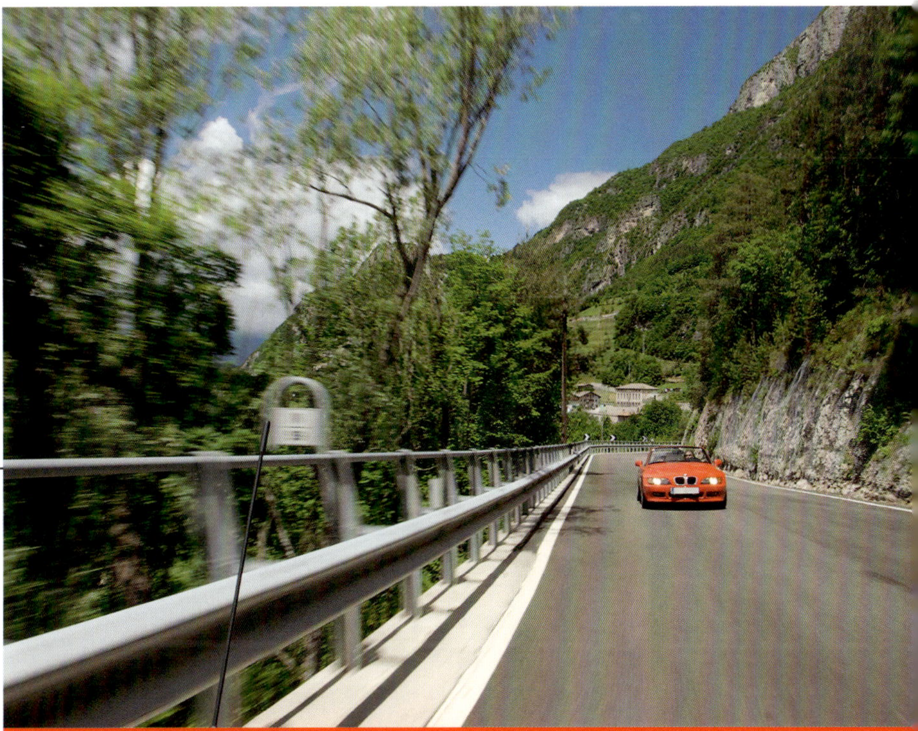

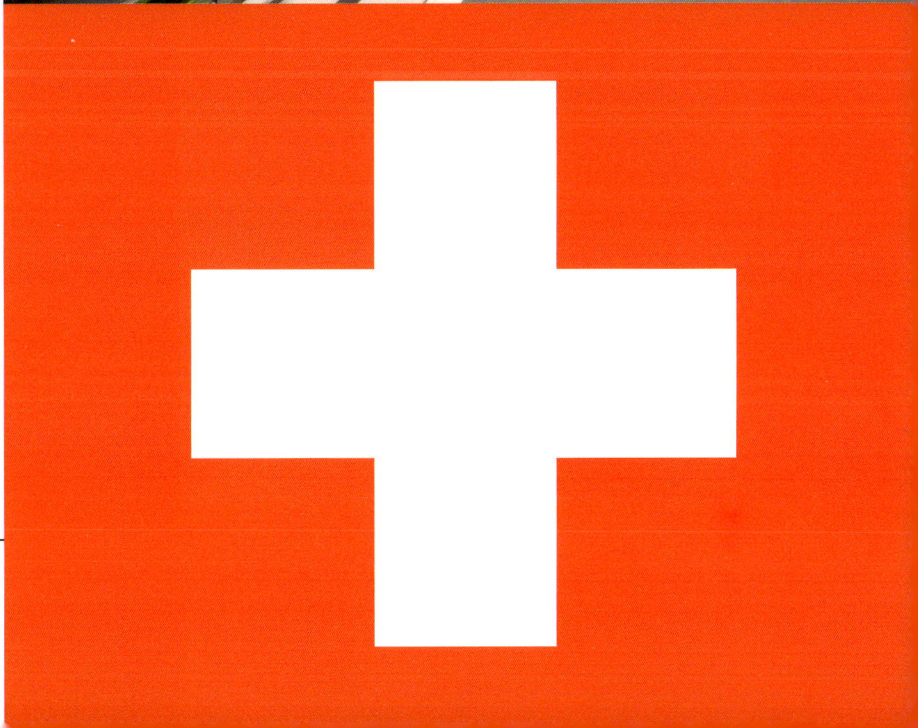

Zielsetzungen:

Ein Foto für die Darstellung im Internet optimal vorbereiten und speichern

Eine Grafik für das Internet exportieren

[jpeg.jpg, gif.ai]

Foto: Markus Wäger

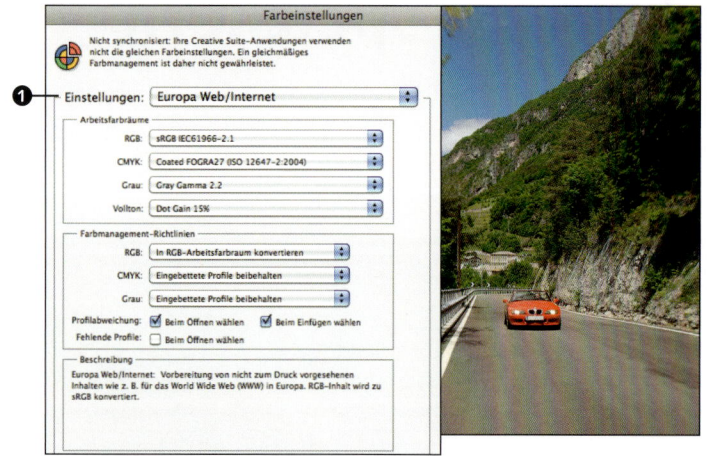

1 Farbeinstellung auf »Europa Web/Internet« umstellen

Wir wollen ein Foto für die Veröffentlichung im Internet speichern. Dazu ist es am besten, zuerst die Farbeinstellungen auf EUROPA WEB/INTERNET umzustellen. Rufen Sie dafür den Dialog für die Farbeinstellungen über das Menü BERARBEITEN • FARBEINSTELLUNGEN auf, stellen Sie unter EINSTELLUNGEN ❶ um, und bestätigen Sie den Dialog mit OK oder [↵].

2 In Profil umwandeln: sRGB

Auch wenn sich Ihr Bild bereits in einem RGB-Farbraum wie ADOBE RGB (1998) befindet, sollten Sie eine Farbraumkonvertierung vornehmen, wie Sie es auch machen, wenn Sie Bilder für den Druck aufbereiten. Öffnen Sie dazu neuerlich das Menü BEARBEITEN, und wählen Sie diesmal IN PROFIL UMWANDELN. Im folgenden Dialog stellen Sie als PROFIL ❷ sRGB IEC1966-2.1 ein.

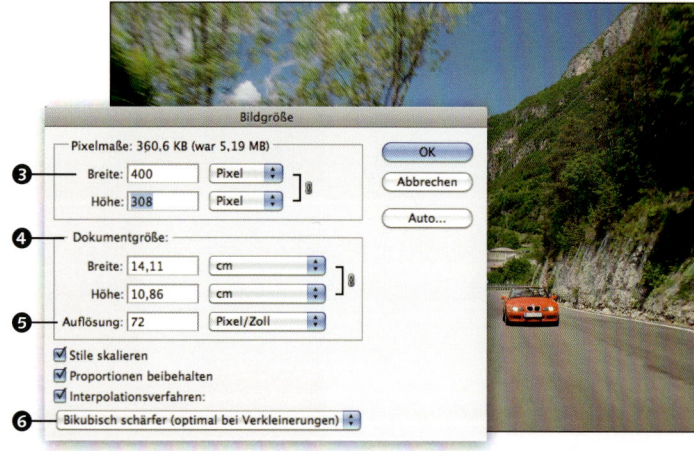

3 Bildgröße einstellen

Nun stellen Sie die passende Bildgröße zur Veröffentlichung im Internet ein. Für die Präsentation am Bildschirm, und nichts anderes stellt die Veröffentlichung auf einer Website dar, ist die DOKUMENTGRÖSSE ❹ eigentlich belanglos. Es hat sich aber eingebürgert, als AUFLÖSUNG 72 ppi einzustellen ❺.

Als BREITE definieren wir 400 Pixel ❸. Stellen Sie außerdem das Interpolationsverfahren auf BIKUBISCH SCHÄRFER (OPTIMAL BEI VERKLEINERUNGEN) ❻.

4 Unscharf maskieren

Bilder für das Internet müssen gut geschärft werden. Da Sie das Bild zuletzt neu berechnet haben, sollten Sie jetzt FILTER • SCHARFZEICHNUNGSFILTER • UNSCHARF MASKIEREN aufrufen.

Grundsätzlich funktioniert das Schärfen von Bildern für das Internet so, wie im Workshop auf Seite 76 beschrieben. Allerdings dürfen Sie hier stärker schärfen ❼ als für den Druck, und während ich dabei in der Regel einen RADIUS von 1 verwende, bevorzuge ich für das Web 0,3 ❽.

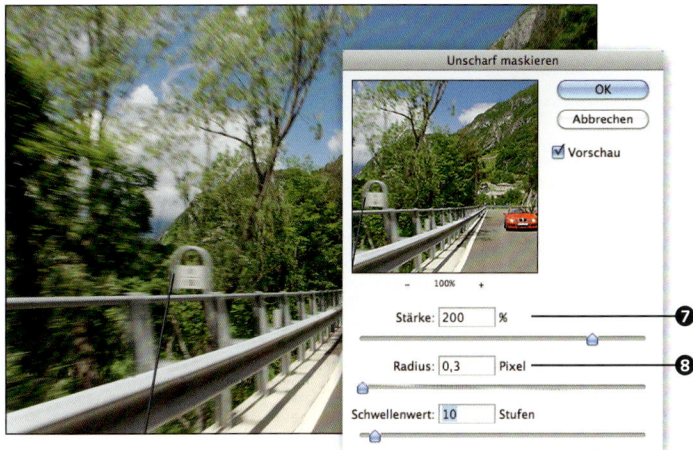

5 Für Web und Geräte speichern

Zum Export wählen Sie im Menü DATEI • FÜR WEB UND GERÄTE SPEICHERN. Bilder für das Internet sollten einen Kompromiss aus Bildqualität und Dateigröße darstellen. Klicken Sie dazu auf 2FACH ❾, um verschiedene Einstellungen vergleichen zu können. Wenn Sie in eine der beiden Ansichten klicken ❿, beziehen sich die Einstellungen rechts ⓫ auf dieses Bild. Stellen Sie für die untere Vorschau als VORGABE ⓬ GIF 128 KEIN DITHERING ein. GIF-Bilder basieren immer auf einer FARBTABELLE ⓭ mit maximal 256 Farben.

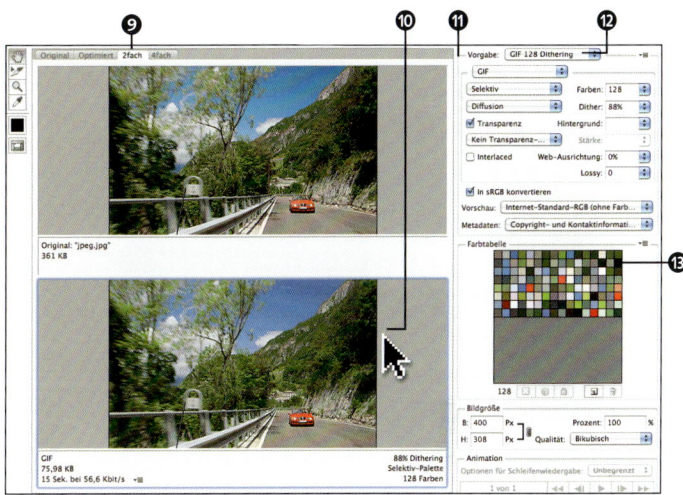

6 JPEG und GIF im Vergleich

GIF 128 bedeutet, dass 128 Farben verwendet werden. Um die geringe Anzahl an Farben zu verschleiern, wird ein sogenanntes Dithering erzeugt – Punkte, die Mischfarben simulieren sollen ⓯.

Klicken Sie in die obere Vorschau ⓰, und stellen Sie JPEG HOCH ⓱ als VORGABE ein. Links, unter den jeweiligen Vorschaubildern, können Sie nun vergleichen, wie groß die beiden Varianten in KB werden ⓮. Das Bild mit der kleineren Dateigröße bei besserer (oder zumindest gleicher) Bildqualität gewinnt.

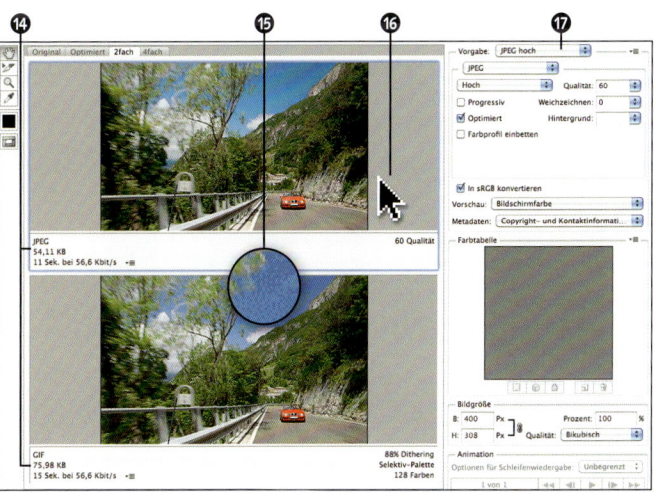

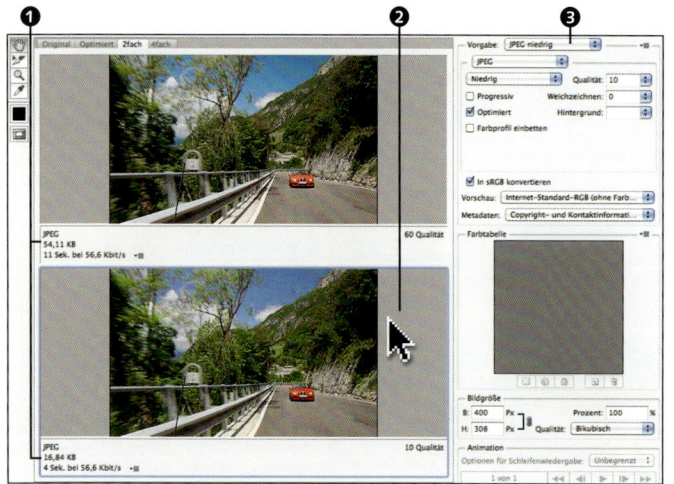

7 »JPEG hoch« gegen »JPEG niedrig«

Lassen Sie die obere Vorschau unverändert bei JPEG HOCH, klicken Sie in die untere ❷ und stellen Sie sie auf JPEG NIEDRIG ❸. Dasselbe Bild hätte bei JPEG HOCH 54,11 KB und 16,84 KB bei JPEG NIEDRIG ❶. Wenn Sie die Vorschaubilder vergleichen, sehen Sie aber die deutlich schlechtere Qualität (deshalb JPEG NIEDRIG) der kleineren Datei. Alternativ können Sie auch die VORGABE • JPEG MITTEL in den Vergleich mit einbeziehen. Wenn Sie mit dem Resultat zufrieden sind, klicken Sie in die Vorschau, und wählen Sie SPEICHERN.

8 JPEG für Fotos

Wenn Sie ein Foto für das Web speichern wollen, dann ist JPEG fast immer effizienter als GIF – JPEG bietet bessere Qualität bei kleinerer Dateigröße. Anders sieht es beim Export einer Grafik oder eines Logos aus. Sobald ein Dokument aus sehr gleichmäßig eingefärbten Flächen besteht, kann GIF seine Vorzüge ausspielen.

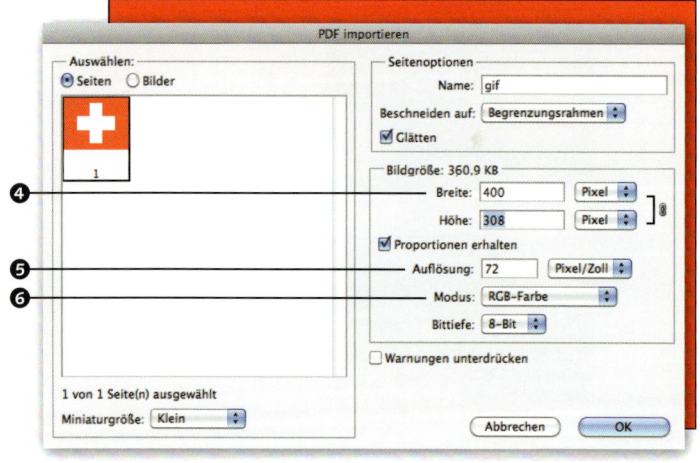

9 Illustrator-Grafik öffnen

Wenn Sie die Grafik »gif.ai« (AI steht für Adobe Illustrator) mit einem Doppelklick in Mini Bridge öffnen, wird Sie automatisch in Pixel umgerechnet. Wenn Sie sie über Menü DATEI • ÖFFNEN aufmachen, dann erscheint der Dialog links. Hier können Sie einstellen, mit welcher BREITE ❹ die sogenannte Vektordatei in Pixel umgerechnet werden soll, welcher MODUS ❻ gewünscht ist und was für eine AUFLÖSUNG ❺ das Bild haben soll.

10 Bildgröße verändern

Wechseln Sie nun erneut in den Dialog FÜR WEB UND GERÄTE SPEICHERN. Falls Sie das Bild über Mini Bridge aufgemacht haben, sind die Pixelmaße wahrscheinlich noch relativ hoch. Sie können Sie auch hier im Dialog reduzieren ❼.

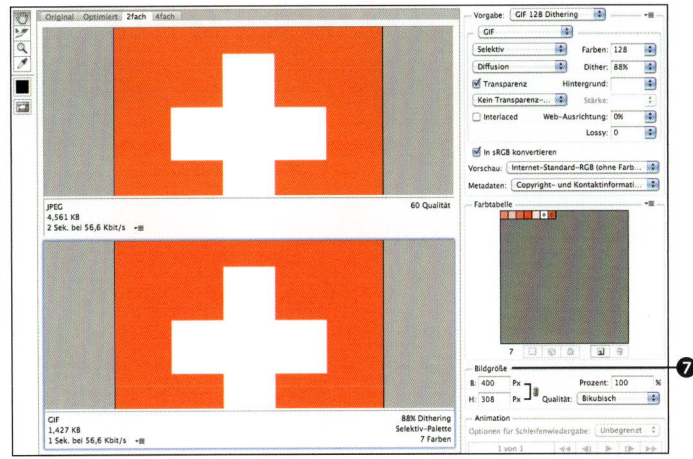

11 JPEG gegen GIF für flächige Grafiken

Vergleichen Sie auch diesmal die VORGABEN ❿ für JPEG mit denen für GIF in der 2fach-Ansicht. Auch wenn Sie sich bei der GIF-Einstellung für GIF 128 DITHERING entschieden haben, verwendet Photoshop bei dieser Fahne nur sieben Farben ❾. Eigentlich wären natürlich nur zwei Farben erforderlich, doch da Photoshop harte Farbübergänge in der Regel etwas weichzeichnet, entstehen hier eben sieben Farben. GIF hat hier mit 1,4 KB gegenüber JPEG mit 4,6 KB ❽ die Nase deutlich vorne – bei praktisch identischer Bildqualität.

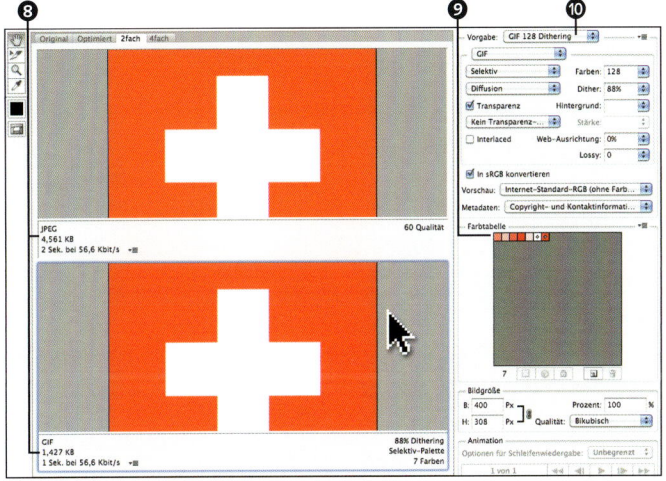

12 GIF für Grafiken und Logos

Wenn es darum geht, Grafiken, Cliparts oder Logos für das Internet auszugeben, dann ist meist GIF das effizientere Dateiformat als JPEG.

Tipp: Auch PNG ist ein Format, das sich heute für das Internet verwenden lässt. Interessant ist PNG auch, wenn Sie ein Bild mit transparenten Bereichen in ein Office-Programm übernehmen wollen. Wenn Sie eine Datei als PNG-24 speichern, dann sind die in Photoshop transparenten ▒ Bereiche auch dort transparent.

Dateiformate

Alle wichtigen Formate auf einen Blick

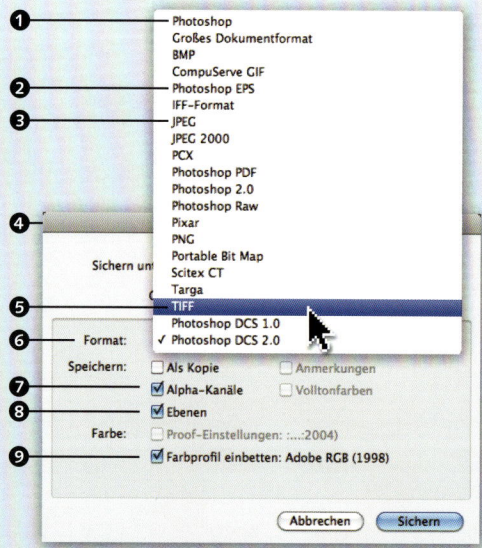

Der Speichern-Dialog ❹ von Photoshop bietet einige Optionen und Dateiformate an. Werfen wir einen Blick darauf:

Farbprofile sollten Sie grundsätzlich einbetten ❾, also die Option am besten immer aktiviert lassen. Wenn Sie in Photoshop mit Ebenen arbeiten, dann erhalten Sie beim Speichern eine eigene Option ❽, damit die Ebenen erhalten bleiben. Wenn Sie diese Option deaktivieren, dann wird das Bild auf eine einzige Ebene reduziert und als Kopie gespeichert (mit identischem Aussehen, doch ohne Ebenen). Die offene Datei *mit* den Ebenen wird dabei aber nicht gespeichert.

Speichern Sie in Photoshop eine Auswahl, oder erstellen Sie eine Ebenenmaske, entsteht ein sogenannter Alphakanal. Diese Option ❼ muss aktiviert sein, damit die Auswahl und die Maske erhalten bleiben.

Im Menü FORMAT ❻ können Sie das für Ihre Aufgabe angemessene Dateiformat auswählen.

TIFF ❺

TIFF wird von vielen Programmen unterstützt und gehört zu den wichtigsten Formaten, um Bilder in einem Layoutprogramm wie Adobe InDesign oder Quark XPress zu platzieren.

Wenn Sie eine Datei als TIFF speichern, erscheint anschließend der Dialog TIFF-OPTIONEN ❿. Ein Vorteil von TIFF ist, dass sich Bilder ohne Qualitätsverminderung komprimieren lassen. LZW ⓫ wird von den meisten Programmen verstanden, mit denen man die Bilder weiterverwenden möchte, und führt meist zu etwa 10 % bis 30 % kleineren Dateien.

Wenn das Bild transparente Bereiche aufweist und Sie möchten, dass diese Stellen auch in InDesign oder XPress durchsichtig bleiben, dann müssen Sie TRANSPARENZ SPEICHERN ⓬ aktivieren.

Photoshop EPS ❷

EPS gehörte einst auch zu den ganz wichtigen Dateiformaten. Heute hat es für Pixelbilder seine Bedeutung verloren. Sollte jedoch verlangt sein, dass Sie für einen bestimmten Zweck EPS einsetzen müssen, so ist in der Regel nichts falsch daran.

EPS wurde, und wird zum Teil auch noch, für Freisteller mit Hilfe von Beschneidungspfaden eingesetzt. EPS unterstützt aber keine Transparenz, wie Sie in Photoshop mit ▩ gekennzeichnet ist. EPS kann außerdem keine Ebenen aufnehmen.

Photoshop ❶ (PSD)

PSD kann alle Funktionen speichern, die Photoshop anbietet. Gegenüber Tiff hat PSD den Vorteil, dass kein Optionen-Dialog erscheint, bei dem man etwas falsch einstellen oder vergessen könnte.

Ein Nachteil mag manchmal sein, dass es kein Standardformat ist. Viele Programme verstehen es nicht. Doch wenn Sie Bilder in InDesign weiternutzen möchten, sind Sie mit PSD gut beraten.

Speichert man Bilder als PSD, begegnet einem nach Standard immer wieder der Dialog zu den Photoshop-Optionen. Dabei geht es darum, dass Photoshop ab CS Bilder mit über 30.000 Pixeln Seitenlänge zu speichern in der Lage ist. Ältere Photoshop-Versionen können das nicht. Durch KOMPATIBILITÄT MAXIMIEREN ⓭ sollten jedoch auch ältere Versionen das Bild öffnen können.

Da ich weder mit Bildern mit mehr als 30.000 Pixeln Seitenlänge arbeite noch auf Photoshop-Versionen vor CS Rücksicht nehmen muss, habe ich die Option deaktiviert und für den Optionsdialog NICHT WIEDER ANZEIGEN ⓮ aktiviert. Das Maximieren der Kompatibilität erzeugt größere Photoshop-Dateien.

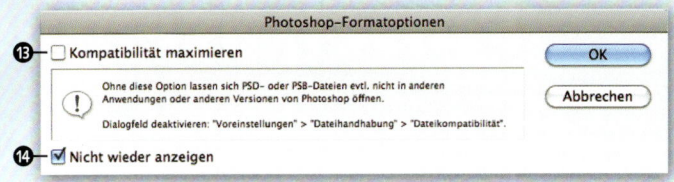

Sie können die Option auch über PHOTOSHOP (Mac) / BEARBEITEN (Windows) • VOREINSTELLUNGEN • DATEIHANDHABUNG • KOMPATIBILITÄT VON PSD- UND PSB-DATEIEN MAXIMIEREN auf NIE einstellen.

JPEG ❸

JPEG hat den Nachteil, dass die Dateien bei jedem Mal Schließen und Speichern komprimiert werden und, je nach Einstellung, mehr oder weniger Detailqualität einbüßen.

Da auch bei geringer Komprimierung die Qualitätseinbuße bei einer späteren Bildbearbeitung zum Vorschein treten können, rate ich in Bereichen, in denen hohe Qualitätsansprüche gelten, von JPEG ab. Um jedoch Bilder über das Internet zu versenden, ist JPEG, dank der damit erreichbaren, geringen Dateigröße, sehr gut geeignet.

Der Dialog JPEG-OPTIONEN ⓯ bietet auch einige Einstellmöglichkeiten. Im Grunde reicht es jedoch für fast alle Zwecke, die QUALITÄT einzustellen. MAXIMAL steht für maximale Qualität (= größere Datei), NIEDRIG für lausige Qualität (= kleinere Datei).

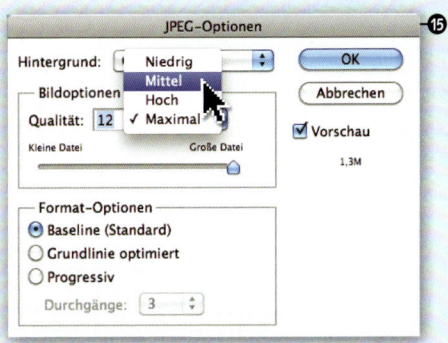

Pinsel, Stempel & Radierer

Sie müssen kein Maler sein, um Pinsel zu mögen. In Photoshop kommen Sie um Pinsel ohnehin nicht herum. Es gibt Auswahl-Pinsel, Stempel-Pinsel, Radiergummi-Pinsel, Protokoll-Pinsel, Retusche-Pinsel, Unschärfe-Pinsel, Helligkeits-Pinsel, Sättigungs-Pinsel und natürlich einen Pinsel-Pinsel, der zum Glück einfach PINSEL-WERKZEUG heißt.

In diesem Kapitel möchte ich Ihnen alle wichtigen Pinsel in Workshops vorstellen, außer dem Auswahl-Pinsel. Dieser heißt SCHNELLAUSWAHLWERKZEUG und wird erst im Kapitel über Auswahlen behandelt.

Vorerst begutachten wir die Pinsel, die Pixel verändern.

Foto: Pascal Reis

Pinsel, Stempel & Radierer

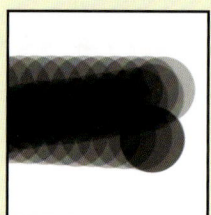

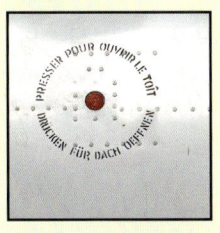

Farbe und Farbwähler

Ohne Farbe keine Gestaltung!

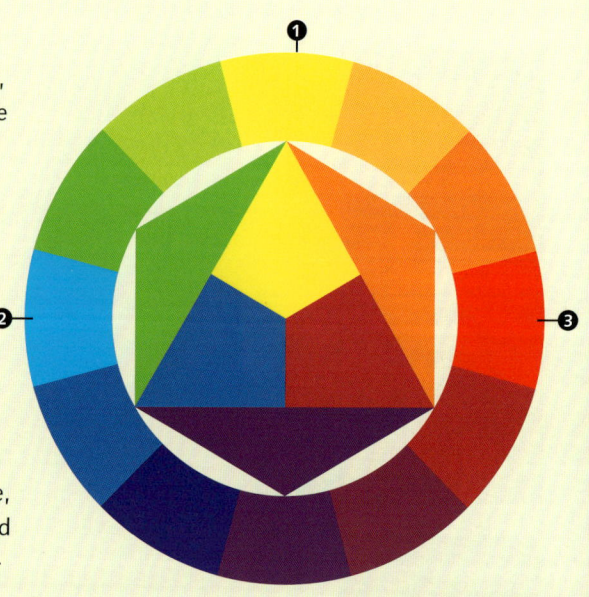

Ohne Farbe gibt es keine Gestaltung! Gewiss, der Fotograf wird einwenden, dass auch ohne bunte Farben Gestaltung sehr wohl möglich ist, entwickelt er seine Fotos doch gerne in Schwarzweiß. Doch ich mache es mir – und uns – einfach, indem ich Schwarz, Weiß und Grau mit allen bunten Farben unter dem Begriff Farbe zusammenfasse. Wir unterscheiden dann die bunten und die unbunten Farben – letztere wäre eben Schwarz, Weiß und alle Graustufen dazwischen.

Farbe hat viele Qualitäten – psychologische, mythische, aktive, passive, gestalterische. Und Farbe lässt sich mit drei Parametern beschreiben: Farbton, Sättigung und Helligkeit.

Farbton, oder Farbe an sich

Zunächst einmal verstehen wir unter Farbe die reinen, bunten Farben: Rot, Orange, Gelb, Grün, Cyan, Blau, Violett und Magenta. Das sind nur die acht wichtigsten reinen Farben. Dazwischen können wir eine ganze Reihe an anderen Farbtönen benennen, abgesehen von den nicht voll gesättigten Farben wir Rosarot, Braun, Ocker usw.

Farben lassen sich in einem System zu einem geschlossenen Kreis anordnen. Wahrscheinlich kennen Sie aus Ihrer Schulzeit einen Farbkreis wie diesen ❶, der auf den deutschen Gestalter und Lehrer Johannes Itten zurückgeht. Itten bezeichnete die Qualität dieser Farben als »Farbe an sich«.

Ein solcher Farbkreis ist aus gestalterischer Sicht von Bedeutung. Er kann Ihnen helfen, Farbharmonien zu finden. Außerdem zeigt ein korrekter Farbkreis jeweils gegenüberliegend zu jeder Farbe die Gegenfarbe – die sogenannte Komplementärfarbe. So hat zum Beispiel Rot ❸ die Komplementärfarbe Cyan ❷. Komplementärfarben heben sich gegenseitig zu mehr oder minder neutralem Grau auf.

Wenn Sie sich weiter und näher mit Farbe beschäftigen, werden Sie entdecken, dass es nicht nur einen Farbkreis gibt. Farbe ist ein widerspenstiges Wesen, ein Anarchist, und entzieht sich weitgehend der eindeutigen Klassifizierung in einem einzigen, allein-gültigen System. Wie gesagt, unser erster Farbkreis hier hat gestalterische Bedeutung, er wird aber den EDV-technischen Anforderungen an die Ausarbeitung von Bildern und Designs am Computer sowie bei der drucktechnischen Reproduktion nicht gerecht. In der Bildbearbeitung arbeiten Sie mit einem Farbkreis, der etwa so ❺ aussieht.

Rot, Grün und Blau so mischt, dass der *Eindruck* dieser Farben entsteht. Selbst neutrales Grau entsteht durch Mischung – durch ein identisches Verhältnis von Rot, Grün und Blau. 50 % Rot, 50 % Grün und 50 % Blau ergeben ein mittleres Grau.

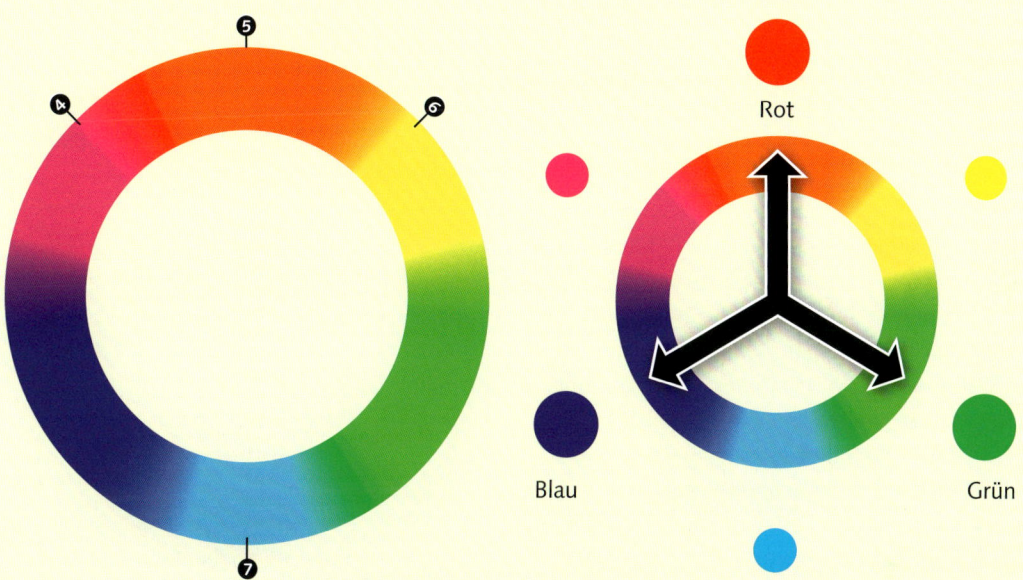

Unsere Augen sind lediglich mit *Empfängern* für Rot, Grün und Blau ausgestattet. Alle Mischfarben, wie etwa Gelb ❻, Cyan ❼ oder Magenta ❹, werden von unserer Wahrnehmung aus den Rot-, Grün- und Blauinformationen heraus, die die Rezeptoren in den Augen dem Gehirn übermitteln, interpretiert.

Genau wie unser Auge nur Rot, Grün und Blau sieht und sich aus diesen drei Grundfarben alle Farben der bunten Welt *zusammenmischt*, »sieht« auch ein Scanner oder eine Digitalkamera nur Rot, Grün und Blau.

Doch nicht nur beim *Sehen* von Farben herrscht dieses Prinzip der Grundfarben vor, auch bei der Wiedergabe von Bildern und Designs. Ihr Monitor stellt keine orangen, gelben oder braunen Pixel dar. Er simuliert diese lediglich, indem er die drei Grundfarben

Das Sehen, die digitale Fotografie und die Darstellung von Bildern auf einem Monitor funktionieren dabei immer durch Mischen von Lichtfarben.

Stellen Sie sich vor, Sie sitzen im stockdunklen Kino. Es gibt nicht die kleinste Ritze, durch die Licht eindringen kann, kein Notausgangsschild, das leuchtet. Sie wissen zwar, dass sich vor Ihnen die weiße Leinwand befindet, aber Sie sehen nichts. Doch, halt. Sie sehen etwas! Sie sehen Schwarz. Das einzige, absolut schwarze Schwarz ist das Fehlen von Licht. Alles andere, was wir sonst als Schwarz wahrnehmen, ist lediglich eine Annäherung an Schwarz: ein sehr, sehr dunkles Grau oder Blau, doch nicht wirklich Schwarz.

Auf dem feinen, weich gepolsterten Sitz neben Ihnen, nein, da sitzt nicht Claudia Schiffer und auch nicht Brad Pitt, sondern auf ihm liegen drei

Taschenlampen. Eine Taschenlampe ist mit roter Folie versehen und wirft dementsprechend rotes Licht. Die zweite trägt eine grüne Folie und die dritte eine blaue.

Wenn Sie nun die rote Lampe zur Hand nehmen und ihren Lichtkegel auf die Leinwand richten, dann sehen Sie nicht das Weiß der Leinwand, sondern das Rot ❸ des Lichtkegels. Nehmen Sie die zweite Taschenlampe zur Hand und projizieren Sie den grünen Lichtkegel ❺ so auf die Leinwand, dass sich die beiden Kegel etwas überschneiden, mischen sich die beiden Farben zu Gelb ❹.

Stellen wir uns nun vor, Sie wären das Geschöpf eines unaufmerksamen Photoshoppers und hätten eine dritte Hand. Mit dieser strahlen Sie auch noch einen blauen Lichtkegel an die Wand ❶. Wo sich Blau mit Rot überschneidet, entsteht durch Mischung Magenta ❷. Wo Blau Grün überlappt, ergibt die Mischung Cyan ❽. An der Stelle, wo alle drei Lichtkegel übereinanderliegen, ergibt sich Weiß ❿. Durch Dosieren der Lichtstärke der drei Grundfarben können Sie nun alle erdenklichen Farben mischen. Man nennt diese Form der Farbreproduktion additive Farb-

mischung, da das Farbenmischen durch Hinzufügen von Licht geschieht. Da sich Lichtfarben sehr rein erzeugen lassen, ist ein Vorteil dieses Systems, weil damit auch sehr reine, sehr leuchtende Farben dargestellt werden können. Nach diesem System arbeiten Ihre Digitalkamera und Ihr Monitor. Man bezeichnet dieses System entsprechend der Grundfarben als RGB-Farbraum.

Anders sieht es hingegen beim Reproduzieren von Bildern über Drucke aus. Auch da finden Sie zwar drei Grundfarben, jedoch andere als bei der Monitordarstellung.

Zunächst müssen Sie wissen, dass Druckfarben lasierend sind. _Lasierend_ bedeutet durchscheinend, das Gegenteil von _deckend_. Wenn Sie eine Druckfarbe über eine andere drucken, dann mischen sich die beiden zu einer neuen Farbe. Das lässt sich mit Aquarellfarben vergleichen, oder mit farbigen, transparenten Folien.

Bei der Mischung mit Licht ist die Basisfarbe Schwarz und durch Dunkelheit gegeben. Im Druck ist die Baisisfarbe Weiß durch das Papier gegeben. Weiß wird praktisch nie ge-

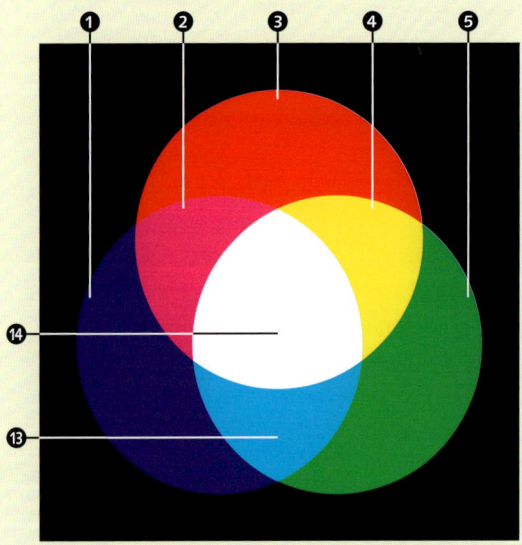

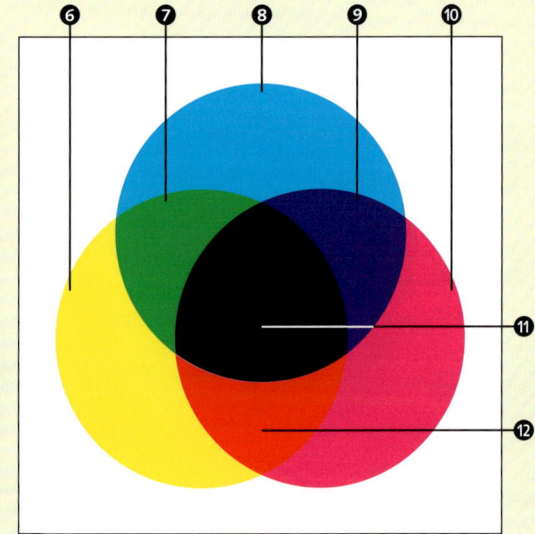

druckt, sondern ist immer durch das Träger-material (meist Papier) schon da. Die (bunten) Grundfarben des Systems, in dem Bilder auf Papier reproduziert werden, sind Cyan, Ma-genta und Gelb.

Drucken Sie auf weißes Blatt eine cyan-farbene Kreisfläche ❽, sehen Sie – natürlich – Cyan. Drucken Sie darüber eine magenta-farbene Kreisfläche ❿, die die erste überlappt, ergibt die Mischung ein dunkles, etwas rot-stichiges Blau ❾. Eine überlappende gelbe Kreisfläche ❻ erzeugt in der Mischung mit ihrem Gegenüber einmal Grün ❼ und einmal Rot ⓬. Theoretisch ergäbe nun die Mischung aus allen drei Grundfarben Schwarz ⓫. Doch da, im Gegensatz zu Lichtfarben, Druckfarben niemals ganz rein sein können, ergibt die Mischung in der Praxis eher ein sehr dunkles, schmutziges Grau. Deshalb kommt dieses Farbsystem für einen schönen Druck mit tiefem Schwarz nicht ohne vierte Druckfarbe, nämlich Schwarz, aus.

Entsprechend diesen *vier* Grundfarben, Cyan, Magenta, Gelb (Yellow) und Schwarz, bezeichnet man das Farbsystem als CMYK-Farbraum, wobei K für Keycolor steht (ich

gehe davon aus, dass man, da der Buchstabe B schon in RGB für Blau verwendet wurde, für CMYK einen anderen Buchstaben gewählt hat als B für Black).

Die Lichtfarben des RGB-Farbraums lassen sich praktisch stufenlos dosieren, um aus den drei Grundfarben Millionen Mischfarben zu erzeugen.

Druckfarben hingegen lassen sich nicht millionenfach unterschiedlich stark deckend auftragen. Um dennoch einige Hundert-tausend Farben *simulieren* zu können, werden für Mischfarben, die nicht aus jeweils 100 % zweier oder dreier Grundfarben zusammenge-setzt sind, Flächen in kleine Punkte aufge-löst ⓯. Man spricht vom Rastern der Farb-flächen. Im hochwertigen Druck sind diese Raster so klein, dass sie sich nur mit einer Lupe erkennen lassen. Im Zeitungsdruck hin-gegen kann man die Rasterpunkte mit bloßem Auge erkennen.

Natürlich sehen Sie auch gedruckte Bilder, ebenso wie am Bildschirm dargestellte, immer nur über Licht. Doch während am Monitor die drei RGB-Grundfarben mit Licht auf den Bildschirm projiziert werden, kommt bei ge-druckten Bildern das Licht aus der Umgebung und muss reflektiert werden. Die Pigmente auf dem Trägermaterial filtern dann einen ge-wissen Anteil an Spektralfarben aus diesem Licht heraus und reflektieren den Rest. Da-durch werden dann die Farben Rot, Cyan, Braun und Was-auch-immer zum Auge über-tragen. Da in diesem Fall die Mischung nicht durch Hinzufügen von mehr Licht erfolgt, sondern umgekehrt durch Herausfiltern von Bestandteilen des weißen Lichts, spricht man hier von subtraktiver Farbmischung.

Rot, Grün und Blau sind die primären Grundfarben des RGB-Systems. Die Misch-farben oder sekundären Grundfarben, die sich daraus ergeben, sind Cyan, Magenta und Gelb. Die primären Grundfarben des

⓯

CMY-Systems sind Cyan, Magenta und Gelb sowie die sekundären Rot, Grün und Blau. Sie sehen also: So gegensätzlich die beiden Systeme sind, so eng sind sie auch miteinander verquickt.

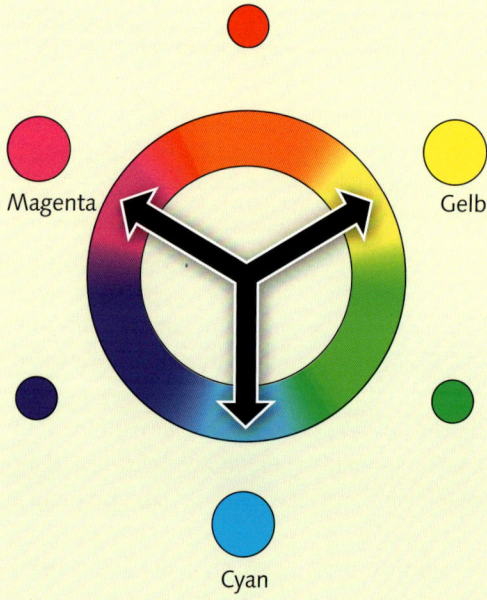

Wenn Sie sich diese Zusammenhänge einprägen, wird Ihnen die Tonwertkorrektur und Farbanpassung von Bildern leichter fallen, und wir werden auch darauf zurückkommen.

Sättigung

Eingangs habe ich von drei Qualitäten gesprochen, die Farbe haben kann. Farbe an sich (oder in Photoshop FARBTON genannt) ist nur die erste Qualität. Die zweite ist mindestens ebenso wichtig: Sättigung. Eine Farbe kann hoch gesättigt sein (wie im Farbkreis oben) oder eine geringe Sättigung aufweisen.

Während es in der Bildbearbeitung eher selten vorkommt, dass man die Farbe an sich verschiebt, also aus Rot Orange macht oder aus Cyan Blau, so wird an der Sättigung recht häufig gedreht.

Betrachten wir die Sättigung anhand eines leuchtenden, reinen Rots ❸. Reine Farben haben eine Sättigung von 100 %. Reduziert man die Sättigung auf 50 %, dann bleibt ein bräunlicher Ton ❷. Reduziert man die Sättigung auf 0 %, bleibt von der Farbe selbst gar nichts mehr übrig, sondern lediglich neutrales Grau ❶. Ein Schwarzweißbild ist demnach nichts anderes als das Abbild einer Szene, bei der die Sättigung aller Farben auf 0 reduziert wurde. Wichtig: Die Sättigung einer bereits zu 100 % gesättigten Farbe kann nicht weiter erhöht werden!

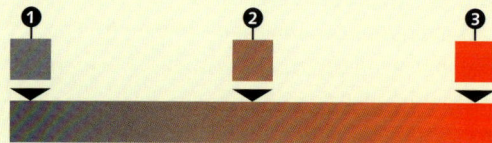

Das ist für jeden Bildbearbeiter von Bedeutung, vor allem aber für Fotografen, die ihre Bilder gerne in Schwarzweiß entwickeln (oder, Gott bewahre, mit einer Digitalkamera bereits schwarzweiß fotografieren).

Helligkeit

Der dritte Parameter, der Farbe beschreibt, ist die Helligkeit. Ziehen wir noch einmal unser Rot ❻ als Beispiel heran. Wenn wir die Helligkeit von Rot erhöhen, erhalten wir zunächst Rosarot ❼ und am Ende, bei +100 % Helligkeit, Weiß ❽. Reduzieren wir hingegen die Helligkeit um −50 %, erhalten wir einen Ton zwischen Weinrot und Braun ❺, und bei einer weiteren Reduzierung um −100 % ergibt sich Schwarz ❹.

Tonwert

Ob Rot, Gelb oder Orange, ob leuchtend oder matt, ob hell oder dunkel – jede Farbe hat ihren Tonwert. Der Tonwert ist im Grunde das, was übrig bleibt, wenn wir die Farbe komplett entfernen, d. h., die Sättigung auf 0 drehen.

Jede Farbe hat einen Tonwert, doch natürlich nicht jede den gleichen. In der Abbildung unten ❾ sehen Sie neun Farben und ihren entsprechenden Tonwert.

Manche Farben sind hell – sie haben einen hellen Tonwert. Gelb zum Beispiel hat den hellsten Tonwert.

Andere Farben sind dunkel und haben einen entsprechend dunklen Tonwert. Blau und Gelb weisen den höchsten Tonwertunterschied auf.

Doch es gibt auch Farbenpaare, wie Rot und Grün, die fast den gleichen Tonwert aufweisen. Unten sehen Sie ein Rechteck mit roter und eines mit grüner Färbung ❿. Unter den Farbfeldern befindet sich jeweils ein Rechteck von identischer Breite, das den entsättigten Tonwert dieser Farbe anzeigt. Doch es sieht so aus, als wäre unter den beiden Farbfeldern nur ein einziger, grauer Balken. Da die beiden Farben praktisch den gleichen Tonwert haben, lässt sich die Trennung der beiden Felder kaum mehr ausmachen. Der Tonwert der beiden Farben ist praktisch gleich hell.

Tonwerte beschäftigen zwar alle Bildbearbeiter, doch auch hier sind es wieder Fotografen, die diesem Umstand besondere Beachtung schenken sollten, wenn sie mit Schwarzweißbildern arbeiten.

Ein Farbbild, dessen Farben einen hohen Tonwertunterschied aufweisen ⓫, lässt sich sehr leicht in Graustufen ⓬ konvertieren.

Ein Bild hingegen, bei dem die enthaltenen Farben praktisch denselben Tonwert haben ⓭, ergibt nach der Graustufenkonvertierung eine unschöne, gleichmäßig graue Suppe ⓮. Das ist auch der Grund, weshalb man in der Schwarzweißfotografie besser zunächst in Farbe aufnehmen und erst am Computer als Schwarzweißbild entwickeln sollte – man hat einfach mehr Einfluss auf das Ergebnis.

Unterschätzen Sie bitte nicht die Bedeutung dieser theoretischen Ausführungen! Dies ist ein Workshop-Buch für die Praxis, und ich würde Sie damit nicht belästigen, wenn es nicht für die Praxis wichtig wäre. Ohne Farbe keine Gestaltung. Wenn Sie Farbe verstehen, werden Sie auch besser und effizienter mit der Bildbearbeitung umgehen können und mehr aus Ihren Bildern herausholen.

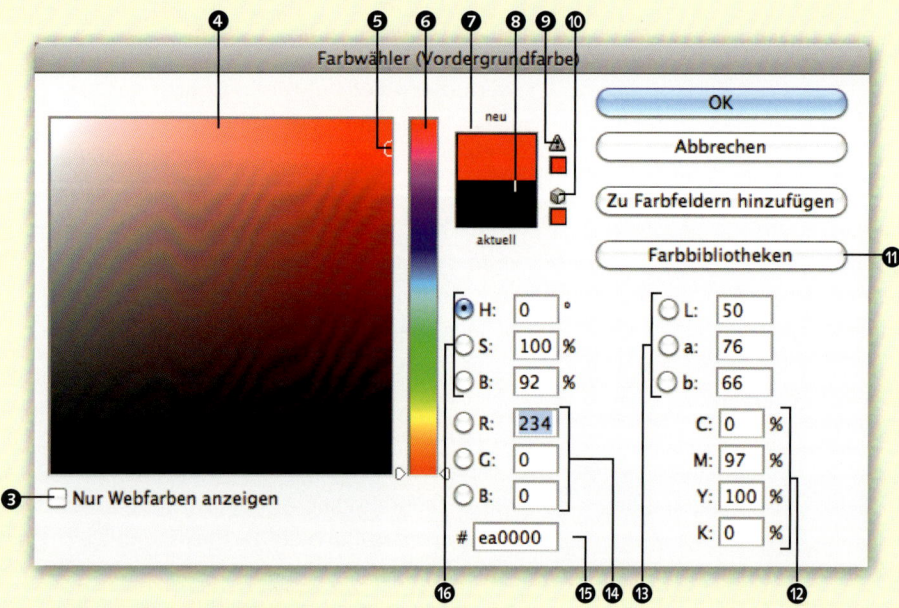

Der Adobe Farbwähler

Der Dreh- und Angelpunkt für das Auswählen bzw. Einstellen einer Farbe ist der Adobe Farbwähler. Er öffnet sich, wenn Sie beispielsweise auf die Schalt- und Anzeigefläche von VORDER- ❶ oder HINTERGRUNDFARBE ❷ klicken.

In der Mitte sehen Sie das Farbfeld NEU ❼, das Ihnen die Farbe so anzeigt, wie Sie sie gerade eingestellt haben. Darunter befindet sich das Farbfeld AKTUELL ❽, das Ihnen die Farbe zeigt, wie sie vorher war. Der Vergleich der beiden Felder NEU und AKTUELL ist hilfreich, um einen Farbton lediglich eine Nuance zu verändern.

Zum Einstellen einer Farbe stehen Ihnen zum einen der schmale Farbton-Streifen ❻ und das quadratische Feld ❹ zur Wahl von Sättigung und Helligkeit des Farbtons zur Verfügung. Sie bestimmen also zuerst mit ❻ den Farbton und bestimmen dann mit ❹, wie hell oder dunkel, gräulich oder gesättigt die Farbe sein soll.

Der kleine Kreis ❺ zeigt Ihnen den aktuellen Ton an.

Zum anderen können Sie eine Farbe aber auch über die Eingabe numerischer Werte definieren. Im Adobe Farbwähler stehen Ihnen dazu vier verschiedene Farbsysteme zur Verfügung: HSB ⓰ (Hue, Saturation, Brightness = Farbton, Sättigung, Helligkeit), L*a*b* ⓭ und die beiden für den Bildbearbeiter primär wichtigen Farbsysteme RGB ⓮ und CMYK ⓬.

Sie können somit CMYK-Werte eingeben, wenn Sie an einem RGB-Bild arbeiten, und RGB-Werte, wenn es ein CMYK-Bild ist. Allerdings ist das mit Vorsicht zu genießen. Wenn Sie bei einem RGB-Bild CMYK-Werte anwenden, bleibt das Bild dennoch RGB. Das heißt, dass die erzeugte Farbe nicht exakt den eingegeben Werten entspricht. Wenn Sie also in einem Bild CMYK-Farben brauchen, dann wandeln Sie es zuerst in CMYK um, und stellen Sie die Farbe erst danach ein.

Die Eingabe von Farben in sogenannte HEXADEZIMALWERTE ⓯ ist vor allem für Webdesigner interessant.

Ebenfalls für Webdesigner ist die Option NUR WEBFARBEN ANZEIGEN ❸. Wenn Sie sie aktivieren, sieht der Farbwähler so ⓱ aus.

Vor einigen Jahren waren noch viele Monitore im Einsatz, die nur 256 Farben darstellen konnten. Damit Farben einer Internetseite auch auf diesen, noch dazu mit unterschiedlichen Betriebssystemen laufenden Rechnern, wie vom Gestalter gedacht dargestellt werden konnten, musste man sich auf die 216 sogenannten Websave-Colors (Webfarben) beschränken.

Dieses Symbol ❿ zeigt an, dass die aktuelle Farbe keiner dieser 216 websicheren Farben entspricht.

Websichere Farben sollten heutzutage kein Thema mehr sein, da ja mittlerweile fast nur mehr Computersysteme im Einsatz sind, mit denen sich Millionen Farben darstellen lassen. Dementsprechend ist die Warnung bei nicht websicheren Farben auch zu vernachlässigen.

Wichtiger ist der Warnhinweis bei Farben, die sich so nicht drucken lassen, für alle Grafiker, die Drucksachen produzieren. Wenn Sie eine Farbe einstellen, die in CMYK nicht reproduzierbar ist, erscheint diese Warnung ❾. Wenn Sie daraufklicken, dann ändert Photoshop die Farbe auf die nächstgelegene, die sich in CMYK umsetzen lässt.

Wenn Sie eine Volltonfarbe, beispielsweise eine Pantone-Farbe, als Referenz heranziehen wollen, können Sie auf FARBBIBLIOTHEKEN ⓫ klicken. Der Farbwähler sieht danach so ⓴ aus. Auch hier gilt: Das Ergebnis ist in einem RGB-Bild immer RGB.

Neben den Eingabefeldern für H, S, B, neben R, G und B sowie neben L, a und b finden Sie einen sogenannten Radiobutton ◯. Wenn Sie auf den Radiobutton neben S ⓰ klicken, sieht der Farbwähler so ⓲ aus. Klicken Sie auf den Radiobutton neben R ⓮, sieht der Farbwähler danach so ⓳ aus. Das ist vor allem dann wichtig zu wissen, wenn einmal jemand die Ansicht über einen dieser Radiobuttons verstellt hat und Sie wieder die Ansicht wollen, die Sie gewohnt sind: Dann klicken Sie auf ◯ bei H (HSB ⓰).

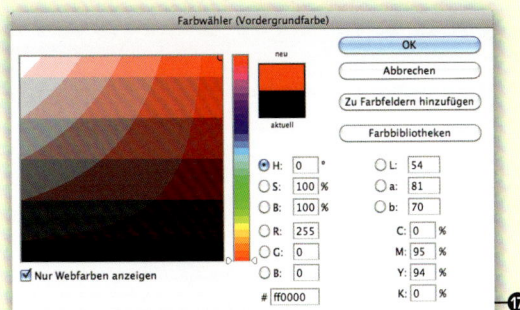

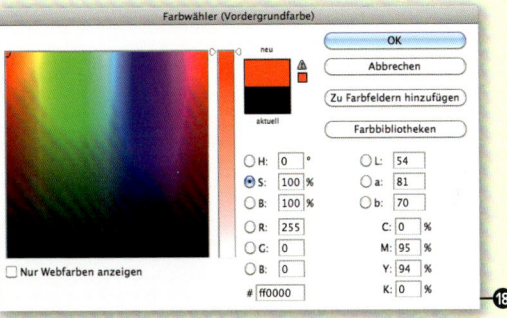

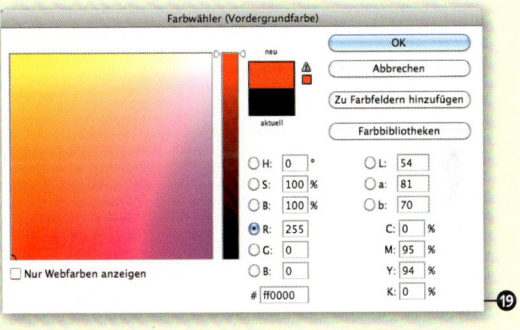

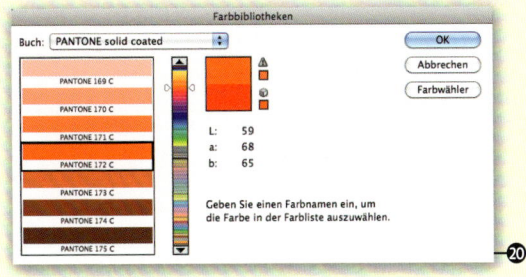

Mit dem Pinsel Ebenen bemalen

Malen und dabei transparente Bereiche schützen

*Stempel, Retusche-Werkzeuge und Tools zum Aufhellen und Ab-
dunkeln von Bildbereichen funktionieren grundsätzlich ähnlich
wie das PINSEL-WERKZEUG, das sie hier kennenlernen. Bei allen
spielen Größe und Härte eine entscheidende Rolle. Immer kann
man die Deckkraft auf die eine oder andere Art verändern. Die
Arbeitsweisen, die Sie hier kennenlernen, helfen Ihnen also auch,
wenn Sie keine Illustrationen erstellen wollen.*

Zielsetzungen:

Arbeitsfläche ausdehnen und eine
flächige Illustration mit Schatten,
Lichtern und Tiefe versehen
[malen.tif]

1 Werkzeugeinstellung aufrufen

Wenn Sie das Beispielbild öffnen, werden Sie sehen, dass die Arbeitsfläche exakt so groß ist wie die Illustration. Ich finde, es stört beim Malen, wenn die Ränder so an der Illustration *picken*, deshalb wollen wir die Arbeitsfläche vergrößern.

Im Workshop »Format und Auflösung auf einen Streich« auf Seite 75 haben wir ein Bildformat als Werkzeugeinstellung ❶ für das FREISTELLUNGSWERKZEUG 🔲 gespeichert. Diese rufe ich jetzt auf und vertausche die Werte für BREITE und HÖHE ❷.

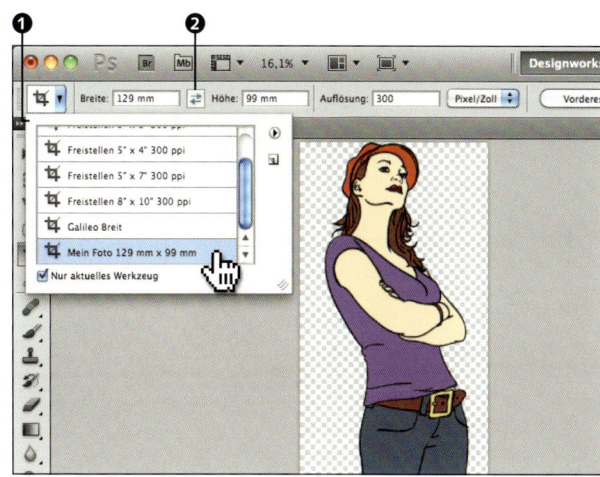

2 Freistellen bis zum Anschlag

Falls Sie das Format zuvor nicht gespeichert haben, geben Sie 99 mm für die BREITE ein und 129 mm für die HÖHE.

Ziehen Sie mit dem FREISTELLUNGSWERKZEUG 🔲 nun einen Rahmen von der linken oberen Ecke auf, bis Sie auf der rechten Seite am Anschlag stehen.

Durch die vorgegebenen Werte sind die Proportionen fixiert (99:129). Lassen Sie die Maustaste dann los, aber bestätigen Sie noch nicht – wir sind noch nicht ganz fertig.

3 Arbeitsfläche erweitern

Ziehen Sie in einem zweiten Schritt den Freistellungsrahmen noch größer. Nachdem Sie die Maustaste vorher einmal losgelassen haben, können Sie den Rahmen nun beliebig über die Arbeitsfläche hinaus erweitern. Positionieren Sie den Rahmen, nachdem Sie die Größe definiert haben, so, dass das Modell etwa in der Mitte steht. Bestätigen Sie das Freistellen mit ⏎.

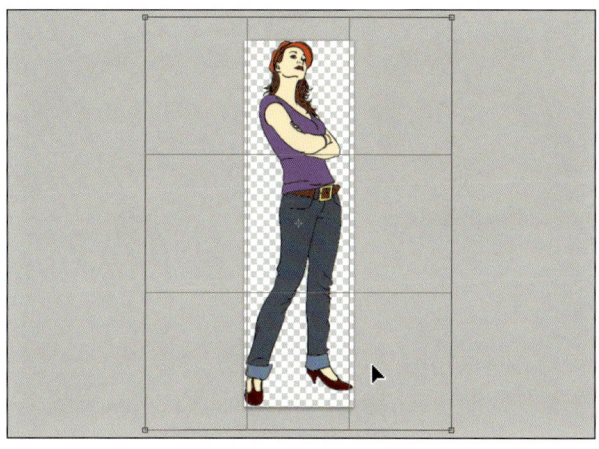

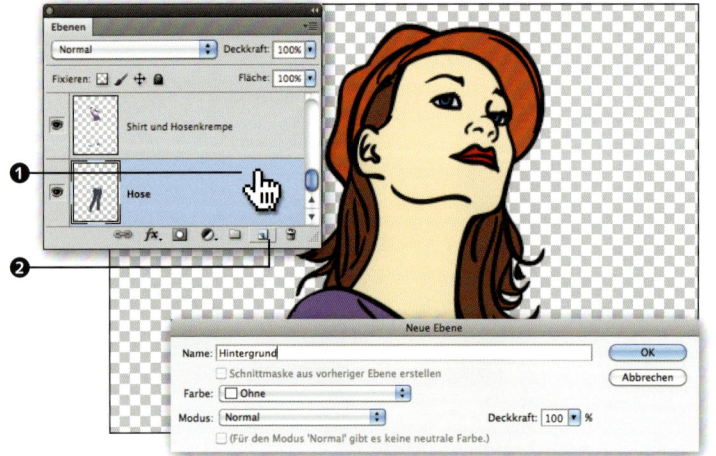

4 Neue Ebene erstellen

Für einen weißen Hintergrund erstelle ich eine neue Ebene, die natürlich ganz unten liegen muss. Ich aktiviere mit einem Klick die derzeit unterste Ebene, »Hose« ❶, und klicke dann bei gedrückter ⌈Strg⌉/⌈⌘⌉-Taste NEUE EBENE ERSTELLEN 🔲 ❷ – die neue Ebene wird dadurch unterhalb der ausgewählten Ebene erstellt.

Profi-Tipp: Halten Sie beim Klick auf 🔲 die ⌈Alt⌉-Taste gedrückt, dann öffnet sich der Dialog NEUE EBENE, und Sie können der Ebene einen Namen geben.

5 Fläche füllen

Mit einem Blick auf die Werkzeugpalette überprüfe ich, ob Weiß als VORDER- oder HINGERGRUNDFARBE ❸ eingestellt ist. Ist Weiß die VORDERGRUNDFARBE kann ich mit ⌈Strg⌉/⌈⌘⌉ + ⌈←⌉ die neu erstellte Ebene mit Weiß füllen, ist es die HINTERGRUNDFARBE mit ⌈Alt⌉ + ⌈←⌉.

Tipp: Nutzen Sie das Tastaturkürzel ⌈D⌉, um zu den STANDARDFARBEN ⬛ zurückzukehren, falls Weiß weder VORDER- noch HINTERGRUNDFARBE ist.

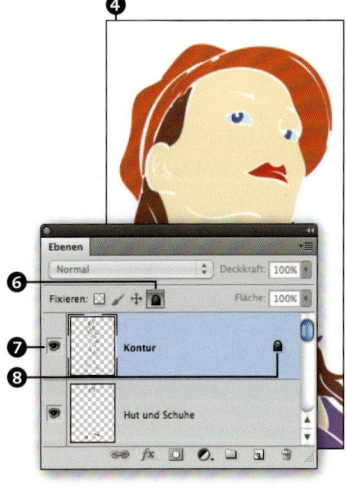

6 Ebenen sperren und ausblenden

Die Ebene »Kontur« soll unverändert bleiben. Ich aktiviere und fixiere sie über ALLE SPERREN 🔒 ❻ – es erscheint ein Schloss ❽.

Wenn Sie sehen möchten, wie die restlichen Ebenen ohne »Kontur« aussehen, klicken Sie auf 👁 ❼ – die Ebene wird ausgeblendet, und Sie sehen nur mehr die darunterliegenden ❹.

Profi-Tipp: Wenn Sie ⌈Alt⌉ halten, während Sie auf 👁 klicken, werden alle anderen Ebenen ausgeblendet, und Sie sehen nur mehr »Kontur« ❺. Ein neuerlicher Klick mit ⌈Alt⌉ blendet die anderen Ebenen wieder ein.

7 Ebenen clever auswählen

Aktivieren Sie das VERSCHIEBEN-WERKZEUG ![], und stellen Sie sicher, dass AUTOMATISCH AUSWÄHLEN ❾ angewählt ist. Wechseln Sie dann zum PINSEL-WERKZEUG ![]. Durch diesen Wechsel wird nun beim Drücken von `Strg`/⌘ temporär das VERSCHIEBEN-WERKZEUG ![] aktiv. Klicken Sie damit auf eine Fläche ❿, wird automatisch die richtige Ebene ⓫ ausgewählt. Lassen Sie `Strg`/⌘ wieder los, ist wieder das PINSEL-WERKZEUG ![] aktiv. So ersparen Sie sich den Wechsel zur Ebenen-Palette.

8 Farbe aufnehmen und verändern

Da ich beim Malen häufig Farben ändere, öffne ich die Palette FARBE (Menü FENSTER). Über das Palettenmenü ![] ⓭ stelle ich auf HSB-FARBREGLER.

Zum Schattieren der Haut muss ich erst den Hautton als Basis aufnehmen. Dazu drücke ich `Alt` – die PIPETTE wird temporär aktiv – und klicke auf die Haut ⓬, wodurch dieser Ton zur VORDERGRUNDFARBE ⓮ wird. Über S (Sättigung) und B (Brightness/Helligkeit) ⓯ lässt sich der Hautton gut abdunkeln, ohne dass sich seine Farbe verändert.

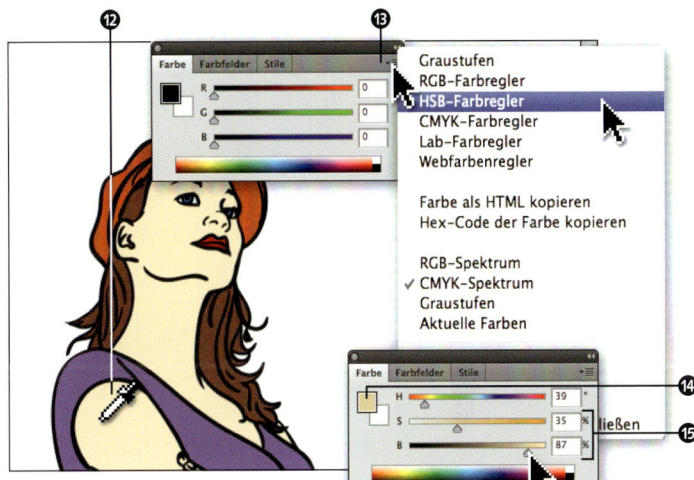

9 Pinsel einstellen und malen

Um GRÖSSE und HÄRTE (Kantenschärfe) des PINSEL-WERKZEUGS ![] einzustellen, klicken Sie mit rechts auf die Arbeitsfläche – es öffnet sich die Palette für die PINSELVORGABEN ⓰. Stellen Sie eine passende GRÖSSE ⓱ bei HÄRTE 0 % ⓲ ein und schließen Sie die Palette, indem Sie mit ⏎ bestätigen. Nun malen Sie einen sanften Schatten ⓳ über den Oberarm des Modells. Da der transparente Bereich der Ebene »Haut« nicht geschützt ist, wird die Farbe natürlich auch über den Arm hinaus aufgetragen – das wollen wir nicht!

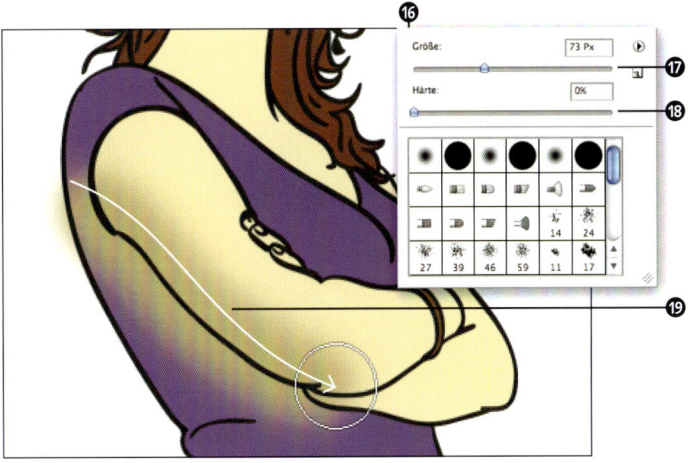

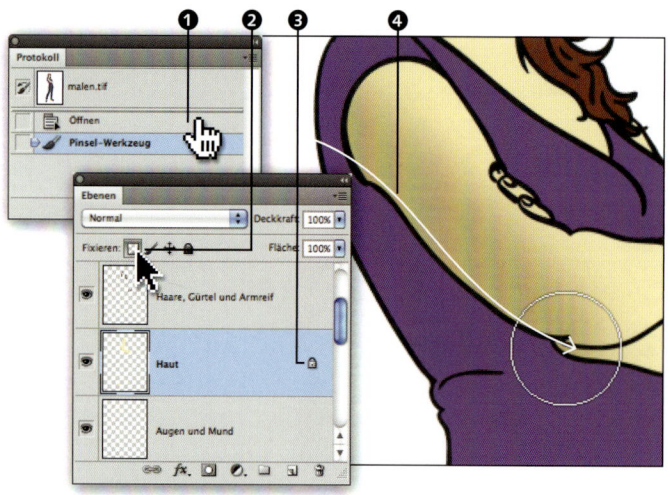

10 Transparente Pixel fixieren

Klicken Sie in der Palette PROTOKOLL auf den vorangegangenen Schritt ❶, oder geben Sie Strg/⌘ + Z ein, um den Strich von eben rückgängig zu machen.

Aktivieren Sie TRANSPARENTE PIXEL FIXIEREN ❷. Es erscheint ein Schloss 🔒 ❸ in der Ebene »Haut«, um anzuzeigen, dass sie (teilweise) geschützt ist. Malen Sie nun noch einmal am Arm entlang ❹, dann nehmen nur mehr die gefüllten Bereiche die Farbe an. Die transparenten Bereiche sind nun fixiert und weisen die Farbe quasi ab.

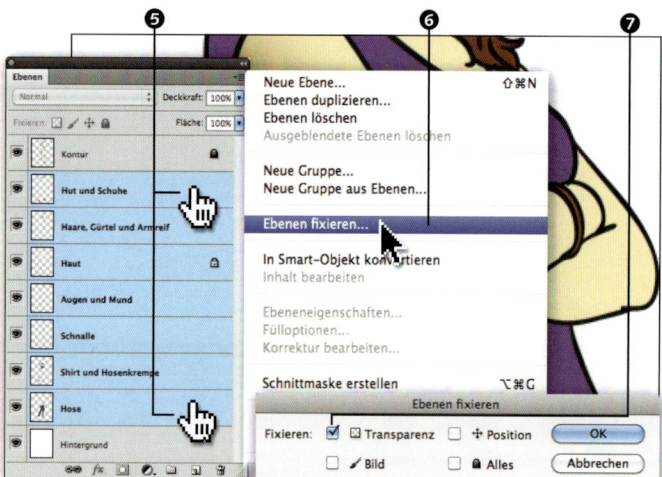

11 Mehrere Ebenen fixieren

Um nicht jede Ebene einzeln fixieren zu müssen, habe ich per Klick die Ebene »Hut und Schuhe« ausgewählt und mit ⇧-Klick die Ebene »Hose« – anschließend sollten neben diesen beiden Ebenen auch alle dazwischen ausgewählt sein ❺. Wenn man danach über das Palettenmenü 📝 EBENEN FIXIEREN ❻ wählt, erscheint ein Dialog, in dem man die TRANSPARENZ ❼ für alle ausgewählten Ebenen in einem Aufwasch fixieren kann.

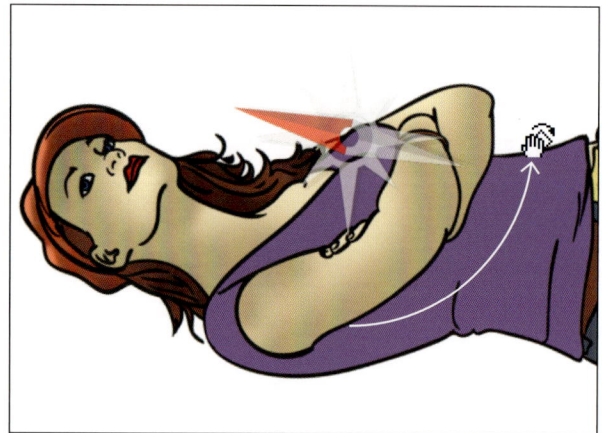

12 Ansicht drehen

Beim Malen auf Papier dreht man für senkrechte Striche oft das Blatt oft um 90°. Mit dem ANSICHTDREHUNG-WERKZEUG 🖐 geht das auch in Photoshop. Wenn Sie es aktivieren, können Sie die Ansicht frei rotieren und dann in Ihrer bevorzugten Richtung malen.

Profi-Tipp: Arbeitet man mit dem PINSEL- 🖌 (oder einem anderen Werkzeug), drückt und hält R, wird temporär ANSICHTDREHUNG 🖐 aktiviert, und man kann die Ansicht rotieren; lässt man R los, ist wieder das Werkzeug aktiv, mit dem man zuvor gearbeitet hat.

13 Intensität reduzieren

Bei gedrehter Arbeitsfläche lassen sich Striche
wie dieser ❽ deutlich einfacher führen, als
wenn man von oben nach unten malen
müsste.

Noch weicher und harmonischer lässt sich
ein Bild kolorieren, wenn man in der Optionen-Palette DECKKRAFT ❾ oder FLUSS ❿ etwas reduziert, um die Intensität etwas herun-
terzufahren. Den Unterschied erkläre ich im
folgenden Grundlagenexkurs.

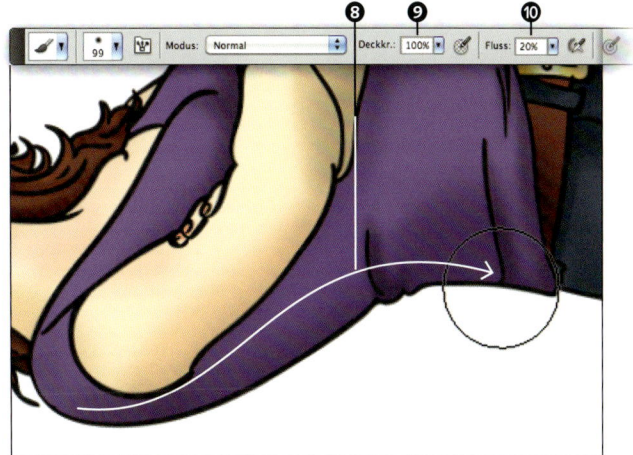

14 Ansicht zurücksetzen

Wichtig ist es, zu verstehen, dass das ANSICHT-
DREHUNG-WERKZEUG 🧭 das Bild nicht dreht.
Es dreht lediglich die Ansicht am Bildschirm.
Das ist ein ganz entscheidender Unterschied.

Um die Ansicht wieder auf die tatsächliche
Ausrichtung zurückzustellen, aktivieren Sie
🧭 und klicken auf ANSICHT ZURÜCKSETZEN
(oder drücken und halten Sie ⌊R⌋, um, wie
im Profi-Tipp in Schritt 12 beschrieben, die
Schaltfläche ANSICHT ZURÜCKSETZEN zu erreichen).

15 Schatten im Hintergrund

Erden Sie das Modell, indem Sie einen
Schatten auf den Hintergrund malen. Schatten
schaffen eine Verbindung zwischen Objekt
und Hintergrund – damit unser Modell mit
beiden Beinen auf dem Boden steht. Orientieren Sie sich am Ergebnisbild auf Seite 110,
um nun auch die übrigen Schatten zu malen.

Ärgern Sie sich nicht, wenn das Resultat
nicht ganz so ausfällt, wie Sie es gerne hätten.
Ich bin selbst kein großer Illustrator. Doch die
Arbeitsweisen, die Sie hierbei lernen, können
Sie auch für andere Aufgaben gebrauchen.

Malwerkzeuge

Nicht nur ein Pinsel ist ein Pinsel.

Video-Training

Den neuen Mischpinsel erleben
Sie in Lektion 3.2 im Einsatz.

❶
- Bereichsreparatur-Pinsel-Werkzeug J
- Reparatur-Pinsel-Werkzeug J
- Ausbessern-Werkzeug J
- Rote-Augen-Werkzeug J

❺
- Schnellauswahlwerkzeug W
- Zauberstab-Werkzeug W

❻
- Pinsel-Werkzeug B
- Buntstift-Werkzeug B
- Farbe-ersetzen-Werkzeug B
- Mischpinsel-Werkzeug B

❷
- Kopierstempel-Werkzeug S
- Musterstempel-Werkzeug S

❼
- Protokollpinsel-Werkzeug Y
- Kunstprotokoll-Pinsel Y

❸
- Radiergummi-Werkzeug E
- Hintergrund-Radiergummi-Werkzeug E
- Magischer-Radiergummi-Werkzeug E

❽
- Weichzeichner-Werkzeug
- Scharfzeichner-Werkzeug
- Wischfinger-Werkzeug

❹
- Abwedler-Werkzeug O
- Nachbelichter-Werkzeug O
- Schwamm-Werkzeug O

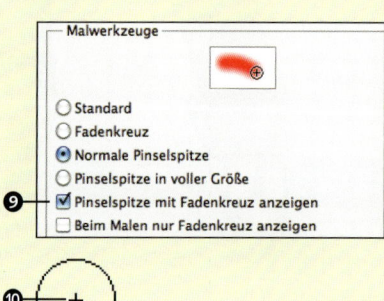

Malwerkzeuge

○ Standard
○ Fadenkreuz
◉ Normale Pinselspitze
○ Pinselspitze in voller Größe
❾ ☑ Pinselspitze mit Fadenkreuz anzeigen
☐ Beim Malen nur Fadenkreuz anzeigen

❿

Pinsel? Brauche ich nicht! Ich bin ja kein Maler. Wer so denkt, denkt nicht richtig in Photoshop. Nicht nur ein einfacher Pinsel ist ein Pinsel, sondern auch Werkzeuge zum Auswählen, Retuschieren, Bildbereiche kopieren, Pixel löschen usw., werden sehr ähnlich eingestellt und eingesetzt. Hier finden Sie die verschiedenen Gruppen an Pinseln im kurzen Überblick unter Angabe der Seiten, auf denen sie in einem Workshop im Einsatz vorgestellt werden.

Schnellauswahlwerkzeug ❺ (Seite 164 f.)
Das SCHNELLAUSWAHLWERKZEUG ist ein Pinsel, mit dem man eine Auswahl erstellen kann. Der Name *Schnell*auswahl ist Programm und macht dieses Werkzeug für alle Bildbearbeiter rasch unverzichtbar.

Retusche-Pinsel ❶ (Seite 142 f.)
BEREICHSREPARATUR- und REPARATUR-PINSEL-WERKZEUG sind, wie die Namen schon sagen, Pinsel-Werkzeuge, mit denen man störende Elemente aus einem Bild retuschiert, seien es eine weggeworfene Limonadendose auf einer Frühlingswiese oder ein entzündeter Pickel im Gesicht eines Modells.

Pinsel-Werkzeuge ❻ (Seite 110)
Das PINSEL-WERKZEUG kann viel mehr, als man ihm im ersten Moment vielleicht zutrauen würde – es gehört zu den wichtigsten Werkzeugen.

Das BLEISTIFT-WERKZEUG ✏️ hingegen findet eher selten Einsatz, da es keine weichen Kanten kennt und dadurch leicht zu einem pixeligen Treppcheneffekt führt.

Das FARBE-ERSETZEN-WERKZEUG 🖌️ macht, was der Name nahelegt, allerdings bevorzuge ich zum Farbe ersetzen das PINSEL-WERKZEUG mit angepasster FÜLLMETHODE (Seite 124).

Mit dem MISCHPINSEL-WERKZEUG 🖌️ kann man in Bildern die Farben verschmieren, ganz so wie man feuchte Farben mit einem Pinsel verwischen kann.

Stempel-Werkzeuge ❷ (Seite 138 ff.)
Mit dem KOPIERSTEMPEL-WERKZEUG 🔖 lässt sich ein Bildbereich auf einen anderen kopieren. Er gehört zu den Urgesteinen unter den Retusche-Werkzeugen, ist aber noch immer unverzichtbar. Mit dem MUSTERSTEMPEL-WERKZEUG 🔖 lassen sich Muster in Bilder stempeln.

Protokollpinsel ❼ (Seite 119 ff.)
Das PROTOKOLLPINSEL-WERKZEUG 🖌️ ist Photoshops Zeitmaschine. Damit können Sie einen früheren Zustand an einem bestimmten Bereich wieder in das Bild *hineinmalen*.

Der KUNSTPROTOKOLL-PINSEL 🖌️ bezieht sich auch auf frühere Zustände des Bildes, erzeugt aber eher einen Kreativeffekt.

Radiergummi-Werkzeuge ❸ (Seite 126)
In der Schule haben wir Tinte mit dem »Tintentod« löschen können. RADIERGUMMI- 🧽 und HINTERGRUND-RADIERGUMMI-WERKZEUG 🧽 sind der *Pixeltod*.

Bildschärfe- und Pixel-verschieben-Werkzeuge ❽
WEICHZEICHNER-WERKZEUG 💧 und SCHARFZEICHNER-WERKZEUG △ erklären sich durch ihre Bezeichnungen. Mit dem WISCHFINGER-WERKZEUG 👆 kann man Bildpixel verschie-

ben und verwischen. Für mich sind alle vier weitgehend verzichtbar.

Pinsel für Helligkeit und Sättigung ❹
(Seite 132 ff.)
Schwerer verzichtbar sind diese drei Werkzeuge: Das ABWEDLER-WERKZEUG 🔍 zum gezielten Aufhellen von Bildbereichen, das NACHBELICHTER-WERKZEUG ✋, um Bereiche abzudunkeln, und das SCHWAMM-WERKZEUG 🧽, mit dem man Farben mehr oder weniger stark leuchtend macht.

Voreinstellungen
Für all diese Malwerkzeuge gelten ähnliche Einstellungen. So können Sie zum Beispiel über die VOREINSTELLUNGEN (Mac: Menü PHOTOSHOP, Windows: Menü BEARBEITEN)
• ZEIGERDARSTELLUNG bestimmen, wie Photoshop das Werkzeug bei Benutzung darstellen soll. Ich habe hier die Option PINSELSPITZE MIT FADENKREUZ ANZEIGEN aktiviert ❾, wodurch in der Mitte immer ein Fadenkreuz angezeigt wird ❿.

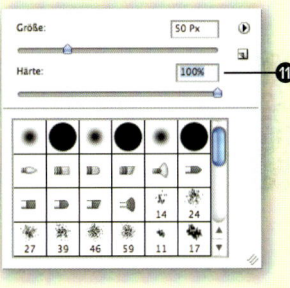

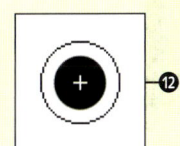

Pinselvorgaben
Mit der HÄRTE definieren Sie, ob ein Pinsel eine weiche oder eine harte Kante bekommen soll. Steht die HÄRTE auf 100 % ⓫, fällt der Rand scharf umrissen aus ⓬, stellt man die HÄRTE auf 0 % ⓭, erhält man einen weichen, verschwommenen Umriss ⓰.

Pinsel müssen nicht immer rund sein, sondern können beliebige Formen haben ⓯. Sie könne auch selbst Pinselformen erstellen und speichern (Seite xxx). Photoshop CS5 bietet neue Pinseleinstelloptionen und Vorgaben ⓮, mit denen ein Illustrator noch realistischer echte Maltechniken digital simulieren kann.

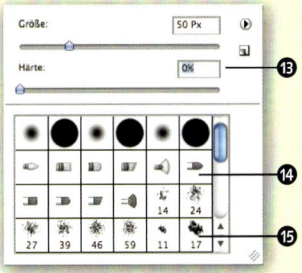

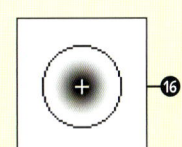

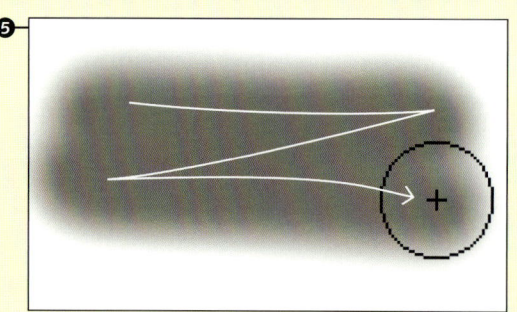

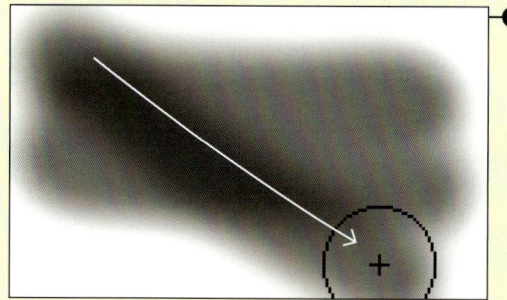

Deckkraft ❶

Mit der DECKKRAFT verringern Sie – wer hätte das gedacht – die Deckkraft der Farbe, oder was auch immer mit dem Werkzeug aufgetragen wird. Bei diesem Beispiel ❺ habe ich schwarze VORDERGRUNDFARBE bei einer DECKKRAFT von 50 % (und HÄRTE des Pinsels von 0 %) aufgetragen. Die drei Striche sind in einem Zug ohne Absetzen gezogen und dadurch zu einer gleichmäßigen Fläche verschmolzen. Setze ich darüber einen weiteren Strich, summieren sich die Striche zu einem dunkleren Ton ❻.

Fluss ❸

FLUSS ist der DECKKRAFT ähnlich. Hier ❼ habe ich mit einem FLUSS von 25 % (ebenfalls HÄRTE 0 %) noch einmal drei Linien gezogen. Der Unterschied zwischen DECKKRAFT ❺ und FLUSS ❼: die überlagernden Striche ergeben bei letzterem keine *gleichmäßig* deckende

Fläche. Was wie ein Nachteil scheint, ist in vielen Fällen ein Vorteil. So aufgetragene Farbe verschmilzt homogener mit bereits vorhandenen Flächen und Strukturen und und führt zu einer natürlicheren Wirkung. Deshalb arbeite ich oft mit reduziertem FLUSS und kaum mit reduzierter DECKKRAFT. Wichtig ist lediglich, die Härte stark zu reduzieren, da man sonst solche Ergebnisse ❽ erzielt.

Airbrush ❹

Durch Aktivieren der AIRBRUSH-Option fließt so lange Farbe aus dem PINSEL-WERKZEUG, so lange Sie die Maustaste gedrückt halten. Das macht AIRBRUSH zum idealen Partner für FLUSS und hilft, Farbe noch homogener und weicher aufzutragen.

Diese beiden Optionen ❷ zeigen nur dann eine Wirkung, wenn Sie ein besonderes Eingabegerät – ein Grafiktablett – haben. Bei einer Maus sind sie wirkungslos.

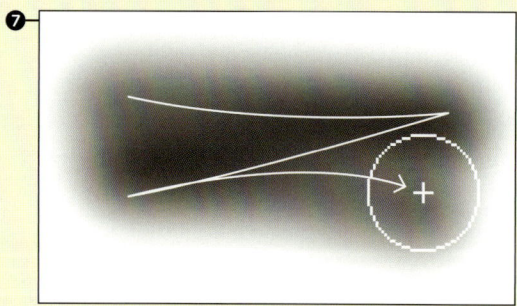

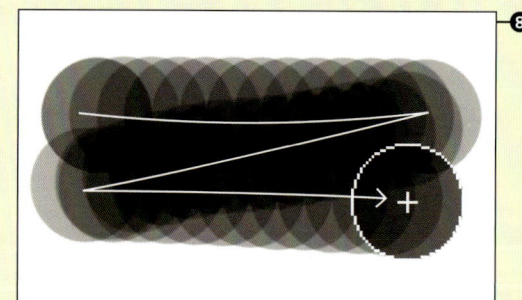

Protokollpinsel

Ein Pinsel, um Schritte partiell rückgängig zu machen

In diesem Workshop erlernen Sie eine erweiterte Maltechnik. Wie im ersten Workshop dieses Kapitels kommt das Pinsel-Werkzeug zum Einsatz. Neu kennenlernen werden Sie den Protokollpinsel. Das ist eine Art Radiergummi, mit dem Sie jedoch eine Stelle nicht vollständig bis auf den weißen Hintergrund ausradieren, sondern sie können damit lediglich die letzten ein, zwei, drei oder zehn Schritt ausradieren und freilegen, wie diese Stelle davor ausgesehen hat. Neben dieser Illustrationstechnik, die auch etwas Geduld und Liebe zum Malen erfordert, gewinnen Sie Erfahrung im Umgang mit Pinselwerkzeugen, wenn Sie den Workshop sorgfältig ausführen. Und die Erfahrung hilft Ihnen in Photoshop bei vielen Aufgaben – nicht nur beim Malen.

Zielsetzung:
Eine Strichzeichnung kolorieren
[faerben_protokoll.jpg]

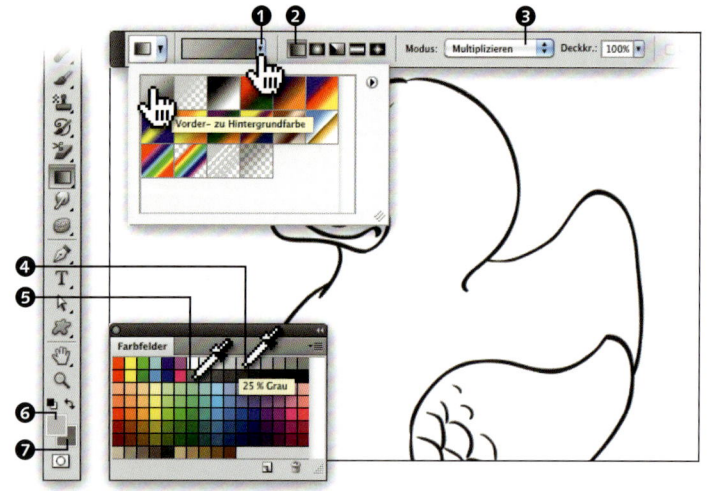

1 Verlauf vorbereiten

Öffnen Sie die Palette FARBFELDER, klicken Sie auf die Fläche »25 % Grau« ❹, um sie als VORDERGRUNDFARBE ❻ zu definieren, und bei gedrückter Strg/⌘-Taste auf »55 % Grau« ❺, um diese zur aktuellen HINTERGRUND-FARBE ❼ zu machen.

Aktivieren Sie das VERLAUFSWERKZEUG 🔲, und stellen Sie als Verlauf VORDER- zu HINTER-GRUNDFARBE ein ❶. Prüfen Sie auch, ob der Verlauf auf LINEAR ❷ eingestellt ist, und stellen Sie den MODUS auf MULTIPLIZIEREN ❸.

2 Verlauf anwenden

Ziehen Sie mit dem VERLAUFSWERKZEUG 🔲 bei gedrückter Maustaste eine Linie von unten nach oben über das Bild ❽. Durch Halten der ⇧-Taste wird der Verlauf exakt senkrecht ausgerichtet. Wenn Sie die Maustaste loslassen, sollte das Ergebnis wie in Abbildung ❾ aussehen. Bei *normaler* Einstellung würde die Farbe mit dem VERLAUFSWERKZEUG 🔲 natürlich deckend aufgetragen, doch da wir den MODUS auf MULTIPLIZIEREN gestellt haben, mischt sich der Verlauf mit dem vorhandenen Bild und Schwarz bleibt vollständig erhalten.

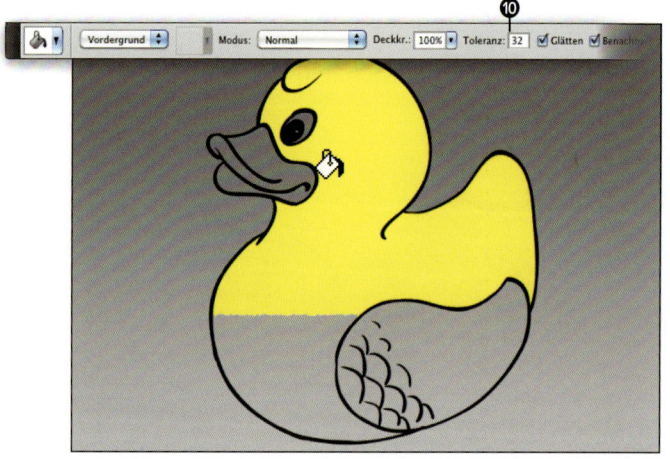

3 Färben mit dem Füllwerkzeug

Aktivieren Sie das FÜLLWERKZEUG 🪣, wählen Sie ein Gelb als VORDERGRUNDFARBE und klicken Sie in die Ente. Wahrscheinlich wird nicht der ganze Körper ausgefüllt. Der Grund ist der Toleranzwert ❿. Er bestimmt, wie ähnlich sich die Tonwerte von Pixeln sein müssen, um noch vom FÜLLWERKZEUG 🪣 eingefärbt zu werden.

Machen Sie das Füllen mit Strg/⌘ + Z rückgängig, erhöhen Sie die TOLERANZ auf 80, und versuchen Sie es erneut. Diesmal sollte sich die Ente mit einem Klick füllen lassen.

4   Mit dem Pinsel Schattierungen setzen

Wählen Sie das PINSEL-WERKZEUG ![Pinsel], um Schatten zu setzen. Stellen Sie für weiche Übergänge die GRÖSSE auf einen hohen Wert **13** und die HÄRTE auf 0 % **14**. Wählen Sie als MODUS • MULTIPLIZIEREN **11**, damit Schwarz nicht überdeckt wird, und stellen Sie den FLUSS auf 20 % **12** für einen dezenten Farbauftrag. Definieren Sie eine Farbe für die Schatten (siehe Schritt 8 auf Seite 113).

Mit diesen Einstellungen können Sie nun den Unterkörper der Ente schattieren.

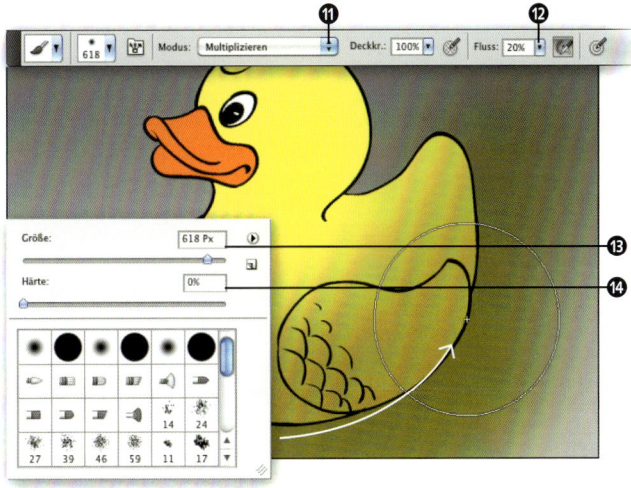

5   Protokollpinsel-Werkzeug

Natürlich landet durch das Bemalen auch Farbe auf dem Hintergrund. Man hätte diese Bereiche vorab mit einer Auswahl schützen können, doch mit dem Protokollpinsel kann man die Farbe jetzt auch noch entfernen. Dazu aktiviere ich das PROTOKOLLPINSEL-WERKZEUG ![Protokollpinsel] und öffne die Palette PROTOKOLL, wo ich in das Quadrat vor dem letzten Schritt mit dem FÜLLWERKZEUG **15** klicke, um diesen als Quelle für das Wiederherstellen zu definieren. Nun kann ich die zuvor aufgetragene Farbe wieder entfernen.

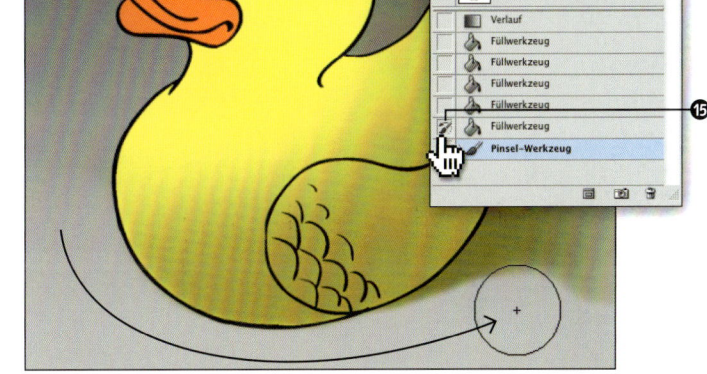

6   Malen und Löschen

Jetzt kann das Bemalen im Wechselspiel weitergehen. Mit dem PINSEL-WERKZEUG ![Pinsel] trage ich zwei neue Schatten auf. Der eine **16** erscheint hier **19** im Protokoll, der andere **17** hier **20**. Um die Farbe vom Hintergrund wieder zu entfernen, aktiviere ich den Schritt **18** vor diesen beiden Pinselstrichen als Quelle für das PROTOKOLLPINSEL-WERKZEUG ![Protokollpinsel] und kann die Farbe wieder vorsichtig vom Hintergrund abtragen.

7 Schritt für Schritt zum Ergebnis

Mit dem Pinsel malen, mit dem Protokollpinsel wieder den Zustand vor dem letzten
Pinselstrich herstellen. Malen, löschen.
Malen, löschen. Und dabei immer HÄRTE,
GRÖSSE und FLUSS der beiden Pinsel verändern
und anpassen, einen vorangegangenen Proto-
kollschritt als Quelle für das PROTOKOLLPINSEL-
WERKZEUG 🖌 neu definieren und die Farbe
entsprechend der zu bemalenden Stelle neu
wählen. Ein digitales Gemälde entsteht in genau so vielen Einzelschritten wie ein Gemälde
in Öl oder Pastell.

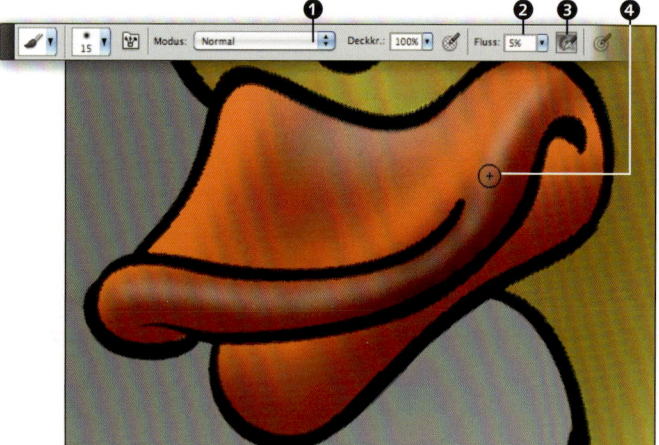

8 Lichter aufmalen

Für helle Lichtreflexe ❹ nehmen Sie Weiß und
stellen den MODUS für das PINSEL-WERKZEUG
🖌 zurück auf NORMAL ❶.

Tipp: Vergessen Sie nicht, dass Sie die
Arbeitsfläche mit dem ANSICHTDREHUNG-
WERKZEUG 🖐 rotieren können.

Profi-Tipp: Ist AIRBRUSH ❸ aktiviert, kann
man mit 1 10 %, 2 20 % bis 0 100 %
FLUSS einstellen. 0 + 5 schnell hintereinander ergibt 5 % FLUSS ❷. Ohne AIRBRUSH-
Option steuern die Zahlen die DECKKRAFT –
für FLUSS ist dann zusätzlich ⇧ zu halten.

9 Nur noch einen Schatten

Damit das Entlein eine Verbindung mit dem
Hintergrund bekommt, habe ich zum Abschluss noch einen Schatten eingemalt. Dazu
habe ich – nachdem ich für das Auftragen der
weißen Lichtreflexe den MODUS auf NORMAL
umgestellt habe – neuerlich MULTIPLIZIEREN
für den Pinsel gewählt.

Ein Foto kolorieren

Ein Bild mit dem Pinsel umfärben

Die diesem Workshop zugrunde liegende Idee ist ein alter Hut: Ein Bild wird in Schwarzweiß umgewandelt, lediglich ein einziges Element behält die Farbe. Oft und gerne gesehen zum Beispiel beim Foto der Braut, bei dem das einzige Farbige Element ein Strauß roter Rosen ist. Hier werden wir zunächst aus dem Farbfoto ein monochromes Bild machen und dann die Tattoos von Hand wieder einfärben. Es verleiht dem Bild einen besonderen Charakter und Ihnen noch mehr Routine beim Umgang mit Pinseln.

Zielsetzungen:

Ein Farbfoto monochrom färben

Tattoos von Hand kolorieren

[kolorieren.tif]

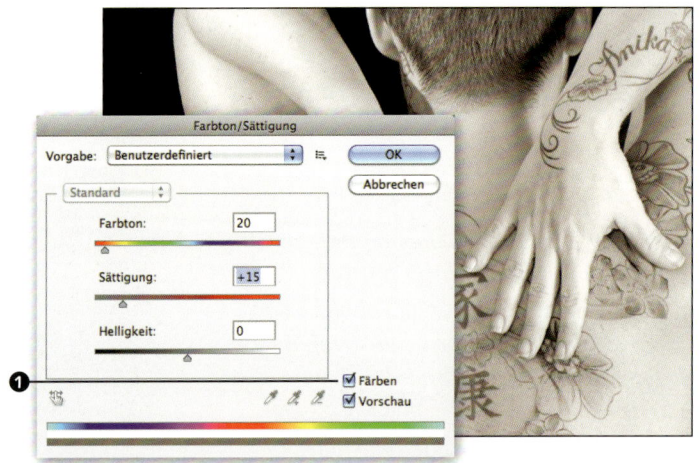

1 Monochrom färben

Schon im Workshop »Professionelle Bildkorrekturen« auf Seite 48 haben wir ein Bild monochrom entwickelt. Dort habe ich geschrieben, dass es meist besser ist, Bilder nicht-destruktiv zu bearbeiten. Hier entwickeln wir das Bild über BILD • KORREKTUREN • FARBTON/SÄTTIGUNG ebenfalls monochrom, doch da wir das Bild anschließend wieder partiell kolorieren wollen, ist eine destruktive Ausarbeitung einfacher. Aktivieren Sie dazu zuerst FÄRBEN ❶, und stellen Sie FARBTON und SÄTTIGUNG ein.

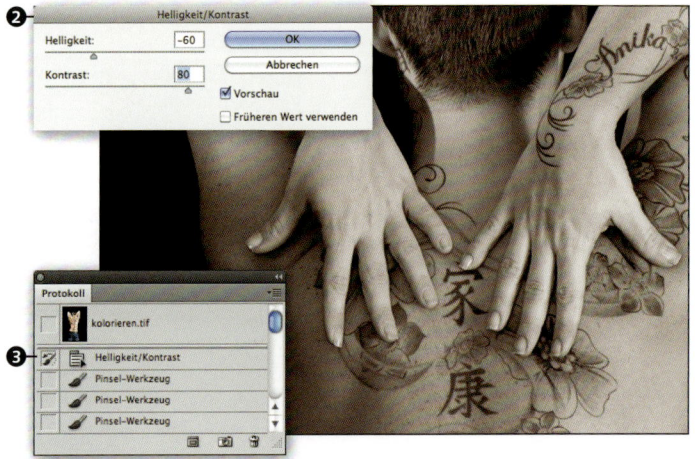

2 Helligkeit und Kontrast

Das Bild wirkt nach dem Färben etwas blass und matt. Über HELLIGKEIT/KONTRAST ❷ (ebenfalls Menü BILD • KORREKTUREN) pusche ich kräftig den KONTRAST des Bildes und reduziere parallel dazu die HELLIGKEIT. Es wirkt dadurch knackiger und stimmungsvoller.

Tipp: Bevor Sie mit dem Malen beginnen, sollten Sie den Schritt HELLIGKEIT/KONTRAST in der Palette PROTOKOLL als Quelle für das PROTOKOLLPINSEL-WERKZEUG definieren ❸ – dann können Sie jederzeit diesen Zustand vor dem Färben partiell wiederherstellen.

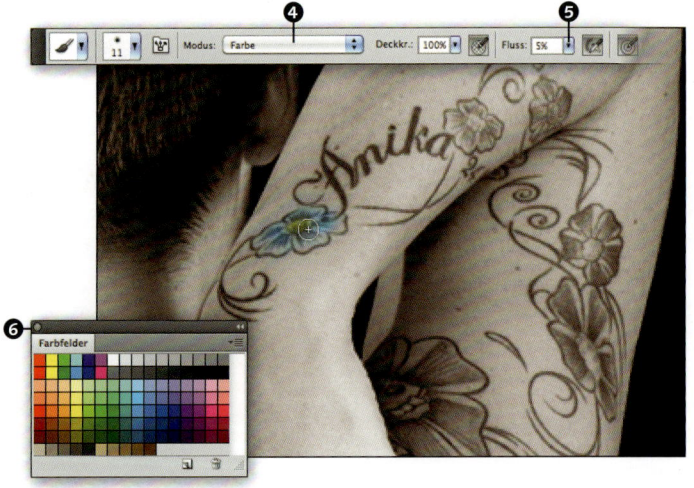

3 Malen mit Farbe

Malen Sie im normalen MODUS ❹, tragen Sie Farbe deckend auf. Auch wenn Sie den FLUSS ❺ auf 5 % reduzieren, wie ich es hier getan habe, wird die mit dem PINSEL-WERKZEUG aufgetragene Farbe bei mehrmaligem Darübermalen die ursprüngliche Zeichnung des Fotos überdecken. Wählen Sie stattdessen als Füllmethode (MODUS ❹) FARBE, dann tragen Sie lediglich den Farbcharakter auf (zum Beispiel Blau und Gelb), ändern aber nichts an der Helligkeit. Zur Farbauswahl habe ich die Palette FARBFELDER eingeblendet ❻.

4 Größe und Härte intuitiv einstellen

Größe und Härte lässt sich seit CS4 recht komfortabel einstellen, allerdings hat es eine kleine Änderung in CS5 gegeben:

Mac: `Ctrl` + `Alt`-Taste halten und Maus links–rechts bewegen, um die Größe ❼, rauf–runter, um die Härte zu verändern ❽.

Windows: `Alt`-Taste halten und Maus bei gedrückter rechter (!) Maustaste links–rechts bewegen, um die Größe ❼, rauf–runter, um die Härte zu verändern ❽.

(CS4: Härte `Ctrl` + `Alt` + `⌘` bzw. `Alt` + `⇧` + rechte Maustaste unter Windows).

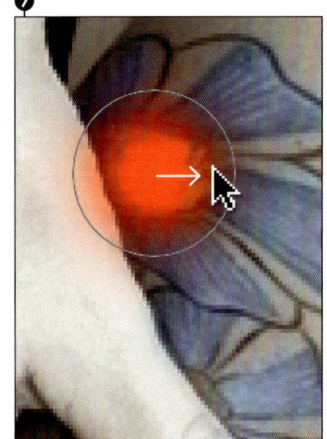
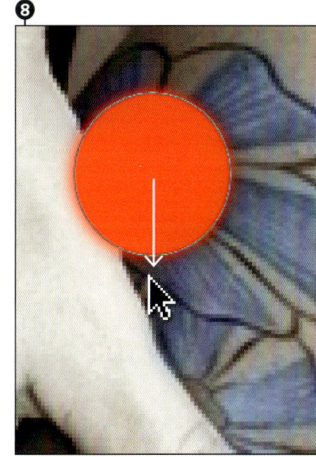

5 Effizient malen

Gerade wenn man ein Pinsel-Werkzeug ausgiebig von Hand führen muss, ist das Ansicht-Drehung-Werkzeug 🖐 ein echter Segen.

Profi-Tipp: Wählen Sie Ihr Hauptwerkzeug (hier den Pinsel 🖌); für Ansichtdrehung 🖐 drücken und halten Sie `R`; für Protokoll-Pinsel 🖌 drücken und halten Sie `Y`, für das Hand-Werkzeug 🖐 drücken und halten Sie `Leertaste`. Lassen Sie die Taste jeweils los, sind Sie wieder beim zuvor aktivierten *Hauptwerkzeug* – Sie müssen die Maus kein einziges Mal zur Werkzeugpalette bewegen.

6 Grafiktablett

Arbeitet man häufig mit Pinsel-Werkzeugen, ist die Anschaffung eines Grafiktabletts eine Option. Damit wird die Maus durch einen Stift ersetzt, der sich drucksensitiv einstellen lässt, d.h. je härter Sie drücken, desto fetter oder kräftiger tragen Sie Farbe auf.

Während es mit der Maus meist schwerfällt, Bilder präzise zu bemalen und zu retuschieren, bedient man – nach kurzer Gewöhnungsphase – den Stift so selbstverständlich wie einen Bleistift. Einsteigergeräte sind kaum teurer als eine gute Maus.

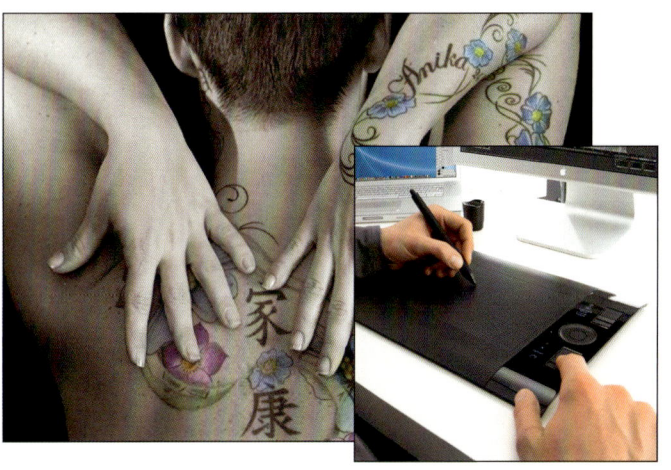

Foto: Wacom Company

SCHWIERIGKEITSGRAD 1 FÜR EINSTEIGER

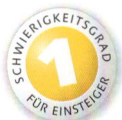

Bildmontage mit Radiergummi

Der Radiergummi ist der Pixeltod.

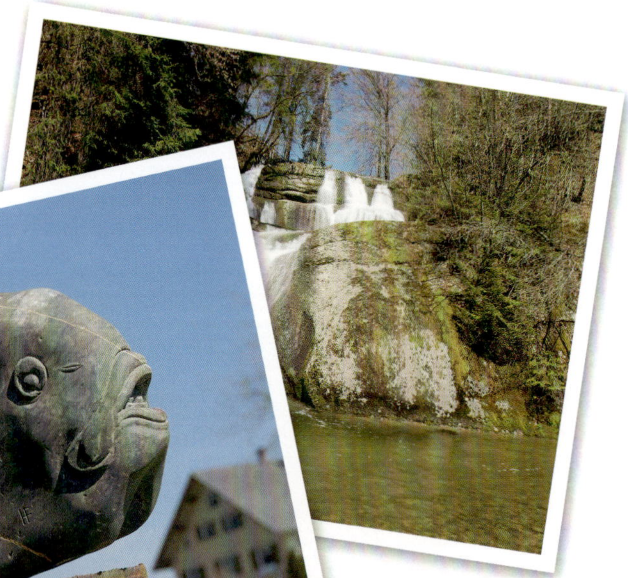

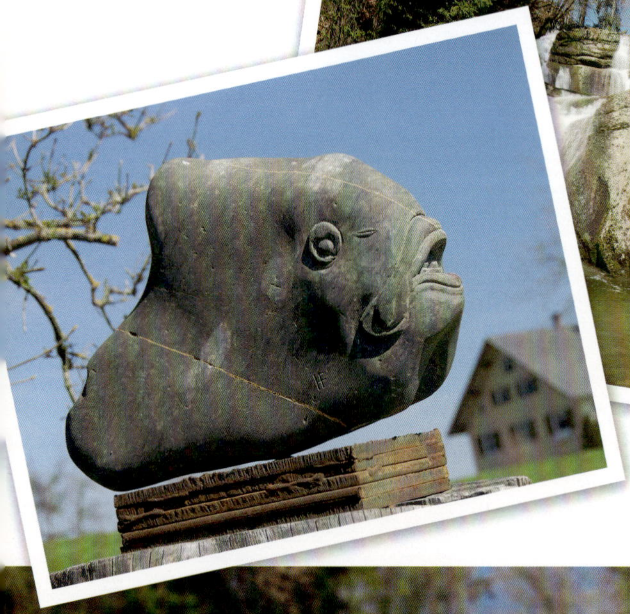

In meiner Schulzeit gab es den Tintentod, mit dem man Falschgeschriebenes löschen konnte. In Wirklichkeit hinterließ er immer eine Mordssauerei, aber zumindest konnte man korrigieren und musste nicht neu schreiben. Der Radiergummi funktioniert auch so, hinterlässt aber keine Sauerei. Er löscht alle Pixel gnadenlos und unerbittlich auf Nimmerwiedersehen. Das ist auch der Grund, weshalb ich andere Methoden bevorzuge, bei denen die Pixel nur ausgeblendet werden (sie wissen schon: nicht-destruktive Methoden) und sich im Bedarfsfall wieder einblenden lassen. Dennoch will ich Ihnen dieses Werkzeug nicht vorenthalten, stellt es doch den ersten Einstieg in die Bildmontage dar.

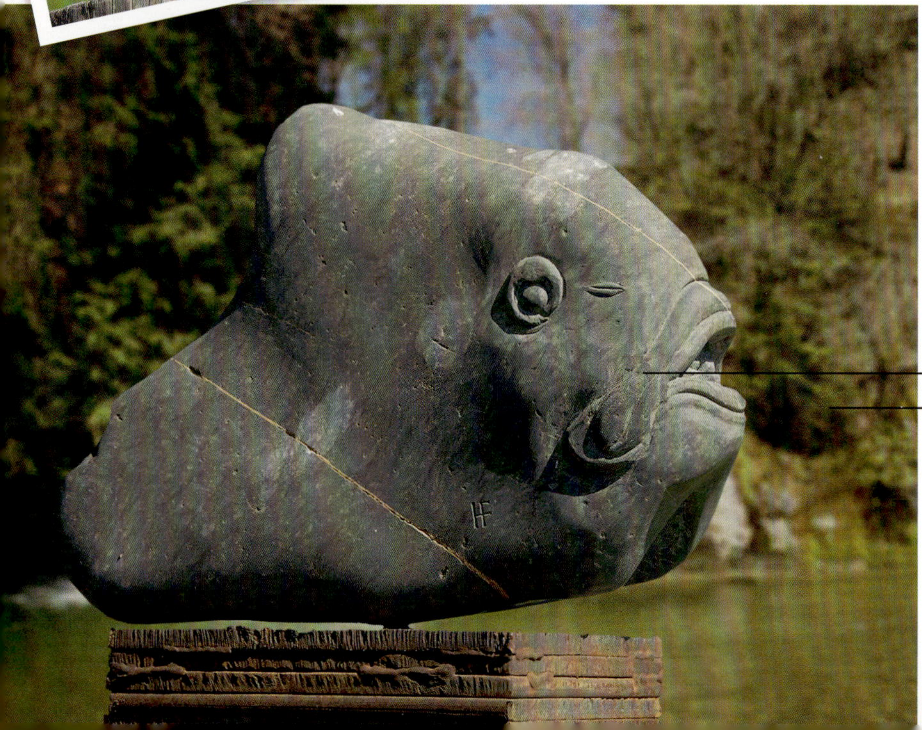

Zielsetzungen:

Ein Bild vor ein anderes montieren

Hintergrund unscharf machen

[radiergummi_1.jpg, radiergummi_2.jpg]

1 Zwei Dokumente zusammenbringen

Ziehen Sie mit dem VERSCHIEBEN-WERKZEUG ▶⊹ »radiergummi_1« ❸ auf den Tab von »radiergummi_2« ❷, warten Sie eine Sekunde, bis Photoshop das Fenster wechselt und »radiergummi_2« in den Vordergrund bringt, bewegen Sie den Mauszeiger in dieses Bild hinein ❶, und lassen Sie die Maustaste los. Die Bilder liegen nun in Ebenen übereinander ❹.

Tipp: Halten Sie während des Verschiebens ⇧ gedrückt, damit »radiergummi_1« zentriert in »radiergummi_2« abgelegt wird.

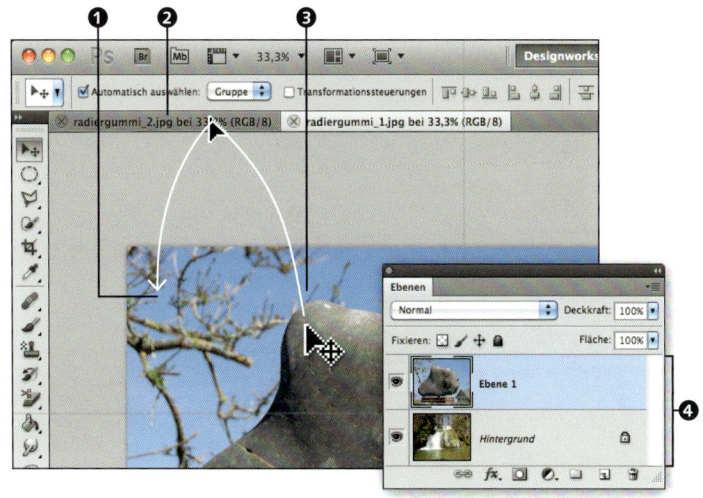

2 Magischer Radiergummi

Aktivieren Sie das MAGISCHER-RADIERGUMMI-WERKZEUG ◈. Ist es nicht sichtbar, drücken und halten Sie die Maustaste auf dem RADIER-GUMMI-WERKZEUG ◈, um ein Menü zu öffnen. Klicken Sie nun mit dem MAGISCHER-RA-DIERGUMMI-WERKZEUG ◈ in den großen Bereich des Himmels. Die Bildpixel der »Ebene 1« mit dem Fisch werden ausradiert, und Sie sehen die Ebene dahinter ❺ – in der Palette EBENEN erscheint das Muster, das Transparenz anzeigt ❻. Da der Hintergrund unruhig ist, blenden Sie ihn am besten aus ❼.

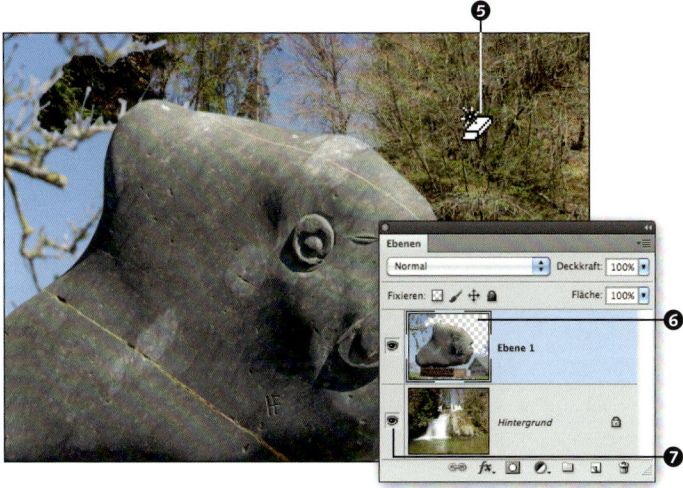

3 Magischer-Radiergummi-Optionen

Der magische Radiergummi funktioniert wie das FÜLLWERKZEUG ◈ (Seite 120): Bildpixel, die dem Pixel ähnlich sind, auf das Sie klicken, werden verändert. Wie ähnlich sie sein dürfen, bestimmt der Wert TOLERANZ ❽. Durch GLÄTTEN ❾ wird die Gefahr reduziert, dass an den Rändern der gelöschten Bereiche ein pixeliger Treppcheneffekt sichtbar wird – das sollte immer aktiviert sein. Wenn Sie BENACH-BART ❿ deaktivieren, werden auch Pixel im Toleranzbereich gelöscht, die nicht an den angeklickten Bereich angrenzen.

4   Nicht benachbarte Pixel löschen

Löschen Sie Klick für Klick alle Bereiche des Himmels und der Wiese unter dem Haus. Wenn Sie BENACHBART deaktiviert haben, sollte das mit drei oder vier weiteren Klicks machbar sein. Anschließend sollten nur mehr wenige störende Elemente den Steinfisch berühren (zum Beispiel ❶). Sie können versuchen, auch diese Bereiche mit dem magischen Radierer zu löschen, doch werden Sie dabei wahrscheinlich feststellen, dass dann auch Pixel des Steinfisches gelöscht werden, den wir ja erhalten wollen.

5   Radiergummi-Werkzeug

Die verbliebenen Bildbereiche löschen wir mit dem *normalen* RADIERGUMMI-WERKZEUG. Wenn Sie ihn groß einstellen und eine HÄRTE von 95–100 % wählen, dann sind Äste, Haus und Überbleibsel des Himmels rasch entfernt.

GRÖSSE und HÄRTE des RADIERGUMMI-WERKZEUGS können Sie natürlich auf dieselbe Weise einstellen, wie ich das im letzten Workshop auf Seite 125 beschrieben habe.

6   Detailarbeit

Mit einem großen Pinsel in einer Ansicht, in der am Bildschirm das ganze Bild sichtbar ist, sollten Sie nicht zu nah an die Kanten des Objekts, das sie freistellen wollen, herangehen, um nicht zu viel zu löschen. Das heißt, es bleiben unmittelbar um das freizustellende Objekt störende Pixel übrig ❷. Zoomen Sie für die Detailarbeit an das Bild heran, und blenden Sie am besten auch wieder die untere Ebene ein ❸, um das Feintuning optimal ausführen zu können.

7 Leuchtränder entfernen

Durch das Einblenden der unteren Ebene wird wahrscheinlich auch deutlich, dass an vielen Stellen um den Steinfisch herum ein dünner Rand aus hellen Pixeln wie eine leuchtende Kante zu sehen ist ❹. Diese Leuchtränder werden wir mit einer feinen Pinselspitze beseitigen.

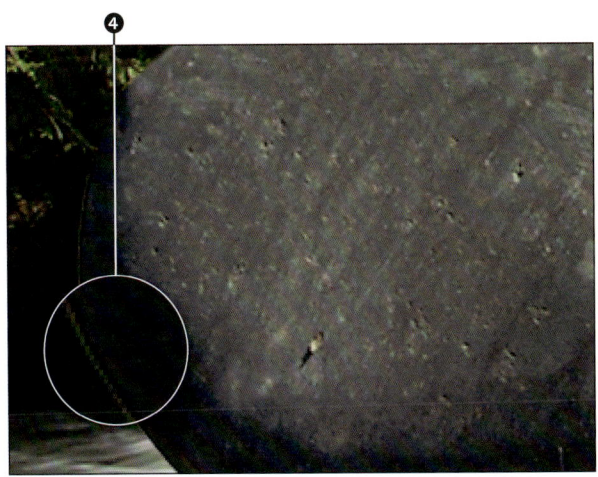

8 Dezent weiche Kante einstellen

Für ein natürliches Aussehen darf die Kante nicht zu hart ausfallen, Sie sollten also nicht mit 100 % HÄRTE arbeiten. Ich habe den Radiergummi auf 10 Pixel GRÖSSE und 75 % HÄRTE eingestellt (die Palette ❺ bekommen Sie mit einem Rechtsklick auf das Bild). Beachten Sie, dass Härte und Größe in Zusammenhang stehen. Das kann man sich etwa so vorstellen: Bei 10 Pixeln GRÖSSE beträgt der weiche Übergang mit 75 % HÄRTE etwa 2,5 Pixel. Bei 100 Pixeln GRÖSSE und 75 % HÄRTE beträgt der weiche Übergang etwa 25 Pixel.

9 Ränder nachbessern

Mit diesen Einstellungen habe ich den Großteil der Ränder nachgebessert.

Tipp: Wenn Sie an eine Stelle eines Bildes klicken ❻, die Maus an eine andere Stelle bewegen und bei gedrückter ⇧-Taste neuerlich klicken ❼, werden die beiden angeklickten Punkte von Photoshop automatisch durch eine schnurgerade Linie ❽ verbunden. Ich habe die Umrundung größtenteils mithilfe dieses Tricks vorgenommen; setzt man die Klicks nahe genug aneinander, dann lassen sich damit auch Rundungen gut meistern.

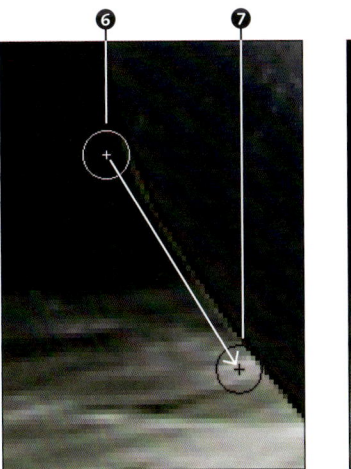

10 Kanten werden weicher

Dieses Feintuning hat nicht nur zur Folge, dass übriggebliebene Pixel des Hintergrunds und sichtbare Leuchtkonturen verschwinden, sondern durch die weiche Pinselspitze werden die Kanten insgesamt lediglich weicher und wirken somit homogener und natürlicher ❶. Für eine glaubwürdige Montage ist es wichtig, die HÄRTE an die Schärfe der Abbildung anzugleichen. Scharfe Abbildung = härterer Radierer; weniger scharfe Abbildung = weicherer Radierer.

11 Pinseleinstellungen variieren

Für eine saubere Freistellung ist es wirklich erforderlich, alle Kanten des Objekts abzusuchen und von Rändern zu befreien. Das Variieren von HÄRTE und GRÖSSE und damit das Steuern der Schärfe der Kanten ist ganz wichtig für einen natürlichen Eindruck. Es ist ganz normal, dass in einem Foto manche Bereiche schärfer sind als andere. Bei dieser Montage halten sich die Vatiationen allerdings in Grenzen, und es sind nur geringfügig unterschiedliche Einstellungen notwendig.

12 Man darf auch improvisieren

Der Sockel, auf dem der Fisch ruht, ist unruhig und ausgerissen. Hier können Sie entsprechend unruhig radieren. Dass Sie dabei die Kante nicht 1:1 der Realität entsprechend freistellen, ist gar nicht so wichtig. Erzeugen Sie einfach eine ausgerissene Kante, die das Objekt glaubwürdig und natürlich vor dem Hintergrund erscheinen lässt, und bemühen Sie sich an solchen Stellen nicht um unnötige Präzision.

13 Freistellung abgeschlossen

Nun ist die Skulptur rundum sauber vom Hintergrund getrennt. Dennoch wirkt das Ergebnis unnatürlich und nicht stimmig. Auch wenn man kein Fotograf oder erfahrener Bildbearbeiter ist, so spürt doch jeder auf den ersten Blick, dass hier etwas nicht stimmen kann. Der Grund liegt vor allem darin, dass der Steinfisch ein bisschen unscharf ist, während der Hintergrund recht scharf abgebildet ist.

14 Tiefenschärfe abmildern

Um das Motiv glaubhafter werden zu lassen, sollten wir den Hintergrund etwas unscharf machen. Aktivieren Sie dazu zunächst in der Ebenen-Palette den Hintergrund. Im Menü FILTER • WEICHZEICHNUNGSFILTER finden Sie den Filter TIEFENSCHÄRFE ABMILDERN. Ich drehe hier meist nur an den Einstellungen für den RADIUS ❷ und füge außerdem etwas RAUSCHEN ❸ hinzu, damit das weichgezeichnete Bild eine dezent strukturierte Körnung erhält und durch die Weichzeichnung nicht unnatürlich clean wirkt.

15 Der Freisteller ist fertig

Mit dem etwas unschärferen Hintergrund wirkt das Resultat glaubwürdiger, und man erkennt nicht mehr auf den ersten Blick, dass da zwei Bilder montiert wurde.

Hinweis: Wenn Sie mit Ebenen arbeiten und diese erhalten wollen, müssen Sie TIFF oder PSD als Speicherformat wählen. Um ein Bild mit Ebenen als JPEG speichern zu können, müssen Sie vorher über EBENE • AUF HINTERGRUNDEBENE REDUZIEREN alle Ebenen zum Hintergrund verschmelzen – die Ebenen gehen dadurch aber unwiderruflich verloren.

Abwedler und Nachbelichter

Abdunkeln, aufhellen und Sättigung verändern

Licht und Schatten formen die Dinge und verleihen ihnen Tiefe, räumliche Wirkung und Plastizität. Sind die Kontraste zwischen Licht und Schatten jedoch zu ausgeprägt, können Sie der Wirkung einer Aufnahme auch schaden. Dann nämlich, wenn die lichten Stellen zu hell und die Schatten zu dunkel sind. Photoshop bietet Ihnen die Möglichkeit, Bildbereiche selektiv aufzuhellen, abzudunkeln und die Sättigung zu steuern. In diesem Workshop zeige ich Ihnen, wie Sie mit Abwedler, Nachbelichter und Schwamm die Schattierung auf einem Porträt ausgleichen können.

Zielsetzungen:
Schatten aufhellen
Lichter abdunkeln
Sättigung anpassen
[abwedler_nachbelichter.jpg]

1   Abwedler einstellen

Rufen Sie in der Werkzeugpalette das ABWED-
LER-WERKZEUG 🔍 auf, und wählen Sie einen
BEREICH ❶. Es stehen drei zur Auswahl: TIEFEN
zum Aufhellen dunkler Bereiche, MITTELTÖNE
für mittlere Helligkeit und LICHTER, um ganz
helle Bereiche noch heller zu machen. Die
BELICHTUNG ❷ darf nicht zu stark ausfallen!
Sie ist mit DECKKRAFT bzw. FLUSS bei anderen
Werkzeugen zu vergleichen. Stellen Sie 10 %
ein.

Tipp: Mit [1], [2] bis [9] und [0] können
Sie auch diesen Wert einstellen.

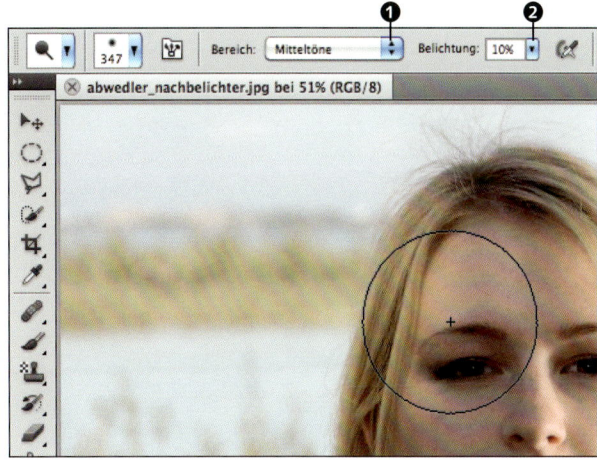

2   Mitteltöne abwedeln

Nun können Sie mit einigen flotten Strichen
die Haut des Modells in den schattigen Partien
aufhellen. Achten Sie darauf, dass der Pinsel
groß eingestellt ist und eine geringe HÄRTE
aufweist, damit keine Übergänge sichtbar
werden und keine Flecken entstehen.

Variieren Sie auch hier wieder bei Bedarf
Größe und Härte. Das können Sie machen, indem Sie mit einem Rechtsklick auf das Bild die
Palette PINSELVORGABEN öffnen, oder mithilfe
der Maus, wie auf Seite 125 beschrieben.

3   Tiefen abwedeln

Der Bereich um die Augen ist besonders
schattig. Da die Augen eigentlich das wichtigste an einem Porträt sind, zumindest ziehen
Sie am meisten Aufmerksamkeit auf sich,
möchten wir sie deutlicher aufhellen. Um auf
diese schattigen Stellen Einfluss nehmen zu
können, stellen Sie den BEREICH am besten auf
TIEFEN ❸. Achten Sie aber darauf, dass Sie nur
den Bereich um die Augen herum aufhellen,
nicht aber Wimpern, Iris oder Pupille.

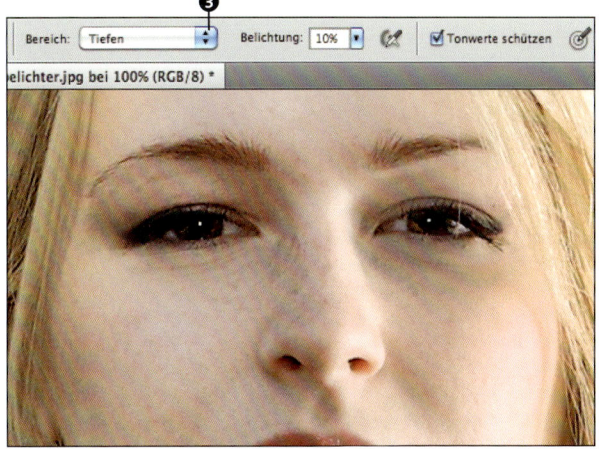

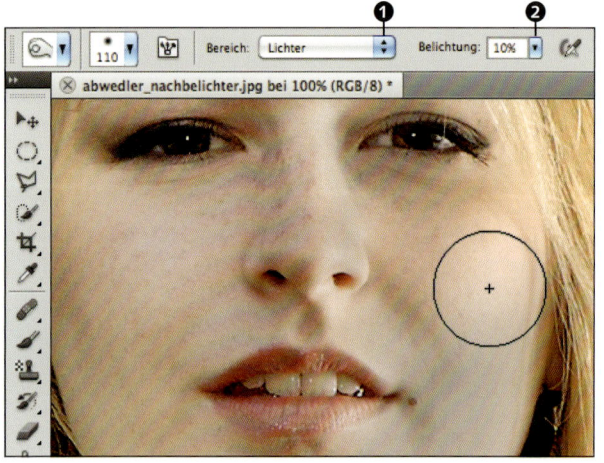

4   Zu helle Stellen nachbelichten

Vor allem die Stellen an der linken Wange und an der linken Nasenseite sind sehr hell ausgefallen. Diese wollen wir etwas dunkler machen. Dazu wechseln Sie vom ABWEDLER- zum NACHBELICHTER-WERKZEUG ⊘.

Stellen Sie als BEREICH • LICHTER ❶ und als BELICHTUNG ❷ einen geringen Wert zwischen 5 % und 10 % ein. Bearbeiten Sie damit nun die linke Wange des Modells. Das Ergebnis wird zunächst gräulich, doch diesen Schönheitsfehler werden wir wieder ausbessern.

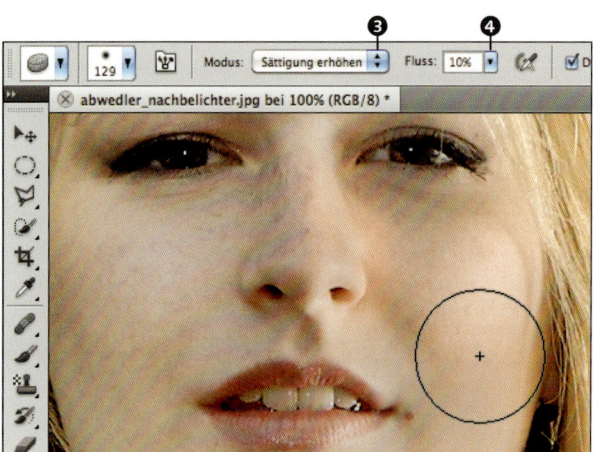

5   Farbe zurückholen

Besonders helle Bereiche führen beim Nachbelichten oft zu grauer Farbe. Ist so ein Bereich jedoch ursprünglich nicht völlig neutralgrau, können Sie die Farbe mit dem SCHWAMM-WERKZEUG ⊜ verstärken.

Stellen Sie das Werkzeug auf SÄTTIGUNG ERHÖHEN ❸. Wie immer empfiehlt es sich, die Wirksamkeit zu regulieren ❹. Nun können Sie dem Gesicht wieder dezent einen natürlichen Hautton geben. Übertreiben Sie es aber nicht, ansonsten sieht das Resultat schnell aus, als hätte das Modell Sonnenbrand.

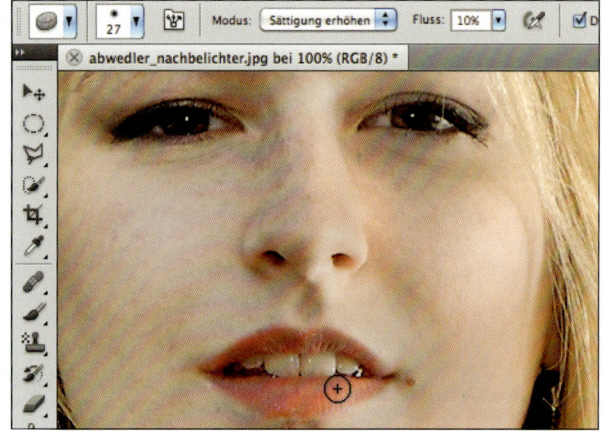

6   Rötere Lippen

Wenn Sie die Lippen mit dem NACHBELICHTER-WERKZEUG ⊘ mit BEREICH • MITTELTÖNE vorsichtig abdunkeln und anschließend mit dem SCHWAMM-WERKZEUG ⊜ bei Einstellung SÄTTIGUNG ERHÖHEN die Farben puschen, können Sie die Lippen röter machen.

7 Weißere Zähne

Im Modus SÄTTIGUNG VERRINGERN ❺ für das SCHWAMM-WERKZEUG 🔘 lassen sich auch gut die Zähne einen Hauch bleichen. Achten Sie aber auch dabei darauf, dass der FLUSS stark reduziert ist, und behalten Sie das Ergebnis gut im Auge. Wenn man die Anwendung dieses Werkzeugs übertreibt, dann erscheinen die Zähne am Ende nicht weißer, sondern einfach nur grau.

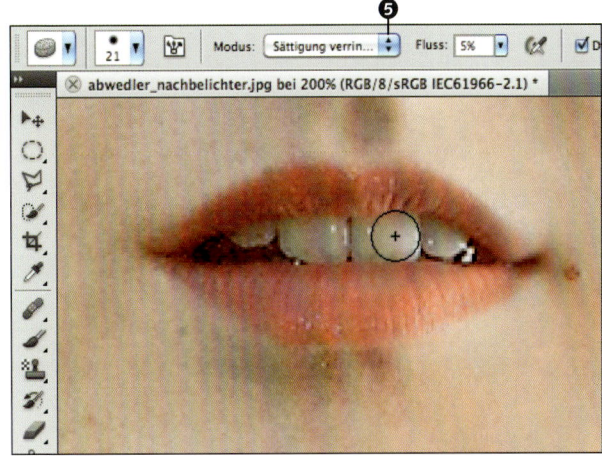

8 Ursprung und Resultat vergleichen

Erst wenn man die Bearbeitung mit dem Ausgangsbild vergleicht, zeigt sich, wie sehr sich das Bild verändert hat. Öffnen Sie dazu die Palette PROTOKOLL. Hier finden Sie den Zustand nach dem Öffnen des Bildes in Form eines SCHNAPPSCHUSSES ❽. Wenn Sie daraufklicken wird der Ursprungszustand ❻ wiederhergestellt. Um zurück zum aktuellen Resultat ❼ zu gelangen, klicken Sie auf den letzten Arbeitsschritt ❾. Durch Hin- und Herklicken lässt sich vorher/nachher gut vergleichen.

9 Änderungen mit dem Protokollpinsel-Werkzeug dezent reduzieren

Durch den Vergleich vorher/nachher zeigt sich, wo man zu viel getan hat und eventuell etwas nachbessern muss. Dazu ist das PROTO-KOLLPINSEL-WERKZEUG 🖌 gut geeignet. Nach Standard ist der erste SCHNAPPSCHUSS ⓫ als Quelle für den Protokollpinsel aktiviert, d. h., Sie können mit dem Protokollpinsel den Ursprungszustand zurück ins Bild malen. Wenn Sie Änderungen in diesen Bereichen nur etwas reduzieren, und nicht ganz zurücknehmen möchten, verringern Sie den FLUSS ❿.

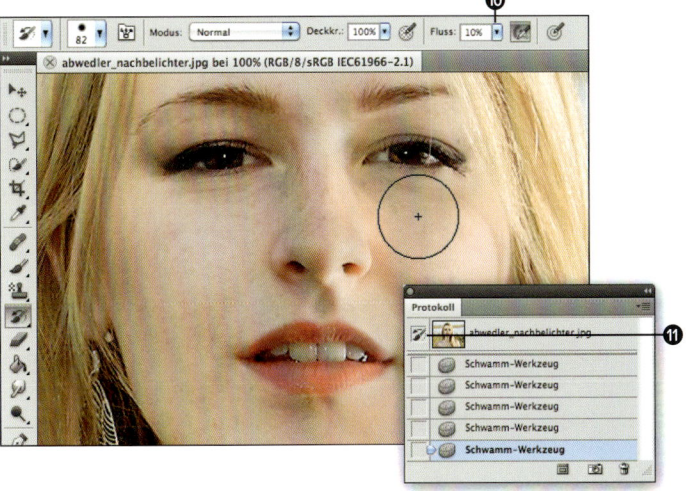

Einen Hintergrund abdunkeln

*Dunkel zu Schwarz nachbelichten ist oft besser
als »schwarzmalen«*

So nahe komme ich in freier Wildbahn an Eulen leider nicht heran. Diese hier befand sich in einem Gehege der Adlerwarte in Bregenz. Im Hintergrund zeichnet sich noch ein Stück der Betonwand und der Decke ab, die Teil des überdachten Geheges des Wildvogels sind. Schöner wäre es, diese Bereiche wären völlig schwarz, dann entstünde eher der Eindruck, der Vogel wäre dem Fotografen in einem dunklen Wald vor das Objektiv gekommen.

Mit dem Nachbelichter ist es in solchen Fällen, in denen es nur darum geht, fast-Schwarz zu ganz-Schwarz abzudunkeln, ein Leichtes, den Hintergrund ohne viel Aufwand und ohne deutliche Spuren der Bildmanipulation abzudunkeln (in umgekehrten Fällen kann man mit dem Abwedler fast-Weiß zu ganz-Weiß aufhellen).

Zielsetzung:
Hintergrund
zu Schwarz abdunkeln
[abdunkeln.jpg]

1 Tiefen abdunkeln

Aktivieren Sie das NACHBELICHTER-WERKZEUG 🔾, stellen Sie den BEREICH auf TIEFEN ❶ und die BELICHTUNG auf 100 % ❷. Den Pinsel habe ich groß und hart eingestellt ❸ (abgebildete Einstellmethode siehe Seite 125). Wenn Sie mit dieser Einstellung über den dunklen Hintergrund *pinseln,* wird dieser rasch schwarz. Durch die Einstellung des Nachbelichters auf TIEFEN braucht man auf das helle Gefieder kaum Rücksicht zu nehmen ❹, lediglich auf der linken Seite, wo die Federn dunkler sind, ist etwas vorsichtigeres Arbeiten geboten.

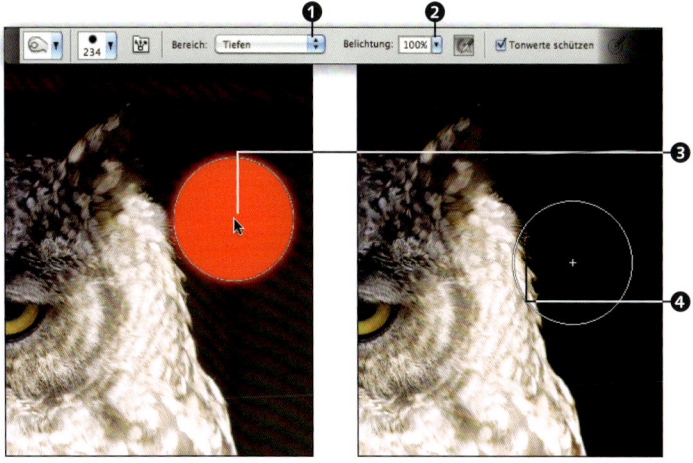

2 Nicht ganz dunkle Bereiche finden

Profi-Tipp: Um nicht ganz dunkle Bereiche aufzuspüren gibt es einen Trick. Öffnen Sie die Palette KORREKTUREN, und erstellen Sie eine TONWERTKORREKTUR-Einstellungsebene, indem Sie auf 📊 klicken. Schieben Sie den Regler für den Weißpunkt von ganz rechts nach fast ganz links ❺. Noch nicht ausreichend abgedunkelte Bereiche werden nun im Bild in leuchtenden Farben dargestellt ❻ und sind nicht mehr zu übersehen. Aktivieren Sie für das weitere Nachbelichten wieder die Ebene HINTERGRUND ❼.

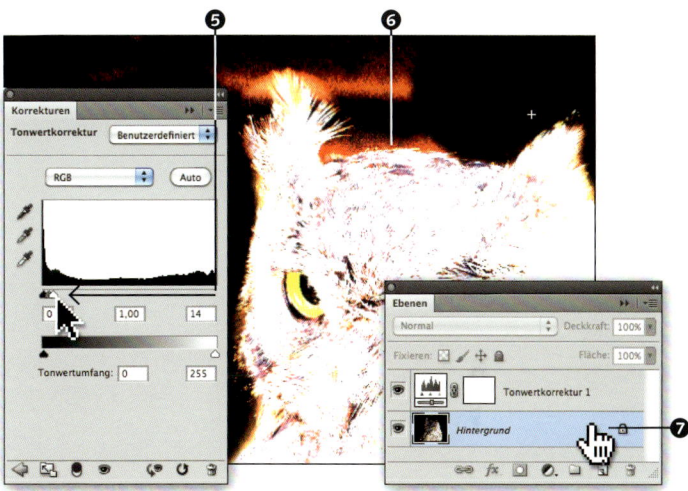

3 Einstellungsebene löschen

Nachdem die zu hellen Stellen abgedunkelt sind, so dass sie auch unter der Einstellungsebene TONWERTKORREKTUR ❽ schwarz erscheinen, können Sie diese jetzt löschen – sie war nur ein temporäres Hilfsmittel. Ziehen Sie sie auf 🗑, oder aktivieren Sie sie, und klicken Sie auf 🗑, oder klicken Sie mit rechter Maustaste auf sie, und wählen Sie aus dem Kontextmenü EBENE LÖSCHEN – Photoshop bietet oft viele Wege an.

   Tipp: Sie können die Ebene auch aktivieren und ⌫ auf der Tastatur drücken.

SCHWIERIGKEITSGRAD 2 FÜR AUFSTEIGER

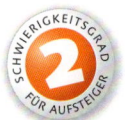

Ein Stempel zum Kopieren

Ein Klassiker unter den Photoshop-Retusche-Werkzeugen

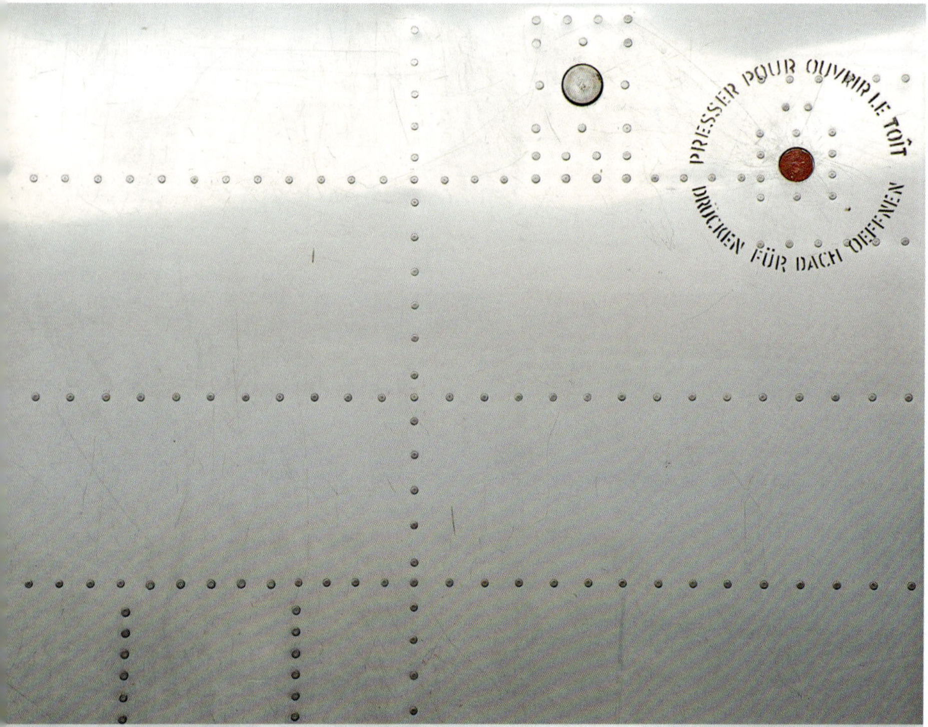

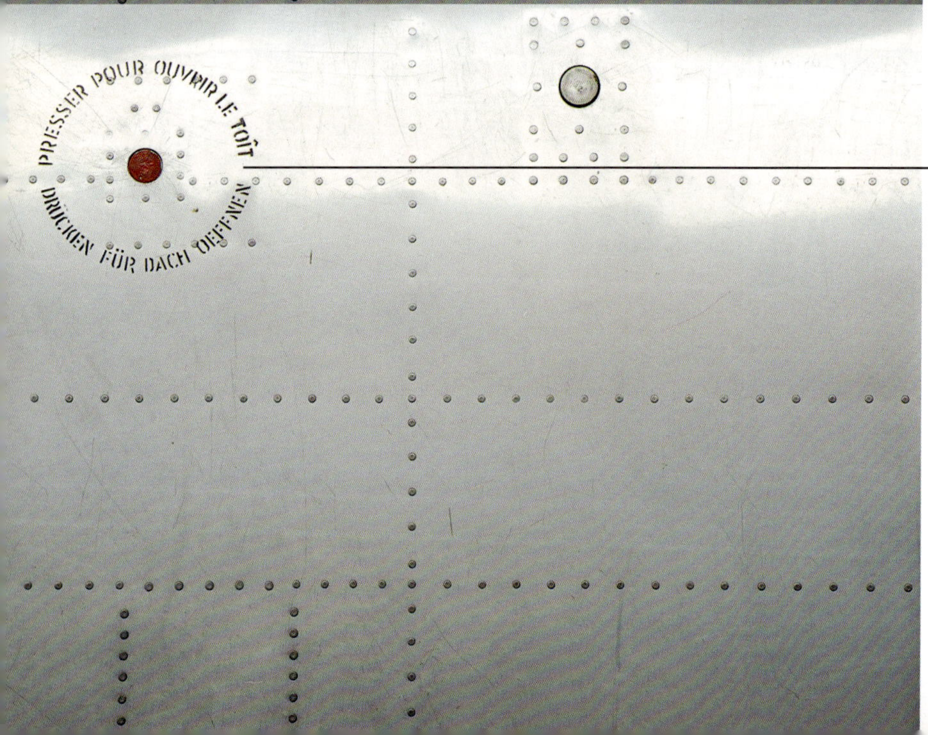

Das Kopierstempel-Werkzeug gehört zu den Urgesteinen unter den Photoshop-Werkzeugen. Mittlerweile sind intelligentere Retusche-Werkzeuge hinzugekommen. Dennoch ist der Kopierstempel nach wie vor unverzichtbar, weil er Bildbereiche 1:1 auf andere Bereiche übertragen kann, ohne dass sich die kopierten Bereiche an den Hintergrund und die Umgebung anpassen. Hier werden wir einen Schriftzug von einer Seite eines vernieteten Blechs auf die andere versetzen.
In der Praxis würde man dabei vielleicht eher mit Ebenen arbeiten. Doch um zu zeigen, wie das Kopierstempel-Werkzeug arbeitet und wie es mit dem Protokollpinsel-Werkzeug zusammenarbeiten kann, scheint mir das Beispiel bestens geeignet.

Zielsetzung:
Schrift und Niete versetzen
[stempel.jpg]

1   Quellbereich definieren

Aktivieren Sie das KOPIERSTEMPEL-WERKZEUG
📋. Damit lassen sich Pixel aus einem Bereich
eines Bildes kopieren und an einer anderen
Stelle einfügen. Dazu muss zuerst einmal die
Kopierquelle definiert werden. Um einen An-
haltspunkt für die exakte Ausrichtung der
Übertragung zu haben, zentriere ich den
Quellbereich ❶ exakt über einer Niete. Nachdem der Mauszeiger seine Position gefunden
hat, definiere ich diese Stelle mit einem Klick
bei gedrückter ⎇Alt-Taste als Quellbereich.

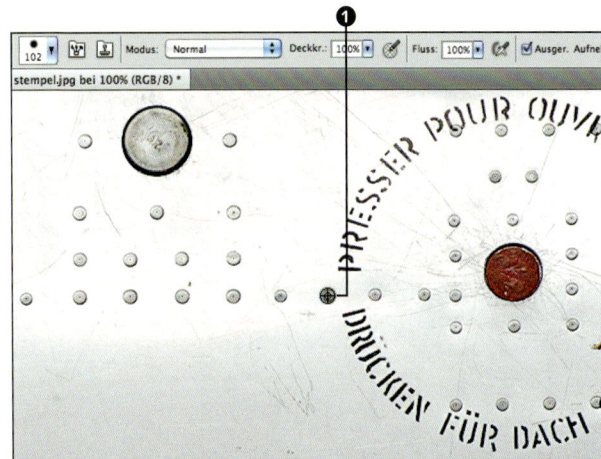

2   Ausgerichtet kopieren

Nun kann ich den Quellbereich ❸ mit gedrückter Maustaste (ohne Zusatztaste auf der
Tastatur!) an einen Zielbereich ❷ kopieren.
Der Versatzabstand zwischen Quelle und Ziel
ist nach dem ersten Klick der Übertragung
fixiert. Während des Auftragens der Kopie
folgt dem Kopierstempel ❹ im Quellbereich
ein Fadenkreuz ❺. Das hilft Ihnen, im Auge zu
behalten, welcher Bereich gerade kopiert wird.

Tipp: Für die HÄRTE des Kopierstempels hat
sich für mich in den meisten Fällen ein Wert
zwischen 70 % und 80 % bewährt.

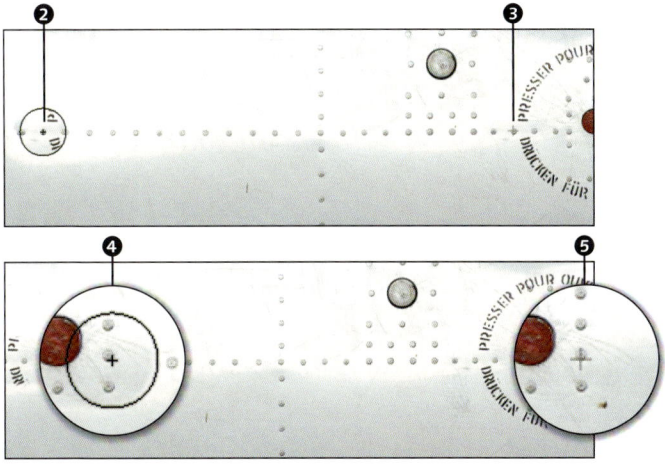

3   Probleme an den Bildrändern

Problematisch können sich bei der Arbeit mit
dem KOPIERSTEMPEL-WERKZEUG 📋 die Bild-
ränder auswirken, denn selbstverständlich
kann dieses Werkzeug nichts ins Bild hinein-
kopieren, was anderswo nicht vorhanden ist.
Bei mir hat das dazu geführt, dass dort, wo im
Quellbereich das Bild aufhört ❼, im Zielbereich ein abrupter Abbruch sichtbar wird ❻.

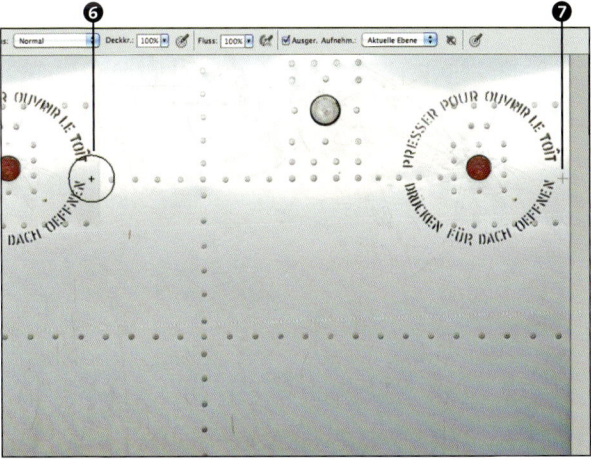

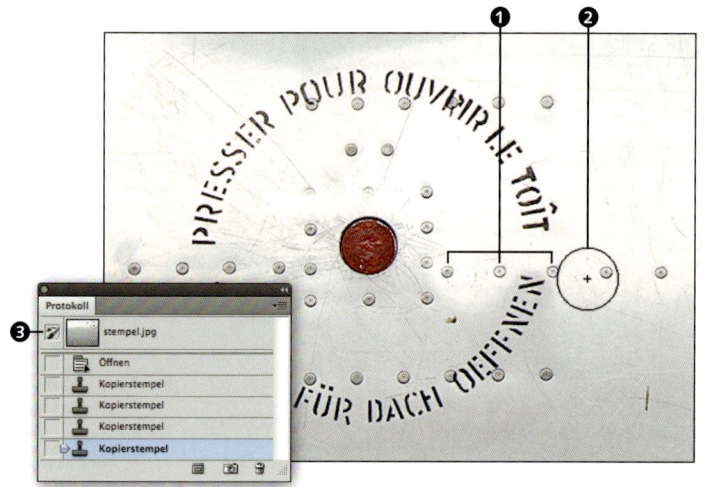
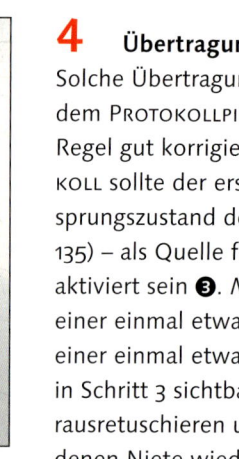

4 Übertragungsfehler korrigieren

Solche Übertragungsfehler lassen sich mit dem PROTOKOLLPINSEL-WERKZEUG 🖌 in der Regel gut korrigieren. In der Palette PROTOKOLL sollte der erste SCHNAPPSCHUSS – der Ursprungszustand des Bildes (siehe auch Seite 135) – als Quelle für das Wiederherstellen aktiviert sein ❸. Mit einer HÄRTE von 0 % und einer einmal etwas größeren Pinselspitze ❷, einer einmal etwas kleineren, konnte ich den in Schritt 3 sichtbaren Übergang wieder herausretuschieren und die zuvor verschwundenen Niete wiederherstellen ❶.

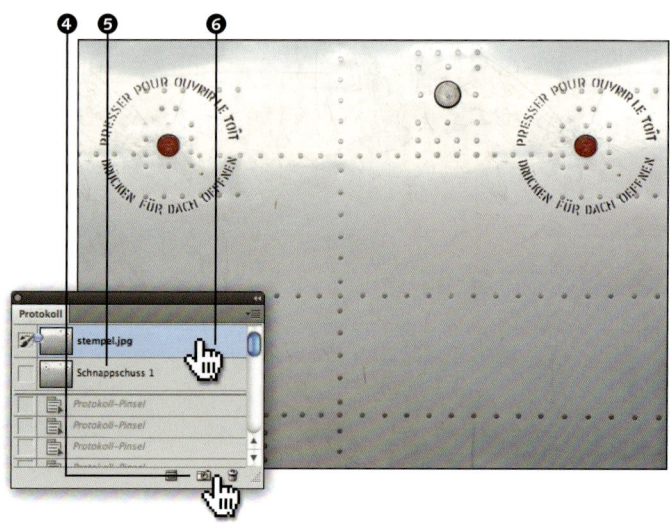

5 Schnappschuss aufnehmen

Das Resultat sollte nach Abschluss der Korrekturen so aussehen wie links. Um das festzuhalten, klicken Sie auf 📷 ❹ – es erscheint ein SCHNAPPSCHUSS ❺, in dem der aktuelle Zustand gespeichert ist (allerdings nur, solange ein Bild offen ist; wenn Sie es schließen, werden Schnappschüsse gelöscht).

Mit einem Klick auf den ersten SCHNAPPSCHUSS ❻ stellen Sie den Ursprungszustand wieder her – der eben erstellte zweite Schriftzug auf der linken Seite ist dann wieder verschwunden.

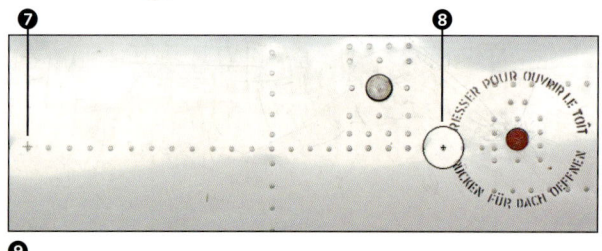

6 In die Gegenrichtung kopieren

Übertragen Sie nun den linken Bereich ohne Schrift ❼ nach rechts, und übermalen Sie den Text ❽ und die Niete dazwischen. Natürlich müssen Sie, um den Bereich in die Gegenrichtung kopieren zu können den Quellbereich ❼ zuerst wieder mit einem Alt-Klick neu definieren. Das Resultat sollte aussehen wie ❾.

Profi-Tipp: Der Kopierstempel kann nicht nur Bildbereiche innerhalb *eines* Bildes übertragen, sondern – wenn mehrere Bilder offen sind – auch von einem Bild in ein anderes.

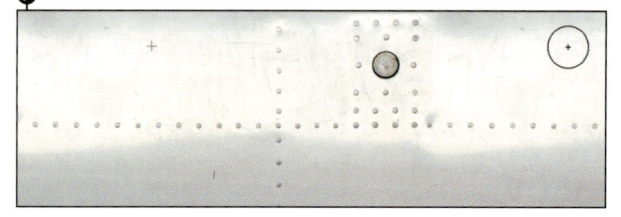

7 Übertragungsfehler korrigieren

Nach Schritt 6 sollte das Blech gar keine
Beschriftung mehr zeigen. Auch hier kann es
notwendig sein, dass Sie mit dem PROTOKOLL-
PINSEL-WERKZEUG ✏ die eine oder andere
Stelle korrigieren müssen, so wie es in Schritt
4 beschrieben ist. Am Ende sollte Ihr Ergebnis
in etwa so aussehen wie rechts. Erstellen
Sie von diesem Zustand noch einmal einen
SCHNAPPSCHUSS, indem Sie in der Palette PRO-
TOKOLL auf 📷 klicken.

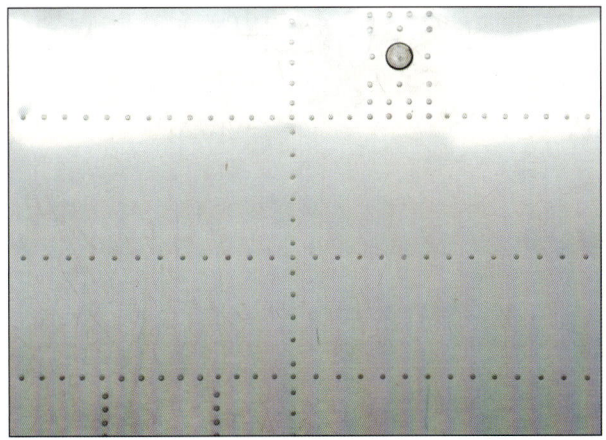

8 Schnappschuss als Quelle für das Protokollpinsel-Werkzeug

Nun sind in der Palette PROTOKOLL drei Zustände des Bildes in Form von Schnappschüs-
sen gespeichert. Lassen Sie »Schnappschuss
2« ⓫ aktiv, aber definieren Sie »Schnappschuss
1« als Quelle ⓾ für das PROTOKOLLPINSEL-
WERKZEUG ✏.

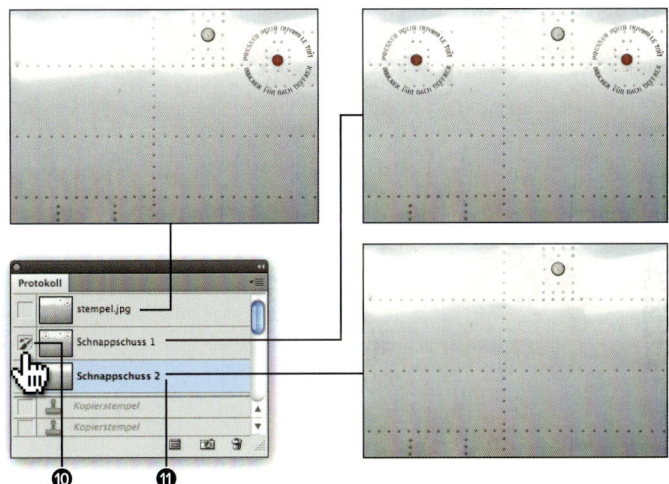

9 »Schnappschuss 2« wieder in das Bild malen

Mit dieser Einstellung ist es nun ein Leichtes,
die Beschriftung auf der linken Seite aus
»Schnappschuss 1« (bei dem ja die Schrift auf
beiden Seiten zu sehen ist) zurück ins Bild zu
pinseln.

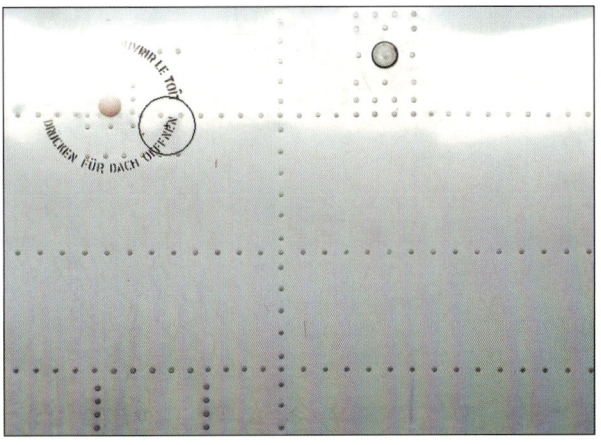

Schwierigkeitsgrad 1 – Für Einsteiger

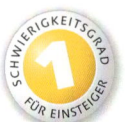

Retusche wie Magie

Mit dem Bereichsreparatur-Pinsel-Werkzeug Müll beseitigen.

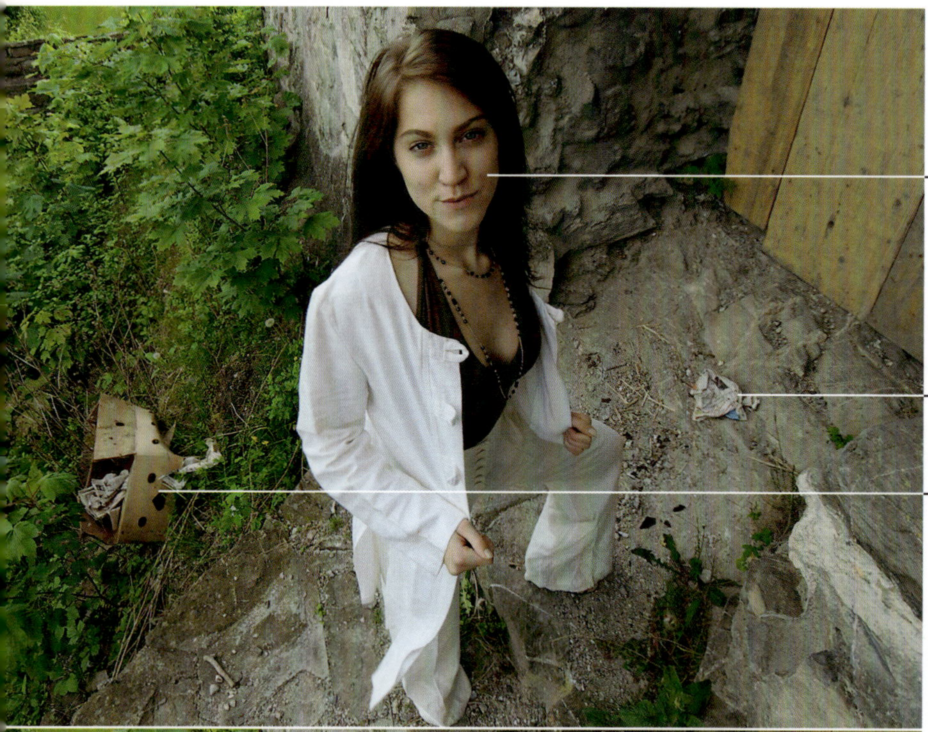

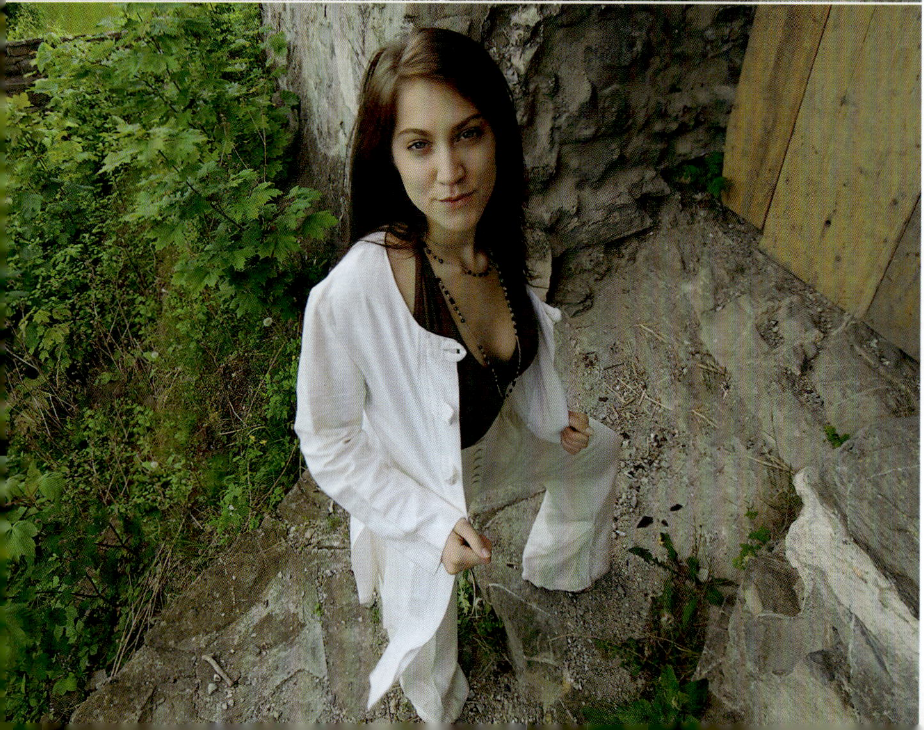

Im letzten Workshop lernten Sie den Kopierstempel kennen. Seit einigen Versionen gibt es in Photoshop Retusche-Werkzeuge, die »intelligenter« mit zu übertragenden Bereichen umgehen. Ich glaube, jeder Photoshop-User war beeindruckt, als er diese Funktionen bei ihrer Einführung vor einigen Jahren zum ersten Mal sah. Allerdings ist intelligent nicht immer das Klügste, weshalb auch Großvater Kopierstempel noch lange nicht ausgedient hat.

Zielsetzungen:

Flecken auf der Haut beseitigen

Karton und Zeitungspapier entfernen

[retusche.jpg]

1 Bereichsreparatur-Pinsel-Werkzeug

Wählen Sie den BEREICHSREPARATUR-PINSEL 🖌, und wählen Sie die GRÖSSE etwas umfangreicher, als das zu entfernende Objekt ❶. Die HÄRTE wählen Sie bei etwa 85 % bis 90 %. Entfernen Sie dann den störenden Abfall mit einem Klick ❷. Der Bereichsreparatur-Pinsel ähnelt dem Kopierstempel, sucht sich jedoch die Kopierquelle selbst zusammen.

Tipp: Manchmal kommt es zu fehlerhaften Ergebnissen. Machen Sie den Schritt dann rückgängig, verändern Sie die Position des Werkzeugs, und versuchen Sie es erneut.

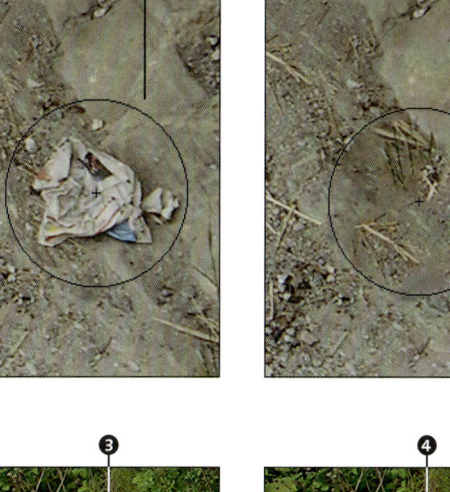

2 Größere Störelemente entfernen

Die große, hässliche Schachtel entfernen Sie durch schlichtes Übermalen ❸. Zwar erkennt man noch ein paar Unstimmigkeiten ❹, doch man muss schon genau hinsehen.

Der BEREICHSREPARATUR-PINSEL 🖌 führt meist nur zu guten Ergebnissen, wenn die Fläche um das zu entfernende Element rundum ähnliche Farbtöne und Strukturen aufweist. Hätte die Schachtel halb auf Grün und halb auf grauem Stein gelegen, hätte es wohl nicht funktioniert. Auch bei geometrischen Mustern sind gute Ergebnisse nicht zu erwarten.

3 Gesichtsretusche

Sehr oft benötige ich dieses Tool, um kleinere Rötungen und Flecken auf der Haut von Modellen zu entfernen. Wichtig ist für dieses Werkzeug, dass die Flecken und Elemente, die Sie entfernen wollen, isoliert sind – d. h., sie müssen rundum vor einem gleichfarbigen und gleichmäßig strukturierten Hintergrund stehen. Sie dürfen auch nicht zu nah an einer Fläche liegen, die gänzlich anders ist als ihr eigener Hintergrund.

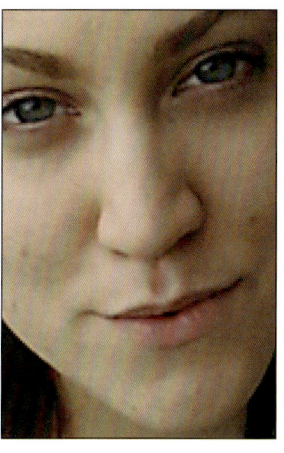
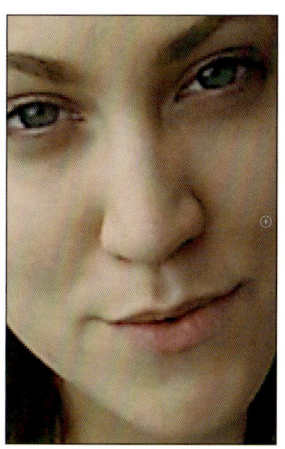

Auswahl & Maskierung

Möchte man ein Bild nicht als Ganzes bearbeiten, sondern nur bestimmte Bereiche, erstellt man oft eine Auswahl. Vergleichen kann man die Arbeit mit Auswahlen mit der Arbeit eines Airbrushers. Dieser deckt zuerst mit Folie und Klebeband jene Bereiche seines Werkes ab, die keine Farbe aufnehmen sollen. Man bezeichnet das als Maskieren.

Erstellt man in Photoshop eine Auswahl, nennt man das auch maskieren. Der Bereich innerhalb der Auswahl ist dann für Bearbeitungsschritte ausgewählt, während der Bereich um die Auswahl geschützt (maskiert) ist.

Foto: Pascal Reis

Auswahl & Maskierung

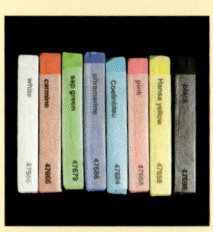

Auswahlellipse

Wenn es eine runde Sache werden soll

So viele unterschiedliche Motive es gibt, so viele verschiedene Formen kommen für eine Auswahl in Frage – unendlich viele. Deshalb gibt es in Photoshop auch viele verschiedene Werkzeuge und Hilfsmittel, mit denen man eine Auswahl erstellen kann. Zu den einfachsten Werkzeugen gehören das AUSWAHL-RECHTECK- und das AUSWAHL-ELLIPSE-WERKZEUG.

Oft ist der Sinn einer Auswahl jedoch nicht, einen bestimmten Bereich auszuwählen – solange es keine Auswahl gibt, ist in Photoshop für die meisten Bearbeitungsschritte »alles« ausgewählt –, sondern den Bereich außerhalb der Auswahl vor der Bearbeitung zu schützen. So, wie eben auch der in der Einleitung beschriebene Airbrusher Bereiche, die keine Farbe aufnehmen dürfen, mit Folie und Abdeckband maskiert.

Zielsetzung:
Objektiv vor schwarzem Hintergrund freistellen
[auswahlellipse.jpg]

Foto: Markus Wäger

1 Hilfslinien erstellen

Es ist gar nicht so leicht, den richtigen Start-punkt zu finden, um mit dem Auswahlellipse-Werkzeug ⬭ eine Auswahl zu erstellen. Hilfslinien erleichtern das. Blenden Sie dazu die Lineale ❷ ein (oder Strg/⌘ + R wie *Ruler*). Ziehen Sie dann aus dem waagerech-ten ❶ und dem senkrechten Lineal ❸ je eine Hilfslinie, mit der Sie die Ober- und die rechte Kante des Objektivs markieren.

Tipp: Nachträglich verschieben lassen sich die Hilfslinien mit dem Verschieben-Werk-zeug ⊹.

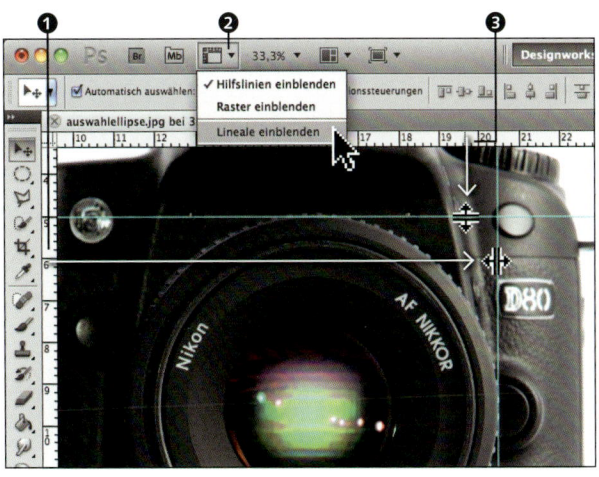

2 Ellipse-Auswahl erstellen

Die beiden Hilfslinien zeigen Ihnen, wo Sie den Weg der Maus für die passende Auswahl starten müssen ❹. Durch Halten der ⇧-Taste können Sie sicherstellen, dass die entstehende Auswahl kreisrund wird.

Tipp: Einsteiger machen oft den Fehler, dass Sie zunächst die ⇧-Taste loslassen und erst dann die Maustaste. Dadurch entsteht aber kein exakter Kreis, denn für Photoshop heißt das, *»ich habe es mir anders überlegt, ich möchte doch keinen exakten Kreis«*. Lassen Sie immer erst die Maustaste los!

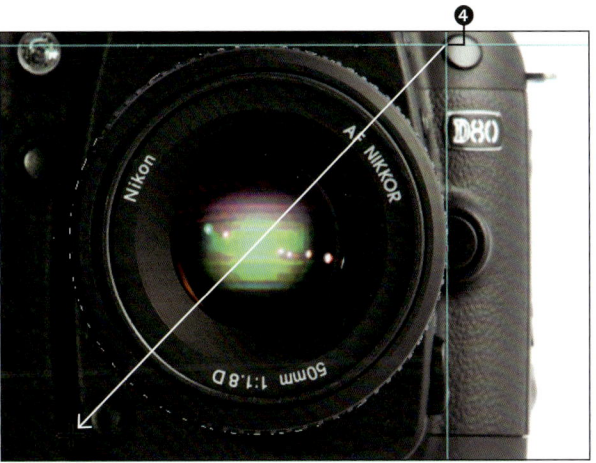

3 Auswahl umkehren und Fläche füllen

Nach dem Erstellen der Auswahl sehen Sie eine marschierende, gestrichelte Linie ❼, die den ausgewählten Bereich ❽ umschließt. Invertieren Sie die Auswahl über Auswahl • Auswahl umkehren (Strg/⌘ + ⇧ + I). Eine zweite marschierende Linie erscheint um das Bild herum ❺, der Bereich dazwischen ❻ ist jetzt ausgewählt und der zuvor ausgewähl-te Bereich ❽ ist nun geschützt (maskiert).

Machen Sie Schwarz zur Vordergrund-farbe ◨, um die ausgewählte Fläche mit Alt + ← schwarz zu füllen.

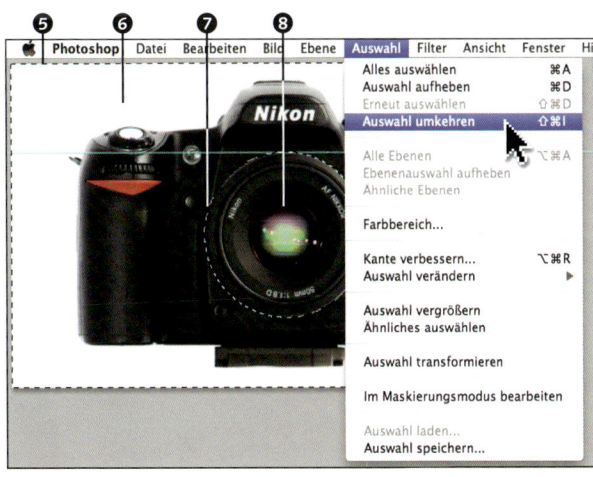

Auswahl erweitern

So bauen Sie eine Auswahl aus.

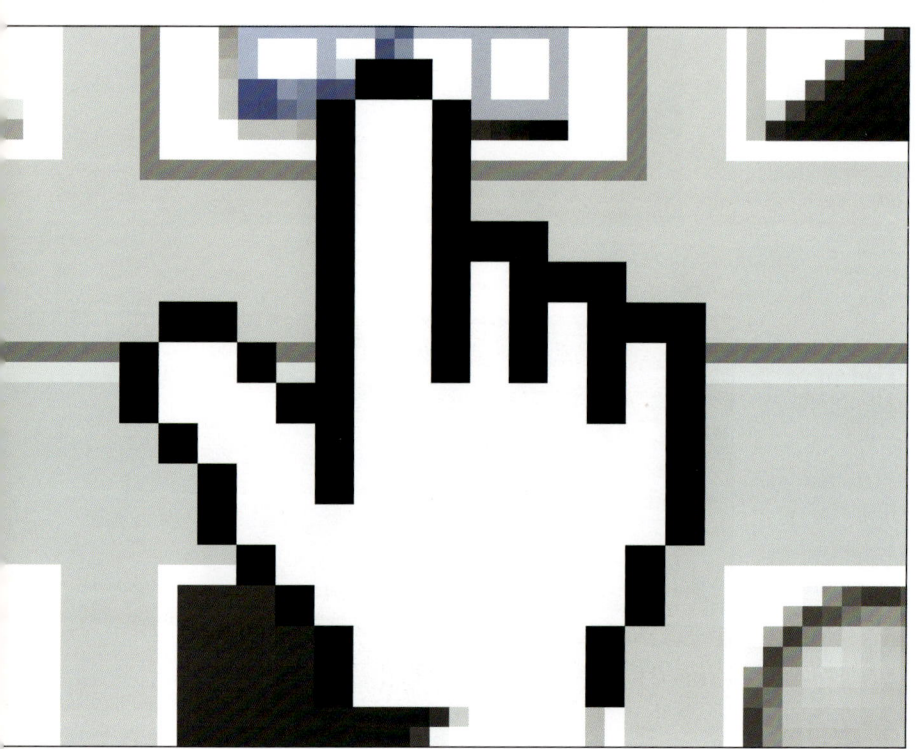

Einfach mit einem Klick eine Auswahl aufziehen, und schon passt es – das geht selten. Meist muss man eine gewünschte Auswahl Stück für Stück ausbauen. In diesem Beispiel zeige ich Ihnen, wie das geht, und zwar auf Basis einer Auswahl mit dem Aus-wahlrechteck-Werkzeug*. Die Aufgabenstellung fiel mir bei der Arbeit an meinem Buch über Photoshop CS4 ein. Für die Screenshots brauche ich oft freigestellte Mauszeiger. Hier sehen Sie, wie man ein Zeigehändchen mit äußerst geringer Auflösung freistellen und so interpolieren kann, dass die quadratischen Pixel erhalten bleiben. Das Interpolieren der Pixelmaße ist notwendig, damit der Schatten schön weich wird und keine Pixel ausfallen.*

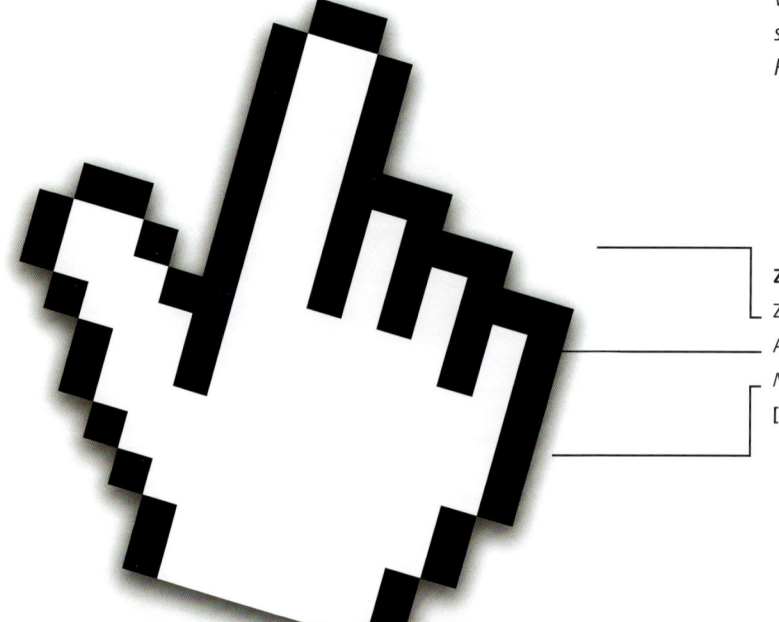

Zielsetzungen:
Zeigehändchen freistellen
Auflösung erhöhen
Mit Schatten versehen
[auswahlrechteck.tif]

1 Rechteckauswahl erstellen

Das Bild für diesen Workshop ist nur 49 × 50 Pixel groß. Sie müssen also ordentlich in das Bild hineinzoomen, um es in einer sinnvollen Darstellungsgröße bearbeiten zu können.

Tipp: Über Menü ANSICHT • GANZES BILD oder ⌈Strg⌉/⌈⌘⌉ + ⌈0⌉ lässt sich das Bild so groß wie möglich im Photoshop-Fenster anzeigen.

Aktivieren Sie das AUSWAHLRECHTECK-WERKZEUG ⌈⚏⌉, und ziehen Sie damit eine erste, rechteckige Auswahl auf, so wie ich es hier für den dicken Zeigefinger gemacht habe.

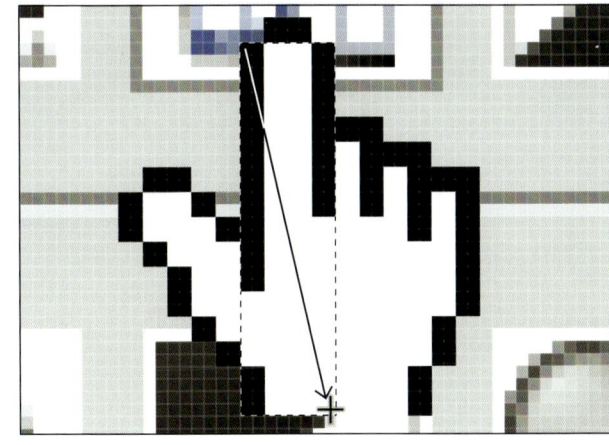

2 Auswahl erweitern

Um die Auswahl um weitere Bereiche zu erweitern, drücken und halten Sie die ⌈⇧⌉-Taste – es erscheint neben dem Fadenkreuz des Mauszeigers ein kleines Plus ⌈+⌉. Drücken Sie also die Maustaste innerhalb eines Pixels, das Sie auswählen möchten ❶, und ziehen Sie die Maus, um den zusätzlich auszuwählenden Bereich zu definieren ❷. Wenn Sie die Maustaste loslassen, sind der zuerst und der neu ausgewählte Bereich zu einer Auswahl verschmolzen ❸.

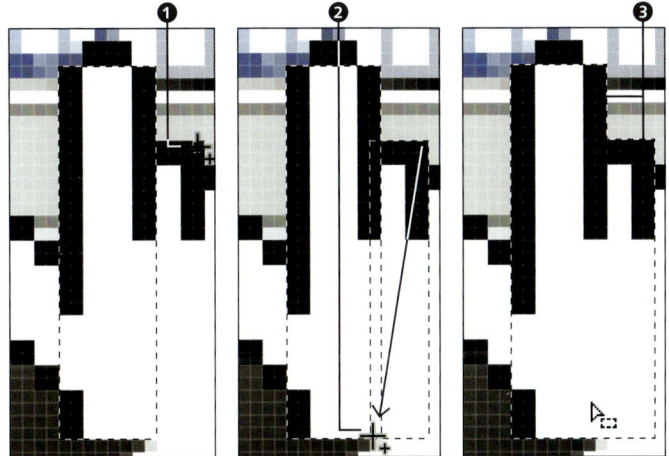

3 Hintergrund in Ebene umwandeln

Wiederholen Sie den beschriebenen Schritt für weitere Bereiche, um das gesamte Zeigehändchen mit einer Auswahl einzufangen.

Um einen Schatten hinzufügen zu können, müssen die Pixel außerhalb der Auswahl gelöscht werden. Das geht nur, wenn der Hintergrund in eine reguläre Ebene umgewandelt wird; setzen Sie dazu einen Doppelklick auf den HINTERGRUND ❹. Verkehren Sie die Auswahl dann über AUSWAHL • AUSWAHL UMKEHREN in ihr Gegenteil, und löschen Sie den nun ausgewählten Bereich mit ⌈←⌉.

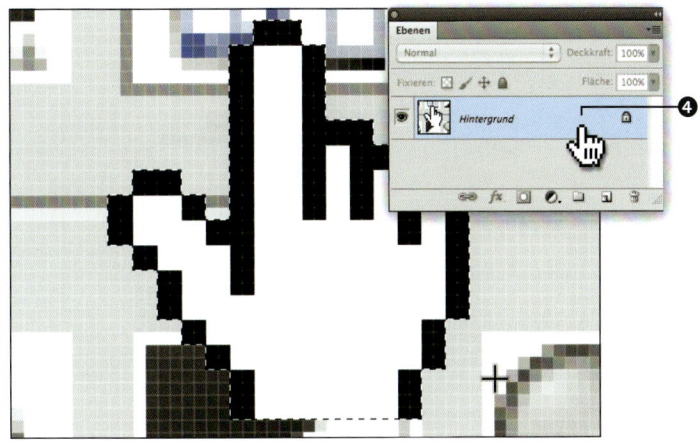

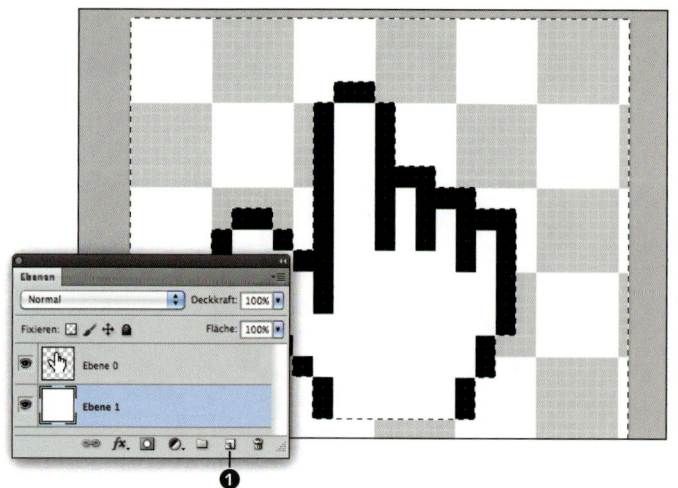

4   Neue Ebene für Hintergrundfläche

Im gelöschten Bereich markiert das Transparenzmuster ▨▨ die jetzt transparenten Bereiche. Die Auswahl wird nun nicht mehr benötigt; heben Sie sie über Menü AUSWAHL • AUSWAHL AUFHEBEN auf ([Strg]/[⌘] + [D]).

Erstellen Sie eine neue Ebene, indem Sie in der Palette EBENEN auf ▭ klicken ❶. Füllen Sie die Ebene weiß, und ziehen Sie sie mit der Maus unter die Ebene mit dem Händchen.

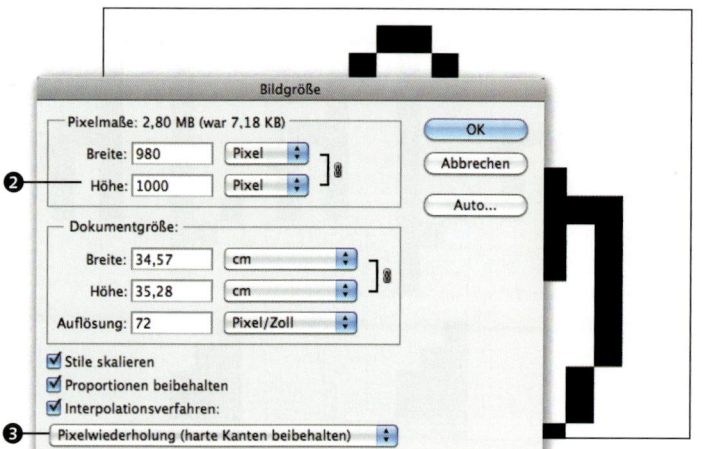

5   Auflösung mit Pixelwiederholung

Für einen schönen Schatten brauchen wir mehr Auflösung als 49×50 Pixel. Wählen Sie im Menü BILD • BILDGRÖSSE, um die Auflösung zu erhöhen. Damit das Ergebnis genau so pixelig bleibt und nicht unscharf wird, wie es beim normalen *Aufblasen* der Auflösung der Fall wäre, aktivieren Sie PIXELWIEDERHOLUNG ❸. Für die Erhöhung der Auflösung habe ich ein Vielfaches der Pixelmaße gewählt: 50 Pixel×20 = 1.000 Pixel ❷, das scheint mir ein guter Wert.

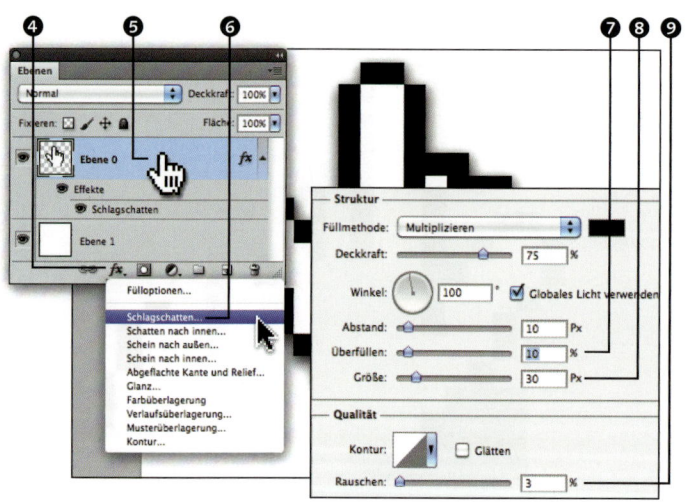

6   Schlagschatten hinzufügen

Aktivieren Sie für den Schatten wieder die obere Ebene ❺, klicken Sie auf die Schaltfläche EBENENSTIL HINZUFÜGEN *fx.* ❹, und wählen Sie SCHLAGSCHATTEN ❻. Mit ÜBERFÜLLEN ❼ lässt sich der Schatten ausdehnen, er wird dann aber auch härter. GRÖSSE ❽ definiert, wie weich der Schatten ausfällt. ÜBERFÜLLEN und GRÖSSE beeinflussen sich gegenseitig stark. Mit einem leichten RAUSCHEN ❾ wird verhindert, dass der Schatten zu clean wird und unnatürlich aussieht.

Auswahl reduzieren

Über eine komplexe Auswahl zum Freisteller

Haben Sie einmal Klavier ge-spielt? Sind Sie ein Freizeit-zauberer? Alles, was Ihnen eine ausgeprägte Finger-fertigkeit verliehen hat, kommt Ihnen jetzt zugute. Wir werden diese CDs mit dem AUSWAHLELLIPSE-WERK-ZEUG einfangen, drei Löcher hineinschneiden und die Datenträger vor ein Muster setzen. Dazu sind, neben Mausakrobatik, auch ein paar Fingerverrenkungen auf der Tastatur erforderlich. Doch wenn man sich an das Spiel mit den Zusatztasten einmal gewöhnt hat, geht es so selbstverständlch von den Fin-gern wie für einen Pianisten ein Klavierkonzert. Und ganz so schwierig wie Klavierspie-len ist es auch wieder nicht.

Zielsetzungen:
CDs freistellen
Muster als Hintergrund
Authentischen Schatten erstellen
[erweitern_reduzieren.jpg]

1   Ebene durch Kopie

Machen Sie mit einem Doppelklick den HINTERGRUND zur regulären Ebene, und nennen Sie sie im darauffolgenden Dialog »Schatten« ❷. Danach duplizieren Sie diese Ebene, indem Sie sie auf die Schaltfläche ziehen ❶ (oder indem Sie mit rechter Maustaste auf die Ebene klicken und aus dem Kontextmenü EBENE DUPLIZIEREN auswählen). Mit einem Doppelklick auf die neue Ebene können Sie sie in »CDs« umbenennen.

Tipp: Mit `Strg`/`⌘` + `J` können Sie ebenfalls eine EBENE DURCH KOPIE erstellen.

2   Muster-Füllebene hinzufügen

Klicken Sie in der Palette EBENEN auf NEUE FÜLL- ODER EINSTELLUNGSEBENE ERSTELLEN , und wählen Sie MUSTER.

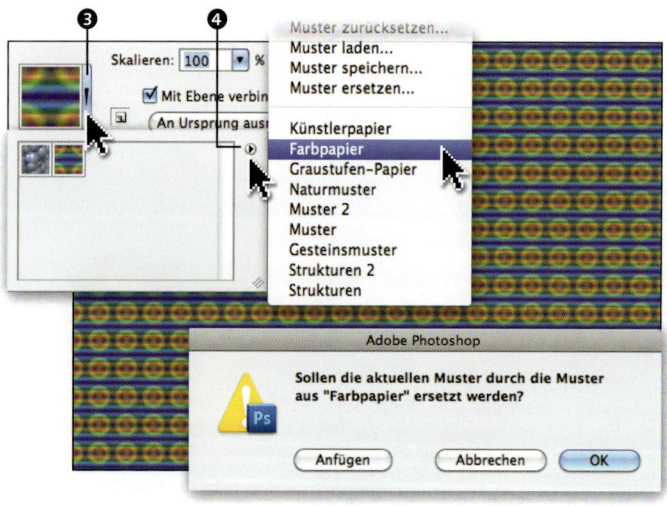

3   »Farbpapier«-Muster laden

Es erscheint der Dialog MUSTERFÜLLUNG. Die vordefinierten Muster entsprechen nicht meinen Vorstellungen von einem schicken Hintergrund. Um weitere Muster zu laden, klicken Sie auf die Musterpalette ❸ und dann auf ▶ ❹; wählen Sie aus dem Optionsmenü FARBPAPIER. Sie werden anschließend gefragt, ob die neuen Muster die aktuellen ersetzen sollen. Wählen Sie OK. Sollten Ihnen die beiden Standardmuster jemals abgehen, können Sie sie über MUSTER ZURÜCKSETZEN im selben Menü jederzeit wiederherstellen.

4 Muster auswählen

Wählen Sie aus den neuen Mustern GOLDENES VELINPAPIER 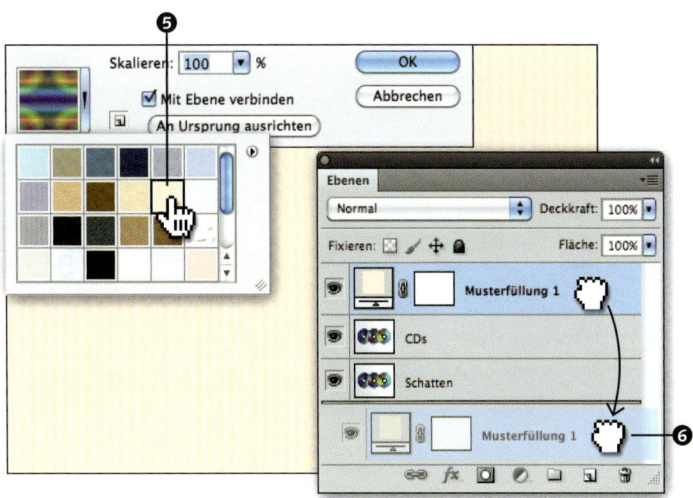 **⑤**, und klicken Sie auf OK. Die Musterfüllung liegt in der Palette EBENEN jetzt wahrscheinlich ganz oben und verdeckt alle darunterliegenden Ebenen. Ziehen Sie sie an die unterste Stelle der Ebenenreihenfolge **⑥**.

Profi-Tipp: Strg/⌘ + # bringt eine Ebene schrittweise nach hinten, Strg/⌘ + ⇧ + # ganz in den Hintergrund, ⌘ + ß (Mac) bzw. Strg + Ä (Win) schrittweise nach vorne und ⌘ + ⇧ + ß (Mac) bzw. Strg + ⇧ + Ä (Win) ganz nach vorne.

5 Auswahl beginnen

Zum Auswählen der CDs verwenden wir das AUSWAHLELLIPSE-WERKZEUG ⬭. Sie haben im Workshop »Auswahlellipse« auf Seite 148 bereits erfahren, dass es schwierig ist, den richtigen Startpunkt für die präzise Auswahl eines runden Objekts zu finden. Doch mit diesem Trick geht es auch ohne Hilfslinien: Beginnen Sie die Auswahl aufzuziehen. Wenn Sie mit der Auswahl, wie ich hier, zu weit links und zu weit oben begonnen haben, dann lassen Sie die Maustaste noch nicht los.

6 Auswahl verschieben

Sie haben die Maustaste noch nicht losgelassen? Sehr gut. Drücken Sie jetzt die Leertaste, und bewegen Sie die Maus. Solange Sie die Leertaste gedrückt halten, wird nicht mehr die Größe der Auswahl verändert, wenn Sie die Maus bewegen, sondern die Auswahl verschoben. Lassen Sie die Leertaste wieder los, können Sie die Größe neuerlich anpassen und durch neuerliches Drücken der Leertaste die Auswahl wieder verschieben – solange, bis die Auswahl sitzt. Dann können Sie die Maustaste loslassen.

7 Auswahl erweitern

Zum Erweitern der Auswahl drücken und halten Sie die ⬆-Taste. Starten Sie die Auswahl, und drücken Sie zum Korrigieren der Position die `Leertaste`, so, wie in Schritt 6 beschrieben.

Tipp: Sie können die ⬆-Taste loslassen, sobald Sie mit dem Aufziehen der Auswahl begonnen haben. Photoshop weiß mittlerweile, dass Sie die Auswahl erweitern wollen.

Profi-Tipp: Mit `M` lässt sich 🔲 und ⭕ aktivieren. Mit ⬆+`M` können Sie zwischen 🔲 und ⭕ umschalten.

8 Von der Auswahl abziehen

Erweitern Sie, wie beschrieben, bei gedrückter ⬆-Taste die Auswahl um die dritte CD, und korrigieren Sie auch hier durch Halten der `Leertaste`. Anschließend gilt es, die Löcher in den CDs von der Auswahl abzuziehen.

Um Bereiche von einer bestehenden Auswahl abzuziehen, drücken Sie die `Alt`-Taste. Neben dem Auswahl-Fadenkreuz erscheint ein Minus ╬. Nun können Sie, genau wie beim Erweitern, die Auswahl erstellen und diese mit gedrückter `Leertaste` verschieben, solange Sie die Maustaste gedrückt halten.

9 Restliche Löcher abziehen

Wenn Sie innerhalb einer Auswahl bei gedrückter `Alt`-Taste eine weitere Auswahl aufziehen, dann wird dieser Bereich aus der bestehenden Auswahl herausgelöst.

Lösen Sie aus allen CDs die Löcher samt transparentem Kunststoff heraus.

Tipp: Mit ⬆ erstellt man einen exakten Kreis, solange *keine* Auswahl aktiv ist. Möchte man zu einer bestehenden Auswahl einen Kreis hinzufügen, drückt man ⬆, beginnt die Auswahl, lässt ⬆ wieder los und drückt neuerlich ⬆.

10 Ebenenmaske erstellen

Um besser sehen zu können, was nun passiert, blenden Sie die Ebene »Schatten« 👁 aus **8**. Aktivieren Sie die Ebene »CDs« **7**, und klicken Sie auf EBENENMASKE HINZUFÜGEN ▣ **9**, um die Auswahl in eine Maske umzuwandeln. Der Bereich außerhalb der Auswahl **1** wird in der Maske zu Schwarz **3**, der ausgewählte Bereich **2** wird zu Weiß **4**. Schwarz **3** in einer Ebenenmaske bewirkt, dass dieser Bereich im Bild unsichtbar **5** wird, weiß **4** bewirkt, dass er sichtbar bleibt **6**.

11 Nicht-destruktive Transparenz

Die Technik mag zunächst etwas unverständlich scheinen, doch Ebenenmasken sind der Schlüssel zu unendlichen Möglichkeiten. Der Vorteil liegt u. a. darin, dass die Bildinformationen nicht gelöscht, sondern nur ausgeblendet werden. Die Arbeit erfolgt also nicht-destruktiv.

Blenden Sie für den nächsten Schritt die Ebene »CDs« aus **11** und »Schatten« wieder ein. Aktivieren Sie die Ebene »Schatten« **12**, und stellen Sie die sogenannte FÜLLMETHODE auf MULTIPLIZIEREN **10**.

12 Ebene multiplizieren

MULTIPLIZIEREN bewirkt, dass sich eine Ebene mit den Ebenen darunter mischt. Schwarz bleibt schwarz, weiß wird unsichtbar. Eine gelbe Ebene auf einer blauen würde die Farben zu grün mischen. Hier wird durch MULTIPLIZIEREN der Schatten der CDs sichtbar. Allerdings ist in den CDs das Muster sichtbar **14**. Blenden Sie die oberste Ebene ein **16**, und die freigestellten CDs lösen dieses Problem.

MULTIPLIZIEREN **13** ist etwas anderes, als die DECKKRAFT zu reduzieren, was zu blassen Farben **15** führen würde.

Auswahl & Maske

Die Auswahl ist der Schlüssel zum Erfolg.

Foto: Tootles – Fotolia.com

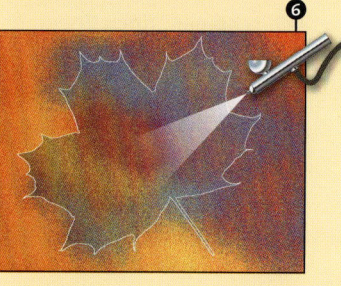

Auswahl und Masken sind Schlüsseltechnologien in Photoshop. Bereits eingangs zu diesem Kapitel habe ich die Analogie des Airbrushs bemüht. Eine Maske kann temporär erstellt werden, um einen bestimmten Bereich zu bearbeiten und den Rest vor der Bearbeitung zu schützen – dann spricht man von einer Auswahl. Eine Maske kann aber auch eine bleibende Funktion in einem Bild haben, z. B. in Form einer Ebenenmaske.

Temporäre Masken = Auswahl

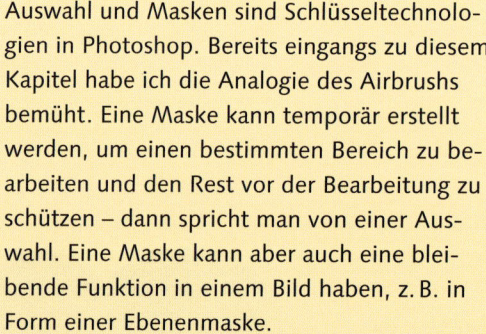

Im ersten Fall soll wie gesagt verhindert werden, dass beispielsweise ein Farbauftrag *global* erfolgt. Das können Sie sich so vorstellen, als ob Sie ein Ahornblatt auf ein Papier legen ❶ und mit einem Luftpinsel oder einer Farbsprühdose besprühen ❷. Wenn Sie das Blatt später entfernen, wurde an der Stelle des Blattes keine Farbe angenommen ❸.

Auf dieser Arbeitsweise basiert *Airbrush*. Zuerst legt der Airbrusher eine Abdeckfolie über das Material, das er färben möchte. Nehmen wir an, unsere Folie ist rötlich transparent. Daraus schneidet der Airbrusher mit einem Cutter den Umriss des Motivs ❹. Ist er damit fertig, kann er die innere Folie herauslösen ❺ (wir nehmen an, dass er die Motivform färben will und nicht das Drumherum). Da der Hintergrund mit Folie abgedeckt ist, kann er locker mit dem Luftpinsel über die Fläche hinweg sprühen, ohne sich darum zu kümmern, wohin die Farbe fällt ❻. Ist die

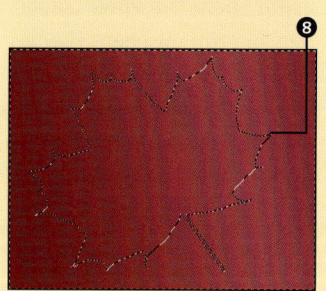

Farbe trocken, zieht er die Abdeckfolie vorsichtig vom Hintergrund ab. Was bleibt, ist die Form, die er ausgeschnitten hat ❼. Der Airbrusher kennt bei der Bearbeitung eines Bildes also zwei grundlegende Arbeitsschritte:
1. das Abdecken (»maskieren«) ❹
2. das Auftragen der Farbe ❻

Genau so funktioniert Photoshop! Immer dann, wenn Sie von einem Bild nur Teilbereiche bearbeiten möchten, müssen Sie zuerst eine Auswahl erstellen, um Bereiche, die nicht verändert werden sollen, zu schützen. Oder Sie benötigen die Auswahl, um den ausgewählten Bereich zu kopieren. Analog zum Airbrush kennt demnach auch der Photoshopper zwei wesentliche Arbeitsschritte:
1. das Abdecken. In Photoshop nennt man das eine Auswahl erstellen – oder eben auch Maskieren.
2. das Bearbeiten des ausgewählten Bildbereichs, was mit Pinseln, Menübefehlen, Filtern etc. erfolgen kann

Bei der Anzeige von Masken kennt Photoshop verschiedene Darstellungsformen. Die erste ist die Anzeige in Form einer laufenden, gestrichelten Linie, die auch als running ants oder marching ants bezeichnet wird ❽. Die zweite ist eine 50 % transparente, farbige Darstellung, meist rot ❾. Diese Form der Darstellung ist allen bekannt, die schon einmal im MASKIERUNGSMODUS gearbeitet haben. Die dritte Darstellungsvariante begegnet einem,

wenn man eine gespeicherte Auswahl ansieht und bearbeitet. Man bezeichnet eine gespeicherte Auswahl als Alphakanal; hier erfolgt die Darstellung in Schwarzweiß ❿.

In welcher Form auch immer Sie eine Auswahl in Photoshop betrachten, es ist letzten Endes doch immer eine Auswahl, die sich eben unterschiedlich darstellen lässt.

Die Schwarzweißdarstellung kann uns helfen, die Funktionsweise von Masken besser zu verstehen. Schwarz in einer Maske bedeutet, dass dieser Bereich geschützt ist. Der weiße Bereich in einer gespeicherten Auswahl ist, nach dem Laden der Auswahl, der ausgewählte ⓫ bzw. jener, auf den sich die Bearbeitung dann auswirkt (wozu man die gespeicherte Auswahl aber erst über Menü AUSWAHL • AUSWAHL LADEN oder die Palette KANÄLE laden muss).

Sie können sich die Arbeit mit Masken also auch so vorstellen, als ob Sie einen schwarzen Karton über Ihr Bild legen ⓬, wodurch bestimmte Bereiche des Bildes vor einem Farbauftrag geschützt werden ⓭.

Der Airbrusher kann entweder schwarzen Karton oder rote Folie nehmen. In Photoshop können Sie zwischen der Schwarzer-Karton-Ansicht und der Rote-Folie-Ansicht umschalten. Und es steht Ihnen auch die Ansicht »marschierende Ameisen« zur Verfügung. Sie können eine Auswahl auch umkehren. Danach ist das ausgewählt, was zuvor geschützt war, und das geschützt, was zuvor ausgewählt war. Anders gesprochen: In der Auswahl ist

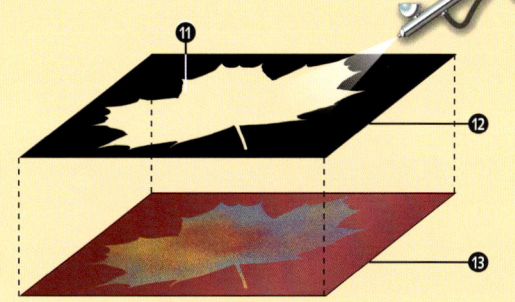

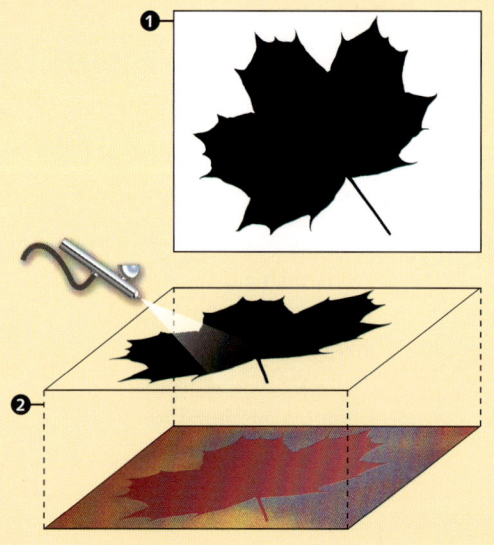

das, was zuvor weiß war, jetzt schwarz, und das, was zuvor schwarz war, weiß ❶. Wenn Sie nun Farbe auftragen, wirkt das genau im umgekehrten Bereich als zuvor ❷.

Erstellen Sie lediglich mit Lasso und Zauberstab Ihre Auswahlen, dann braucht Sie das meiste hier nicht zu kümmern. Wenn Sie aber auf aufwendigere Bildbearbeitungen aus sind – und ich bin mir sicher, dass sind Sie –, dann eröffnet Ihnen ein etwas tieferes Wissen um Auswahl und Masken enorme Möglichkeiten.

Erinnern wir uns an den Airbrusher. Er hat nichts anderes als einen Cutter für seine Masken. Da geht es Ihnen in Photoshop beileibe besser. Sie können mit beinahe jedem Werkzeug, jedem Filter und jedem Dialog, mit dem Sie Bilder bearbeiten können, auch Masken bearbeiten.

Wenn Sie mit diesem Wissen die Maske ❶ mit einem GAUSSSCHEN WEICHZEICHNER ❸ verändern, erhält die resultierende Ahornblatt-Maske eine weiche Kante ❹. Laden Sie eine solche gespeicherte Auswahl als temporäre, aktive Auswahl (auf dem Bildschirm erscheinen die *marschierenden Ameisen* ❻), und wenden Sie eine Photoshop-Funktion auf das Bild an – beispielsweise FLÄCHE FÜLLEN mit Gelb als VORDERGRUNDFARBE ❺ –, dann sieht das Resultat so aus wie in Abbildung ❼.

Dort, wo die Pixel in der Maske schwarz sind, wird das Bild geschützt. Dort, wo das Bild weiß ist, wird Farbe aufgetragen. In den Graustufen zwischen Schwarz und Weiß, die durch den GAUSSSCHEN WEICHZEICHNER entstanden sind, wird Farbe entsprechend der Helligkeit dieser Pixel mehr (helleres Grau) oder weniger (dunkleres Grau) aufgetragen. Der Farbauftrag erfolgt also mit demselben fließenden Übergang, wie Sie ihn in der Maske sehen.

Ein Verlauf führt das Beispiel ins Extrem: Ersetzen wir die Maske mit dem weichgezeichneten Ahornblatt durch einen Verlauf von

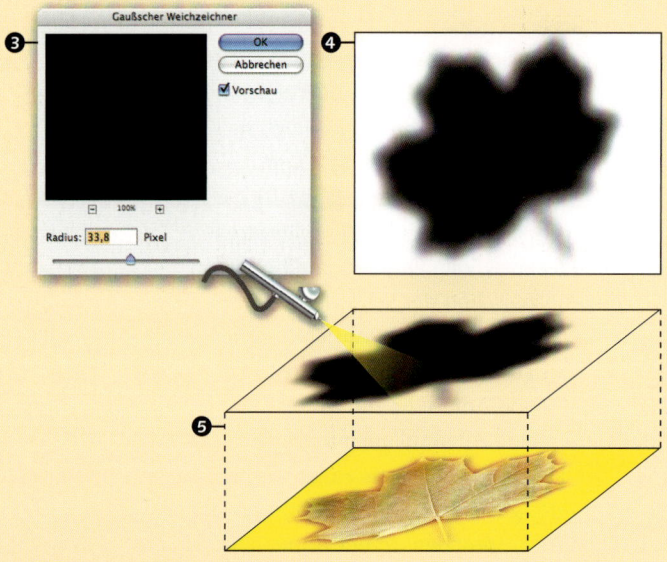

Schwarz zu Weiß ❽ und wenden über diese Maske gelbe Farbe an ❿, dann wird die gelbe Farbe verlaufend von oben nach unten aufgetragen. Je dunkler die Abstufung des Verlaufs in der Maske ist, desto weniger durchlässig ist sie. Ganz oben, wo der Verlauf ins Schwarze übergeht, wird keine Farbe aufgetragen. Ganz unten hingegen, wo die Maske annähernd weiß ist, wird die Farbe voll aufgetragen ❾.

Im letzten Beispiel habe ich der weichgezeichneten Maske ❹ mit einem Kunstfilter aus der FILTERGALERIE eine körnige Struktur verliehen ⓫. Ist diese Maske als Auswahl geladen, wird sie am Bildschirm so ⓭ dargestellt. Fülle ich die Fläche mit Gelb ⓬, sieht das Ergebnis so ⓮ aus.

Alphakanäle und Ebenenmasken

Zwar können Sie eine Auswahl speichern und später über das Menü AUSWAHL wieder laden. Doch diese Form der Maskierung bleibt nur so lange aktiv, bis Sie die eigentliche Bildbearbeitung ausgeführt haben. Danach werden Sie die Auswahl wieder aufgeben, und spätestens, wenn Sie das Bild schließen, ist sie weg.

Es gibt jedoch auch Masken, die nicht aufgehoben werden, sondern fix im Bild verbleiben. Das sind sogenannte Ebenen- oder Pixelmasken, mit denen sich Teile einer Bild-, Füll- oder Einstellungsebene ausblenden lassen. Der Vorteil des Ausblendens von Ebenenbereichen gegenüber dem Löschen ist der, dass sich ausgeblendete Bildpixel wieder einblenden lassen. Wir sprechen dann wieder von nicht-destruktiver Bearbeitung. Mit dem Radiergummi oder über ⬅ gelöschte Pixel sind gelöscht und lassen sich bei einer späteren Bildbearbeitung nicht wiederherstellen. Grundsätzlich gilt alles, was zuvor über die Bearbeitung von Auswahlmasken gesagt wurde, auch für Ebenenmasken.

Das Zauberstab-Werkzeug

Eine Auswahl zaubern und Sättigung verringern

Möchte man eine gleichmäßige Fläche, wie diese rote Wand, auswählen, schreit das förmlich nach dem Zauberstab. Wenn es nur immer so einfach wäre! Nach der Auswahl können wir mit einer Einstellungsebene »Farbton/Sättigung« die Farbe des Hintergrundes nicht-destruktiv umfärben.

Auch unregelmäßige Hintergründe können umgefärbt werden. Wie das geht, zeigt Lektion 1.2.

Zielsetzung:

Umfärben des Hintergrunds
[zauberstab.tif]

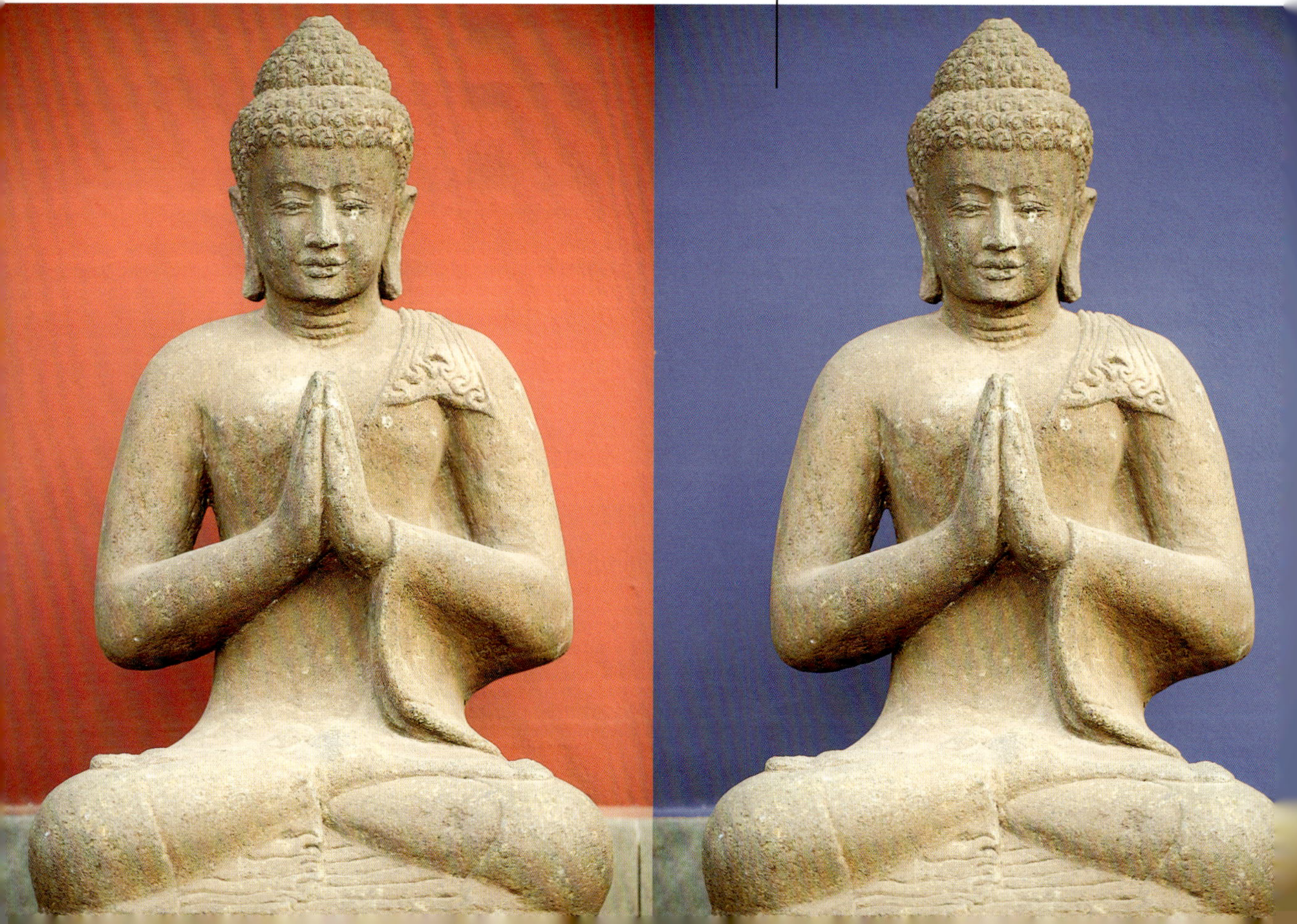

1   Auswahl und Auswahl erweitern

Aktivieren Sie das ZAUBERSTAB-WERKZEUG 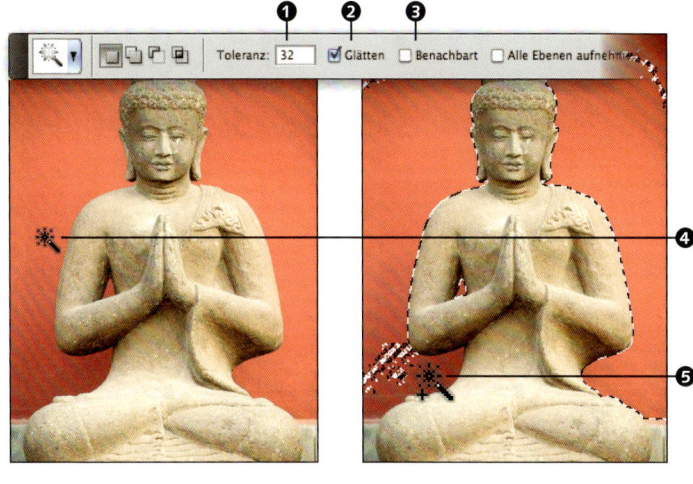. Es funktioniert wie das FÜLLWERKZEUG (Seite 120) und das MAGISCHER-RADIERGUMMI-WERKZEUG (Seite 127). Stellen Sie TOLERANZ auf 32 ❶, aktivieren Sie gegen den »Treppcheneffekt« GLÄTTEN ❷, und deaktivieren Sie BENACHBART ❸, damit auch nicht zusammenhängende Bereiche ausgewählt werden (z. B. unter den Achseln). Klicken Sie in die Fläche ❹ und bei gedrückter ⇧-Taste auf die nach dem ersten Klick noch nicht ausgewählten Bereiche ❺, um die Auswahl zu erweitern.

2   Erweitern mit weniger Toleranz

Zwischen der roten Wand und der Steinmauer befinden sich rosarote Streifen ❻, die nur geringen Kontrast zur Farbe des Steins der Skulptur aufweisen. Um sie auch mit dem Zauberstab auswählen zu können, sollten Sie die TOLERANZ reduzieren. Außerdem aktivieren Sie am besten auch BENACHBART wieder, damit keine anderen Bereiche zusätzlich mit in die Auswahl aufgenommen werden.

Tipp: Halten Sie bei Bedarf ⌥ gedrückt, um Bereiche, die nicht mit ausgewählt sein sollen, von der Auswahl abzuziehen.

3   Farbe mit Farbton/Sättigung ändern

Klicken Sie in der Palette KORREKTUREN auf ▨ für eine FARBTON/SÄTTIGUNG-Einstellungsebene. Photoshop macht aus der Auswahl eine Ebenenmaske ❽. Der ausgewählte Bereich wird in der Maske weiß; an diesen Stellen wirken sich Änderungen von FARBTON/SÄTTIGUNG aus. Die Bereiche außerhalb der Auswahl werden in der Maske schwarz; hier haben Änderungen keine Auswirkung. Aktivieren Sie FÄRBEN ❼, und stellen Sie FARBTON, SÄTTIGUNG und HELLIGKEIT Ihren Vorstellungen entsprechend ein.

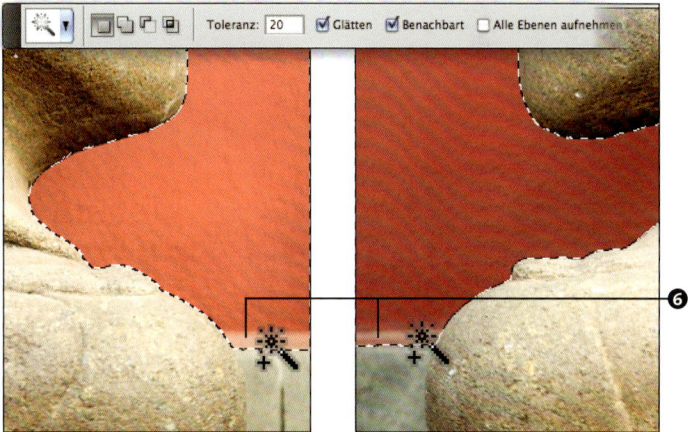

Das Schnellauswahlwerkzeug

Schnelle Auswahl für partielles Schwarzweiß

Gegen das SCHNELLAUSWAHL-WERKZEUG ist der Zauberstab ein zahnloser Papiertiger. Nicht, dass ich auf den Zauberstab verzichten wollte, doch seit Adobe mit CS3 das SCHNELLAUSWAHLWERKZEUG eingeführt hat, arbeite ich praktisch täglich damit. Es ist absolut phänomenal und erleichtert das Leben des Photoshoppers immens. Der Unterschied in der Anwendung liegt vor allem daran, dass Sie mit dem Zauberstab auf einen Pixel klicken und ähnliche ausgewählt werden. Mit dem SCHNELLAUSWAHL-WERKZEUG hingegen ziehen Sie mit gedrückter Maustaste über das Bild, um den auszuwählenden Bereich zu bestimmen.

Zielsetzung:

Bereich um die Blüte in Schwarzweiß umwandeln

[schnellauswahl.tif]

1 Auswahl starten und ausdehnen

Starten Sie mit dem SCHNELLAUSWAHLWERK-
ZEUG [icon] in einem Bereich, den Sie auswählen
möchten. Ich beginne, sofern möglich, in einer Ecke und ziehe bei gedrückter Maustaste
über den auszuwählenden Bereich ❶. Photoshop denkt sich nach kurzer Strecke, ich schau
einmal, wie weit es geht, bis eine deutliche
Kontrastkante kommt, und dehnt die Auswahl automatisch soweit aus. Setzen Sie die
Maus dann kurz ab, und ziehen Sie über einen
weiteren Bereich ❷. [⇧] müssen Sie bei diesem Werkzeug zum Erweitern nicht drücken.

2 Auswahl reduzieren

Nach meiner Erfahrung funktioniert das
SCHNELLAUSWAHLWERKZEUG [icon] am besten,
wenn man zwischendurch absetzt und in kleinen Schritten vorgeht. Auf diese Art lassen
sich auch unruhige Flächen rasch auswählen
len ❸. Sollte doch einmal irgendwo zu viel
ausgewählt werden ❹, drücken und halten Sie
die [Alt]-Taste und pinseln wieder etwas über
diesen Bereich hinweg, um ihn von der Auswahl auszunehmen ❺. Während Sie mit dem
Zauberstab nur klicken, funktioniert die
Schnellauswahl eher wie ein Pinsel.

3 Schwarzweiß-Einstellungsebene

Um den nun ausgewählten Bereich schwarzweiß werden zu lassen, klicken Sie in der
Palette KORREKTUREN auf SCHWARZWEISS [icon]
❻, woraufhin die Einstellungen für SCHWARZ-
WEISS sichtbar werden und der Bereich, der
zuvor ausgewählt war, seine Farbe verliert und
schwarzweiß angezeigt wird. Ich habe mich
bei diesem Bild für die Voreinstellung DUNK-
LER ❼ entschieden.

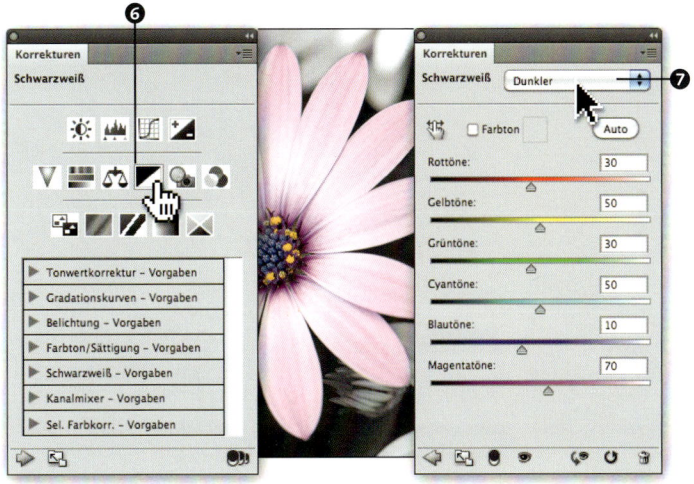

Mit dem Lasso Objekte einfangen

Auswählen wie ein Cowboy

*Mein wichtigstes Auswahl-Werkzeug ist neben dem jungen
SCHNELLAUSWAHLWERKZEUG sicher das Lasso. Schon als kleiner
Bub wollte ich unbedingt Sheriff oder Cowboy werden. Heute
bin ich meinem Jugendtraum recht nah. Zwar gibt es in meinem
Büro keine Lagerfeuer, aber dafür fange ich mit dem Lasso nicht
nur Kälber ein. Hier lernen Sie, wie man mit dem Lasso Klick
für Klick dort eine Auswahl erstellt, wo Zauberstab und Schnellauswahl nicht mehr genug Kontrast finden.*

Zielsetzungen:

Briefkasten auswählen

Gelben Lack in roten umfärben

[lasso.tif]

Foto: Markus Wäger

1 Klick für Klick zur Auswahl

Wählen Sie das POLYGON-LASSO-WERKZEUG. Verankern Sie per Klick die Auswahl ❶, setzen Sie die Maus an das Ende der Geraden, und verankern Sie sie mit einem zweiten Klick ❷. Rundungen wie bei ❷ werden mit mehreren kurzen Geraden verfolgt.

Tipp: Wenn Sie vor dem Beginn der Auswahl ⌄ feststellen, wird statt des Werkzeugs ein Fadenkreuz angezeigt.

Profi-Tipp: Ist das LASSO-WERKZEUG in der Werkzeugpalette zu sehen, können Sie mit ⌄ + L zum Polygon-Lasso wechseln.

2 Auswahl abschließen

Sollten Sie einen Punkt falsch setzen, können Sie ihn durch Drücken der ← -Taste wieder lösen. Um die Auswahl zu schließen, kehren Sie zurück zu dem Punkt, an dem Sie begonnen haben, oder klicken Sie doppelt.

Sollte am Ende ein Bereich zu viel ausgewählt worden sein ❹, können Sie diesen Bereich bei gedrückter Alt -Taste umrunden ❺ und von der Auswahl abziehen. Sollte irgendwo ein Detail fehlen, umkreisen Sie diesen Bereich bei gedrückter ⌄ -Taste.

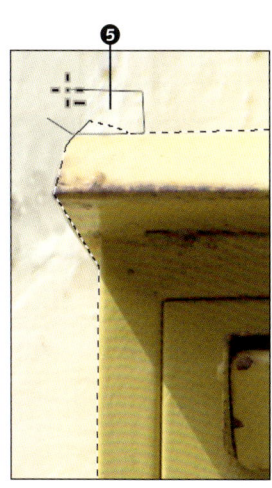

3 Inhalt kopieren und einfügen

Wenn die Auswahl sitzt, klicken Sie in der Palette KORREKTUREN auf. Photoshop wandelt die Auswahlmaske wieder automatisch in eine Ebenenmaske ❻ um. Der Bereich außerhalb der Auswahl wird schwarz, was heißt, dass die Einstellungen von FARBTON und SÄTTIGUNG in diesem Bereich nicht sichtbar sein werden. Zum Umfärben habe ich GELBTÖNE ❽ gewählt, damit andere Farbbereiche ❼ nicht mit verändert werden. Dann habe ich FARBTON und SÄTTIGUNG neu eingestellt.

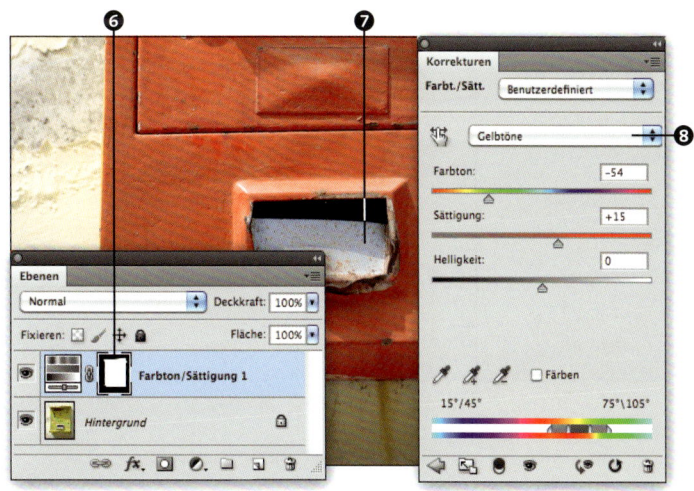

Farb- und Alphakanäle

Das Herz von Photoshop schlägt in der Kanäle-Palette.

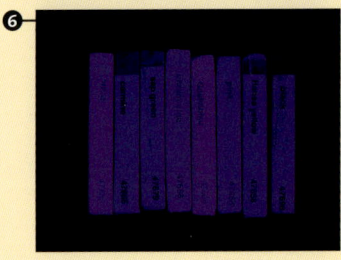

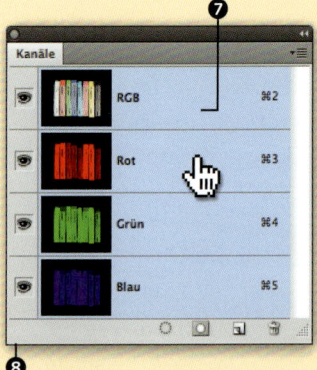

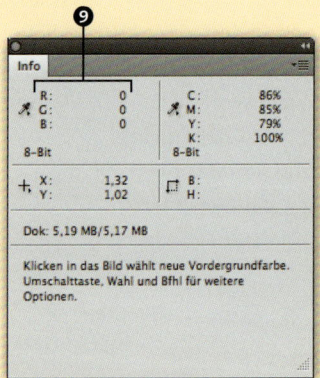

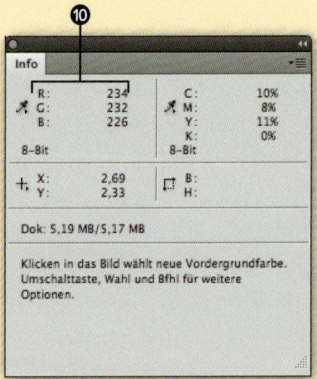

Farbkanäle

In Kapitel 2, »Drei Schritte für jedes Bild: Größe, Schärfe & Farbraum«, haben wir uns auf Seite 79 ff. über Farbmanagement unterhalten und in Kapitel 3, »Pinsel, Stempel & Radierer«, auf Seite 102 ff. über den Adobe Farbwähler. Die wichtigsten beiden Farbräume sind RGB mit den Farben Rot, Grün und Blau und CMYK mit den Farben Cyan, Magenta, Gelb und Schwarz. Die Informationen über die Farbverteilung dieser Grundfarben speichert Photoshop in sogenannten Farbkanälen. Diese lassen sich in der Palette KANÄLE (❽/⑰) einzeln betrachten und sogar einzeln bearbeiten.

RGB-Kanäle

Jedes Bild ist zunächst ein RGB-Bild. Scanner und Digitalkameras nehmen Motive mit RGB-Sensoren auf und speichern sie in diesem Farbraum. Sie haben im RGB-Farbraum in Photoshop mehr Bearbeitungsmöglichkeiten als in irgendeinem anderen Farbraum und sollten deshalb die Konvertierung nach CMYK (was für den Druck notwendig ist) ganz zuletzt vornehmen.

Auf dieser Seite sehen Sie ein Bild mit farbigen Kreiden ❶. Darunter sind die RGB-Farbauszüge (❹–❻) abgebildet. Wenn Sie in der Palette KANÄLE ❽ auf einen der Farbkanäle klicken (normalerweise werden diese in Graustufen und nicht farbig dargestellt),

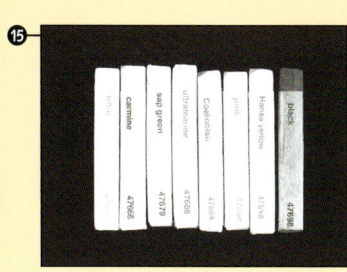

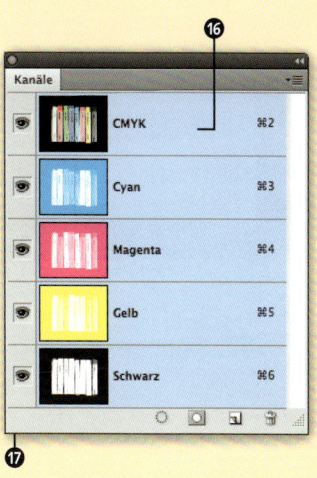

werden die anderen Kanäle deaktiviert. Sie sehen nur noch diesen und können ihn auch bearbeiten, ohne dass die anderen Farbkanäle von der Bearbeitung beeinflusst werden.

Platzieren Sie den Mauszeiger über einem Punkt im Bild, dann werden in der Palette INFO die Werte für diesen Bereich angezeigt. Schwarze Bereiche ❸ zeigen jeweils den Wert 0 (kein Licht) für Rot, Grün und Blau ❾. Weiße Bereiche ❷ ergeben den Wert 255 für Rot, Grün und Blau ❿ (die Kreide ist nur annähernd weiß, weshalb die Werte auch etwas geringer angezeigt werden). Wenn Sie sich das Beispiel mit den Taschenlampen ab Seite 104 noch einmal in Erinnerung rufen: 100 % Rot + 100 % Grün + 100 % Blau = reines Weiß.

CMYK-Kanäle

Ist ein Bild in den CMYK-Farbraum konvertiert worden, dann zeigt die Palette KANÄLE vier Farbkanäle an ⓱ (»CMYK« und »RGB« der beiden Ansichten ❼ und ⓰ sind keine Kanäle, sondern dienen nur dazu, mit einem Klick alle Kanäle einblenden und aktivieren zu lassen). In CMYK entsteht Weiß nicht durch das Hinzufügen höherer Farbwerte wie in RGB, sondern durch das Weglassen von Farbe. Weiß wird nicht gedruckt, sondern kommt vom Bedruckstoff, meist Papier.

Betrachten Sie eingehend die vier Farbauszüge ⓬–⓯, und vergleichen Sie diese mit dem Resultat der vier Farben ⓫. Wenn Sie Kreide für Kreide analysieren und vergleichen, sehen Sie, wie sich die CMYK-Farben miteinander mischen. Interessant ist dabei, dass der schwarze Hintergrund nicht mit 100 % Schwarz gedruckt wird (der Schwarzauftrag entspricht sogar nur etwa 90 %), sondern auch Anteile der bunten Farben hat. In diesem Fall kommen zu Schwarz noch 88 % Cyan, 79 % Magenta und 65 % Gelb. Das Schwarz wird dadurch satter und erhält mehr Tiefe.

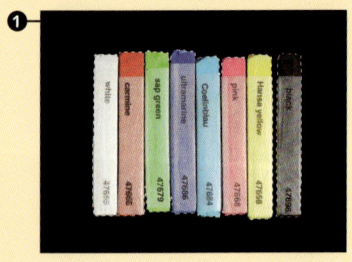

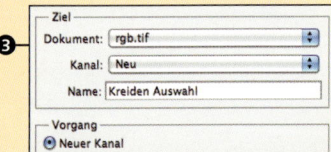

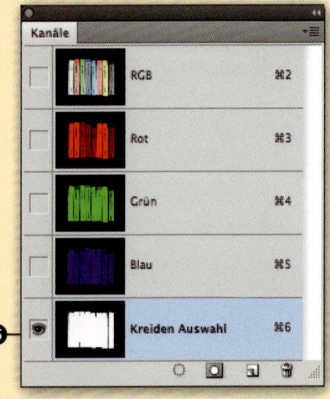

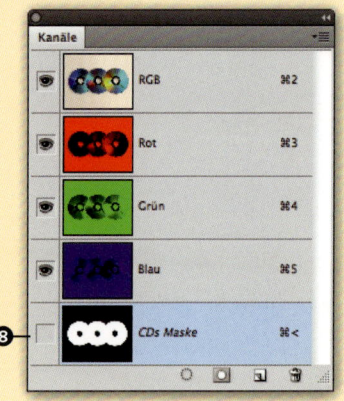

Um mit einzelnen Farbkanälen sinnvoll arbeiten zu können, muss man tief mit den Grundlagen von Photoshop vertraut sein. Wir werden in diesem Buch nicht allzu weit in die Arbeit damit einsteigen. Dennoch glaube ich, dass es wichtig ist, das Thema grundsätzlich verstanden zu haben, um mit Photoshop besser arbeiten zu können.

Alphakanäle

Die Palette EBENEN ist der Dreh- und Angelpunkt für alle Photoshop-Anwender und sehr viele Photoshop-Aufgaben. Die Palette KANÄLE ist das Herzstück von Photoshop, Drehscheibe für fortgeschrittene Aktionen und Aufbewahrungsort für gespeicherte Auswahlen zur späteren Wiederverwendung.

Eine Auswahl ist wichtig für die Bildbearbeitung, so wie Gemüse gut für die Gesundheit ist. Leider kann man Gemüse nicht immer frisch essen, weshalb man es oft einfriert und tiefkühlt. Eine Auswahl ist wie frisches Gemüse – Sie müssen es gleich essen. Doch so, wie ein Koch sein Gemüse in der Tiefkühltruhe für später aufbewahren kann, so kann der Photoshopper eine Auswahl einfrieren und für spätere Bearbeitungen aufbewahren. Haben Sie eine Auswahl erstellt ❶, und wollen Sie sie für später frisch halten, dann wählen Sie im Menü AUSWAHL • AUSWAHL SPEICHERN ❷. Im darauffolgenden Dialog geben Sie der Auswahl einen Namen und bestätigen das Speichern mit OK ❸. Photoshop speichert die Auswahl dann als sogenannten *Alphakanal* ❹, in dem Weiß für die ausgewählten Bereiche innerhalb der Auswahl steht und Schwarz für die geschützten Bereiche außerhalb der Auswahl. Dieser Alphakanal wird mit dem von Ihnen vergebenen Namen in der Palette KANÄLE angezeigt ❺.

Wichtig ist zu wissen, dass die Palette KANÄLE zwei Arten von Kanälen anzeigt: erstens die Farbkanäle mit den Farbinformationen des Bildes und zweitens die Alphakanäle, also Auswahlen, die Sie einmal erstellt und für die spätere Wiederverwendung gespeichert haben.

Eine als Alphakanal gespeicherte Auswahl hat keinen Einfluss auf die Darstellung oder Ausgabe eines Bildes. Sie können ein Bild also ohne Weiteres mit Alphakanal speichern und müssen sich keine Gedanken über eventuelle Probleme damit machen (allerdings nicht bei JPEG – dieses Dateiformat unterstützt das Speichern von Alphakanälen nicht).

Ebenenmasken

Anders als beim Alphakanal durch Speichern einer Auswahl soll eine Ebenenmaske ein Bild nachhaltig beeinflussen. Sie haben in den letzten vier Workshops bereits ausgiebig mit Ebenenmasken gearbeitet. Im Workshop »Auswahl reduzieren« auf Seite 153 ❻ haben Sie mithilfe einer Ebenenmaske ❼ den Hintergrund einer Ebene ausgeblendet. Eine Ebenenmaske ist nichts anderes als ein Alphakanal.

Der Alphakanal in Form einer gespeicherten Auswahl definiert, welcher Bereich ausgewählt und welcher geschützt ist, nachdem er später wieder als Auswahl geladen wurde, und hat keinen direkten Einfluss auf das Aussehen eines Bildes. Der Aplhakanal in Form einer Ebenenmaske hingegen definiert, welcher Bildbereich einer Ebene sichtbar ist und welcher ausgeblendet ist, und hat bleibenden Einfluss auf das Aussehen eines Bildes.

Sie können einwenden, dass Sie die Bereiche, die eine Ebenenmaske ausblendet, doch ebenso gut löschen könnten, doch ge-

löscht ist gelöscht. Ausblenden von Bildbereichen durch Ebenenmasken bietet den Vorteil, dass sich ausgeblendete Bereiche jederzeit wieder einblenden lassen und Sie damit allzeit flexibel bleiben. Das ist vor allem bei Auftragsarbeiten wichtig, wo der Kunde jederzeit eine Änderung verlangen kann, die bei gelöschten Pixeln einen Neuaufbau des bearbeiteten Bildes erfordern würde.

Doch nicht nur in puncto Flexibilität sind Ebenenmasken von großer Bedeutung. Es gibt viele Aufgaben, die sich ohne Ebenenmasken nur schwer oder praktisch gar nicht umsetzen ließen.

Ebenenmasken werden normalerweise in der Palette EBENEN neben der Ebene, zu der sie gehören, angezeigt ❼ – in der Palette KANÄLE hingegen nicht. Ist jedoch eine Ebenenmaske in der Palette EBENEN aktiviert (zu erkennen an den spitzen Klammern an den Ecken der Ebenenmaske), erscheint sie auch in der Palette KANÄLE ❽.

Ich weiß aus der Erfahrung meiner Photoshop-Seminare, dass gerade für Einsteiger das Thema Auswahl und Masken eine große Hürde darstellt. Es erscheint zunächst sehr abstrakt und ist am Anfang vielleicht etwas schwer nachvollziehbar. Aber wenn Sie öfter damit arbeiten, wird sich Ihnen die Logik dahinter immer mehr erschließen. Aufschlussreich ist vor allem der Kommentar von Kursteilnehmern, die schon länger mit Photoshop gearbeitet haben, aber das Konzept der Ebenenmasken bis dahin noch nicht kannten. Sie erkennen auf Basis Ihrer Erfahrung mühsamer Bildbearbeitung ohne Ebenenmasken den Nutzen dieser Funktion sehr schnell.

Ausschlaggebend für das Verständnis ist sicher, dass Sie Ebenenmasken nicht mit Auswahlen verwechseln dürfen. Man kann das eine aus dem anderen machen, aber es ist nicht dasselbe.

Die Palette »Masken«

Ebenenmasken komfortabel bearbeiten

Ebenenmasken gehören für mich zu den unverzichtbaren Funktionen in Photoshop. Wenn ich mich frage, »Wie kann ich dieses Problem in Photoshop am besten lösen?«, dann lautet die Antwort meist: »Ebenenmasken!«

In diesem Workshop lernen Sie die Palette MASKEN kennen. Sie wurde mit Photoshop CS4 eingeführt, dürfte vor allem für Einsteiger den Umgang mit Masken erleichtern, ist aber auch für Profis wertvoll.

Außerdem erhalten Sie in diesem Workshop auch einige Tipps, wie Sie eine Auswahl in einer bestimmten Größe und mit bestimmten Abständen zu den Rändern am besten erstellen können.

Zielsetzung:

Foto mit einem weich ins Bild verlaufenden Rahmen versehen

[masken.tif]

Foto: Markus Wäger

1   Raster einstellen

Wir wollen hier ein Raster nutzen, um an den Seiten, oben und unten jeweils gleichmäßige Abstände zu erhalten. Wählen Sie dazu am Mac Photoshop • Voreinstellungen • Hilfslinien, Raster und Slices, unter Windows finden Sie die Voreinstellungen im Menü Bearbeiten. Im Bereich Raster habe ich auf Prozent ❶ eingestellt und als Wert 10 eingegeben. Da ich im Voraus nicht sicher bin, ob 10 % zu grobmaschig ist, habe ich zusätzlich eine zweifache Unterteilung gewählt.

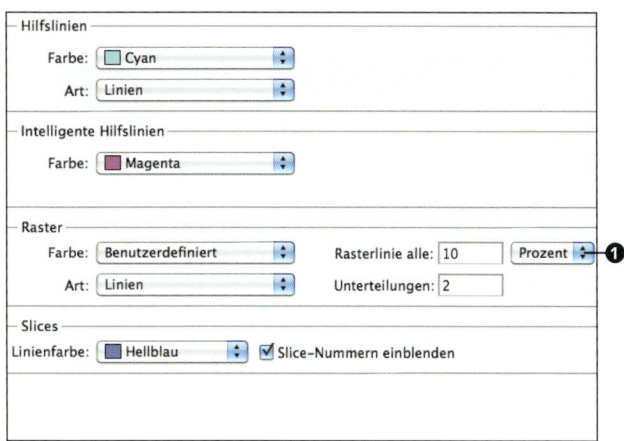

2   Auswahl am Raster ausrichten

Blenden Sie über das Menü Ansicht • Einblenden das Raster ein, und aktivieren Sie unter Ansicht • Ausrichten an • Raster. Nun können Sie mit dem Auswahlrechteck-Werkzeug [⬚] bequem die Auswahl am Raster ausrichten.

Damit wir den Bereich außerhalb der Auswahl ausblenden können, müssen Sie mit einem Doppelklick den Hintergrund zur regulären Ebene machen – der Hintergrund erlaubt ja keine Transparenz, und auch nicht, dass wir eine andere Ebene darunter anlegen.

3   Hilfslinien exakt platzieren

Tipp: Durch die prozentuale Aufteilung eines nicht quadratischen Bildes in ein Raster entstehen rechteckige Rasterfelder. Wenn Sie oben und unten den gleichen Abstand wollen wie an den Seiten, dann sind Hilfslinien wohl die bessere Alternative. Dieses Bild hat ein Format von 12,9 × 9,9 cm. Im Menü Ansicht finden Sie den Dialog Neue Hilfslinie. Damit habe ich für dieses Beispiel je eine horizontale und vertikale Hilfslinie bei 1 cm, eine vertikale bei 11,9 cm und eine horizontale bei 8,9 cm erstellt.

4   Auswahlgröße in Millimeter

Tipp: Sie können die Auswahl auch auf ein fixes Format transformieren. Dazu habe ich alles ausgewählt (Strg/⌘ + A) und im Menü AUSWAHL • AUSWAHL TRANSFORMIEREN aktiviert. Wir haben in früheren Workshops (siehe Seite 39) bereits Inhalte transformiert. Mit AUSWAHL TRANSFORMIEREN skalieren Sie die Auswahl, nicht den Inhalt. In der Palette OPTIONEN lassen sich nun die Prozentwerte für BREITE ❷ und HÖHE ❸ mit 109 mm × 79 mm überschreiben (der REFERENZPUNKT ❶ sollte hierfür in der Mitte liegen).

5   Ebenenmaske hinzufügen

Zurück zum Freistellen des Bildbereichs: Öffnen Sie die Palette MASKEN und klicken Sie auf PIXELMASKE HINZUFÜGEN 🔲 ❹, um eine Ebenenmaske ❺ zu erhalten. Wie Sie bereits wissen, blendet in der Ebenenmaske schwarz die analogen Bereiche im Bild aus. Das Transparenzmuster ❻ zeigt an, dass dieser Bereich nun *unsichtbar* ist.

  Tipp: Sie können Ebenenmasken auch mit EBENENMASKE HINZUFÜGEN 🔲 ❼ erstellen; ich mache das sogar meist so, da ich es von Versionen vor CS4 so gewohnt bin.

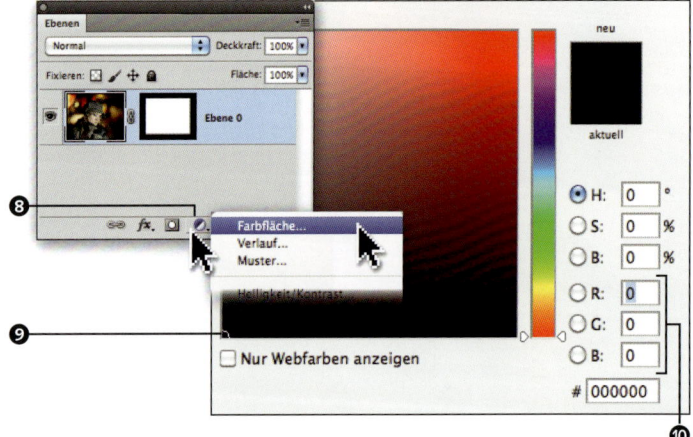

6   Farbfläche hinzufügen

Für den Hintergrund brauchen wir eine Farbfläche. Klicken Sie dazu auf die Schaltfläche für FÜLL- UND EINSTELLUNGSEBENE HINZUFÜGEN 🔳 ❽, und wählen Sie FARBFLÄCHE aus dem Menü. Der FARBWÄHLER erscheint, in dem Sie schwarz auswählen können, indem Sie ganz unten links in das große Farbfeld klicken ❾. Ich platziere dazu die Maus etwas weiter im Feld innen und ziehe bei gedrückter Maustaste den Mauszeiger über die Ecke hinaus. Die Werte für RGB ❿ sollten dann bei 0 stehen.

7 Stapelreihenfolge der Ebenen ändern

Neue Ebenen werden üblicherweise oberhalb der gerade ausgewählten erstellt. Deshalb sehen Sie nach dem Erstellen der Farbfläche nur mehr schwarz. Die Farbfläche muss unter die Ebene mit dem Bild gezogen werden ⓬. Ziehen Sie dabei am besten an der Stelle, an der der Name der Ebene steht, in diesem Fall »Farbfüllung 1«. Wenn Sie an der Maske ⓫ ziehen, verweigert Photoshop die Änderung der Stapelreihenfolge.

8 Weiche Kante einstellen

Schwarze Bereiche in der Ebenenmaske ⓭ blenden Bildbereiche aus, weiße lassen sie sichtbar. Wenn die Ebenenmaske weichgezeichnet wird, so dass der Übergang von Schwarz zu Weiß fließend in Graustufen verläuft, verläuft auch die Deckkraft des Bildes auf dieser Ebene weich in den Hintergrund. Mit der, in Photoshop CS4 neu eingeführten, Palette MASKEN ist das jetzt ein Kinderspiel. Sie müssen nur noch den Regler für WEICHE KANTE ⓮ so verschieben, bis Ihnen die Weichheit des Übergangs ⓯ gefällt.

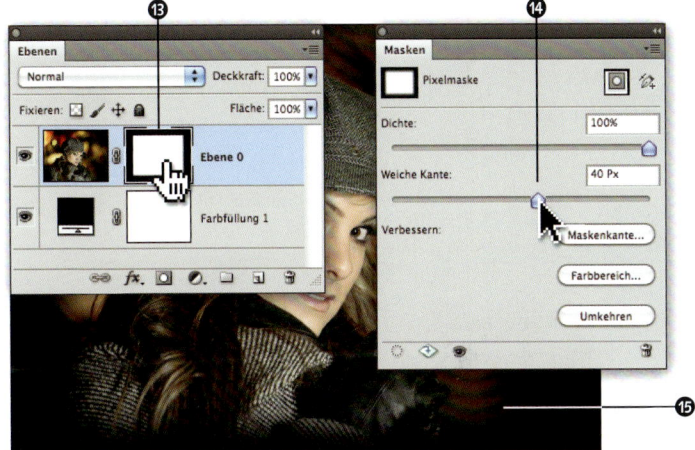

9 Zusatzfunktionen mit Ebenenmasken

Profi-Tipps: Klicken bei gedrückter ⌈Alt⌋-Taste auf die Maske ⓰ blendet das Bild aus, und die Ebenenmaske wird angezeigt; das hilft oft bei Detailarbeiten an Masken. ⓱ lädt die Maske als Auswahl (geht auch mit ⌈Strg⌋/⌈⌘⌋-Klick auf die Maske ⓰). ⓲ entfernt die Ebenenmaske und löscht die ausgeblendeten Pixel. ⓳ blendet die Maske aus und zeigt das ganze Bild, ohne dass durch die Maskierung Bereiche ausgeblendet sind (geht auch mit ⌈⇧⌋-Klick auf die Maske ⓰). ⓴ entfernt die Maske, ohne dass Pixel gelöscht werden.

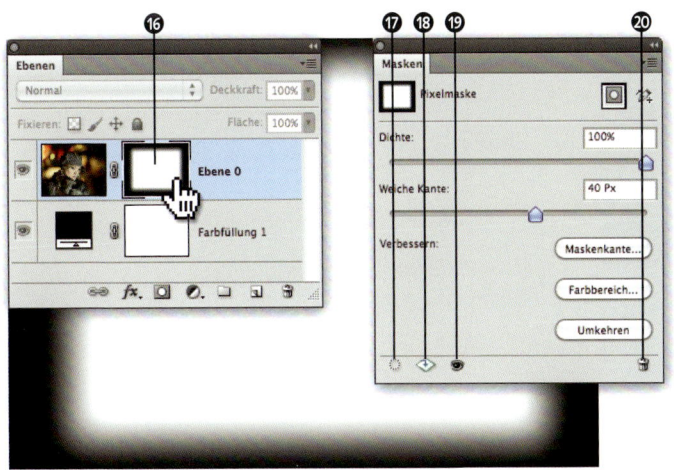

3 SCHWIERIGKEITSGRAD FÜR ÜBERFLIEGER

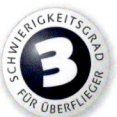

Ebenenmasken verbessern

Die hohe Schule des Freistellens führt über Ebenenmasken.

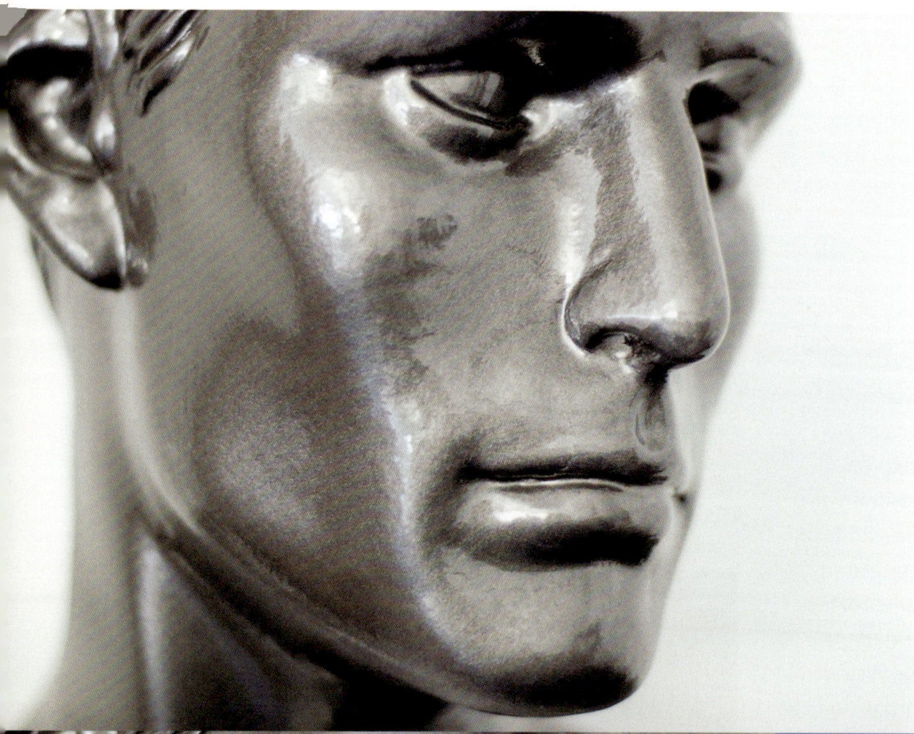

Ganz egal, was Ihnen vorschwebt – Sie können Ebenenmasken für fast jede Bildbearbeitung einsetzen. Ebenenmasken sind das Salz in der Bildbearbeitungsküche. Ob süß, sauer oder würzig – Salz gehört immer dazu. Und in Photoshop sind es diese Ebenenmasken, die dem Gestalter das Leben in fast jeder Bildbearbeitungssituation erleichtern. Dementsprechend häufig begegnen Sie Ihnen in diesem Buch. Hier lernen Sie die fortgeschrittenen Techniken im Umgang damit kennen.

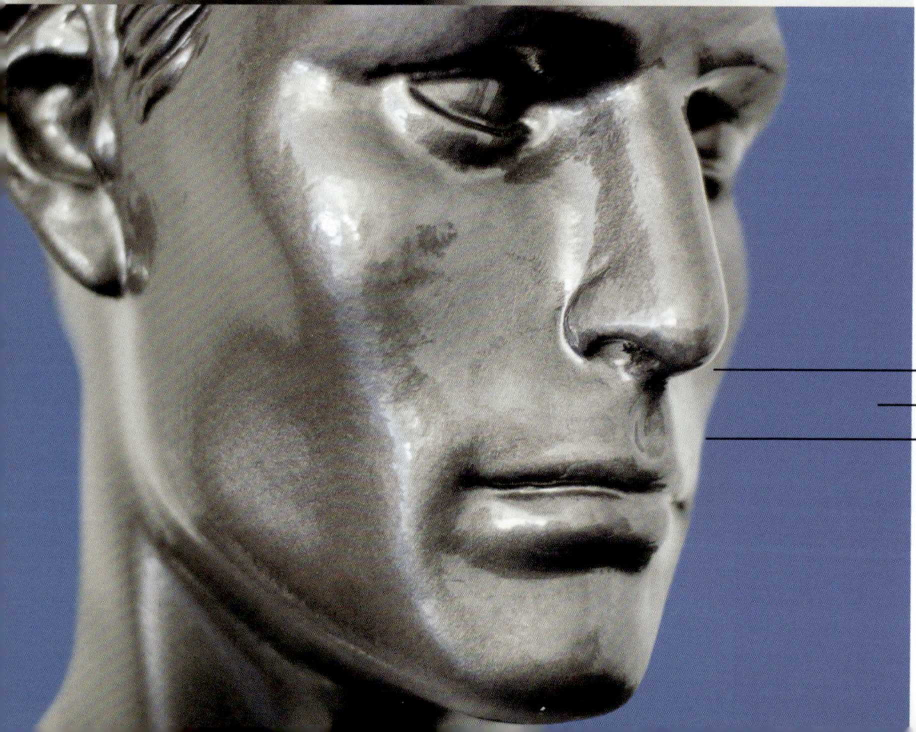

Zielsetzungen:

Kopf mit Maske freistellen

Farbfläche hinzufügen

Freisteller optimieren

[ebenenmaske.tif]

Foto: Markus Wäger

1   Schnelle Auswahl

Wandeln Sie als Erstes mit einem Doppelklick in der Palette EBENEN den HINTERGRUND ❷ in eine reguläre Ebene um.

Erstellen Sie mit dem SCHNELLAUSWAHL-WERKZEUG [icon] eine Auswahl der weißen Fläche im Hintergrund (❶ und ❺). Jene Bereiche, die Photoshop dabei zunächst zu viel auswählt ❹, können Sie bei gedrückter ⎡Alt⎤-Taste wieder aus der Auswahl herauspinseln ❸ (mehr über das SCHNELLAUSWAHLWERKZEUG ab Seite 164).

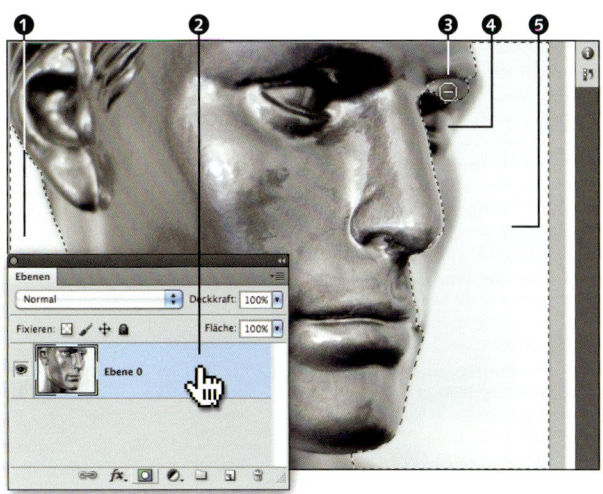

2   Maske erstellen und umkehren

Ist die Auswahl fertig, klicken Sie in der Palette EBENEN auf [icon], oder in MASKEN auf [icon] ❼. Da der Hintergrund ausgewählt war, ist nun dieser sichtbar und der Kopf ausgeblendet ❻ – die Auswahl hätte zuvor umgekehrt werden sollen. Sie können aber auch die Maske umkehren: BILD • KORREKTUREN • UMKEHREN (⎡Strg⎤/⌘ + ⎡I⎤) oder UMKEHREN ❽ in der Palette MASKEN.

Tipp: Mit ⎡Alt⎤-Klick auf [icon] oder [icon] wird die Auswahl direkt zur umgekehrten Maske.

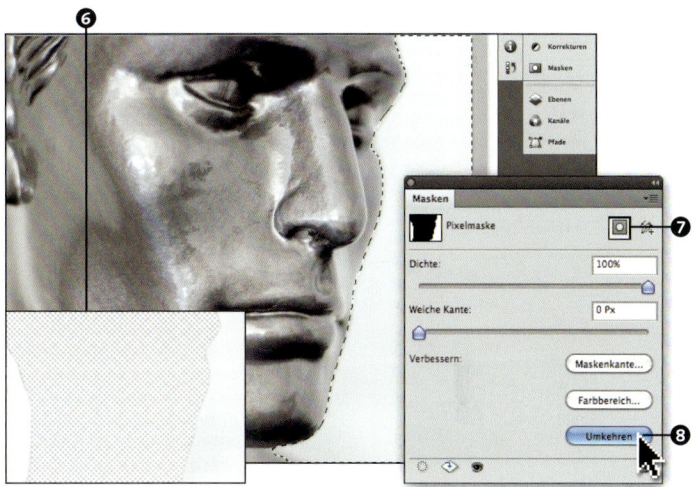

3   Farbfläche hinzufügen

Ich habe im nächsten Schritt eine Farbfläche hinzugefügt (siehe Schritt 6 auf Seite 174) und diese nach hinten gestellt (siehe Schritt 7 auf Seite 175). Wenn Sie dieselben Farbwerte verwenden wollen wie ich für dieses Beispiel: 70 Rot, 115 Grün und 176 Blau.

Leider fällt der Freisteller nicht sehr schön aus, da der Kopf in vielen Bereichen unscharf mit dem Hintergrund verschwimmt ❾.

Tipp: Um die Farben einer Füllebene nachträglich zu ändern, machen Sie einen Doppelklick auf die Miniatur der Ebene ❿.

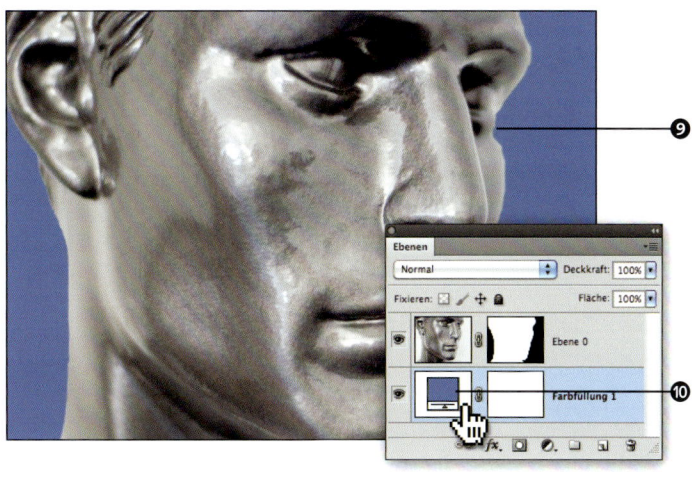

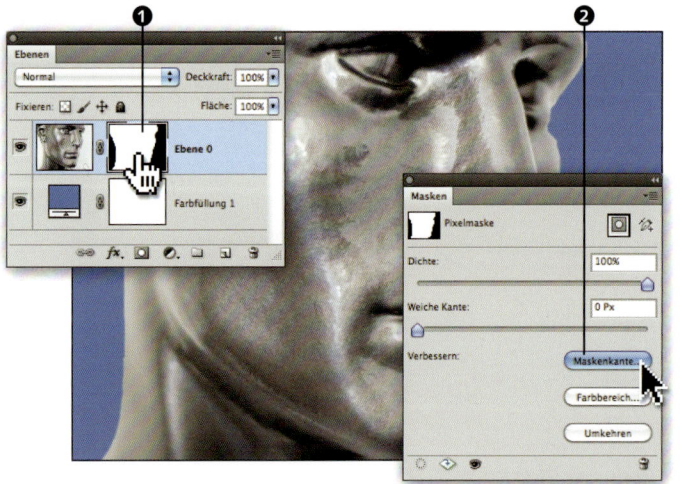

4 Ebenen anordnen und Maskenkante

Die Palette MASKEN bot schon in Photoshop CS4 eine beeindruckende Funktion, um Masken nachzubearbeiten. In CS5 wurde diese noch einmal deutlich verbessert. Aktivieren Sie zum Aufrufen dieser Funktion die Maske ❶ der Ebene des Kopfes, und klicken Sie in der Palette MASKEN auf MASKENKANTE ❷.

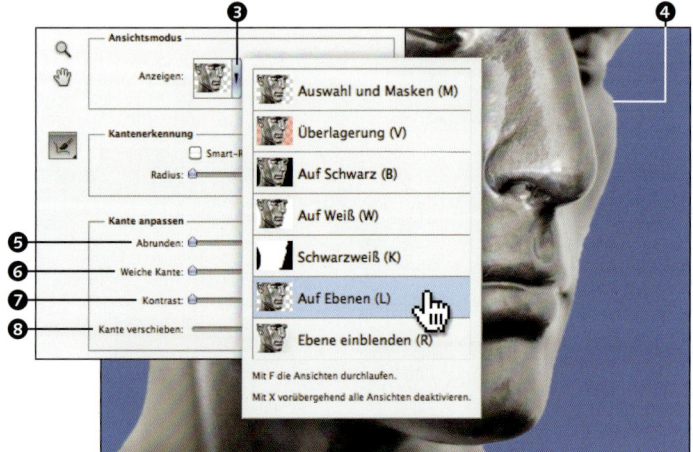

5 Verbessern der Maske

Wählen Sie ANZEIGEN ❸ • AUF EBENEN.

Die wichtigsten Optionen: ABRUNDEN ❺ – um *bucklige* Kanten ❹ zu straffen; WEICHE KANTE ❻ – macht harte Maskenkanten weich und ist notwendig, damit KANTE VERSCHIEBEN funktioniert; KANTE VERSCHIEBEN ❽ – Maske enger oder weiter um das freigestellte Objekt (nur in Kombination mit WEICHE KANTE); KONTRAST ❼ macht eine weiche Kante wieder härter – da für KANTE VERSCHIEBEN • WEICHE KANTE notwendig ist, kann sie hier anschließend wieder härter eingestellt werden.

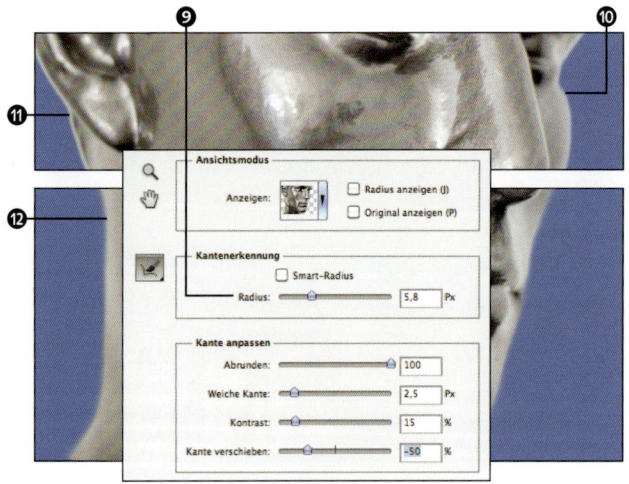

6 Einstellungen und Radius

Zuerst habe ich einen Ausgangswert für WEICHE KANTE gesucht und mit einem negativen Wert für KANTE VERSCHIEBEN die Kante enger an den Kopf gezogen; dadurch konnte ich solche Leuchtsäume ⓫ reduzieren ⓬. ABRUNDEN habe ich auf 100 gestellt, damit die unruhige Kante ❹ glatter wird ❿. Anschließend habe ich durch KONTRAST die Kante wieder etwas geschärft. Zuguterletzt habe ich den RADIUS ❾ (auch das beeinflusst, wie hart oder weich die Kante ausfällt) etwas erhöht, um zu sehen, ob das Ergebnis noch etwas besser wird.

7 Maske partiell verbessern

Jedes Bild ist anders, und so sind auch für jeden Freisteller mit Masken andere Einstellungen notwendig, um das Objekt optimal vom Hintergrund zu trennen. Auch wenn Photoshop mit CS5 ein RADIUS-VERBESSERN-WERKZEUG ![icon] erhalten hat, mit dem sich die Maskenkante partiell bearbeiten lässt, ziehe ich die Arbeit an der Maske mit einem Pinsel vor. Schließen Sie MASKE VERBESSERN. Die Maske bleibt weiterhin ausgewählt, was durch spitze Klammern ⓭ angezeigt wird. Aktivieren Sie das PINSEL-WERKZEUG ![icon].

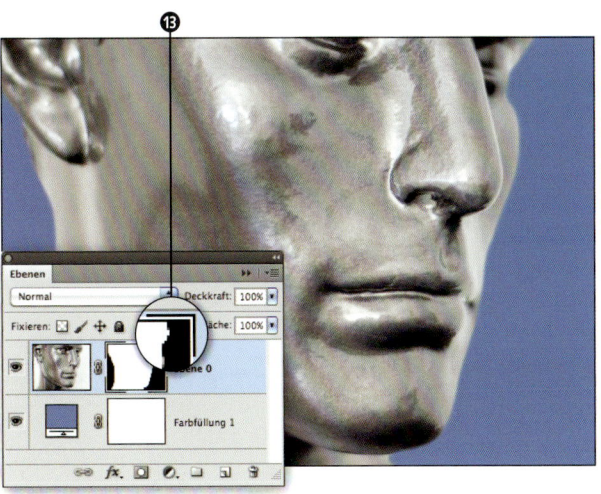

8 Maske mit dem Pinsel bearbeiten

Zuerst habe ich die VORDERGRUNDFARBE auf Weiß gestellt, um ein kleines Eck an der Stirn ⓮ wieder einzublenden. Dann habe ich die HÄRTE des Pinsels auf 0 %, die GRÖSSE auf 45 Pixel gesetzt (Pinsel einstellen siehe Seite 113 und Seite 125) und Schwarz zur VORDERGRUNDFARBE gemacht, um die Kante zu verbessern und unscharf zu machen ⓯ – je größer der Pinsel, desto weicher die Kante bei 0 % HÄRTE. Für gerade Kanten ⓰ verwende ich den Shift-Klick-Trick (siehe Schritt 9 Seite 129).

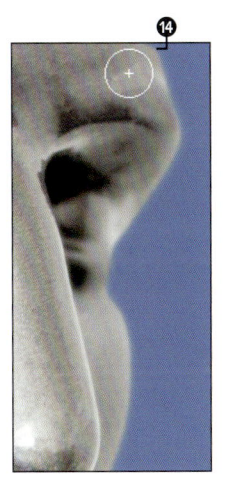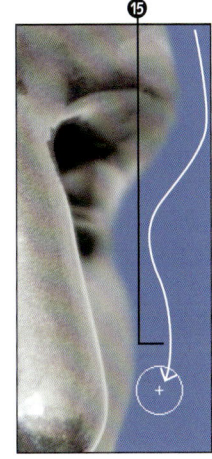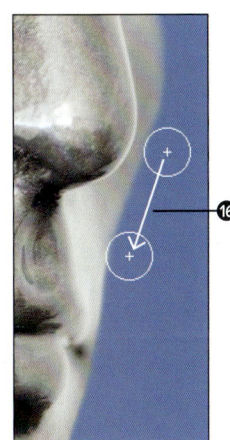

9 Pinsel variieren

In den meisten Fotos sind manche Bereiche scharf, andere unscharf. Ein glaubwürdiger Freisteller muss darauf eingehen. Wo das Bild etwas unscharf ⓲ ist, muss der Freisteller weich in den Hintergrund übergehen. Wo es scharf ist ⓳, muss eine scharfe Kante bestehen. Wo es sehr unscharf ist ⓴, muss der Übergang auch besonders weich sein. Hier ⓱ sehen Sie, wie die Maske der Ebene alleine aussieht. Sie wird angezeigt, wenn Sie bei gedrückter Alt-Taste auf die Ebenenmaske klicken (siehe Profi-Tipps Seite 175).

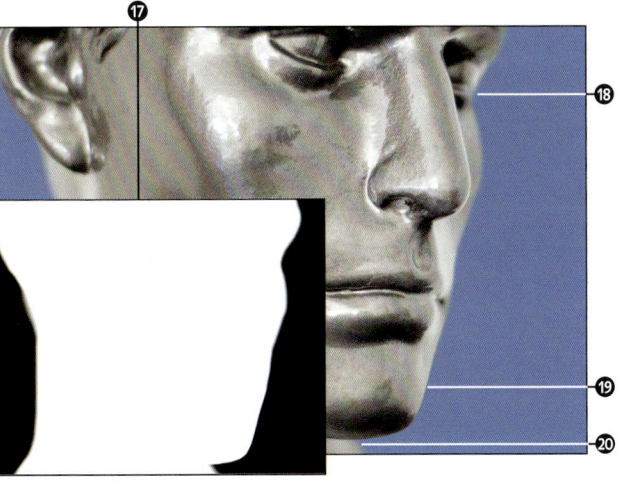

Schwierigkeitsgrad 2 – Für Aufsteiger

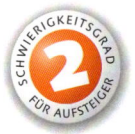

Einstellungsebene und Schnittmaske

Was wäre das eine ohne das andere?

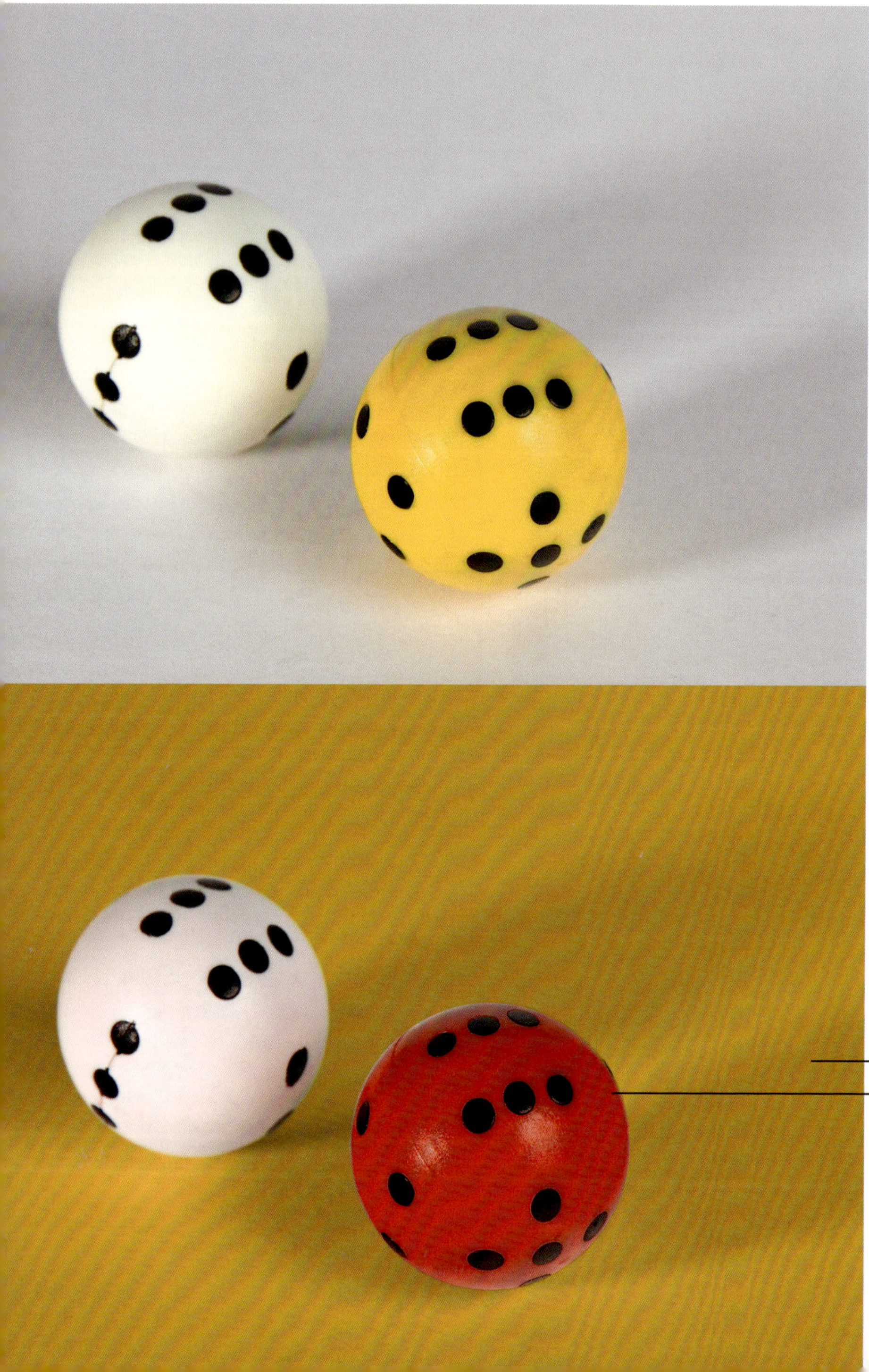

Eine Einstellungsebene ist wie eine Regenwolke. Alles was sich unter der Wolke befindet, wird vom Regen genässt. Flugzeuge, die darüber hinwegfliegen, bleiben trocken.
Alle Ebenen, die sich unter einer Einstellungsebene befinden – egal, ob Schwarzweiß-, Farbton/Sättigung- oder eine andere Korrektur mittels Einstellungsebene –, werden von ihr verändert (zumindest sofern Sie keine Ebenenmaske einsetzen). Ebenen, die sich in der Palette Ebenen über einer Einstellungsebene befinden, bleiben hingegen unverändert. Möchten Sie, dass eine Einstellungsebene nur auf die Ebene direkt darunter wirkt, können Sie eine Schnittmaske erstellen (das geht schneller, als mit einer Maske zu arbeiten). Wie das geht, erfahren Sie hier.

Zielsetzungen:
Hintergrund umfärben
Würfel umfärben
[schnittmaske.tif]

1   Hintergrundebene duplizieren

Duplizieren Sie die Ebene »Hintergrund«, indem Sie sie auf ![icon] ziehen (oder mit rechts auf die Ebene klicken und aus dem Kontextmenü EBENE DUPLIZIEREN wählen oder das Tastaturkürzel ⎡Strg⎤/⌘ + ⎡J⎤ eingeben). Aktivieren Sie dann das AUSWAHLELLIPSE-WERKZEUG ![icon], um den gelben Würfel auszuwählen. Zwei Methoden, wie Sie eine *runde Sache* auswählen können, haben Sie bereits ab Seite 148 und in den Schritten 5 und 6 auf Seite 155 kennengelernt.

2   Maske erstellen und zweite Auswahl

Wandeln Sie die Auswahl in eine Maske um, indem Sie auf EBENENMASKE HINZUFÜGEN ![icon] ❷ klicken. Erstellen Sie anschließend eine Auswahl um den zweiten *Würfel* ❶.

   Im vorangegangenen Workshop haben Sie gelernt, dass sich die Kantenschärfe einer Maske an der Schärfe der Abbildung in diesem Bereich orientieren muss. Der weiße Würfel ist unschärfer als der gelbe. Rufen Sie in der OPTIONEN-Palette den Dialog KANTE VERBESSERN ❸ auf, um die Auswahl dieser Unschärfe anzupassen.

3   Kante verbessern

Der Dialog KANTE VERBESSERN sieht wie der Dialog MASKE VERBESSERN aus, und die Arbeitsweise ist auch praktisch gleich, nur, dass sie hier eine Auswahl bearbeiten und dort eine Maske. ANZEIGEN ❹ habe ich auf ÜBERLAGERUNG eingestellt. Dadurch erscheint der maskierte Bereich in halbtransparentem Rot. Die WEICHE KANTE ❺ hat hier 3 Pixel – diesen Wert können Sie zum Durcharbeiten mit dem Beispielbild übernehmen; für KANTE VERSCHIEBEN ❻ werden Sie aber sicher einen zu *Ihrer* Auswahl passenden Wert brauchen.

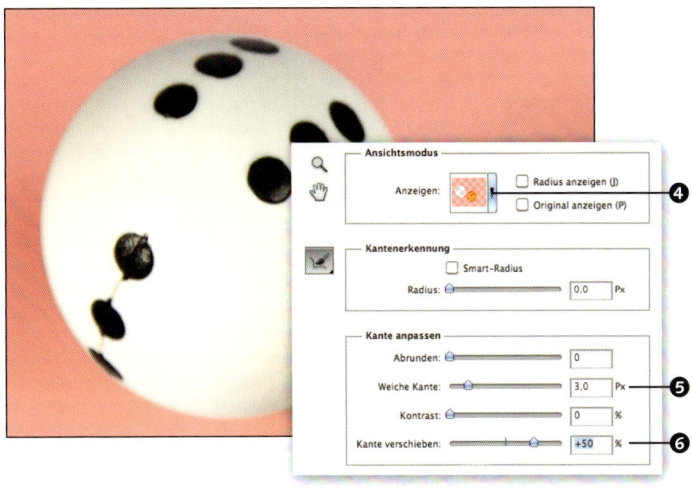

4 Fläche in der Maske füllen

Schließen Sie KANTE VERBESSERN mit OK. Die Maske sollte noch immer aktiv sein (zur Erinnerung: das ist an den spitzen Klammern an den Ecken der Maske erkennbar). Nun wollen wir in der Ebenenmaske den ausgewählten Bereich ❶ mit Weiß füllen ❷ (damit der weiße Würfel auf dieser Ebene wieder sichtbar wird). Machen Sie also Weiß zur VORDERGRUNDFARBE und füllen Sie die Auswahl über Alt + ← damit (siehe auch Schritt 3 auf Seite 37).

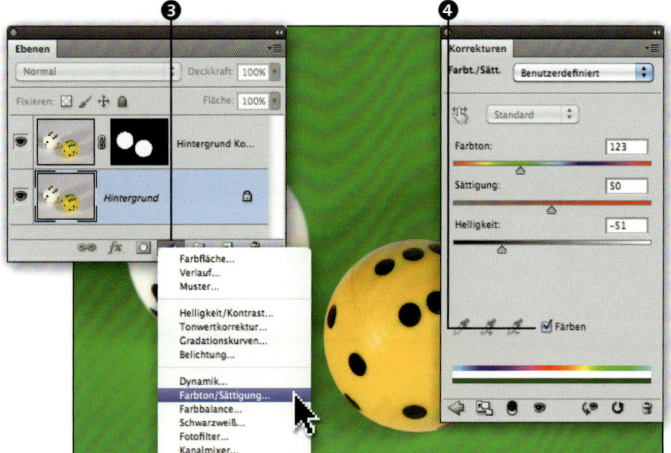

5 Hintergrund färben

Zum Färben des Hintergrunds (bzw. der Ebene »Hintergrund«) klicken Sie an der Palette EBENEN auf NEUE FÜLL- ODER EINSTELLUNGSEBENE ERSTELLEN ❸ und wählen FARBTON/SÄTTIGUNG. Nun kann in der Palette KORREKTUREN die Option FÄRBEN ❹ aktiviert werden, und Sie können die Fläche darunter beliebig einfärben. Damit die Farbe kräftig ausfällt, muss HELLIGKEIT mit einem negativen Wert eingestellt werden. Über FARBTON steuern Sie dann die Farbe selbst. SÄTTIGUNG bestimmt, ob die Farbe matt oder leuchtend ausfällt.

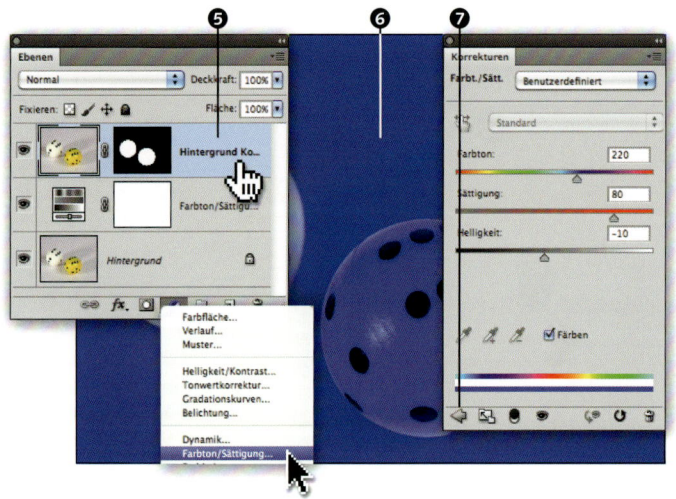

6 Würfel färben

Um die Farbe der Würfel zu ändern, aktivieren Sie die oberste Ebene ❺, auf der sich die Kopie der Würfel, durch die Maske freigestellt, befindet, und wählen Sie neuerlich FARBTON/SÄTTIGUNG (oder klicken Sie an der Palette KORREKTUREN auf zu KORREKTURLISTE ZURÜCKKEHREN ❼ und anschließend auf die Schaltfläche). Aktivieren Sie auch für diese Einstellungsebene FÄRBEN, und verändern Sie die Farbe nach Ihren Vorstellungen. Da Einstellungsebenen immer auf alle Ebenen darunter wirken, wird auch der Hintergrund ❻ umgefärbt.

7 Schnittmaske erstellen

Damit die neue Einstellungsebene nur auf die
Ebene direkt darunter wirkt, müssen wir sie in
eine Schnittmaske umwandeln. Das geht mit
einem Rechtsklick auf die Einstellungsebene
und das Kontextmenü oder seit CS4 über die
Palette KORREKTUREN 👁 ❽. Die Einstellungsebene wird etwas nach rechts eingerückt, und
ein geknickter Pfeil ❾ zeigt an, dass die Einstellungsebene nur auf der Ebene direkt darunter sichtbar ist.

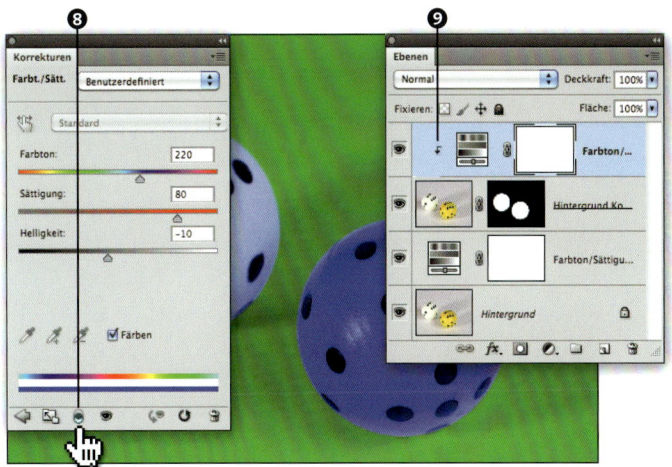

8 Korrekturen ändern

Wenn Sie das Ergebnis sehen und nicht ganz
damit zufrieden sind, dann bietet Ihnen die
nicht-destruktive Bildbearbeitung mittels Einstellungsebenen jederzeit die Möglichkeit,
alles wieder zu verändern. Klicken Sie auf die
FARBTON/SÄTTIGUNG-Einstellungsebene ❿ für
den Hintergrund, und ändern Sie die Einstellungen in der Palette KORREKTUREN.

   Tipp: Wenn die Palette KORREKUREN gerade
nicht sichtbar ist, können Sie sie mit einem
Doppelklick auf die Miniatur der Einstellungsebene ❿ aufrufen.

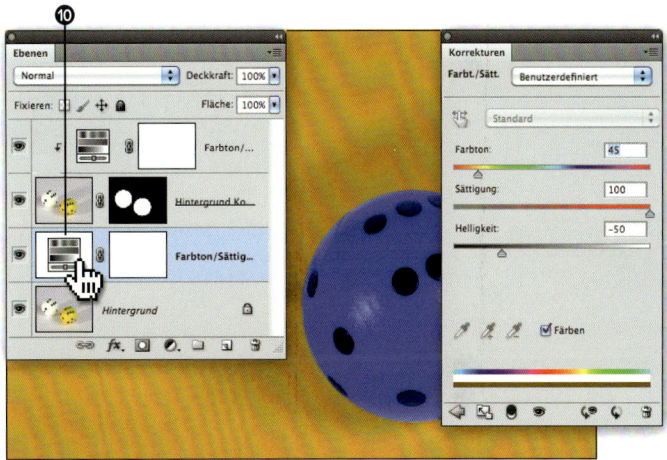

9 Korrekturen ändern II

Um auch die Würfel noch einmal zu ändern,
habe ich die obere Einstellungsebene ⓫ aktiviert, FÄRBEN ⓭ deaktiviert, und im Menü für
den Farbbereich GELBTÖNE ⓬ gewählt. Dadurch kann ich den gelben Würfel praktisch
unabhängig vom weißen verändern.

   Das Ergebnis ist nicht perfekt, denn im weißen Würfel müsste das Orange des Hintergrunds reflektieren, und der rote Würfel
müsste Reflexe auf den Hintergrund werfen.
Doch um den Rahmen des Workshops nicht
zu sprengen, wollen wir es dabei belassen.

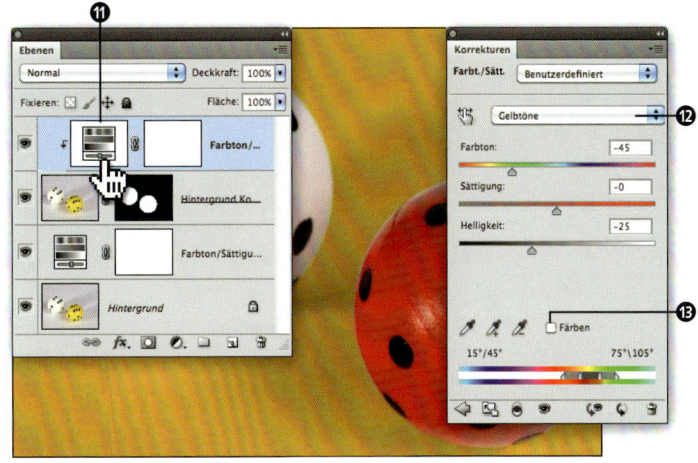

Pfad & Text

Photoshop ist der König der Pixel.
Neben der Welt der Pixelgrafik gibt es
aber auch die sogenannte Vektorgrafik.
Vektorgrafiken sind nicht als Pixel-Mosaik
aufgebaut, sondern als geometrische,
mathematisch beschriebene Objekte.
Vektorobjekte kann man sich wie Sche-
renschnitte vorstellen. In Vektorprogram-
men werden solche Objekte übereinan-
dergelegt, wodurch sich charakteristische
Grafiken erstellen lassen. Ähnliches mit
Photoshop zu versuchen, wäre äußerst
umständlich bis unmöglich. Doch ein
Hauch von Vektorgrafik gibt es in Form
von Pfaden und Formebenen auch in
Photoshop. Und Text ist die kongeniale
Beilage für dieses Kapitel. Schließlich sind
Schriften ja nichts anderes als Samm-
lungen kleiner Vektorgrafiken.

Foto: Markus Wäger

Pfad & Text

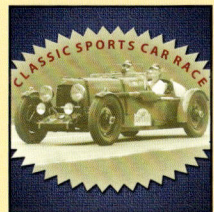

Beschneidungspfad

Weil es sicherer ist, wenn man die Arbeit sichern kann.

Moderne Layoutprogramme wie Adobe InDesign oder QuarkXPress sind seit Langem in der Lage, das, was in Photoshop transparent oder halbtransparent dargestellt wird, genau so in ein Layout zu übernehmen. Das war nicht immer so. Früher war die einzige Möglichkeit, ein Motiv freigestellt zu übernehmen, in Photoshop einen Pfad um das Objekt zu zeichnen und diesen als Beschneidungspfad zu definieren. Das heißt aber nicht, dass Freistellungspfade ausgedient haben. Sie stellen noch immer eine gute Möglichkeit dar, ein Objekt, zum Beispiel eine Produktaufnahme, vom Hintergrund getrennt in das Layoutprogramm zu bekommen. Hier lernen Sie, wie dabei vorzugehen ist.

Zielsetzung:

Objekt für die Anwendung im Layoutprogramm vor farbigem Hintergrund freistellen

[beschneidungspfad.tif]

1 Zeichenstift-Werkzeug

Aktivieren Sie das ZEICHENSTIFT-WERKZEUG ![Symbol], und stellen Sie in der Palette OPTIONEN auf PFADE ❶. Ich aktiviere außerdem gerne GUMMIBAND ❹, wodurch Pfade schon sichtbar sind, bevor sie gesetzt werden ❸. Setzen Sie mit einem Klick einen Ankerpunkt ❷ an die Begrenzung des freizustellenden Objekts. Wenn für das Werkzeug AUTOM. HINZUF./LÖSCHEN ❺ aktiviert ist, können Sie den Pfad jederzeit um weitere Ankerpunkte ergänzen oder welche löschen, ohne das Werkzeug auf ![Symbol] oder ![Symbol] umstellen zu müssen.

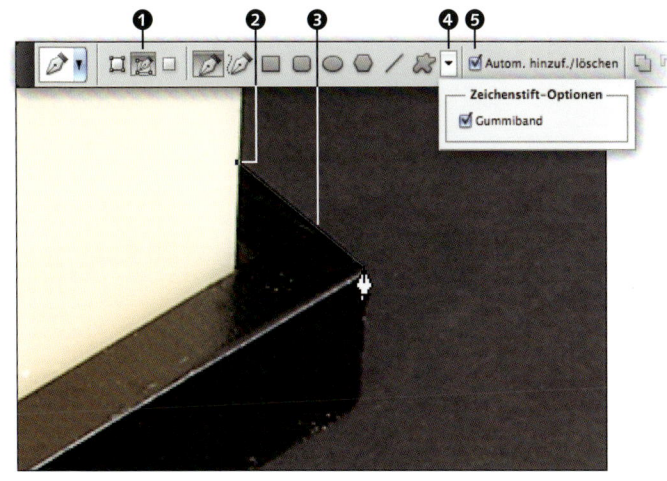

2 Weitere Ankerpunkte setzen

Setzen sie nun Klick für Klick weitere Ankerpunkte ❻. Wenn Sie auf diese Art mit dem Zeichenstift arbeiten, indem Sie lauter Geraden zeichnen, funktioniert es im Grunde nicht anders, als würden Sie mit dem POLYGON-LASSO-WERKZEUG ![Symbol] eine Auswahl erstellen (siehe Seite 166). Allerdings können Sie hier nicht durch Drücken der ←-Taste den letzten Ankerpunkt löschen, sondern müssen Strg/⌘ + Z nutzen.

3 Pfad wiederaufnehmen

Wird die Ausführung eines Pfades vor der Fertigstellung unterbrochen, muss die Arbeit daran erst wiederaufgenommen werden. Der Pfad ❼ wird zwar angezeigt, nicht aber die Ankerpunkte ❾ (vergleiche mit ❻). Aktivieren Sie dazu das DIREKTAUSWAHL-WERKZEUG ![Symbol], und klicken Sie auf den Pfad ❽, um ihn auszuwählen (durch Halten von Strg/⌘ wird temporär von ![Symbol] auf ![Symbol] gewechselt). Klicken Sie dann mit dem Zeichenstift auf den letzten Ankerpunkt ❿, um die Arbeit am Pfad wiederaufzunehmen.

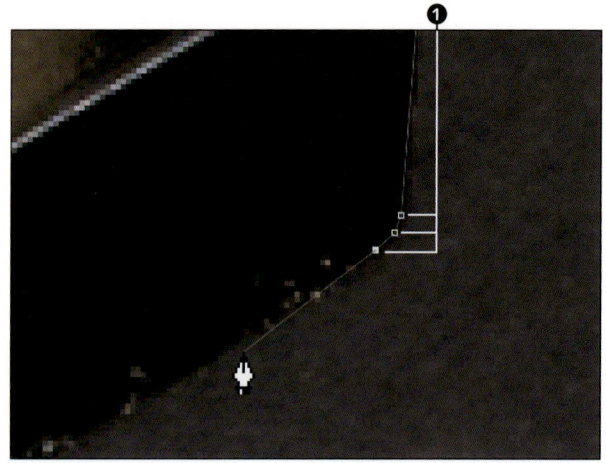

4 Rundungen

Rundungen werden nachgezeichnet, indem man mehrere Ankerpunkte kurz aufeinanderfolgend aneinandersetzt ❶. Theoretisch ergeben sich dadurch leichte Brüche (Ecken) in der Rundung, doch in der Praxis sind diese in einem Pixelbild nicht sichtbar, sofern die Ankerpunkte dicht genug aufeinanderliegen. Mit dem POLYGON-LASSO-WERKZEUG 🔽 würde man nicht anders arbeiten. Im nächsten Workshop lernen Sie allerdings auch, wie man Rundungen wirklich rund nachzeichnet.

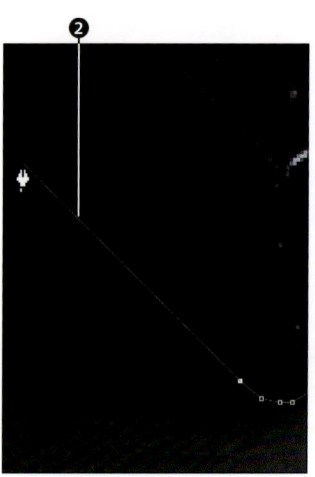

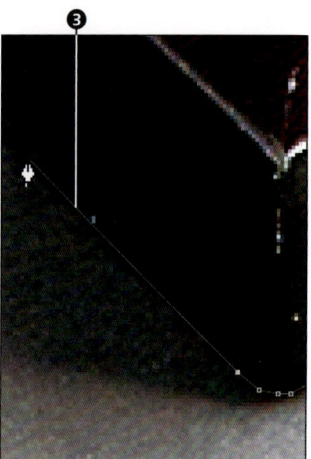

5 Unsichtbare Grenzen sichtbar machen

Profi-Tipp: Es kommt gelegentlich vor, dass die Grenzen eines Objekts kaum erkennbar sind ❷. In so einem Fall können Sie vor Beginn der Arbeit am Pfad eine TONWERTKORREKTUR-Einstellungsebene mit einer extremen Aufhellung erstellen, um die Begrenzung ❸ besser zu sehen, und diese nach Abschluss wieder löschen. Wie das geht, ist in den Schritten 2 und 3 auf Seite 137 beschrieben.

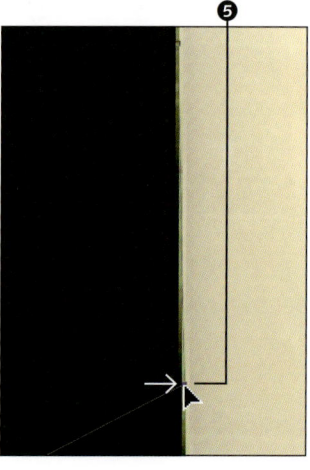

6 Ankerpunkt versetzen

Entdecken Sie während der Arbeit an einem Pfad, dass ein Ankerpunkt nicht genau dort sitzt, wo er sitzen sollten, aktivieren Sie das DIREKTAUSWAHL-WERKZEUG �▶ ❹. Zur Erinnerung: Durch Halten von (Strg)/(⌘) können Sie temporär dazu wechseln. Verschieben Sie damit den Ankerpunkt an die gewünschte Stelle ❺. Wenn Sie (Strg)/(⌘) wieder loslassen, sind Sie wieder beim Zeichenstift 🖊.

7 Pfad schließen

Damit ein Freistellungspfad funktionieren kann oder sich aus dem Pfad eine vernünftige Auswahl erstellen lässt, ist es wichtig, dass er rundum geschlossen ist. Es ist also wichtig, dass Sie die Arbeit daran nach einer Unterbrechung immer korrekt wiederaufnehmen, so wie in Schritt 3 beschrieben.

Am Ende kehren Sie zurück zum ersten Ankerpunkt, den Sie gesetzt haben – sobald Sie mit dem Mauszeiger darauf zeigen, erscheint ein kleiner Kreis **6** –, und schließen den Pfad, indem Sie daraufklicken.

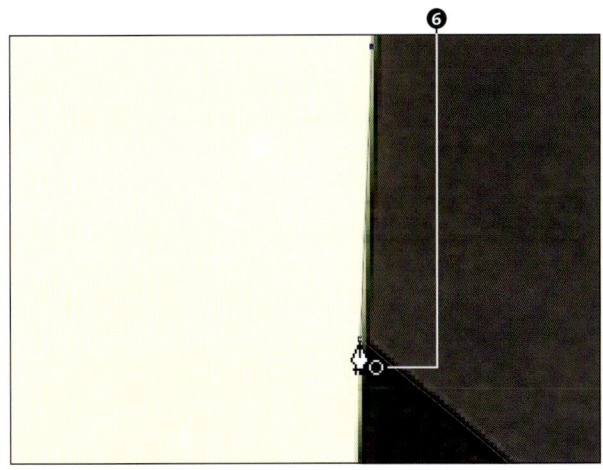

8 Vorteile von Pfaden

Wann immer Sie [Strg]/[⌘] + [S] drücken, wird das Bild samt Pfad gespeichert. Wenn Ihnen nicht gerade der Computer abbrennt, können Sie den Pfad nicht verlieren, denn er wird permanent in der Palette PFADE gespeichert. Erstellen Sie hingegen eine Auswahl mit dem Polygon-Lasso, und der Computer stürzt ab (der Strom könnte ja ausfallen), dann ist die Auswahl weg, und Sie müssen von vorne beginnen. Nach Abschluss des Pfades lassen sich die Ankerpunkte mit dem DIREKTAUS-WAHL-WERKZEUG verschieben.

9 Beschneidungspfad erstellen

Um den Pfad in einem Layoutprogramm als Freisteller zu nutzen, wandelt man ihn am besten in einen Beschneidungspfad um. Öffnen Sie dazu die Palette PFADE, rufen Sie mit einem Doppelklick auf ARBEITSPFAD **7** den Dialog PFAD SPEICHERN auf, und benennen Sie ihn **8**. Bestätigen Sie mit OK, öffnen Sie über das Palettenmenü **9** den Dialog BESCHNEI-DUNGSPFAD **10** und wählen Sie den zuvor gespeicherten Pfad aus dem Menü PFAD **11**. Nachdem Sie mit OK bestätigt haben, ist der Beschneidungspfad fertig.

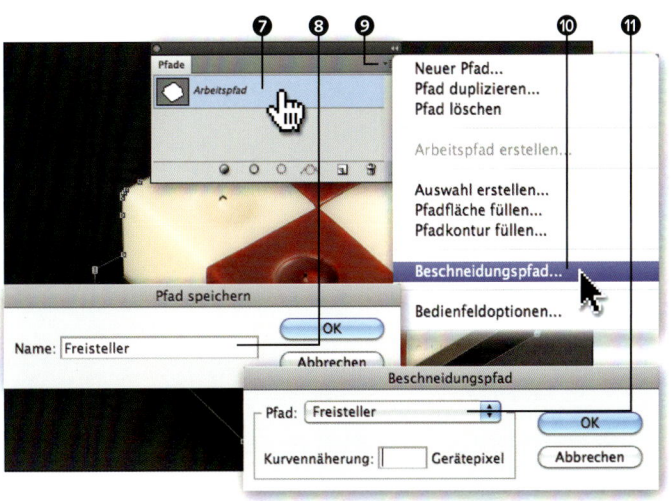

SCHWIERIGKEITSGRAD 2 FÜR AUFSTEIGER

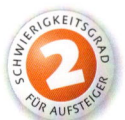

Runde Pfade zeichnen

Wenn der Freisteller eine runde Sache werden soll.

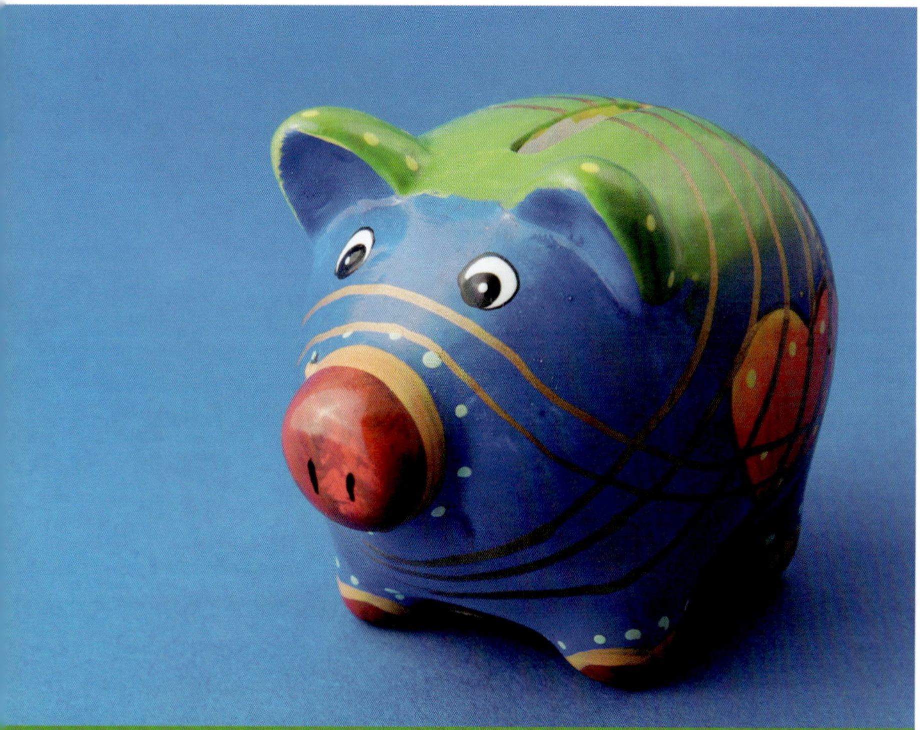

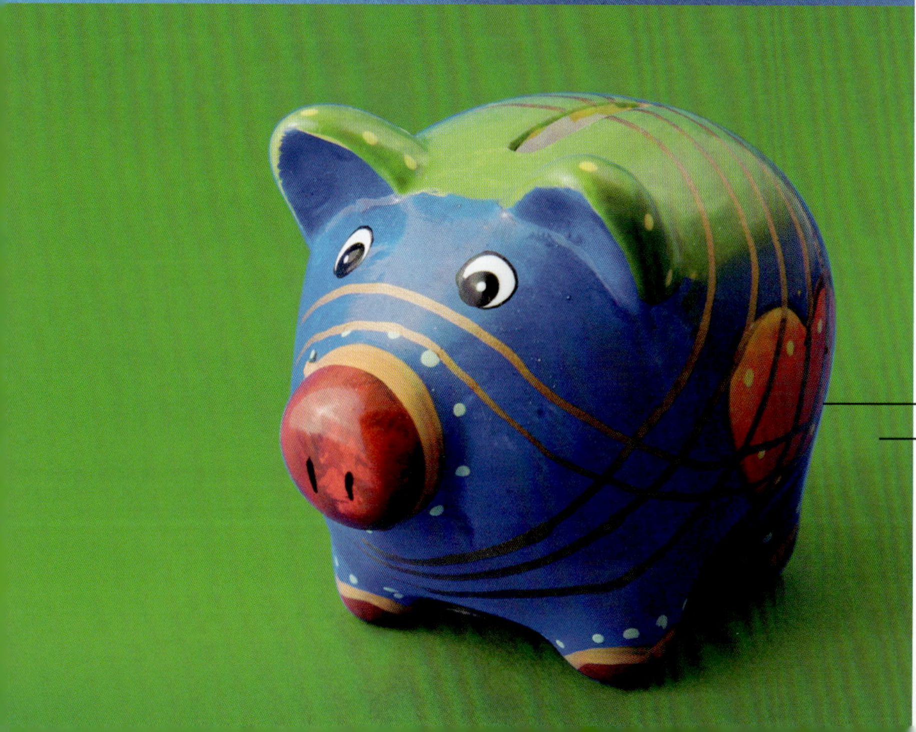

Ich arbeite oft mit Pfaden, um am Ende eine Auswahl erstellen zu können. Zum einen können Sie mit keinem Werkzeug schneller ein Objekt freistellen, das rundliche Formen hat und bei dem Zauberstab und Schnellauswahl versagen. Zum anderen empfiehlt sich das Pfadwerkzeug aber auch immer dann, wenn eine Auswahl sehr komplex wird und das Erstellen der Auswahl viel Zeit in Anspruch nimmt. Stellen Sie sich einen Dreimaster mit vollen, weißen Segeln vor einem blassgrauweißen Himmel vor. Erstellen Sie eine solche Auswahl niemals mit dem Lasso. Wenn Sie damit nach einer halben Stunde einen falschen Klick setzen, dann ist die Auswahl wahrscheinlich verbockt. Dann heißt es v. v. (von vorne). Mit dem Zeichenstift können Sie jederzeit sichern und sich eine Pause gönnen.

Zielsetzungen:
Objekt freistellen
Hintergrund umfärben
[kurvenpfad.jpg]

Foto: Pascal Reis

1 Kurven richtig anlegen

Ich habe mit dem ZEICHENSTIFT-WERKZEUG den ersten Ankerpunkt ❶ mit einem Klick dort angesetzt, wo der Geldschlitz sitzt. Für einen Pfad mit Kurven sollte man so viele Ankerpunkte wie notwendig, aber *so wenige wie möglich setzen*. Eine Rundung wie hier ❷ lässt sich mit einer einzigen Kurve ziehen. Die Rundung erzeugen Sie, indem Sie den neuen Ankerpunkt ❸ nicht mit einem Klick setzen, sondern die Maustaste drücken und ziehen, um eine sogenannte Tangente ❹ zu erstellen, die den Kurvenverlauf steuert.

2 Winkel und Länge der Tangenten

Der Trick beim Erstellen von Kurven ist, sich anzusehen, welchen Winkel die letzten Millimeter der Kurve vor dem Ankerpunkt aufweisen. Hier ❺ ist es fast senkrecht, aber nicht ganz. In diesem Winkel ziehe ich die Tangente ❻ aus dem Ankerpunkt hervor. Den Verlauf der Kurve ❹ steuern Sie weniger, indem Sie den Winkel verändern, sondern primär durch die Länge der Tangente.

3 Kurven passen oft nicht auf Anhieb

Als ich den nächsten Ankerpunkt ❼ setze, stellt sich heraus, dass, trotz des eben beschriebenen Kniffs, das zweite Kurvensegment ❽ nicht so verläuft, wie es sollte. Mithilfe der neuen Tangente ⓫ kann ich das aber nicht ändern, denn verantwortlich dafür ist, dass die vorangegangene Tangente ❿ zu lang ist. Hätte ich diese zuvor kürzer ziehen sollen? Nein, denn dann hätte ja das erste Kurvensegment ❾ nicht gepasst. Nachträglich können Sie aber noch Korrekturen vornehmen.

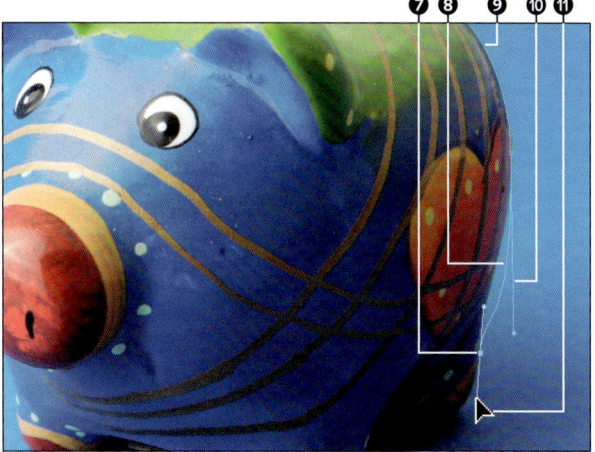

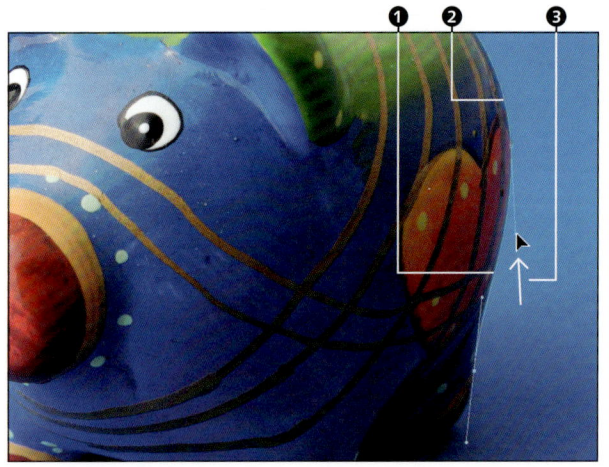

4   Kurvenverlauf korrigieren

Wie Sie gelernt haben, ist es ein Vorteil des Zeichenstifts, dass Sie den Verlauf der Pfade jederzeit korrigieren können. Den falschen Verlauf des eben erstellten Pfadsegments können Sie nach Abschluss des Pfades korrigieren, oder jetzt gleich, indem Sie durch Halten der Strg/⌘-Taste vorübergehend das Direktauswahl-Werkzeug aufrufen und damit die vorherige Tangente näher zum Ankerpunkt zurückschieben ❸, bis der falsche Verlauf korrigiert ist ❶. Behalten Sie dabei aber den Verlauf des ersten Segments ❷ im Auge.

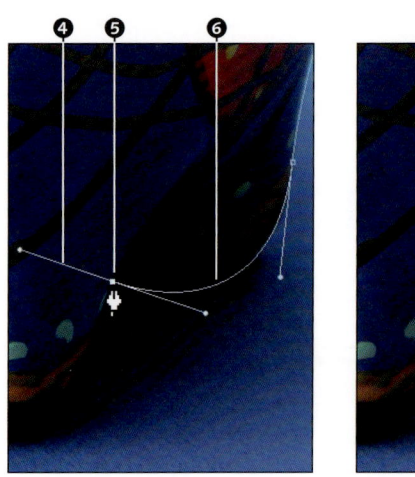
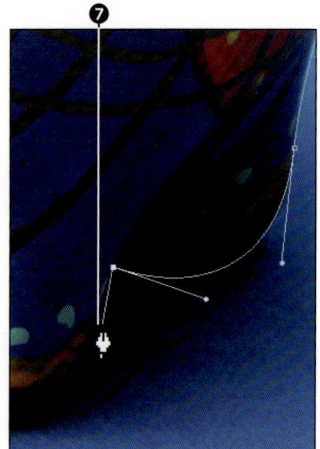

5   Ausgehende Tangenten löschen

Den folgenden Ankerpunkt ❺ habe ich an die Ecke gesetzt, wo sich Vorder- und Hinterhaxe treffen. Auch hier war es notwendig, eine Tangente aus dem Ankerpunkt zu ziehen, um den Verlauf der Kurve ❻ zu steuern. Dadurch entsteht aber eine Tangente ❹, die den weiteren Kurvenverlauf in den Körper hineinziehen würde. Um solche ausgehenden Tangen zu löschen, klicken Sie bei gedrückter Alt-Taste auf den Ankerpunkt ❺. Die ausgehende Tangente wird gelöscht, und Sie können den Pfad am Ankerpunkt geknickt fortsetzen ❼.

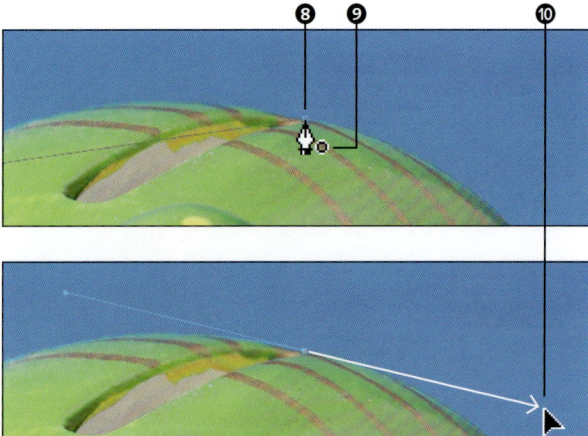

6   Pfad schließen

Um einen Pfad korrekt abzuschließen, müssen Sie am Ende immer zurück zum Anfangspunkt ❽. Wenn Sie mit dem Zeichenstift daraufzeigen, wird ein kleiner Kreis ❾ angezeigt, um zu signalisieren, dass Sie den Pfad schließen können. Auch hier ist es notwendig, eine Tangente ❿ aus dem Ankerpunkt zu ziehen, um den Verlauf des letzten Kurvensegments zu steuern.

7 Übergänge in Ecken umwandeln

Es gibt drei Arten von Ankerpunkten: Eck-punkte ohne Tangenten, Übergangspunkte mit gegenläufig in einer Geraden durchge-henden Tangenten und *gebrochene* Anker-punkte mit Tangenten, die sich unabhängig verändern lassen. Möchten Sie eine Tangente unabhängig vom *Gegenspieler* bearbeiten, ak-tivieren Sie das PUNKT-UMWANDELN-WERKZEUG 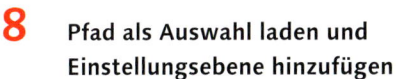. Damit wandeln Sie den Übergangspunkt in einen gebrochenen Ankerpunkt um und können eine Tangente ❶ verschieben ❸, ohne dass sich der Gegenspieler ❷ mit verändert.

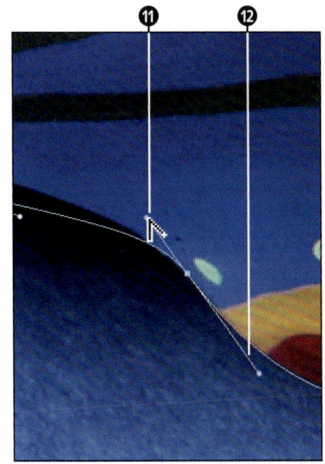
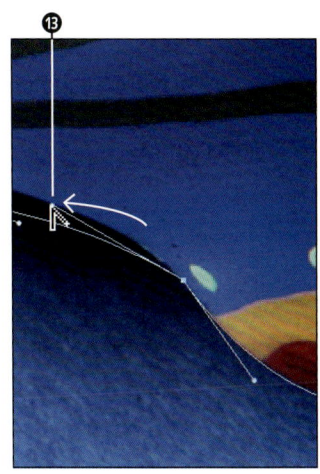

8 Pfad als Auswahl laden und Einstellungsebene hinzufügen

Ist der Pfad fertig, öffnen Sie die Palette PFA-DE und laden ihn über PFAD ALS AUSWAHL LADEN ❶ als Auswahl ❶ (oder klicken Sie mit Strg/⌘ auf die Pfad-Miniatur ❶). Erstellen Sie dann über die Palette KORREKTUREN eine FARBTON/SÄTTIGUNG-Einstellungsebene ⬛, und aktivieren Sie FÄRBEN ❶.

Da das Schwein, nicht der Hintergrund aus-gewählt war, wird das Schwein gefärbt ❶. Die Maske muss also noch umgekehrt werden.

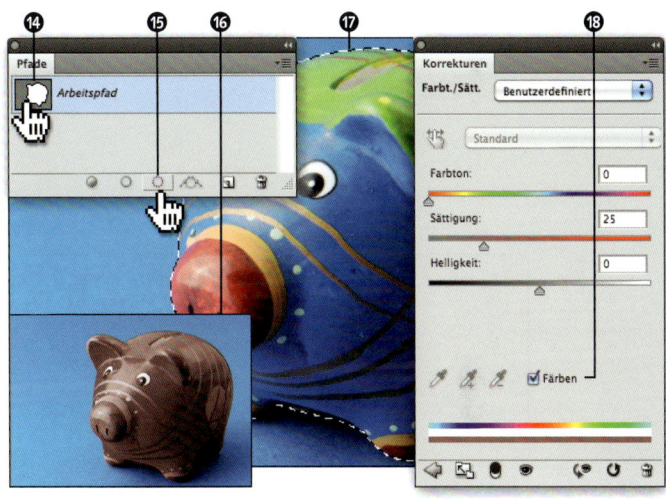

9 Maske umkehren und Maskenkante

Klicken Sie zum Umkehren der Maske auf UMKEHREN ❶ in der Palette MASKEN (oder wählen Sie im Menü BILD • KORREKTUREN • UMKEHREN bzw. Strg/⌘ + I). Nun ist die Maske richtig, und Sie können in der Palette KORREKTUREN die Einstellungen für FARBTON, SÄTTIGUNG und HELLIGKEIT nach Ihren Vorstel-lungen vornehmen ❶. Da die Kante der Mas-ke noch zu hart ist, habe ich über die Schalt-fläche MASKENKANTE ❷ und den Dialog MASKE VERBESSERN noch ein paar Korrekturen vorge-nommen (siehe auch Schritte 5 und 6 Seite 178).

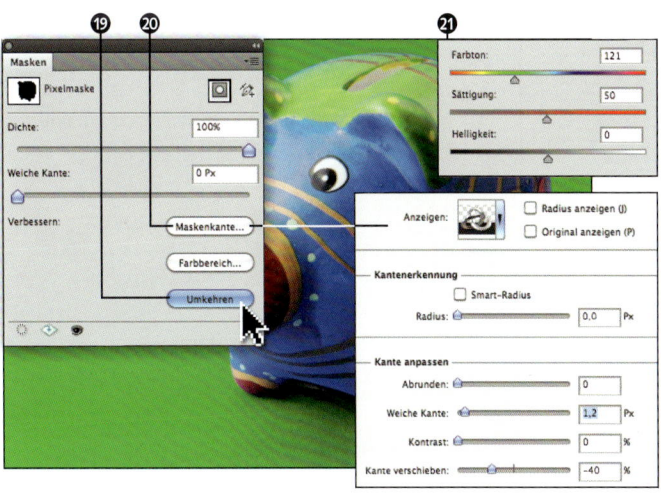

Formebenen

Simpel und flexibel

Formebenen sind nicht unbedingt geeignet, aufwändige Formen zu gestalten. Sie sind zuweilen recht störrisch, wenn es darum geht, Details an der Form zu verändern. Bei einfachen Formen haben sie jedoch Vorteile. Vor allem sind sie auflösungsunabhängig. Das heißt, Sie können sie jederzeit vergrößern und verkleinern, ohne dabei irgendeine Qualitätsverschlechterung in Kauf nehmen zu müssen. Hier zeige ich Ihnen, wie Sie damit Monster zum Sprechen bringen.

Zielsetzung:
Dem Bild eine Sprechblase hinzufügen ——————————
[formebene.tif]

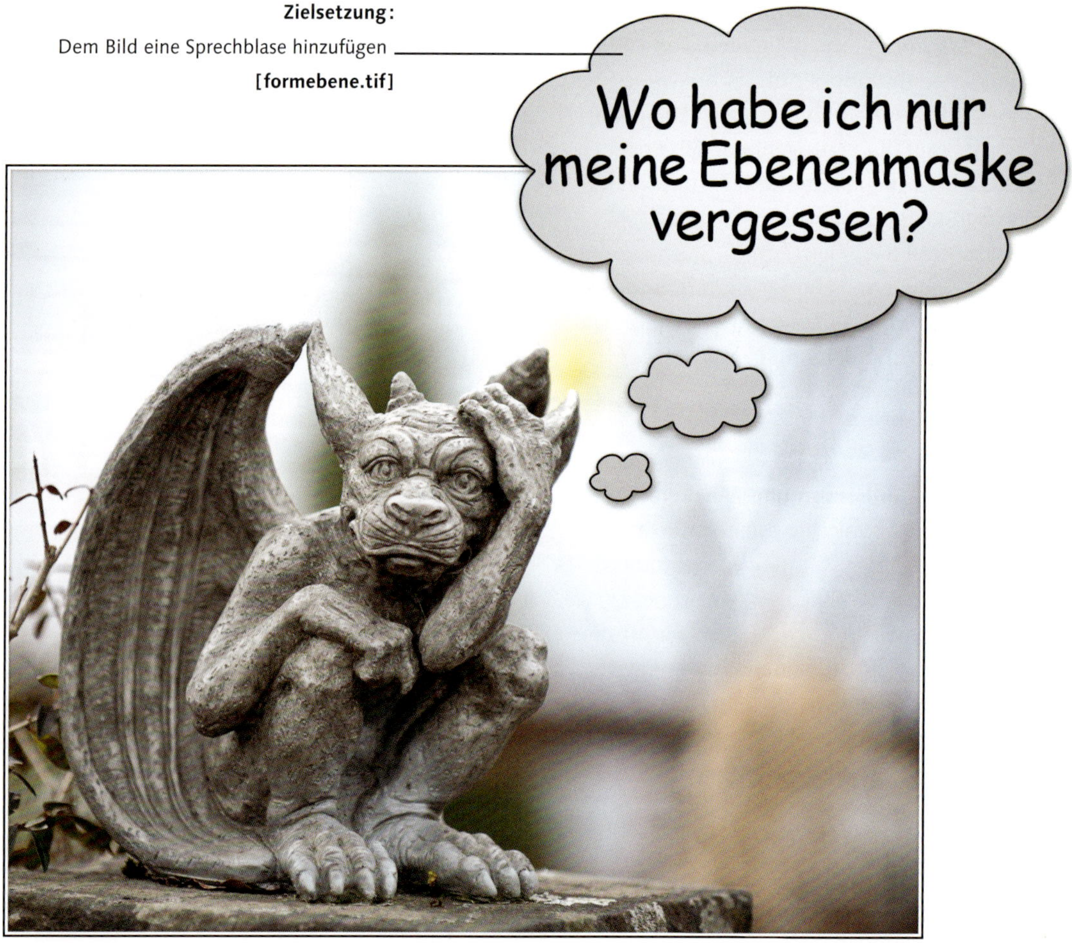

Wo habe ich nur meine Ebenenmaske vergessen?

1 Eigene Form laden

Aktivieren Sie das EIGENE-FORM-WERKZEUG. Klicken Sie in der Palette OPTIONEN auf die Schaltfläche für die Auswahlliste EIGENE FORMEN ❶, und wählen Sie im Menü ❷ SPRECHBLASEN ❸. Sie werden nun gefragt: »Sollen die aktuellen Formen durch die Formen "Sprechblasen" ersetzt werden?« Klicken Sie auf OK. Die Standard-Formen sind dann zwar verschwunden, doch sie lassen sich mit FORMEN ZURÜCKSETZEN im gleichen Menü wiederherstellen (selbst erstellte Formen müssen aber separat gespeichert werden).

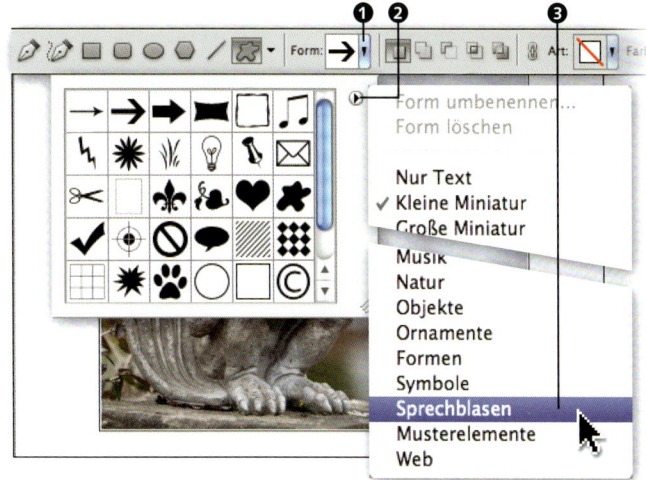

2 Sprechblase erstellen

Nachdem die Form ❹ gewählt ist, ziehen Sie damit die Sprechblase auf ❺. Der Trick mit der `Leertaste`, mit der Sie eine Auswahl verschieben können (siehe Seite 155), solange Sie die Maustaste nicht losgelassen haben, funktioniert auch beim Erstellen einer eigenen Form. Sollten Sie mit der Form, *nachdem* Sie die Maustaste losgelassen haben, nicht zufrieden sein, können Sie sie auch FREI TRANSFORMIEREN (siehe Seite 39), um die Größe zu ändern, und natürlich können Sie die Position mit dem VERSCHIEBEN-WERKZEUG ändern.

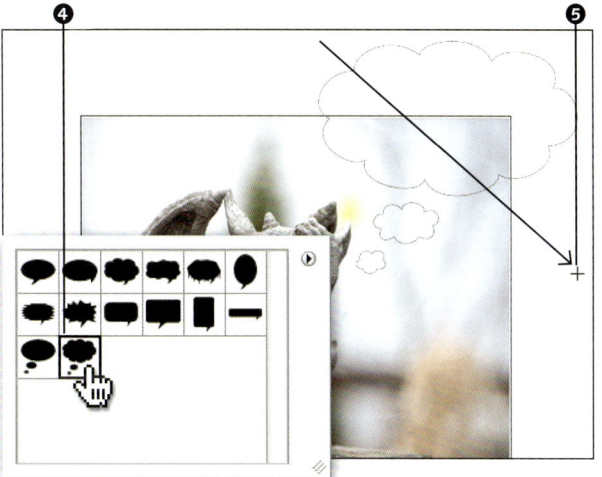

3 Farbe für die Formebene einstellen

Die Farbe, die die Formebene zunächst erhält, hängt von der Farbe ab, die als Vordergrundfarbe eingestellt ist. Mit einem Doppelklick auf die Miniatur ❻ der Formebene können Sie den FARBWÄHLER ❾ aufrufen und sie ändern. Ist der Farbwähler offen, lässt sich mit einem Klick eine Farbe aus dem Bild aufnehmen ❼.

Die dünne schwarze Kontur ❽, die sie im Moment sehen, ist übrigens keine echte Kontur, sondern wird nur solange dargestellt, solange die Ebene aktiv ist.

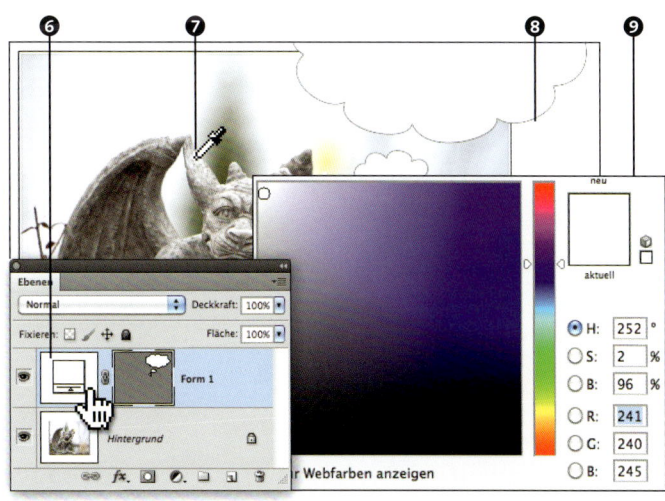

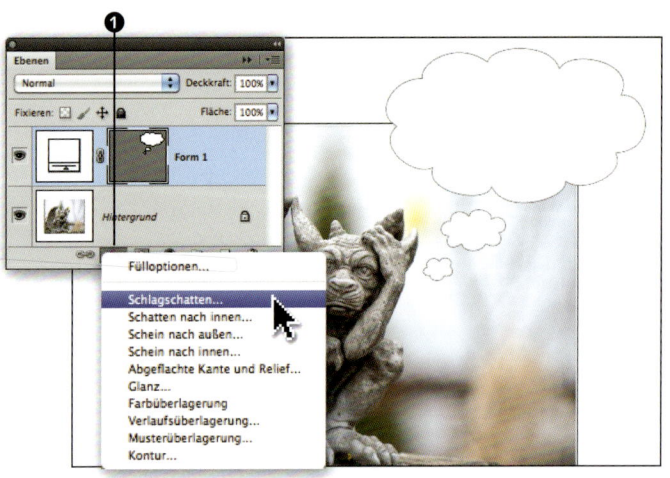

4   Ebenenstil (Effekt) hinzufügen

Damit die Sprechblase eine räumliche Wirkung erhält, wollen wir Ebenenstile für Schatten nach außen und innen hinzufügen. Klicken Sie dazu auf die Schaltfläche EBENENSTIL HINZUFÜGEN ❶, und wählen Sie SCHLAGSCHATTEN.

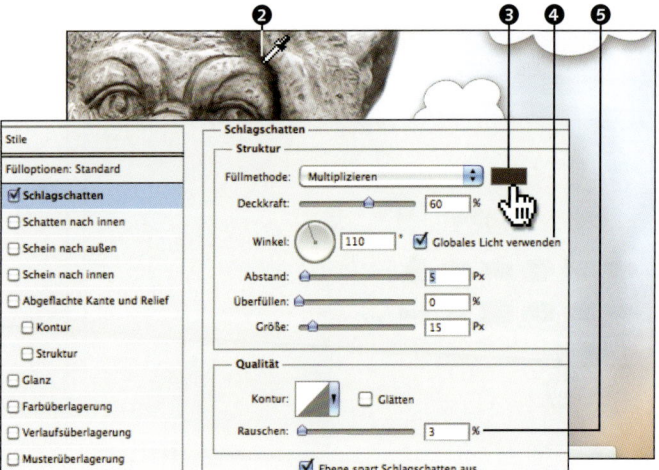

5   Schlagschatten einstellen

Auf Seite 152 haben wir bereits SCHLAGSCHATTEN eingesetzt. Wie immer habe ich etwas RAUSCHEN ❺ hinzugefügt, damit der Schatten nicht zu *clean* wird. Als Standard-Farbe wird hier Schwarz verwendet, was aber oft unnatürlich wirkt. Ich habe deshalb auf das Farbfeld ❸ geklickt, um den FARBWÄHLER zu öffnen, und wie in Schritt 3 beschrieben eine Farbe aus dem Bild aufgenommen ❷.

GLOBALES LICHT ❹ bewirkt, dass bei mehreren Effekten das Licht immer von derselben Seite kommt und Schatten einheitlich fallen.

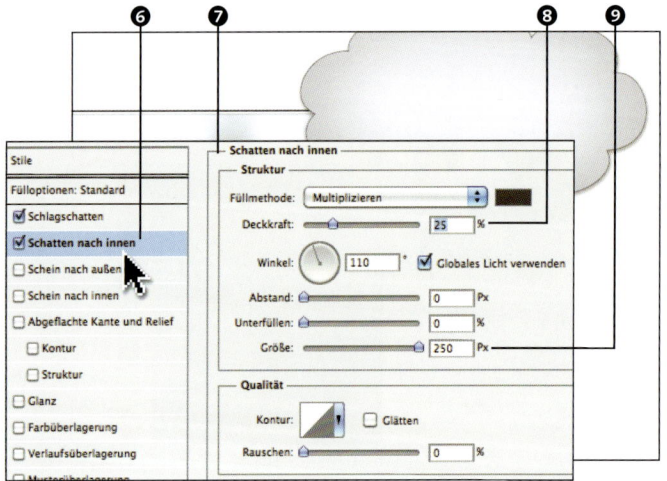

6   Schatten nach innen

SCHATTEN NACH INNEN funktioniert nicht anders als SCHLAGSCHATTEN, nur, dass er eben nach innen geht. Ich nutze ihn hier aber nicht als Schatten, sondern als Verlauf in der Sprechblase. Um die Einstelloptionen ❼ zugänglich zu machen, dürfen Sie nicht auf die Checkbox ☐ klicken, sondern rechts daneben auf den Namen ❻. Ich habe auch hier eine Schattenfarbe aus dem Bild gepickt, dann die DECKKRAFT ❽ reduziert und den Wert für die GRÖSSE ❾ so hoch wie möglich gewählt.

7 Kontur

Nun fehlt nur mehr die Kontur ❿ für die Sprechblase. Beachten Sie auch hier, dass man auf den Namen des Effekts klicken muss, damit die Einstelloptionen verfügbar werden.

Ich habe die Position nach Innen ⓫ ausgerichtet und zunächst eine etwas fettere Größe ⓬ probiert, es dann aber doch bei 3 Pixeln belassen. Nachdem jetzt Schlagschatten, Schatten nach innen und Kontur eingestellt sind, können Sie den Dialog mit OK verlassen.

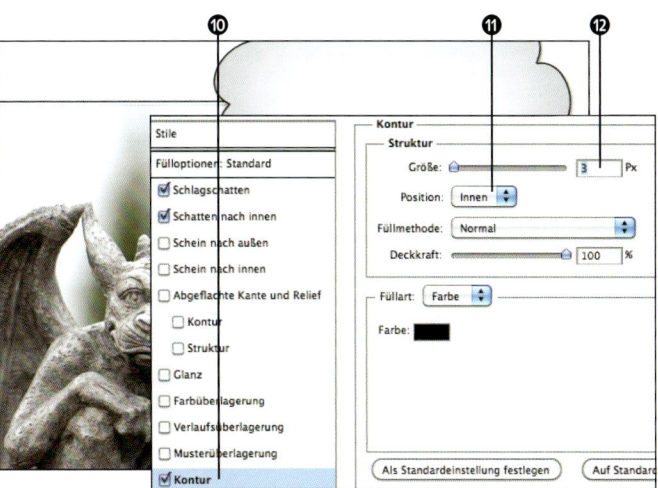

8 Textrahmen für Flächentext

Für den Text in der Sprechblase aktivieren Sie das Text-Werkzeug T, und ziehen wie bei einer Rechteck-Auswahl ein Feld auf ⓲. Wenn Sie die Maus loslassen, blinkt der Cursor im Textrahmen und wartet auf Ihre Eingabe. Ich habe vor der Eingabe Text zentrieren ⓰ aktiviert und mit einem Klick auf diese Schaltfläche ⓱ die Palette Zeichen aufgerufen. Als Schriftart ⓭ habe ich »Comic Sans MS« gewählt und als Schriftgrad ⓮ (Schriftgröße) und Zeilenabstand ⓯ 21 Punkt.

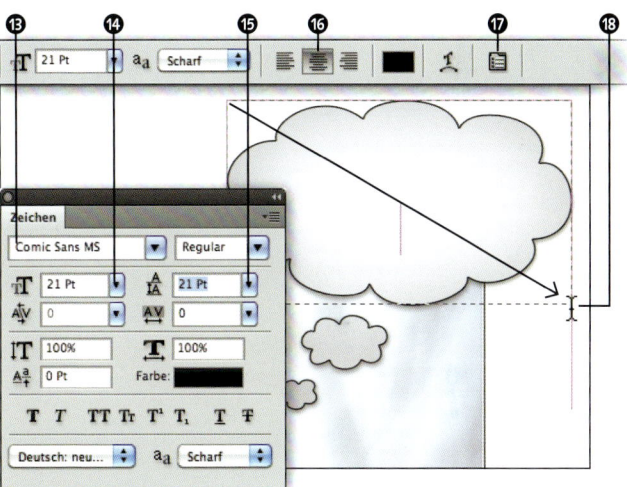

9 Textrahmen anpassen

Text befindet sich in Photoshop in der Regel auf einer eigenen Ebene. Eine Möglichkeit, einen Text auszuwählen (zum Beispiel, um ein vergessenes »n« zu ergänzen), führt über einen Doppelklick auf die Miniatur ⓳ der Textebene.

Was bei meiner Textebene noch nicht stimmt, ist die Breite – der Text läuft über die Sprechblase hinaus. Solange das Text-Werkzeug T aktiv ist, können Sie die Breite des Textrahmens verändern ⓴ und damit den Umbruch des Textes im Rahmen steuern. Damit ist die Sprechblase dann fertig.

SCHWIERIGKEITSGRAD 1 FÜR EINSTEIGER

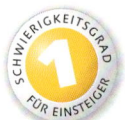

Punkttext verkrümmen

Einzelne Wörter brauchen keinen Textrahmen.

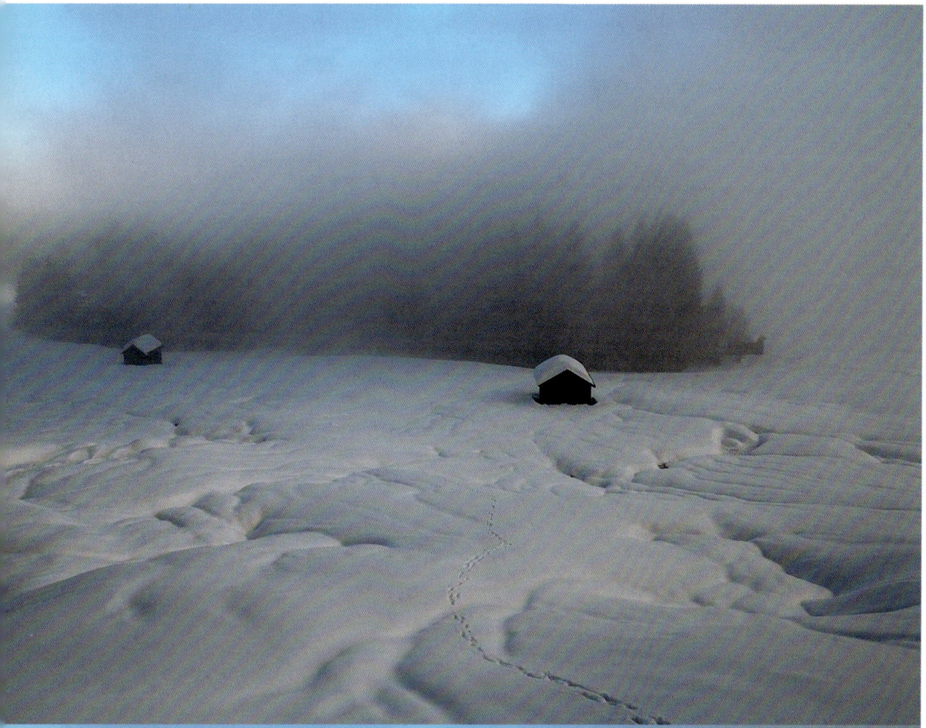

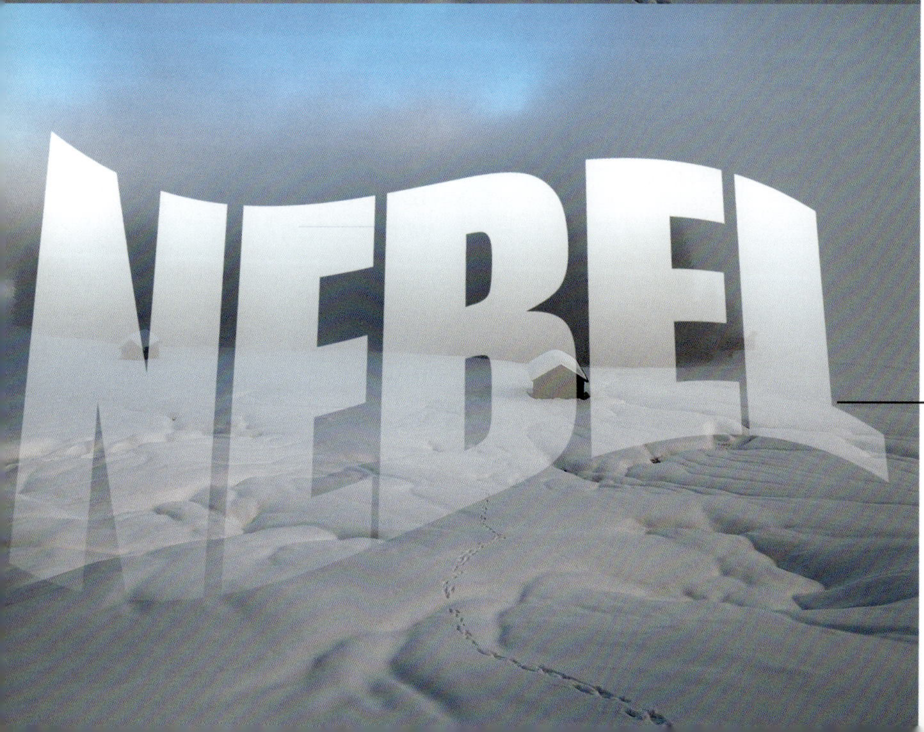

Längere Textpassagen werden sinnvollerweise in einen Flächentextrahmen (siehe Seite 199) gesetzt. Wenn ich nur ein einzelnes Wort oder eine Zeile setze, dann verwende ich meist Punkttext. Einen Punkttext erstellen Sie durch schlichtes Klicken auf die Arbeitsfläche. An der Stelle, auf die Sie geklickt haben, erscheint dann ein Punkt, nach dem sich die Textausrichtung richtet, also linksbündig, rechtsbündig oder zentriert (Blocksatz geht nur bei Flächentext). Damit der kurze Workshop nicht langweilig wird, habe ich mich entschlossen, dass wir diesen Punkttext verkrümmen und mit verlaufender Transparenz versehen.

Zielsetzung:

Das Wort »Nebel« leicht und wellenförmig über das Bild setzen

[textverkruemmen.jpg]

1   Punkttext erstellen und formatieren

Klicken Sie mit dem Text-Werkzeug $\boxed{T}$ in die Mitte des Bildes, um die Position des Punkttextes zu fixieren. Stellen Sie auf Text zentrieren ❷, und öffnen Sie mit einem Klick hier ❸ die Palette Zeichen ❶. Meine Einstellungen sind: Schriftart »Impact«; Schriftgrad 𝐓T 160 Punkt; Laufweite $\frac{AV}{}$ (Buchstabenabstand): –40. Mit einem Klick auf das Feld bei Farbe habe ich den Farbwähler geöffnet und Weiß eingestellt. Zuletzt habe ich Großbuchstaben TT aktiviert und dann »Nebel« in das Bild geschrieben.

2   Text verkrümmen

Um das Wort *wehen* zu lassen, wählen Sie Bearbeiten • Frei transformieren ($\boxed{Strg}$/$\boxed{⌘}$ + $\boxed{T}$). Wir wollen diese Ebene jedoch nicht skalieren, sondern biegen. Dazu aktivieren Sie diese Schaltfläche ❻. Im Menü Verkrümmen ❹ wählen Sie die Art der Verkrümmung – in diesem Fall Flagge. Für die restliche Verkrümmung habe ich diese Werte ❺ verwendet.

Bestätigen Sie die Verkrümmung mit $\boxed{↵}$, und stellen Sie danach Fläche ❼ auf 10 %, um den Text fast durchsichtig zu machen.

3   Verlaufsüberlagerung

Wählen Sie über $\boxed{fx}$ auf der Palette Ebenen Verlaufsüberlagerung, und klicken Sie hier ❿ für den Dialog Verläufe bearbeiten.

Aktivieren Sie eine Deckkraftunterbrechung ❾, um die Deckraft ❿ auf einer Seite auf 0 % zu stellen. Klicken Sie auf eine Verlaufsunterbrechung ❽, um die Farbe ⓫ zu bestimmen. Stellen Sie den Verlauf so ein, dass er von Weiß, 0 % Deckkraft, zu Weiß, 100 % Deckkraft verläuft. Schließen Sie die Dialoge Verläufe bearbeiten und Ebenenstil mit OK. Das nebelige Bild ist fertig.

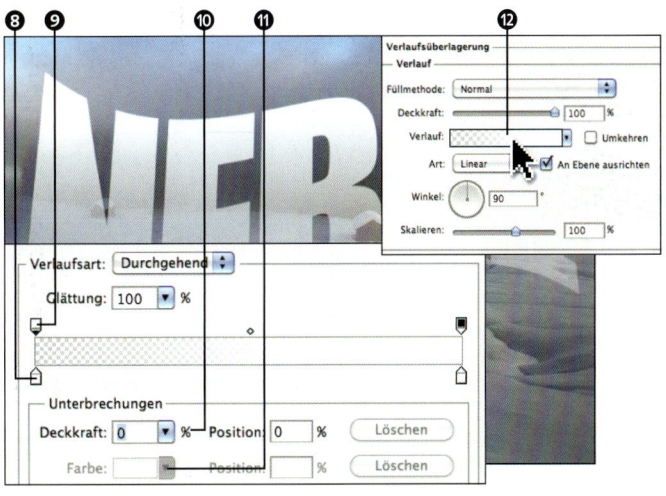

Holzstruktur und Text-Effekte

Ebenenstile halten die Gestaltung flexibel.

Man kann in Photoshop nicht nur vorhandene Bilder bearbeiten, sondern von Null weg eigene Grafiken gestalten. In manchen Fällen ist dazu zeichnerisches Talent von Nöten. Doch interessante Effekte lassen sich auch erzielen, ohne dass man perfekt zeichnen kann. Hier zeige ich, was man mit einigen Filtern, Ebenenstilen und Text so alles anstellen kann. Nur so als Beispiel für Ihre Inspiration.

Zielsetzungen:

Ein leeres Dokument erstellen und einen Holzhintergrund erzeugen

Text mit Metalleffekt

Text ändern

1 Neue Datei mit viel Rauschen

Wählen Sie Menü DATEI • NEU, wählen Sie ein Format von 13×9,6 cm, eine Auflösung von 300 ppi, und bestätigen Sie den Dialog ❶ mit OK. Um eine Holzstruktur zu simulieren, starten wir im Menü FILTER • RAUSCHFILTER • RAUSCHEN HINZUFÜGEN. Lassen Sie es ordentlich rauschen, indem Sie die STÄRKE auf 400 % ❷ stellen. Damit es nicht zu bunt, sondern schwarzweiß wird, aktivieren Sie MONOCHROMATISCH ❸.

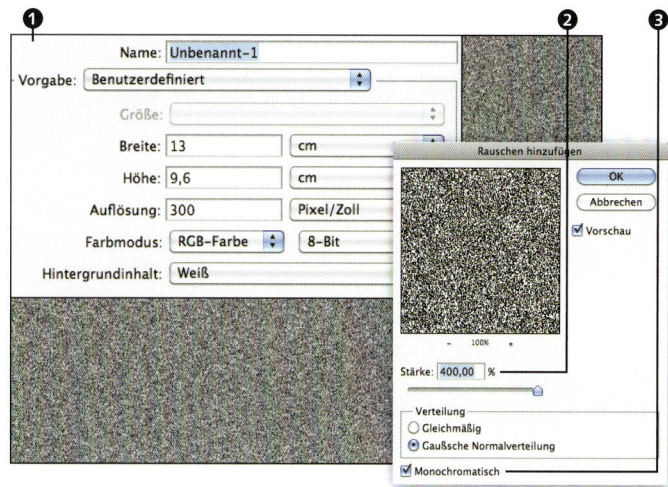

2 Bewegungsunschärfe

Sieht noch nicht nach Holz aus? Kommt noch! Wählen Sie jetzt im Menü FILTER • WEICHZEICHNUNGSFILTER • BEWEGUNGSUNSCHÄRFE, stellen Sie im Einstellungsdialog den WINKEL ❻ auf 0° und den ABSTAND ❼ auf etwa 200 Pixel, und bestätigen Sie wieder mit OK.

Das gibt schon eine schöne Struktur, aber ist leider an den Rändern in Form eines Barcodes ausgefressen ❹. Das Problem werden wir mit FREI TRANSFORMIEREN lösen. Erstellen Sie dazu mit Strg/⌘ + A eine Auswahl ❺ um das ganze Bild.

3 Frei transformieren

Wählen Sie im Menü BEARBEITEN • FREI TRANSFORMIEREN (Strg/⌘ + T), und ziehen Sie dann bei gedrückter Alt-Taste an einem der seitlichen Anfasser nach außen ❽, bis die schwarzweißen Streifen nicht mehr zu sehen sind. Alt bewirkt wieder, dass die Skalierung von der Mitte aus in beide Richtungen erfolgt. Schließen Sie die Transformierung mit ↵ ab, und heben Sie die Auswahl über AUSWAHL • AUSWAHL AUFHEBEN oder Strg/⌘ + D auf.

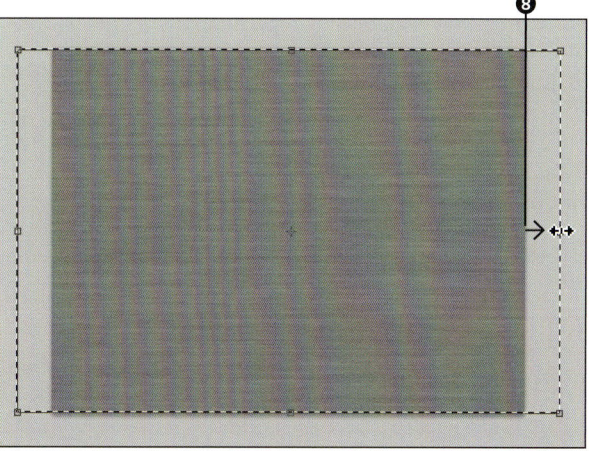

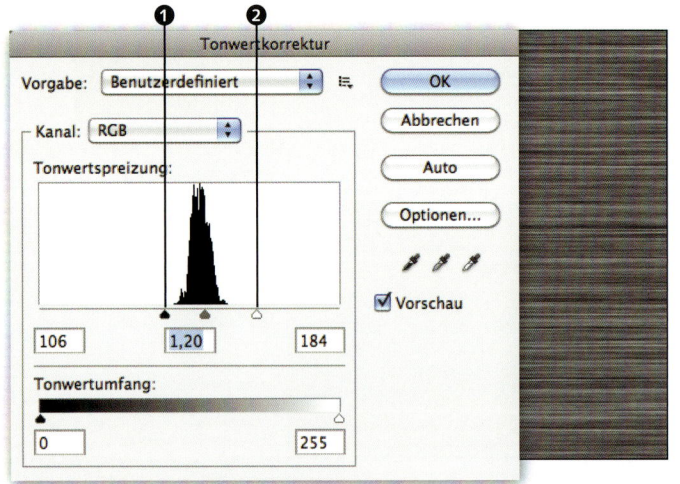

4 Kontrast erhöhen, Ebene kopieren

Mit einer Tonwertkorrektur habe ich dafür gesorgt, dass die durch die Filter generierte Struktur verstärkt wird. Öffnen Sie dazu über Menü BILD • KORREKTUREN • TONWERTKORREKTUR, und ziehen Sie die beiden Regler für SCHWARZPUNKT ❶ und WEISSPUNKT ❷ an den schwarzen Berg im weißen Kasten heran. Bestätigen Sie mit OK.

Duplizieren Sie als Nächstes die Ebene, indem Sie sie in der Ebenen-Palette auf ⬛ ziehen, mit rechts auf sie klicken und EBENE DUPLIZIEREN wählen oder mit Strg/⌘ + J.

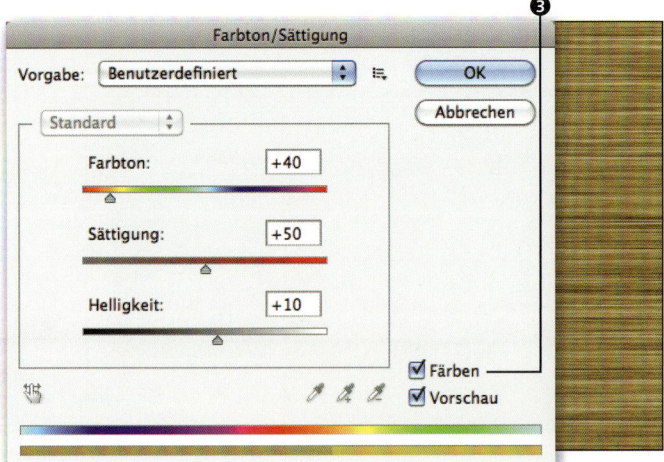

5 Farbton/Sättigung destruktiv

Mit FARBTON/SÄTTIGUNG haben wir nun schon oft gearbeitet. Diesmal ist es aber besser, wenn wir nicht mit einer Einstellungsebene arbeiten, sondern destruktiv über BILD • KORREKTUREN • FARBTON/SÄTTIGUNG.

Einmal mehr habe ich FÄRBEN ❸ aktiviert, um der schwarzweißen Struktur eine Farbe wie gebeiztes Holz zu verleihen. Sie können die Einstellungen übernehmen, oder aber mit eigenen Einstellungen dem Holz eine andere Farbe verleihen.

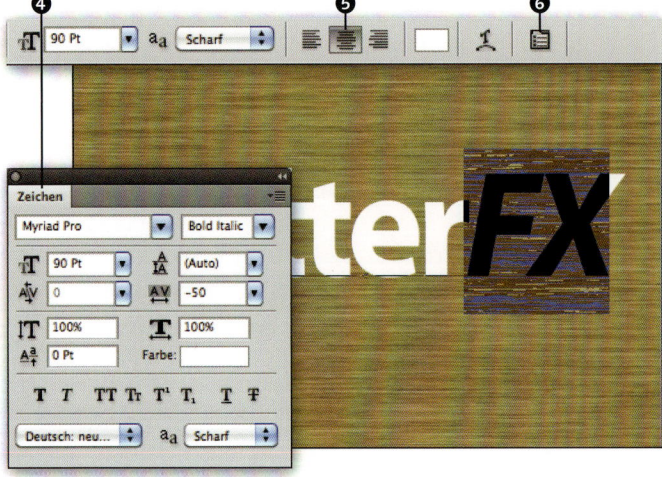

6 Text formatieren

Um Text über das Brett zu legen, klicken Sie mit dem TEXT-WERKZEUG T mitten ins Bild. Aktivieren Sie auch hier, falls erforderlich, TEXT ZENTRIEREN ❺, und rufen Sie die Palette ZEICHEN ❹ auf, indem Sie hier ❻ klicken. Meine Einstellungen diesmal: SCHRIFTART »Myriad Pro«, »Bold«; SCHRIFTGRAD 🔠 90 Punkt; LAUFWEITE 🔠 –50.

Mit diesen Einstellungen habe ich »LetterFX« über den Hintergrund geschrieben, wobei ich die beiden Buchstaben FX mit »Bold Italic« statt »Bold« formatiert habe.

7 Hintergrund nach vorne bringen

Machen Sie mit einem Doppelklick die Ebene HINTERGRUND zu einer regulären Ebene ❸, und ziehen Sie sie anschließend ganz nach oben, über die Text-Ebene. Beachten Sie, dass Sie die Ebene erst dann loslassen dürfen, wenn über der Ebene, über der Sie sie einordnen wollen, ein etwas fetterer, zweigeteilter Balken dargestellt wird ❼.

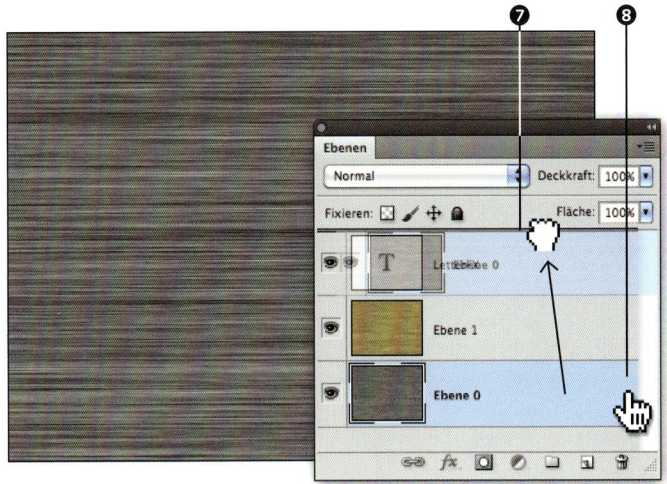

8 Schnittmaske über Text-Ebene

Um die eben nach vorne gelegte Struktur nur über dem Text zu sehen, müssen Sie sie zur Schnittmaske machen. Das geht wie gehabt über einen Rechtsklick auf die Ebene ❿ und SCHNITTMASKE ERSTELLEN ⓫ aus dem Kontextmenü. Da die Strukturen von Hintergrund und Schrift nun noch identisch sind, sieht das etwas komisch aus ❾, aber das beheben wir im nächsten Schritt.

Tipp: Über das Menü EBENE • SCHNITTMASKE ERSTELLEN oder (Strg)/(⌘) + (Alt) + (G) wird die Ebene ebenfalls zur Schnittmaske.

9 Frei transformieren

Die Ebene mit der grauen Struktur sollte nun als SCHNITTMASKE gekennzeichnet ⓭ sein.

Um diese Struktur im Verhältnis zur Struktur des Holzes zu verdichten, wählen Sie im Menü BEARBEITEN • FREI TRANSFORMIEREN ((Strg)/(⌘) + (T)) und ziehen die oberen und unteren Anfasser näher an den Text heran ⓬. Schließen Sie das FREI TRANSFORMIEREN wie immer mit (↵) ab.

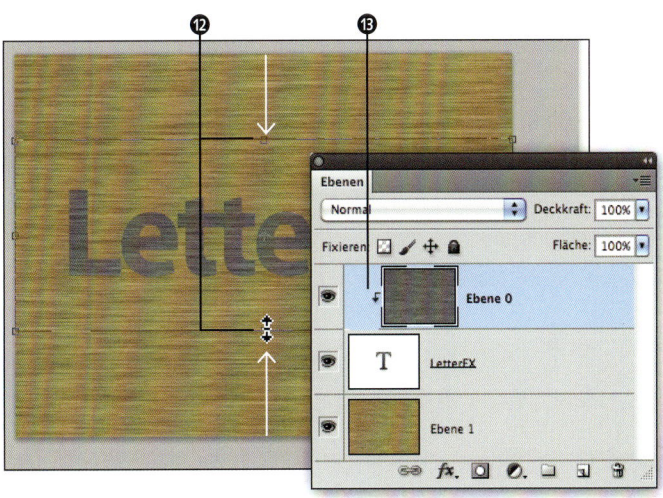

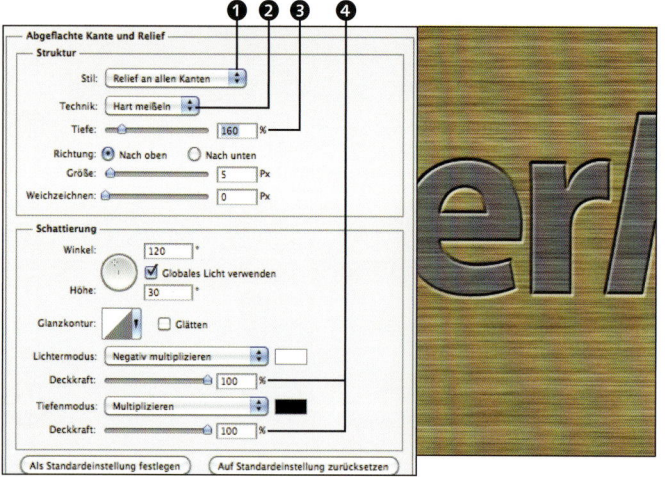

10 Abgeflachte Kante und Relief

Wählen Sie über $fx.$ an der Ebenen-Palette ABGEFLACHTE KANTE UND RELIEF. Als STIL habe ich RELIEF AN ALLEN KANTEN ❶ eingestellt, damit der Relief-Effekt nach innen in die Buchstaben und nach außen ins Holz entsteht. Um den Effekt zu betonen, habe ich TIEFE ❸ auf 160 % und DECKKRAFT von LICHTER- und TIEFENMODUS auf 100 % ❹ erhöht. Als TECHNIK habe ich HART MEISSELN ❷ eingestellt. Beenden Sie den Dialog noch nicht, sondern aktivieren Sie als zweiten STIL • VERLAUFSÜBERLAGERUNG (siehe auch Schritt 6 Seite 198).

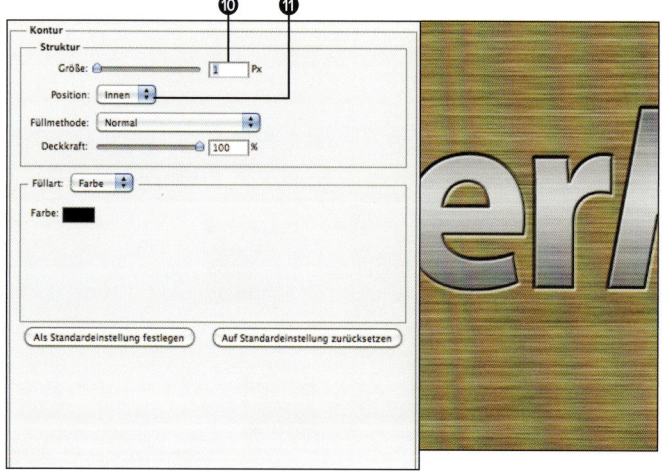

11 Verlaufsüberlagerung

Bei den Einstellungen für die VERLAUFSÜBERLAGERUNG habe ich den voreingestellten VERLAUF ❺ von Schwarz zu Weiß belassen. Nachdem ich die FÜLLMETHODE auf NEGATIV MULTIPLIZIEREN ❻ umgestellt habe, verschwindet Schwarz, und Weiß liegt wie ein Glanz über dem Text. Die ART habe ich auf REFLEKTIERT ❾ gestellt und den Verlauf umgekehrt ❽. Nun liegt der Glanzschleier in der Mitte der Schrift. Durch Reduzieren der DECKKRAFT ❼ wird wieder etwas von der Struktur sichtbar.

12 Kontur

Als Nächstes habe ich ganz unten die Einstellungen für KONTUR aktiviert. Eine 1 Pixel große ❿, nach INNEN ⓫ ausgerichtete KONTUR verstärkt den Eindruck der Tiefe. Sonst habe ich hier nichts geändert.

13 Glanz

Letzter Schritt der kleinen Effekt-Orgie: Ich habe den Stil GLANZ aktiviert, die DECKKRAFT ⓬ auf 20 % zurückgestellt und UMKEHREN ⓭ deaktiviert. Damit hat die Schrift einen netten, metallischen Effekt bekommen. Den Dialog EBENENSTIL habe ich zum Schluss mit OK bestätigt und verlassen.

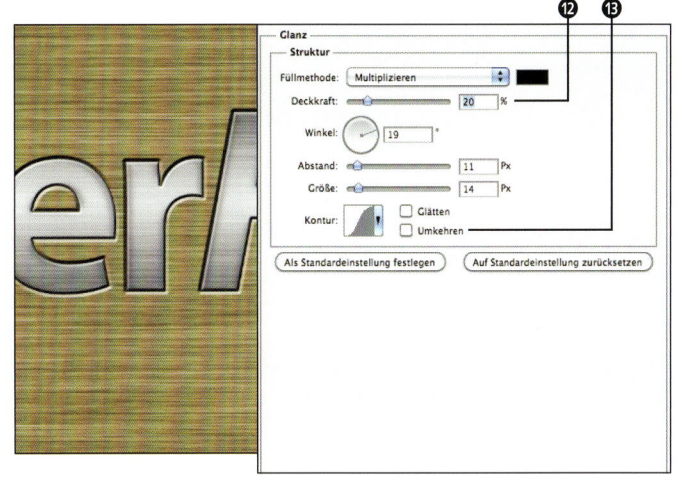

14 Effekte für den Hintergrund

Nun muss die Holzstruktur noch effektvoller werden. Aktivieren Sie dazu Ihre Ebene ⓮, und wählen Sie über 𝑓𝑥 VERLAUFSÜBERLAGERUNG. Hier habe ich INEINANDERKOPIEREN als FÜLLMETHODE ⓯ gewählt und die DECKKRAFT ⓰ auf 50 % reduziert. Dann habe ich den Stil SCHATTEN NACH INNEN aktiviert und hier die FÜLLMETHODE • HART MISCHEN ⓱ gewählt. Noch einmal DECKKRAFT reduzieren ⓲ und für ABSTAND, UNTERFÜLLEN und GRÖSSE ⓳ die Werte 0 Pixel, 15 % und 250 Pixel eingestellt, schon wirkt das Brett lebendiger.

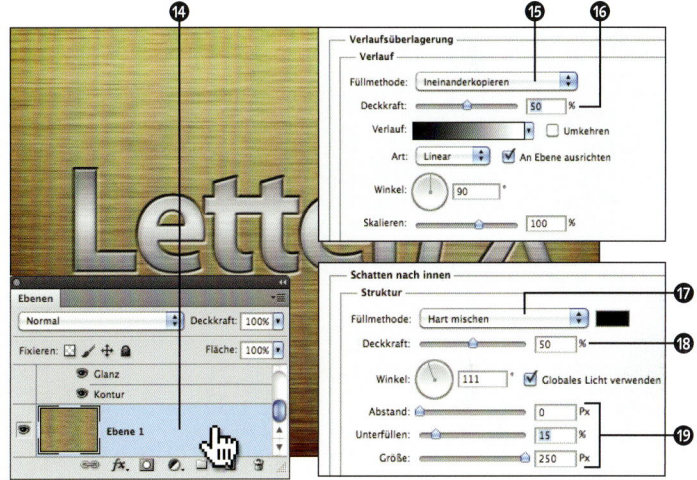

15 Allzeit bereit für Änderungen

Das Schöne an Effekthaschereien wie diesen ist, dass Sie mit Schnittmasken und Textebenen immer flexibel bleiben. Ein Doppelklick auf die Miniatur ⓴ der Text-Ebene, und Sie können den Inhalt überschreiben oder die Schrift ändern. Das ist wichtig, gerade wenn Sie, wie ich, meist an Auftragsarbeiten sitzen, und es jederzeit sein kann, dass ein Entwurf schnell einmal wieder geändert werden muss. Außerdem: Es macht ja auch Spaß.

SCHWIERIGKEITSGRAD 3 FÜR ÜBERFLIEGER

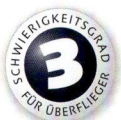

Vektormasken und Text auf Pfad

Mit Formebenen Rundsatz erstellen

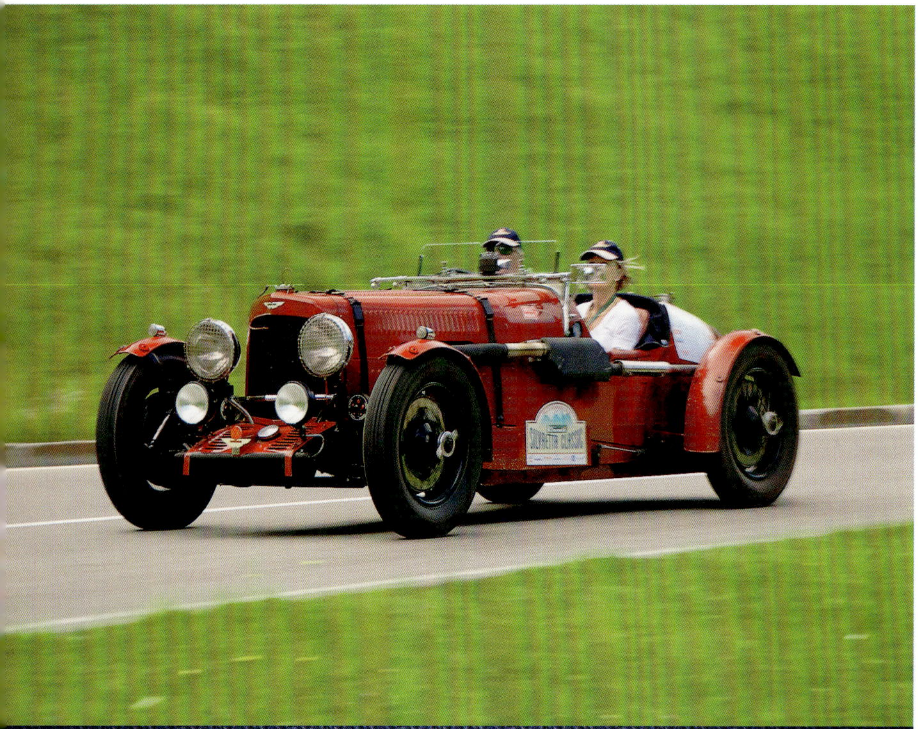

Text muss nicht immer von links nach rechts und von oben nach unten laufen. Er muss auch nicht stets schnurgerade in einer Linie stehen. Sie können Text mithilfe von Pfaden auf einen Kreis setzen. Außerdem zeige ich Ihnen hier, wie Sie mit Formebenen einen vielzackigen Stern erstellen und damit einen Oldtimer freistellen.

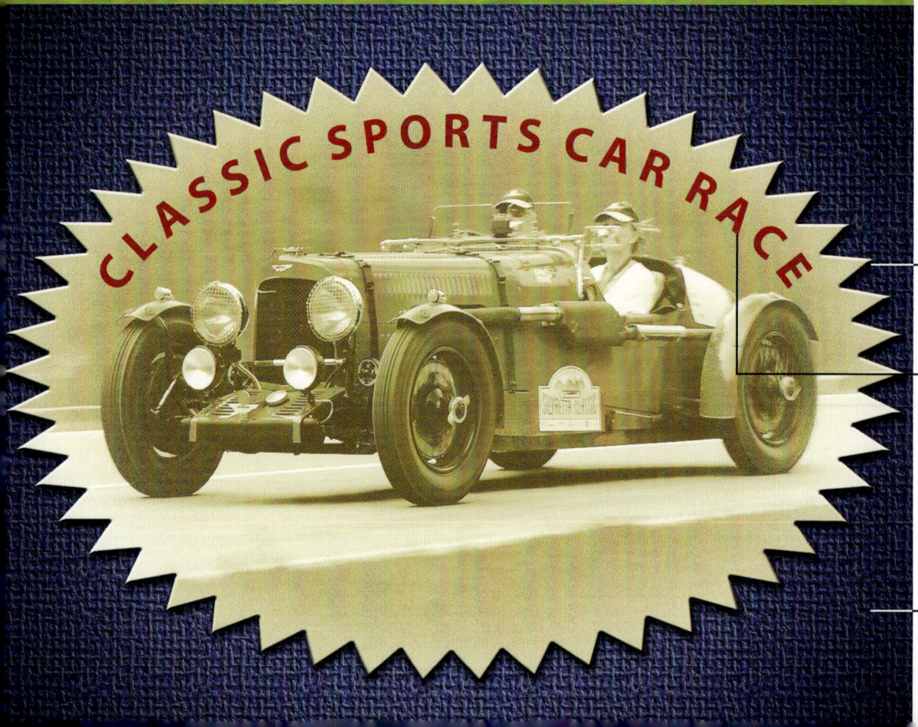
CLASSIC SPORTS CAR RACE

Zielsetzungen:

Oldtimer in Sternform freistellen

Text als Rundsatz hinzufügen

Hintergrund mit Muster und Vignette einfärben

[vektormaske.jpg]

Foto: Markus Wäger

1 Polygon-Werkzeug

Wählen Sie in der Palette WERKZEUGE das POLYGON-WERKZEUG ⬡, aktivieren Sie in der Palette OPTIONEN über GEOMETRIE-OPTIONEN ❷ STERN ❶, und ändern Sie SEITEN EINZIEHEN UM auf 10 % ❹. Stellen Sie die Anzahl der SEITEN auf 50 ❸.

Bevor Sie die Formebene zeichnen, können Sie in der Palette EBENEN mit einem Doppelklick auf »Hintergrund« diese Ebene in eine reguläre Ebene umwandeln ❺. Das ist notwendig, weil wir mit der Vektorform den Oldtimer freistellen wollen.

2 Formebene als Vektormaske

Wenn Sie die Sternform aufziehen, werden Sie feststellen, dass die Form aus ihrer Mitte heraus entsteht. Am besten beginnen Sie deshalb auch etwa in der Mitte des Bildes mit dem Ziehen ❻. Die Formebene, die dabei entsteht, hat bei mir noch die Effekte ❼ des Workshops auf Seite 196 ff. Das ist aber egal, denn wir werden die Ebene ohnehin gleich wieder löschen. Ziehen Sie aber vorher die Vektormaske ❽ der Formebene auf die Ebene mit dem Bild des Oldtimers, um sie als Vektormaske zu nutzen.

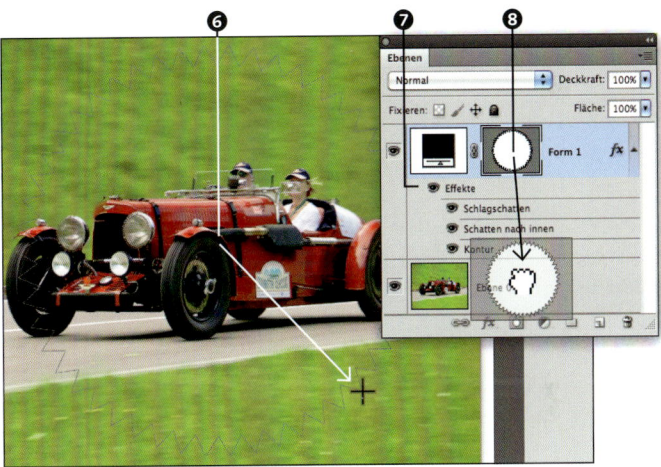

3 Ebene löschen

Nach dem Verschieben der Formebene wird das Bild schwarz. Sobald Sie aber die Formebene gelöscht haben, ist die schwarze Fläche verschwunden, und Sie sehen den auf Sternform beschnittenen Oldtimer. Ziehen Sie also die Formebene auf den Papierkorb 🗑 ❾, um sie zu löschen, oder drücken Sie ⌫ an Ihrer Tastatur.

4 Vektormaske frei transformieren

In der Palette EBENEN dürfte nun nur noch die Ebene mit dem Sportwagen zu sehen sein, und diese Ebene müsste eine Vektormaske ❶ haben.

Um die Sternform ovaler zu machen, wählen Sie unter BEARBEITEN • FREI TANSFORMIEREN. Der Frei-transformieren-Rahmen erscheint, und Sie können die Breite ❷ jetzt beliebig anpassen (siehe Schritt 8 Seite 39). Wenn Sie beim Ziehen an den Anfassern die Alt-Taste halten, dann wird die Skalierung auf die Mitte bezogen.

5 Frei transformieren beenden

Beenden Sie FREI TRANSFORMIEREN mit ↵. Das Ergebnis sollte etwa so aussehen wie hier zu sehen.

Falls Sie beim Skalieren Probleme haben sollten, etwa, dass sich das Bild mit verzerrt, dann brechen Sie FREI TRANSFORMIEREN noch einmal mit Esc ab und deaktivieren Sie mit einem Klick die Verkettung ❸ zwischen Bild- und Maskenminiatur. Stellen Sie auch sicher, dass die Maske aktiv ist (zu erkennen an den spitzen Klammern ❹).

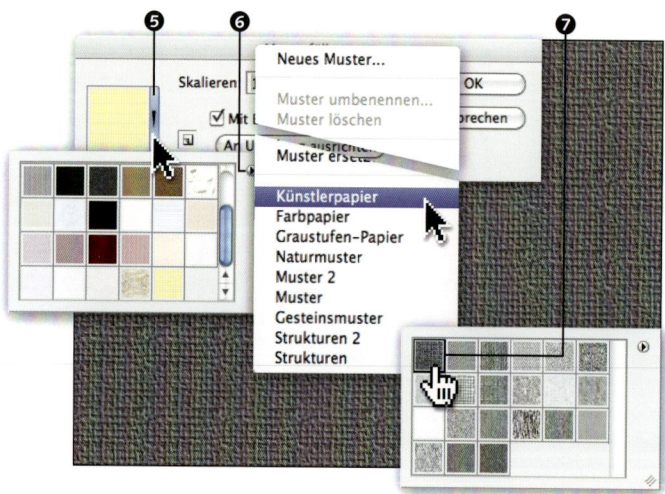

6 Muster-Füllebene »Künstlerpapier«

Klicken Sie in der Palette EBENEN auf die Schaltfläche für FÜLL- UND EINSTELLUNGSEBENE 🌓, und wählen Sie MUSTER aus dem Menü (siehe Schritt 2 Seite 154). Öffnen Sie die Muster-Auswahlliste ❺, und wählen Sie im Zusatzmenü ▶ ❻ KÜNSTLERPAPIER. Sie werden dann gefragt, ob Sie die vorhanden Muster ersetzen wollen (siehe Schritt 3 Seite 154) – klicken Sie auf OK. Anschließend zeigt die Auswahlliste nur mehr KÜNSTLERPAPIER-Muster. Ich habe mich für DUNKLES GROBES GEWEBE ❼ entschieden.

7   Muster färben

Das Gewebe im Hintergrund soll nicht grau bleiben, sondern eine Farbe bekommen. Erstellen Sie dazu über die Palette KORREKTUREN eine FARBTON/SÄTTIGUNG-Einstellungsebene ▦ – diese sollte dann in der Palette EBENEN über der Musterfüllung erscheinen ❽. Einmal mehr arbeiten wir mit der Option FÄRBEN ❾. Stellen Sie, nachdem Sie das FÄRBEN aktiviert haben, die Farbe des Musters nach Ihren Vorstellungen ein ❿.

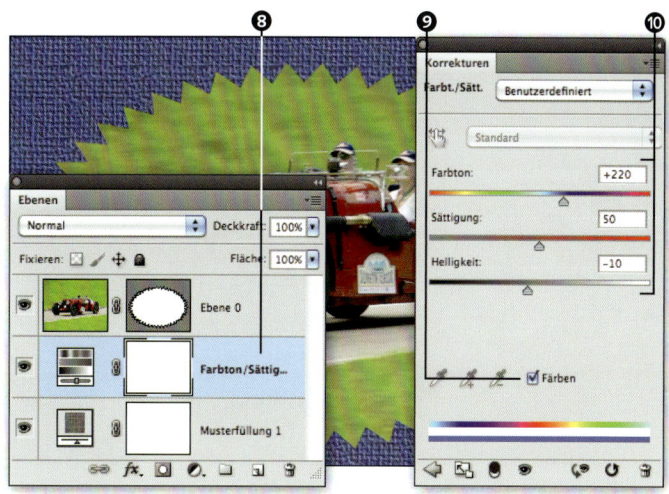

8   Ebene mit Hilfslinien positionieren

Um den Stern mit dem Oldtimer in die Mitte zu bekommen, brauchen wir Hilfslinien ⓫ (siehe Schritt 1 Seite 149). Solange noch die Einstellungsebene FARBTON/SÄTTIGUNG ⓮ aktiv ist, werden die Hilfslinien automatisch von der Bildmitte angezogen, wenn sie nahe genug an die Mitte herangezogen werden. Aktivieren Sie danach die Oldtimer-Ebene ⓭, und schieben Sie sie mit dem VERSCHIEBEN-WERKZEUG ▶✛ ⓬ in die Bildmitte.

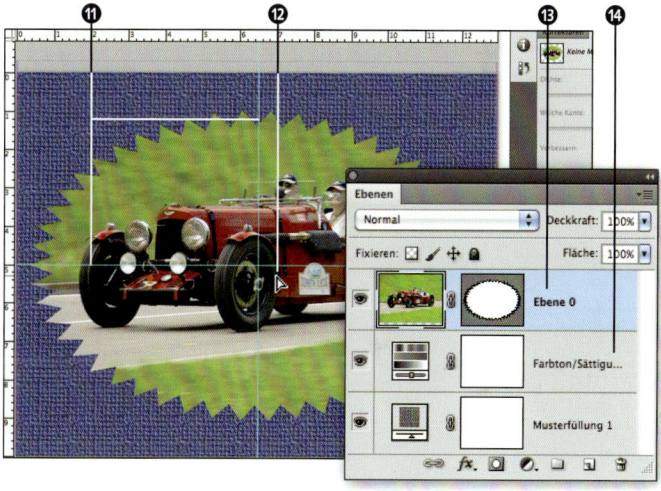

9   Formebene für Rundsatz

Wir wollen einen Text erstellen, der der Form des ovalen Sterns nachempfunden ist. Aktivieren Sie das ELLIPSE-WERKZEUG ⬭ und positionieren Sie den Mauszeiger in der Bildmitte, wo sich die beiden Hilfslinien treffen ⓰. Nun ziehen Sie bei gedrückter Alt -Taste eine Ellipse auf ⓲, deren Form der Form des Sterns entspricht, allerdings deutlich nach innen versetzt ist ⓱ – zwischen dieser Ellipse und der Sternform soll später der Text stehen. Wenn Sie die Maustaste loslassen, sehen Sie in der Palette EBENEN die neue Formebene ⓯.

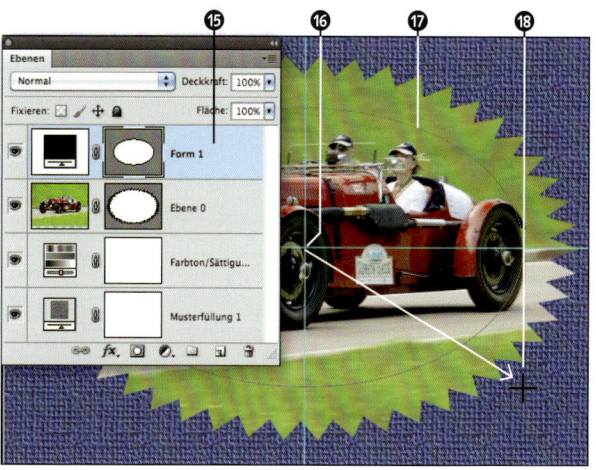

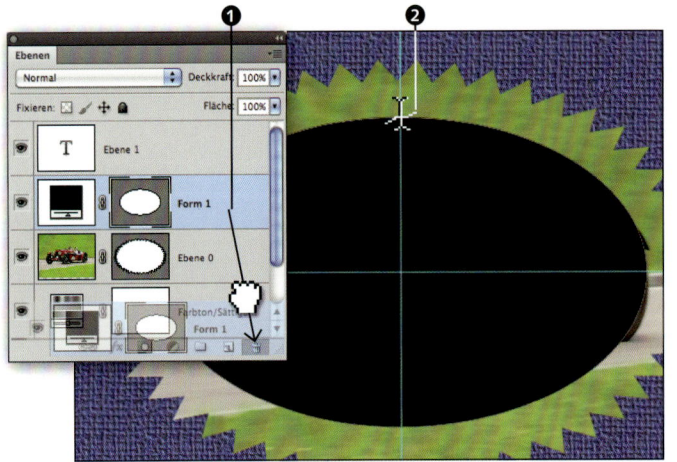

10 Ovale Formebene löschen

Aktivieren Sie das TEXT-WERKZEUG T , gehen Sie mit dem Mauszeiger direkt auf die Begrenzung der ovalen Formebene und klicken Sie, sobald der Mauszeiger eine diagonale Linie ➋ anzeigt. Anschließend sollte der Textcursor über der Formebene blinken und auf Ihre Eingabe warten.

Bevor wir aber den Text schreiben, löschen wir die ovale Formebene – sie hat Ihren Dienst bereits getan. Ziehen Sie sie ➊ auf den Mülleimer 🗑 , oder aktivieren Sie sie per Klick, und drücken Sie ← auf der Tastatur.

11 Text formatieren

Durch einen Doppelklick auf die Miniatur ➌ der Text-Ebene können Sie den Text wieder bearbeiten. Ich habe TEXT ZENTRIEREN ➎ aktiviert und über diese Schaltfläche ➏ die Palette ZEICHEN ➍ aufgerufen. SCHRIFTART: »Myriad Pro«, »Bold«; SCHRIFTGRAD 18 Punkt; LAUFWEITE : +200. Mit einem Klick auf das Feld bei FARBE habe ich den FARBWÄHLER geöffnet und Rot als Farbe für den Text aufgenommen ➐. Außerdem habe ich GROSSBUCHSTABEN TT aktiviert.

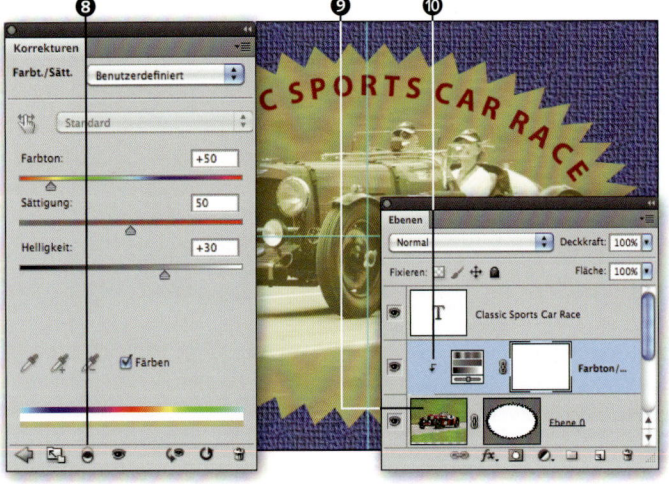

12 Ebene färben

Ist der Text geschrieben, aktivieren Sie die Oldtimer-Ebene ➒ und erstellen über die Palette KORREKTUREN eine FARBTON/SÄTTI-GUNG-Einstellungsebene . Wieder aktiviere ich FÄRBEN und stelle diesmal FARBTON, SÄTTI-GUNG und HELLIGKEIT so ein, dass das Bild blass-ockerfarben wird. Damit diese Einstellungsebene nur auf die Ebene direkt darunter wirkt, muss sie als SCHNITTMASKE ➓ eingestellt werden (siehe Schritt 7 Seite 183). Das lässt sich über die Schaltfläche ➑ in der Palette KORREKTUREN bewerkstelligen.

13 Kante und Schein nach außen

Aktivieren Sie in der Palette EBENEN die Oldti-mer-Ebene, und wählen Sie über die EBENEN-STIL-Schaltfläche *fx* SCHLAGSCHATTEN. Wie Sie den Schlagschatten einstellen, ist in Schritt 5 auf Seite 198 beschrieben. Ich habe im Dialog EBENENSTIL außerdem den Effekt AB-GEFLACHTE KANTE UND RELIEF ⓫ für einen 3D-Effekt an den Kanten eingestellt und SCHEIN NACH INNEN ⓬ für den blassen Rand des Bildes. Sie können die abgebildeten Einstellungen übernehmen oder auch mit eigenen Einstellungen experimentieren.

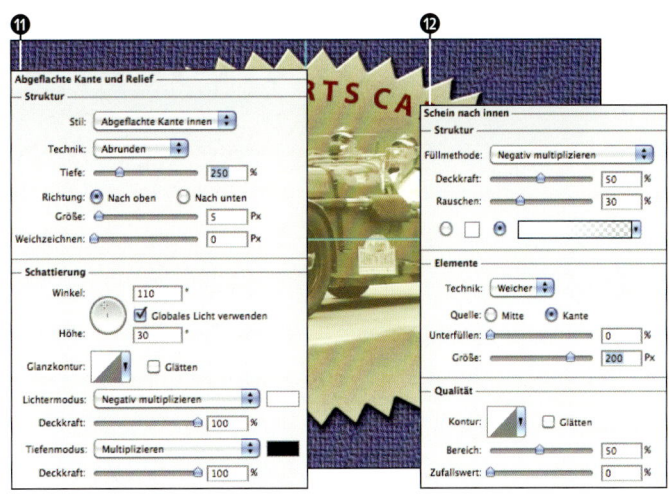

14 Auf eine Ebene reduzieren

Abschließend möchte ich mit einem Filter einen Effekt für die Struktur hinzufügen. Dazu muss aber die MUSTERFÜLLUNG zu einer Pixelebene gerastert werden. Hier werde ich gleich FARBTON/SÄTTIGUNG ⓮ und MUSTERFÜLLUNG ⓭ zu einer einzigen Ebene rastern. Per Klick wähle ich eine der beiden Ebenen aus, und mit ⬚-Klick aktiviere ich zusätzlich die andere. Dann wähle ich im Menü ≡ ⓯ der Palette EBENEN • AUF EINE EBENE REDUZIEREN.

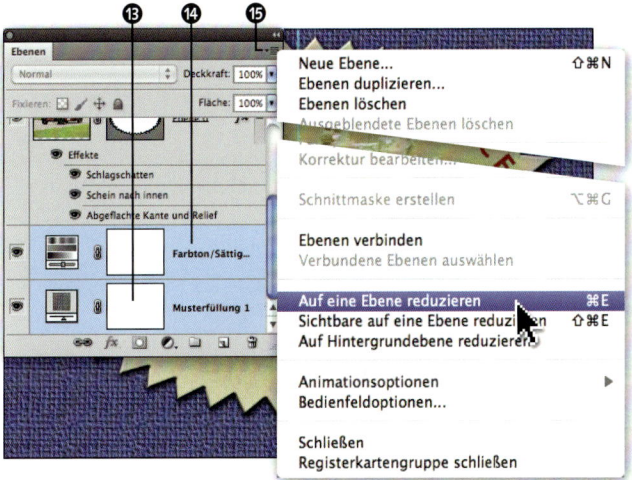

15 Vignette hinzufügen

Es bleibt eine Pixelebene ⓱. Wählen Sie im Menü FILTER • OBJEKTIVKORREKTUR und dort die Registerkarte BENUTZERDEFINIERT ⓳. Im Bereich VIGNETTE können Sie dann die STÄRKE ⓲ reduzieren und den MITTENWERT ⓴ erhöhen, um die Ecken des Hintergrunds ⓰ stimmungsvoll abzudunkeln. Versuchen Sie diesen Trick auch einmal bei einem gewöhnlichen Foto – sieht oft sehr gut aus.

Tipp: Falls Sie mit CS4 arbeiten, finden Sie die OBJEKTIVKORREKTUR unter FILTER • VERZER-RUNGSFILTER.

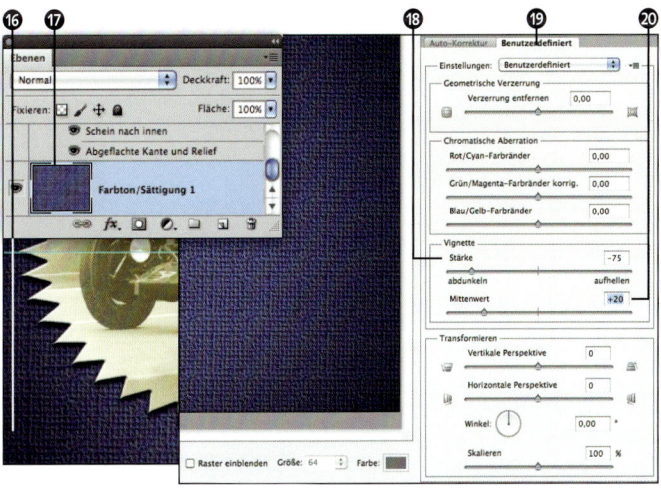

Helligkeit & Kontrast

Tonwert, Kontrast und Helligkeit.
Das sind, neben der Farbigkeit, drei sehr
wichtige Parameter bei der Bildbearbeitung. In diesem Kapitel lernen Sie die
wichtigsten Einstelloptionen kennen, um
am Tonwert zu drehen und damit Helligkeit und Kontrast zu verändern. Wichtig
sind vor allem Tonwertkorrektur und
Gradationskurven. Im Alltag kommen Sie
mit einem dieser beiden Werkzeuge über
die Runden. Einfacher mag die Tonwertkorrektur sein, fast alle Profis dürften die
Gradationskurven vorziehen. Bei allen
Korrekturen sollte Ihnen aber bewusst
sein, dass es »richtig« und »falsch« in der
Bildbearbeitung kaum gibt. Farb- und
Tonwertkorrektur hat mehr mit Erfahrung
als mit Wissen zu tun. Und mehr als sonst
gilt auch hier die oberste Gestaltungs-
grundregel: Schauen Sie genau hin!

Foto: Markus Wäger

Helligkeit & Kontrast

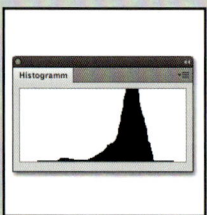

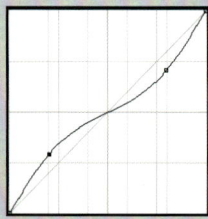

Histogramm & Tonwertkorrektur

Was Bildbearbeitung mit Statistik zu tun hat

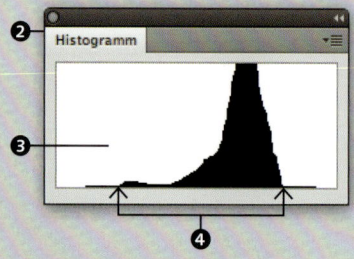

Ein Histogramm ist eine Statistik über die Helligkeitsverteilung in einem Bild in Form eines Balkendiagramms. Links sehen Sie ein durchschnittliches Bild ❶ und dessen Histogramm ❸ in der gleichnamigen Palette ❷. Das Histogramm selbst sieht in der Regel wie ein Gebirgszug aus. Ist das Bild nicht über- und auch nicht unterbelichtet bzw. ist der Tonwertumfang nicht zu hoch, dann läuft dieses Gebirge an den beiden Enden mehr oder weniger sanft aus ❹. Besteht im Bild wenig Kontrast zwischen hellsten und dunkelsten Bereichen, dann reicht dieses Gebirge nicht von ganz links bis ganz rechts, sondern füllt nur einen Teil der möglichen Tonwertbreite aus, wie das bei Bild ❶ (Histogramm ❷) der Fall ist. Es gibt Aufnahmen, bei denen das so sein muss (das kann eine Landschaft im Nebel oder eine Sandwüste sein), aber meist gehört ein Bild mit zu geringem Tonwertumfang korrigiert.

Abbildung ❺ zeigt eine Grafik mit einem großen schwarzen Feld, einem gleich großen weißen Feld und einem Verlauf dazwischen. Das Histogramm dazu zeigt auf der linken Seite einen Balken, der die schwarze Fläche repräsentiert ❻, und rechts einen Balken für die große weiße Fläche ❼. Der Graustufenverlauf wird als gleichmäßig hoher Balken angezeigt, da jede Graustufe mit derselben Pixelzahl in der Grafik vertreten ist. Abbildung ❽ zeigt sechs Felder und das dazu gehörende Histogramm. Da alle Felder exakt gleich groß sind und somit dieselbe Anzahl Pixel aufweisen, sind auch alle sechs Balken im Histogramm gleich hoch. Anders ist das bei Abbildung ❾, wo von links nach rechts ein Feld die

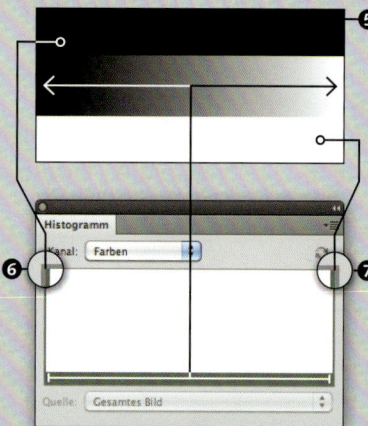

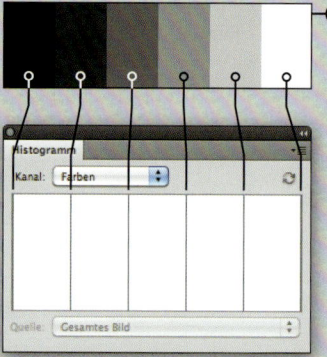

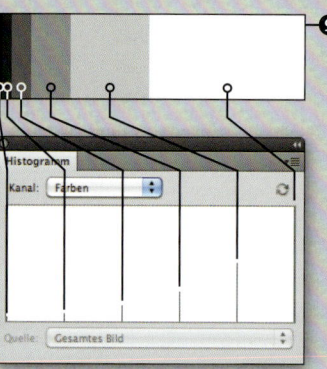

Zu diesem Grundlagenexkurs finden Sie vier Grafiken auf der DVD zum Buch.

[256Graustufen.tif, 6GraustufenGleich.tif, 6GraustufenUngleich.tif, 6GraustufenFlau.tif]

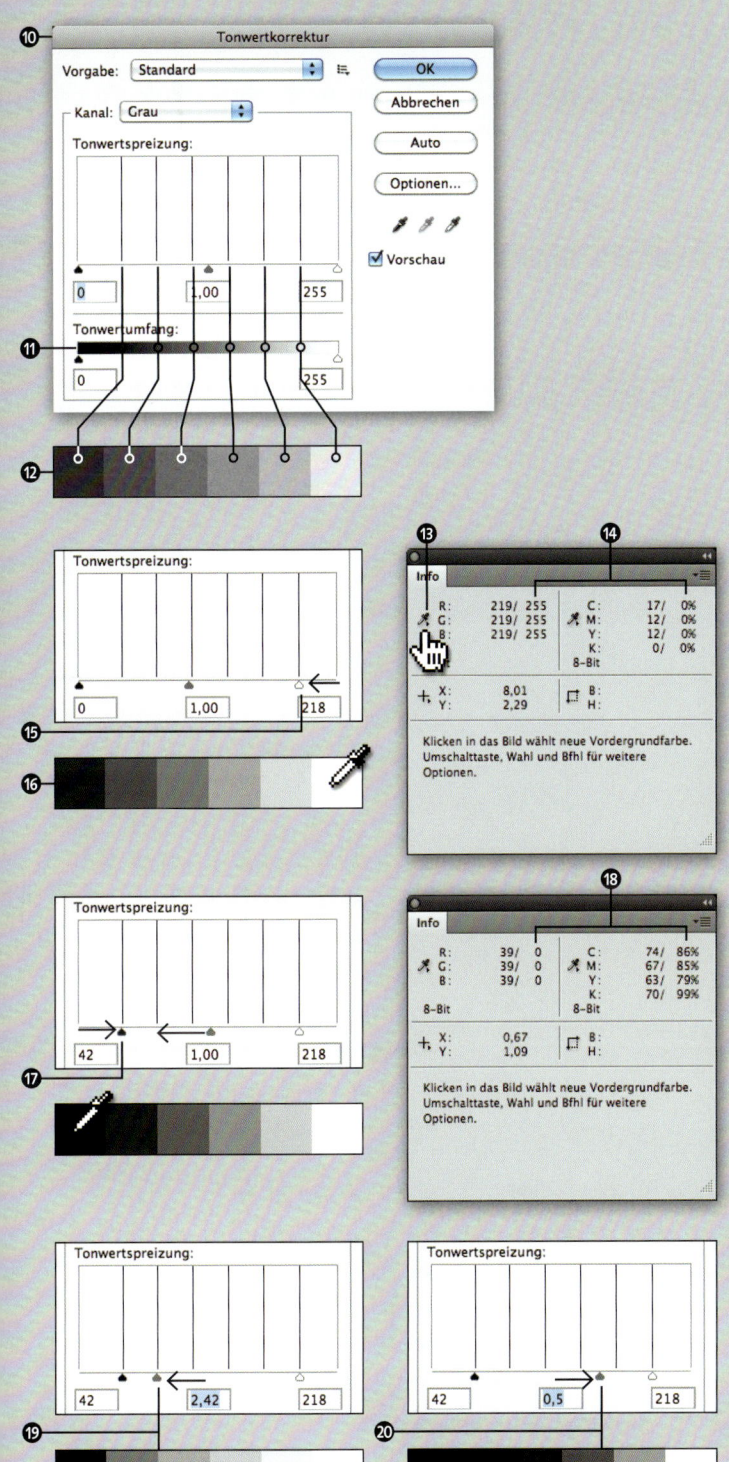

doppelte Größe des vorangegangenen hat, und dementsprechend jeweils auch ein Balken im Histogramm doppelt so hoch ist wie der jeweilige links von ihm.

Tonwertkorrektur bedeutet, die Helligkeitsverteilung in einem Bild zu beeinflussen. Abbildung ⑫ zeigt auch eine Grafik mit sechs Feldern. Allerdings ist der Tonwertumfang dieser Grafik schmaler als bei Abbildung ⑧: Anstatt schwarz ist das dunkelste Feld dunkelgrau, anstatt weiß ist das hellste Feld hellgrau. Wenn Sie die Balken des Histogramms vertikal in den Verlauf TONWERTUMFANG ⑪ verlängern, sehen Sie, welchem Tonwert sie entsprechen.

Im Dialog TONWERTKORREKTUR ⑩ finden Sie zwei Regler, mit denen Sie den Tonwertumfang spreizen können. Rechts befindet sich der Regler für den WEISSPUNKT. Verschieben Sie diesen nach links ⑮, direkt unter den Balken des hellsten Feldes, wird dieses Feld zu Weiß aufgehellt. Alle anderen Felder werden relativ mit aufgehellt ⑯. Wenn Sie den Mauszeiger über das Feld führen, zeigen die Werte für RGB und CMYK, dass es absolut Weiß ist ⑭. Sollte INFO nicht RGB links und CMYK rechts zeigen, können Sie das über das Menü, das Sie mit einem Klick auf die Pipette ⑬ erhalten, umstellen.

Schieben Sie den Regler für den SCHWARZPUNKT ⑰ nach rechts unter den Balken des dunkelsten Feldes, dann wird aus dem ursprünglich dunkelgrauen Feld ein schwarzes. Die Werte ⑱ bestätigen, dass das Feld schwarz geworden ist (vor dem Schrägstrich die Urspungswerte, danach das Resultat der Einstellung).

Besonderen Einfluss auf die Helligkeitsverteilung hat der Regler für mittlere Tonwerte. Wenn Sie diesen nach links verschieben, hellen sich alle Pixel auf ⑲ (außer reinem Schwarz und Weiß), wenn Sie ihn nach rechts verschieben, werden alle Pixel dunkler ⑳ (außer reinem Schwarz und Weiß).

Einfache Tonwertkorrektur

Müde Bilder munter machen

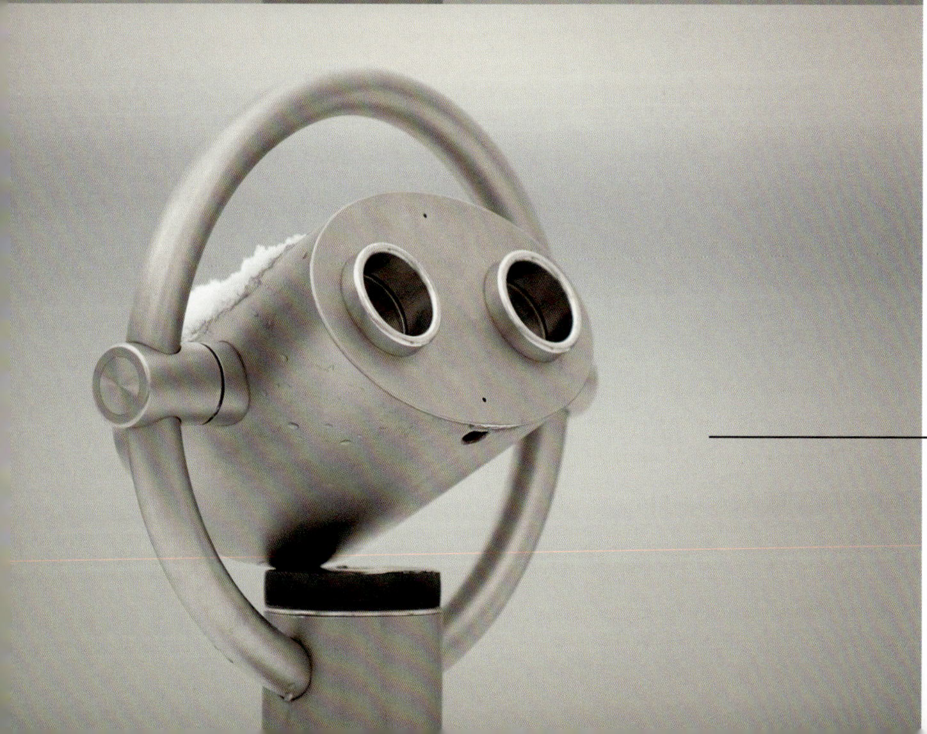

Tonwertkorrekturen gehören zu den Arbeiten, die jeder Photoshopper gelegentlich durchführen muss. Zwar nicht die einzige, aber eine einfache Möglichkeit dazu stellt eine Tonwertkorrektur dar. Diese können Sie destruktiv über das Menü BILD • KORREKTU-REN ausführen oder nicht-destruktiv mittels Einstellungsebene. Meist sieht eine einfache Tonwertkorrektur so aus, dass Schwarz- und Weißpunkt an das Histogramm herangeführt und die mittleren Tonwerte leicht angepasst werden. Vermieden werden sollten dabei zu reinem Schwarz absaufende oder zu reinem Weiß ausbrechende Bereiche, die im Druck gänzlich unbedruckt bleiben würden.

Zielsetzung:
Bild aufhellen
[tonwertkorrektur1.tif]

1   Schwarzpunkt mit Alt-Tasten-Trick

Klicken Sie in der Palette KORREKTUREN auf TONWERTKORREKTUR ![]. Mit einem Klick hier ❺ lässt sich die Palette vergrößern. Dieses Symbol ❸ zeigt an, dass das Histogramm nicht aktuell ist – klicken Sie, um es neu zu berechnen. Um die dunklen Bildbereiche Schwarz zu bekommen, verschieben Sie den Schwarzpunktregler ❹. Halten Sie dabei `Alt`, wird das Bild weiß, und es erscheinen bunte Flecken, wenn ein Bereich zu dunkel wird, wie hier ❶ die inneren Ringe in den »Augen« ❷. Schieben sie dann nicht weiter.

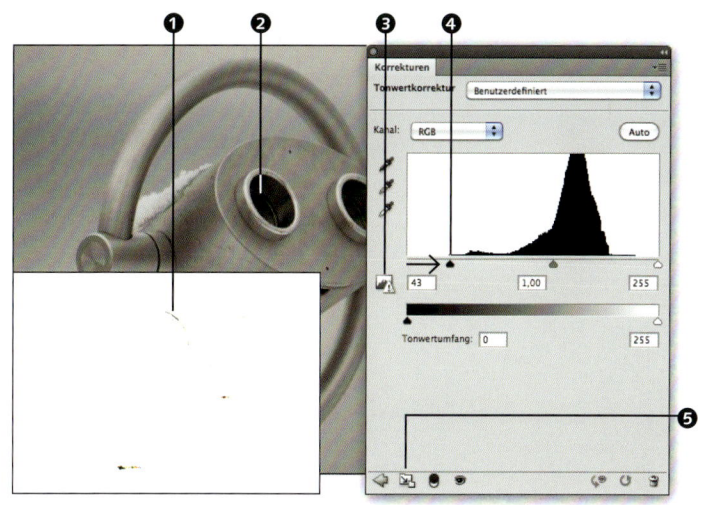

2   Weißpunkt mit Alt-Tasten-Trick

Nun verschieben Sie den Weißpunkt ❽, um die hellen Bereiche weiter aufzuhellen. Halten Sie wieder die `Alt`-Taste – das Bild wird schwarz. Sobald Bereiche auftreten, die über-belichtet werden und zu Weiß ausbrechen, wie hier ❻ die Glanzstellen ❼, lassen Sie den Weißpunktregler stehen. Dieser Trick mit `Alt`-Taste und dem Heranschieben von Schwarz- und Weißpunkt an das Histogramm-*Gebirge* funktioniert bei vielen Bildern. Eine Ausnahme wäre zum Beispiel ein Motiv im Nebel, wo alles etwas trübe bleiben sollte.

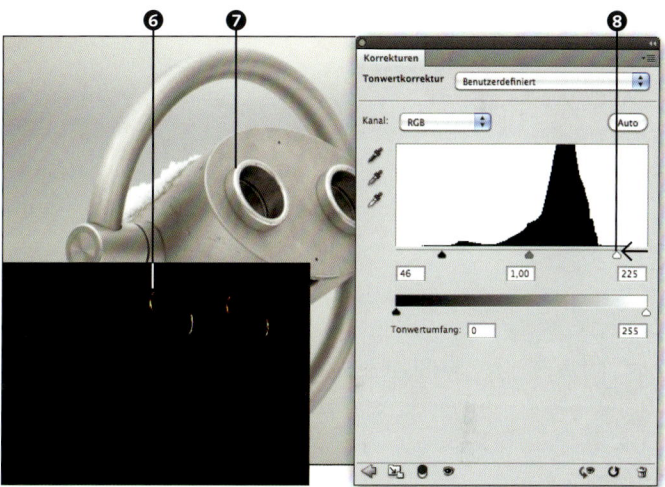

3   Mittelton und Tonwertumfang

Ist Schwarz- und Weißpunkt korrigiert – man spricht von einer Tonwertspreizung, weil die Tonwerte dazwischen auseinandergezogen werden –, können Sie das Bild mit dem Mit-telton-Regler ⓫ etwas aufhellen.

Führe ich den Mauszeiger über die Schnee-haube ❾, zeigt mir die Palette INFO, dass hier nur mehr 1 % Tonwert für C, M und Y ❿ übrig sind. Das ist für den Offsetdruck zu wenig, weil weniger als 3–5 % nicht gedruckt werden und zu weißen Flecken ausbrechen. Deshalb habe ich den TONWERTUMFANG reduziert ⓬.

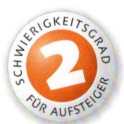

Schwierigkeitsgrad 2 für Aufsteiger

Tonwertkorrektur mit Pipetten

Schwarz und Weiß definieren, Farbstich entfernen

Mit Einstellungsebenen können Sie an einem Bild mit beliebig vielen Korrekturfunktionen arbeiten, ohne die Bildqualität zu ruinieren, da keine Bildinformation verloren geht. In diesem Workshop werden wir die Tonwertkorrektur mit Pipetten so vornehmen, dass dadurch auch unschöne Farbstiche entfernt werden. Ich zeige Ihnen, wie Sie die Farben mit Dynamik puschen können und anschließend die Tonwertkorrektur noch einmal anpassen. Darüber hinaus werden wir noch einmal den Tonwertumfang reduzieren.

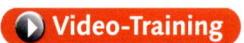

Video-Training

Auch Lektion 1.1 zeigt, wie Farbstiche entfernt werden können.

Zielsetzungen:

Bild aufhellen, Kontrast erhöhen, Lebendigkeit steigern

[tonwertkorrektur2.tif]

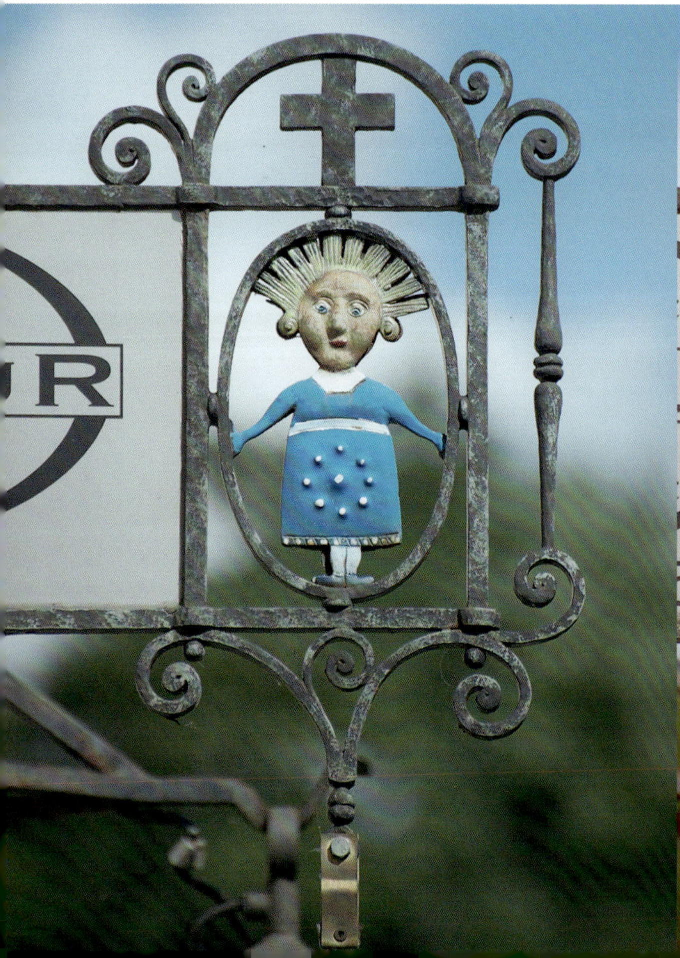

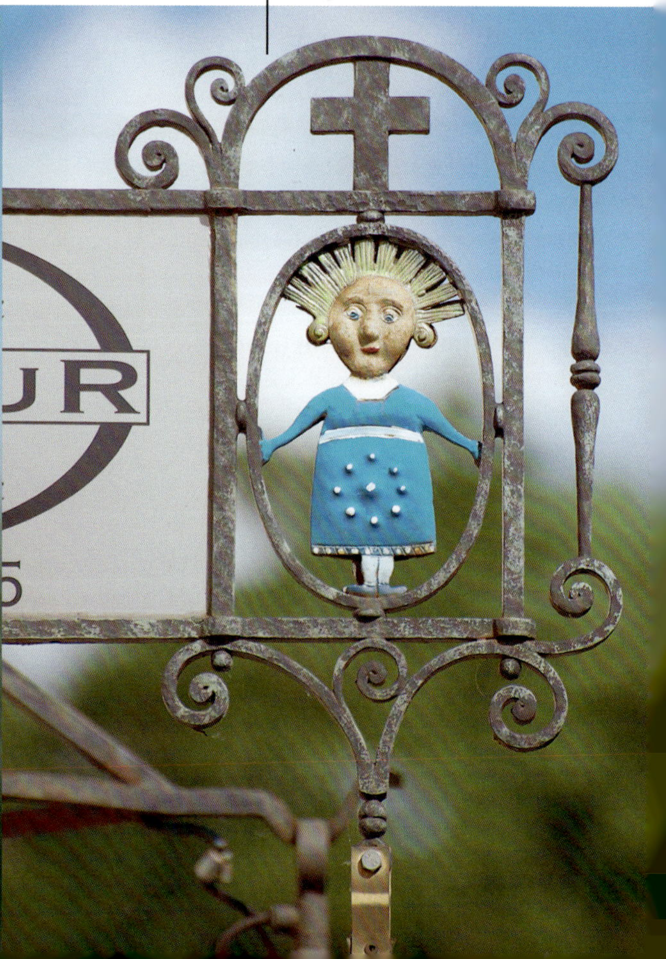

Foto: Markus Wäger

1 Messpunkt einstellen und finden

Erstellen Sie über die Palette KORREKTUREN eine TONWERTKORREKTUR-Einstellungsebene ⌨. Links an der Palette finden Sie dann drei Pipetten. Aktivieren Sie jene zum Setzen des WEISSPUNKTS ❸. Öffnen Sie die Palette INFO. Klicken Sie mit rechts in das Bild – es erscheint ein Kontextmenü, mit dem Sie den Durchschnitt ❷ für die Messung einstellen können.

Tipp: Ich arretiere die Feststelltaste, um ein Fadenkreuz ❶ statt der Pipette angezeigt zu bekommen.

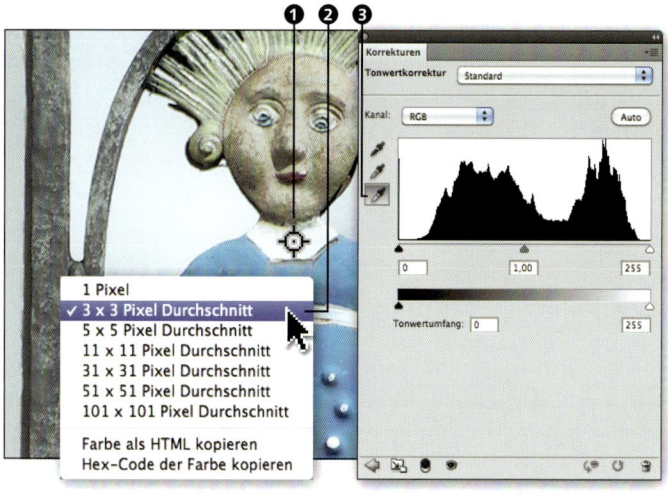

2 Weißpunkt definieren

Wenn Sie sich in der Palette INFO an CMYK orientieren, dann bedeuten geringere Werte hellere Farbe. 0% Cyan, Magenta, Gelb und Schwarz ist weiß, das heißt für den Druck unbedrucktes Papier. Klicken Sie, nachdem Sie den hellsten Bereich aufgespürt haben. Ich habe ihn am Kragen ❺ bei einem Wert von 7% Cyan, 3% Magenta und 4% Gelb ❹ gefunden.

Tipp: Wenn Sie einen Bereich mit 0% CMYK finden, brauchen Sie die Pipette nicht einzusetzen – weißer als Weiß geht nicht.

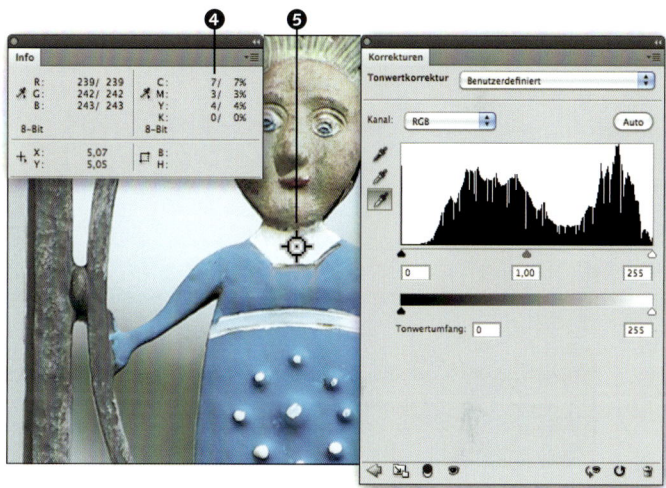

3 Schwarzpunkt setzen

Aktivieren Sie nun die Pipette SCHWARZPUNKT ❾, und suchen Sie den dunkelsten Bereich. Ich habe zunächst diese Stelle ❽ als dunkelste herausgefunden und dann das Bild etwas vergrößert (zum Beispiel über ⌨ Strg/⌘ + +), um den Schwarzpunkt besser setzen zu können ❽. Bei der Suche nach dem Schwarzpunkt orientiere ich mich an den RGB-Werten ❻, da die CMYK-Werte ❼ für Schwarz schwerer zu deuten sind. 0 für RGB ist reines Schwarz. Sie suchen also nach der Stelle, die dem am nächsten kommt.

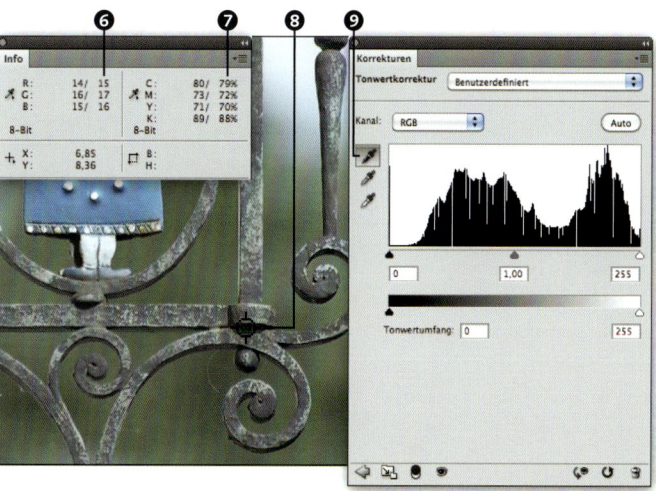

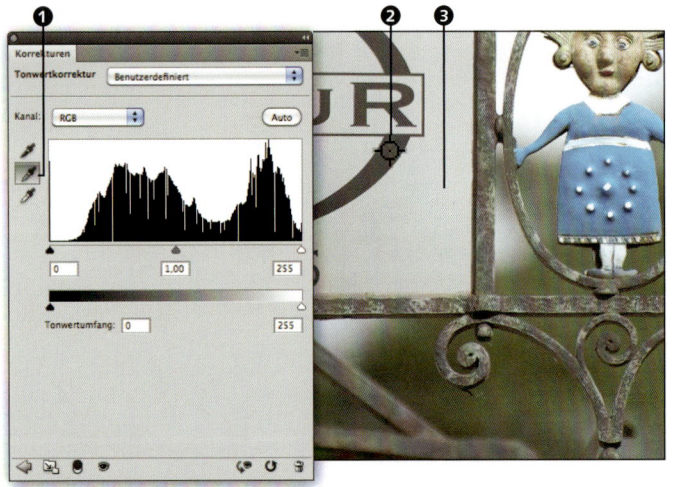

4   Mitteltöne definieren

Wozu dient die Pipette MITTELTÖNE ❶? Zur Bestimmung mittlerer Helligkeit (weder ● noch ●, sondern ●)? Falsch! Sie definieren mit ihr neutrales Grau. Das ist ein Grau ohne Farbstich. Nicht bläulich ●, nicht rötlich ●, nicht gelblich ●, sondern eben ● – egal ob hell ● oder dunkel ●. Klicken Sie mit ihr auf Bildbereiche, die nach Ihrer Einschätzung neutralem Grau entsprechen dürften. Zum Beispiel die graue Schrift ❷ oder die weiße Tafel ❸: Flächen, die weiß sein müssten, aber etwas beschattet sind, eignen sich oft.

5   Verzinktes Metall ist neutrales Grau

Es gibt aber einen zuverlässigeren Kandidaten als die Schrift und die Tafel, denn die Schrift könnte ja einen warmen Grauton haben, und das Schild könnte eierschalenfarben sein. Unten sieht man eine verzinkte Schraube ❺. Verzinktes Metall entspricht in der Regel neutralem Grau, hat keinen Farbstich und reflektiert kaum Farben aus der Umgebung. Mit einem Klick habe ich den Farbstich des Bildes neutralisiert. Dass die Werte für R, G und B jetzt gleich hoch sind ❹, zeigt mir, dass unter dem Mauszeiger neutrales Grau liegt.

6   Dynamik-Einstellungsebene

Nun wollen wir die Farben in diesem Bild etwas mehr zum Leuchten bringen. Dafür gibt es seit CS4 die hervorragende Korrektur DYNAMIK. Klicken Sie auf ZUR KORREKTURLISTE ZURÜCKKEHREN ❻, klicken Sie dort auf NEUE DYNAMIK-EINSTELLUNGSEBENE ERSTELLEN ▼, und ziehen Sie den Regler für DYNAMIK ❼ zum Anschlag. Das bringt die Farben des Bildes schön zum Leuchten.

7 Einstellungsebene nachbearbeiten

Nach der Einstellung der DYNAMIK ist mir das Bild noch etwas zu dunkel. Um die TONWERT-KORREKTUR zu bearbeiten, klicke ich in der Palette EBENEN auf die Einstellungsebene ❽ – in der Palette KORREKTUREN erscheint TON-WERTKORREKTUR. Hier schiebe ich den Regler für die mittleren Tonwerte ❾ (nicht verwechseln mit Mittelwerten für neutrales Grau) etwas nach links, um das Bild aufzuhellen.

Tipp: Falls Sie mit einer Version vor CS4 arbeiten, setzen Sie einen Doppelklick auf ❽, um den Einstellungsdialog zu öffnen.

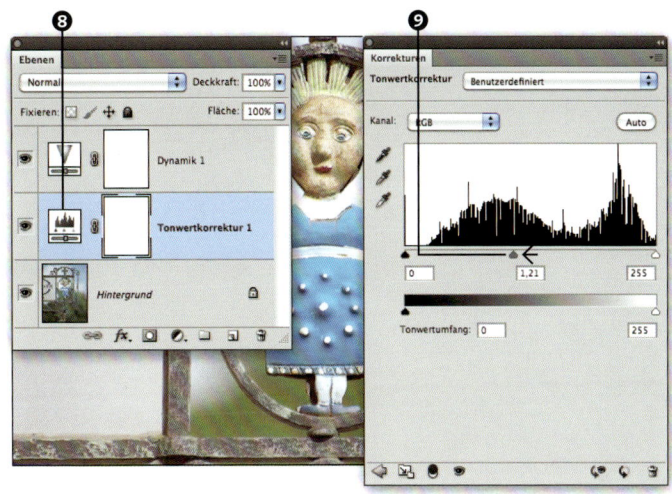

8 Tonwertumfang begrenzen

Wie ich schon im vorangegangenen Work-shop beschrieben habe, sollte vermieden werden, dass nennenswerte Bildbereiche zu Weiß ausbrechen und in unbedrucktem Papier resultieren ❿. Das ist in diesem Bild an ein paar Stellen der Fall. Um das zu verhindern, habe ich den TONWERTUMFANG wieder bei 245 begrenzt ⑫. Das ist ein ganz praktikabler Wert. Dadurch gibt es auch in hellen Bereichen immer noch einen geringen Farbauftrag ⑪, der aber dennoch als Weiß wahrgenommen wird.

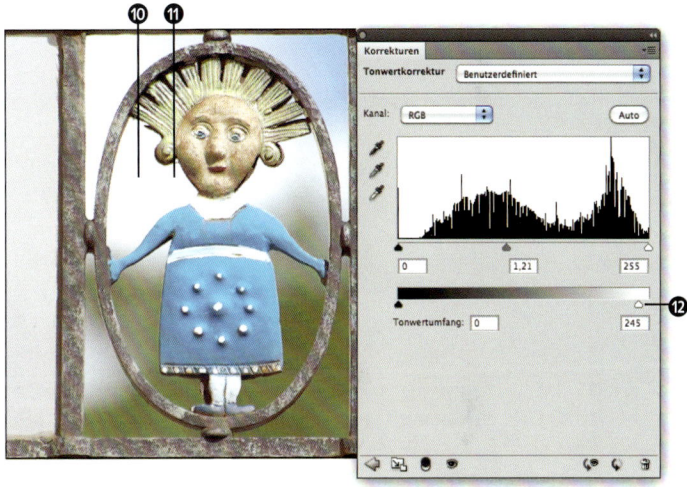

9 Auf Hintergrundebene reduzieren

Auch wenn Sie nicht beabsichtigen, Bilder mit vielen Ebenen, Masken und Einstellungsebenen zu speichern, weil Ihnen das vielleicht zu viel Speicherplatz verbraucht, empfehle ich Ihnen dennoch, während der Ausarbeitung Einstellungsebenen zu nutzen, anstatt Korrekturen destruktiv über BILD • KORREKTUREN vorzunehmen. Sie haben noch immer die Möglichkeit, nach Abschluss alles zu einer Ebene zu verschmelzen. Dazu wählen Sie im Menü der Palette EBENEN ⑬ AUF HINTER-GRUNDEBENE REDUZIEREN.

Gradationskurven

Wie Tonwertkorrektur, nur besser

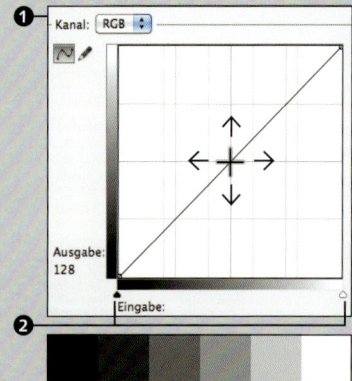

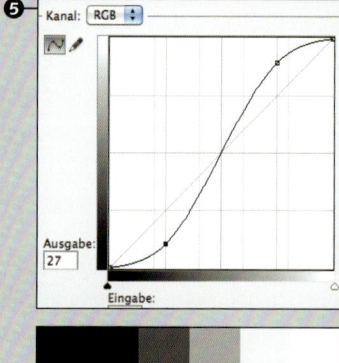

Gradationskurven sind nicht gerade leichte Kost. Doch wenn Sie sich zum Bildbearbeitungsprofi entwickeln wollen, lassen Sie die Tonwertkorrektur am besten links liegen und beißen sich durch diese Materie. Sie sehen auf dieser Doppelseite zwölf Gradationskurven und ihre Auswirkung auf den *Verlauf* mit den sechs Graustufen, den ich schon zur Erklärung der Tonwertkorrektur herangezogen habe (Seite 218f.).

Öffnen Sie über BILD • KORREKTUREN • GRADATIONSKURVEN den Gradationskurven-Dialog, oder erstellen Sie über die Palette KORREKTUREN eine GRADATIONSKURVEN-Einstellungsebene. Die angezeigte Kurve ist zunächst eine Gerade ❶. Via Mausklick an einer beliebigen Stelle der Geraden setzen Sie einen Punkt, und durch Ziehen dieses Punktes verbiegen Sie die Gerade zur Kurve.

Wenn Sie die Kurve absenken, werden die vier Graustufen des sechsstufigen Verlaufs abgedunkelt ❸. Lediglich Schwarz und Weiß bleiben unverändert, und zwar so lange, wie die Regler für den Schwarz- und Weißpunkt nicht verschoben werden ❷.

Wird die Kurve angehoben, hellen sich die Graustufen der Grafik auf ❹. Bis hierhin unterscheidet sich die Arbeit mit Gradationskurven nicht wesentlich von der Arbeit mit der Tonwertkorrektur. Der Punkt, den Sie auf die Linie setzen, ist mit dem Mittenregler der Tonwertkorrektur vergleichbar. Der Vorteil der Gradationskurven liegt darin, dass Sie bis zu 14 Punkte auf die Linie setzen können, was 14 Mittenreglern entspräche (für dunkle Mitten,

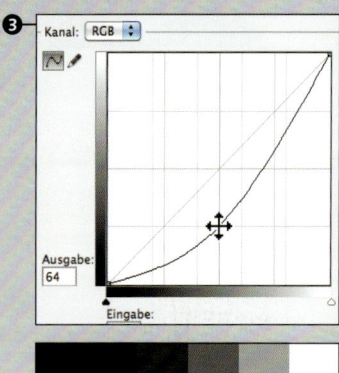

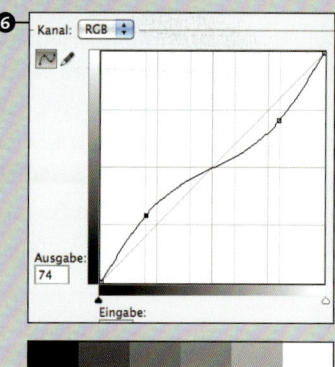

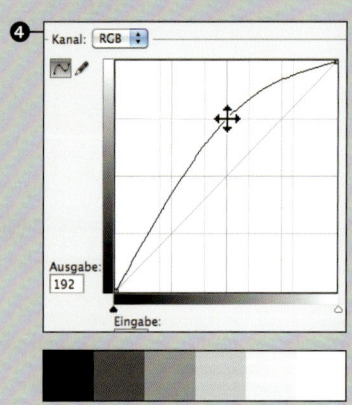

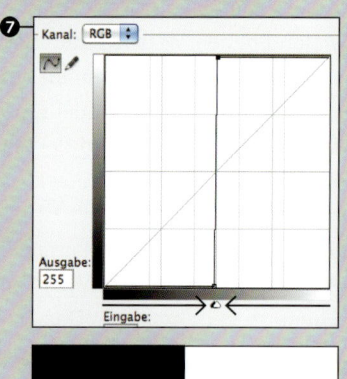

mittlere Mitten und helle Mitten). Setzen Sie zwei Punkte auf die Linie, senken den unteren (dunkle Mittentöne) ab und heben den oberen (helle Mittentöne) an, dann erhöht sich der Kontrast ❺. Heben Sie hingegen den unteren Bereich der Kurve an und senken den oberen, dann ergibt eine dermaßen umgekehrte S-Kurve eine Verminderung des Kontrasts ❻. Auch Schwarz- und Weißpunkt ❷ lassen sich verschieben. Mit extremen Einstellungen lässt sich dadurch eine sogenannte Tontrennung erreichen ❼.

Bildbearbeitungsexperten nutzen darüber hinaus die Möglichkeit, mit Gradationskurven Einfluss auf die einzelnen FARBKANÄLE ❾ zu nehmen. Fotografien haben oft einen Farbstich – sie tendieren einen Tick zu sehr in Richtung Blau, Gelb, Rot oder Grün. Wenn Sie in Farbtheorie etwas bewandert sind (siehe auch Grundlagenexkurse ab Seite 102 und ab Seite 168), dann wissen Sie, dass sich jede Farbe durch ihre Gegenfarbe (Komplementärfarbe) neutralisieren lässt. Hat ein Bild einen *Cyanstich*, können Sie diese Farbtendenz ausgleichen, indem Sie die Gradationskurve anheben ❽ (da wir hier immer dieselbe Grafik mit neutral grauen Feldern verwenden, ist das Resultat hier dann natürlich rotstichig). Das Anheben der Kurve in einem bestimmten Farbkanal fügt dem Bild einen höheren Anteil dieser Farbe hinzu. Umgekehrt lässt sich ein zu starker Rotstich durch Absenken der Kurve im Rot-Kanal reduzieren, wodurch sich der Cyan-Anteil erhöht und das Bild kühler wird ❽.

Rot hat als Gegenfarbe Cyan (❽/❿), Grün als Gegenfarbe Magenta (⓫/⓬) und Blau als Gegenfarbe Gelb (⓭/⓮). Da sich auch in den Farbkanälen jeweils mehrere Ankerpunkte zum Formen einer S- oder umgekehrten S-Kurve setzen lassen, sind die Möglichkeiten, die Tonwertverteilung über Gradationskurven zu steuern, praktisch unerschöpflich.

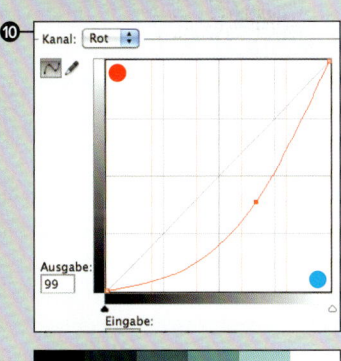

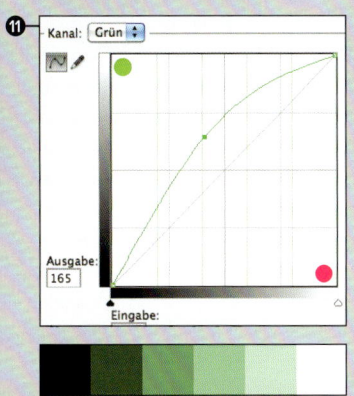

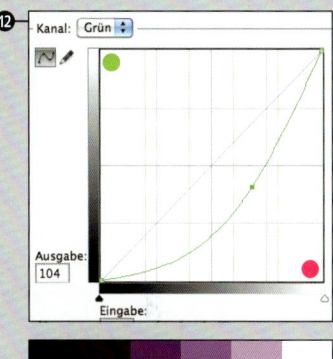

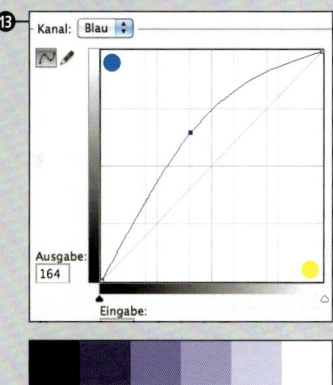

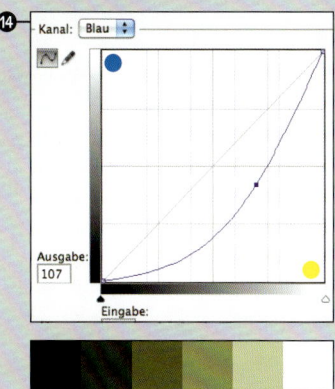

SCHWIERIGKEITSGRAD 1 FÜR EINSTEIGER

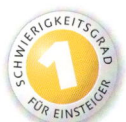

Gradationskurven light

Einfaches Abdunkeln und Aufhellen von Bildbereichen

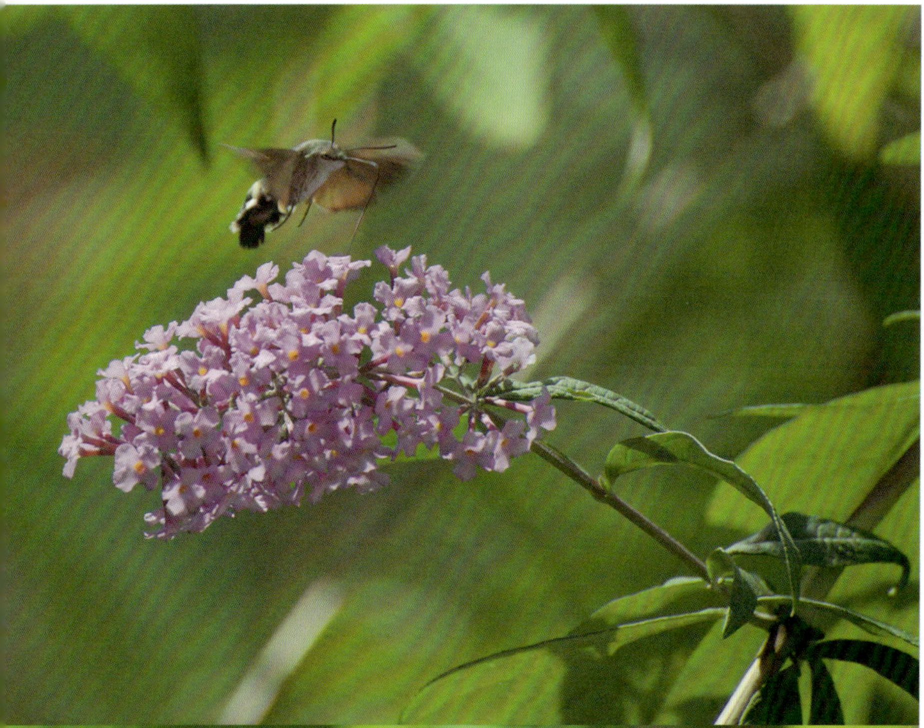

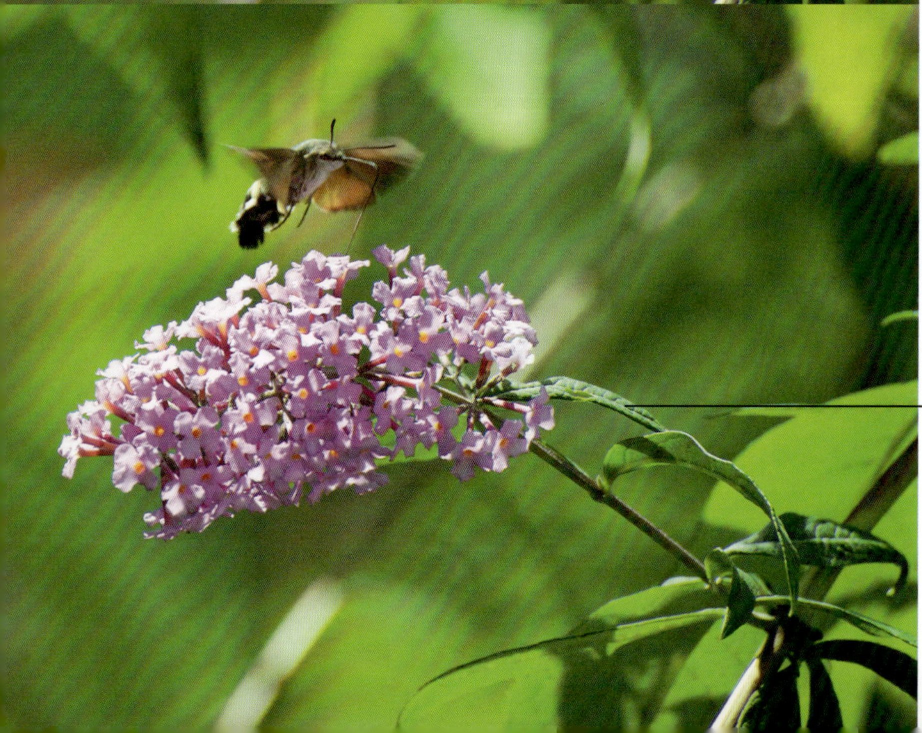

Tonwertkorrekturen gehören zum Grundrüstzeug des Bildbearbeiters. Anhand der bisherigen Workshops werden Sie vielleicht denken, dass ich am häufigsten die Korrektur Farbton/Sättigung nutze. Farbton/Sättigung ist zwar ein vielseitiges Instrument, doch die Betonung auf dieser Einstellung in den bisherigen Workshops liegt vor allem daran, dass sich damit viele Bildbearbeitungsabläufe anschaulich erklären lassen. Auf Auswahlarbeiten, wie in den Workshops »Das Zauberstab-Werkzeug« (Seite 162), »Das Schnellauswahlwerkzeug« (Seite 164), »Mit dem Lasso Objekte einfangen« (Seite 166) usw., folgen sehr oft eine Tonwertkorrektur oder das Einstellen einer Gradationskurve. Tonwertkorrektur und Gradationskurven ähneln sich, daher werden Sie nur selten beides am selben Bild einsetzen.

Zielsetzungen:

Kontrast anheben
und Bild aufhellen

[gradation_light.jpg]

1   S-Kurve für mehr Kontrast

Klicken Sie in der Palette KORREKTUREN auf GRADATIONSKURVEN-EINSTELLUNGSEBENE ▢. Für mehr Kontrast habe ich zuerst die Gerade per Klick mit einem Punkt fixiert ➋, dann im unteren Viertel einen weiteren Punkt gesetzt und diesen abgesenkt ➊. Das war's – das Bild hat jetzt deutlich mehr Kontrast.

Wollen Sie Punkte wieder löschen, ziehen Sie sie mit der Maus aus dem quadratischen Feld heraus ➌ oder klicken Sie darauf und betätigen Sie die ⟵-Taste. Löschen Sie beide Punkte, um eine Alternative zu probieren.

2   Abdunkeln mit dem Scrubby Slider

Alternative: Aktivieren Sie den SCRUBBY SLIDER ➎, und bewegen Sie die Maus zu dem Bildbereich, den Sie beeinflussen wollen. Wir wollen die dunkleren Bildbereiche abdunkeln. Drücken Sie über einem solchen Bereich ➍ die Maustaste, und ziehen Sie nach unten. Photoshop setzt einen Steuerpunkt ➏ auf die Kurve und senkt sie analog zu Ihrer Mausbewegung ab.

3   Aufhellen mit dem Scrubby Slider

Zum Anheben der Lichter (helle Bildbereiche) suchen Sie eine helle Stelle (keine ganz weiße – Weiß lässt sich nicht aufhellen und Schwarz nicht abdunkeln), drücken wieder die Maustaste und verschieben diesmal die Maus nach oben ➐. Auch hier setzt Photoshop den passenden Punkt auf die Kurve ➑ und hebt sie entsprechend Ihrer Mausbewegung an.

Tipp: Steuerpunkte lassen sich mit ⊞ und ⊟ auswählen und mit ⬇, ⬆, ➡ und ⟵ über die Tastatur verschieben.

Extremkurven

Wie Experten mit Gradationskurven jonglieren

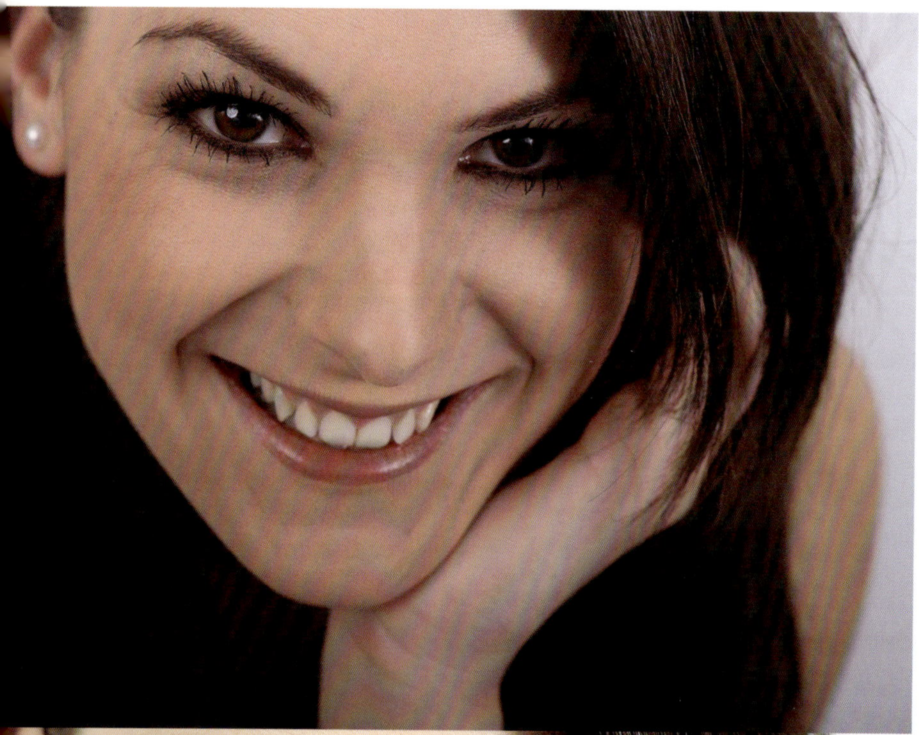

Das Bild, das ich mir hier ausgesucht habe, ist zu dunkel und beinhaltet zu viel Magenta. Da sich unser Auge sehr flexibel auf Licht- und Farbsituationen einstellt, hat der Bildbearbeiter ein Problem: Er weiß oft nicht, ob eine Farbe »richtig ist«, oder ob er sie nur im Moment als richtig wahrnimmt. Hier hilft es, Referenzwerte zur Hand zu haben. Bei Hauttönen besagt eine Faustregel, dass der Gelb-Anteil minimal (aber doch) höher sein muss als der Magenta-Anteil, der Cyan-Anteil sollte ungefähr einem Fünftel bis einem Drittel von Gelb/Magenta entsprechen und Schwarz gegen 0 tendieren. Dieses Verhältnis stimmt fast immer bei Hauttönen, nur die Höhe der Werte, mit denen wir hier arbeiten, unterscheidet sich von Modell zu Modell und von Bild zu Bild.

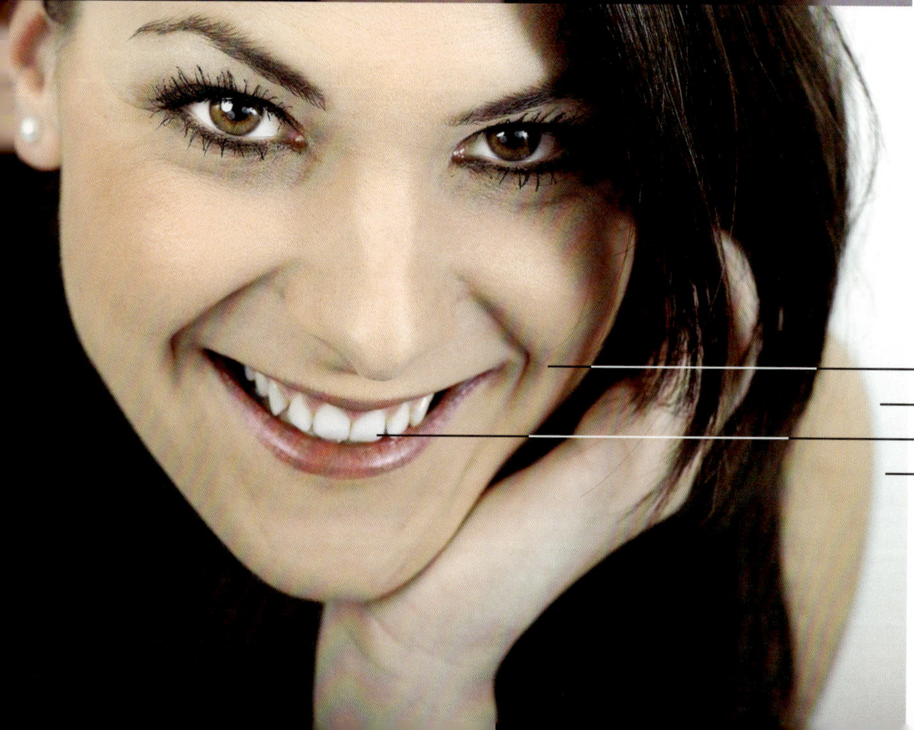

Zielsetzungen:
Hautton korrigieren
Hintergrund korrigieren
Zähne weiß machen
Bild aufhellen

[gradation_professionell.jpg]

Foto: Markus Wäger Modell: Alexandra

1 Farbaufnehmer-Punkte setzen

Aktivieren Sie das FARBAUFNAHME-WERKZEUG 💉, und setzen Sie je einen FARBAUFNEHMER an dieser Stelle auf die Stirn ❷ und hier in den Hintergrund ❸. Wichtig ist vor allem der Aufnehmer auf der Stirn. Damit die Werte, die angezeigt werden, aussagekräftig sind, muss er an einer Hautstelle platziert sein, die weder beschattet noch eine Glanzstelle ist. In der Palette INFO werden die Farbwerte der drei FARBAUFNEHMER in RGB angezeigt. Stellen Sie Aufnehmer 1 auf CMYK-Farbe, indem Sie auf die Pipette unter der 1 ❶ klicken.

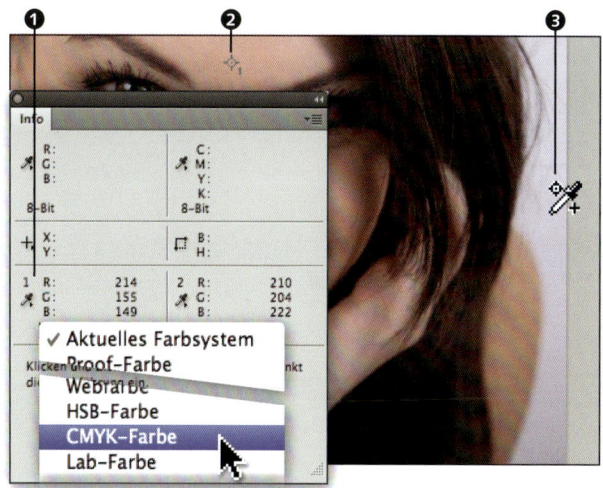

2 Schwarzpunkt im Rot-Kanal

Erstellen Sie über die Palette KORREKTUREN eine GRADATIONSKURVEN-Einstellungsebene 📈. Wählen Sie im Kanäle-Menü den ROT-Kanal ❺ aus (das geht auch über Alt + 3). Schieben Sie die Gradationslinie mittels des Schwarzpunkt-Reglers ❹ an das Histogramm heran. Nutzen Sie dabei den Alt-Tasten-Trick (siehe Seite 221), um zu verhindern, dass zu viele Stellen in reines Schwarz ausbrechen (korrekt gesagt, würde im Rot-Kanal natürlich Rot ausbrechen). Winzige ausbrechende Flecken sind gerade noch akzeptabel ❻.

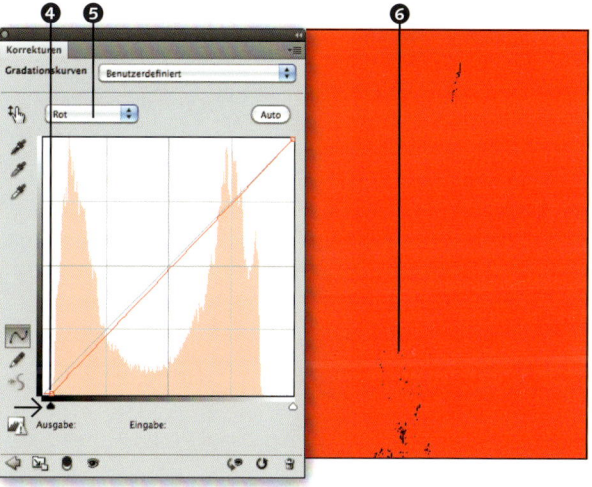

3 Weißpunkt im Rot-Kanal

Führen Sie auch den Weißpunkt ❾ an das Histogramm heran. Achten Sie auch hier darauf, dass keine groben Stellen ausbrechen. Wenn solche Flecken erscheinen ❽, müssen Sie den Regler soweit zurück nach rechts schieben, bis sie wieder verschwunden sind. Lediglich den kleinen Glanzpunkt der Perle im Ohr habe ich als Spitzlicht stehen gelassen ❼.

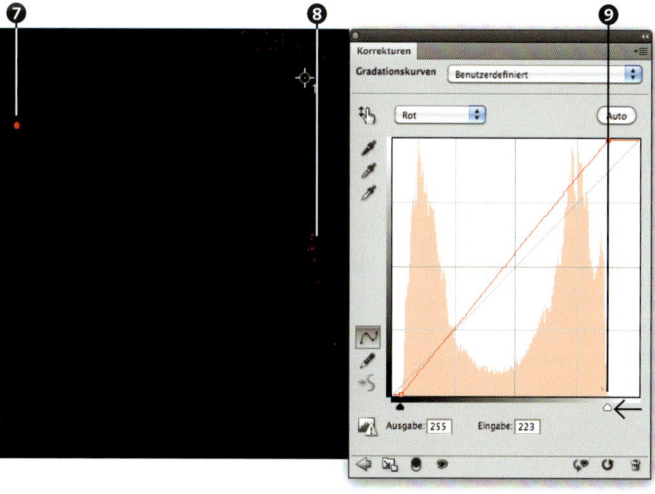

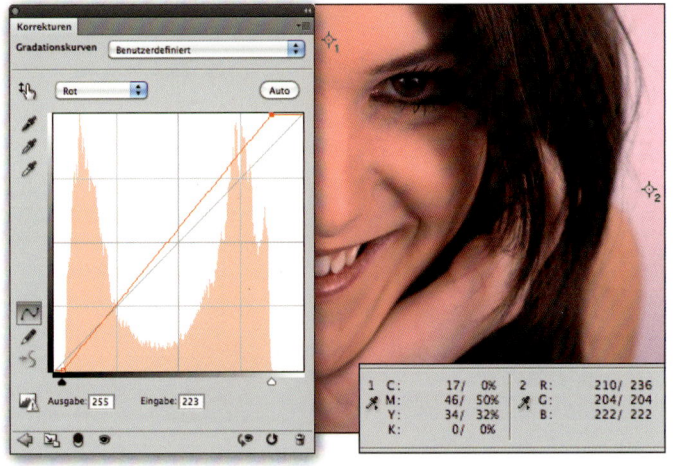

4 Gradation für den Rot-Kanal

Das Resultat sieht jetzt noch rotstichiger aus als das Ausgangsbild, aber wir werden uns der Sache nähern.

Wichtig ist, dass die Arbeitsweise, die Sie hier lernen, oft sehr gut funktioniert. Manchmal liegt man damit aber komplett daneben. Was zählt ist, wie das Bild tatsächlich aussieht. Deshalb müssen Sie trotz aller Faustregeln und todsicheren Arbeitsmethoden immer das Bild im Auge behalten und die Methodik individuell darauf einstellen.

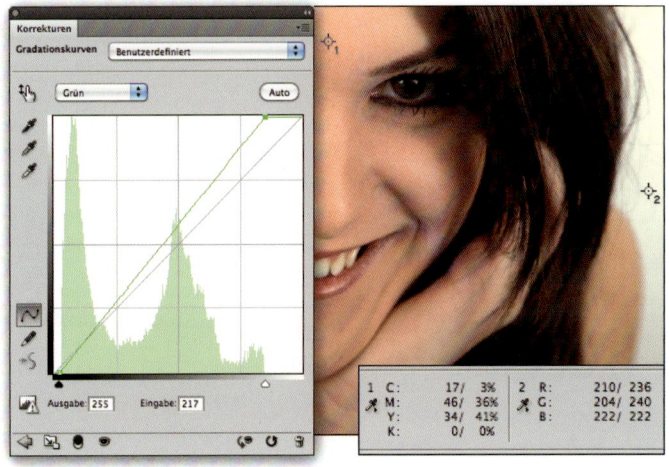

5 Gradation für den Grün-Kanal

Wählen Sie als Nächstes den GRÜN-Kanal, entweder über das Kanäle-Menü oder mit [Alt] + [4]. Gehen Sie vor wie in den Schritten 2 und 3 für den Rot-Kanal beschrieben. Sie können in jedem Kanal den Schwarzpunkt so weit nach rechts verschieben, dass die Perle deutlich als leuchtender Punkt zu sehen ist, jedoch keinesfalls so weit, dass auch andere Bereiche ausbrechen. Es liegt an Ihnen, zu entscheiden, ob Sie solche Spitzlichter zulassen oder nicht. Sie sollten lediglich darauf schauen, alle Kanäle gleich zu behandeln.

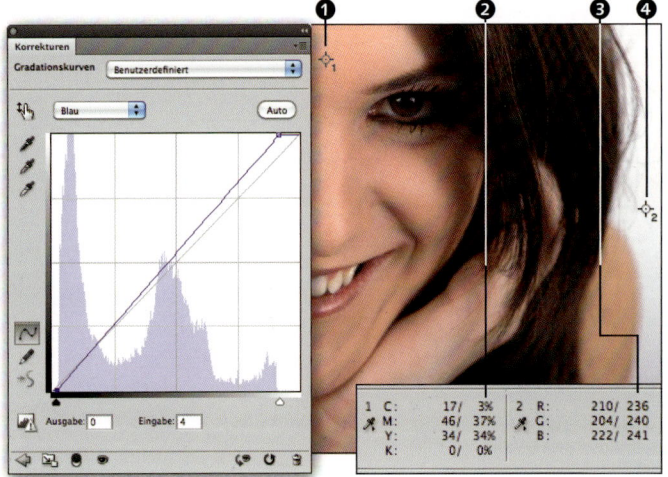

6 Gradation für den Blau-Kanal

Stellen Sie auch den BLAU-Kanal ein, und werfen Sie dann einen Blick in die Palette INFO. Folgende Werte sind das Ziel: Die CMYK-Werte ❷ für die Haut ❶ sollten für Gelb und Magenta fast gleich (Gelb minimal höher), für Cyan zwischen einem Fünftel und einem Drittel von Gelb/Magenta und für Schwarz 0 % sein.

Der Hintergrund ❹ der Aufnahme war weiß. Beschattete, weiße Flächen sollten neutral Grau sein. Die RGB-Werte ❸ für diesen Messpunkt sind fast gleich hoch und damit fast ganz neutral.

7 Kurvenanzeigeoptionen

Kehren Sie zurück zur Einstellung, in der Sie RGB ❺ als Ganzes bearbeiten können. Nach Standard zeigt Photoshop nun die Kurven ❻ für Rot, Grün und Blau so, wie Sie sie für die einzelnen Kanäle zuvor eingestellt haben. Ich mag diese Überlagerungen nicht besonders. Über das Palettenmenü ▼≡ ❼ erreichen Sie die KURVENANZEIGEOPTIONEN und können diese KANALÜBERLAGERUNGEN ❽ ausschalten.

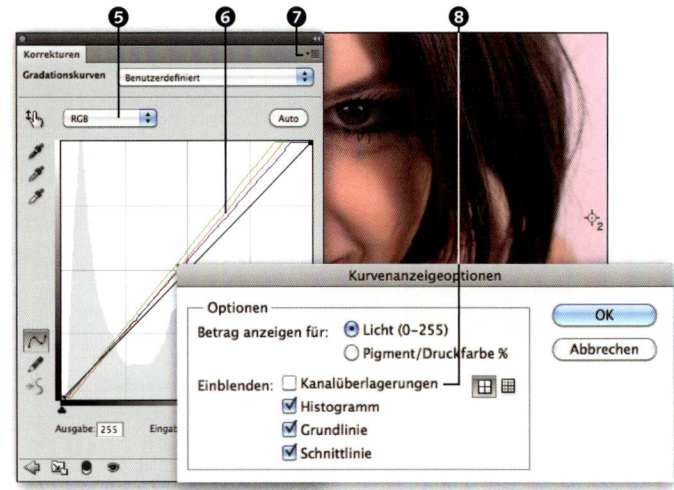

8 Helligkeit und Kontrast

Nun habe ich für RGB eine Kurve eingezogen, indem ich zwei Punkte ❿ gesetzt, dunkle Tonwerte abgesenkt und mittlere Tonwerte angehoben habe. Der überwiegende Teil der Kurve liegt jetzt oberhalb der diagonalen Linie, und das Bild ist damit aufgehellt worden. Wo Sie die Punkte genau setzen, ist nicht ganz so wichtig – man kann das Ergebnis nur anhand der Bildschirmanzeige beurteilen, und es muss für jedes Bild etwas anders aussehen. Die CMYK-Werte ❾ für die Haut zeigen aber immer noch zu wenig Cyan und Gelb.

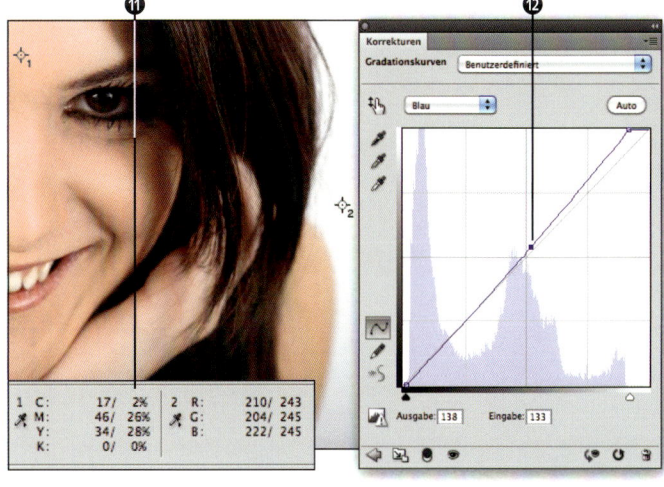

9 Blau-Kanal nachjustieren

Aktivieren Sie den BLAU-Kanal, und senken Sie die Linie mit einem Steuerungspunkt ⓬ ganz leicht ab. Behalten Sie in der Palette INFO den Farbaufnehmer 1 ⓫ für den Hautton im Auge. Ich habe es durch Senken der Blau-Kurve auf ein Verhältnis von 2:26:28 gebracht, was nach Faustregel noch nicht ausreichend Cyan ist, aber zumindest nun den Gelb-Wert über den Magenta-Wert gehoben hat.

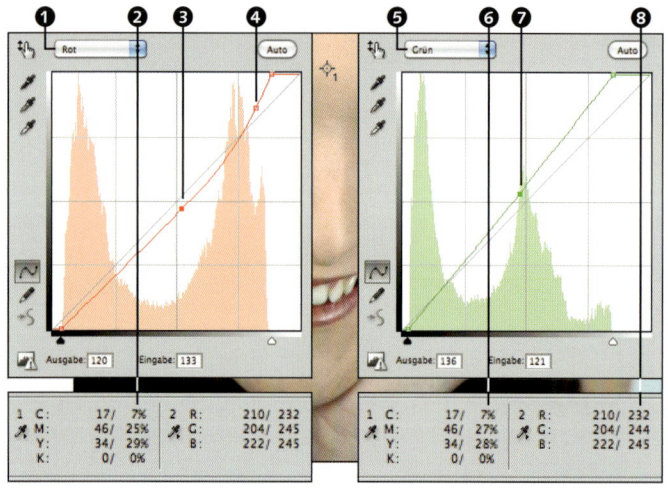

10 Rot und Grün korrigieren

Nun ist Cyan dran. Cyan ist die Komplementärfarbe von Rot, also wähle ich diesen Kanal **❶**, senke die oberen Tonwerte **❹** ab und hebe die mittleren **❸** wieder etwas an. Das Ergebnis: 7:25:29 **❷** – ein zu großer Unterschied zwischen Magenta und Gelb, die Haut ist gelbstichig geworden. Korrigiert habe ich das, indem ich im GRÜN-Kanal **❺** die Mitten leicht abgesenkt habe **❼**. Nun sind die CMYK-Werte **❻** nach Faustregel gut, auch wenn der Hintergrund **❽** nun zu wenig Rot und damit zu viel Cyan enthält – aber die Hauttöne gehen vor.

11 Hintergrund entsättigen

Nun zum blaustichigen Hintergrund: Mit dem FARBAUFNAHME-WERKZEUG ✏️ habe ich den Messpunkt **⓭** in den Bereich gezogen, in dem der Blaustich deutlicher ist, und habe dann mit dem SCHNELLAUSWAHLWERKZEUG 🖌️ (Seite 164 f.) den Hintergrund ausgewählt **⓬**. Über ⬅️ auf der Palette KORREKTUREN bin ich zurück zur Auswahlliste und habe eine FARBTON/SÄTTIGUNG-Einstellungsebene 🟥 erzeugt, die CYANTÖNE **❿** ausgewählt, hier die SÄTTIGUNG **❾** auf –100 reduziert und somit den Hintergrund zu neutralem Grau umgefärbt **⓫**.

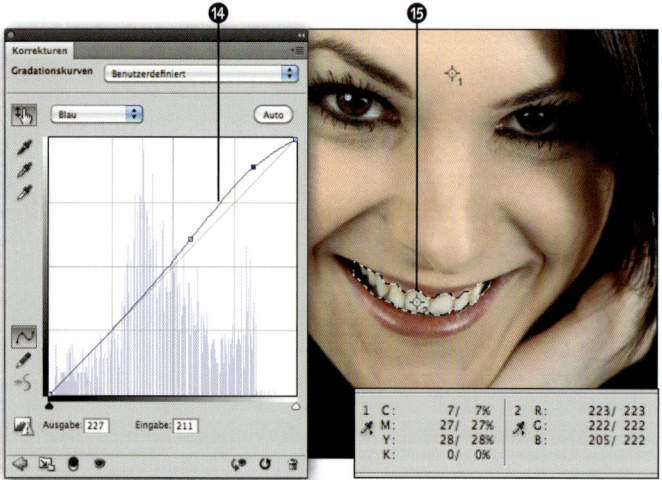

12 Zähne weißer machen

Um die Zähne weißer zu machen, habe ich, ebenfalls mit dem SCHNELLAUSWAHLWERKZEUG 🖌️, eine Auswahl erstellt, bin in der Palette KORREKTUREN zurück zur Auswahlliste ⬅️ und habe eine Einstellungsebene KURVEN 📈 erstellt. Zur Kontrolle habe ich den Farbaufnahme-Messpunkt 1 auf die Zähne gezogen **⓯**.

Im BLAU-Kanal habe ich dann mit einem Steuerpunkt oberhalb der Mitte die Kurve fixiert und die oberen Blautöne angehoben **⓮**, schließlich sind die Zähne hell – rotes Zahnfleisch und Lippen bleiben unbeeinflusst.

13 Augen aufhellen

Nun sollen die Augen zur Geltung kommen. Gehen Sie in der Palette KORREKTUREN zurück zur Auswahlliste 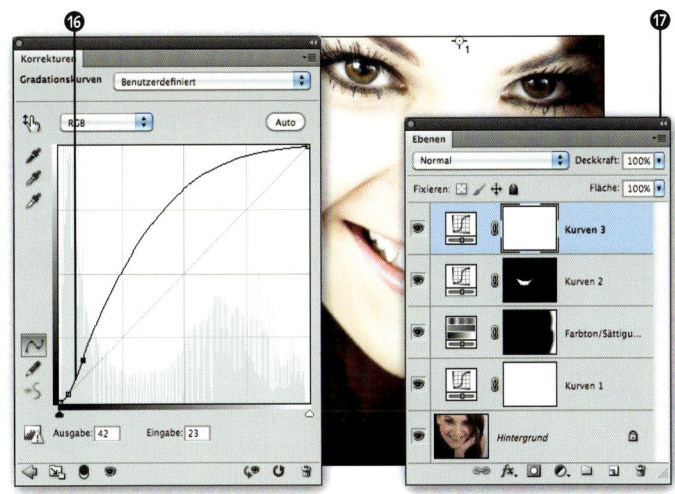 und erstellen eine dritte Einstellungsebene mit KURVEN. Die Palette EBENEN sollte mittlerweile so ⑰ aussehen. Mit zwei tief unten angesetzten Steuerpunkten habe ich die Kurve ganz unten fixiert – damit sehr dunkel sehr dunkel bleibt – und mit einem zweiten Punkt dicht darüber die nicht mehr ganz so dunklen Tonwerte angehoben ⑯. Das macht das Gesicht leichenblass, aber die Augen leuchten schön.

14 Augen maskieren

Füllen Sie nun die Ebenenmaske mit Schwarz (die Maske muss ausgewählt sein – Sie wissen schon: die spitzen Klammern zeigen das an), indem Sie beispielsweise Schwarz zur HINTERGRUNDFARBE machen und Strg/⌘ + ← eingeben. Nun können Sie mit Weiß als VORDERGRUNDFARBE mit dem PINSEL-WERKZEUG über die Augen malen ⑱; dort, wo Sie in der Ebenenmaske ⑲ dadurch Weiß auftragen, beginnt die zuvor erstellte Einstellungsebene zu wirken und zeigt die dabei eingestellte Aufhellung.

15 Letzte Aufhellung

Zum Schluss soll das Bild insgesamt noch etwas aufgehellt werden. Gehen Sie noch einmal zurück zur Auswahlliste 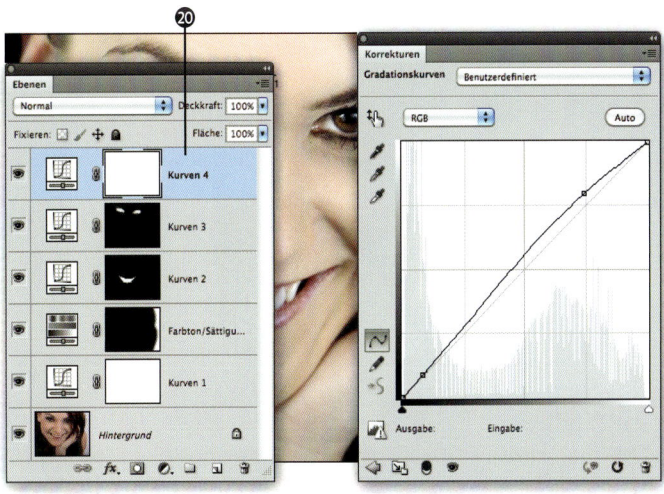, und erstellen Sie eine letzte Einstellungsebene mit KURVEN ⑳. Nur eine ganz leichte Kurve führt zu einer dezenten Aufhellung, die dem Bild den letzten Schliff verleiht.

Arbeitet man destruktiv, über das Menü BILD • KORREKTUREN, ist eher davon abzuraten, mehrmals hintereinander Gradationskurven (oder Tonwertkorrektur oder beides) auf ein Bild anzuwenden. Mit Einstellungsebenen hingegen ist das kein Problem.

Tiefen/Lichter zum Aufhellen

Gegen zu tiefe Schatten ist ein Kraut gewachsen.

TIEFEN/LICHTER ist eine gute Möglichkeit, Bilder aufzuhellen, bei denen die Schatten zu dunkel und die hellen Bereiche zu hell ausgefallen sind. Das ist zum Beispiel bei Gegenlichtaufnahmen oder Fotos bei strahlendem Sonnenschein der Fall. Hier kombiniere ich TIEFEN/LICHTER mit einer Smart-Objekt-Ebene. Das bringt den Vorteil, dass man über eine Art Filtermaske partielle Bereiche zurück in den Ursprungszustand versetzen kann. Es ist zwar keine Ebenenmaske, ist aber durchaus vergleichbar. TIEFEN/LICHTER und Smart-Objekt müssen allerdings nicht unbedingt gemeinsam verwendet werden. Das eine geht auch ohne das andere.

Zielsetzungen:

Schatten aufhellen
Schwarz des Kleides bewahren
[tiefen-lichter.jpg]

1   Smart-Objekt und Tiefen/Lichter

Um TIEFEN/LICHTER nicht-destruktiv anwenden zu können, klicken Sie mit rechts auf HINTER-GRUND ❸ und wählen IN SMART-OBJEKT KON-VERTIEREN (klicken Sie nicht auf die Miniatur ❷, sonst erscheint ein Menü, das die Smart-Objekt-Option nicht anbietet) ❶. Wählen Sie dann im Menü BILD • KORREKTUREN • TIEFEN/LICHTER. Aktivieren Sie hier WEITERE OPTIONEN EINBLENDEN ❼. Über die TIEFEN-Werte STÄR-KE ❹, TONBREITE ❺ und RADIUS ❻ lassen sich nun tiefe Tonwerte und Schatten aufhellen.

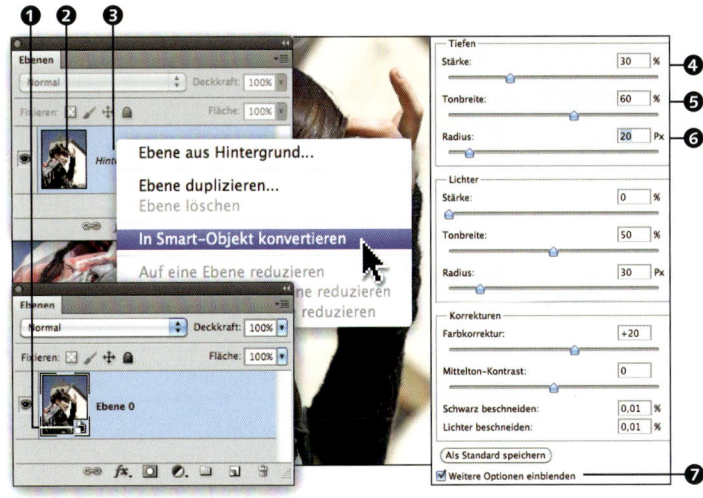

2   Nach den Tiefen die Lichter

Nach der provisorischen Einstellung der TIEFEN kommen STÄRKE ❽, TONBREITE ❾ und RADIUS ❿ der LICHTER dran. Ein- und Aus-schalten der VORSCHAU (V) hilft dabei, die beste Einstellung zu finden. Nachdem ich mit den Lichtern zufrieden war, habe ich die TIE-FEN noch einmal nachjustiert. Außerdem habe ich die FARBKORREKTUR ⓫ auf +15 verringert.

Tipp: Ich setze den Cursor in die einzelnen Felder und erhöhe bzw. verringere deren Werte mit den ↑ - und ↓ -Tasten bei ge-drückter ⇧ -Taste in Zehnerschritten.

3   Filter maskieren

Durch das Aufhellen der TIEFEN ist das Schwarz des Kleides verwaschen geworden ⓬. Doch zwischen der Smart-Objekt-Ebene und der Korrektur-Einstellung TIEFEN/LICHTER hängt eine Maske ⓮. Wenn Sie dort mit dem PINSEL-WERKZEUG ✎ Schwarz auftragen, wird die Wirkung von TIEFEN/LICHTER an diesen Stellen aufgehoben ⓭. Klicken Sie zur Bear-beitung dieser Filtermaske darauf (die spitzen Klammern müssen zu sehen sein). So können Sie dem Kleid sein ursprüngliches Schwarz zu-rückgeben.

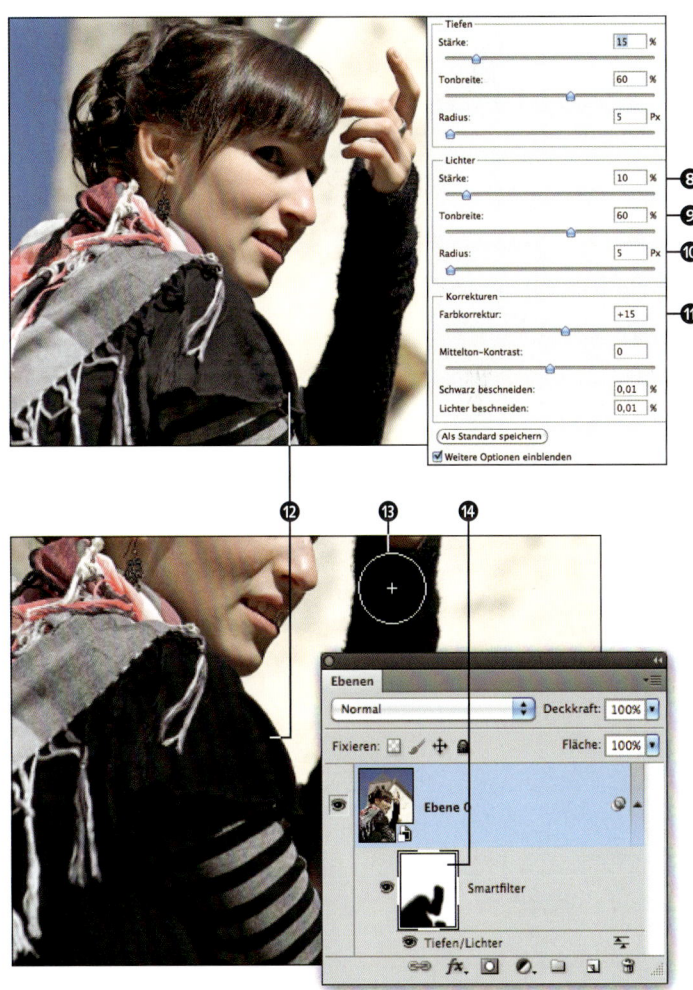

Pseudo-HDR

High Dynamic Range ganz ohne Belichtungsreihe

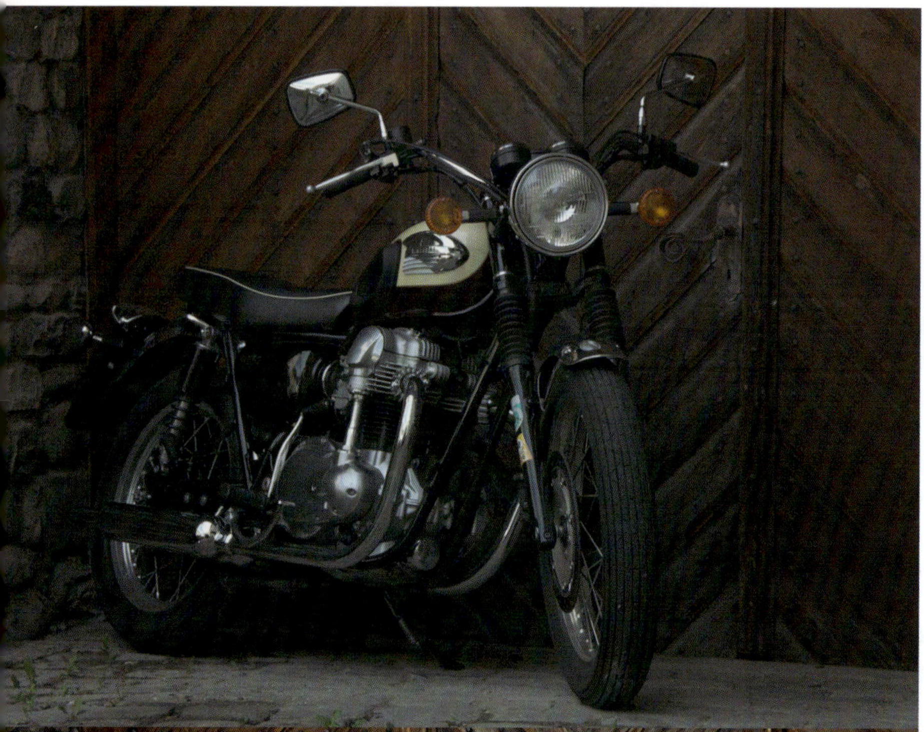

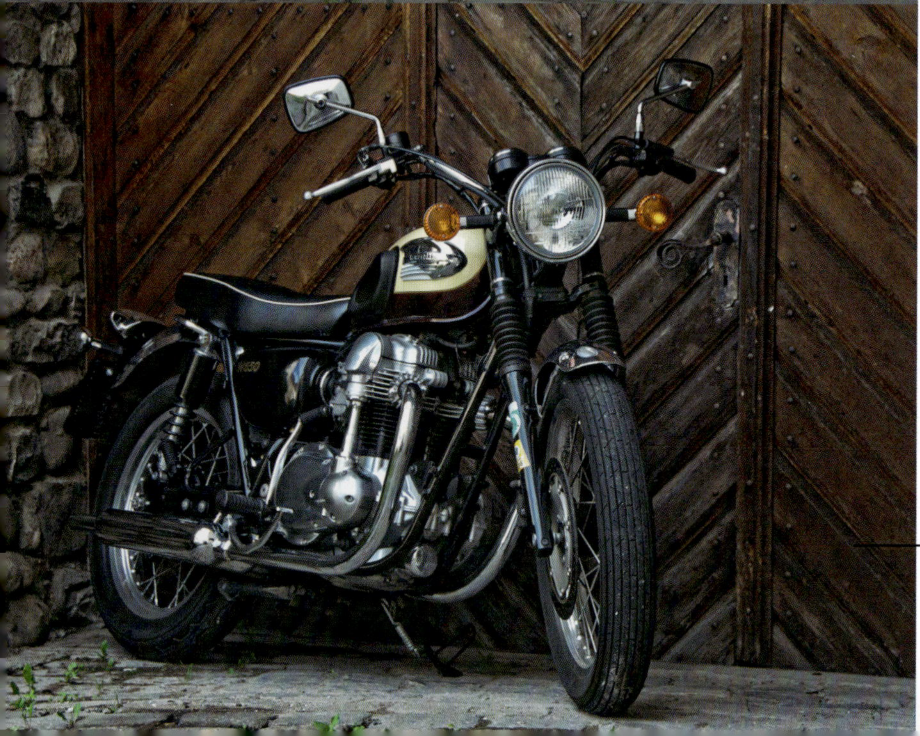

Für ein HDR-Bild werden unterschiedlich lang belichtete Aufnahmen zu einem einzigen Bild zusammengesetzt, um einen Kontrastumfang zu erreichen, den ein Bildsensor allein nicht aufzeichnen kann. HDR-Bilder haben oft einen eigentümlichen, fast malerischen Charakter. Mit der Funktion HDR-Tonung erzielen Sie diesen Effekt mit einem einzigen Foto. Erklären kann man die Regler in diesem Dialog kaum – man muss damit arbeiten und lernt dabei intuitiv, was passiert, wenn man daran dreht. Es ist wie mit dem Fahrradfahren: Man kann erklären, das sind die Pedale, die werden getreten, und hier ist der Lenker mit Klingel und Bremse, und achte auf das Gleichgewicht. Lernen kann man es aber nur, indem man selber fährt.

 Video-Training

Auch Lektion 3.1 zeigt die neue Funktion.

Zielsetzung:
Flaues Bild mit HDR-Charakter versehen

[hdr-tonung.tif]

1 Detail, Tiefen und Dynamik

Rufen Sie die HDR-Tonung über BILD • KOR-REKTUREN auf. Die wichtigste Einstellung ist DETAIL ❷. Ich habe sie zuerst auf 300 % erhöht, um diesen Effekt möglichst zu betonen. Allerdings muss man dabei aufpassen, dass an harten Kontrastkanten keine Abrisse und pixelige Konturen entstehen ❶, deshalb habe ich den Wert wieder auf 150 % zurückgestellt. Mit TIEFEN ❸ können Sie die Schatten aufhellen (LICHTER ❹ dunkelt im Gegenzug hellste Tonwerte ab). Für kräftige Farben habe ich die DYNAMIK ❺ bis zum Anschlag gedreht.

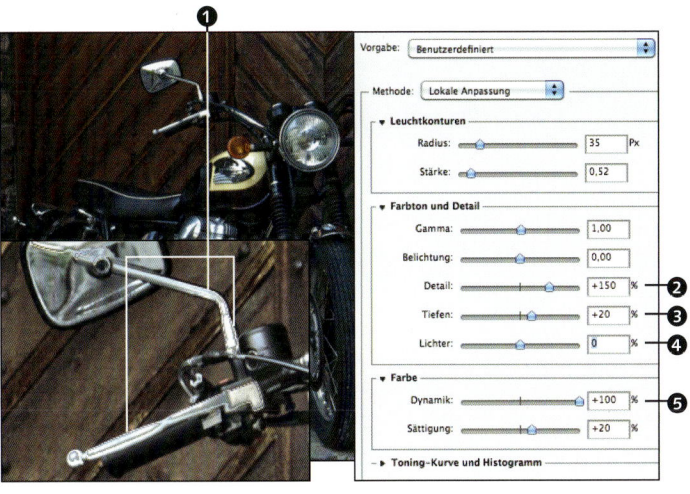

2 Radius, Stärke und Gamma

Mit RADIUS ❼ und STÄRKE ❽ beeinflussen Sie, wie sehr Kontrastkanten betont werden. Behalten Sie dabei immer im Auge, was an diesen Kontrastkanten tatsächlich passiert ❶, damit keine pixeligen Strukturen entstehen. Testen Sie einmal verschiedene Vorgaben ❻ von Adobe, um die Wirkung unterschiedlicher Einstellungen auf dieses Bild zu sehen. GAMMA ❾ ist im Entferntesten mit Helligkeit zu vergleichen, aber wenn Sie die Einstellung einmal ins Extrem drehen, sehen Sie, dass das Ergebnis doch bedeutend anders ausfällt.

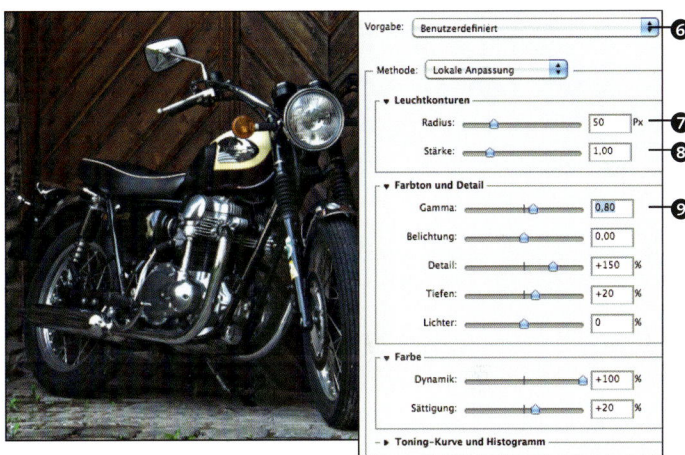

3 Belichtung, Feintuning und Kurve

Das Bild ist nun zu dunkel ausgefallen. Mit BELICHTUNG ❿ habe ich es aufgehellt. Übertreiben Sie es hier nicht, damit nicht zu viele helle Bereiche ausbrechen. Die Farben knallen mir anschließend zu sehr, weshalb ich DYNAMIK ⓭ wieder reduziert habe. Die STÄRKE ⓫ habe ich ebenfalls noch einmal reduziert, dann war ich mit dem Ergebnis einverstanden. Verlassen Sie den Dialog mit OK, und fügen Sie über die Palette KORREKTUREN eine GRADATIONSKURVE ⓾ hinzu, um den Kontrast noch etwas zu puschen.

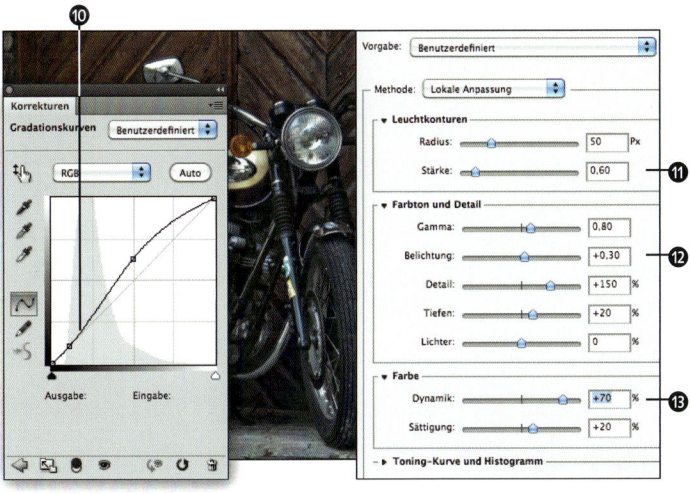

Eigener Pinsel

Den Scan einer Signatur optimieren und als Pinsel speichern

In diesem Workshop lernen Sie, wie man den Scan einer Handgrafik – hier einer Signatur, die mit Tinte auf Papier geschrieben wurde – so optimieren kann, dass eine Vorlage entsteht, die sauber in Schwarz und Weiß getrennt ist. Diese Vorlage werden wir als eigene Pinselvorgabe speichern, damit Sie in Zukunft als Pinsel eingesetzt werden kann. Zum Schluss sehen Sie, wie die Signatur dann auf einem Bild aufgebracht wird. Die Pinselvorgabe ist anschließend in Photoshop für jedes Bild verfügbar, Sie müssen lediglich daran denken, dass der Pinsel dann wieder gelöscht wird, wenn Sie einmal über das Menü der Pinselvorgaben-Palette PINSEL ZURÜCKSETZEN wählen.

Zielsetzungen:

Scan verbessern und als eigenen Pinsel speichern

Als Signatur für Bild verwenden

[signatur.tif, signieren.tif]

1 Graustufen

Wandeln Sie dieses RGB-Bild über das Menü BILD • MODUS in GRAUSTUFEN um. Sie werden dann gefragt, ob Sie die Farbinformationen verwerfen wollen. Klicken Sie auf LÖSCHEN.

Tipp: Wenn Sie ein Bild in Graustufen umwandeln, dann gehen die Farbinformationen immer verloren. Das wissen Sie jetzt. Sie können also hier getrost NICHT WIEDER ANZEIGEN ❶ anhaken, um sich diese Nachfrage in Zukunft zu ersparen.

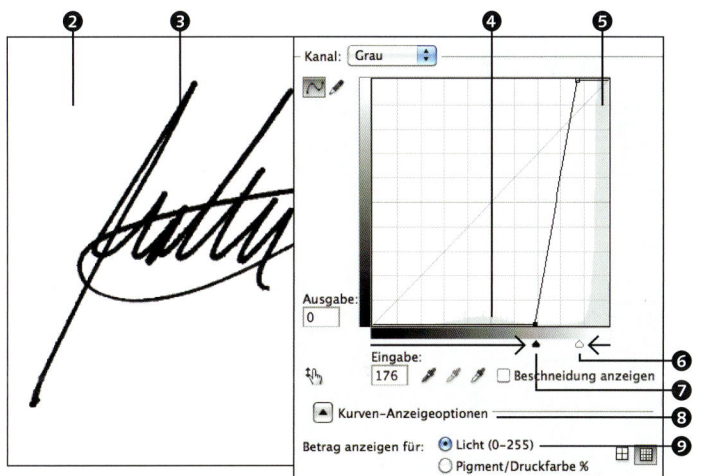

2 Gradationskurve zur Tontrennung

Wählen Sie in BILD • KORREKTUREN die GRADATIONSKURVEN. Bisher waren der Schwarzpunkt immer links und der Weißpunkt rechts. Ist es umgekehrt, öffnen Sie KURVEN-ANZEIGEOPTIONEN ❽, und wälen Sie LICHT (0–255) ❾. Im Histogramm repräsentiert der hohe Berg ❺ die (fast) weiße Fläche ❷ und der kleine Haufen ❹ die (noch) graue Unterschrift ❸. Verschieben Sie den Schwarzpunkt nach rechts ❼, um die Unterschrift schwarz, und den Weißpunkt nach links ❻ um die Fläche weiß zu machen.

3 Flecken mit dem Pinsel entfernen

Nachdem Sie GRADATIONSKURVEN mit OK bestätigt haben, sollten der Hintergrund weitgehend weiß und die Unterschrift satt schwarz sein. Einzelne Flecken ⓫ können Sie mit dem PINSEL-WERKZEUG ✏ und weißer VORDERGRUNDFARBE entfernen.

Allerdings hat unsere Bearbeitung mit den GRADATIONSKURVEN die Fasern ❿ betont, die entstanden sind, weil bei der Scan-Vorlage die Tinte ins Papier verlaufen ist. Das möchten wir korrigieren.

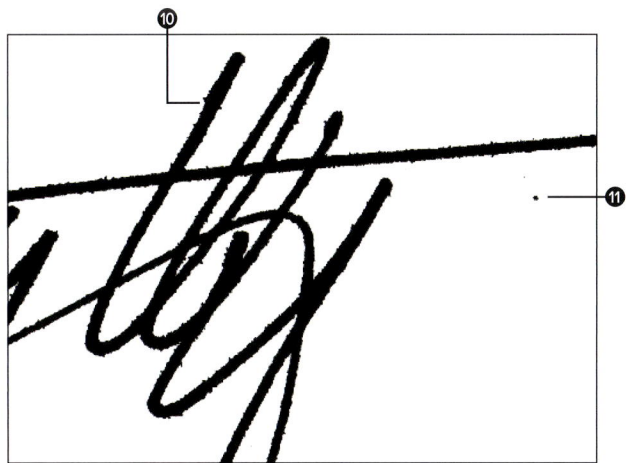

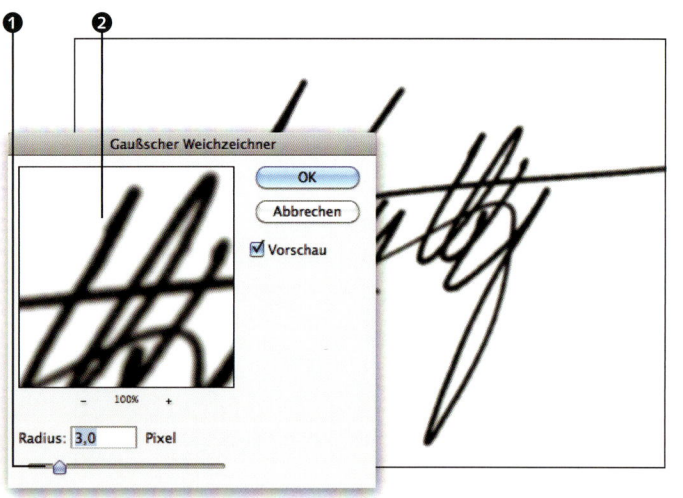

4 Gauscher Weichzeichner zum Glätten

Um Fasern und die etwas pixelig gewordenen Kanten zu glätten, wählen Sie im Menü FILTER • WEICHZEICHNUNGSFILTER • GAUSSSCHER WEICHZEICHNER. In diesem Dialog finden Sie eine einzige Einstellung. Erhöhen Sie den Wert für den RADIUS ❶ so weit, bis die Fasern in der entstehenden Unschärfe untergehen und nicht mehr zu erklennen sind ❷. 3 PIXEL sollten für diesen Scan ein guter Wert sein.

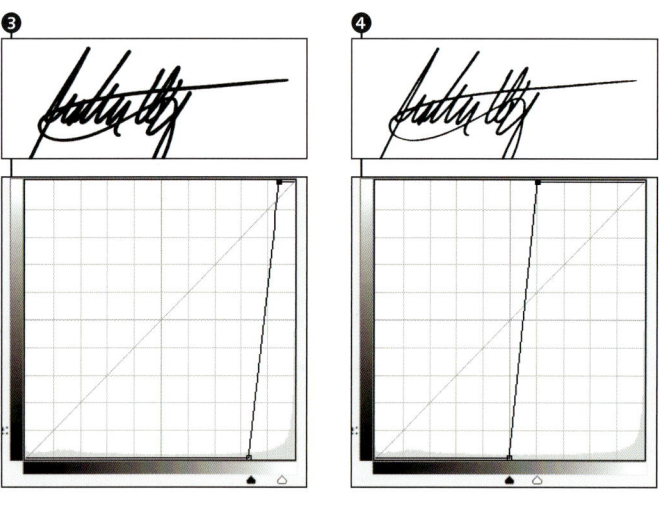

5 Gradationskurve für harte Kante

Die weiche Kante wollen wir so natürlich nicht belassen. Es ging uns lediglich darum, die Fasern herauszuglätten, jetzt aber soll die Kante wieder härter gemacht werden. Öffnen Sie neuerlich über BILD • KORREKTUREN die GRADATIONSKURVEN. Wenn Sie nun weit rechts durch Verschieben von Schwarz- und Weißpunkt eine steil aufsteigende Linie erstellen, wird die Schrift fett ❸, als wäre sie mit Filzstift geschrieben, näher zur Mitte entsteht eine feinere Unterschrift ❹. Ich habe letztere gewählt und auf OK geklickt.

6 Auswahl mit dem Zauberstab

Nun wollen wir das Bild beschneiden, und zwar so klein wie möglich. Dazu habe ich das ZAUBERSTAB-WERKZEUG aktiviert, die TOLERANZ ❺ auf 0 gestellt, BENACHBART ❻ aktiviert und in den weißen Bereich geklickt, um den ganzen weißen Hintergrund um die Signatur auszuwählen ❼.

7   Auswahl umkehren und freistellen

Jetzt müssen Sie die Auswahl über das Menü
AUSWAHL • AUSWAHL UMKEHREN ([Strg]/[⌘] +
[⇧] + [I]) in ihr Gegenteil verkehren – damit
dann allein die Unterschrift ausgewählt ist.
Im Anschluss wählen Sie im Menü BILD • FREI-
STELLEN, und das Bild wird exakt auf die Größe
der Unterschrift beschnitten.

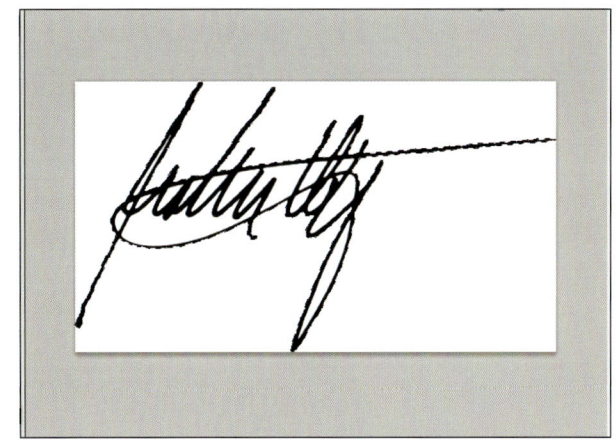

8   Pinselvorgabe festlegen

Sie können die Datei nun so auch speichern,
vielleicht soll Sie ja in einem Layoutprogramm
für eine Firmenbroschüre oder in einem E-
Mail-Programm als Unterschrift eingesetzt
werden – für Letzteres empfiehlt es sich allerdings die Auflösung zu reduzieren, vielleicht
auf 200 oder 300 Pixel Breite (siehe auch Seite
92). Wir haben jedoch vor, die Unterschrift
als Pinsel zu verwenden. Wählen Sie dazu im
Menü BEARBEITEN • PINSELVORGABE FESTLEGEN,
und geben Sie dem Pinsel im folgenden Dialog einen Namen.

9   Eigenen Pinsel anwenden

Öffnen Sie das Bild »siginieren.tif«. Aktivieren
Sie das PINSEL-WERKZEUG, klicken Sie in
der Palette OPTIONEN auf die PINSELVORGABEN
❽, und wählen Sie den neuen Pinsel am Ende
der Liste. Ich habe die GRÖSSE ❾ von 1.292 auf
484 PIXEL reduziert, weiß als VORDERGRUND-
FARBE eingestellt und die Unterschrift dann
über das Bild gesetzt ⓬. Sie können die Unterschrift natürlich direkt auf das Bild auftragen, aber ich habe eine separate Ebene ❿ dafür erstellt, um die DECKKRAFT ⓫ nachträglich
noch steuern zu können.

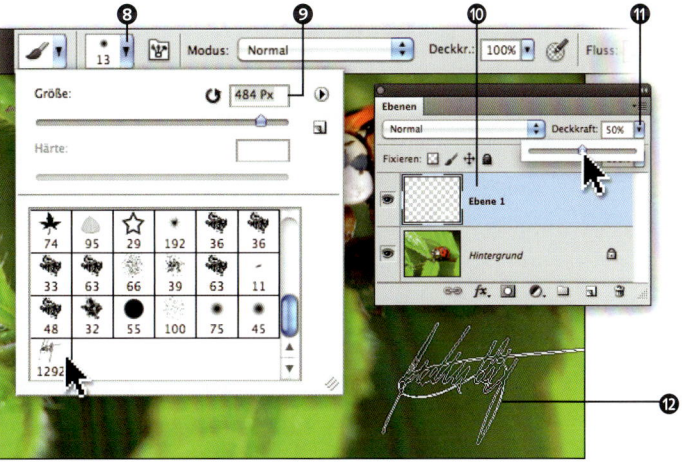

Pixelige Webgrafik verbessern

Grafiken mit geringer Auflösung und Hand-Charakter aufblasen

Es kommt immer wieder vor, dass man Vorlagen mit geringer Auflösung in höherer Auflösung benötigt oder gleich ganz in eine Vektorform umwandeln muss. Bei geometrischen Vorlagen ist das schwierig, aber bei Grafiken mit Hand-Charakteristik lässt sich das mithilfe von Photoshop gut bewerkstelligen. Hier zeige ich Ihnen, wie Sie die Auflösung einer Zeichnung erhöhen können und sie dann so optimieren, dass die zutage tretende Pixelstruktur verschwindet. Am Ende verrate ich Ihnen, wie Sie sie für Illustrator ausgeben oder so speichern, dass Sie sie mit dem EIGENE-FORM-WERKZEUG nutzen können.

Zielsetzung:

Auflösung einer Strichgrafik erhöhen und optimieren

[**strichgrafik.jpg**]

1 Bild interpolieren

Diese Vorlage hat mit 283 Pixel Breite eine sehr geringe Bildauflösung. Öffnen Sie zum Interpolieren des Bildes über das Menü BILD den Dialog BILDGRÖSSE. Ich habe die AUF-LÖSUNG ❸ auf 300 ppi erhöht. Wenn INTER-POLATIONSVERFAHREN ❹ aktiviert ist, sollte sich die BREITE ❷ dadurch auf 1.179 Pixel erhöhen.

Wenn Sie den Dialog geschlossen haben, sollte das Bild größer geworden sein. Betrachten Sie es mit ANSICHT • TATSÄCHLICHE PIXEL, zeigt sich allerdings, dass nun eine deutliche Pixelstruktur ❶ zu erkennen ist.

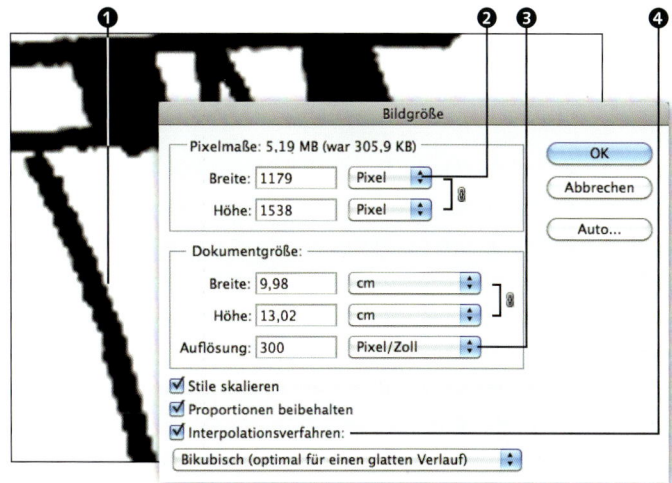

2 Weichzeichnen und Kontrast

Nun kommen zwei Schritte, die wir im letzten Workshop auch gemacht haben. Öffnen Sie über FILTER den GAUSSCHEN WEICHZEICHNER. Ich habe hier einen RADIUS 4,5 PIXEL einge-stellt, um die Pixelstruktur zu glätten ❺.

Bestätigen Sie die Weichzeichnung mit OK, rufen Sie über das Menü BILD • KORREKTUREN die GRADATIONSKURVEN auf, und ziehen Sie eine steile Linie ein (siehe auch Schritt 5 Seite 242). Dadurch sollte die Unschärfe der Gra-fik wieder verschwinden und eine harte Kante entstehen ❻. Bestätigen Sie mit OK.

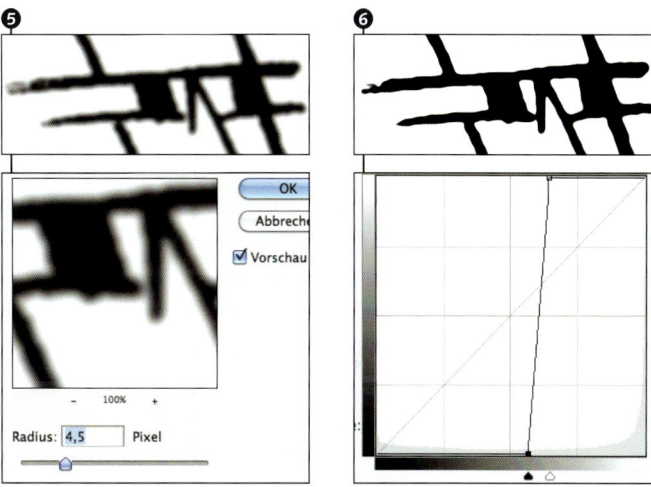

3 Auswahl und Pfad erstellen

Aktivieren Sie den Zauberstab, und de-aktivieren Sie BENACHBART ❾, um *alle* weißen Bereiche ❼ auszuwählen. Erzeugen Sie eine Auswahl ❽, und kehren Sie sie mit Strg/⌘ + ⇧ + I um.

In der Palette PFADE klicken Sie auf ARBEITS-PFAD AUS AUSWAHL ERSTELLEN ❿. Mit einem Doppelklick auf den ARBEITSPFAD ⓫ lässt er sich speichern ⓬. Nun können Sie ihn über BEARBEITEN • EIGENE FORM FESTLEGEN sichern und für das EIGENE-FORM-WERKZEUG nut-zen, oder über DATEI • EXPORTIEREN • PFADE -> ILLUSTRATOR für Illustrator ausgeben.

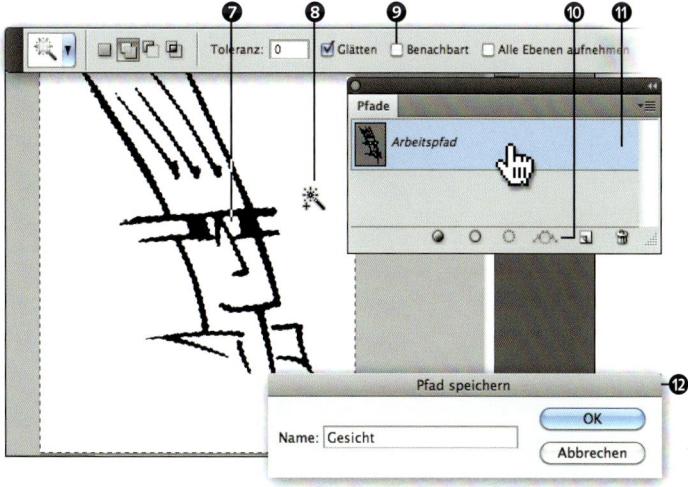

Farbe & Schwarzweiß

Farben und Graustufen sind der Ton des Bildbearbeiters. So, wie der Töpfer mit seinen Händen den Ton bearbeitet, bis er am Ende die Vase geformt hat, bearbeitet der Photoshopper Farben und Tonwerte. Dabei erlaubt das Programm vom kaum sichtbaren Eingriff über den Austausch von Farben bis hin zur Erstellung komplexer Illustrationen von der blanken, weißen Datei weg alles, was ein Kopf sich vorzustellen in der Lage ist.

In diesem Kapitel werden Sie lernen, wie Sie Farben von Objekten komplett auswechseln, Farbstiche aus Bildern entfernen, professionelle Schwarzweiß-konvertierungen umsetzen und Fotos als Duplex zum Zweitonbild umwandeln.

Farbe & Schwarzweiß

SCHWIERIGKEITSGRAD 2 FÜR AUFSTEIGER

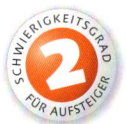

Farbton/Sättigung

Färbchen wechsle dich

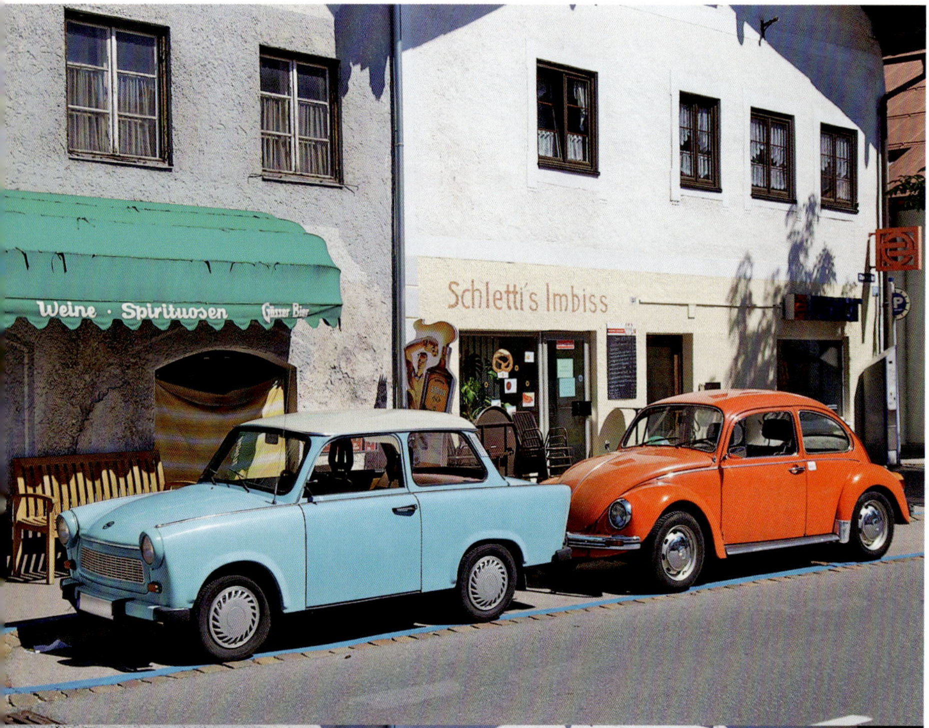

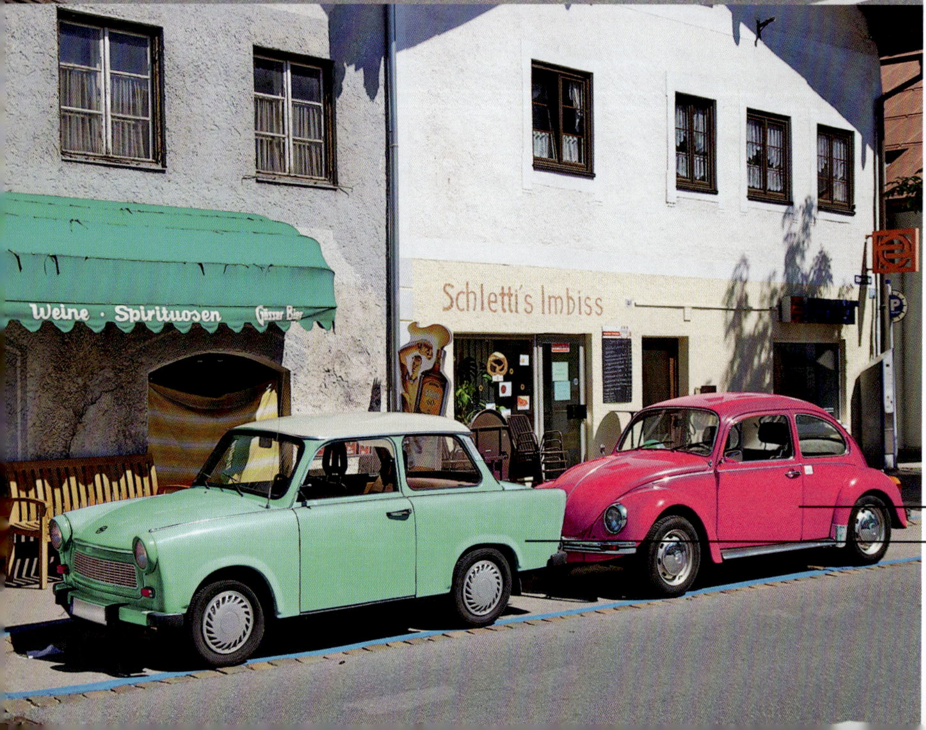

Sie haben schon recht. Dieses Foto ist jetzt wirklich kein Meisterwerk fotografischer Präzision. Es ist vielmehr ein Schnappschuss, den ich im Vorübergehen in Reutte bei den Tirolern aufgenommen habe. Aber ich konnte dennoch nicht widerstehen, diese beiden quietschbunten Zeugen deutsch-deutscher Geschichte und Ingenieurskunst in ihren klassischen Farben für diesen Workshop zu verwenden und etwas an den Farben zu drehen – zumal ich in so einem roten Käfer groß geworden bin (na ja, gelegentlich haben meine Eltern mich auch rausgelassen). Falls Ihnen die Arbeit mit der Ebenenmaske hier noch etwas schwerfällt, sollten Sie noch einmal einen Blick auf den Grundlagenexkurs »Auswahl und Maske« ab Seite 158 und »Ebenenmasken verbessern« ab Seite 176 werfen.

Zielsetzungen:

Käfer pink umfärben

Trabant mintgrün umfärben

[farbtonsaettigung.jpg]

1 Rottöne manipulieren

Erstellen Sie eine FARBTON/SÄTTIGUNG-Ein-
stellungsebene ▦. Wir wollen das Rot des
Käfers verändern. Dazu wählen Sie aus dem
Farbbereich-Menü ROTTÖNE ❸ oder klicken
bei aktivem SCRUBBY SLIDER ❷ im Bild auf den
Farbton, der bearbeitet werden soll ❶. Ich
habe die Werte dann so ❹ verstellt. Das Ergebnis ist ein pinkfarbener Käfer ❺. Leider
werden davon natürlich auch andere Bereiche, die rötlich sind, betroffen, wie die Randsteine und der Schriftzug »Schletti's Imbiss« ❻.

2 Cyantöne manipulieren

Ich habe dann mit dem SCRUBBY SLIDER auf
den blauen Trabbi geklickt ❼, Photoshop hat
den Farbbereich ❽ auf CYANTÖNE gestellt, und
ich habe die Werte wie hier ❾ abgebildet verändert. Resultat: Der Trabi ist jetzt mintgrün
❿. Natürlich erhalten wir auch hier einen Einfluss auf Bildbereiche ⓫, die nicht verändert
werden sollten.

Tipp: Sehen Sie sich das Resultat immer
auch in der ANSICHT • TATSÄCHLICHE PIXEL an
– übertriebene Einstellungen können leicht zu
Tonwertabrissen und Störungspixeln führen.

3 Ebenenmaske macht alles wieder gut

Füllen Sie nun die Maske der Einstellungsebene mit Schwarz ⓭, zum Beispiel mit Schwarz
als HINTERGRUNDFARBE und ⌈Strg⌉/⌘ + ⌈←⌉.
Malen Sie dann mit dem PINSEL-WERKZEUG
🖌 und weißer VORDERGRUNDFARBE die Bereiche über den Autos ⓬ in der Ebenemaske an
– in der Palette EBENEN sollte das Ergebnis so
⓮ aussehen. Bei diesem Bild braucht man gar
nicht so genau malen, da der Hintergrund der
Autos kaum Rot und Blau enthält. Per ⌈Alt⌉-
Klick auf die Ebenenmaske ⓮ können Sie sich
auch diese alleine anzeigen lassen ⓯.

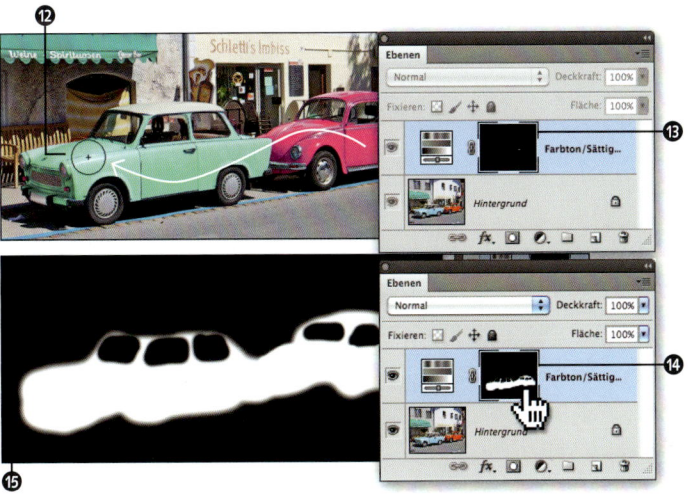

SCHWIERIGKEITSGRAD 1 FÜR EINSTEIGER

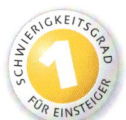

Farbsättigung mit Dynamik

Mehr Lebendigkeit für bunte Farben

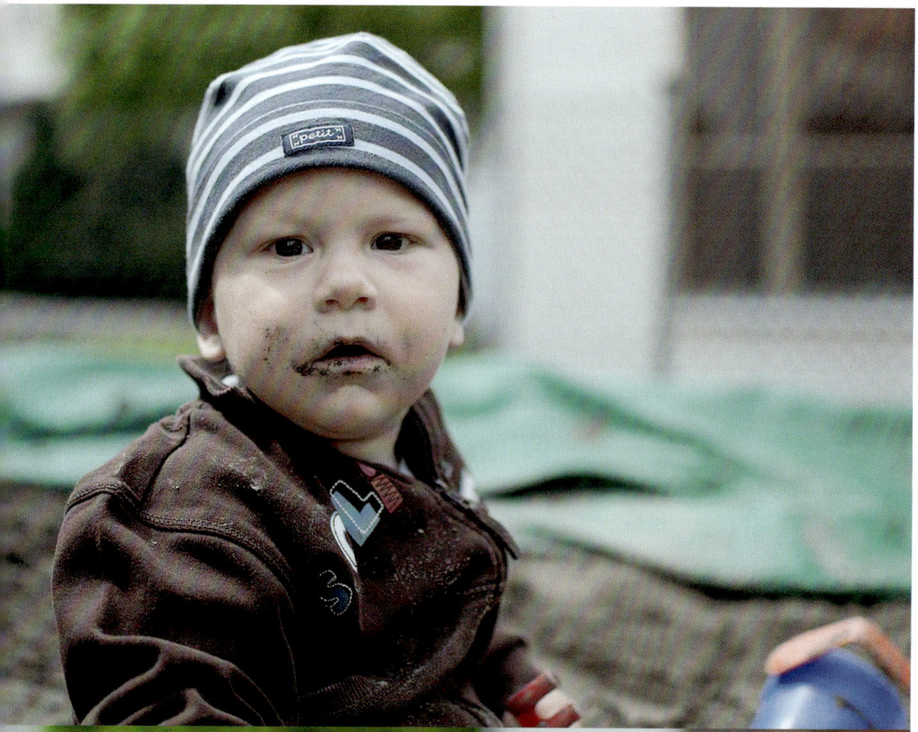

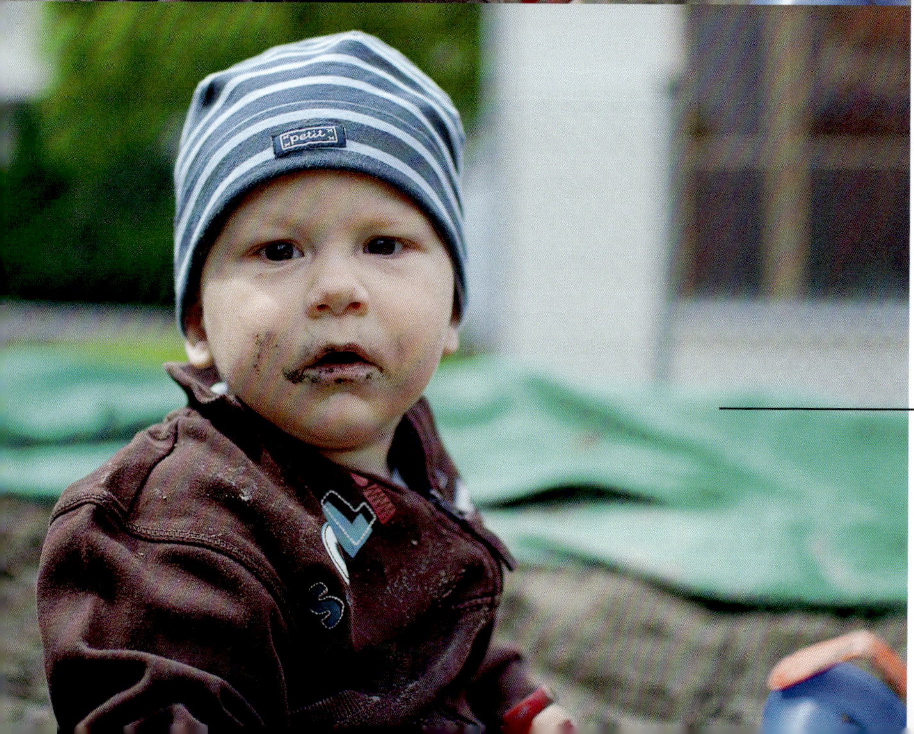

Den Regler für Dynamik habe ich zum ersten Mal so richtig in Photoshop Lightroom wahrgenommen, wo er allerdings unter einem anderen Namen, »Lebendigkeit«, zu finden war. Lebendigkeit ist genau das, was Sie einem Bild mit diesem Regler verleihen können. Früher konnte man es in Photoshop nur über einen Sättigungsregler bunter treiben, der Bilder aber oft zu künstlich wirken lässt, wenn man nicht genau aufpasst. Mit dem Dynamik-Regler kann man eigentlich nichts mehr falsch machen.

Zielsetzung:

Lebendigkeit des Bildes erhöhen, ohne Farbtöne zu übersättigen

[dynamik.tif]

Foto: Markus Wäger

1 Farbton/Sättigung für kräftigere Farben

Dieses Bild ist zwar ein netter Schnappschuss, aber in seiner Farbigkeit etwas schlapp. Gab es da nicht einen Regler für Sättigung in der KORREKTUR • FARBTON/SÄTTIGUNG? Mal sehen: Erstellen Sie in der Palette KORREKTUREN eine Einstellungsebene für FARBTON/SÄTTIGUNG 🌈, und erhöhen Sie die SÄTTIGUNG ❶ einmal kräftig.

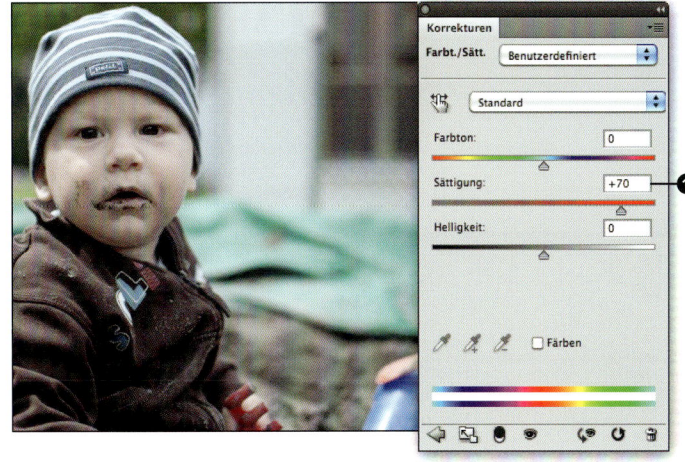

2 Einstellungsebene löschen

Erhöhen der SÄTTIGUNG über FARBTON/SÄTTI-GUNG schafft meist zu viele Probleme. Intensive Farben, die ausbrechen ❷, Grautöne, die einen intensiven Farbstich erhalten ❹, ohnehin schon bunte Töne werden oft übersättigt ❺ und von dem, was mit Hauttönen ❸ passiert, wollen wir gar nicht erst sprechen. Am besten Sie löschen die Einstellungsebene FARBTON/SÄTTIGUNG gleich wieder mit einem Klick auf den Mülleimer ❻, denn seit CS4 gibt es etwas viel Besseres, um müde Bilder lebendiger zu machen.

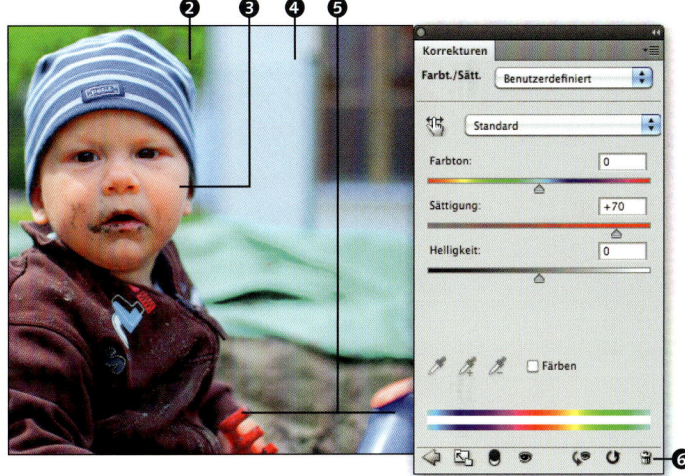

3 Dynamik erhöhen

Klicken Sie auf die Schaltfläche für DYNAMIK-EINSTELLUNGSEBENE 🔻. Dynamik ist eine äußerst schlichte, aber sehr effektive Einstellung, die für mich zu den meistgenutzten Neuerungen in CS4 zählte. Normalerweise erhöhe ich hier nur die DYNAMIK ❼. Dabei können Sie fast immer bis zum Anschlag gehen, ohne dass das Bild Schaden nimmt. Bei diesem Bild habe ich sogar noch ein bisschen an der SÄTTI-GUNG ❽ gedreht, wohl wissend, dass die SÄT-TIGUNG hier moderater funktioniert, als in FARBTON/SÄTTIGUNG.

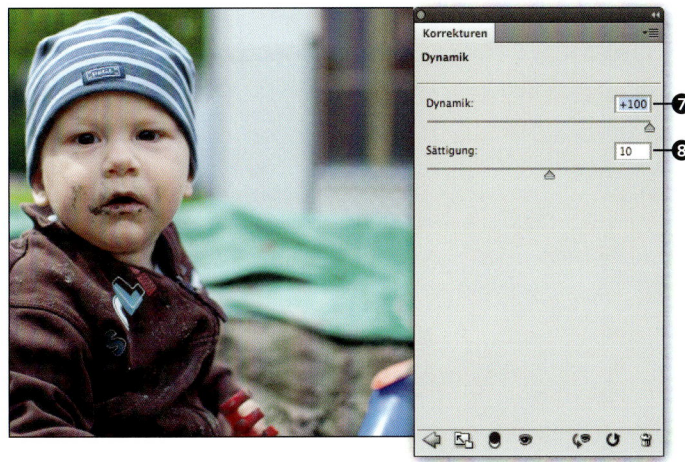

Rote Hauttöne korrigieren

Farbton/Sättigung selektiv einsetzen und maskieren

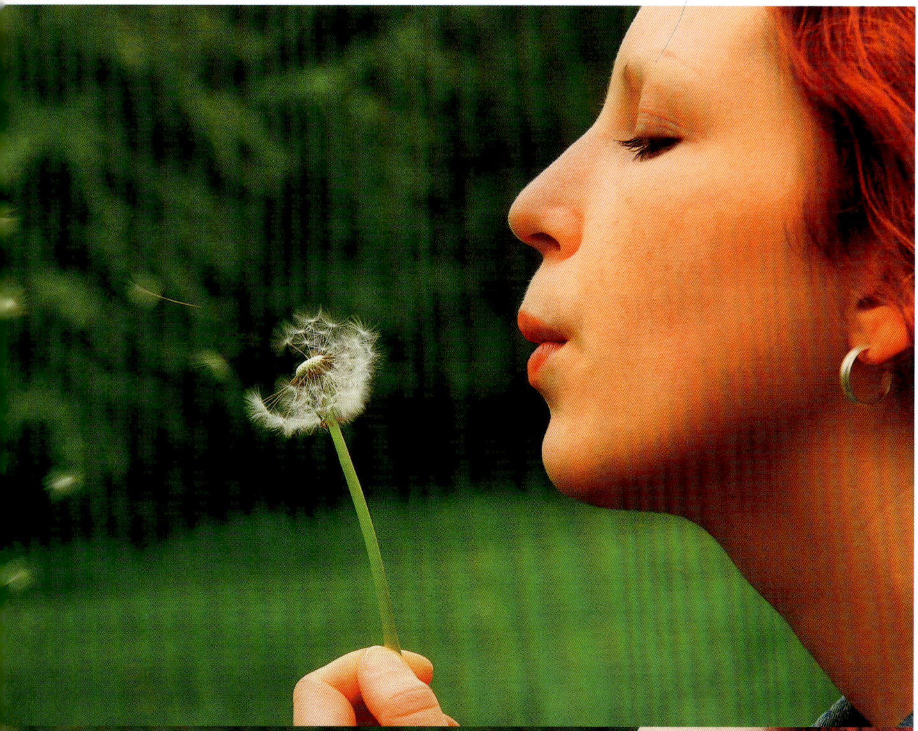

Eine sehr schöne Aufnahme. Der Fokus sitzt sehr exakt auf der Pusteblume. Einzig der Hautton hat ein bisschen zu viel Rot abbekommen. Ob das schon beim Fotografieren passiert ist oder bei der nachträglichen Bildbearbeitung, ist schwer zu sagen. Aber mit ein bisschen Aufwand wird hier aus einem netten ein perfektes Motiv.

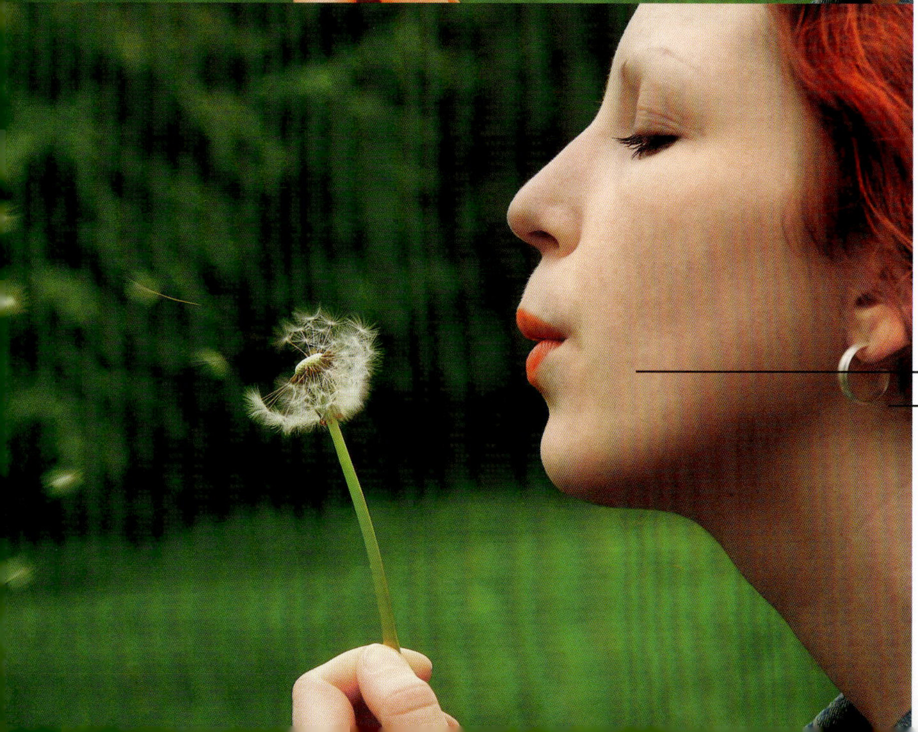

Zielsetzungen:

Hauttöne korrigieren

Intensive Farbe bei Lippen, Haaren und Hintergrund erhalten

[hautkorrektur.tif]

1   Rottöne entsättigen

Erstellen Sie eine Einstellungsebene FARTON/SÄTTIGUNG 🌈 (ja, die schon wieder; man kann einfach viel damit machen). Wir möchten die Hauttöne verändern. Irgendwie orange, also Gelbtöne oder Rottöne? Fragen wir den SCRUBBY SLIDER ❷. Aktivieren Sie ihn, und klicken Sie irgendwo auf die Haut ❶ – er entscheidet sich für ROTTÖNE ❸. Also gut. Hier reduziere ich die SÄTTIGUNG ❹ und erhöhe die HELLIGKEIT ❺. Das Ergebnis sehen Sie in der Abbildung zum nächsten Schritt.

2   Gelbtöne entsättigen

Nach der Entsättigung der Rottöne entstehen im Gesicht, entlang des Kiefers, gelbe Flecken ❻ (es ist nicht ganz vorhersagbar, wie gut Sie das im gedruckten Buch sehen können, aber wenn Sie das Beispiel durchspielen wollen, sollten Sie es am Bildschirm sehen). Das heißt, Gelb ist also doch mit im Spiel. Um diesen Gelbschleier zu entfernen, habe ich manuell auf GELBTÖNE ❼ umgestellt, die SÄTTIGUNG ❽ reduziert und die HELLIGKEIT ❾ erhöht. Auch hier zeigt der folgende Schritt das Resultat dieser Veränderung.

3   Rottöne nachbessern

Das Ergebnis ❿ ist gut, aber noch nicht gut genug. Ich bin deshalb noch einmal zu den ROTTÖNEN ⓫ gewechselt und habe den FARBTON ⓬ ganz leicht nach rechts, auf –5, verschoben, die SÄTTIGUNG ⓭ noch etwas weiter zurückgedreht und die HELLIGKEIT ⓮ erhöht. Auch bei diesem Workshop gilt, dass Sie die Werte hier nicht einfach auf andere Bilder übertragen können. Jedes Bild ist anders und erfordert andere Einstellungen.

Die nächste Seite zeigt das Resultat der Einstellungen in diesem Schritt.

4   Farbton/Sättigung

Der Hautton ist jetzt fast perfekt geworden. Wer hätte gedacht, dass sich das aus der Vorlage rausholen lässt, und das ganz ohne Akrobatik in Farbkanälen mithilfe von Gradationskurven! Leider hat das Gras ❶ etwas an Intensität verloren (durch die Bearbeitung von Gelb), die Lippen ❷ sind nicht mehr so leuchtend rot und auch das feurige Haar ❸ ist stumpfer geworden. Die Lösung für das Problem heißt wie so oft: Ebenenmaksen. Aber bevor wir diese bearbeiten, sehen wir uns einmal an, was FARBTON überhaupt macht.

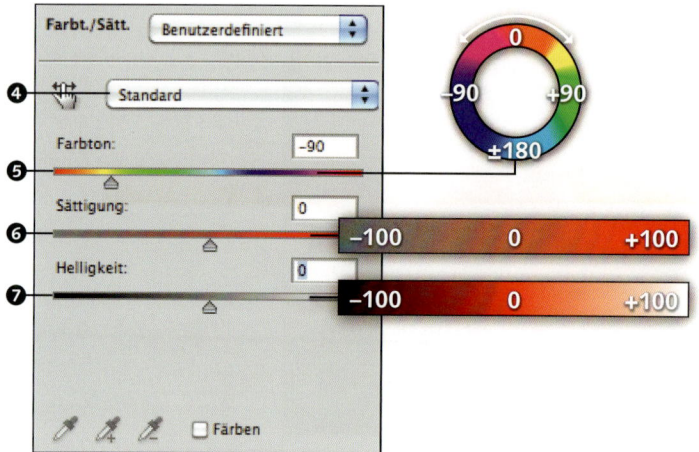

5   Farbton

Die Wirkung von SÄTTIGUNG ❻ und HELLIGKEIT ❼ liegt auf der Hand: Erstere macht die Farbtöne *grauer* oder *satter*, letztere *dunkler* oder *heller*. FARBTON ❺ verschiebt Farben entlang eines Farbenkreises. Verschiebt man bei FARBTÖNE • STANDARD ❹ den Regler um −90, verändern sich alle Farben im Bild: Rot wird zu Blau, Blau zu Cyan, Cyan zu Grün und Grün zu Rot. Wählt man als FARBTÖNE • ROTTÖNE und verschiebt den Regler um +45, wird Rot zu Gelb, bei +90 zu Grün und bei +180 oder −180 zu Cyan.

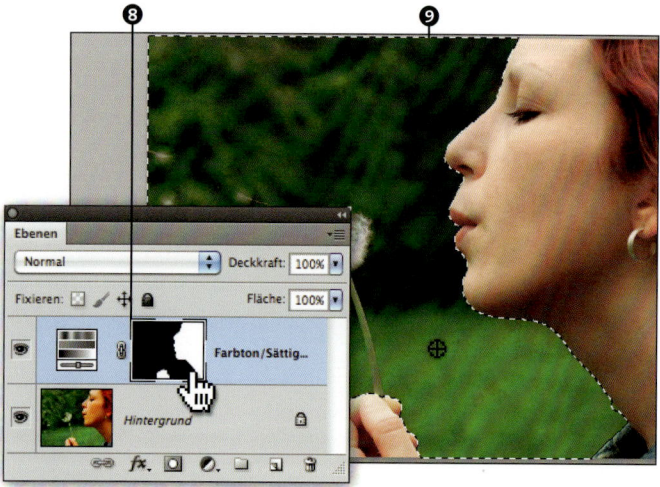

6   Mit Schnellauswahl zur Maskierung

Wählen Sie nun mit dem SCHNELLAUSWAHL-WERKZEUG 🖌 den grünen Hintergrund aus (siehe Seite 164 f.). Aktivieren Sie dann per Klick die zur Einstellungsebene gehörende Maske (die spitzen Klammern ❽ müssen wieder zu sehen sein), und füllen Sie den ausgewählten Bereich mit Schwarz (Schwarz als VORDERGRUNDFARBE und [Alt] + [←]). Anschließend sollte die Maske so ❾ aussehen und das Grün des Hintergrunds wieder so kräftig wie im Ausgangsbild sein. Heben Sie die Auswahl dann mit [Strg]/[⌘] + [D] wieder auf.

7 Lippen maskieren

Das SCHNELLAUSWAHLWERKZEUG [icon] hat ganze Arbeit geleistet bei der flotten Auswahl des grünen Hintergrunds. Die Lippen allerdings habe ich nicht mit ausgewählt. Es hätte zwar funktioniert, aber wenn man die Lippen mit einem weichen Pinsel maskiert, wird das Ergebnis sauberer. Aktivieren Sie also das PINSEL-WERKZEUG [icon], reduzieren Sie die HÄRTE auf 0, achten Sie darauf, dass Schwarz die Vordergrundfarbe ist, und malen Sie in die Ebenenmaske hinein, um die Lippen zu maskieren ❿.

8 Haare moderat maskieren

Um die Haare zu maskieren und die leuchtende Farbe des Originals wieder zum Vorschein zu bringen, habe ich den Pinsel deutlich vergrößert, allerdings noch immer die HÄRTE bei 0 belassen und den FLUSS ⓫ auf 10 % reduziert. Damit habe ich in die Maske gepinselt ⓬ ein bisschen des satten Rots zurückgeholt, aber nicht die komplette Intensität – das wäre zu viel des Guten.

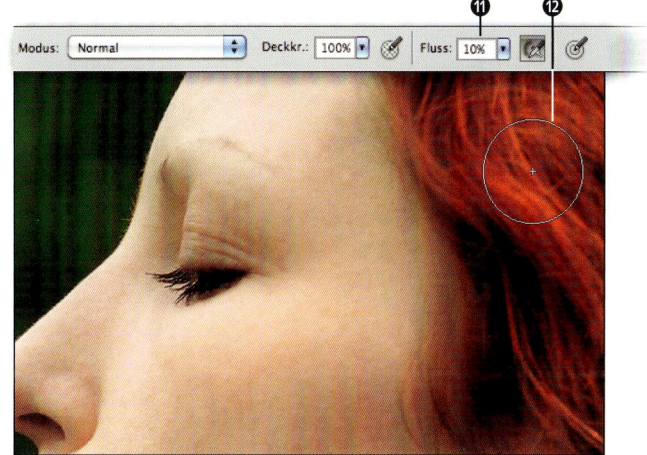

9 Lippen etwas demaskieren

Die Lippen sind mir nun doch etwas zu satt rot ausgefallen. Mit einem einzigen Klick setzte ich bei FLUSS 10 % einen Punkt vor die Lippen ⓭. Das genügt, um den Lippen im Zentrum etwas die Leuchtkraft zu nehmen, lässt aber die Intensität an den Rändern bestehen. Dass dieser Punkt auch ins Grüne hineinreicht, ist im Ergebnis nicht zu sehen. Wenn Sie wieder mit der [Alt]-Taste auf die Maske ⓮ klicken, sehen Sie am Bildschirm wieder, wie die Maske ⓯ alleine aussieht.

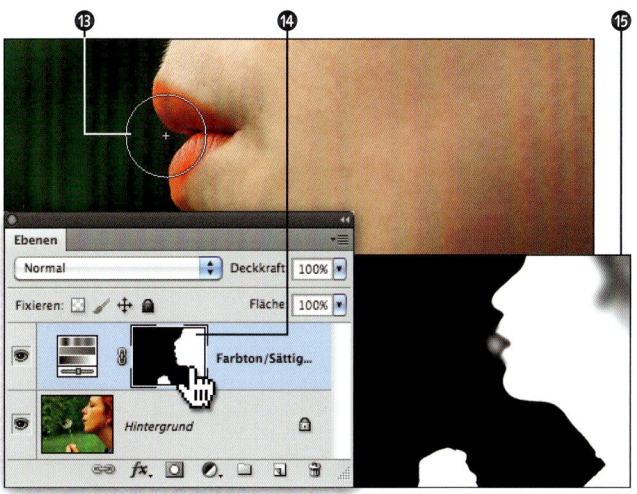

Schwierigkeitsgrad 2 für Aufsteiger

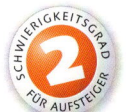

Bessere Schwarzweißbilder

Viele Wege führen nach Rom.

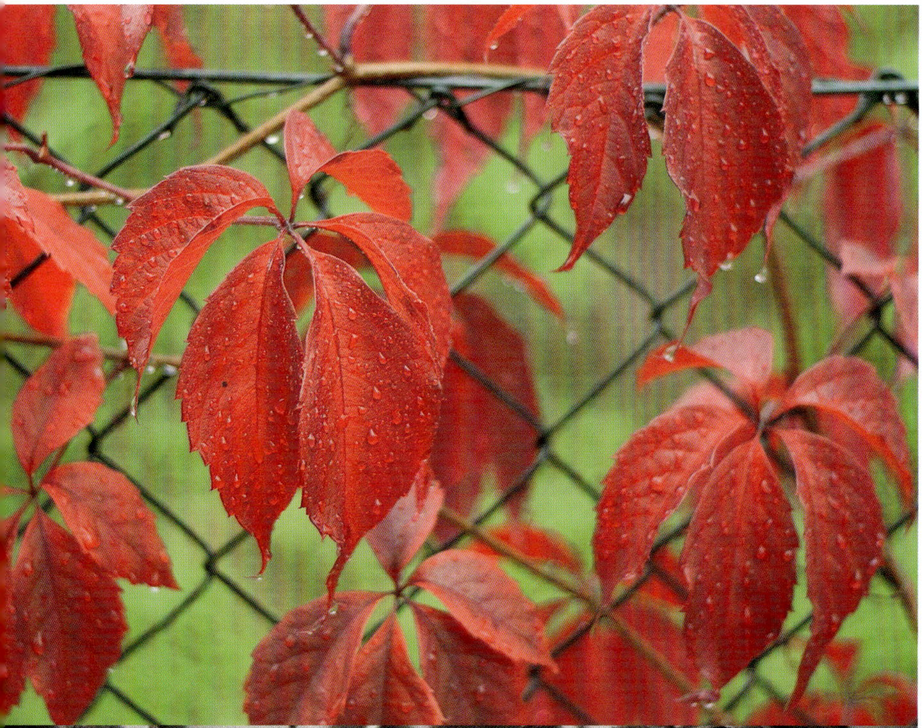

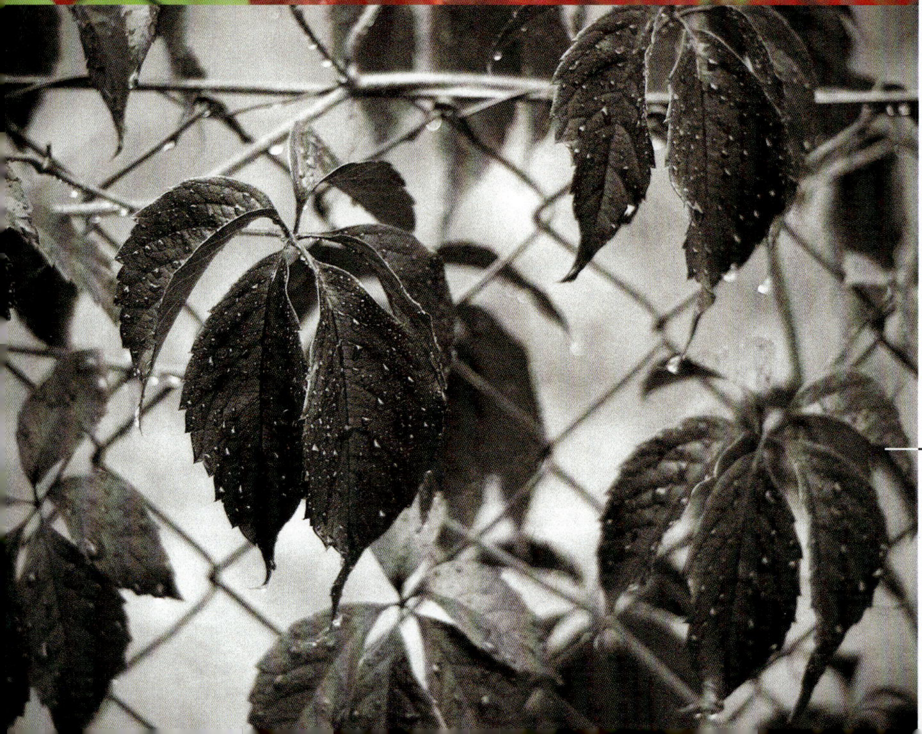

Wirklich gute Schwarzweißentwicklung ist eine Wissenschaft für sich. Wenn Sie den einfachen Weg über das Menü Bild • Modus • Graustufen *wählen, wird das Ergebnis meist flau. Mit etwas Arbeit, Ausdauer und Knowhow hingegen lassen sich kontrastreiche, stimmungsvolle Schwarzweißbilder ausarbeiten, die Formen des Motivs betonen und durch Rauschen und eine Vignette noch interessanter werden. Hier stelle ich Ihnen fünf Methoden zur Schwarzweißumwandlung vor. Meist bin ich mit dem Ergebnis des Kanalmixers am glücklichsten. Doch jedes Bild ist anders, und deshalb sollten Sie immer verschiedene Methoden testen.*

Video-Training

Auch Lektion 1.3 beschäftigt sich mit dem Thema »Schwarzweiß«.

Zielsetzungen:

Farbfoto als Schwarzweißbild entwickeln und mit Vignette und Rauschen versehen

[schwarzweiss.tif]

1 Graustufen-Modus

Wählen Sie im Menü BILD • MODUS • GRAU-
STUFEN. Das Bild wird zum Schwarzweißfoto,
ist aber zu einer stumpfen Suppe geworden,
da Rot und Grün fast den gleichen Tonwert
aufweisen, also fast gleich hell sind.

Erstellen Sie über die Palette PROTOKOLL
einen SCHNAPPSCHUSS ❸, und geben Sie ihm
mit einem Doppelklick auf »Schnappschuss 1«
einen eindeutigen Namen ❷. Danach stellen
Sie mit einem Klick auf den ersten SCHNAPP-
SCHUSS ❶ den ursprünglichen, farbigen Zustand wieder her.

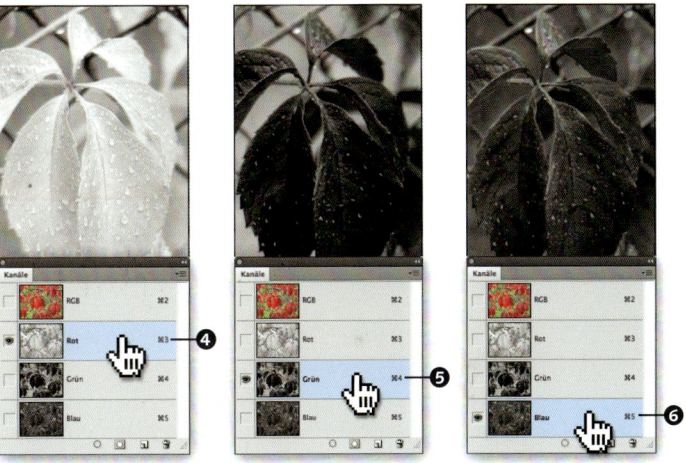

2 Bester-Kanal-Methode

Öffnen Sie die Palette KANÄLE, und klicken
Sie auf den ROT-Kanal ❹. Sie sehen den Farbkanal als Graustufenbild; das Resultat ist zu
blass. Klicken Sie auf den GRÜN-Kanal ❺; es
entsteht ein extremer Kontrast zwischen Rot
(dunkel) und Grün (hell). Sichten Sie dann
den BLAU-Kanal ❻; jetzt ist alles dunkel, nur
die Tropfen heben sich heraus.

3 Kanäle verwerfen

Mir gefällt der GRÜN-Kanal am besten, deshalb wähle ich ihn noch einmal aus ❼ und
wähle im Menü BILD • MODUS • GRAUSTUFEN
– Photoshop fragt, ob Sie die anderen Kanäle
verwerfen wollen. Bestätigen Sie mit OK, und
erstellen Sie einen neuen SCHNAPPSCHUSS, den
Sie »Grün-Kanal« nennen können. Klicken Sie
wieder auf den ersten SCHNAPPSCHUSS, um das
farbige Ausgangsbild wiederherzustellen.

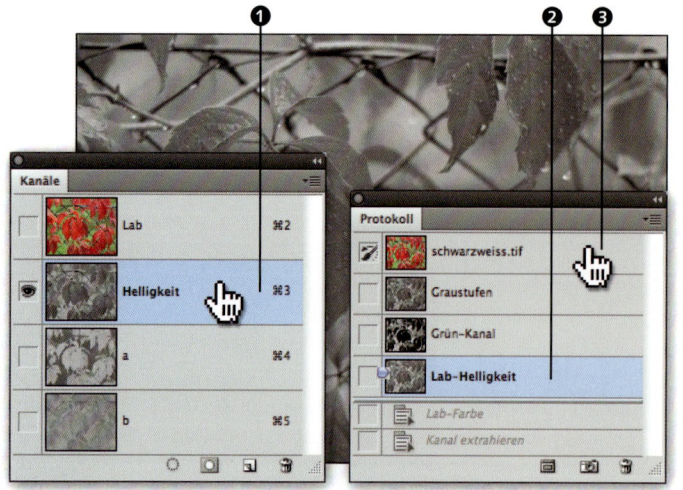

4   Lab-Helligkeit

Neben RGB und CMYK kennt Photoshop auch Lab-Farben. Konvertieren Sie die Aufnahme über BILD • MODUS • LAB-FARBE in diesen Farbraum. Aktivieren Sie in der Palette KANÄLE den Kanal HELLIGKEIT ❶.

Wieder sehen Sie eine andere Schwarzweißvariante. Der Lab-Helligkeitskanal wirkt meist sehr klar, aber auch kontrastarm. Hier in meinen Augen zu kontrastarm. Trotzdem: Wählen Sie im Menü BILD • MODUS • GRAUSTUFEN, erstellen Sie einen SCHNAPPSCHUSS ❷, und stellen Sie zurück auf das Ausgangsbild ❸.

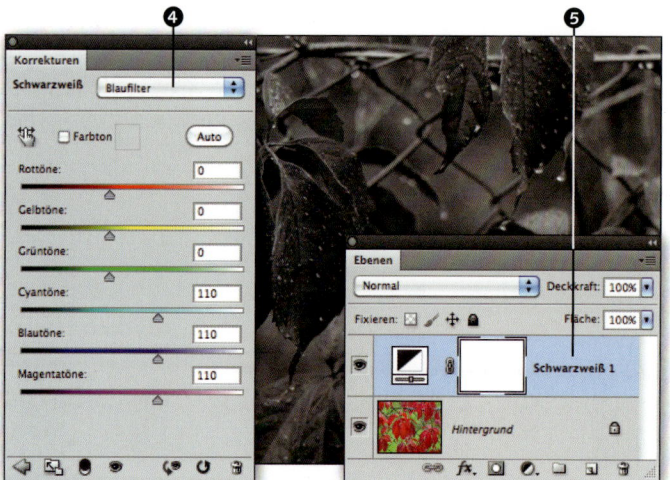

5   Schwarzweiß-Einstellungsebene

Erstellen Sie über die Palette KORREKTUREN eine SCHWARZWEISS-Einstellungsebene ◨ – in der Palette EBENEN erscheint eine neue Einstellungsebene ❺. Als Ausgangseinstellung können Sie einmal die verschiedenen SCHWARZWEISS-Vorgaben ❹ von Adobe testen. Mir scheint der BLAUFILTER als Basis am besten geeignet, auch wenn das Ergebnis bei Weitem zu dunkel ausfällt.

6   Rot-, Gelb- und Grüntöne einstellen

Das Bild besteht fast nur aus Rot-, Grün- und Gelbtönen (Wiesen wie die im Bildhintergrund enthalten oft viel Gelb). Um die Blätter dunkel hervorzuheben, habe ich die ROTTÖNE etwas abgesenkt. Dann habe ich den Hintergrund über GELB- und GRÜNTÖNE aufgehellt. Erstellen Sie nun wieder einen Schnappschuss.

Tipp: Wenn Sie sich nicht sicher sind, welche Farben im Bild welchen Tönen entsprechen, aktivieren Sie den SCRUBBY SLIDER ❼, und ändern Sie die Werte mit der Maus durch Ziehen bei gedrückter Maustaste ❻.

7 Monochromer Kanalmixer

Erstellen Sie zuletzt eine KANALMIXER-Einstellungsebene ![icon]. Auch hier können Sie Vorgaben testen ❾. Aktivieren Sie für eine Schwarzweiß-Ausgabe MONOCHROM ❽. Experimentieren Sie dann mit den Einstellungen ROT, GRÜN und BLAU, und beobachten Sie, wie sich Veränderungen auf das Bild auswirken. Eine Faustregel besagt, dass der Gesamtwert (Durchschnitt von Rot, Grün und Blau) 100 % nicht überschreiten sollte ❿, aber ich arbeite meist mit etwas höheren Werten. Erstellen Sie dann einen SCHNAPPSCHUSS ⓫.

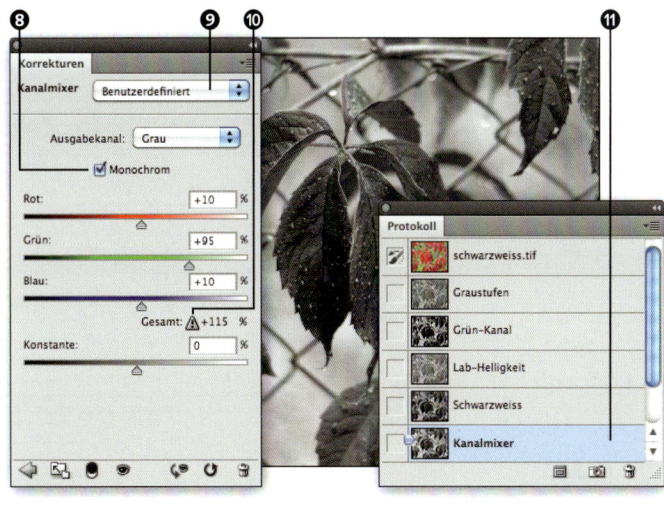

8 Schnappschüsse vergleichen

Nun lassen sich über die Palette PROTOKOLL die SCHNAPPSCHÜSSE vergleichen. Die Graustufen-Umwandlung wirkt kontrastarm und langweilig ⓬. Bester Kanal ist kräftig, aber zu dunkel ⓭. Lab-Farbe wirkt auch müde ⓮. Die SCHWARZWEISS-Einstellungsebene hat ein kontraststarkes Bild ergeben ⓯ – vielleicht wäre da sogar mehr drin gewesen. Das Ergebnis des Kanalmixers gefällt mir am besten ⓰, nur betont es das Bildrauschen (siehe auch Schritt 3 Seite 77) etwas unvorteilhaft. Ich bleibe trotzdem beim Kanalmixer.

9 Optimierung und Effekte

In Schwarzweißbildern wirkt Rauschen oft stimmungsvoll und wird nicht immer vermieden. Ich habe den Hintergrund deshalb ⓱ aktiviert und über FILTER • RAUSCHFILTER • RAUSCHEN HINZUFÜGEN ⓲ mit einer STÄRKE von 4 % und der Option MONOCHROMATISCH die körnige Struktur noch verstärkt. Als Nächstes habe ich über das Menü FILTER • OBJEKTIVKORREKTUR eine VIGNETTE hinzugefügt ⓴ (siehe Seite 213). Und zuletzt habe ich mit einer Einstellungsebene GRADATIONSKURVEN ![icon] den Kontrast im Bild angehoben ⓳ (siehe Seite 228 f.).

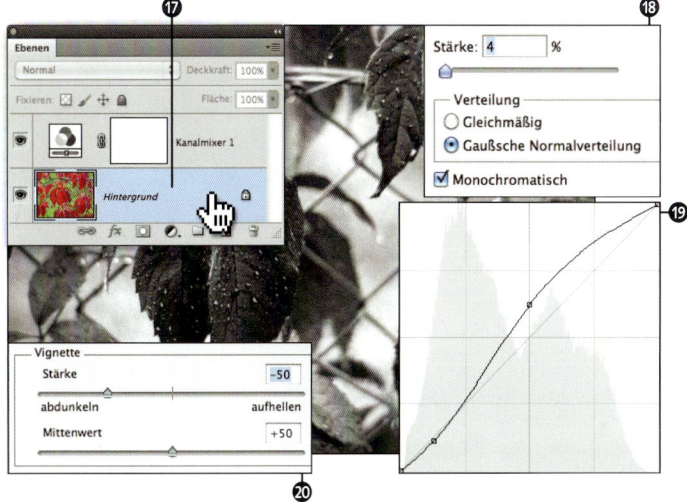

Farbe im Schwarzweißbild

Buntes leuchtet in dunkelgrauem Umfeld besonders kräftig.

Hier sehen Sie eine Methode, mit deren Hilfe man einen Teil eines Bildes in Originalfarbe belassen kann, während man den Rest als Schwarzweißbild entwickelt. Das ist von den Musikvideos der 1980er Jahre bis hin zu Sin City ein oft gesehener Effekt. Die Auswahl werden wir über die Funktion FARBBEREICH erzeugen. Wahrscheinlich wäre hier das SCHNELLAUSWAHLWERKZEUG effizienter. Ich habe mich dennoch für das Beispiel entschieden, weil sich daran FARBBEREICH gut erkären, und aus der Auswahl der Schwarzweiß-Bunt-Effekt erzielen lässt.

Zielsetzungen:

Farbbild zu Schwarzweißbild entwickeln

Bunten Teilbereich erhalten

[farbbereich.jpg]

Foto: Markus Wäger, Modell: Alexandra

1 Farbbereich auswählen

Rufen Sie über das Menü AUSWAHL den Dialog FARBBEREICH auf. Ich habe für die Vorschau im Dialogfenster ❸ BILD ❹ aktiviert und für die AUSWAHLVORSCHAU • GRAUSTUFEN ❺ – mit letzterer sehe ich im Dokumentfenster, wie sich die Auswahl entwickelt: Weiß ❶ ist am Ende der ausgewählte, Schwarz der geschützte Bereich. Beachten Sie, dass diese Pipette ❷ aktiviert sein muss, und klicken Sie mit ihr auf den orangen Stuhl in der kleinen Vorschau ❸, um Orange als Farbbereich für die Auswahl zu bestimmen.

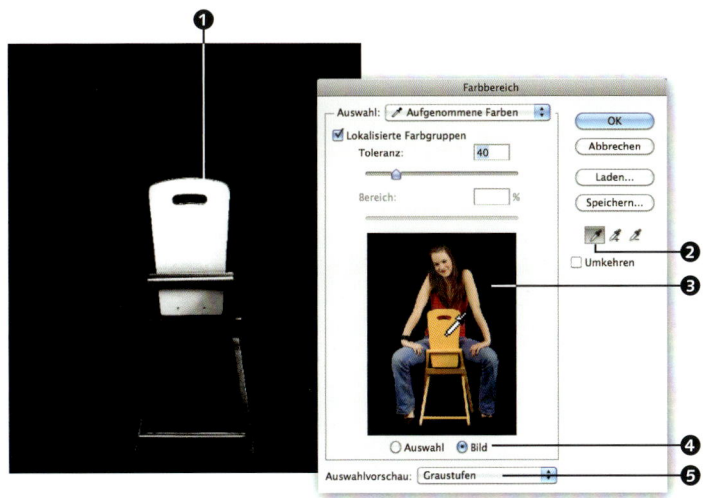

2 Toleranz und lokalisierte Farbgruppen

Erhöhen Sie nun die TOLERANZ ❽, damit auch die weniger ähnlichen Töne als das Orange, auf das Sie zuerst, geklickt haben, mit ausgewählt werden. Sie sollten dann mehr vom Stuhl ❻ in der Auswahlvorschau sehen. Die Haut enthält auch Orange, deshalb erscheinen auch an Stellen, an denen Haut im Bild ist, graue Flecken ❼. Da wir außer Orange keine anderen Töne aufnehmen möchten, deaktivieren Sie gegebenenfalls LOKALISIERTE FARBGRUPPEN ❾. Die grauen Flecken an Stellen der Arme sollten wieder etwas zurückgehen.

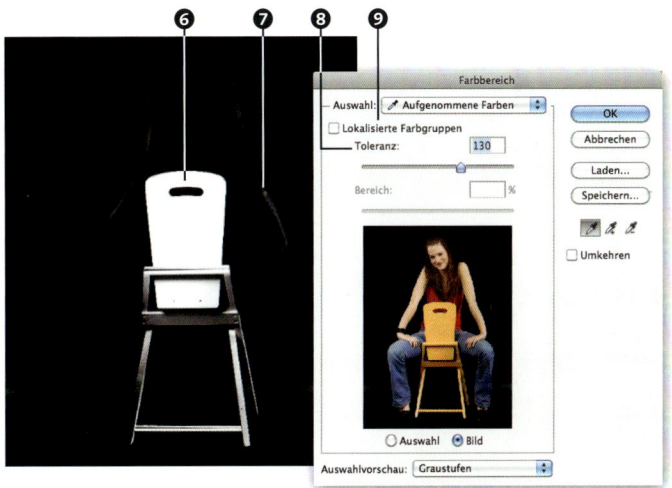

3 Farbbereiche hinzufügen

Aktivieren Sie im Dialog FARBBEREICH die Pipette für FARBBEREICHE HINZUFÜGEN 🖉 ⓭. Damit habe ich mit drei Klicks ❿ die Auswahl um weitere Farbbereiche ergänzt, mit dem Resultat, dass der Hintergrund nicht mehr schwarz, sondern grau ist und viele andere Bereiche mit ausgewählt sind. Kritisch sind aber nur Stellen wie diese ⓫, an denen ein Bereich, der maskiert, mit einem verschmilzt, der ausgewählt sein soll. Ich habe die TOLERANZ ⓬ wieder auf 40 reduziert, und dann sieht das schon wieder besser aus.

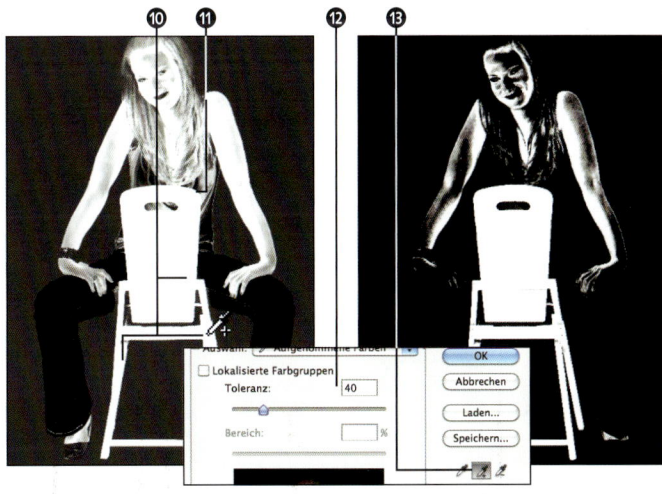

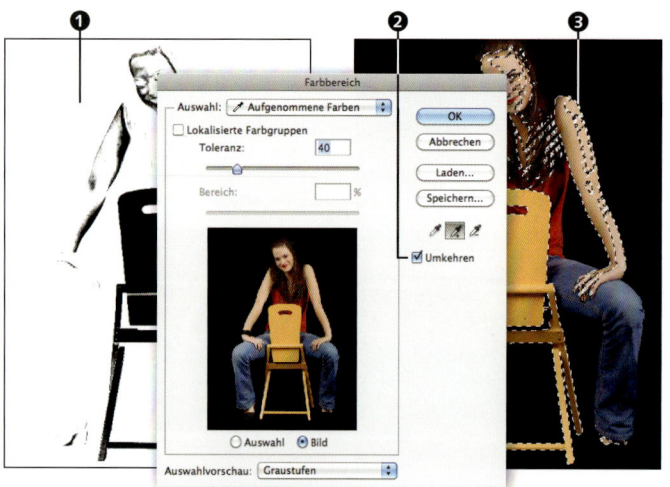

4   Umkehren und Auswahl erstellen

Wir haben bisher eine recht ordentliche Auswahl um den orangen Stuhl erstellt. Unser Ziel ist allerdings, den Hintergrund schwarzweiß zu machen, also muss der Hintergrund ausgewählt werden. Klicken Sie dazu auf UMKEHREN ❷. Das Resultat sieht zwar etwas merkwürdig aus ❶, aber der Stuhl ist schwarz (anschließend maskiert) und der Hintergrund weiß (anschließend ausgewählt) – so soll es sein. Erstellen Sie die Auswahl ❸, indem Sie den Dialog mit OK schließen.

5   Kanalmixer und Maske verbessern

Erstellen Sie eine Einstellungsebene KANALMIXER , und aktivieren Sie MONOCHROM (siehe Seite 261). Im Resultat ist unser Modell etwas fleckig ❹. Um die Maske nachzubessern, klicken Sie in der Palette EBENEN bei gedrückter ⎡Alt⎤-Taste darauf ❺. Es erscheint die Maske, und Sie können mit dem PINSELWERKZEUG die überflüssigen Bereiche des Modells ❻ weiß übermalen und mit Schwarz Korrekturen am Stuhl ❼ vornehmen. Klicken Sie neuerlich bei ⎡Alt⎤ auf die Maske ❺, um das Bild wieder anzuzeigen.

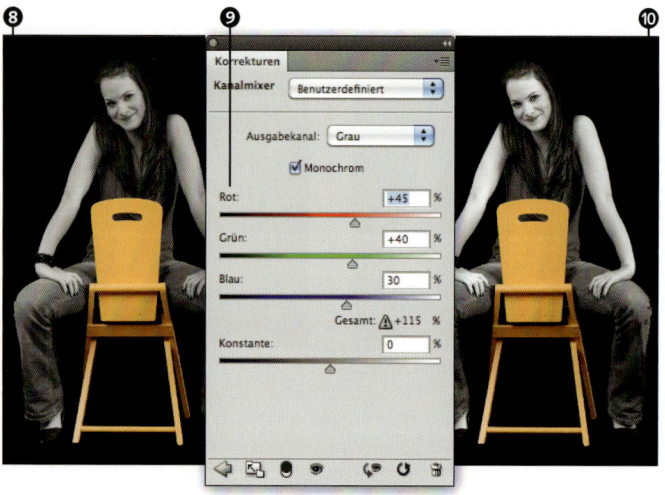

6   Kanalmixer einstellen

Nun sollte das Ergebnis so ❽ aussehen – noch etwas zu wenig kontrastreich. Aber wir haben ja auch noch keine Einstellungen in der Einstellungsebene KANALMIXER vorgenommen, denn mit dem orangen Flecken zuvor wäre das Resultat schwer zu beurteilen gewesen. Mit den Einstellungen ROT +45 %, GRÜN +40 % und BLAU +30 % ❾ gefällt mir das Ergebnis ❿ besser. So kann man das lassen. Das Modell ist kontrastreich in Schwarzweiß entwickelt, und der Stuhl ist intensiv orange geblieben.

Duplex

Duplexbilder sind Bilder mit nur zwei Druckfarben.

Manchmal kann man mit zwei Druckfarben günstiger produzieren als in 4C. Man verwendet dann sogenannte Volltonfarben. Das verbreitetste Volltonfarben-System, ist das von Pantone. Volltonfarben haben den Vorteil, dass sich auch leuchtende Farben drucken lassen, die in 4C nicht zu erreichen sind, ganz zu schweigen von Leuchtfarben, mit Textmarker-Charakter, oder Silber, Gold und Kupfer. Hier zeige ich Ihnen, wie Sie ein Bild für den Druck mit zwei Volltonfarben aufbereiten und was Sie tun müssen, wenn Sie zwar den Charakter eines solchen Zweitonbildes (Duplexbild) möchten, aber RGB oder CMYK benötigen. Echte Duplexbilder müssen als Photoshop-EPS- oder PSD-Datei gespeichert werden.

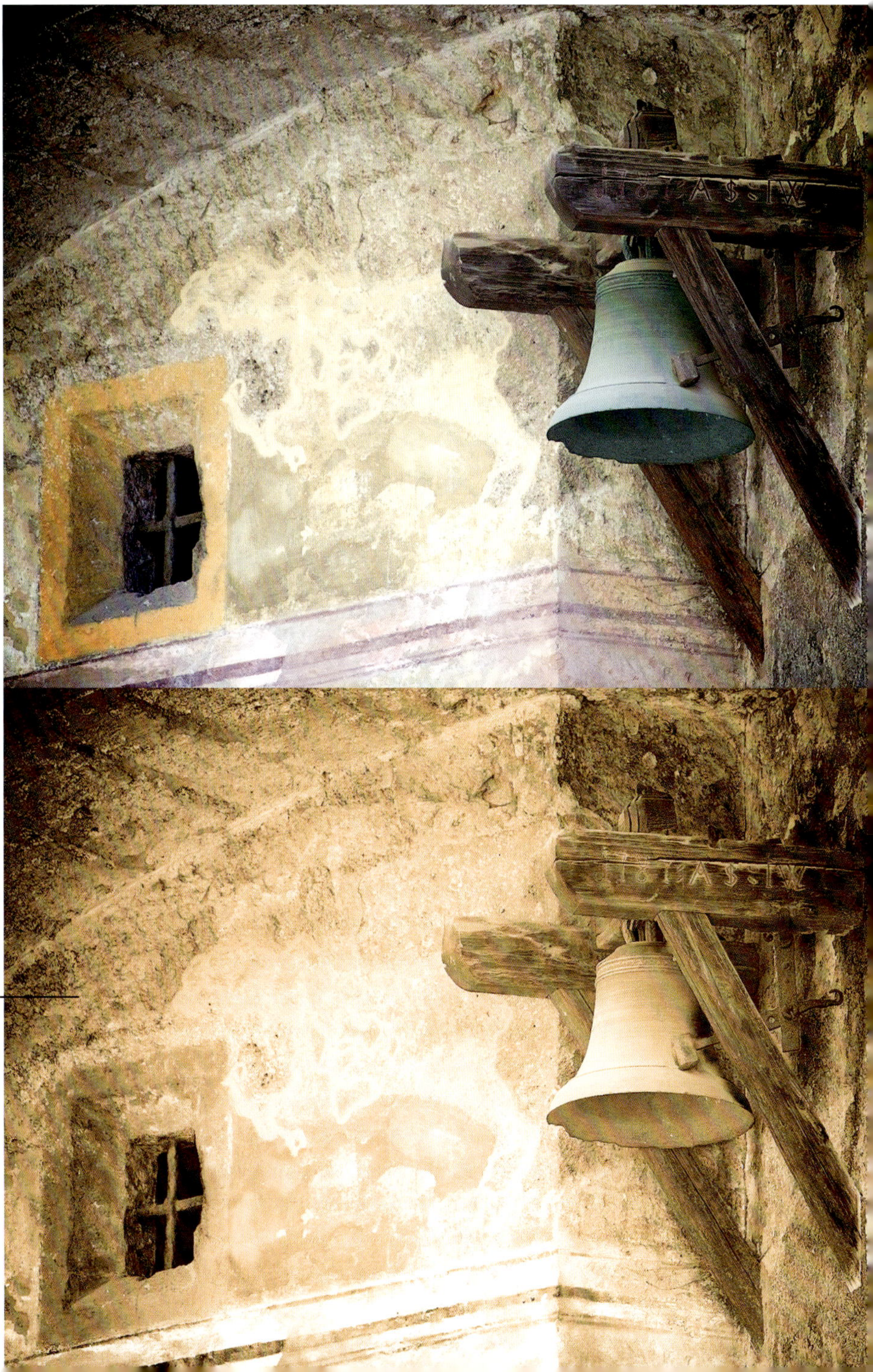

Zielsetzungen:
Bild als »besseres Schwarzweißbild« vorbereiten, als Duplexbild entwickeln und in RGB beziehungsweise CMYK umwandeln

[duplex.jpg]

1   Einstellungsebene »Schwarzweiß«

Erstellen Sie eine Einstellungsebene SCHWARZ-WEISS ▨. Durch anheben der ROTTÖNE habe ich das Holz kontrastreicher gemacht ❺. Absenken der GELBTÖNE hat das Gelb um das Fenster herum abgedunkelt ❶. Anheben von GRÜN- und CYANTÖNEN hellt die Glocke auf ❹. Absenken der BLAUTÖNE macht das Loch des Fensters noch düsterer und dunkelt die Linie ab ❷. Zurückdrehen der MAGENTATÖNE bis zum Anschlag macht die Linie noch deutlich dunkler und bringt sie kräftiger zum Vorschein ❸.

2   In Graustufen umwandeln

Damit sich ein Bild in ein Duplexbild umwandeln lässt, muss es erst über das Menü BILD • MODUS in GRAUSTUFEN konvertiert werden. Die Einstellungsebene, die wir erstellt haben, muss dazu gelöscht werden. Damit aber die Einstellungen erhalten bleiben, klicken Sie auf REDUZIEREN ❻, damit Sie in das Farbbild eingerechnet wird und das Ergebnis laut unseren Einstellungen erhalten bleibt.

Hinweis: Wir hätten die Einstellung daher von vornherein über BILD • KORREKTUREN • SCHWARZWEISS destruktiv vornehmen können.

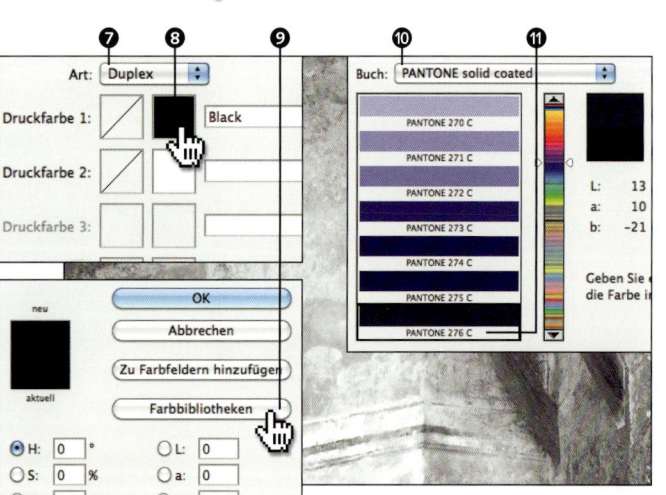

3   Druckfarbe einstellen

Wählen Sie nun BILD • MODUS • DUPLEX. Im Dialog DUPLEX-OPTIONEN ist in der Regel zunächst als ART • EINFARBIG voreingestellt. Stellen Sie um auf DUPLEX ❼. Klicken Sie in das Farbfeld ❽, um BLACK zu ändern. Nach Standard sollte der FARBWÄHLER aufgehen, in dem Sie auf FARBBIBLIOTHEKEN ❾ klicken. Nun kommen Sie in den Dialog mit den Buch-Farben. Wählen Sie PANTONE SOLID COATED ❿ für die Druckfarbe aus, und geben Sie dann in rascher Folge »276« ein – ein Eingabefeld gibt es nicht. Automatisch wird PANTONE 276 C als Farbe ausgewählt ⓫.

4 Zweite Druckfarbe

Nachdem Sie die erste Druckfarbe ausgewählt haben, schließen Sie die Farbbibliotheken mit OK und klicken Sie dann in den DUPLEX-OPTIONEN auf das Farbfeld für DRUCKFARBE 2 ⓬. Ich habe als zweite Farbe ein Orangegelb mit dem Namen PANTONE 1235 C ⓭ ausgesucht und dann die Farbbibliotheken auch wieder mit OK verlassen. Das Ergebnis ist ein Bild mit einem warmen, monochromen Charakter.

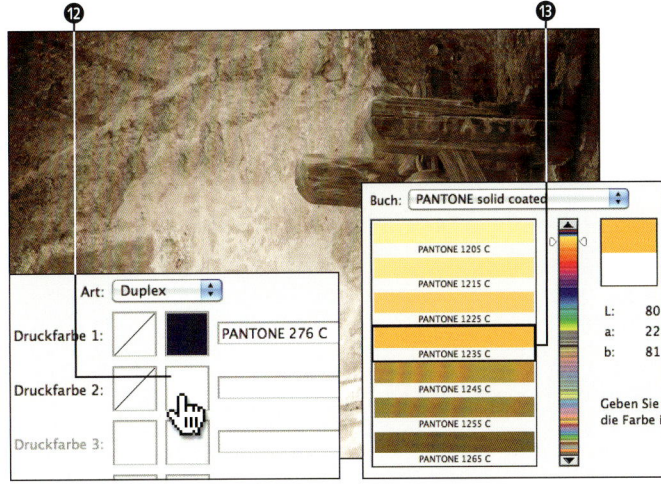

5 Duplexkurven

Um die Helligkeitsverteilung der Farben zu steuern, klicken Sie zuerst bei DRUCKFARBE 1 auf das Feld der Duplexkurve ⓮. Es öffnet sich ein Dialog, in dem Sie eine Kurve einziehen können ⓯, wie Sie es schon von der normalen Gradationskurve (siehe Seite 228) her kennen. Ich habe die Kurve so angelegt, dass die dunklen Bereiche noch dunkler werden. Schließen Sie DUPLEXKURVE mit OK, und klicken Sie auf das Feld der zweiten Farbe ⓰. Mit dieser Kurve ⓱ habe ich vor allem die mittleren Tonwerte kräftiger gemacht.

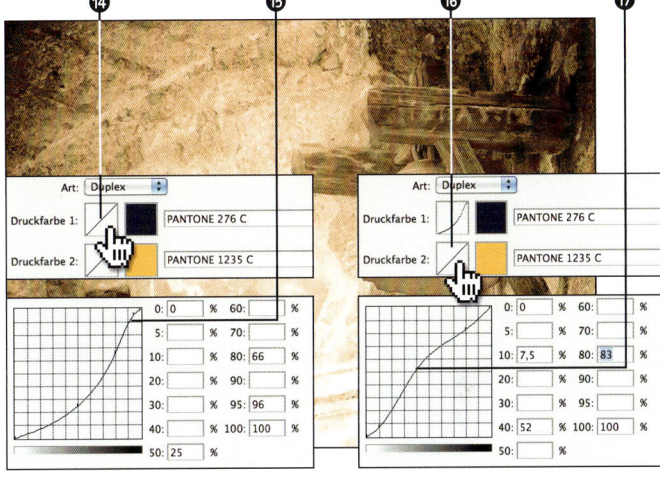

6 Duplex-Anmutung in RGB und CMYK

Schließen Sie DUPLEXKURVE und DUPLEX-OPTIONEN mit OK.

Duplexbilder mit zwei Volltonfarben lassen sich im Zweifarbendruck reproduzieren. Es kommt aber auch vor, dass man Duplexbilder erstellt, aber sie gar nicht zweifarbig druckt. Wenn Sie ein Duplexbild für eine Bildschirmpräsentation oder das Internet einsetzen, dann konvertieren Sie es am Ende einfach über BILD • MODUS in RGB-FARBE. Brauchen Sie es für den Druck, können Sie MODUS • CMYK-FARBE zur Umwandlung wählen.

Fotografie & Camera Raw

Ambitionierte Fotografen stellen spezielle Anforderungen an Photoshop. Sie nutzen ein besonderes Dateiformat, in dem digitale Spiegelreflexkameras Aufnahmedaten roh und unbearbeitet speichern. Sie möchten Fehler ihrer Objektive korrigieren können, aus mehreren Aufnahmen Panoramen zusammenstellen und unterschiedlich lang belichtete Aufnahmen eines Motivs zu sogenannten HDR-Bildern zusammenfügen können. In diesem Kapitel möchte ich Ihnen einen Überblick über die wichtigsten dieser besonderen Arbeitsweisen bieten.

Foto: Markus Wäger, mit freundlicher Genehmigung der Nikon GmbH und der Bregenzer Festspiele

Fotografie & Camera Raw

RAW & Camera Raw

Die Vorteile roher Bilddaten

Bit-Tiefe

Ein Pixelbild besteht aus quadratischen Informationseinheiten, den Pixeln, was sich von »Picture Element« ableitet. Ein solches Bildelement entspricht immer einem exakten Farbton. Je nachdem, was für eine Bit-Tiefe das Bild hat, kann es einer von zwei Tönen oder einer von Millionen sein. »Bit« ist ebenso wie Pixel ein Kunstwort und steht für »Binary Digit«, was man mit »Binär-Einheit« übersetzen kann. Binär bedeutet, dass eine solche Einheit eine von zwei Eigenschaften haben kann. In Zahlen heißt das 0 oder 1. Bei einem 1-Bit-Bild bedeutet es, ein Pixel ist entweder schwarz oder weiß (1-Bit-Bilder werden oft auch als »Bitmap« bezeichnet). Mit zwei Bit lassen sich vier Töne darstellen (2^2), mit drei Bit acht (2^3), mit vier Bit 16 (2^4) usw. Standard für die Bildbearbeitung ist seit vielen Jahren 8 Bit. Ein 8-Bit-Graustufenbild kann aus maximal 256 unterschiedlichen Grautönen bestehen ($2^8 = 256$). Daraus ergeben sich die Werte 0 bis 255, die in Photoshop für die Kanäle Rot, Grün und Blau beispielsweise in der Palette INFO angezeigt werden oder die Sie im Farbwähler zur Definition einer RGB-Farbe eingeben können.

Ein 8-Bit-RGB-Bild besteht aus drei Farbkanälen à 256 Abstufungen, womit sich 16 Millionen Farben beschreiben lassen (256^3). In Summe ist das eine hohe Zahl und für alle *gewöhnlichen* Bildbearbeitungsaufgaben auf *normalem* Qualitätsniveau ausreichend.

Ambitionierte Tonwert- und Farbkorrekturen stoßen jedoch mit 256 Abstufungen je Kanal früher oder später an ihre Grenzen.

RAW-Dateiformat

Haben Sie Ihre digitale Spiegelreflexkamera so eingestellt, dass Bilder als JPEG gespeichert werden, nimmt die Software der Kamera eine Bearbeitung des Bildes vor, bevor sie es als 8-Bit-Datei auf die Speicherkarte schreibt. RAW-Dateien hingegen werden von der Kamerasoftware weitestgehend unverändert (roh) auf die Speicherkarte übertragen, also so, wie der Sensor das Motiv *sieht*. Die Ausarbeitung (man spricht von »Entwicklung«) erfolgt erst am Computer durch den Fotografen.

Während JPEG-Bilder in der Regel mit 8-Bit-Farbe gespeichert werden, haben RAW-Dateien je nach Kameramodell 12, 14 oder gar 16 Bit Farbtiefe. Während ein Farbkanal eines 8-Bit-Bildes 256 Abstufungen aufweisen kann, kann ein 12-Bit-Bild mit 4096 (2^{12}) Abstufungen je Kanal beschrieben werden. Das ist vor allem bei Bildbereichen mit langen, weichen Farbverläufen zwischen zwei Tönen, die nur einen geringen Helligkeitsunterschied aufweisen, ein Vorteil, zum Beispiel bei intensiv blauem Himmel, extrem blassblauem Himmel mit leichter Wolkenstruktur oder auch bei Hauttönen. In solchen Fällen bietet die Farbtiefe einer RAW-Datei einiges mehr an Spielraum, um über Einstellungen in der digitalen Dunkelkammer (so bezeichnet man die Entwicklungsumgebung für Digitalbilder am Computer) Farb- und Tonwertkorrekturen vorzunehmen.

Darüber hinaus haben RAW-Dateien auch den Vorteil, dass sie noch Zeichnung (Bildinformation) in scheinbar komplett weißen oder absolut schwarzen Bildbereichen beinhalten. Wo aus der absolut weißen Fläche (zum Beispiel einer Wolke) eines JPEG-Bildes mit Sicherheit absolut nichts mehr herauszuholen ist, lässt sich bei einer RAW-Datei immer noch einiges herauskitzeln und der vormals weißen Fläche Struktur geben.

Allerdings ist RAW kein Dateiformat im herkömmlichen Sinne, so wie TIFF oder PSD, sondern ein Überbegriff für alle Dateiformate, in denen Digitalkameras Bilder roh und unbearbeitet so speichern, wie der Sensor sie aufnimmt. Bei Nikon heißt dieses Format NEF, bei Canon CRW oder CR2, bei Olympus ORF und bei Sony SRF, SR2 oder ARW. Außerdem hat auch Adobe ein eigenes RAW-Format mit dem Titel DNG definiert, was für »Digital Negative« steht und als Standard-RAW-Format vorgeschlagen wird (so wie RTF und TXT Standard-Textformate sind, im Gegensatz zu Microsofts DOC-Dateiformat).

Adobe Camera Raw

Photoshop kann RAW-Dateien weder öffnen noch schreiben. Um ein Bild, das als RAW-Datei vorliegt, mit Photoshop bearbeiten zu können, muss es erst in ein Format konvertiert werden, das von Photoshop gelesen werden kann. Das ist meist PSD oder TIFF. Für diese Umwandlung hat Adobe Photoshop um Camera Raw ergänzt. Allerdings ist Camera Raw kein reiner Konverter, der nichts anderes macht, als ein Bild von einem Format in ein anderes zu konvertieren. Eine solche Software würde ja erst recht wieder auf Basis einiger Standardanalysen und Einstellungen eine Bearbeitung des Bildes vornehmen, auf die der Fotograf keinen Einfluss hat, so wie es bei der Entwicklung von JPEG-Bildern durch die Software in der Kamera geschieht. Adobe Camera Raw ist viel eher eine eigene Entwicklungsumgebung für RAW-Dateien – es ist quasi ein

eigenständiges, speziell für RAW-Daten optimiertes Bildbearbeitungsprogramm. Es bietet Ihnen die Möglichkeit, Farb- und Tonwertkorrekturen schon vor der Umwandlung in ein für Photoshop lesbares PSD- oder TIFF-Dateiformat zu optimieren, und das mit allen Vorzügen, die die Bearbeitung von RAW-Dateien mit sich bringt. Bereits erwähnt wurde der Vorzug, dass RAW-Bilder mit der höheren Bit-Tiefe von 12 oder 14 Bit mehr Spielraum für Farb- und Tonwertkorrekturen liefern. Unterbelichtete Aufnahmen lassen sich damit ebenso in viel höherem Maße zur optimalen Belichtung bringen wie überbelichtete (allerdings kennt auch RAW Grenzen). Ein zweiter großer Vorteil ist es, dass der sogenannte Weißabgleich mit RAW erst am Computer eingestellt werden kann. Zwar arbeiten die Weißabgleichsautomatiken moderner Kameras heute recht zuverlässig, aber wenn sie doch einmal danebenliegen und den falschen Weißabgleich in eine JPEG-Datei einrechnen, bleibt meist nicht mehr viel Spielraum zur Korrektur. Bei RAW ist der Spielraum am Computer zu hundert Prozent uneingeschränkt vorhanden.

Entwicklung in Camera Raw

Das digitale Fotolabor

Ich fotografiere längst nur noch in RAW. Die Möglichkeiten zur nachträglichen Korrektur sind einfach um vieles besser, als wenn Sie in JPEG fotografieren. Um eine RAW-Datei mit Photoshop bearbeiten zu können, bedarf es der Umwandlung durch einen RAW-Konverter. Camera Raw ist ein solcher Konverter, der clevere Einstellmöglichkeiten anbietet, um eine optimal vorbereitete Datei an Photoshop zu übergeben, mit dessen Hilfe Sie das Bild dann zum Beispiel für eine Collage oder Montage weiterverarbeiten.

Zielsetzungen:

Helligkeit und Farbtemperatur optimal entwickeln

Hintergrund weiß belichten

[cameraraw_1.nef– cameraraw_5.nef]

Foto: Markus Wäger, Modell: Denise

1 Mehrere RAW-Bilder mit Mini Bridge öffnen

Öffnen Sie die Palette MINI BRIDGE und suchen Sie die Bilder »cameraraw_1.nef« bis »cameraraw_5.nef«. Klicken Sie auf das erste ❶ der fünf Bilder und dann bei gedrückter ⬜-Taste auf das letzte ❷ – dadurch werden die beiden und die drei Bilder dazwischen ausgewählt. Mit einem Doppelklick veranlassen Sie das Öffnen der Bilder. Allerdings werden die Bilder nicht in Photoshop geöffnet, sondern im Zusatzprogramm Adobe Camera Raw.

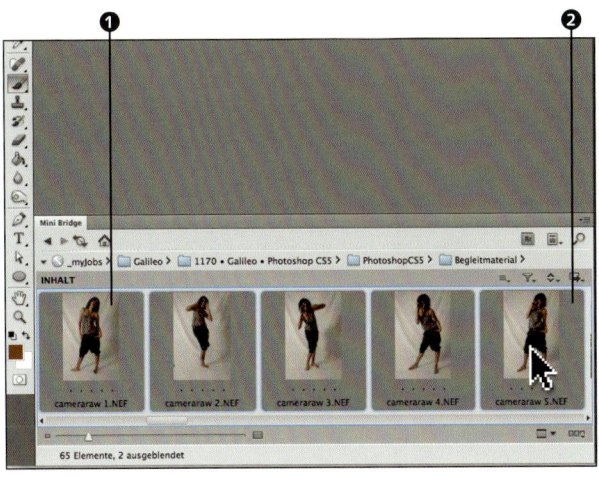

2 Camera-Raw-Fenster im Überblick

Links findet sich eine Übersicht ❸ mit den geöffneten Bildern. Im Moment ist ein Bild zur Bearbeitung ausgewählt ❹. Sie können jedoch per ⬜-Klick mehrere Bilder auswählen und gleichzeitig bearbeiten. Mit Doppelklick hier ❺ lässt sich die Übersicht schließen um beispielsweise mehr Platz für ein Querformatbild zu haben. Manchmal ist für Sekunden ein Warnsignal ❻ zu sehen, was aber lediglich bedeutet, dass das Bild noch nicht fertig berechnet ist. Der größte Teil der Bearbeitung spielt sich in den GRUNDEINSTELLUNGEN ❼ ab.

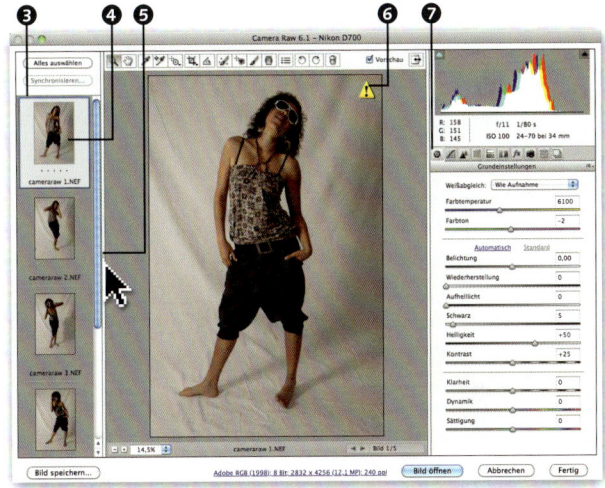

3 Warnung zur Beschneidung

Über dem Histogramm (siehe Seite 218) stehen zwei verkehrte Diamanten. Links aktivieren Sie die WARNUNG ZUR TIEFENBESCHNEIDUNG ❿, die unterbelichtete Stellen im Bild markiert ❾, rechts die ZUR LICHTERBESCHNEIDUNG ⓫, zur Kennzeichnung ❽ überbelichteter Stellen.

Tipp: BELICHTUNG ⓬ und SCHWARZ ⓭ sind mit Schwarz- und Weißpunkt vergleichbar. Verschieben bei gedrückter ⟨Alt⟩-Taste markiert Über- und Unterbelichtung, so wie in der Tonwertkorrektur (siehe Seite 221).

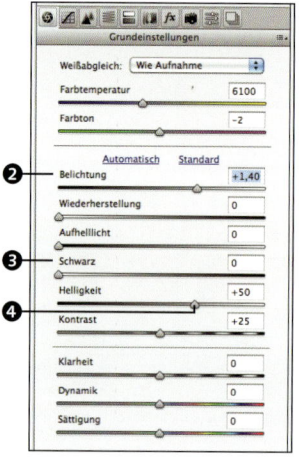

4 Größtes Problem zuerst

Mit welchen Reglern beginnen? Ich bearbeite immer das größte Problem zuerst. Meist ist das der WEISSABGLEICH oder die BELICHTUNG. Hier ist es die BELICHTUNG ❷ – sie lässt sich gut bis +1,40 anheben, ohne dass Bereiche überbelichtet werden. Um die Tiefenbeschneidung ❶ zu eliminieren, drehe ich SCHWARZ ❸ bis 0 zurück.

Tipp: Ein Doppelklick auf einen dieser Regler ❹ stellt den Wert auf Standard zurück. Das wünschen wir uns auch für die Regler in Photoshop :).

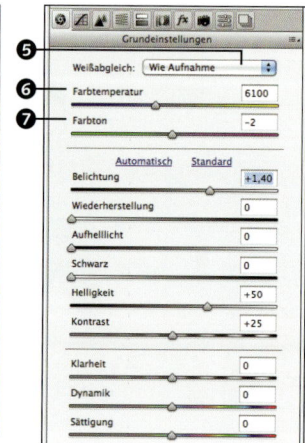

5 Weißabgleich

WEISSABGLEICH korrigiert Farbstiche, typisch für Schatten oder Kunstlicht. Das geht mit Voreinstellungen aus dem Menü ❺, ich bevorzuge aber meist manuelle Einstellungen. Aufnahmen unter Tageslicht, oder, wie hier, mit Blitzlicht, haben meist eine FARBTEMPERATUR ❻ von etwa 5.500 Kelvin, unter Glühbirnen kommen schon einmal 2.500 K und weniger zustande, bedeckter Himmel kann über 7.000 K liegen und die Abendstunden bei 10.000 K. Bei guten Lichtbedingungen ist an FARBTON ❼ meist nicht viel zu ändern.

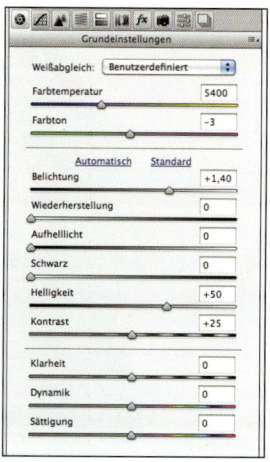

6 Weißabgleich-Werkzeug

Hier wurde mit Studioblitzen fotografiert, also sollte FARBTEMPERATUR bei etwa 5.500 K liegen und FARBTON annähernd bei 0. Camera Raw korrigiert allerdings auf 6.100 K FARBTEMPERATUR, wodurch der Hintergrund einen Hauch zu warm wirkt. Da der Hintergrund weiß war, kann ich das WEISSABGLEICH-WERKZEUG ❽ aktivieren und damit auf einen Schatten im Hintergrund ❾ klicken, um den Weißabgleich zu korrigieren. Da außer den Blitzen kein Licht mit anderer Temperatur im Spiel war, funktioniert das WEISSABGLEICH-WERKZEUG perfekt.

7 Belichtung versus Helligkeit

BELICHTUNG lässt sich wie bereits erwähnt mit dem Weißpunktregler von Tonwertkorrektur (siehe Seite 221) und Gradationskurven vergleichen. Erhöht man die Belichtung ❶ zu kräftig, entstehen große, überbelichtete Bereiche, was an der Histogramm-Anhäufung ❿ rechts zu erkennen ist. HELLIGKEIT ❸ ist eher mit Mitteltöne (siehe Seite 221) zu vergleichen und lässt (meist) auch bei extremen Werten noch Luft an der rechten Seite des Histogramms ⓬ – es entsteht also keine Überbelichtung.

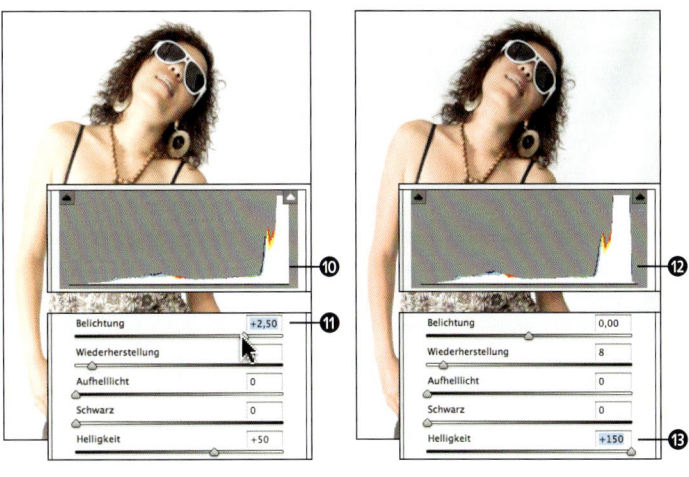

8 Belichtung und Schwarz

Das Bild war unterbelichtet. Durch das Anheben der BELICHTUNG und das Absenken von SCHWARZ haben wir das korrigiert – das Histogramm nimmt danach die komplette Breite des Tonwertumfangs ein. Ein Bild wie rechts, das bei leichtem Nebel aufgenommen wurde, nutzt den Tonwertumfang nicht aus ⓮ und wirkt flau. Anheben von SCHWARZ ⓲ hat das Histogramm links näher an den Schwarzpunkt ⓯ gezogen, Anheben der BELICHTUNG ⓱ näher an den Weißpunkt ⓰ der kompletten Tonwertbreite.

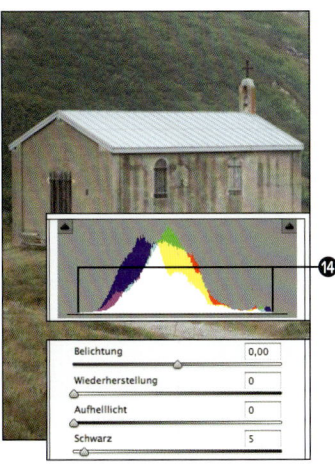
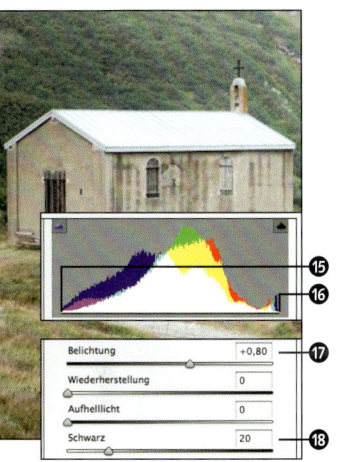

9 Wiederherstellung und Aufhelllicht

WIEDERHERSTELLEN ⓳ macht überbelichtete Bereiche etwas dunkler. Oft ergeben sich allerdings in hellen Himmelsbereichen rosarote, cyanfarbene oder neutralgraue Flecken. Hauttöne werden oft schweinchenrosa oder gelblich unterfüllt. Diese Korrektur ist also mit Vorsicht zu genießen. Am besten, man gebraucht sie erst gar nicht und wenn, dann dezent, wie hier mit einem Wert von +8 ⓳. AUFHELLLICHT ⓴ hellt tiefe Schatten auf. Auch das kann meist nur dezent eingesetzt werden, ohne dass das Resultat unnatürlich wirkt.

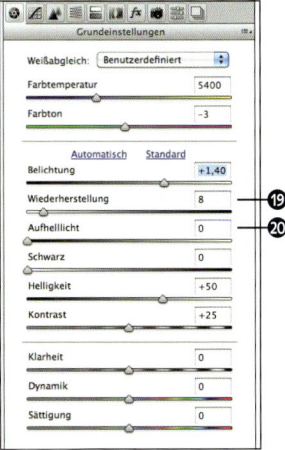

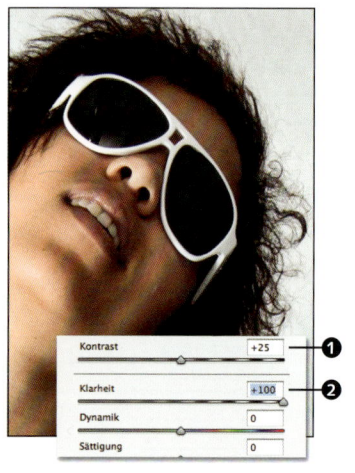
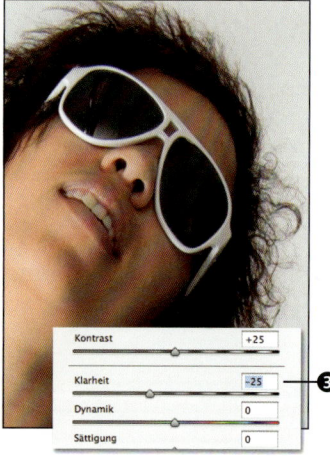

10 Kontrast und Klarheit

KONTRAST ❶ erhöht, wie der Name vermuten lässt, den Kontrast. Der Kontrast in Farbbildern lässt sich meist besser mit BELICHTUNG und SCHWARZ einstellen – KONTRAST bleibt bei mir meist unangetastet. Schwarzweißbilder hingegen vertragen viel KONTRAST.

KLARHEIT ❷ macht Ähnliches, mit anderem Ergebnis: Strukturen werden betont. Auf Haut wirkt sich eine Erhöhung der KLARHEIT in der Regel unvorteilhaft aus. Allerdings kann man versuchen, durch Reduzieren von KLARHEIT ❸ die Strukturen der Haut zu verringern.

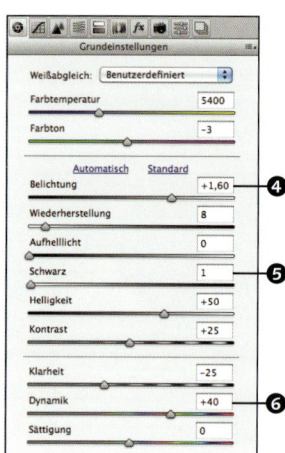

11 Dynamik

Ich habe die KLARHEIT beim eben demonstrierten Wert von –25 belassen. Danach konnte ich BELICHTUNG ❹ noch einmal auf +1,60 erhöhen und auch SCHWARZ ❺ auf +1 stellen, ohne dass Tonwerte beschnitten würden. Um die Farben zu intensivieren habe ich die DYNAMIK ❻ angehoben (siehe dazu auch Dynamik und Sättigung auf Seite 252).

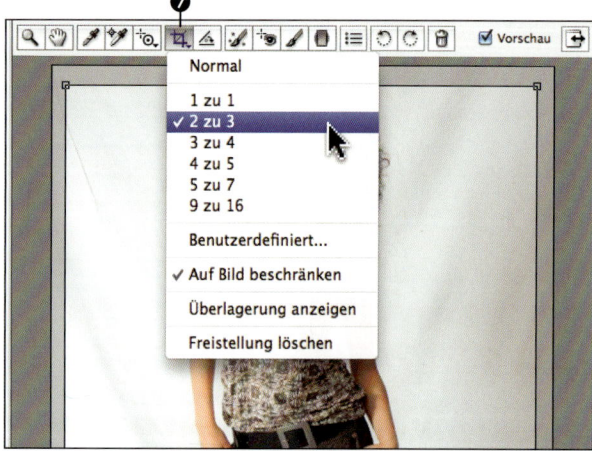

12 Freistellen

Aktivieren Sie zum Beschneiden des Bildformats das FREISTELLUNGSWERKZEUG ❼. Wenn Sie eine Sekunde auf die Schaltfläche drücken, öffnet sich ein Menü, mit dem Sie das Seitenverhältnis bestimmen können. Das geht auch, wenn bereits ein Freistellungsrahmen erstellt ist. Die Anwendung selbst funktioniert nicht anders als in Photoshop (siehe Seite 68).

Tipp: Sie können auch mehrere Bilder in der Übersicht links auswählen und gleichzeitig freistellen. Photoshop zeigt das Ergebnis in Echtzeit für alle Bilder an.

13 Synchronisieren

Nun können wir die Einstellungen auf andere Bilder übertragen. Wählen Sie dazu alle Bilder aus, die mit dem fertigen abgeglichen werden sollen ❽, indem Sie sie mit `Strg`/`⌘` oder `⇧` anklicken oder ALLES AUSWÄHLEN ❿ klicken. Achten Sie darauf, dass der etwas fettere, bläuliche Rand ❾ um das fertige Bild zu sehen ist – mit diesem Bild wird synchronisiert. Klicken Sie auf SYNCHRONISIEREN ⓫. Es erscheint ein riesiger Dialog. Da wir alles auf die anderen Bilder anwenden wollen, können Sie, ohne etwas zu ändern, auf OK klicken.

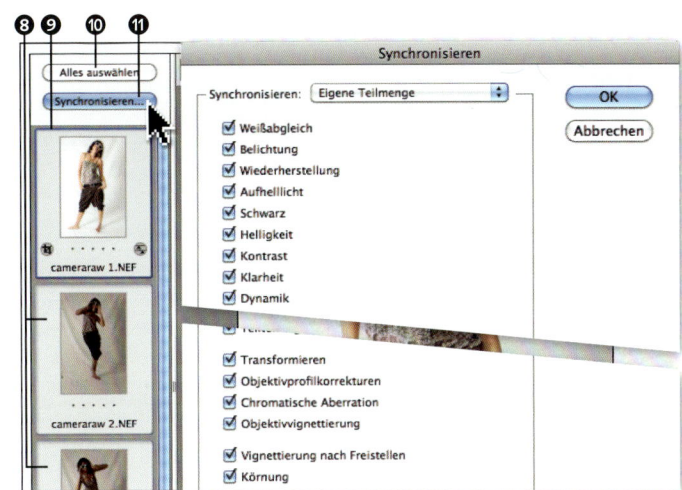

14 Bereichsreparatur

So wie sich in Photoshop über Retusche-Werkzeuge (siehe Seite 142 f.) Flecken entfernen lassen, so können Sie auch in Camera Raw Flecken wegretuschieren. Aktivieren Sie das Werkzeug BEREICHSREPARATUR ⓬, stellen Sie den RADIUS ⓮ passend ein, und löschen Sie störende Flecken ⓭ Klick für Klick.

Manchmal sucht sich Photoshop etwas seltsame Quellen ⓯ für die Retusche aus, aber hier in Camera Raw ändern Sie das einfach, indem Sie den grün-weiß gestrichelten Kreis auf einen anderen Quellbereich ziehen ⓰.

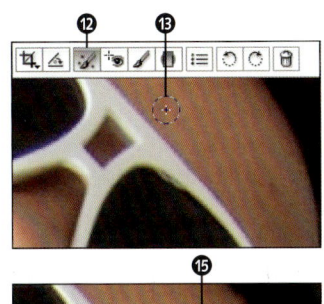
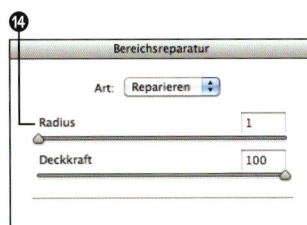
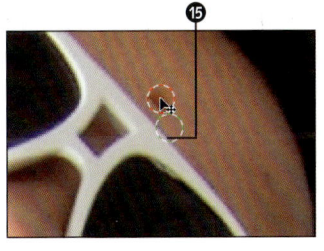
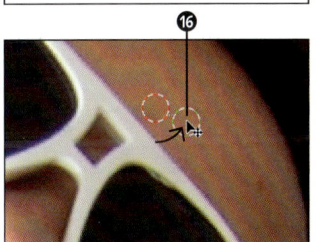

15 Korrekturpinsel

Bislang haben wir Belichtung, Sättigung, etc. global auf das Bild angewendet. Sie können aber auch Bildbereiche selektiv verändern. Ich möchte den zwar weißen, aber von Schatten überzogenen Hintergrund reinweiß machen, also zu unbedrucktem Papier. Dazu aktiviere ich den ANPASSUNGSPINSEL ⓲ und stelle die BELICHTUNG ⓳ fürs Erste auf +0,50. GRÖSSE, WEICHE KANTE und FLUSS ⓴ verhalten sich analog zum PINSEL-WERKZEUG. Nun können Sie über den Hintergrund malen ⓱, um die Belichtung selektiv zu erhöhen.

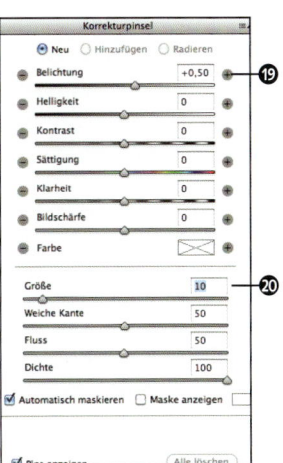

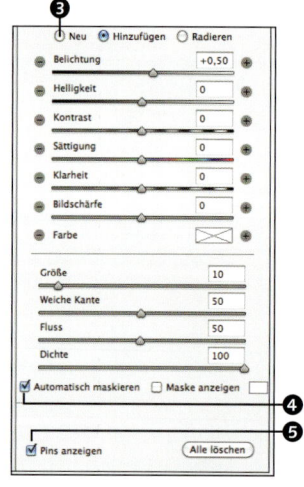

16 Pins und Masken

An der Stelle, an der Sie zu malen beginnen, wird ein sogenannter PIN ❷ gesetzt. Solange Sie nicht ausdrücklich NEU ❸ aktivieren und durch neuerliches Malen zusätzliche PINS erstellen, beziehen sich Einstellungen wie BELICHTUNG, HELLIGKEIT etc. auf diesen einen Pin. Und solange er aktiv ist, verändern Sie durch Verschieben der Regler das Bild. Pins lassen sich auch ausblenden ❺. Aktivieren Sie AUTOMATISCH MASKIEREN ❹, damit Sie über den Hintergrund malen können und andersfarbige Bereiche ❶ geschützt werden.

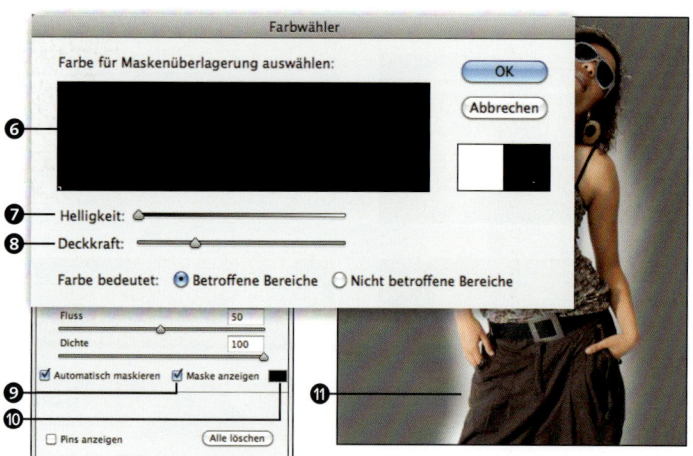

17 Maske anzeigen

Für exaktes Arbeiten hilft es, die MASKE ANZEIGEN ❾ zu lassen. Mit den passenden Einstellungen für Farbe und Deckkraft der Masken lassen sich zu gering ⓫ oder zu viel maskierte Bereiche leicht aufspüren und nachbessern. Die Einstellungen für die Darstellung der Maske ändern Sie, indem Sie hier ❿ klicken. Es öffnet sich ein FARBWÄHLER, in dem Sie Farbe ❻, HELLIGKEIT ❼ und DECKKRAFT ❽ der Maskendarstellung so einstellen können, wie es für das zu bearbeitende Bild optimal ist.

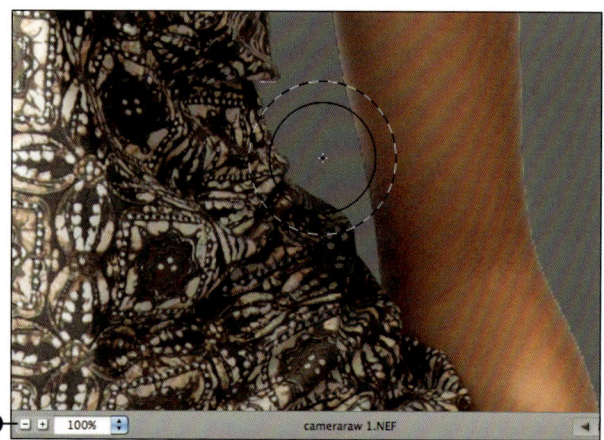

18 Tatsächliche Pixel

Natürlich gilt auch in Camera Raw, dass TATSÄCHLICHE PIXEL (100 % ⓬) die optimale Ansicht ist. Ebenso wie in Photoshop kommen Sie mit ⌨Strg/⌘ + ⌨Alt + ⌨O zur Ansicht TATSÄCHLICHE PIXEL. ⌨Strg/⌘ + ⌨O zeigt das ganze Bild im Fenster an. ⌨Strg/⌘ + ⌨+ und ⌨Strg/⌘ + ⌨– funktionieren natürlich ebenso zum Ein- und Auszoomen, so wie Sie auch mit der ⌨Leertaste das HAND-WERKZEUG 🖐 bekommen, um die Ansicht zu verschieben.

19 Radieren

Um Bereiche, die durch meine Pinselei zu viel aufgenommen wurden, noch besser finden zu können, habe ich die Darstellung der Maske noch einmal verändert, und zwar auf eine mittlere HELLIGKEIT und volle DECKKRAFT 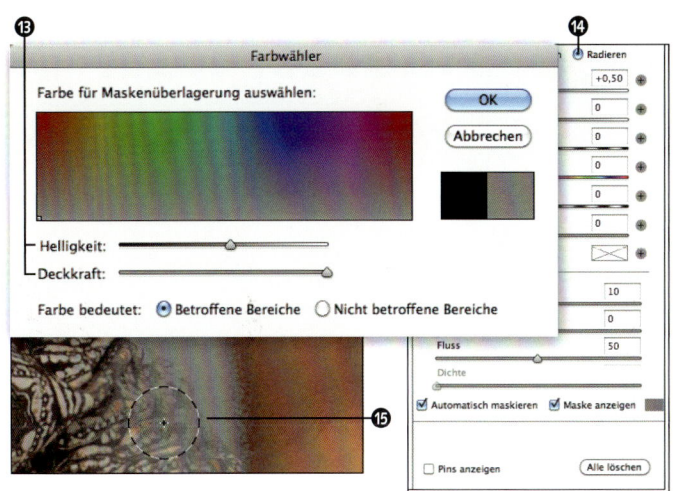. Dadurch wird an manchen Stellen deutlich sichtbar, dass auch Bereiche innerhalb des Modells ⑮ vom ANPASSUNGSPINSEL betroffen sind. Mit RADIEREN ⑭ können Sie diese Bereiche wieder löschen.

Tipp: Halten Sie [Alt], um temporär vom Anpassungspinsel zum Radierer zu wechseln.

20 Belichtung einstellen

So wie rechts sollte in etwa die fertige Maske aussehen. Sie können sie nun wieder ausblenden ⑰ und dann die BELICHTUNG ⑯ so weit nach oben drehen, bis der Hintergrund vollständig weiß geworden ist.

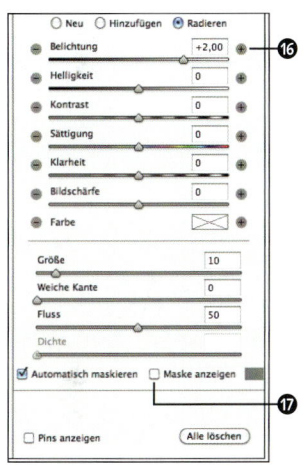

21 Bild öffnen

Rechts sehen Sie das fertige Bild. Sie können RAW-Dateien allerdings weder überschreiben noch in InDesign, QuarkXPress oder Word platzieren. Möchten Sie Bilder an Photoshop übergeben, um sie später als Tiff, PSD oder JPEG zu speichern, klicken Sie auf BILD ÖFFNEN ⑱. Klicken Sie auf FERTIG ⑲, dann erzeugt Camera Raw im Verzeichnis der RAW-Bilder Zusatzdateien mit dem Namen der Bilder und dem Suffix .XMP, um Ihre Einstellungen für ein späteres Öffnen zu bewahren.

SCHWIERIGKEITSGRAD 3 FÜR ÜBERFLIEGER

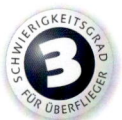

Smarter Raw

RAW-Daten und Smart-Objekte in Kombination

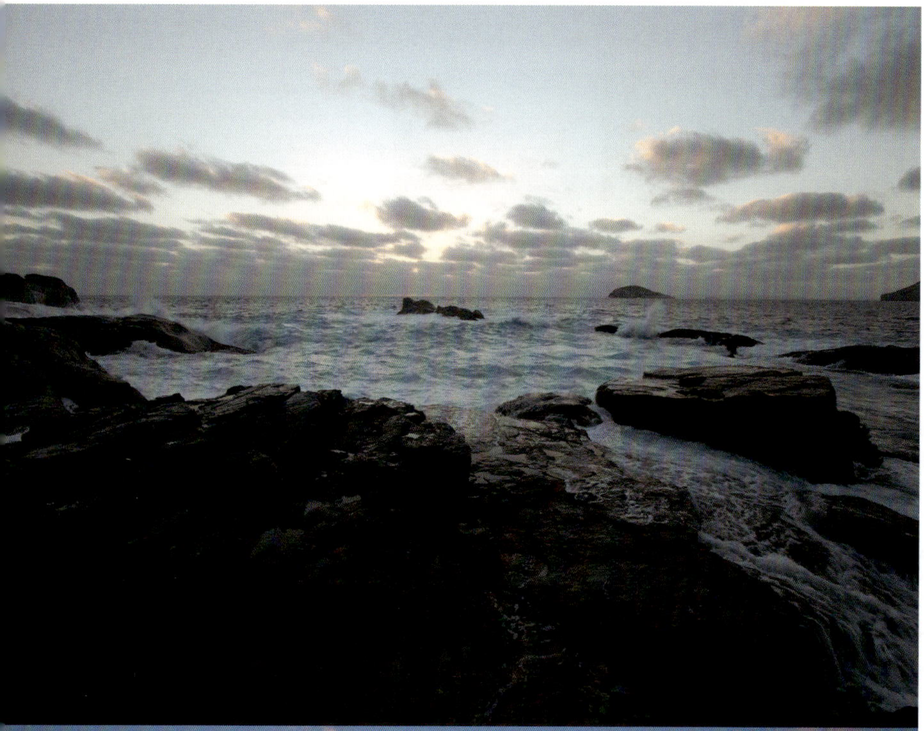

Viele Bilder schwächeln an dem Problem, dass manche Bildbereiche zu hell belichtet sind und eventuell zu blass, ausgewaschen oder gar ausgefressen wirken, während andere Bereiche zu dunklen Klötzen verklumpen. Unsere Augen passen sich den verschiedenen Lichtbedingungen, die sich oft in einer Szene treffen, flexibel an. Bei Fotografien liegt es am Bildbearbeiter, das Bild so nachzubearbeiten, dass er dem Betrachter den Eindruck vor Ort vermitteln kann. Hier lernen Sie, wie Sie mit einem RAW-Bild, mehreren Smart-Objekt-Ebenen dieses Bildes, Ebenenmasken und Einstellungsebenen Bildbereiche unterschiedlich hell belichtet umsetzen können.

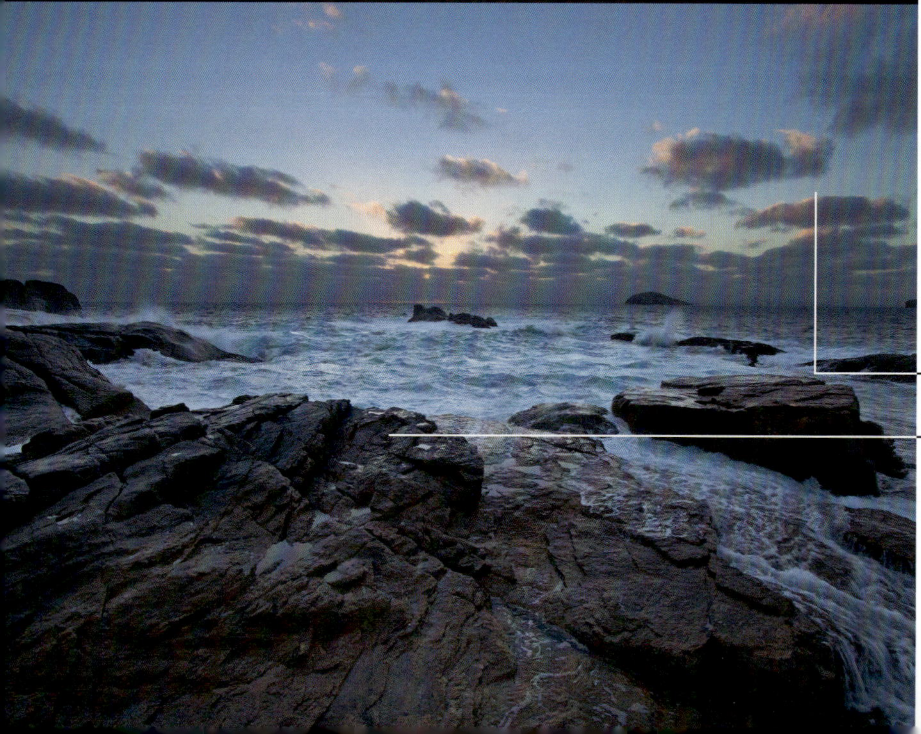

Zielsetzungen:

Mehr Kontrast und Farbe im Himmel

Vordergrund aufhellen

[smartraw.cr2]

1 Weißabgleich

Um beim Weißabgleich für den Farbton des Himmels ein Kippen nach Cyan oder Lila zu vermeiden, habe ich als Erstes mit +100 Dynamik die Farbigkeit übertrieben. Dann habe ich manuell 5.700 K für FARBTEMPERATUR ❸ und +10 für FARBTON ❹ eingestellt. Für das Wasser ❶ ist das grässlich, aber der Farbton des Himmels ❷ gefällt mir. Nach dem Weißabgleich habe ich DYNAMIK ❾ wieder auf +70 reduziert und nach etwas Ausprobieren −1,25 BELICHTUNG ❺, 0 SCHWARZ ❻, +70 HELLIGKEIT ❼ und +50 KLARHEIT ❽ eingestellt.

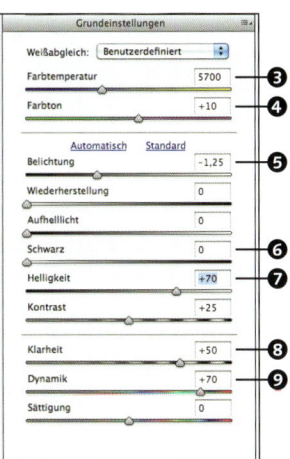

2 Arbeitsablauf-Optionen

Als ich das erste Mal mit Camera Raw gearbeitet habe, habe ich lange nach den Einstellungen für die Auflösung und den Farbraum gesucht. Diese verbergen sich hinter dem »Link« mit den Angaben dazu ganz unten am Camera Raw-Fenster. Wenn Sie daraufklicken ❸ öffnen sich die ARBEITSABLAUF-OPTIONEN, und hier können Sie den gewünschten FARBRAUM ❿ und die AUFLÖSUNG ⓫ einstellen. Aktivieren Sie außerdem IN PHOTOSHOP ALS SMART-OBJEKTE ÖFFNEN ⓬.

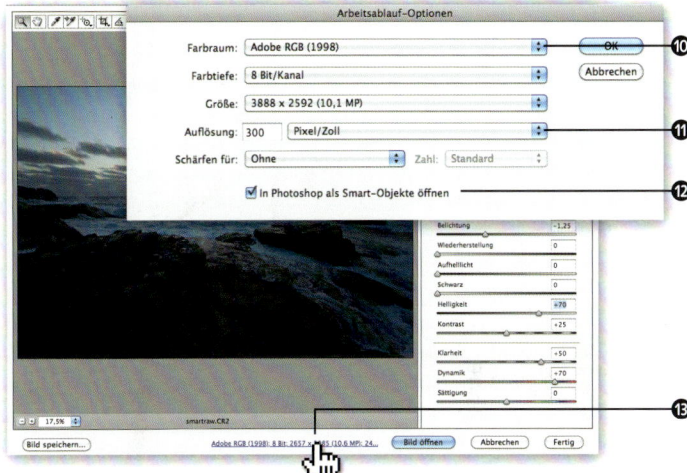

3 Neues Smart-Objekt durch Kopie

Nachdem Sie auf OBJEKT ÖFFNEN geklickt haben, wird es in Photoshop geöffnet. Dieses Symbol ⓮ kennzeichnet, dass die Ebene ein Smart-Objekt ist, d.h. im Falle einer RAW-Datei, dass eine Verknüpfung zwischen der Photoshop-Datei und dem RAW-Original besteht. Klicken Sie mit rechts auf die Ebene ⓯, und wählen Sie im Kontextmenü NEUES SMART-OBJEKT DURCH KOPIE (nicht EBENE DUPLIZIEREN!). Photoshop erzeugt eine Smart-Objekt-Ebene. Öffnen Sie sie mit einem Doppelklick auf die Miniatur ⓰.

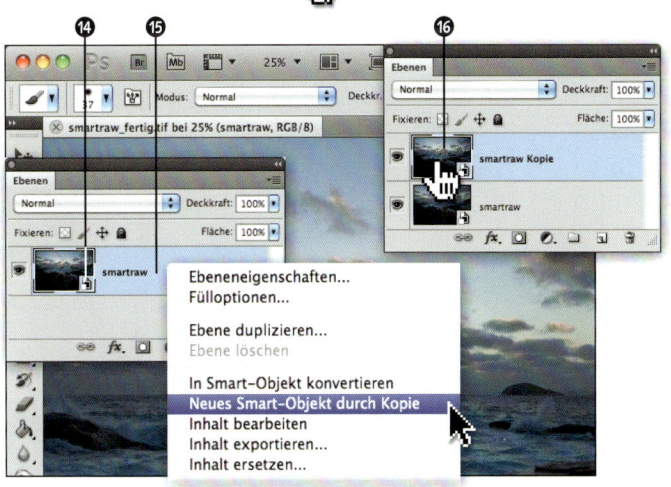

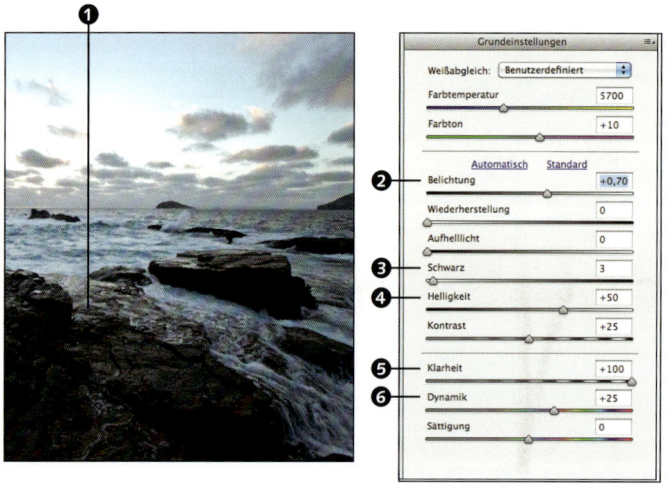

4 Smart-Objekt-Kopie einstellen

Der Doppelklick auf das Smart-Objekt öffnet neuerlich Camera Raw. Da eine Verknüpfung zur Original-Datei besteht, können Sie diese Ebene nun unabhängig von der ersten einstellen. Mir liegt vor allem daran, die Felsen heller zu machen und ihre Struktur zu betonen ❶. Dazu habe ich die BELICHTUNG ❷ auf +0,70 und SCHWARZ ❸ auf +3 angehoben, HELLIGKEIT ❹ auf +50 zurückgestellt, KLARHEIT ❺ auf +100 erhöht (betont die Struktur) und die DYNAMIK ❻ auf +25 zurückgedreht (damit das Meer die übertriebene Farbe verliert).

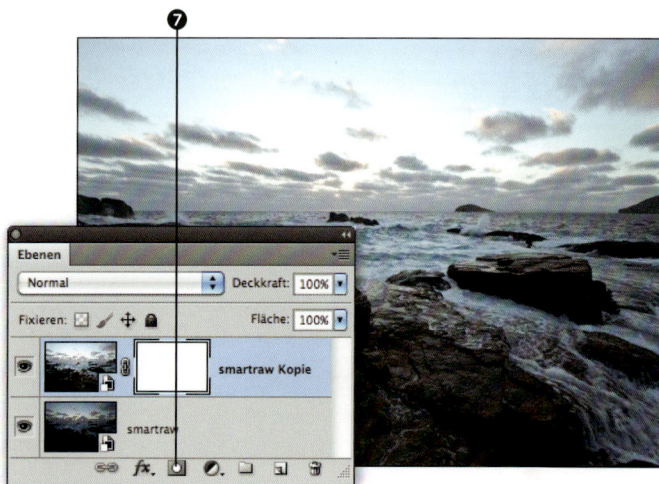

5 Smart-Objekt-Ebene maskieren

Schließen Sie Camera Raw mit OK. Wir wollen nun dahin kommen, dass wir im oberen Bereich die untere Smart-Objekt-Ebene sehen, die für den Himmel optimiert ist, und im unteren Bereich die Kopie, die für den Vordergrund eingestellt wurde. Erstellen Sie dazu für die obere Smart-Objekt-Ebene eine EBENENMASKE 🔲 ❼. Aktivieren Sie nun das VERLAUFSWERKZEUG 🔲.

6 Ebene mit einem Verlauf maskieren

Stellen Sie als Vorgabe SCHWARZ, WEISS ein ❾. Drücken Sie auf dem Horizont die Maustaste, und ziehen Sie eine Linie etwas nach unten ❽. Photoshop erstellt analog zu Ihrer Mausbewegung einen Verlauf in der Ebenenmaske ❿. Da Schwarz ausblendet, sehen wir jetzt im oberen Bereich die Ebene darunter, die für den Himmel eingestellt ist. Weiß lässt die obere Ebene sichtbar und wir sehen den Vordergrund auf dieser Ebene. Der Verlauf dazwischen sorgt dafür, dass der Übergang ⓫ nicht zu abrupt ausfällt.

7 Maske manuell verbessern

Mit dem PINSEL-WERKZEUG ✎ können Sie die Maske dann nachbessern (siehe auch »Ebenenmasken verbessern« ab Seite 176). Denken Sie daran, dass Sie mit Weiß als VORDERGRUNDFARBE Bereiche der oberen Ebene ein-, und mit Schwarz ausblenden können. Ich bin dabei so vorgegangen, dass ich mit HÄRTE 0 und FLUSS 10 % (siehe Schritt 4 Seite 121) etwas mehr vom bewegten, blauen Wasser sichtbar gemacht habe, während ich das graue, ruhigere Meer dunkel ließ ⑫. Die Maske sollte dann etwas unruhiger aussehen ⑬.

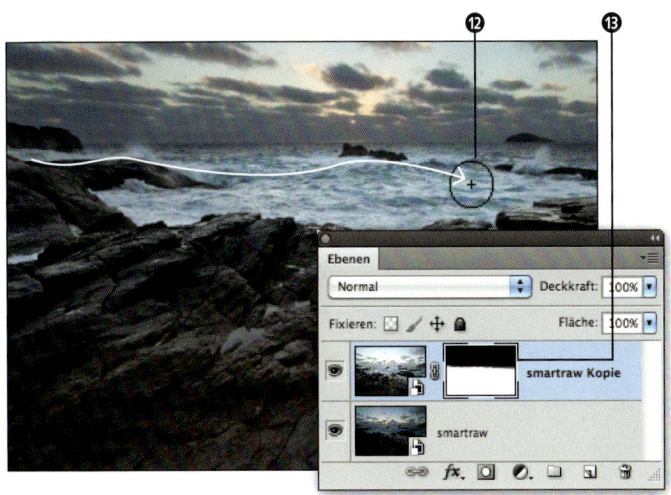

8 Gradationskurven-Einstellungsebene

Für den letzten Schliff habe ich über die Palette KORREKTUREN eine GRADATIONSKURVEN-Einstellungsebene ⊞ erstellt und eine dezente Kurve ⑭ zur Steuerung des Kontrasts eingezogen.

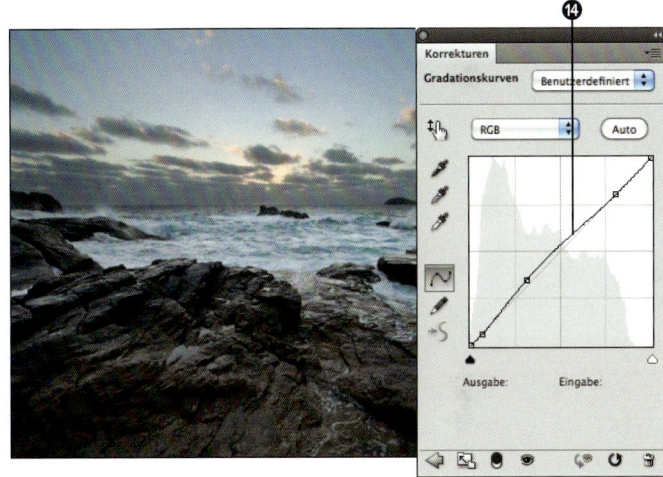

9 Dynamik-Einsellungsebene

Um die Farbigkeit des Sonnenaufgangs eine Spur anzuhaben, bin ich in der Palette KORREKTUREN zurück zur Korrekturliste ⬅ und habe die Kurven mit einer DYNAMIK-Einstellung ergänzt, bei der ich DYNAMIK ⑮ auf +40 eingestellt habe. Am Ende sollte das fertig entwickelte Bild in der Palette EBENEN ⑯ vier Ebenen zeigen: Zwei Smart-Objekt-Ebenen und zwei Einstellungsebenen.

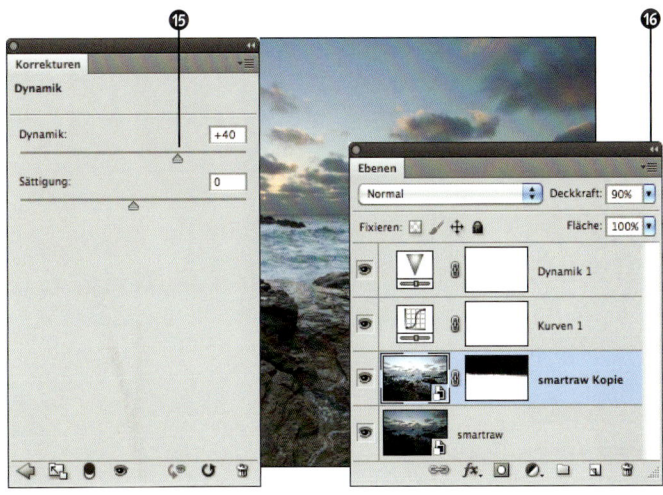

SCHWIERIGKEITSGRAD 2 FÜR AUFSTEIGER

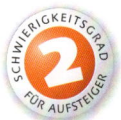

Nicht-RAW in Camera Raw

Camera Raw steht auch für JPEG, Tiff und PSD offen.

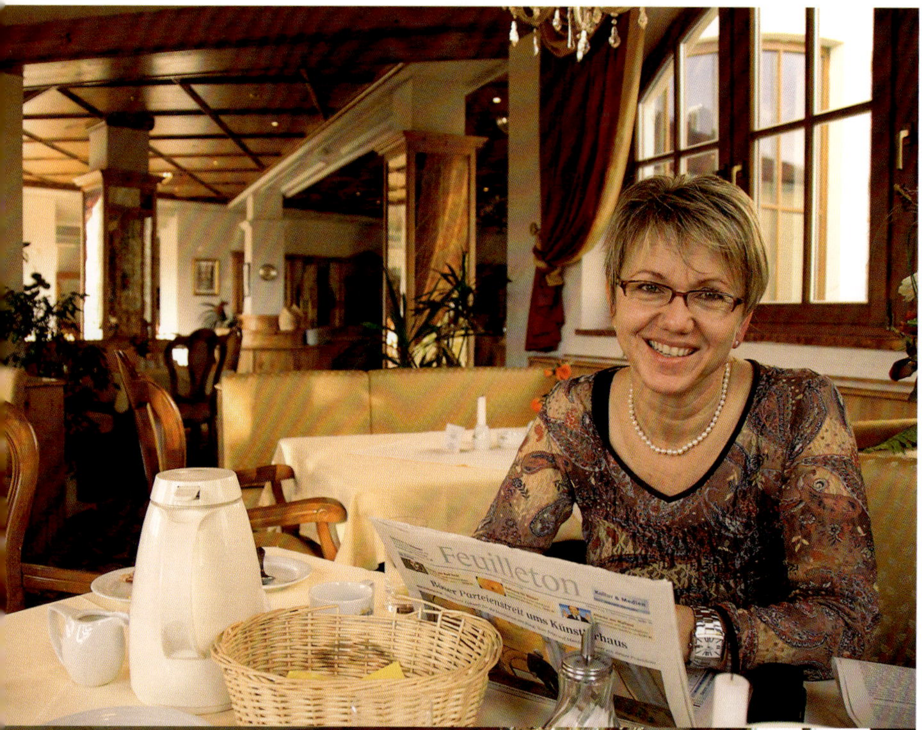

Sie haben in den letzten beiden Workshops erfahren, dass Camera Raw für sich im Grunde ein komplettes Bildbearbeitungsprogramm ist, auch wenn es nicht den Funktionsumfang von Photoshop bietet. Dafür bietet es aber Optionen, die Photoshop nicht kennt oder die hier nicht so elegant gelöst sind. Nichts spricht dagegen, auch Bilder, die keine RAW-Dateien sind, mit Camera Raw zu bearbeiten. Hier erfahren Sie, wie es geht.

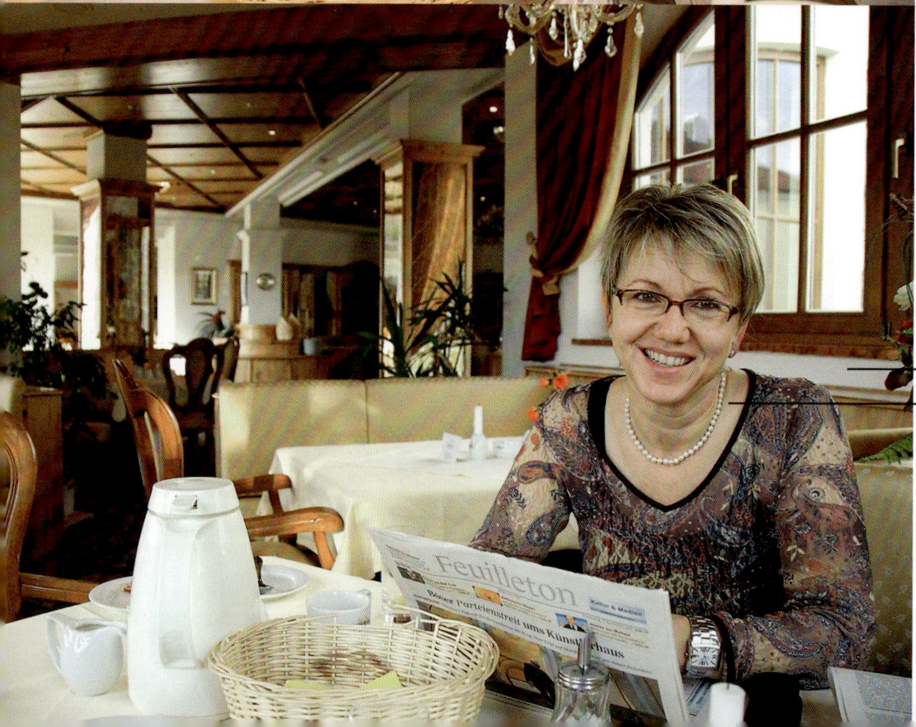

Zielsetzungen:

Gelbstich korrigieren

Hauttöne anpassen

[jpeg-raw.jpg]

Foto: Markus Wäger

1 JPEG in Camera Raw öffnen

Öffnen Sie die Palette MINI BRIDGE, suchen Sie im Verzeichnis mit dem Begleitmaterial zum Buch das Bild »jpeg-raw.jpg«, und klicken Sie mit rechter Maustaste darauf **❶**, um über das Kontextmenü IN CAMERA RAW ÖFFNEN zu wählen.

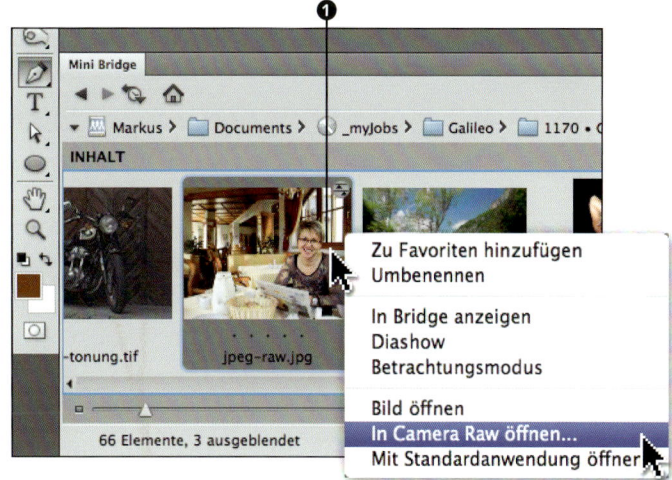

2 Zurücksetzen und Weißabgleich

Camera Raw hat eine Elefantengedächtnis. Wurde ein Bild einmal mit Camera Raw bearbeitet, merkt sich das Programm die Einstellungen. Sollte das Bild auf Ihrem Monitor nicht gelbstichig erscheinen, klicken Sie auf das unscheinbare Menü ☰ **❹**, und wählen Sie CAMERA RAW-STANDARDS. Aktivieren Sie dann das WEISSABGLEICH-WERKZEUG **❷**, suchen Sie einen Bereich der neutral grau sein sollte, wie der Schriftzug »Feuilleton« **❸**, und klicken Sie darauf, um Camera Raw mitzuteilen, »das hier sollte neutral Grau sein«.

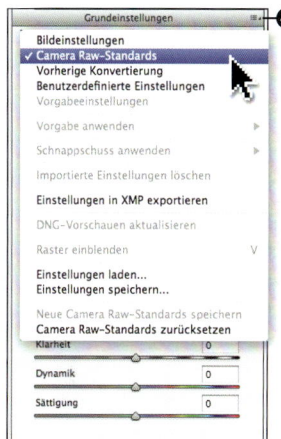

3 Haut und Zähne

Für das Feintuning habe ich die Registerkarte HSL/GRAUSTUFEN **❺** in den Vordergrund gebracht, die Einstellung SÄTTIGUNG **❻** gewählt und die Sättigung der GELBTÖNE **❼** (Zähne) reduziert. Dann habe ich LUMINANZ **❽** angeklickt und ORANGETÖNE **❾** (Haut) und GELBTÖNE **❿** (wieder Zähne) aufgehellt. Mit wenigen Klicks sieht das Bild so deutlich besser aus. Da Photoshop zwischen Gelb- und Rottönen keine Orangetöne kennt, geht das in Camera Raw besser und flotter als in der großen Mutter.

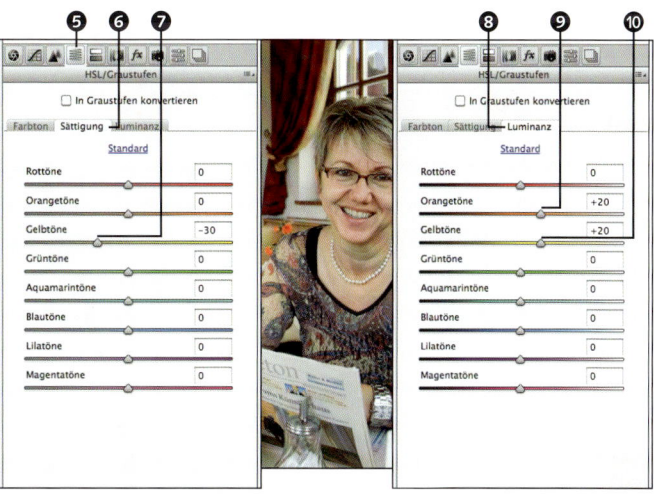

Stürzende Linien

Verzerrte Architektur »professionalisieren«

Menschen sehen Architektur in der Regel aus der Froschperspektive. Da Entferntes im Verhältnis zu Nahem verkürzt erscheint, entstehen stürzende Linien. Extrem stürzende Linien können ein interessantes Gestaltungsmittel sein, meist aber wirken solche Fotos schnappschussartig und unprofessionell. Mit Photoshop kann man diesen Aufnahmen jedoch eine etwas professionellere Anmutung verleihen, auch wenn Sie nicht erwarten dürfen, dass das Ergebnis perfekt wird, wenn es ursprünglich arg verzerrt war. Hier sehen wir uns zuerst die einfachere Methode an, mit der das zu erreichen ist.

Zielsetzungen:
Stürzende Linien und Verzerrungen ausgleichen
[architektur.jpg]

Foto: Markus Wäger

1 Freistellungswerkzeug

Rufen Sie das FREISTELLUNGSWERKZEUG 🔲 auf (siehe auch Seite 68 f.). Falls in der Palette OPTIONEN noch Einstellungen von einer vorherigen Bearbeitung für BREITE, HÖHE und AUFLÖSUNG ❶ zu sehen sind, klicken Sie auf LÖSCHEN ❷. Erstellen Sie dann einen Freistellungsrahmen ❸, und stellen Sie die HILFS-LINIEN auf RASTER ❹.

2 Perspektivisches Freistellen

Um bei der Freistellung die perspektivische Verzerrung des Gebäudes zu korrigieren, aktivieren Sie PERSPEKTIVISCH ❺. Nun können Sie die Anfasser ❻ an Ecken, Seiten, oben und unten so verschieben, dass das Raster nach einigen Anpassungen den Linien der fliehend aufgenommenen Architektur folgt. Leider sind die Hilfslinien teilweise schwer zu sehen – Adobe hat sie etwas zu zurückhaltend angelegt. Aber mit etwas genauerem Hinsehen lässt es sich bewerkstelligen. Bestätigen Sie die Freistellung am Ende mit ↵.

3 Inhaltssensitives Löschen

Da ich den Freistellungsrahmen auf der linken Seite über die Grenzen des Fotos hinausgezogen habe, ist ein Dreieck entstanden, das Photoshop mit der HINTERGRUNDFARBE gefüllt hat ❼. Um diese Fläche habe ich mit dem PO-LYGON-LASSO-WERKZEUG 🔲 eine Auswahl ❽ erstellt und ⇧ + ← gedrückt. Photoshop öffnet den Dialog FLÄCHE FÜLLEN und schlägt vor, den Inhalt der Auswahl INHALTSSENSITIV ❾ zu füllen. Wenn Sie mit OK bestätigen, ist die weiße Fläche mit Himmel gefüllt ❿. Lösen Sie die Auswahl mit Strg/⌘ + D auf.

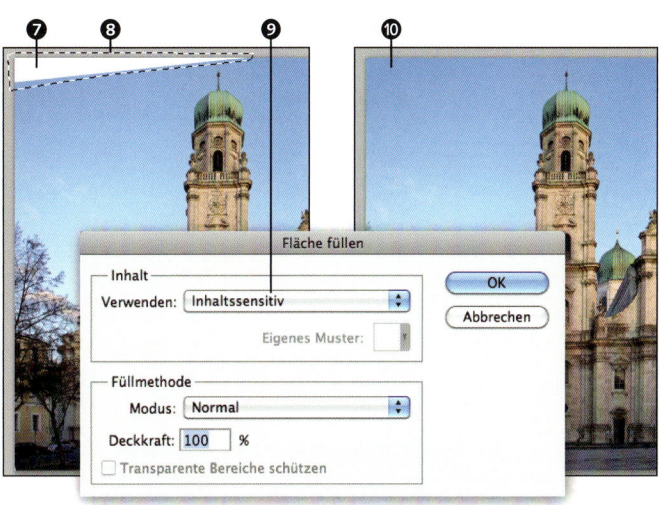

Objektivkorrektur

Optimale Korrekturen für Kamera und Objektive

Auch die beste Fotoausrüstung produziert Bilder, die nicht ganz einwandfrei sind. Neben dem Problem, dass Architektur, vom Boden aus fotografiert, fast immer zu stürzenden Linien führt, gibt es geometrische Verzerrungen, vor allem bei Weitwinkelobjektiven (ein etwas aufgeblasener Effekt, ähnlich, als würde man durch einen Türspion sehen), Abschattungen an den Ecken (Vignettierung) und anderes. Hier lernen Sie, wie sich das mit der neuen Objektivkorrektur beheben lässt. Außerdem entwickeln wir das Bild mit einer Schwarzweiß- und Helligkeit/Kontrast-Einstellungsebene.

Zielsetzungen:

kamerasystembedingte Verzerrungen eliminieren

Perspektive ausgleichen

Schwarzweiß entwickeln

[objektivkorrektur.jpg]

Foto: Markus Wäger

1 Filter »Objektivkorrektur«

Wählen Sie im Menü FILTER • OBJEKTIVKOR-
REKTUR. Links oben im Dialog finden Sie ein
paar Werkzeuge, von denen wir das RASTER-
VERSCHIEBEN-WERKZEUG ❶ im nächsten Schritt
brauchen werden. Um die Online-Datenbank
mit Objektiven und Kameras zu aktualisieren,
klicken Sie auf ONLINE-SUCHE ❹. Der Filter findet dann meine Kamera mit dem korrekten
Objektiv ❸. Aktivieren Sie nun GEOMETRISCHE
VERZERRUNG ❷, um die leicht aufgeblasene
Verzerrung der Aufnahme zu korrigieren.

2 Benutzerdefiniert

Wechseln Sie zu BENUTZERDEFINIERT ❼, aktivieren Sie RASTER EINBLENDEN ❺, und reduzieren Sie die GRÖSSE ❻. Mit dem RASTER-VER-
SCHIEBEN-WERKZEUG ❶ lässt sich das Raster
optimal einrichten. Ändern Sie VERTIKALE PER-
SPEKTIVE ❿, um die Fassade der Kirche vertikal
aufzurichten. VIGNETTE ist gedacht, um sys-
tembedingte Ecken-Abschattungen zu eliminieren. Hier habe ich STÄRKE ❽ und MITTEN-
WERT ❾ reduziert, um den Himmel zu drama-
tisieren. Um die Kirchtumspitze nicht abzu-
schneiden reduzieren Sie SKALIEREN ⓫.

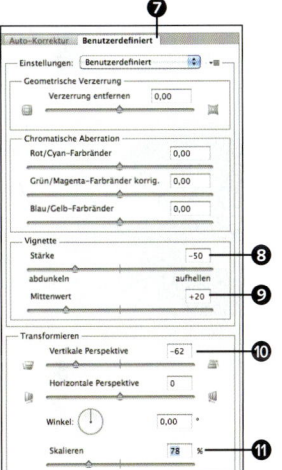

3 Freistellen und Schwarzweiß

Wenn Sie OBJEKTIVKORREKTUR mit OK ab-
schließen, ist viel überflüssiger Raum ⓬ entstanden. Schneiden Sie ihn mit dem FREISTEL-
LUNGSWERKZEUG ⓭ ab.

Fotos mit Himmel bei trübem Wetter wirken meist öde. Deshalb habe ich über die Palette KORREKTUREN eine SCHWARZWEISS-Einstellungsebene ▨ erstellt und die Vorgabe
INFRAROT ⓮ genutzt. Daraufhin bin ich zurück
zur Korrekturenliste ◀ und habe eine Ein-
stellungseben HELLIGKEIT/KONTRAST ☼ mit
KONTRAST 80 ⓯ hinzugefügt. Nun wirkt das
Bild.

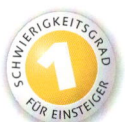

Schwierigkeitsgrad 1 – Für Einsteiger

Schiefen Horizont korrigieren

Auch die geringste Schräglage des Horizonts fällt auf.

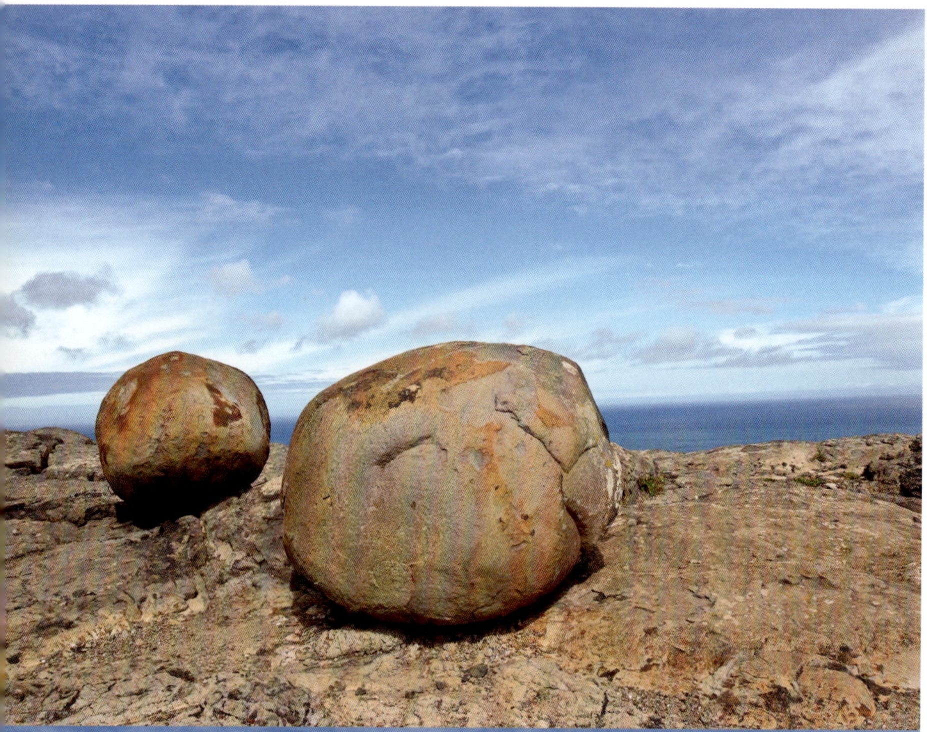

Unsere Wahrnehmung reagiert sehr sensibel auf die geringste Schieflage des Horizonts. Ich habe hier absichtlich ein Bild ausgesucht, bei dem die Schräglage mit etwa 2,5° sehr deutlich ausfällt, aber schon deutlich unter 1° verursachen Schieflagen beim Betrachter eine gewisse Irritation. Hier lernen Sie »alles«, was es über das Drehen von Bildern zu wissen gibt.

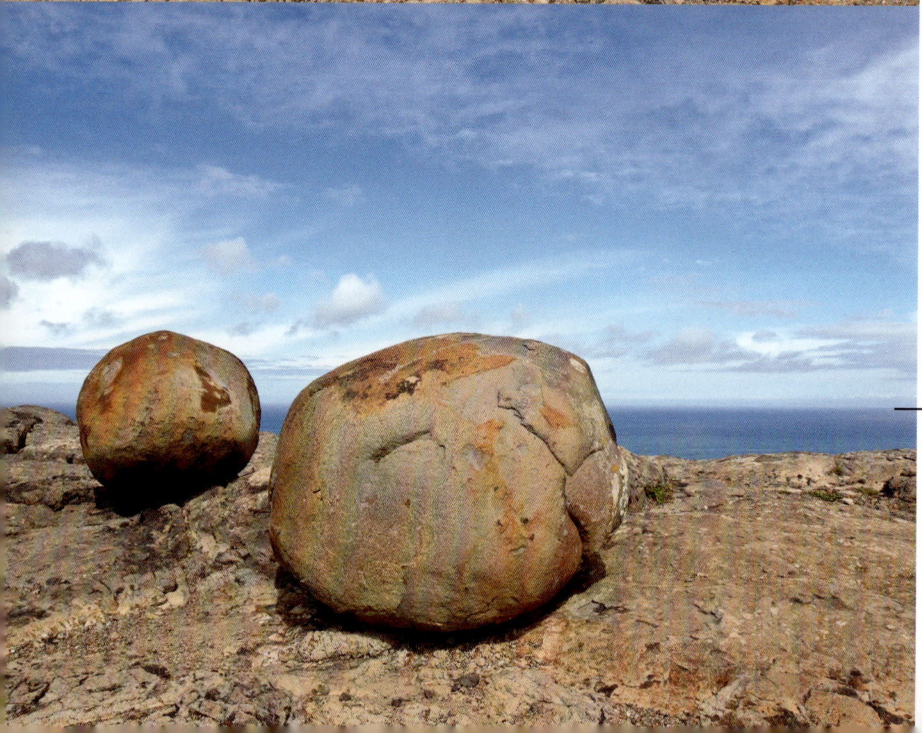

Zielsetzung:

Schiefen Horizont gerade ausrichten

[begradigen.jpg]

Foto: Markus Wäger

1 Horizont messen

Rufen Sie in der Werkzeugpalette das LINEAL-
WERKZEUG ▦ auf. Ziehen Sie nun eine Linie
von einem Punkt ❸ des Horizonts zu einem
anderen ❶. Wenn Sie die Palette INFO öffnen,
sehen Sie hier den WINKEL ❹ der Schräglage.
Klicken Sie in der Palette OPTIONEN auf GERA-
DE AUSRICHTEN ❷.

2 Begradigen und Beschneiden

Das war's. Photoshop richtet das Bild nicht
nur gerade aus, sondern beschneidet gleich
auch den Rand, der durch das Drehen entstehen und mit Hintergrundfarbe gefüllt würde.

Tipp: Wenn Sie einen eigenen Wert ohne
LINEALWERKZEUG definieren wollen, lässt sich
das Bild auch über BILD • BILDDREHUNG • PER
EINGABE drehen.

Tipp: Wenn Sie eine Ebene im fixen Winkel
drehen wollen, wählen Sie BEARBEITEN • FREI
TRANSFORMIEREN und geben in der Palette
OPTIONEN den Winkel für die Drehung an.

3 Alternative: Freistellungswerkzeug

Sie können das Bild natürlich auch gleich mit
dem FREISTELLUNGSWERKZEUG ⊞ (siehe Seite
68 f.) begradigen. Wenn Sie damit einen
Freistellungsrahmen erstellen, die HILFSLINIEN
auf RASTER ❺ stellen, und den Mauszeiger etwas außerhalb des Rahmens positionieren, erscheint ein gebogener Pfeil ❻. Sie können
jetzt den Rahmen drehen und die Hilfslinien
zum korrekten Ausrichten am Horizont nutzen. Am Ende bestätigen Sie mit ⏎.

Rote Augen

Und es gibt sie doch!

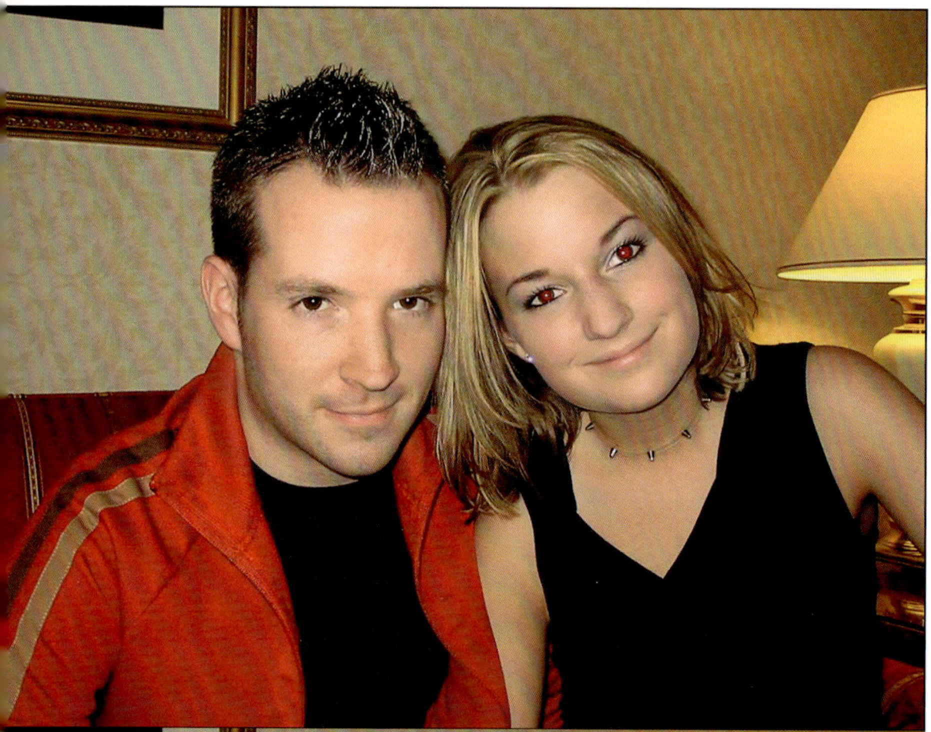

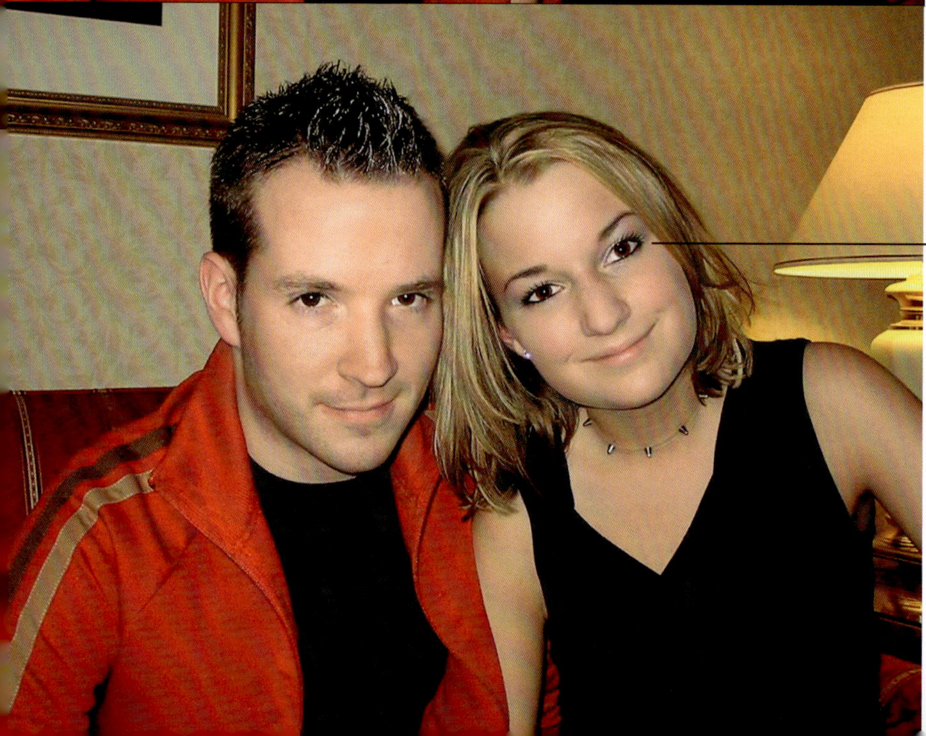

Zunächst möchte ich mich bei Oliver bedanken, dass er mir ein Bild zur Verfügung gestellt hat, bei dem das ROTE-AUGEN-WERKZEUG tatsächlich einmal (einigermaßen gut) funktioniert. Bisher habe ich die Erfahrung gemacht, dass dieses Tool einzig und allein dazu in der Lage ist, rote Augen in graue zu verwandeln, was nur selten einen Gewinn darstellte. Weil ich von diesem Werkzeug, wie Sie der Einleitung entnehmen können, wenig halte, zeige ich Ihnen eine Arbeitsweise, die zwar etwas umständlicher ist, dafür aber zu brauchbaren Resultaten führt.

Zielsetzung:
Rote-Augen-Effekt entfernen
[roteaugen.tif]

1 Rote-Augen-Werkzeug

Aktivieren Sie das ROTE-AUGEN-WERKZEUG ⬚, und ziehen Sie damit eine Auswahl über beide Augen – eines nach dem anderen. Wenn Sie nicht viel Zeit für die Korrektur des Rote-Augen-Effekts haben und dieses Werkzeug ausnahmsweise einmal zu einem brauchbaren Ergebnis führt … Hallelujah!

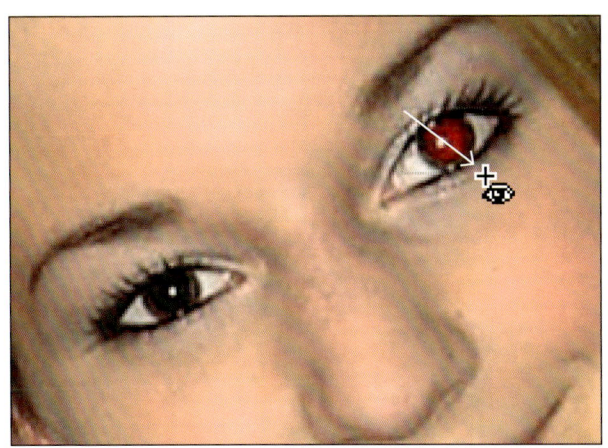

2 Bessere Alternative mit Auswahl

Für ein besseres Ergebnis arbeiten Sie nach wie vor so: Erstellen Sie zunächst mit dem AUSWAHLELLIPSE-WERKZEUG ⬚ eine Auswahl um den roten Reflex der beiden Augen ❸ (siehe Schritt 7 Seite 156). Klicken Sie auf KANTE VERBESSERN ❷, wählen Sie AUF WEISS ❹ für die Vorschau, und stellen Sie die Werte so ein, dass Kantenschärfe und Umfang der Auswahl möglichst gut dem roten Reflex entsprechen ❶ (KANTE VERBESSERN ist weitgehend identisch mit MASKENKANTE, siehe Seite 178).

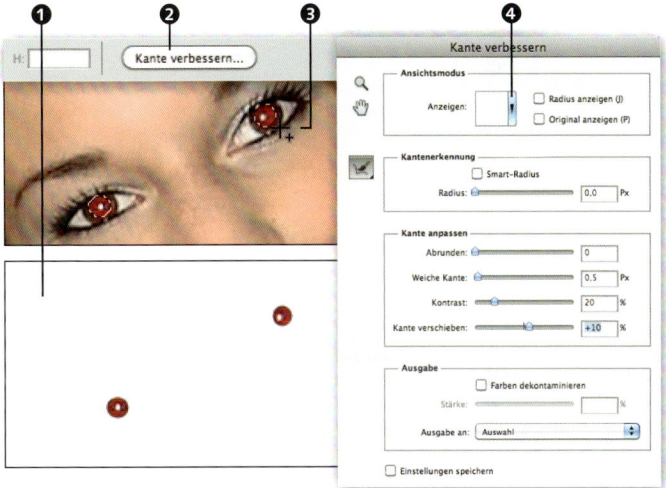

3 Bildberechnungen

Wählen Sie nun im BILD • BILDBERECHNUNGEN, und aktivieren Sie als KANAL • GRÜN ❺. Mit Strg/⌘ + H können Sie die Auswahl ausblenden, um das Resultat besser beurteilen zu können. Vergleichen Sie nun doch einmal das Resultat des ROTE-AUGEN-WERKZEUGS ⬚ mit diesem Ergebnis! Während mit Adobes Tool vom Braun der Iris nichts mehr übrig geblieben ist, erhalten Sie mit dieser Methode ein schönes, klares Ergebnis. Und solche Augen haben das doch verdient, oder?

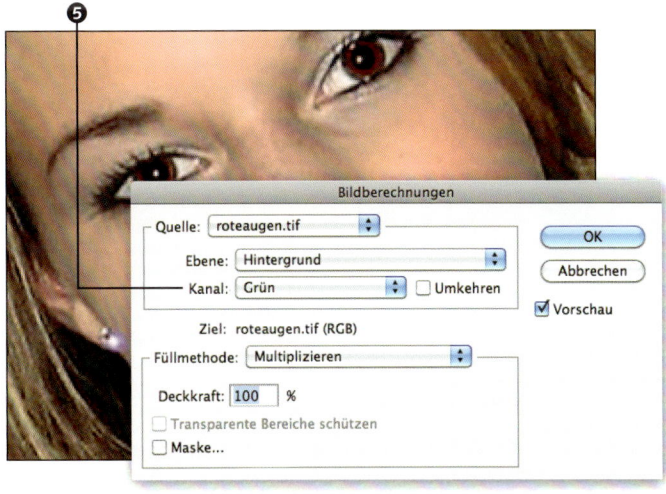

SCHWIERIGKEITSGRAD 1 FÜR EINSTEIGER

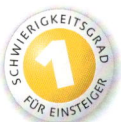

Photomerge ist Panorama

Panoramen automatisch zusammensetzen lassen

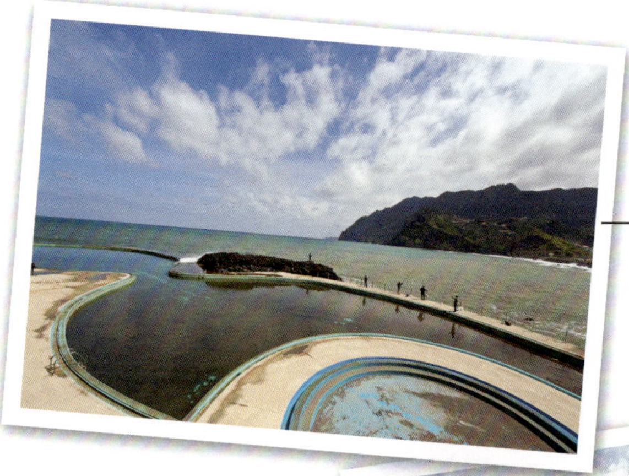

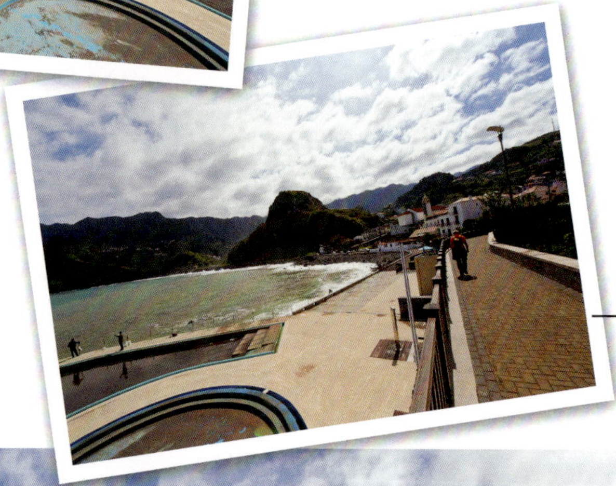

Landschaft wirkt als Panorama beeindruckend. Früher war dazu viel fotografischer Aufwand erforderlich, vom Stativ bis zur manuellen Einstellung der Kamera. Seit CS4 lassen sich auch Bilder, die mit Automatik aus freier Hand geschossen wurden, gut zusammensetzen, wenn man berücksichtigt, dass auf jedem Bild etwa ein Drittel des nächsten zu sehen sein sollte. Im CS4-Buch habe ich ein Beispiel mit zwölf Einzelaufnahmen gezeigt. Hier ist eines mit extremer Verzerrung.

Zielsetzung:

Zwei Fotos zu einem Panorama zusammenfügen

[photomerge_1.jpg, photomerge_2.jpg]

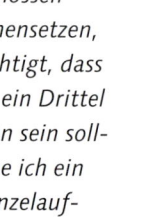

Foto: Markus Wäger

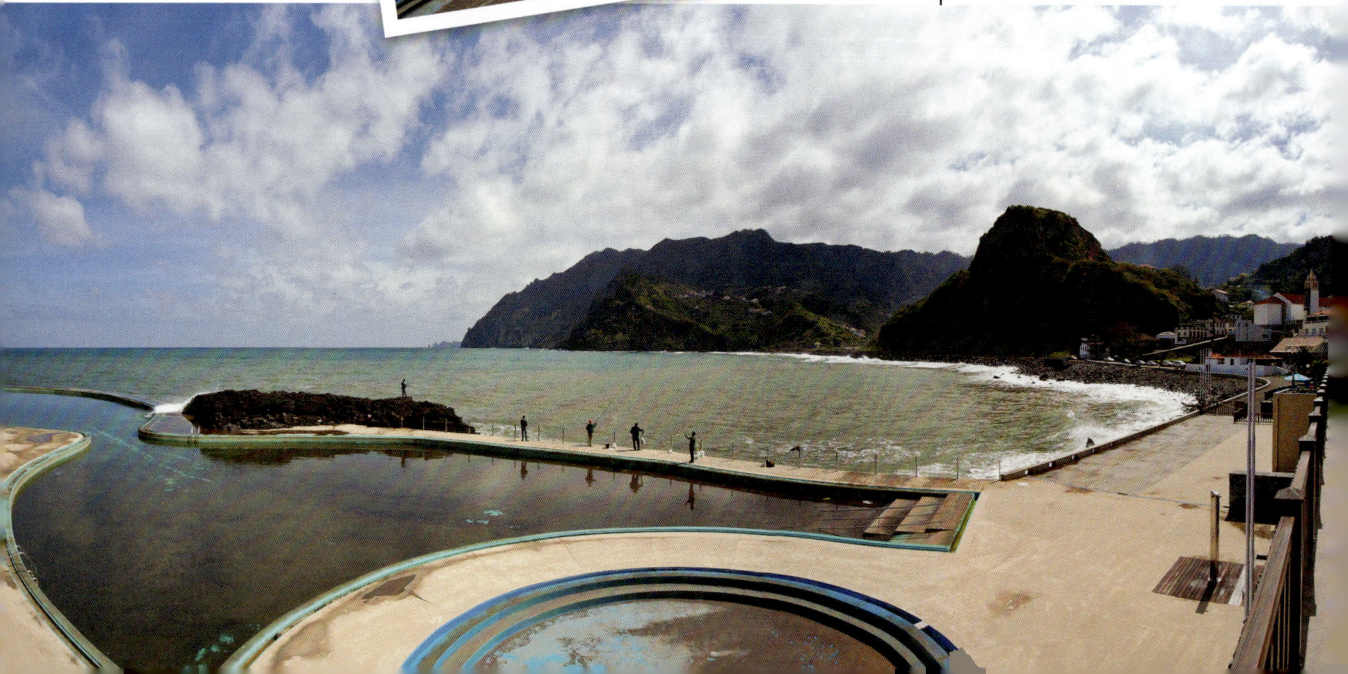

1 Photomerge einstellen

Wählen Sie DATEI • AUTOMATISIEREN • PHOTO-
MERGE. Stellen Sie im folgenden Dialog das
LAYOUT auf AUTO ❶. Nur wenn ich damit kein
gutes Resultat erhalte, starte ich einen neuen
Versuch mit einem anderen Layout.

Mit DURCHSUCHEN ❸ können bei gedrückter
⇧-Taste die gewünschten Dateien ❹ für
Photomerge geöffnet werden. Die Dateien er-
scheinen anschließend in der Liste der QUELL-
DATEIEN ❷. Starten Sie das Zusammensetzen
des Panoramas, indem Sie im PHOTOMERGE-
Dialog auf OK kicken.

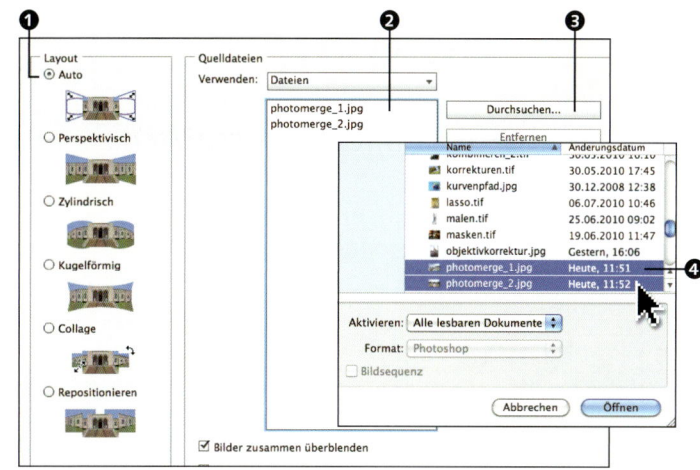

2 Beschneiden

Das Resultat ist beeindruckend. Photoshop
hat die beiden Bilder so verzerrt, dass Sie wie
aus einem Guss wirken. In der Palette EBENEN
❼ sehen Sie, dass Photoshop je Bild eine Ebene erstellt und mit Ebenenmasken maskiert
hat.

Durch das Verzerren der Bilder entstehen
natürlich wieder mit HINTERGRUNDFARBE gefüllte Flächen ❺. Einen Teil davon habe ich
mit dem FREISTELLUNGSWERKZEUG 🔲, wegge-
schnitten ❻. Der Rest lässt sich retuschieren.

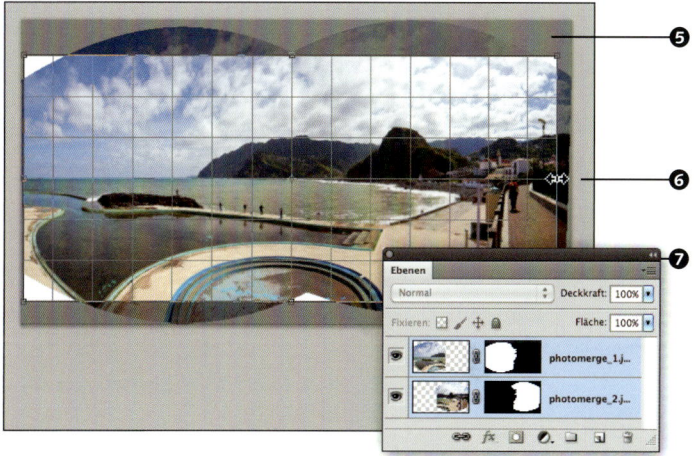

3 Inhaltssensitives Löschen

Für die weißen Flecken ❽ habe mit dem POLY-
GON-LASSO 🔲 je eine Auswahl erstellt. Durch
Drücken von ⇧ + ← öffnet sich FLÄCHE
FÜLLEN und schlägt vor, INHALTSSENSITIV zu löschen (siehe Schritt 3 Seite 289). Bestätigen
Sie mit OK, sollte das meiste durch eine passende Struktur ersetzt werden. Das Ergebnis
sieht bei Ihnen wahrscheinlich etwas anders
aus. Bei mir gab es links einen Fehler ❾. Doch
durch mehrmaliges Auswählen der verbliebenen Fehler und neuerliches inhaltsensitives
Löschen ließen sich diese restlos entfernen ❿.

SCHWIERIGKEITSGRAD FÜR ÜBERFLIEGER

3

Zu HDR Pro zusammenfügen

High Dynamic Range-Bilder automatisch erstellen lassen

Seit der Fotograf Dave Hill über aufwendige Shootings und intensive digitale Nachbearbeitung Bilder, die wir alle so noch nicht gesehen haben, präsentiert hat, ist HDR in aller Munde. Ich persönlich bin nicht besonders überzeugt davon, weil HDR oft zu sehr künstlichen Ergebnissen führt. Bei Bildern, die als HDR veröffentlicht werden und nicht künstlich wirken, habe ich hingegen meist den Eindruck, das Ergebnis wäre auch durch eine »normale« Aufnahme zu erzielen gewesen. Echte HDR-Bilder werden aus mehreren Belichtungen eines Motivs zu einem Bild montiert, um dadurch sowohl in tiefen Schatten, als auch in hellen Lichtern Zeichnung zu erhalten. Hier zeige ich Ihnen, wie das mit der deutlich verbesserten Funktion von CS5 geht.

Zielsetzungen:
Mehrere Belichtungen zu einem Bild zusammensetzen und im typischen HDR-Charakter umsetzen
[hdr_1.dng bis hdr_5.dng]

1 Zu HDR zusammenfügen

Öffnen Sie über DATEI • AUTOMATISIEREN den Dialog ZU HDR PRO ZUSAMMENFÜGEN. Hier fügen Sie über DURCHSUCHEN ❸ die Bilder »hdr_1.dng« bis »hdr_5.dng«. DNG-Dateien liegen im RAW-Format, das optimal für HDR-Bilder ist, vor. Die Bilder erscheinen im Feld der zu verwendenden Dateien ❷. Aktivieren Sie QUELLBILDER NACH MÖGLICHKEIT AUTOMA-TISCH AUSRICHTEN ❶, damit potenzielle Ver-schiebungen zwischen den einzelnen Belich-tungen ausgeglichen werden. Bestätigen Sie mit OK.

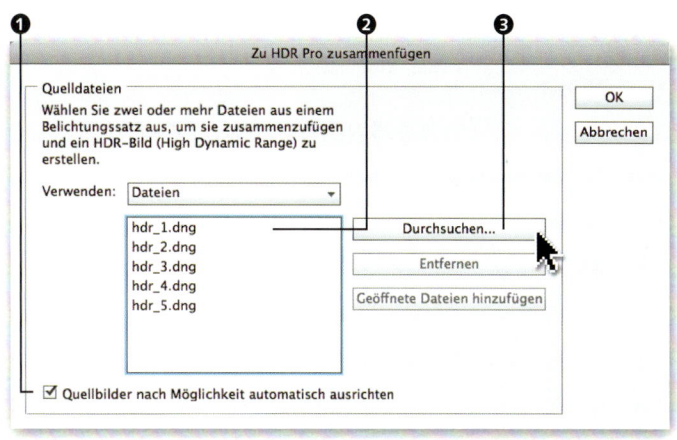

2 HDR-Konvertierung

Um einen passenden Ausgangswert zu finden, habe ich mir unter VORGABE ❹ zunächst STÄR-KER GESÄTTIGT ausgesucht. Dann habe ich mit den Reglern für LEUCHTKONTUREN ❺ und FARB-TON UND DETAIL ❻ gespielt, bis ich zu einem Ergebnis gekommen bin, bei dem das innere des Tunnels soweit als möglich aufgehellt wurde und die Steine des Gemäuers zu sehen sind, ohne dass es im Inneren zu blass und gräulich ausfällt. SÄTTIGUNG ❽ habe ich im Vergleich zur Vorgabe reduziert, während ich DYNAMIK ❼ erhöht habe.

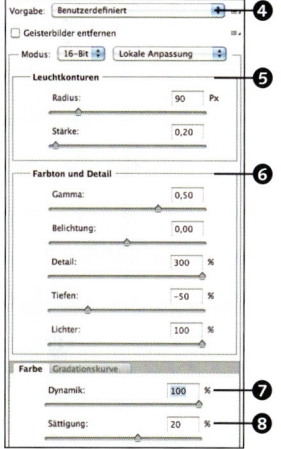

3 In Photoshop öffnen und zweites HDR

Klicken Sie, nachdem Sie mit den Einstellun-gen zufrieden sind, im Dialog ZU HDR PRO ZU-SAMMENFÜGEN auf OK, damit das Bild in Pho-toshop geöffnet wird.

Weil ich dieses Bild mit einer zweiten, et-was anders umgerechneten Variante der Ori-ginale kombinieren möchte, habe ich neuer-lich über DATEI • AUTOMATISIEREN • ZU HDR PRO ZUSAMMENFÜGEN gewählt und dieselben fünf Bilder wie in Schritt 1 beschrieben ein zweites Mal mit HDR Pro geöffnet.

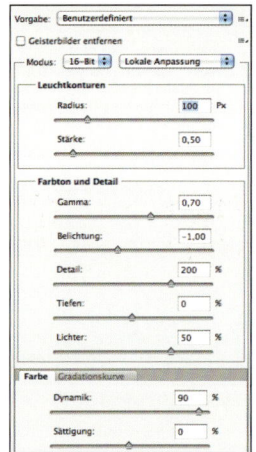

4 Zweites HDR einstellen

Bei dieser zweiten HDR-Umrechnung der Originale habe ich mich um das Aussehen der Umgebung vor dem Tunnel gekümmert, während das Innere mit diesen Einstellungen im Schwarz versunken ist. Es wäre nicht sinnvoll Ihnen hier irgendwelche speziellen Einstellungen zu empfehlen. Jedes Bild ist so anders, wie die Vorstellung davon, wie es am Ende aussehen soll. Das gilt vor allem für HDR, denn die Resultate dieser Technik sind viel mehr Geschmacksache, als dass man hier zwischen richtig und falsch unterscheiden könnte.

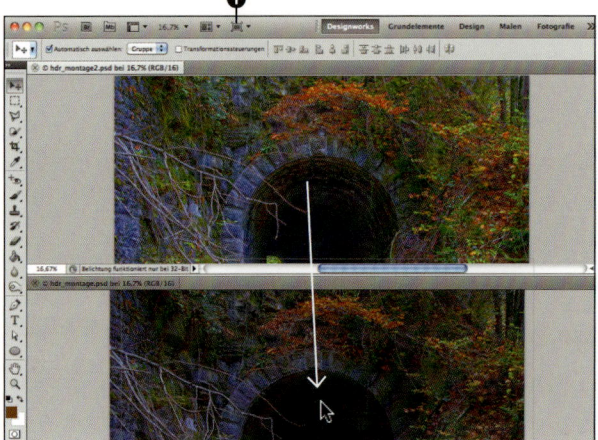

5 Bilder zusammenführen

Nachdem ich Zu HDR Pro zusammenfügen wieder mit OK bestätigt habe, wird diese zweite Version in Photohop geöffnet. Am besten man speichert an dieser Stelle einmal die Daten – nicht, dass durch einen Absturz die bisherige Arbeit verloren geht. Anschließend können Sie hier ❶ 2 übereinander zur Ansicht bringen und das Bild mit dem aufgehellten Tunnel in das Bild für das Umfeld ziehen. Halten Sie dabei die ⇧-Taste, wird das eingefügte Bild automatisch zentriert im anderen ausgerichtet.

6 Ebenenmaske hinzufügen

Für die Montage habe ich für die obere Ebene (mit dem aufgehellten Tunnel) eine Ebenenmaske ❷ hinzugefügt ❸.

Tipp: Die Ebenenmaske soll schwarz gefüllt sein. Dazu kann man erst normal eine Ebenenmaske erstellen und dann mit Schwarz füllen, oder aber bei gedrückter Alt-Taste auf Ebenenmaske hinzufügen klicken – dann wird die Maske schwarz gefüllt erzeugt und blendet von vornherein die komplette Ebene aus.

7 Ebene demaskieren

Nun habe ich mit dem PINSEL-WERKZEUG und Weiß als Vordergrundfarbe das Innere des Tunnels auf der oberen Ebene wieder sichtbar gemacht ❹ (siehe Seite 176 f.). Die Maske sollte in der Palette EBENEN anschließend etwa so ❺ dargestellt werden, und im Bild sollte der aufgehellte Tunnel zu sehen sein.

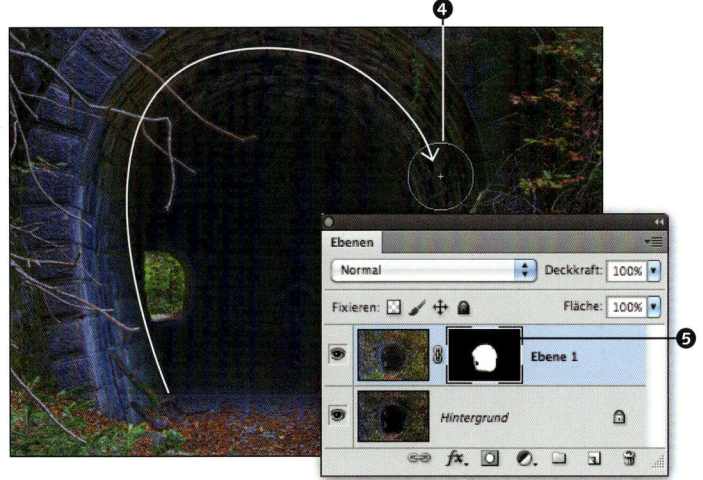

8 Blau reduzieren

Wie gesagt: HDR ist reine Geschmacksache. Meinem Geschmack entspricht der intensive Blauton des bisherigen Resultats nicht. Deshalb habe ich eine Einstellungsebene FARBTON/SÄTTIGUNG erstellt, den SCRUBBY SLIDER ❼ aktiviert und an einer Stelle, an der das Bild besonders intensiv bläulich ist ❻ bei gedrückter Maustaste nach links gezogen, um die SÄTTIGUNG ❾ der BLAUTÖNE ❽ zu reduzieren. Manuell habe ich anschließend auf CYANTÖNE ❽ gewechselt und auch dort die SÄTTIGUNG zurückgedreht.

9 Gradationskurve zum Aufhellen

Über ◀ bin ich zur Korrekturliste zurück und habe über die Einstellungsebene FARBTON/SÄTTIGUNG eine GRADATIONSKURVEN-Einstellungsebene mit einer steilen Kurve ❿ gelegt, um das Bild in den Tiefen etwas dunkler und insgesamt heller und kontrastreicher zu machen.

Montage & Collage

Kreativ mit Photoshop. Bisher haben wir uns in erster Linie mit Werkzeugen und Korrekturen beschäftigt. Nun steigen wir in den kreativeren Bereich des Programms ein. Durch Montage verschiedener Bildelemente lässt sich in Photoshop von der realitätsnahen Bildfälschung bis zur abgehobenen Science-Fiction-Landschaft alles umsetzen. In diesem Kapitel werde ich Ihnen das Rüstzeug dazu mit auf den Weg geben. Wenn Sie die Workshops dieses Kapitels souverän umsetzen und kreativ auf eigene Bilder anwenden können, dann dürfen Sie sich getrost als fortgeschrittenen Anwender betrachten.

Foto: Markus Wäger, mit freundlicher Genehmigung
der Adlerwarte am Pfänder in Bregenz (A)

Montage & Collage

Überblenden

Zwei Bilder flüssig ineinander übergehen lassen

In der digitalen Bildbearbeitung ist es ein Leichtes geworden, zwei Bilder fließend ineinander zu überblenden. Spätestens seit in Photoshop Ebenen und Ebenenmasken eingeführt wurden, lässt sich eine Montage, wie diese hier, in zwei Minuten umsetzen — die »2-Minuten-Pixel-Terrine« sozusagen. Wenn ich mich hier wiederhole, was die Beschreibung von Ebenenmasken angeht, dann liegt es daran, dass mich meine Seminare gelehrt haben, dass das Verständnis, wie sie funktionieren, für Einsteiger eine besondere Herausforderung darstellt. Wenn Sie mittlerweile die wiederholte Beschreibung langweilt, dann freuen Sie sich darüber, dass Sie diese Hürde bereits genommen haben.

Zielsetzung:
Zwei Bilder effektvoll ineinander überblenden
[montage_1.jpg, montage_2.jpg]

1 Bilder zusammenführen

Öffnen Sie die beiden Beispielbilder zu diesem Workshop, und wählen Sie über die Schaltfläche DOKUMENTE ANORDNEN ❷ 2 ÜBEREINANDER. Aktivieren Sie dann das VERSCHIEBEN-WERKZEUG , und schieben Sie ein Bild in das Dokumentfenster des anderen ❶. Halten Sie dabei die ⌂-Taste gedrückt. Dadurch wird die Ebene des eingefügten Bildes zentriert im Dokument positioniert.

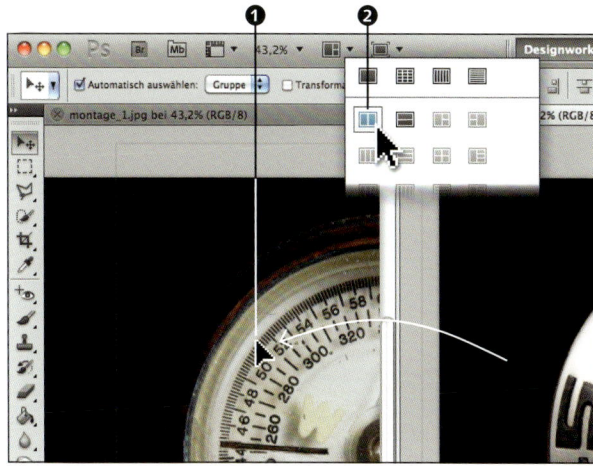

2 Maske mit Verlauf

Erstellen Sie zur oberen Ebene eine Ebenenmaske ❸. Aktivieren Sie das VERLAUFSWERKZEUG , stellen Sie als Verlauf ❹ SCHWARZ, WEISS ein, und ziehen Sie damit einen Verlauf ins Bild ❻. Wichtig ist dabei, dass der Schwarzweißverlauf auf die Ebenenmaske ❺, und nicht auf das Bild der Ebene angewendet wird.

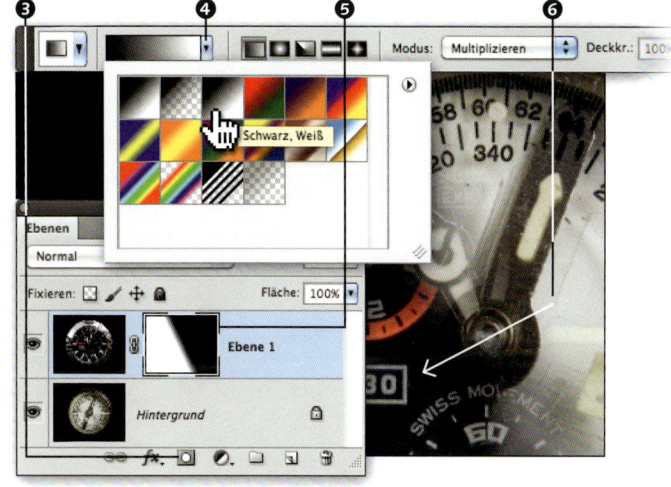

3 Graustufen erzeugen einen weichen Übergang

Wenn Sie bei gedrückter Alt-Taste auf die Ebenenmaske ⓫ klicken, zeigt Photoshop die Maske ❼ alleine an. In jenen Bereiche, in denen die Maske weiß ❽ ist, ist die obere Ebene sichtbar geblieben. Die schwarz gefärbten Bereiche ❿ der Maske sind ausgeblendet worden. Der Verlauf in Graustufen ❾ dazwischen sorgt für ein sanftes Überblenden zwischen den beiden Bildebenen.

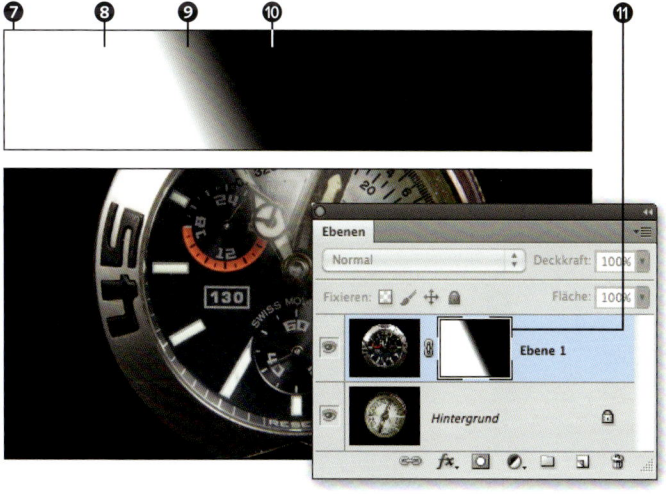

Schwierigkeitsgrad 1 – Für Einsteiger

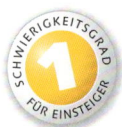

Eine Grafik in ein Bild einblenden

Ebenen »multiplizieren« und »negativ multiplizieren«

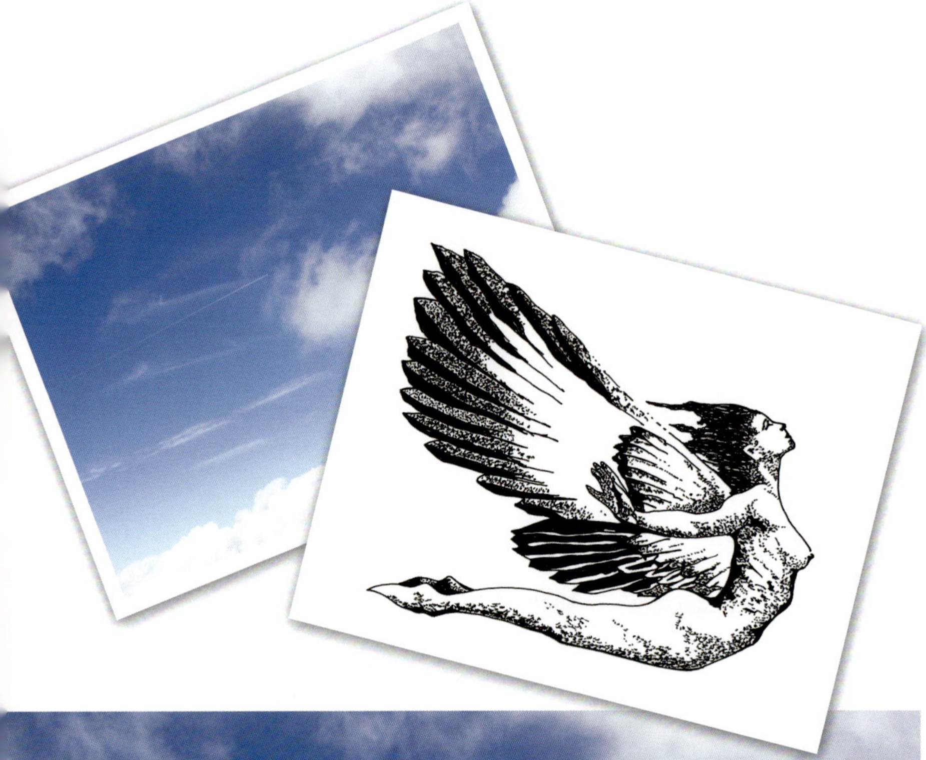

»Füllmethode« mag erschreckend technisch klingen; »multiplizieren« und »negativ multiplizieren« verheißt auch eher trockene Mathematik als Bildbearbeitungsspaß. Tatsächlich aber lassen sich mit Füllmethoden (in Photoshop oft auch als »Modus« bezeichnet) sehr einfach coole Effekte erzielen, und gerade die beiden Multiplizieren-Methoden sind aus Photoshop nicht wegzudenken. Hier zeige ich Ihnen, wie einfach es ist, eine Zeichnung in ein Bild einzublenden.

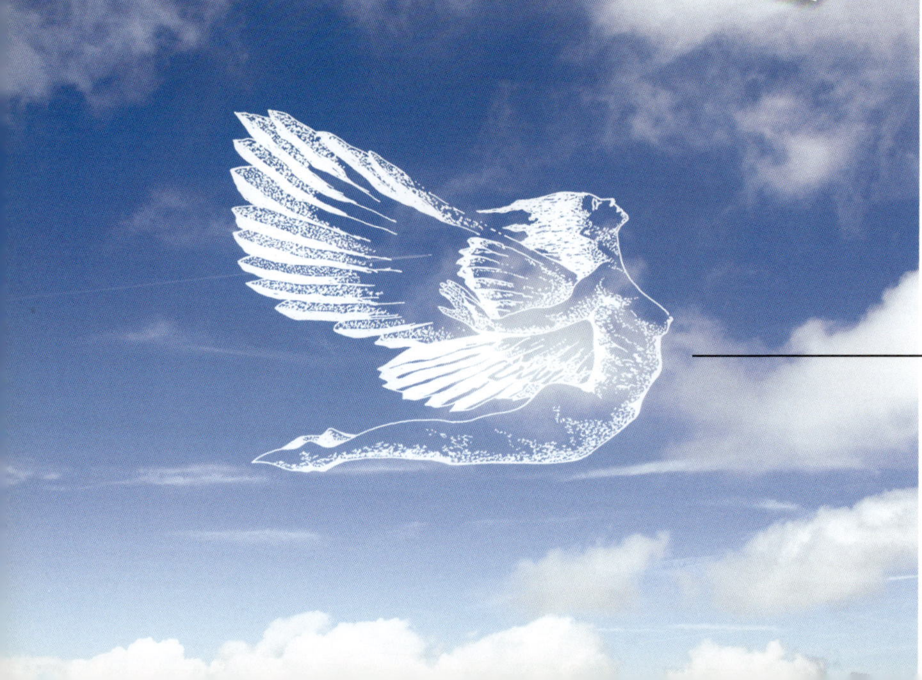

Zielsetzung:
Illustration in ein Foto einblenden
[multiplizieren_1.tif, multiplizieren_2.tif]

Foto: Markus Wäger; Illustration: NuN – Fotolia.com

1   Ebenen multiplizieren

Führen Sie zuerst die Illustration der geflügel-
ten Dame in das Bild mit dem Wolkenhimmel
ein, wie in Schritt 1 auf Seite 307 beschrieben. Stellen Sie die Füllmethode der Ebene
mit der Dame auf MULTIPLIZIEREN ❶. Dadurch
werden die weißen Bereiche der Ebene unsichtbar, die schwarzen bleiben schwarz und
alle anderen Farben und Farbtöne mischen
sich mit dem Hintergrund (siehe Seite 157),
wobei unsere Vorlage praktisch nur aus
Schwarz und Weiß besteht.

2   Umkehren und Negativ multiplizieren

Schwarz wirkt der Engel etwas hart auf dem
klaren Himmel – in Weiß wäre er sicher schöner! Um die Zeichnung weiß auf den Hintergrund zu bekommen, habe ich BILD • KORREK-
TUREN • UMKEHREN gewählt (oder Strg/⌘ +
I). Die Ebene sieht dann aus wie ❺. Stellen
Sie anschließend die Füllmethode auf NEGATIV
MULTIPLIZIEREN ❹, wird das Schwarz der Ebene
unsichtbar ❷, und das Weiß der Striche erscheint deckend ❸.

3   Frei transformieren

Abschließend habe ich den Engel über BEAR-
BEITEN • FREI TRANSFORMIEREN bei gedrückter
⇧- (gegen Verzerrung der Proportionen)
und Alt-Taste (um die Skalierung auf die
Mitte zu beziehen) auf die passende Größe
gebracht ❻.

SCHWIERIGKEITSGRAD 2 FÜR AUFSTEIGER

Einen echten Schatten, bitte!

Lassen Sie Ihre Freisteller nicht hängen.

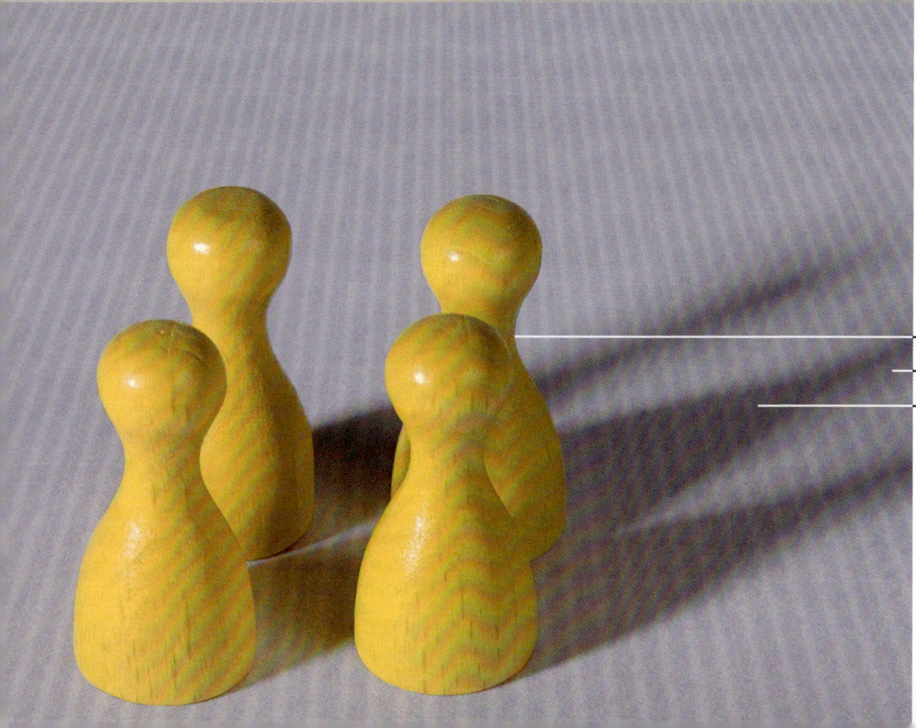

Objekte, die nicht flach auf einer Fläche liegen und in der Draufsicht abgelichtet wurden, eignen sich nicht wirklich für den Schlagschatten der Ebenenstile – das Ergebnis sind Objekte, die mehr schweben, als dass sie mit dem Boden verhaftet sind. Wenn Sie das Glück haben, dass Ihr Motiv mit Schatten auf einem hellen, am besten weißen Untergrund fotografiert wurde, dann können Sie mithilfe der Füllmethode MULTIPLIZIEREN *den echten Schatten auf jeden beliebigen Hintergrund projizieren, zum Beispiel auf ein perspektivsch verzerrtes Muster.*

Zielsetzungen:

Kegel freistellen

Muster mit Perspektive erstellen

Richtigen Schatten auf dem Muster sichtbar machen

[echterschatten.tif]

Foto: Markus Wäger

1 Duplikat, Auswahl und Maske

Als Erstes habe ich den Hintergrund ❷ dupli-
ziert und dann eine Auswahl erstellt. Ich habe
dazu mit dem ZEICHENSTIFT ✒ einen Pfad ge-
zeichnet und ihn über die Palette PFADE bei
gedrückter Strg/⌘-Taste mit einem Klick
hier ❸ als Auswahl ❶ geladen. Sie können die
Auswahl auch mit dem SCHNELLAUSWAHL- ✏
(Seite 164) oder POLYGON-LASSO-WERKZEUG
🔽 (Seite 166) oder FARBBEREICH AUSWÄHLEN
(Seite 263) zu erstellen versuchen. Machen
Sie auf jeden Fall aus der Auswahl eine Ebenenmaske ❹, indem Sie hier ❺ klicken.

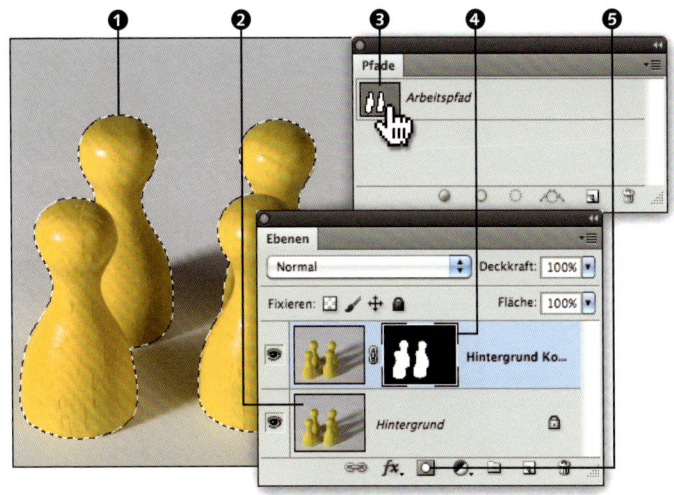

2 Perspektivisches Muster

Über dem Hintergrund habe ich hiermit ❼
eine Einstellungsebene MUSTER mit BLAUES
VELINPAPIER aus den FARBPAPIEREN erstellt (siehe Schritt 2 bis 4 ab Seite 154) und die Ebene
auf MULTIPLIZIEREN ❻ gestellt. Um das Muster
verzerren zu können, muss es gerastert werden. Klicken sie dazu mit rechts auf die MUS-
TERFÜLLUNG ❽, und wählen Sie EBENE RASTERN
aus dem Kontextmenü. Nun kann über BEAR-
BEITEN • TRANSFORMIEREN • PERSPEKTIVISCH die
perspektivische Verzerrung durch Ziehen mit
der Maus ❾ vorgenommen werden.

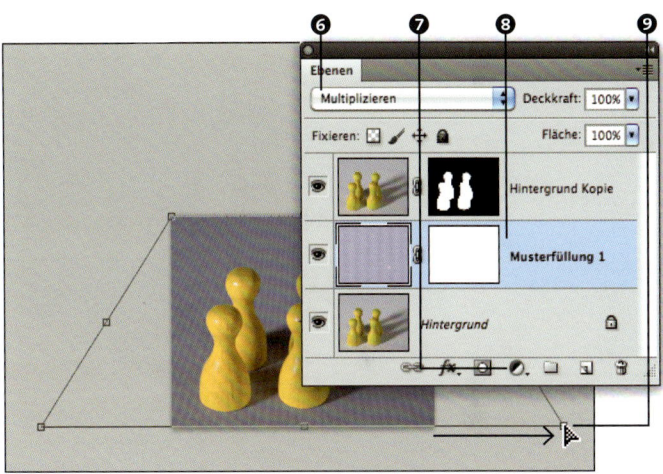

3 Gradationskurven zum Aufhellen

Bestätigen Sie das perspektivische Transformieren mit ↵. Die Montage ist nun fertig,
und Sie sehen den echten Schatten der Kegel
auf dem perspektivisch (zumindest relativ)
korrekt fliehenden Muster. Mit einer zusätzlichen Einstellungsebene GRADATIONSKURVEN
📈 ❿ und einer entsprechenden Kurve ⓫
können Sie schließlich noch steuern, wie dunkel der Hintergrund und wie deutlich der
Schatten im Verhältnis ausfallen sollen.

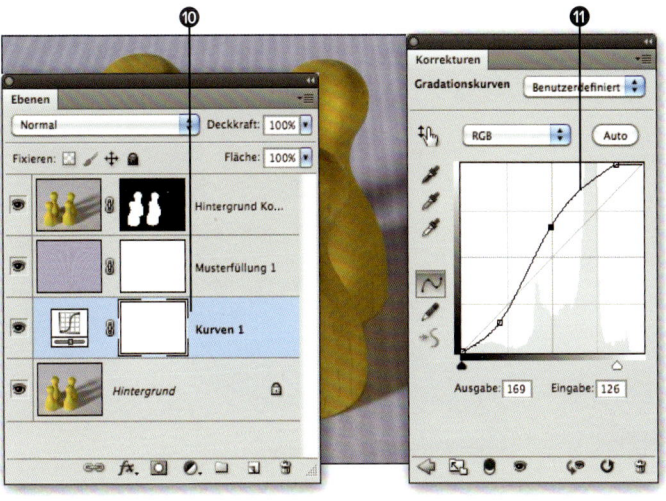

SCHWIERIGKEITSGRAD 1 FÜR EINSTEIGER

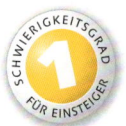

Bildmontage

Ein Foto auf einen Bildschirm montieren

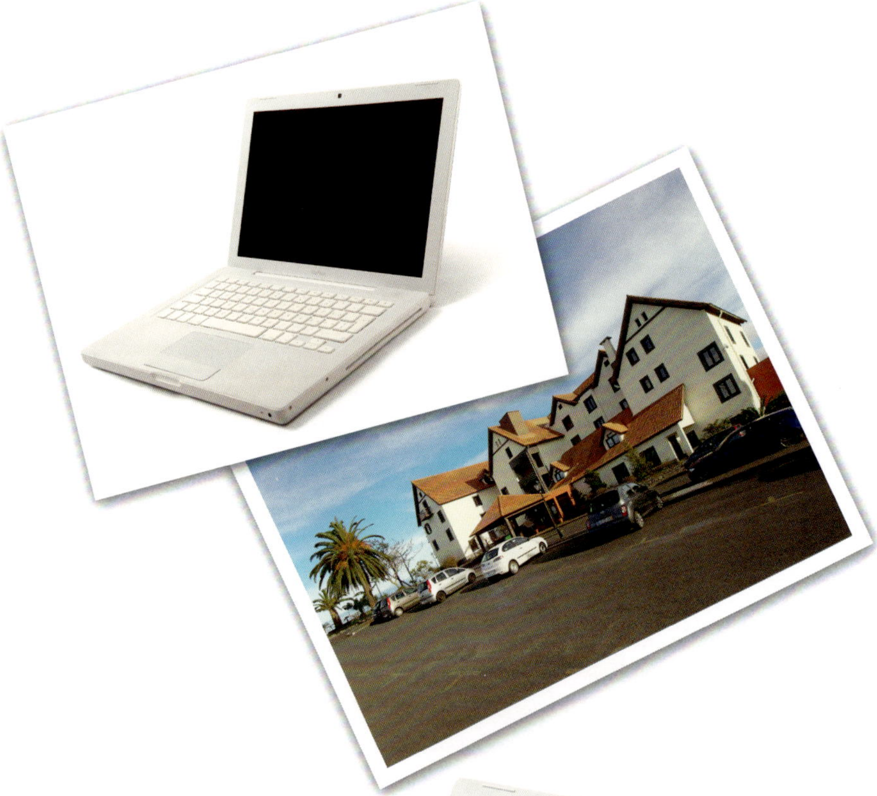

Das kommt in der Praxis oft vor: Der Entwurf einer Webseite soll auf einen Laptop montiert werden oder ein Plakat-Layout auf das Foto einer Plakatwand, damit der Kunde einer Werbeagentur sich vorstellen kann, wie eine fertige Werbelinie in seinem späteren Umfeld zur Wirkung kommt. Hier sehen Sie, dass das gar nicht schwer umzusetzen ist.

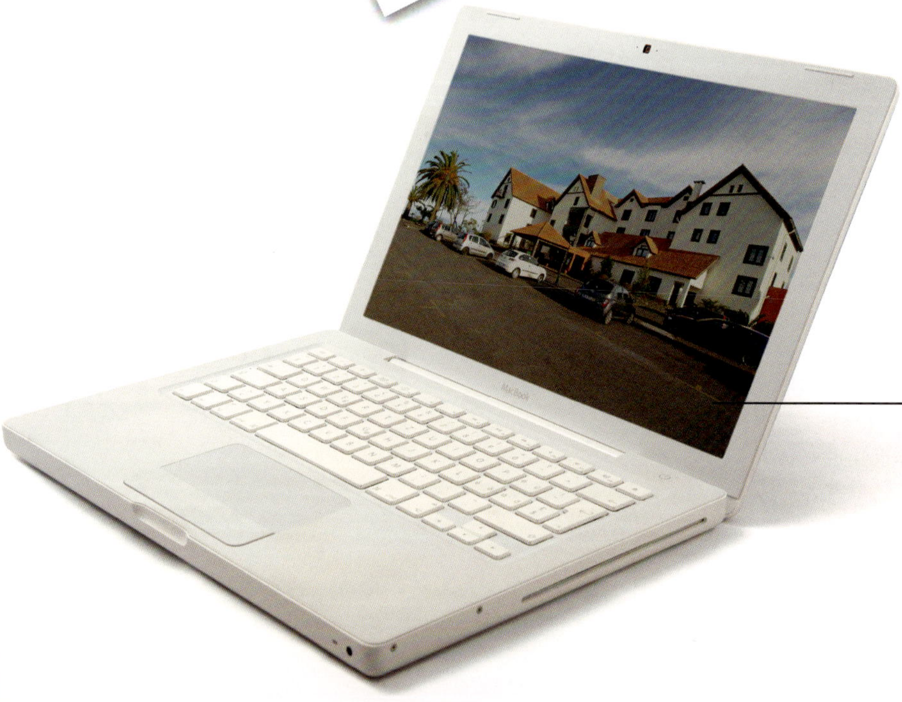

Zielsetzung:

Bild in den Monitor des Laptops montieren

[verzerren_1.jpg, verzerren_2.tif]

Fotos: Markus Wäger

1 Auswählen und kopieren

Öffnen Sie die beiden Bilder zu diesem Workshop. Wählen Sie im Bild »verzerren_2.tif« mit [Strg]/[⌘] + [A] alles aus ❹, und kopieren Sie es mit [Strg]/[⌘] + [C] in die Zwischenablage. Im Bild »verzerren_1.jpg« habe ich die Auswahl ❶ mit dem Zauberstab-Werkzeug ⚡ (siehe Seite 162 f.) erstellt, und zwar mit einer Toleranz von 50 ❷ und der Option Benachbart ❸, damit nichts, außer dem schwarzen Bildschirm, mit in die Auswahl aufgenommen wird.

2 Einfügen und verzerren

Nun lässt sich das Bild des Hotels über Bearbeiten • Einfügen Spezial • In die Auswahl einfügen im Bild des Laptops platzieren. Photoshop maskiert es automatisch mit der Auswahl. Normalerweise sind Bild und Maske hier ❻ als verkettet ⓧ markiert. Da hier keine Verkettung besteht, lassen sich Bild und Maske unabhängig voneinander verschieben und transformieren. Wählen Sie über Bearbeiten • Transformieren • Verzerren, und ziehen Sie die Ecken des Transformierenrahmens zu den Ecken des Bildschirms ❺.

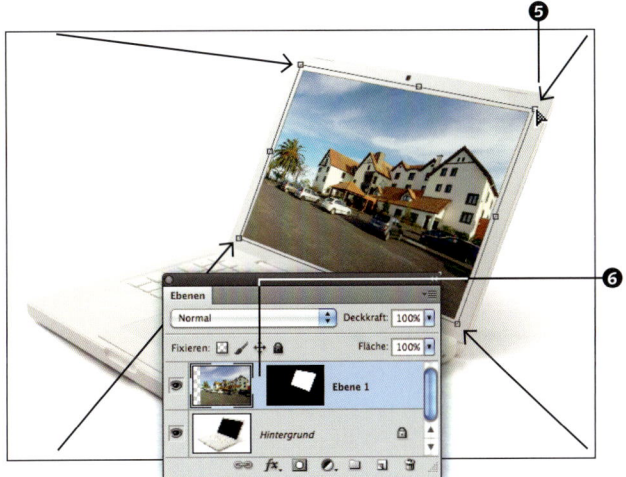

3 Maske verbessern und Deckkraft

Schließen Sie Verzerren mit [↵] ab. Aktivieren Sie die Maske ❼, und klicken Sie in der Palette Masken auf Maskenkante. Mit Weiche Kante ❾ und Kante verschieben ❿ lässt sich ein schwarzer Rand um das montierte Bild eliminieren. Reduzieren der Deckkraft ❽ macht die Montage noch glaubhafter.

Tipp: Hier ⓫ klicken Sie, um Ebenen-Masken-Verkettung zu aktivieren/deaktivieren.

Tipp: Wählen Sie [Strg]/[⌘] + [T], und verzerren Sie den Rahmen an den Anfassern bei gedrückter [Strg]/[⌘]-Taste.

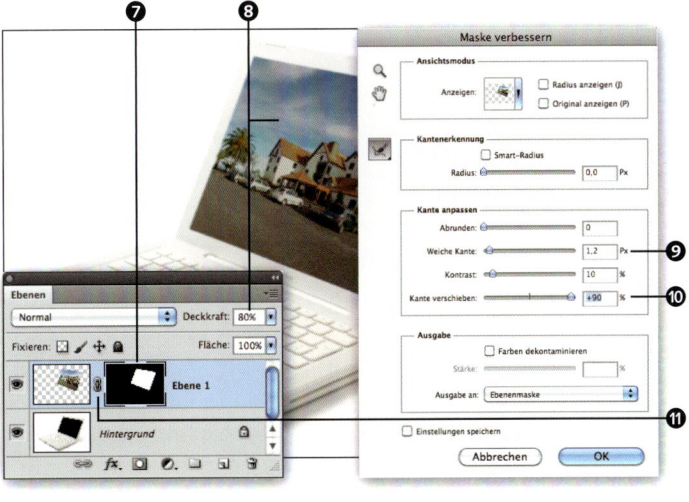

Dreidimensionale Montage

Bilder auf einen Würfel montieren

Mit dem Filter FLUCHTPUNKT können Sie in Photoshop auch Bilder auf dreidimensionale Objekte aufbringen und um Ecken herumlaufen lassen. Hier werden wir drei Bilder auf die Seiten eines magischen Würfels platzieren.

Zielsetzung:

Einzelbilder auf die Seiten eines Würfels montieren

[fluchtpunktmontage_1.jpg – fluchtpunktmontage_4.jpg]

Foto (Cube): Yakup Iaka – Fotolia.com Fotos Tiere: Markus Wäger

1 Auswählen und kopieren

Öffnen Sie die Bilder zu diesem Workshop. Im Bild »fluchtpunktmontage_4.jpg« wählen Sie mit ⌨Strg/⌘ + Ⓐ alles aus ❶ und kopieren es mit ⌨Strg/⌘ + Ⓒ in die Zwischenablage. Wechseln Sie anschließend zum Bild »fluchtpunktmontage_1.jpg«.

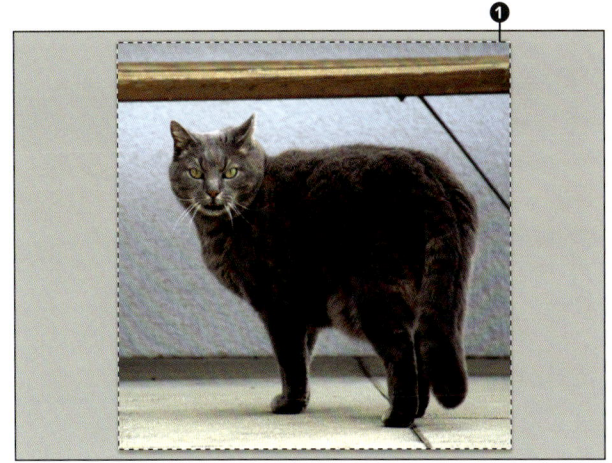

2 Würfelflächen mit Zauberstab

Wählen Sie mit dem ZAUBERSTAB-WERKZEUG 🪄 die Flächen einer Seite aus ❺. Ich habe die TOLERANZ ❷ auf 20 gestellt, GLÄTTEN ❸ aktiviert, damit die Auswahlkanten nicht zu hart ausfallen, und BENACHBART ❹, damit ich bei gedrückter ⬆-Taste Klick für Klick entscheiden kann, welche Flächen in die Auswahl aufgenommen werden. Damit das Bild, das gleich eingefügt wird, auf einer eigenen Ebene steht, erstelle ich mit einem Klick auf NEUE EBENE ERSTELLEN 🔲 eine und mache aus der Auswahl eine Ebenenmaske 🔲 ❻.

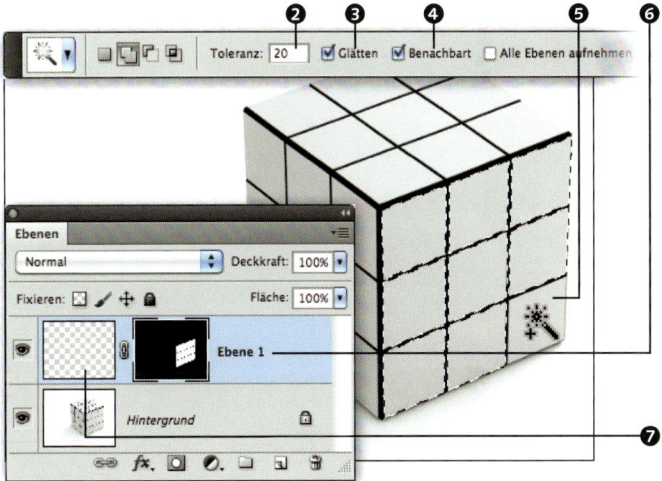

3 Fluchtpunkt-Filter

Klicken Sie auf die Miniatur ❼, wählen Sie FILTER • FLUCHTPUNKT und zeichnen Sie mit dem EBENE-ERSTELLEN-WERKZEUG 🔳 ❽ die Form einer Seite nach ❾. Zeigt Photoshop nach vier Klicks ein blaues Raster an, ist es mit Ihrer Zeichnung der Perspektive einverstanden. Ist das Raster gelb, dann heißt das, Photoshop lässt die Vorgaben gerade noch gelten. Erhalten Sie gar kein Raster, sondern werden nur Umrisslinien rot, dann will Ihnen Photoshop zu verstehen geben, dass die Perspektive so wohl nicht stimmen kann.

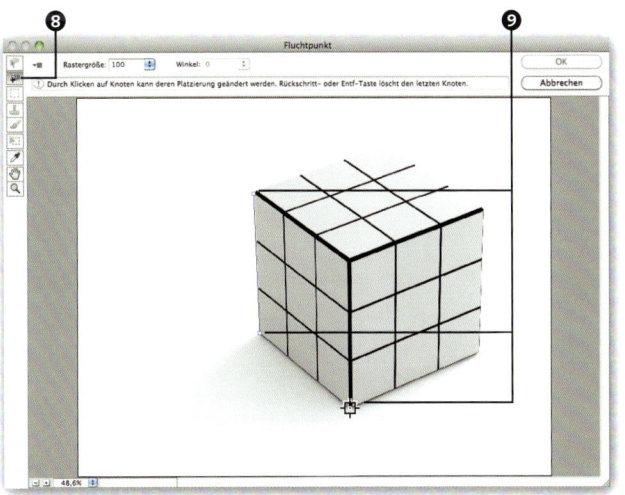

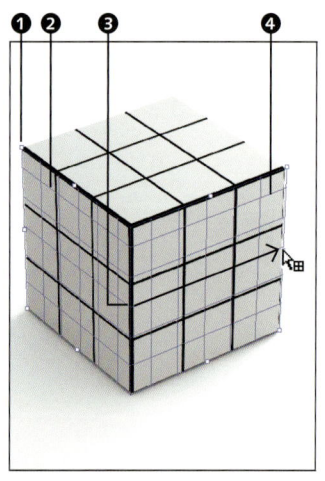

4 Zweite und dritte Dimension

Hier ❷ sehen Sie das Raster, wie es angezeigt werden sollte. Nun können Sie mit [Strg]/[⌘] an einem Anfasser ziehen ❸ und eine Tiefenebene ❹ im rechten Winkel zur ersten (perspektivisch gesehen) erstellen. Dasselbe machen Sie dann für die dritte Dimension ❺. Bestätigen Sie den Dialog aber noch nicht!

Tipp: Wahrscheinlich gelingt die zweite Tiefenebene nicht auf Anhieb. Machen Sie sie dann rückgängig ([Strg]/[⌘] + [Z]), verschieben Sie einen Anfasser ❶ um eine Winzigkeit, und versuchen Sie es erneut.

5 Bild einfügen

Nun, da Sie mit dem perspektivischen Raster Photoshop über den Verlauf der Tiefen informiert haben, können Sie mit [Strg]/[⌘] + [V] das Bild aus der Zwischenablage einfügen. Es erscheint zunächst flach und ohne Perspektive, doch sobald sie es mit dem AUSWAHL-RECHTECK-WERKZEUG 🔲 (die Werkzeuge wechseln automatisch) in den blau umrandeten Bereich des Tiefenrasters ziehen, passt sich das Bild den Dimensionen des Würfels an.

6 Größe transformieren

Da das Bild zunächst zu groß ist, um auf einer Fläche Platz zu finden, aktivieren Sie das TRANSFORMIEREN-WERKZEUG 🔳 ([T]), und passen Sie bei gedrückter [⇧]-Taste die Größe dem Format einer Seite an ❻. Verschieben Sie es außerdem an einen passenden Platz ❼. Wie viel vom Bild auf eine andere Tiefenebene ragt, ist egal, denn alles, was außerhalb der vorderen Ebene liegt, wird anschließend ohnehin durch die zuvor erstellte Ebenenmaske ausgeblendet. Ich habe das Bild dennoch exakt eingepasst.

7 Auswahl für die zweite Dimension

Schließen Sie den Dialog FLUCHTPUNKT mit OK. Das Bild der Katze sollte in der Ebene mit der Maske für die Vorderseite eingefügt worden sein ❾.

Wechseln Sie zum Bild »fluchtpunktmontage_3«, kopieren Sie es in die Zwischenablage, und kehren Sie dann zu »fluchtpunktmontage_1« zurück. Aktivieren Sie den Hintergrund ⓫, wählen Sie, wie in Schritt 2 beschrieben, die Flächen der zweiten Seite aus ❽, und erstellen Sie eine neue Ebene und aus der Auswahl eine Ebenenmaske ❿.

8 Zweite und dritte Dimension

Öffnen Sie wieder FLUCHTPUNKT – das dreidimensionale Tiefenraster von zuvor sollte noch da sein. Fügen Sie das Bild aus der Zwischenablage ein und passen Sie es so, wie in Schritt 5 und 6 beschrieben, an die zweite Seite an ⓬. Schließen Sie FLUCHTPUNKT mit OK. Das zweite Bild ist in der zuvor dafür erstellten Ebene samt Maske eingefügt worden ⓭. Gehen Sie für die Oberseite ⓮ mit dem Bild »fluchtpunktmontage_2« genauso vor, allerdings musste ich hier die TOLERANZ für den Zauberstab auf 15 reduzieren.

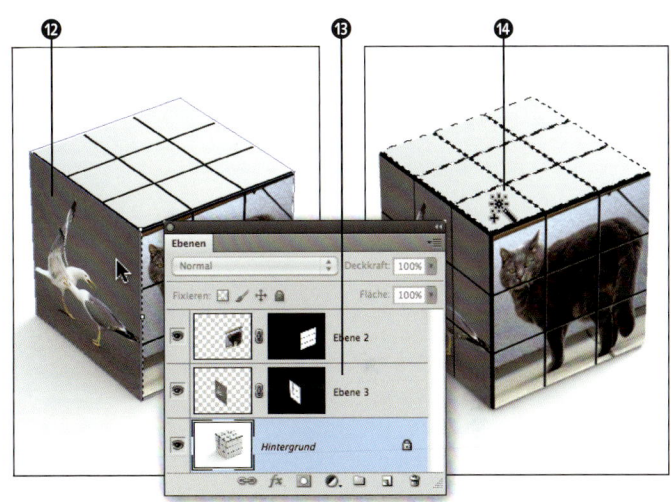

9 Masken verbessern

Die Kanten der mit dem Zauberstab vorbereiteten Masken sind etwas pixelig ausgefallen. Deshalb habe ich sie zum Schluss einzeln über die Palette MASKEN und die Schaltfläche MASKENKANTE mit etwa 1 Pixel WEICHE KANTE ⓯ und KANTE VERSCHIEBEN ⓰ um +40 Pixel verbessert (siehe Seite 178).

Bilder verkrümmen

Durch Bildmontage abenteuerliche Früchte züchten

Bildmontagen wie diese sind für ausgefuchste Photoshopper ein alter Hut. Für Laien stellt es aber oft ein Wunder der Technik dar, Bilder auf diese Art miteinander vermischen zu können. Eine gute Möglichkeit also, ahnungslose Freunde zu beeindrucken. Und Photoshop-Alltag der Profis ist diese Arbeit ohnehin. In diesem Bild werden wir erst die zwei Hälften einer Orange mit »Untermieter« zu einer Orange ohne diesen zusammenmontieren und dann als Fruchtfleisch in den Apfel einsetzen.

Zielsetzung:
Montage dreier Bilder zu einer »glaubwürdigen« Einheit
[mischobst1.tif – mischobst3.tif]

1   Bilder zusammenfügen

Öffnen Sie die Bilder »mischobst1.tif« bis »mischobst3.tif«, und vereinen Sie die Bilder der beiden Orangen. Ob Sie das machen, indem Sie im einen Bild mit `Strg`/`⌘` + `A` alles auswählen, mit `Strg`/`⌘` + `C` kopieren, ins andere Bild wechseln und mit `Strg`/`⌘` + `V` einfügen, oder ob Sie, wie ich hier, beide Bilder nebeneinander zur Ansicht bringen und das eine Bild mit VERSCHIEBEN-WERKZEUG ![Verschieben-Werkzeug] und `⇧`-Taste ins andere Bild hinüberschieben ❶, bleibt Ihnen überlassen.

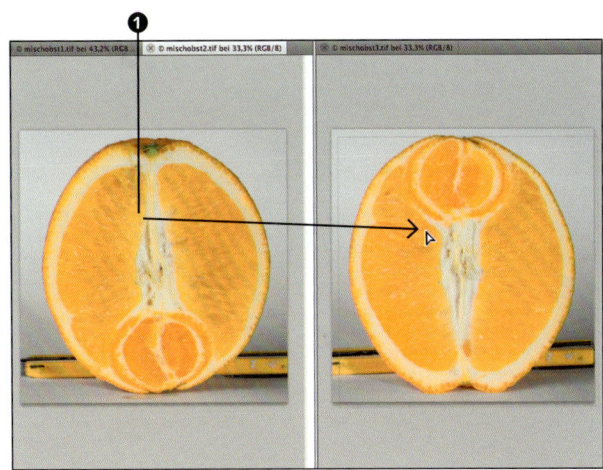

2   Ebenenmaske mit Verlauf

Um den Untermieter ❷ verschwinden zu lassen, erstellen Sie für die obere der beiden Ebenen eine Ebenenmaske, greifen zum VERLAUFSWERKZEUG ![Verlaufswerkzeug] und ziehen einen Verlauf SCHWARZ, WEISS in die Maske ❺ (siehe Schritt 2 Seite 307).

Deaktivieren Sie das Verketten-Symbol ![Verketten] zwischen Ebenen-Miniatur und Ebenenmasken-Miniatur ❹, und klicken Sie auf die Ebenen-Miniatur ❸, damit diese für den nächsten Schritt, das FREI TRANSFORMIEREN, aktiviert wird.

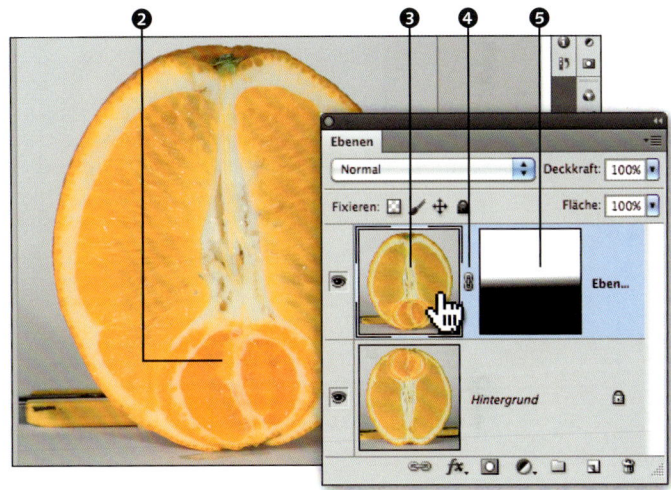

3   Frei transformieren

Wählen Sie im Menü BEARBEITEN • FREI TRANSFORMIEREN (`Strg`/`⌘` + `T`). Durch Verschieben und Ziehen an den Anfassern ❻ können Sie jetzt die obere Bildebene soweit anpassen, dass die zuvor sichtbaren Übergänge an der Schale verschwinden.

Tipp: Sollte nach dem Erstellen der Maske ❺ je ein Untermieter ❷ oben und unten zu sehen sein, müssen Sie die Maske umkehren. Das geht über die Palette MASKEN und die Schaltfläche UMKEHREN, das Menü BILD • KORREKTUREN • UMKEHREN oder `Strg`/`⌘` + `I`.

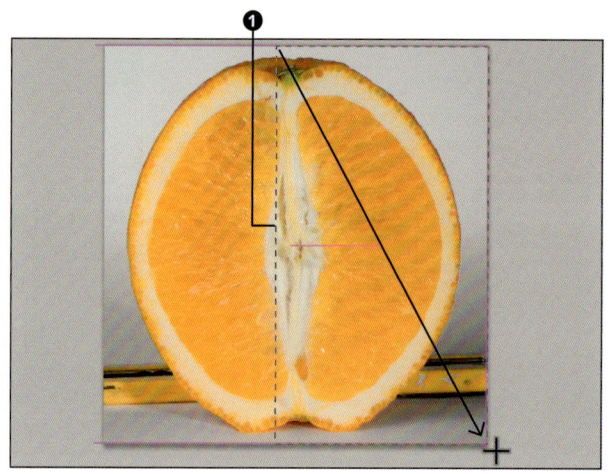

4   Auf eine Ebene reduziert kopieren

Nachdem Sie das Transformieren mit ⏎ beendet haben, müssen Sie nun das Resultat der Montage in das Bild des Apfels kopieren. Wählen Sie mit dem AUSWAHLRECHTECK-WERKZEUG ⬚ etwas mehr als die Hälfte der Orange aus ❶ und dann im Menü BEARBEITEN • AUF EINE EBENE REDUZIERT KOPIEREN.

Tipp: Alternativ können Sie natürlich auch die beiden vorhandenen Ebenen mit EBENE • AUF EINE EBENE REDUZIEREN (Strg / ⌘ + E) und dann die Hälfte normal kopieren (Strg / ⌘ + C).

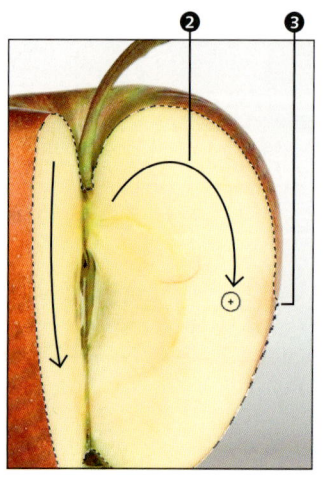
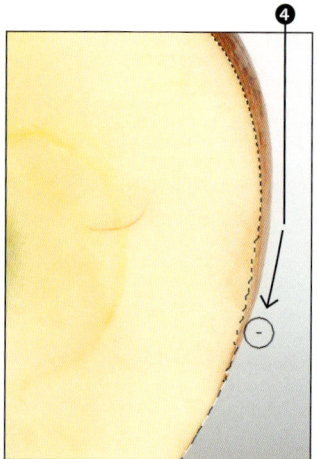

5   Apfel-Fruchtfleisch auswählen

Wechseln Sie nun zum Bild des angeschnittenen Apfels, und wählen Sie den Bereich des Fruchtfleisches aus ❷. Das geht wie die Feuerwehr mit dem SCHNELLAUSWAHLWERKZEUG 🖌 (siehe auch Seite 164 f.). Lediglich rechts frisst sich die Auswahl etwas in die Schale hinein ❸. Das ist aber mit demselben Werkzeug bei gedrückter Alt -Taste schnell behoben ❹.

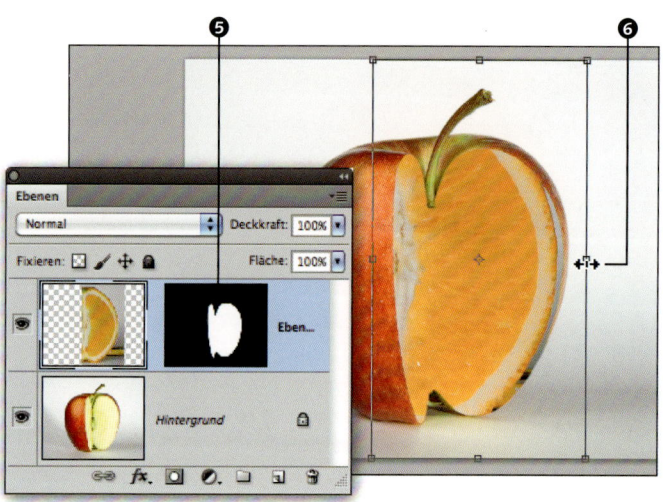

6   In die Auswahl einfügen

Sobald die Auswahl steht, wählen Sie im Menü BEARBEITEN • EINFÜGEN SPEZIAL • IN DIE AUSWAHL EINFÜGEN. Photoshop erstellt wieder eine neue Ebene und macht aus der Auswahl eine Ebenenmaske ❺. Wählen Sie nun Strg / ⌘ + T oder BEARBEITEN • FREI TRANSFORMIEREN, und passen Sie das Format von Orangenviertel und Apfelausschnitt an ❻.

7 Bild einfügen

Durch normales FREI TRANSFORMIEREN bekommen Sie die Form des Orangenfruchtfleisches nicht wirklich optimal in den Apfel hinein ❼. Aktivieren Sie für ein organisches Verformen der Bildebene in der Palette OPTIONEN die Funktion VERKRÜMMEN ❽.

8 Ankerpunkte und Tangenten

Durch das Aktivieren der Option VERKRÜMMEN ändert sich die Darstellung des Freitransformieren-Rahmens, und Sie sehen Ankerpunkte und Tangenten. Ich habe als Erstes den rechten unteren Ankerpunkt nach links verschoben ❾ und dann die dazu gehörende Tangente nach unten gezogen ⓫, damit sich das Fruchtfleisch der Orange in diesem Bereich ❿ schön der Form des Apfels angepasst.

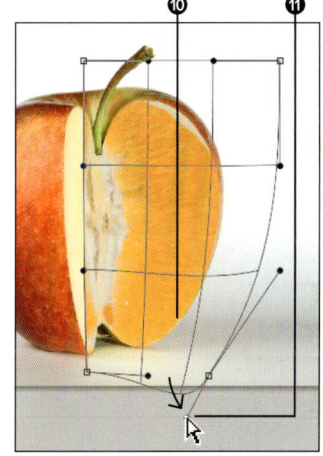

9 Unteren Teil verkrümmen

Nun noch den linken unteren Ankerpunkt etwas nach oben geschoben ⓬ und die Tangente dazu nach unten versetzt ⓭. Jetzt passt schon der ganze untere Teil der Orange perfekt in den Apfel.

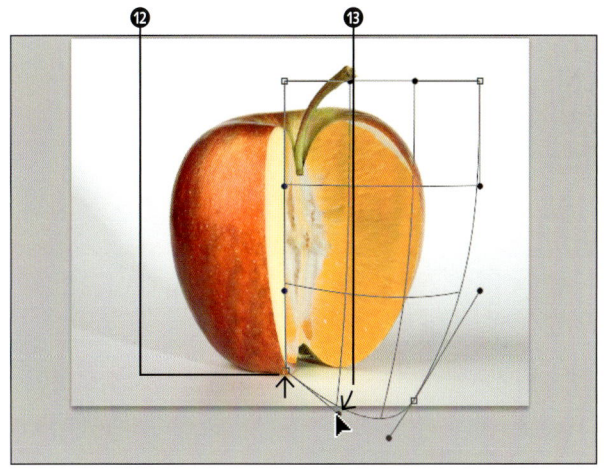

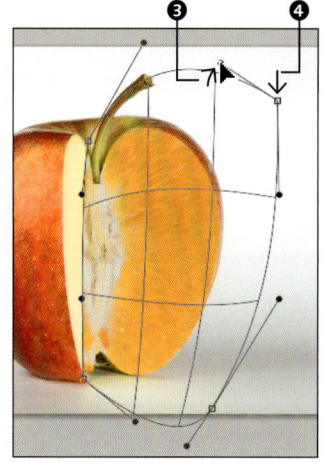

10 Oberen Teil verkürmmen

Um den oberen Teil der Orange der Form des Apfels anzupassen, habe ich als Erstes den linken oberen Ankerpunkt weit nach unten versetzt ❶, dann dessen Tangente nach oben gezogen ❷, den rechten oberen Ankerpunkt etwas nach unten verschoben ❹ und seine Tangente nach oben angehoben ❸. So folgt nun die Struktur des Fruchtfleisches glaubhaft der form des Apfels. Bestätigen Sie abschließend mit ⏎.

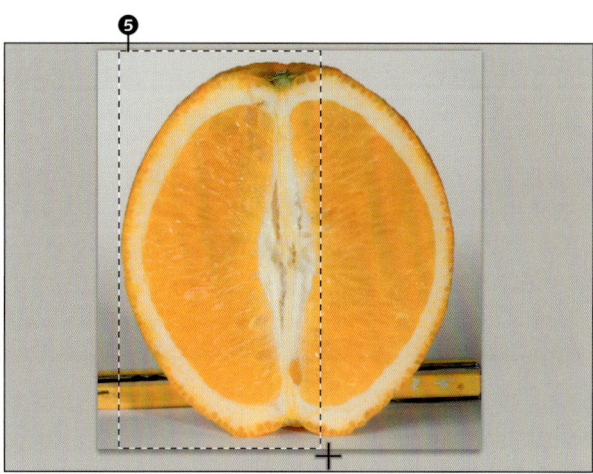

11 Zweite Hälfte der Orange

Wechseln Sie zurück zur Montage der beiden Orangenhälften, wählen Sie diesmal die andere Hälfte aus ❺, und kopieren Sie den Inhalt der Auswahl über BEARBEITEN • AUF EINE EBENE REDUZIERT KOPIEREN in die Zwischenablage. Wechseln Sie dann zurück zum Bild, in dem Sie bereits eine Hälfte in den Apfel montiert haben.

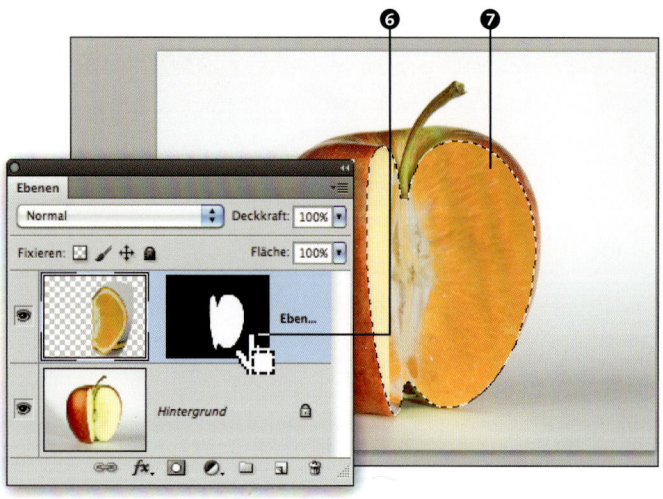

12 Maske als Auswahl laden

Wir brauchen noch einmal eine Auswahl. Wenn Sie bei gedrückter Strg/⌘-Taste auf die Maske klicken ❻, wird sie als Auswahl ❼ geladen.

Tipp: Mit diesem Strg/⌘-Tasten-Trick können Sie nicht nur Masken als Auswahl laden, sondern in der Palette EBENEN auch die Transparenz einer Ebene, einen Pfad über die Palette PFADE oder einen Alphakanal in der Palette KANÄLE – immer, indem Sie jeweils auf die Miniatur in der Palette klicken.

13 In die Auswahl einfügen und frei transformieren

Wählen Sie wieder BEARBEITEN • EINFÜGEN SPEZIAL • IN DIE AUSWAHL EINFÜGEN – wieder erstellt Photoshop eine neue Ebene und macht die Auswahl zur Maske ❾. Über FREI TRANSFORMIEREN (Strg/⌘ + T) gleichen Sie danach das Format der Orange an den perspektivisch verkürzten Ausschnitt des Apfels an ❽.

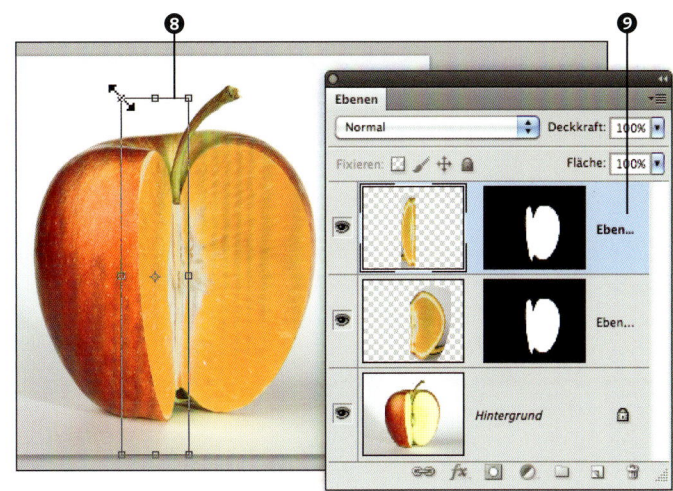

14 Verkrümmen

Bevor Sie FREI TRANSFORMIEREN mit ↵ beenden, aktivieren Sie wieder VERKRÜMMEN, um die Auswahl frei formen zu können. Ich bin grundsätzlich ähnlich vorgegangen wie beim Verkrümmen des ersten Ausschnitts und habe ein Verkrümmen-Gitter mit einer Form ❿ erstellt, die die Fasern des Orangenfruchtfleisches schön in den Apfel gepresst hat. Mit diesem Resultat habe ich FREI TRANSFORMIEREN dann bestätigt.

15 Übergang überblenden

Der Übergang zwischen den beiden Orangenvierteln ⓫ fällt im Moment noch abrupt und deutlich aus. Um das zu beheben, habe ich die Ebenenmaske ⓬ mit einem Klick aktiviert und mit dem PINSEL-WERKZEUG entlang des Übergangs ⓮ eine schwarze Linie in die Maske ⓭ gezogen. Das hat das Problem behoben und die Montage perfektioniert.

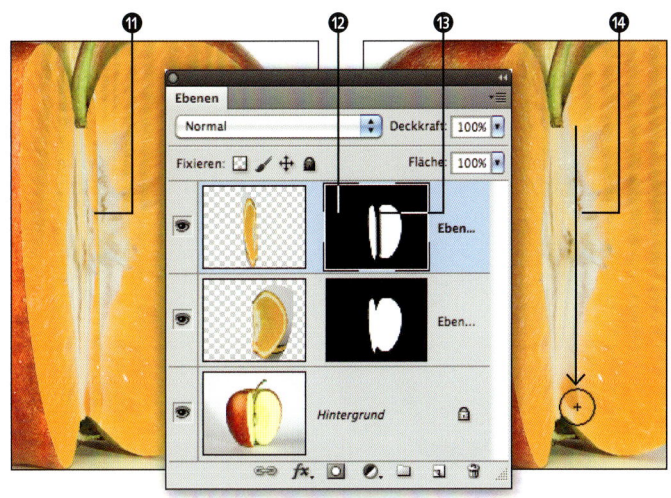

Freistellen mit Farbbereich

Der direkte Weg vom Farbbereich zur Ebenenmaske

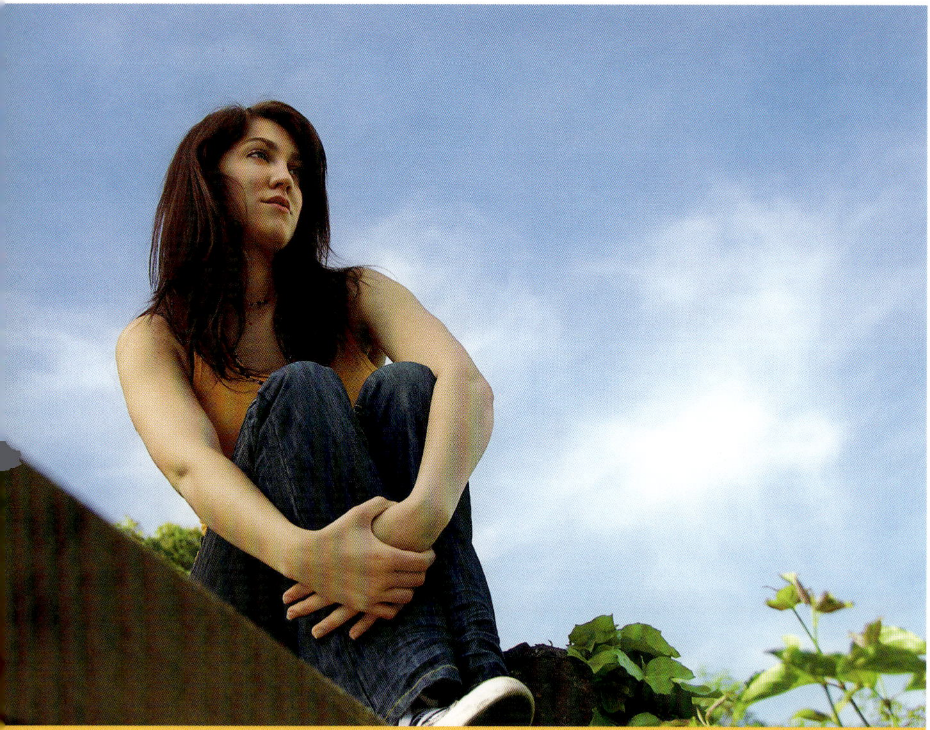

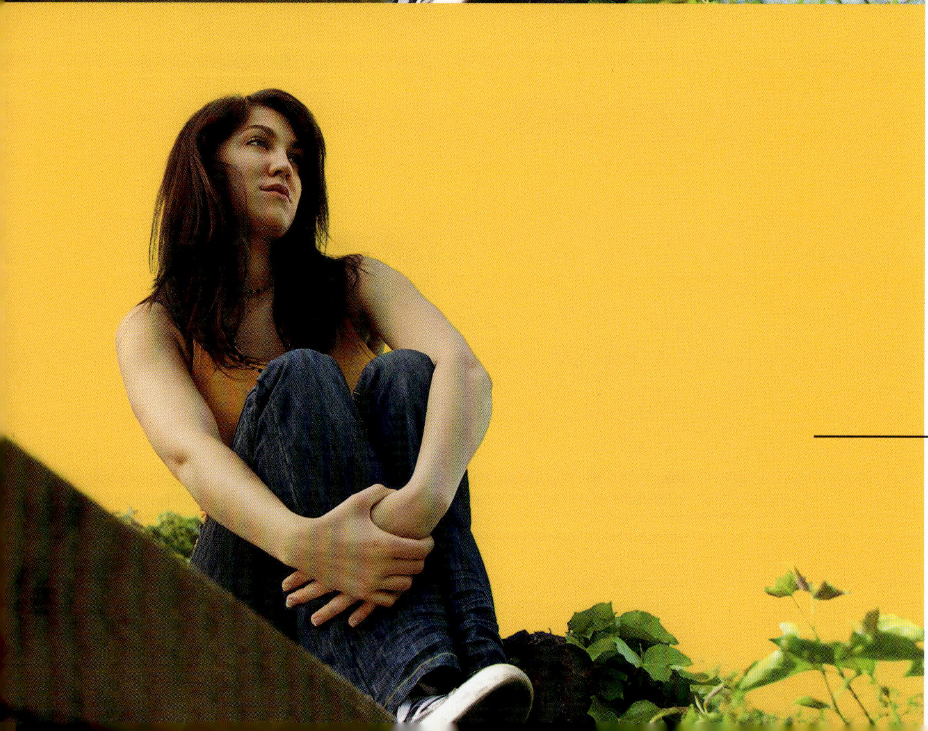

Freisteller, bei denen ein Hintergrund durch eine Farbe ersetzt werden soll, gibt es in der Praxis des Werbegrafikers zuhauf. Meist wird dann statt des Foto-Hintergrundes die Firmenfarbe des werbenden Unternehmens eingesetzt. Natürlich lässt sich stattdessen auch ein anderes Foto verwenden. Hier erfahren Sie, wie man mit dem Dialog FARBBEREICH eine Maske erstellen und sie anschließend verbessern kann.

Zielsetzung:
Himmel durch Farbe ersetzen
[farbbereich_maske.jpg]

1 Ebene mit Farbfüllung unterlegen

Machen Sie mit einem Doppelklick den Hintergrund ❷ zur regulären Ebene. Erstellen Sie hierüber ❹ eine neue Füllebene FARBFLÄCHE ❶ (siehe Seite 174) – als Farbe habe ich ein Gelborange gewählt –, und stellen Sie sie hinter das Foto. Aktivieren Sie danach wieder die Ebene mit dem Foto des Modells, und fügen Sie eine Ebenenmaske ❸ hinzu. Zum Freistellen des Modells klicken Sie danach in der Palette MASKEN auf FARBBEREICH ❺.

2 Farbbereich aufnehmen

Was wir hier machen, ist im Grunde das Gleiche wie die Funktion FARBBEREICH aus dem Menü AUSWAHL (siehe Seite 263), nur dass dort eine Auswahl erzeugt wird und hier eine Maske. Die AUSWAHLVORSCHAU ❻ habe ich auf GRAUSTUFEN gestellt und die Vorschau im Dialog auf BILD ❽. Dann habe ich mit einem Klick in das blaueste Stück des Himmels ❼ diese Farbe als Basisfarbe für die Auswahl definiert. Aktivieren Sie danach die HINZUFÜGEN-Pipette ❾.

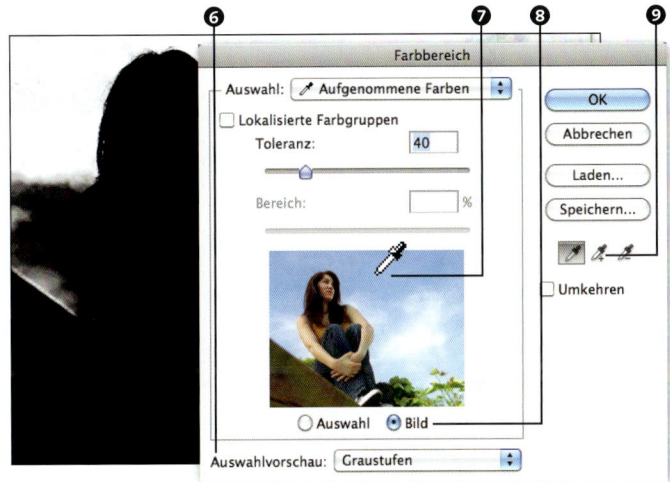

3 Farbbereiche hinzufügen

Mit einem Klick auf eine Wolke in der Dialogvorschau habe ich das Weiß der Wolken ⑫ mit aufgenommen und dadurch bereits beim zweiten Klick eine sehr gute Auswahl erreicht ⑩, in der Vordergrund und Hintergrund schon schön in Schwarz und Weiß voneinander getrennt sind. Flächen, die innerhalb der freizustellenden Figur grau oder weiß erscheinen ⑪, stellen kein Problem dar, weil sie sich nachher gut mit dem Pinsel entfernen lassen.

4   Dritte Erweiterung des Farbbereichs

Sie können versuchen, die Maske durch Erhöhen der TOLERANZ ❶ fertigzustellen. Ich habe es aber vorgezogen, mit der Pipette HINZUFÜGEN den aufzunehmenden Farbbereich noch einmal zu erweitern, und bin damit zu einem guten Ergebnis gekommen – diesmal habe ich übrigens nicht in die Vorschau im Dialog, sondern in die AUSWAHLVORSCHAU im Dokumentfenster geklickt ❷.

5   Umkehren

Im Moment ist die Figur noch schwarz und der Hintergrund weiß. Schwarz blendet aus, also würde unsere Maske bewirken, dass das Modell nicht mehr zu sehen ist und der Himmel sichtbar bleibt. Für das korrekte Resultat müssen Sie also noch UMKEHREN ❸ aktivieren, damit der Hintergrund schwarz und die Figur weiß wird ❹. Schließen Sie den Dialog dann mit OK.

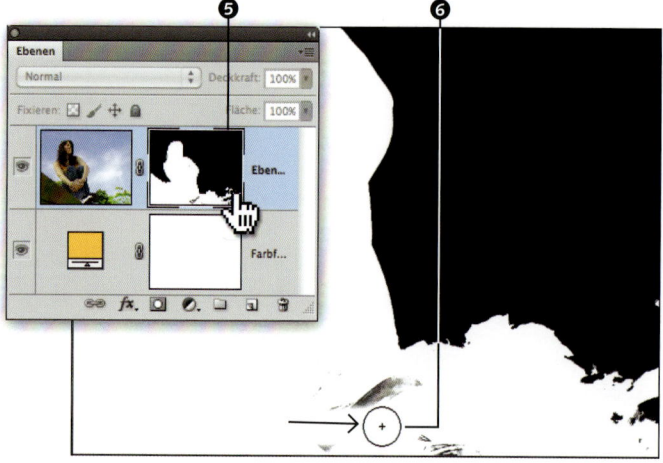

6   Maske bearbeiten

Die Turnschuhe und ein paar Details von den Stoffstrukturen auf dem Körper des Modells blendet man am besten von Hand aus. Klicken sie dazu bei gedrückter [Alt]-Taste auf die Ebenenmaske ❺. Photoshop zeigt nun im Dokumentfenster die Maske an, und Sie können mit dem PINSEL-WERKZEUG 🖌 und Weiß als VORDERGRUNDFARBE die störenden Flecken entfernen ❻. Klicken Sie neuerlich mit [Alt] auf die Ebenenmaske, um wieder das Bild anzeigen zu lassen.

7   Radius verbessern

Öffnen Sie nun die Palette MASKEN, und klicken Sie auf MASKENKANTE, um den Dialog
MASKE VERBESSERN zu öffnen und den Rand
des Freistellers zu optimieren. Ich habe eine
WEICHE KANTE ❾ von 0,5 Pixeln eingestellt
und –10 % KANTE VERSCHIEBEN ❿. Dann habe
ich das RADIUS-VERBESSERN-WERKZEUG ❽ aktiviert und damit überall dort, wo die Kanten
des Freistellers noch nicht sauber ausgefallen
sind, durch Darübermalen Photoshop veranlasst, diese Kanten nachzubessern ❼.

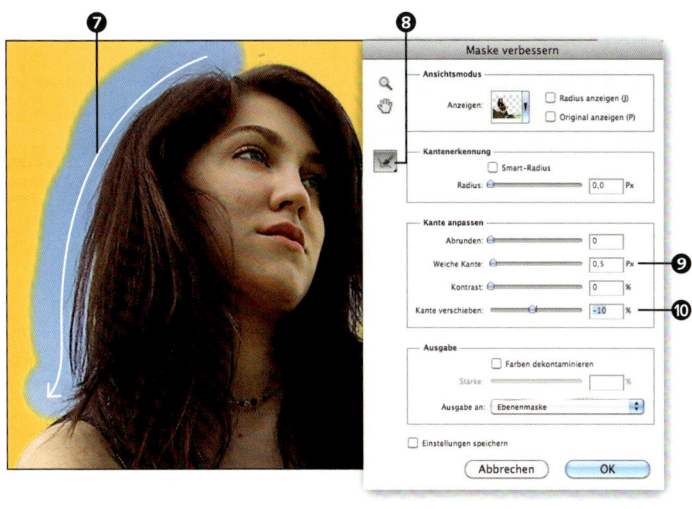

8   Rundum optimieren

Neben den Problemen, die sich zunächst bei
den Haaren ergeben haben und die wir im vorangegangenen Schritt gelöst haben, sieht
man auch hier ⓫ gut, wie der Freisteller nicht
optimal mit der freizustellenden Figur klarge-
kommen ist. Auch hier habe ich durch darüber Hinwegziehen ⓬ mit dem RADIUS-VERBES-
SERN-WERKZEUG 🖌 eine Verbesserung erreicht.

9   Kante verbessern schließen

Wenn Sie ⓭ mit ⓫ vergleichen, erkennen Sie,
um wie vieles besser die Freistellungskante
geworden ist. An manchen Stellen ist es erforderlich, mehrmals darüberzufahren, um das
gewünschte Ergebnis zu erzielen. Sie können
auch zu viel Entferntes durch Darüberziehen
bei gedrückter ⌥Alt⌥-Taste wiederherstellen.
Schließen Sie den Dialog, nachdem Sie mit
dem Pinsel rundum nachgebessert haben, mit
OK. Der Freisteller ist jetzt fertig und, trotz
der etwas haarigen Angelegenheit, gut gelun-
gen.

Freistellen mit Maskenkante

Haarige Freisteller leicht gemacht

Vor allem Haare stellen oft eine Herausforderung an den Bildbearbeiter dar, wenn es ums Freistellen geht. Bis Photoshop CS3 gab es dazu den Filter EXTRAHIEREN, der aber in Photoshop CS4 aus dem Programm genommen wurde – meiner Meinung nach ohne angemessenen Ersatz für Gelegenheitsphotoshopper. Mit den verbesserten Optionen des Dialogs MASKE VERBESSERN schließt Adobe diese Lücke wieder.

Zielsetzung:

Hintergrund durch Himmel ersetzen

[maskenkante_1.tif, maskenkante_2.tif]

Foto: Markus Wäger

1 Bilder zusammenführen

Führen Sie die beiden Bilder zu diesem Work-shop zusammen ❶, indem Sie das Bild des Himmels mit ⌨Strg/⌘ + A komplett aus-wählen, mit ⌨Strg/⌘ + C kopieren, in das andere Bild wechseln und den Himmel mit ⌨Strg/⌘ + V einfügen, oder, indem Sie bei-de zur Ansicht bringen und den Himmel mit dem VERSCHIEBENWERKZEUG ⮂ in das Bild der Kinder ziehen. Machen Sie das Bild der Kin-der ❷ mit Doppelklick zur regulären Ebene, und ziehen Sie den Himmel ❸ unter die Kin-der.

2 Schnellauswahl und Maske

Erstellen Sie mit dem SCHNELLAUSWAHLWERK-ZEUG ✐ (siehe Seite 164 f.) eine Auswahl ❹ – je präziser die Auswahl, desto besser das Er-gebnis. Erstellen Sie aus dieser Auswahl eine Ebenenmaske ❻. Die Maske ist, sofern Sie die Auswahl nicht zuvor über BILD • AUSWAHL • AUSWAHL UMKEHREN (⌨Strg/⌘ + ⇧ + I) umgekehrt haben, verkehrt herum ❺.

3 Maske umkehren

Öffnen Sie die Palette MASKEN, und klicken Sie auf UMKEHREN ❽ (oder ⌨Strg/⌘ + I eingeben), um die Kinder mit dem Himmel im Rücken wieder sichtbar zu machen. Im nächs-ten Schritt wollen wir die Maskenkante opti-mieren, vor allem die Freistellung der Haare lässt sich noch verbessern. Klicken Sie dazu auf MASKENKANTE ❼.

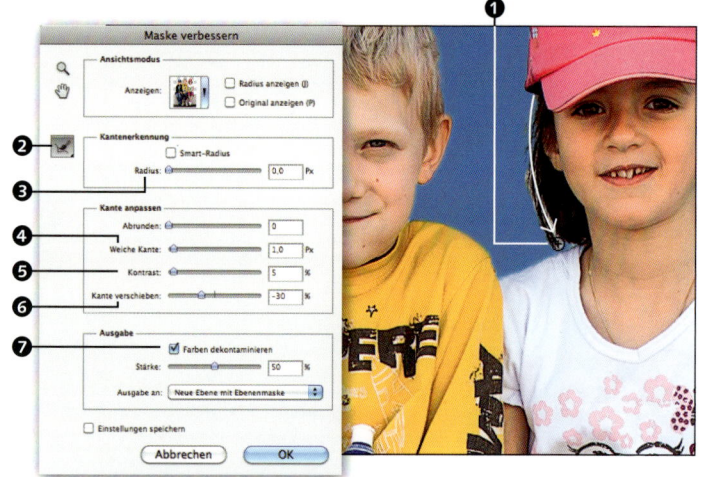

4   Radius verbessern

In Maske verbessern habe ich das Radius-verbessern-Werkzeug ❷ aktiviert und über die Haare des Mädchens gemalt ❶, um den Freisteller zu präzisieren. Danach habe ich mit Radius ❸, Weiche Kante ❹, Kontrast ❺ und Kante verschieben ❻ experimentiert, bis ich zu den abgebildeten Einstellungen gelangt bin. Farben dekontaminieren ❼ bewirkt, dass die Farbe des Hintergrunds an den Rändern des Freistellers berücksichtigt wird, was für haarige Freisteller ganz nützlich sein kann.

5   Radieren

Auch bei dem Jungen in der Mitte habe ich die Haare mit dem Radius-verbessern-Werkzeug nachgearbeitet ❽. Allerdings wurde das Ergebnis hier zu verschwommen und unscharf, und deshalb habe ich mit dem Verfeinerungen-löschen-Werkzeug von Außen nachgebessert ❾. Es wird aktiv, wenn Sie beim Radius-verbessern-Werkzeug die ⌐Alt⌐-Taste drücken.

Bestätigen Sie Maske verbessern, wenn Sie mit der Maske zufrieden sind, mit OK.

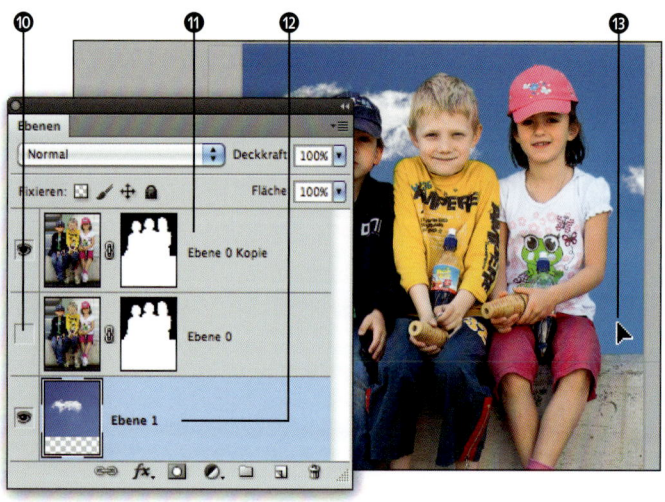

6   Hintergrund einstellen

Da im Dialog Maske verbessern • Farben dekontaminieren aktiviert war, hat Photoshop eine neue Ebene erstellt ⓫ und das Original ausgeblendet ❿. Ich habe zum Abschluss die Position des Himmels mit dem Verschieben-Werkzeug ⟊ geändert (⓬ und ⓭) und ihn außerdem über Filter • Weichzeichnungsfilter • Tiefenschärfe abmildern (siehe Seite 131) mit den Einstellungen Radius 10 und Rauschen • Stärke 1 etwas weichgezeichnet.

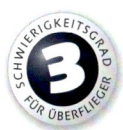

Schwierigkeitsgrad 3 – für Überflieger

Freistellen mit Kanälen

Haarige Freisteller für Fortgeschrittene

Luxuriöse Hilfsmittel wie Farbbereich und Maske verbessern zählen noch nicht so lange zur Ausstattung Photoshops. Vor einigen Jahren gab es kaum eine andere Möglichkeit, als über Farb- und Alphakanäle optimale Schablonen für haarige Freisteller zu erstellen. Auch heute noch bietet diese Funktion dem Experten mehr Kontrolle über das Resultat, als es Maske verbessern tun könnte, bei dem weitgehend Photoshop das Zepter in Händen hält.

Zielsetzungen:

Erdmännchen freistellen

Hintergrund austauschen

[kanalfreisteller_1.tif, kanalfreisteller_2.tif]

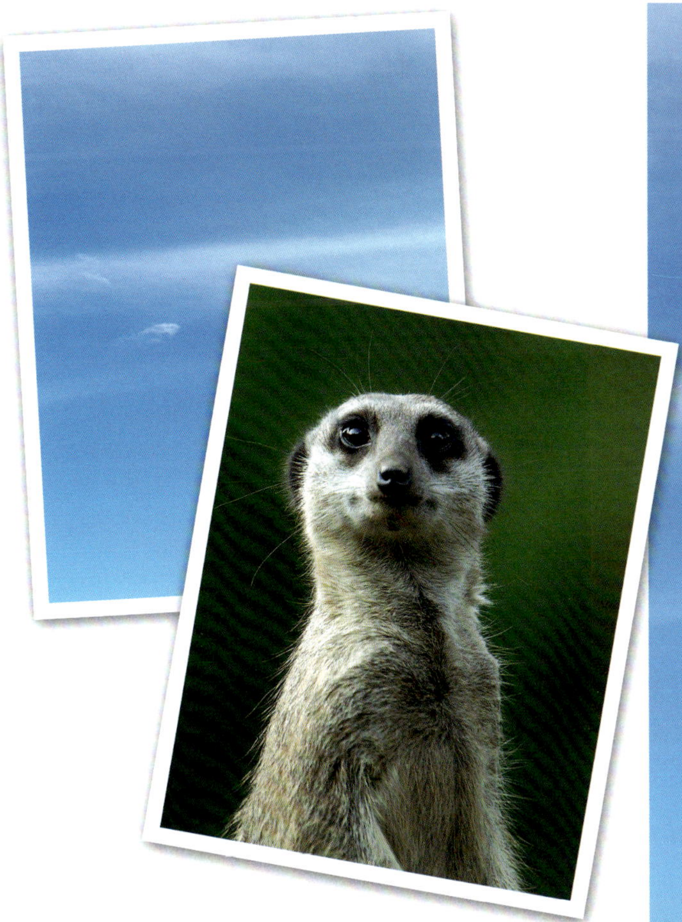

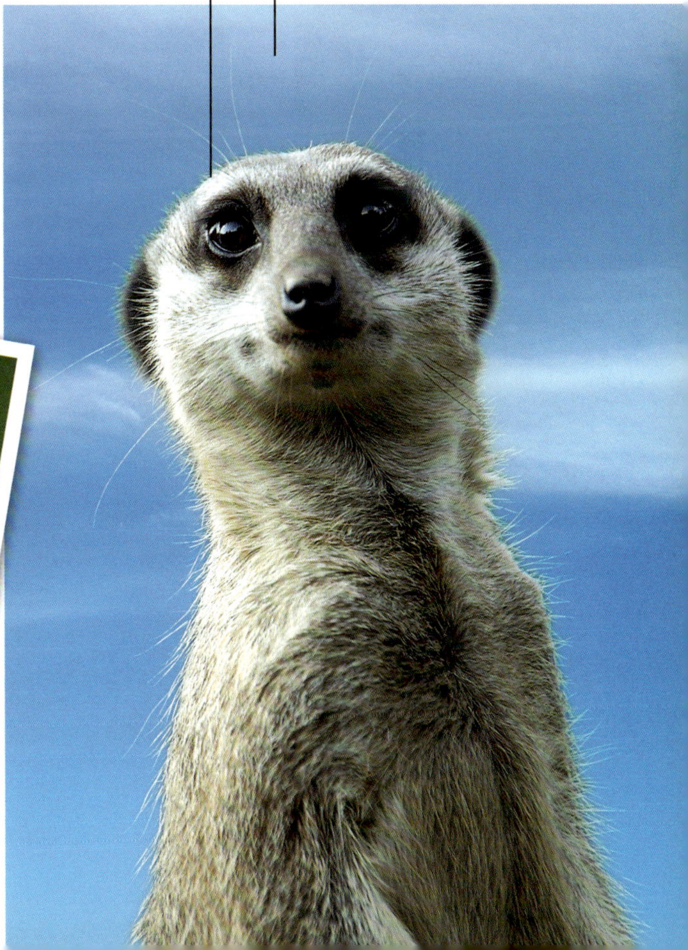

Foto: fotohansi – Fotolia.com

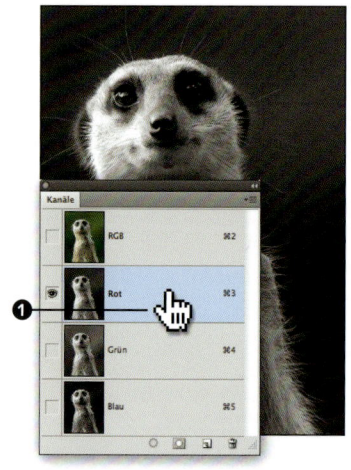 

1 Basiskanal für Alphakanal

Für diesen Workshop brauchen wir einen Alphakanal, der als Schablone für den Freisteller dienen kann. In dieser Schablone muss das Erdmännchen als weiße Silhouette vom schwarzen Hintergrund getrennt sein. Ideal ist ein Farbkanal als Basis für das Erstellen dieser Schablone. Öffnen Sie die Palette KANÄLE, und klicken Sie die drei Farbkanäle einen nach dem anderen an (❶ bis ❸). Es geht darum, jenen Kanal zu finden, bei dem der Kontrast zwischen Erdmännchen und Hintergrund am deutlichsten ausfällt.

2 Kanal duplizieren

In meinen Augen ist der Blau-Kanal ❸ am besten zur Ausführung der Schablone geeignet. Duplizieren Sie ihn, indem Sie ihn aktivieren und im Palettenmenü ▼≡ KANAL DUPLIZIEREN wählen, mit rechts auf den Kanal klicken und KANAL DUPLIZIEREN aus dem Kontextmenü wählen oder indem Sie ihn auf das Symbol für NEUEN KANAL ERSTELLEN 🔲 ziehen ❹.

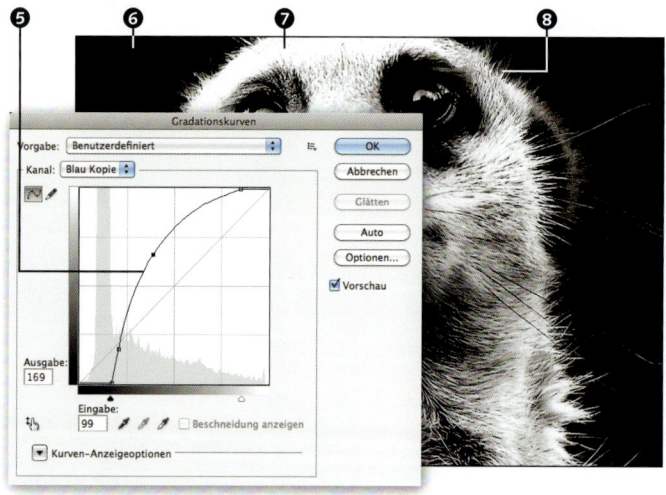

3 Gradationskurve

Als ersten Schritt bei der Ausarbeitung der Schablone bearbeite ich sie in der Regel mit einer Gradationskurve. Alphakanäle lassen sich nicht über Einstellungsebenen bearbeiten. Wählen Sie also im Menü BILD • KORREKTUREN • GRADATIONSKURVEN, und stellen Sie eine ganz steile Kurve ❺ wie abgebildet ein. Der Hintergrund ❻ ist relativ leicht schwarz zu bekommen, das Tier jedoch, mit seinem borstigen Pelz, lässt sich in diesem Schritt lediglich aufhellen ❼. Wichtig ist die saubere Trennung aber ohnehin nur am Rand ❽.

4 Abwedeln und nachbelichten

Nach dieser Vorbereitung geht es zunächst mit dem ABWEDLER-WERKZEUG 🔍 an die Feinarbeit. Mit dem BEREICH • LICHTER ❾ helle ich den Pelz an den Rändern ❿ weiter auf. Das muss rundum gemacht werden, geht aber bei dieser Vorlage relativ flott. Weniger Korrekturen sind im Schwarz-Bereich außerhalb der Erdmännchen-Silhouette erforderlich. Lediglich in einigen Bereichen nahe dem Pelz ⓬ habe ich mit dem NACHBELICHTER-WERKZEUG 🖐 im BEREICH • TIEFEN ⓫ etwas nachgeholfen.

5 Rand mit dem Pinsel ausdehnen

Das Ergebnis ⓭ der Nachbearbeitung mit AB-WEDLER und NACHBELICHTER sollte eine praktisch durchgehende Trennung von Pelz und Hintergrund sein. Diese Trennung habe ich in einem weiteren Arbeitsdurchgang mit dem PINSEL-WERKZEUG 🖌 breiter gemacht, indem ich mit Weiß als VORDERGRUNDFARBE rundum die durch den Abwedler erzeugte Schneise noch breiter ausgeführt habe ⓮.

6 Inneren Bereich weiß füllen

Am Schluss sollte eine sehr klare Trennung zwischen Figur und Hintergrund entstanden sein ⓯. Sie können den restlichen Bereich mit dem Pinsel weiß anmalen. Ich habe es jedoch vorgezogen, mit dem POLYGON-LASSO-WERK-ZEUG 🔲 eine Auswahl innerhalb der Schneise zu erstellen ⓰ und den Inhalt der Auswahl dann bei Weiß als VORDERGRUNDFARBE über ⌨ Alt + ← zu füllen.

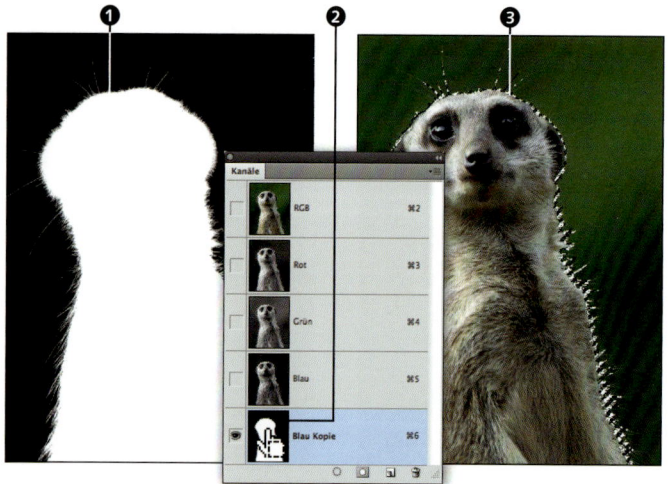

7 Alphakanal als Auswahl laden

Wenn Ihr Alphakanal so ❶ aussieht, ist Ihre Schablone fertig vorbereitet. Klicken Sie bei gedrückter Strg/⌘-Taste in der Palette KANÄLE auf die Miniatur ❷, um sie als Auswahl ❸ zu laden.

8 Maske erstellen und Himmel einfügen

Erstellen Sie über die Schaltfläche ❻ eine Maske ❺ für die Ebene des Erdmännchens, um es endgültig freizustellen ❹. Jetzt können Sie durch Kopieren und Einfügen oder mit dem VERSCHIEBEN-WERKZEUG ▸⊕ und der »Drag & Drop«-Methode den Himmel aus der Datei »kanalfreisteller_2.tif« in dieses Bild einfügen ❽ und seine Ebene nach unten stellen ❼. Damit sind wir fast fertig, allerdings sieht man am Rand des Erdmännchens noch das Grün des originalen Hintergrundes. Außerdem wirkt der Freisteller noch nicht echt.

9 Duplikat multiplizieren

Duplizieren Sie das freigestellte Erdmännchen (zum Beispiel über Rechtsklick und EBENE DU-PLIZIEREN aus dem Kontextmenü). Zu Demonstrationszwecken habe ich das Duplikat ausgeblendet ❾, was für die Ausführung nicht notwendig wäre. Die untere Ebene ⓫ habe ich auf NEGATIV MULTIPLIZIEREN ❿ gestellt, wodurch nur noch die hellen Borsten ⓬ sichtbar sind und das Erdmännchen aussieht wie ein Erdmännchengespenst. Blenden Sie dann die obere Ebene wieder ein ❾, und aktivieren Sie ihre Maske.

10 Maske verbessern

Öffnen Sie die Palette MASKEN, und klicken Sie auf MASKENKANTE. Im Dialog MASKE VERBESSERN habe ich nach etwas herumprobieren WEICHE KANTE ⓮ mit fünf Pixeln, KONTRAST ⓯ mit 10 % und KANTE VERSCHIEBEN ⓰ mit –35 % als ganz gute Werte für diese Anpassung herausgefunden. Dadurch wird die Auswahl deutlich enger um das Erdmännchen gezogen und der grünliche Rand verschwindet weitgehend ⓭. Schließen Sie den Dialog dann wieder mit OK.

11 Ohne »Geist-Ebene«

Wenn Sie die untere Ebene ausblenden ⓲, dann sehen Sie, dass der Freisteller ⓱ zwar nicht schlecht ist, doch mit der »Geister-Ebene« und den Borsten darauf sieht es einfach besser aus. Werfen Sie noch einmal einen Blick auf das Aussehen der unteren Ebene ⓬ (siehe Schritt 9) dann sehen Sie, dass in den Spitzen die Borsten weiß (nicht grünlich) erhalten bleiben. Das geht oft bei Freistellern von hellen Haaren und hellem Pelz. Bei dunklen Haaren können Sie statt NEGATIV MULTIPLIZIEREN auch MULTIPLIZIEREN versuchen.

12 Fertiger Freisteller

Blenden Sie die »Geist-Ebene« wieder ein, stechen die Borsten am Rand wieder schön hervor. Der Trick funktioniert nicht bei jedem Bild, aber manchmal funktioniert er gut, und manchmal, wie in diesem Beispiel, sogar sehr gut.

Puzzle aus Illustrator-Vorlage

Mit Ebenen, Stilen und Smart-Objekten arbeiten

Für diesen Workshop habe ich eine Vorlage aus Puzzle-Teilchen in Adobe Illustrator erstellt. Auch wenn Adobe ein Allrounder ist und schier unendlich viele Möglichkeiten bietet, ist es manchmal auch sinnvoll, auf seine Fähigkeit, mit anderen Programmen zu kooperieren, zurückzugreifen. Hier lernen Sie, wie man Bildbereiche mittels Schnittmasken schnell ausblenden und mehrere Ebenen zu einer Ebene verschmelzen kann.

Zielsetzungen:

Foto in Puzzleteile zerlegen
Teile drehen und verschieben
Plastizität für die Puzzleteile
Schlagschatten hinzufügen
[puzzle_1.tif, puzzle_2.tif]

Foto: Aurelio – Fotolia.com

1   Kopieren und einfügen

Die Vorlage des Puzzles habe ich in Adobe
Illustrator erstellt und über DATEI • EXPORTIE-
REN im FORMAT • PHOTOSHOP mit den Optio-
nen AUFLÖSUNG • HOCH (300 PPI) und EBENEN
MIT EXPORTIEREN für Photoshop gespeichert.
Öffnen Sie diese Vorlage mit dem Titel »puzz-
le_2.tif« gemeinsam mit der Datei »puzzle_1.
tif«, wählen Sie mit [Strg]/[⌘] + [A] das Bild
der Frau komplett aus, kopieren Sie es in die
Zwischenablage ([Strg]/[⌘] + [C]), und fügen
Sie es als oberste Ebene ❶ in die Puzzle-Vor-
lage ein ([Strg]/[⌘] + [V]).

2   Schnittmaske erstellen

Machen Sie die eingefügte Ebene zur Schnittmaske – entweder über das Menü EBENE •
SCHNITTMASKE ERSTELLEN, mit einem Rechtsklick auf die Ebene, über das Palettenmenü ▾≡ oder, was für dieses Beispiel die
effizienteste Methode wäre, mit dem Tastenkürzel [Strg]/[⌘] + [Alt] + [G]. Die Ebene der
Frau ❸ wird über der Ebene des obersten
Puzzleteils ❹ eingerückt dargestellt und ist
nun nur mehr in dessen Bereich ❷ sichtbar.

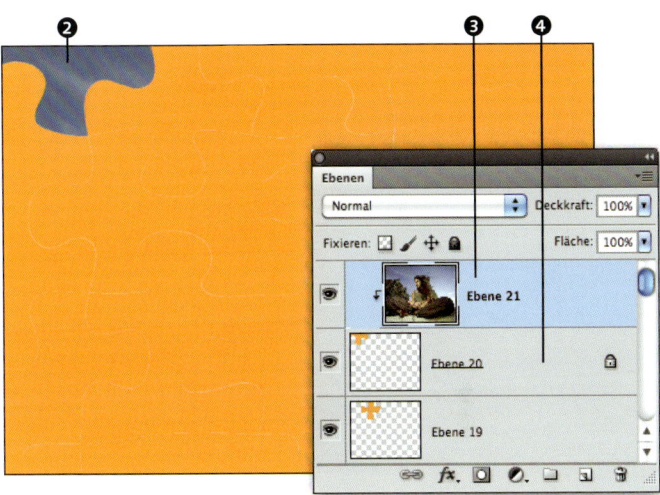

3   Auf eine Ebene reduzieren

Reduzieren Sie nun die Ebene der Frau mit
dem Puzzle auf eine Ebene. Das geht auch
wieder über das Menü EBENE und MIT DARUN-
TER LIEGENDER AUF EINE EBENE REDUZIEREN, mit
Rechtsklick auf die Ebene, über das Palettenmenü ▾≡ oder mit einem Shortcut, nämlich
[Strg]/[⌘] + [E]. Die beiden Ebenen ❸ und ❹
werden zu einer Ebene ❺ zusammengefügt.
Was durch die Schnittmaske ausgeblendet
war ist nun gelöscht.

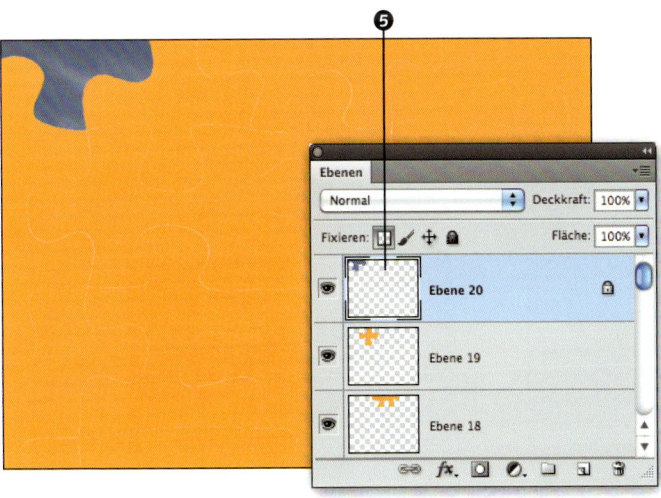

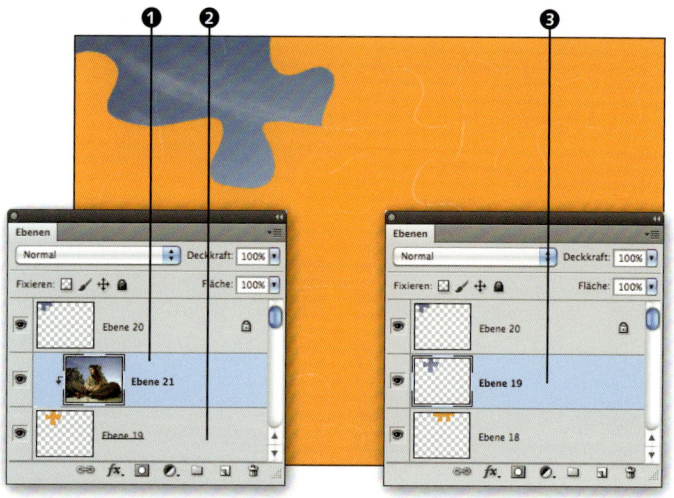

4   Schritte 1 bis 3 wiederholen

Aktivieren Sie das nächste Puzzleteil darunter ❷, fügen Sie das Bild, das sich ja noch in der Zwischenablage befinden sollte, mit [Strg]/[⌘] + [V] neuerlich ein, machen Sie mit [Strg]/[⌘] + [Alt] + [G] eine Schnittmaske daraus ❶ und reduzieren Sie die Ebene über [Strg]/[⌘] + [E] wieder mit der Ebene darunter auf eine Ebene ❸. Aktivieren Sie die nächste Ebene, wiederholen Sie die Schritte, und fahren Sie damit fort, bis alle Puzzleteile mit einem Ausschnitt des Bilds der Frau versehen sind.

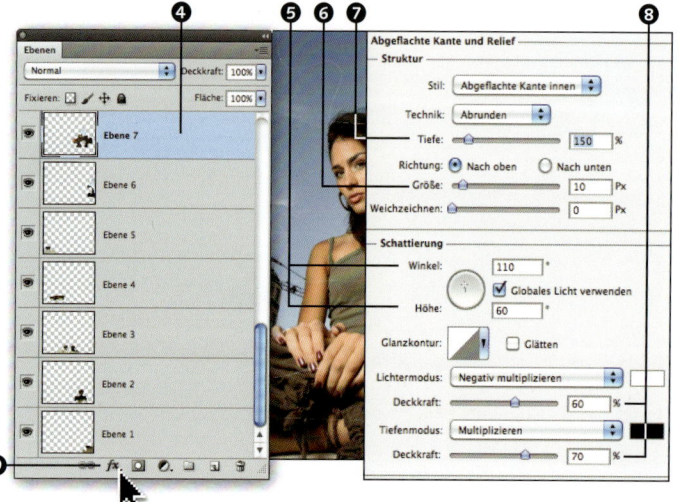

5   Abgeflachte Kante und Relief

Zur Einstellung des 3D-Effekts habe ich die Ebene eines Puzzleteilchens ❹ aktiviert, das ganz zu sehen ist. Dann habe ich einen EBENENSTIL *fx.* ❾ ABGEFLACHTE KANTE UND RELIEF hinzugefügt, mit den Einstellungen TIEFE ❼ 150 %, GRÖSSE ❻ 10 Pixel, WINKEL 110° und HÖHE 60° ❺ sowie LICHTERMODUS • DECKKRAFT 60 % und TIEFENMODUS • DECKKRAFT 70 % ❽.

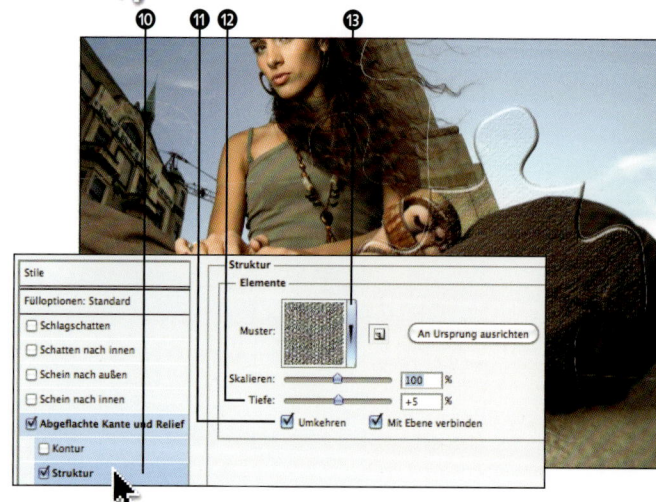

6   Struktur

Klicken Sie, bevor Sie den Dialog verlassen, auf STRUKTUR ❿. Hier habe ich als MUSTER ⓭ KÜNSTLERPAPIER • SACKLEINEN gewählt (siehe Schritt 6 auf Seite 210), die TIEFE ⓬ mit 5 % definiert und UMKEHREN ⓫ aktiviert. Bestätigen Sie den Dialog EBENENSTIL danach mit OK.

7 Ebenenstil kopieren und einfügen

Um denselben Ebenenstil auf alle Ebenen zu übertragen, klicken Sie mit rechter Maustaste auf die Ebene, der Sie eben den Ebenenstil zugewiesen haben ⓮. Wählen sie aus dem Kontextmenü EBENENSTIL KOPIEREN (Sie dürfen dabei nicht auf die Miniatur klicken). Nun können Sie mit einem Rechtsklick und EBENENSTIL EINFÜGEN diesen Stil auf alle anderen Ebenen ⓯ übertragen.

Tipp: Sie können mit ⓪ oder Strg/⌘ auch viele Ebenen auswählen und allen den Stil auf einmal zuweisen.

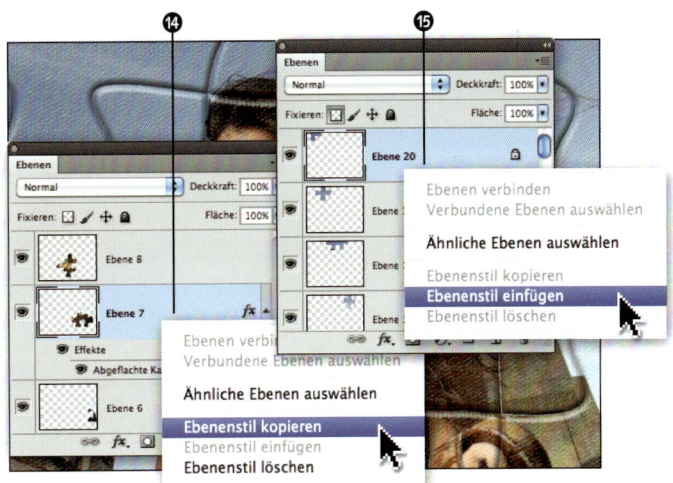

8 Ebenen transformieren und Gruppe

Zum Drehen und Versetzen der Puzzleteilchen habe ich die entsprechenden Ebenen ausgewählt (das VERSCHIEBEN-WERKZEUG ▶♣ kann das automatisch, siehe Seite 40) und über FREI TRANSFORMIEREN verschoben und gedreht ⓱ (zum Drehen positionieren Sie den Mauszeiger einfach außerhalb des Frei-transformieren-Rahmens). Nachdem einige Randsteine verschoben waren, habe ich per ⓪-Klick alle Ebenen ausgewählt ⓰ und über EBENE • NEU • GRUPPE AUS EBENEN in einem Ordner zusammengefasst ⓲.

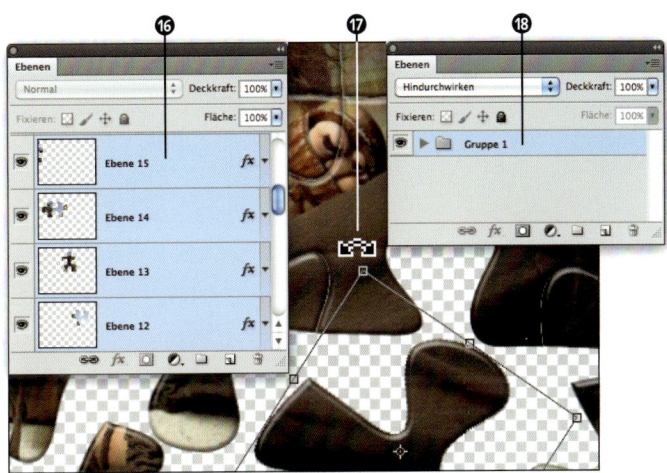

9 Schlagschatten und Hintergrund

Um allen Puzzleteilchen einen gemeinsamen Schatten zu geben, musste ich die GRUPPE mit Rechtsklick und IN SMART-OBJEKT KONVERTIEREN in ein Smart-Objekt umwandeln ⓴. Anschließend habe ich über EBENENSTIL HINZUFÜGEN *fx.* einen SCHLAGSCHATTEN ㉒ erstellt. Wie man so eine Struktur ⓳ mit MUSTERFÜLLUNG und FARBTON/SÄTTIGUNG erstellt ㉑, haben Sie in Schritt 6 und 7 ab Seite 210 erfahren. Ich habe als MUSTER • DUNKLES GROBES GEWEBE gewählt und mit FÄRBEN bei einer SÄTTIGUNG von 60 ein Ocker definiert.

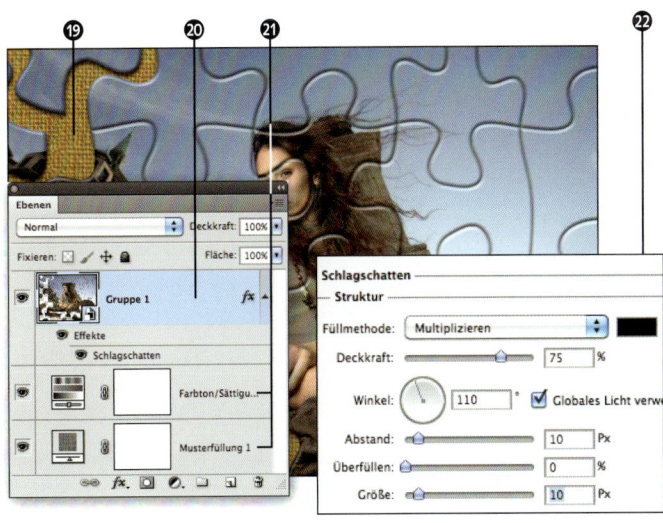

Retusche & Bildmanipulation

Ein Bild sagt mehr als tausend Worte.
Wie viel davon wahr ist, steht auf einem
anderen Blatt. Mit Photoshop lässt sich
jeder visuelle Schein in die Welt setzen.
Bildbearbeitung fasziniert mich, und es ist
spannend, mit elektronischen Mitteln
Fantasiewelten zu kreieren. Das Gefühl,
das mich beim Anblick eines Motivs zur
Aufnahme veranlasst, lässt sich mit reiner
Kameratechnik oft nicht einfangen. Mit
Photoshop jedoch kann ich dem Betrach-
ter *meinen* Eindruck vor Ort vermitteln.
Es ist auch legitim und für mich Pflicht
des Fotografen, entstellende Schatten
und Pickel aus Portraits zu retuschieren.
Schließlich ist der Schatten verschwunden,
wenn sich das Licht ändert, und auch ein
Pickel ist kein typisches Merkmal eines
Gesichts. Die Grenzen aber sollte man
nicht aus den Augen verlieren.

Foto: Markus Wäger, Modell: Alexandra

Retusche & Bildmanipulation

Die Reparatur-Werkzeuge

So restaurieren Sie alte Bilder.

Bilder zu retuschieren ist eine aufwendige Arbeit. Glücklicherweise unterstützt Sie Photoshop mit cleveren Werkzeugen. Aufwendig bleibt es trotzdem, aber die Resultate, die zu erreichen sind, können sich sehen lassen. Für diese Restaurierungsarbeit hat mir meine Mutter Fotos aus ihren Alben zur Verfügung gestellt – dieses stammt aus dem Jahr 1919 und zeigt meine Großmutter mit ihrer Schwester.

Zielsetzungen:

Flecken und Kratzer beseitigen

Helligkeit und Kontrast erhöhen

[restaurierung.tif]

Foto: Markus Wäger

SCHWIERIGKEITSGRAD
FÜR EINSTEIGER
1

1 Isolierte Flecken entfernen

Aktivieren Sie das BEREICHSREPARATUR-PINSEL-WERKZEUG 🖊, und entfernen Sie isolierte Flecken, die rundum auf etwa gleicher Fläche liegen und nicht zum Teil auf einem Kleid und zum Teil auf dem Hintergrund. Stellen Sie die GRÖSSE etwas weiter, als die Flecken groß sind, die entfernt werden sollen, und die HÄRTE auf etwa 80 % (siehe Schritt 9 Seite 113 und Schritt 4 Seite 125). Klicken Sie auf die zu entfernenden Flecken ❶. Es erscheint für einen Moment ein dunkler Punkt ❷, dann sollte der Fleck verschwunden sein ❸.

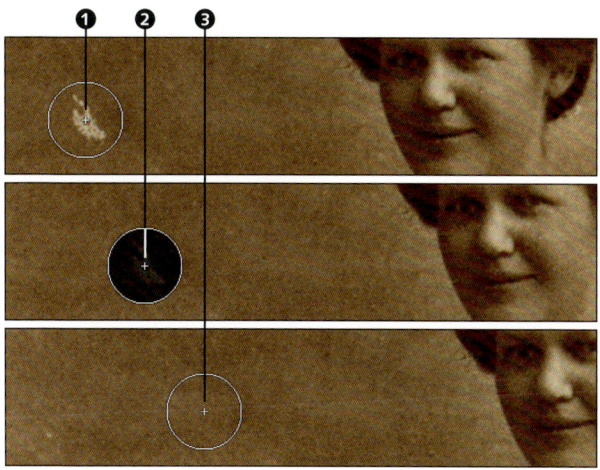

2 Flecken in Serie beseitigen

Flecken, die in Serie hintereinanderliegen, oder Risse, Haare und Knicke, können auch durch darüber Hinwegziehen beseitigt werden. Positionieren Sie die Maus am Beginn einer solchen Serie ❹, und ziehen Sie bei gedrückter Maustaste darüber hinweg ❺ – wenn Sie die Maustaste wieder loslassen, sollten die Flecken Geschichte sein ❻.

Den Bereich über dem Kopf der linken und links der rechten Dame ❼ habe ich anders bearbeitet, wie Sie im nächsten Schritt sehen.

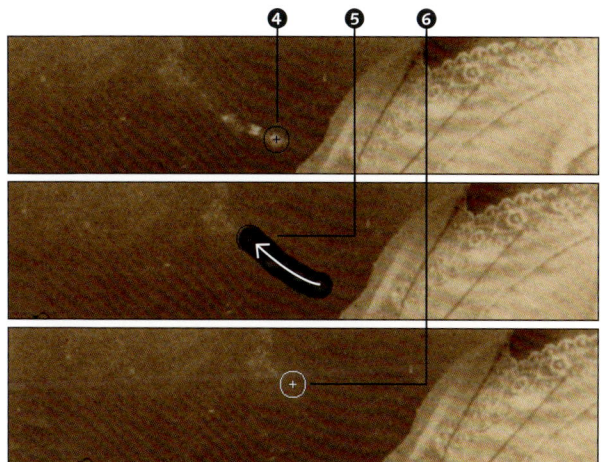

3 Ganze Bereiche ausbessern

Aktivieren Sie das AUSBESSERN-WERKZEUG 🩹, und erstellen Sie damit eine Auswahl ❽ zwischen den Damen. Wenn Sie beim Erstellen der Auswahl die [Alt]-Taste drücken, können Sie wie mit dem POLYGON-LASSO-WERKZEUG (siehe Seite 166) arbeiten. Mit der Option QUELLE ❿ signalisiert ein Pfeil am Mauszeiger ❾, dass sich ein anderer Bereich hierher kopieren lässt. Mit der Option ZIEL ⓫ weist der Pfeil nach außen ⓬ und signalisiert, dass sich dieser Bereich auf einen anderen Bereich kopieren lässt. Ich wähle QUELLE ❿.

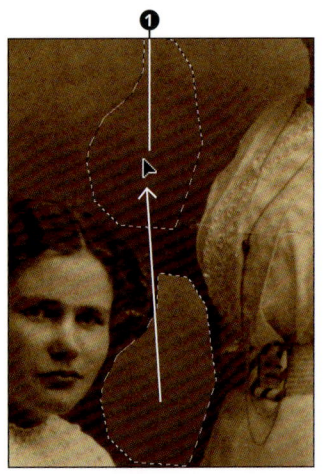

4 Ausbessern-Quelle wählen

Ziehen Sie bei weiterhin aktivem AUSBESSERN-WERKZEUG ![icon] die Auswahl auf den bereits von Flecken gesäuberten Bereich **❶**. Sobald sie die Maustaste loslassen, wird der Bereich auf den Sie gezogen haben, in den Bereich der Auswahl **❷** kopiert und sein Tonwert so angepasst, dass sich die Retusche nahtlos in die Umgebung einfügt.

5 Hintergrund fertigstellen

Ich konnte fast den ganzen Hintergrund mit dem AUSBESSERN-WERKZEUG retuschieren. Man muss lediglich beachten, dass die Auswahl, die man erstellt, nicht zu nahe an einen Bereich kommt, der eine vollständig andere Tönung oder Struktur aufweist. Ob man mit der Opiton QUELLE oder ZIEL arbeitet, bleibt Geschmacksache. Ich habe hier zwischen den Einstellungen variiert. Nun fehlen nur noch Flecken, die an verschiedene Strukturen angrenzen, wie **❸**, **❹** und **❺**.

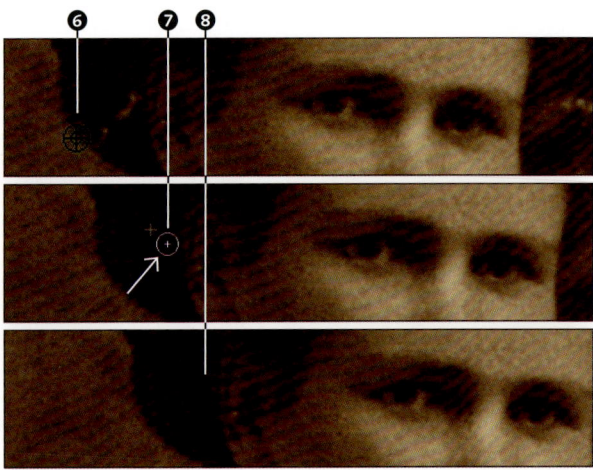

6 Reparatur-Pinsel-Werkzeug

Aktivieren Sie das REPARATUR-PINSEL-WERKZEUG ![icon]. Es funktioniert wie das KOPIERSTEMPEL-WERKZEUG (siehe Seite 138 f.), nur dass es den Quellbereich nicht deckend überträgt, sondern mit den vorhandenen Tonwerten vermischt. Um den Quellbereich zu bestimmen, klicken Sie bei gedrückter [Alt]-Taste darauf **❻**. Lassen Sie [Alt] dann wieder los. Jetzt können Sie Flecken mit dem Quellbereich per Klick entfernen oder, indem Sie bei gedrückter Maustaste darüber hinwegziehen **❼**. Danach sind die Flecken verschwunden **❽**.

7 Übergänge beachten!

Über das Kleid der stehenden Frau zieht sich eine Linie, die durch einen Knick entstanden sein dürfte ❿. Das Problem ist hier vor allem, dass dieser Fehler mehrere Strukturen und Linien kreuzt und entsprechend heikel rauszuretuschieren ist. Den Quellbereich setze ich zuerst knapp unterhalb des Knicks bei gedrückter [Alt]-Taste ❾. Dann ziehe ich, soweit es geht, über das Kleid hinweg ⓫.

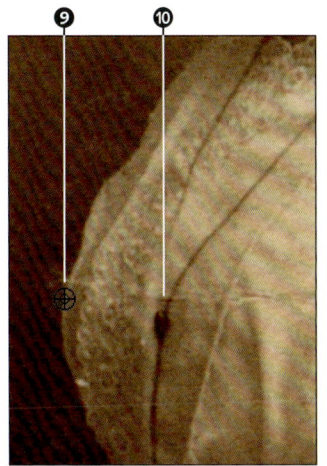
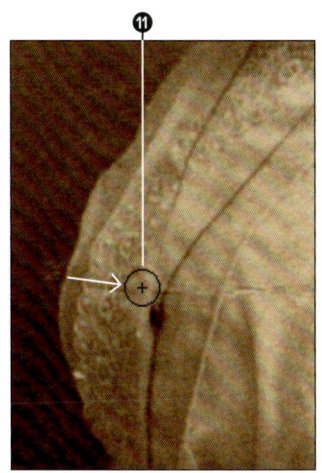

8 Immer wieder neue Aufnahme

Mit dem REPARATUR-PINSEL-WERKZEUG ist es notwendig, immer wieder neue Quellbereiche mit [Alt] zu definieren und dann nur kurze Abschnitte zu retuschieren, damit die übertragenen Bereiche nicht verschoben kopiert werden. Hier habe ich die Mitte der Falte des Kragens mit [Alt] als Quelle aufgenommen ⓭, die Maus entlang dieser Falte versetzt ⓬ und dann wieder durch Darüberziehen den Knick des Fotos herausretuschiert ⓮.

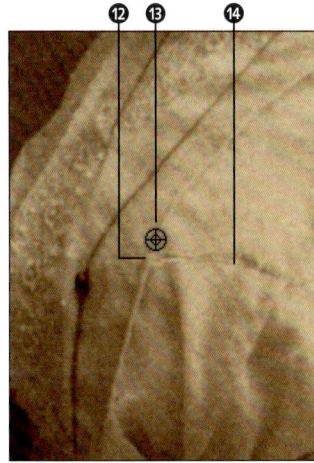
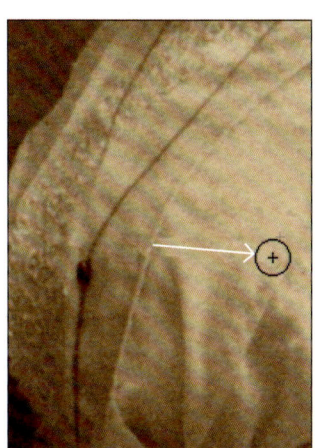

9 Retusche fertigstellen

Auf die in den letzten drei Schritten beschriebene Art habe ich die restlichen Flecken aus dem Foto retuschiert. Das Bild mag noch immer alt und verbraucht ausschauen. Doch wenn Sie die Vorher-/Nachher-Abbildungen eingangs zu diesem Workshop vergleichen, werden Sie sehen, dass das Resultat um vieles ansprechender und in besserem Zustand wirkt als das Ausgangsbild.

Einfache Retusche mit dem Ausbessern-Werkzeug

Objekte wegzaubern wie David Copperfield

Die Landmaschine auf dieser Wiese wäre mit dem REPARA-TUR-PINSEL-WERKZEUG leicht aus der Landschaft getilgt – auch wenn vielleicht etwas Unterstützung vom guten alten Kopierstempel notwendig wäre. Aber da wir es uns gerne leicht machen, greifen wir stattdessen zum AUSBES-SERN-WERKZEUG. Dieses haben Sie ja bereits in Aktion erlebt. Auf der Wiese zeigt es noch viel eindrücklicher, was es kann.

Zielsetzung:
Landmaschine entfernen
Pflock entfernen
[ausbessern.tif]

Foto: Markus Wäger

1 Auswahl erstellen

Erstellen Sie mit dem AUSBESSERN-WERKZEUG
🔵 eine Auswahl ❶ (siehe Schritt 3 Seite
345) um die Landmaschine, und aktivieren
Sie die Option QUELLE ❷.

Tipp: Die Auswahl kann mit jedem Aus-
wahlwerkzeug erstellt werden, also auch mit
AUSWAHLELLIPSE- ⬭, SCHNELLAUSWAHL- ✏️
oder ZAUBERSTAB-WERKZEUG 🪄.

Tipp: Mit Strg/⌘ + H können Sie die
Auswahl auch ausblenden. Sie ist dann zwar
immer noch aktiv, aber nicht mehr sichtbar.

2 Auswahl verschieben

Verschieben Sie die Auswahl. Wie Sie sehen,
liegt das Heu schön in einer Linie. Orientieren
Sie sich an dieser Linie, wenn Sie die Auswahl
verschieben ❸, damit das gesammelte Heu
nicht durch die Retusche plötzlich versetzt zu
liegen kommt.

Wenn Sie die Maustaste wieder loslassen,
hat Photoshop die Landmaschine weggezau-
bert, als wäre sie nie da gewesen ❹ (nur die
Heuhaufen lassen darauf schließen, dass sie
da war).

3 Weiterzaubern

Da Sie nun wissen, wie Sie Dinge von der
Wiese zaubern, machen Sie doch gleich mit
dem Pflock im Vordergrund weiter. Einkreisen
❺ – Auswahl verschieben ❻ – fertig.

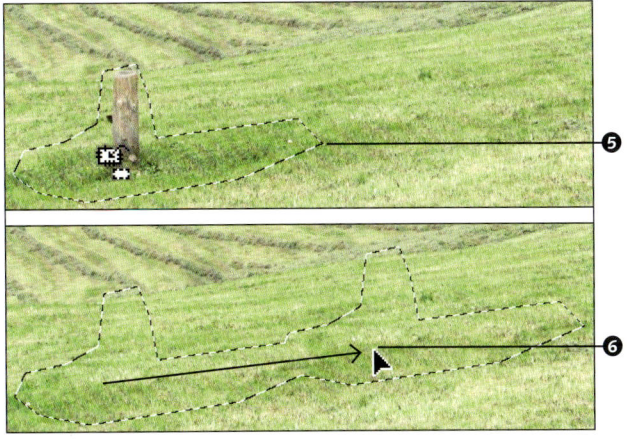

SCHWIERIGKEITSGRAD **2** FÜR AUFSTEIGER

Komplexe Retusche

Retusche mit allen Tricks und Kniffen

Für diese Retusche kommt gleich eine Vielzahl an Retuschewerkzeugen und -techniken zum Einsatz, vom AUSBESSERN- über das REPARATUR-PINSEL- und das KOPIERSTEMPEL-WERKZEUG bis hin zu Bildbereichen, die über Ebenen und Ebenenmasken entfernt werden.

▶ **Video-Training**

Auch Lektion 2.2 zeigt eine professionelle Retusche mit dem Kopierstempel.

Zielsetzungen:
Elemente entfernen
Tafel ausrichten
Text ersetzen
[retusche_komplex.tif]

Foto: Markus Wäger

1 Mit Auswahlrechteck ausbessern

Diese Auswahl ❶ habe ich mit dem AUSWAHL-RECHTECK-WERKZEUG [⬚] erstellt, dann den Inhalt mit dem AUSBESSERN-WERKZEUG [⬚] und der Maus an einen geeigneten Quellbereich gezogen ❸ und damit diesen Zettel im Fenster ersetzt. Ich hatte also auch hier die Option QUELLE ❷ für das AUSBESSERN aktiviert.

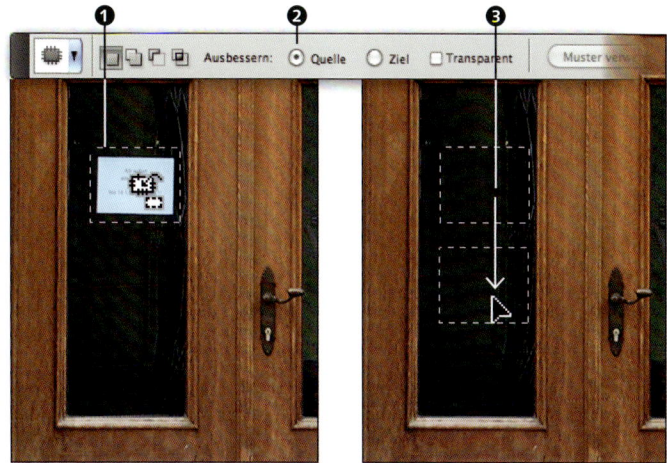

2 In der Auswahl stempeln

Der Fotograf spiegelt sich in der Scheibe ❻. Um ihn zu entfernen, habe ich mit dem AUS-WAHLRECHTECK-WERKZEUG [⬚] eine Auswahl erstellt ❺ und den Bereich, an dem die Türklinke in die Scheibe ragt, mit dem AUSWAHL-ELLIPSE-WERKZEUG [◯] bei gedrückter Alt-Taste wieder herausgelöst ❹. Mit dieser Auswahl ist gewährleistet, dass ich beim Retuschieren das Holz der Tür nicht übermale. Bei gedrückter Alt-Taste habe ich die Quelle für das REPARATUR-PINSEL-WERKZEUG [⬚] definiert ❼ und dann die Spiegelung wegretuschiert ❽.

 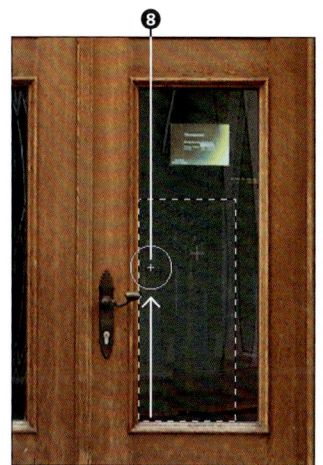

3 Tafel und Stromkasten entfernen

Mit der in Schritt 1 beschriebenen Methode habe ich das Täfelchen am Türladen ❾ und das Stromkästchen an der Fassade ❿ entfernt (vergleichen Sie dazu das Ausgangsbild auf der gegenüberliegenden Seite).

Auch die Malerei an der Fassade ⓫ möchte ich entfernen. Wenn Sie das mit dem AUSBES-SERN- oder REPARATUR-PINSEL-WERKZEUG versuchen, werden Sie feststellen, dass damit nur verschmierte, unscharfe Flecken zu erreichen sind. Die Malerei muss dafür zuerst vom Bildrand isoliert werden.

4   Element isolieren

Um die Malerei mit dem AUSBESSERN-WERK-ZEUG zu entfernen, muss sie erst isoliert werden, und zwar in zwei Teilen, weil sie sonst zu groß ist, als dass ein Bereich der lachsfarbenen Fassade als Quelle dienen könnte. Zum Isolieren ist in diesem Fall ausschließlich das KOPIERSTEMPEL-WERKZEUG 🖌 (siehe Seite 138 f.) geeignet, weil es den Quellbereich deckend auf ein Ziel überträgt. Wie üblich nehme ich bei gedrückter Alt -Taste den Quellbereich ❶ auf und trenne damit die Malerei vom Rand ❷ und in der Mitte ❸.

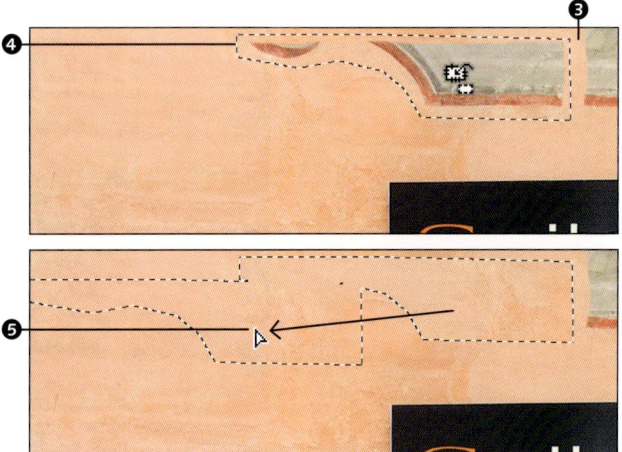

5   Isoliertes Element ausbessern

Nun, da die Malerei vom Rand und in der Mitte getrennt ist, kann ich mit dem AUSBES-SERN-WERKZEUG 🔲 bei gedrückter Alt -Taste wie mit dem POLYGON-LASSO-WERKZEUG Klick für Klick eine Auswahl ❹ um eine Hälfte legen und diesen Bereich dann auf einen passenden Quellbereich ziehen ❺, damit das Ornament dadurch ersetzt wird.

6   Schild auf neuer Ebene

Um das Schild über der Tür zu zentrieren verwenden wir kein Stempel- oder Retusche-Werkzeug. Das geht besser über eine eigenen Ebene. Wählen Sie einen großzügigen Bereich um die Tafel aus ❻, und rufen Sie dann über das Menü EBENE • NEU den Befehl EBENE DURCH KOPIE (Strg / ⌘ + J) auf. Photoshop kopiert den Inhalt der Auswahl auf eine neue Ebene ❼.

7 Ebene verschieben

Schieben Sie mit dem VERSCHIEBEN-WERKZEUG ![Verschieben-Werkzeug] die neue Ebene mittig über die Tür ❽. Dadurch kommt natürlich das Schild auf der Ebene darunter wieder zum Vorschein ❿ – es muss erst noch rausretuschiert werden. Zum Rausretuschieren des Schilds auf der Originalebene habe ich die obere Ebene ausgeblendet ❾ und dann die untere aktiviert ⓫.

8 Schild teilweise entfernen

Um den überstehenden Teil des Schildes zu entfernen, habe ich es zuerst vor dem Buchstaben »d« mit dem KOPIERSTEMPEL wie in Schritt 4 beschrieben getrennt ⓬ (den hinteren Teil isoliert), dann mit dem AUSWAHL-RECHTECK-WERKZEUG ![Auswahlrechteck] eine Auswahl drumherum gezogen ⓭ und den ausgewählten Bereich mit dem AUSBESSERN-WERKZEUG ![Ausbessern] nach rechts verschoben ⓮, damit das Schild in der Auswahl durch das Muster auf der Fassade ersetzt wird.

9 Maske zum Ausblenden erstellen

Wenn Sie die obere Ebene wieder einblenden, sehen Sie, dass dort, wo das Schild auf der oberen Ebene endet, dieser abrupte Abbruch als deutliche Kante sichtbar ist ⓯. Um das zu beheben, können Sie mit dem RADIER-GUMMI-WERKZEUG ![Radiergummi] (siehe Seite 126 f.) mit angemessener GRÖSSE bei 0 % HÄRTE die Ränder nacharbeiten – durch die geringe Härte entsteht ein weicher Übergang. Alternativ erstellen Sie über ![Maske-Button] eine Ebenenmaske ⓰ und lesen in Schritt 10 weiter.

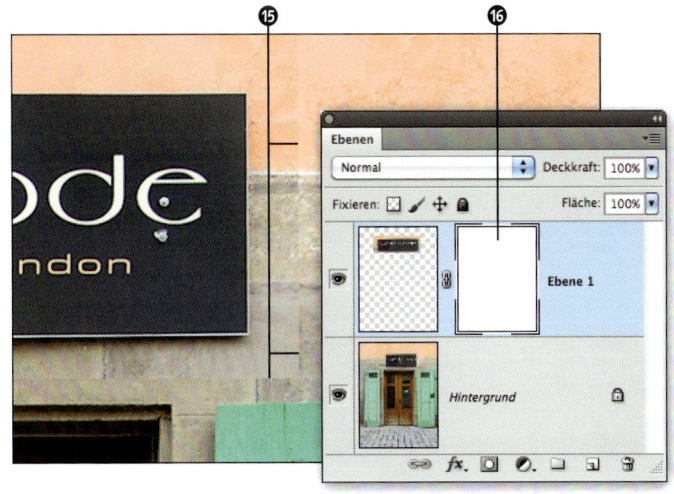

10 Mit Schwarz ausblenden

Aktivieren Sie das Pinsel-Werkzeug ✏️, stellen Sie die Grösse angemessen ein (ich hatte eine Einstellung von 54 Pixeln), stellen Sie die Härte auf 0 %, machen Sie Schwarz zur Vordergrundfarbe, und malen Sie in der Maske entlang der sichtbaren Kanten ❶. Wenn Sie einmal herum sind ❷, dürfte nirgends mehr eine Kante zu erkennen sein.

Tipp: Durch den Shift-Klick-Trick (siehe Seite 129) habe ich bei gedrückter ⇧-Taste nur jeweils einen Punkt an den Ecken gesetzt – Photoshop ergänzt eine Linie dazwischen.

11 Auswahl und neue Ebene

Um die Tafel neu zu beschriften, muss die vorhandene Schrift entfernt werden. Dazu bin ich so vorgegangen: Als Erstes habe ich eine Auswahl ❸ um den Bereich oben an der Tafel erstellt, dort, wo nur der Hintergrund der Tafel zu sehen ist. Über Ebene • Neu • Ebene durch Kopie bzw. Strg/⌘ + J habe ich den Inhalt auf eine eigene Ebene kopiert ❹.

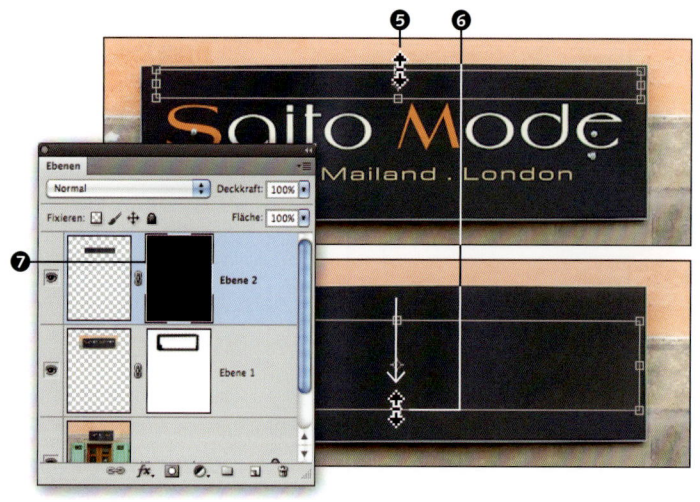

12 Transformieren und maskieren

Über Bearbeiten • Frei transformieren (Strg/⌘ + T) habe ich den Frei-transformieren-Rahmen aufgerufen und den oberen Anfasser ❺ so weit nach unten gezogen ❻, bis der Inhalt der Ebene die komplette Beschriftung überlagert. Das Ergebnis der Skalierung ist, dass die Schrift zwar verschwunden ist, aber die Ebene, die sie überlagert, eine seltsame Struktur aufweist und an den Rändern wieder Übergänge zu sehen sind. Um das zu verbessern, habe ich bei gedrückter Alt-Taste eine Ebenenmaske ❼ erstellt 🔲.

13 Buchstaben übermalen

Durch das Erstellen der Ebenenmaske bei gedrückter [Alt]-Taste wurde sie schwarz gefüllt erstellt, wodurch sie den Inhalt ausblendet – die Schrift ist wieder sichtbar. Mit dem Pinsel-Werkzeug und weißer Vordergrundfarbe habe ich die Buchstaben ausgeblendet ❾. Um Ihnen zu zeigen, wie die Ebenenmaske aussieht ❽, habe ich sie bei gedrückter [Alt]-Taste angeklickt ❿. Wenn Sie das auch tun, denken Sie daran, anschließend noch einmal mit [Alt] daraufzuklicken, um die Maske wieder auszublenden.

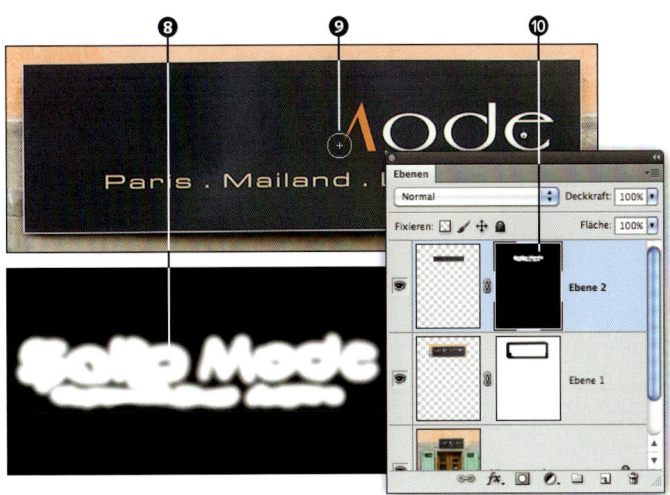

14 Textebene erstellen

Mit dem Text-Werkzeug habe ich »Foto-Shop« als oberste Ebene ⓫ gesetzt. Als Schriftart habe ich die Cooper Std ⓭ Black verwendet, in einem Schriftgrad von 26 Punkt ⓬ und bei einer Laufweite von −25 ⓮.

15 Kontur und Deckkraft

Zuletzt habe ich die Textebene noch mit einem Ebenenstil Kontur ⓯ versehen. Die Grösse habe ich auf 3 Pixel gestellt und als Farbe Weiß gewählt. Um die Schrift natürlicher auf der Tafel wirken zu lassen, habe ich die Deckkraft der Ebene ⓰ auf 70 % ⓱ – dadurch werden Fläche und Kontur transparenter – und dann die Fläche auf 45 % ⓲ reduziert – dadurch wird die Fläche noch transparenter, der Ebenenstil Kontur bleibt aber bei 70 %. Damit sind Umbau und Retusche des Shop-Eingangs abgeschlossen.

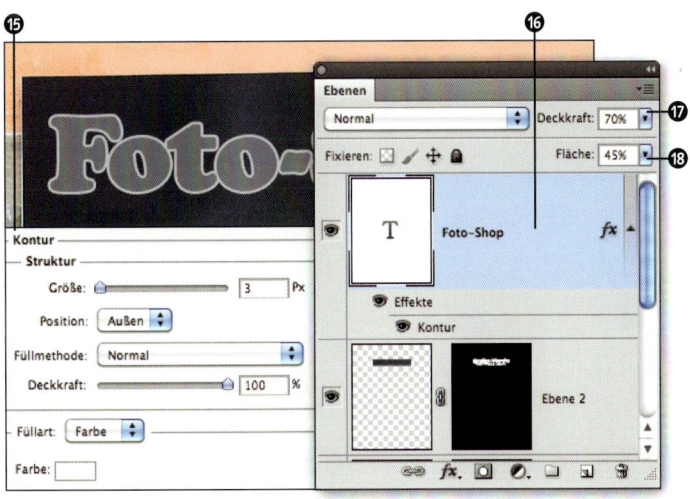

Stempeln mit Perspektive

Ist Perspektive im Spiel, versagen reguläre Retusche-Werkzeuge.

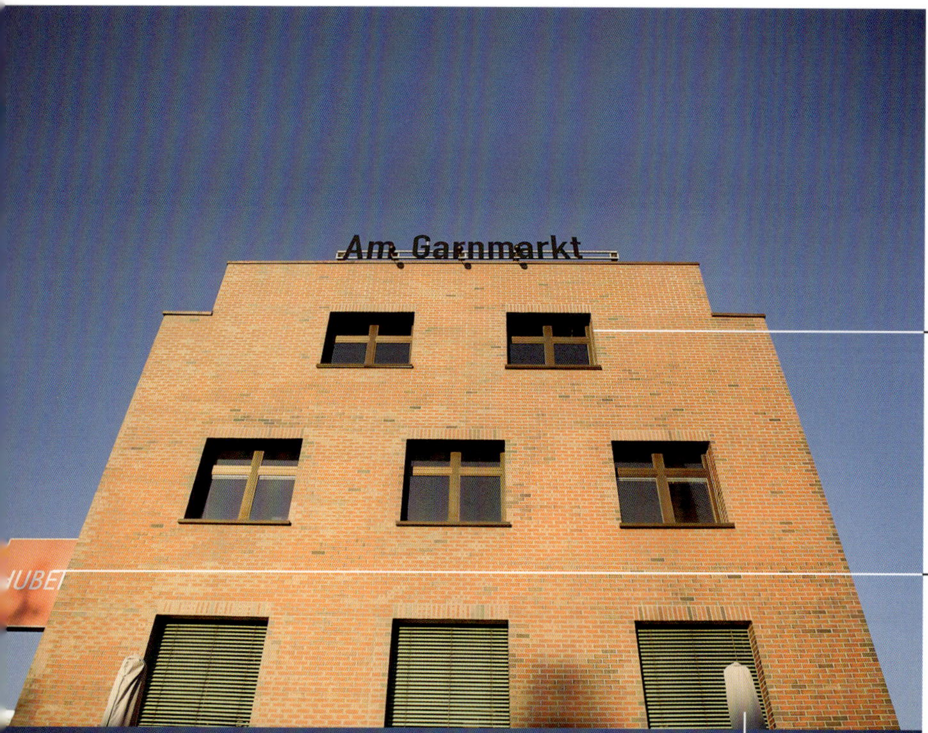

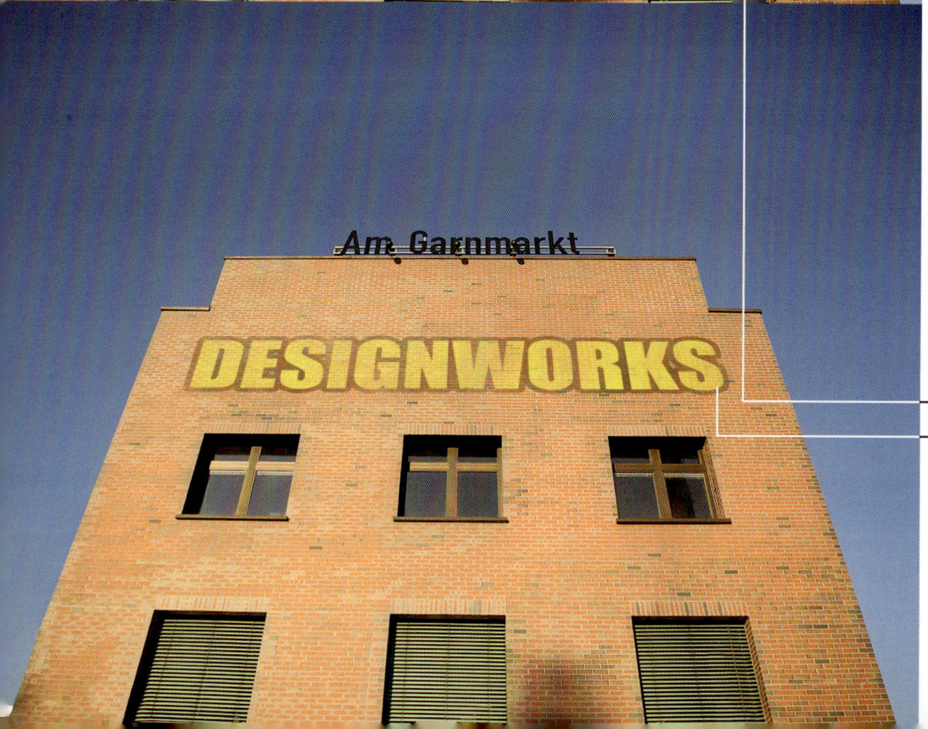

Ausgangspunkt und Ziel dieses Workshops sind dieselben wie im vorangegangenen: Wir entfernen störende Elemente von einer Fassade und hängen unsere eigene Beschriftung auf. Die Gegebenheiten sind aber völlig anders. Zuvor hatten wir es mit einer flachen Draufsicht auf die Fassade zu tun. Hier ist eine sehr ausgeprägte Perspektive im Spiel. Da lässt sich mit Stempel, Reparatur-Pinsel und Ausbessern-Werkzeug nicht viel ausrichten. Was für ein Glück, dass es den Filter FLUCHTPUNKT *gibt.*

Zielsetzungen:

Fenster entfernen

Schild entfernen

Sonnenschirme entfernen

Neuen Text anbringen

[fluchtpunktretusche.jpg]

Foto: Markus Wäger

1 Fluchtpunkt-Raster erstellen

Öffnen Sie über das Menü FILTER den Dialog FLUCHTPUNKT. Erstellen Sie, wie in Schritt 3 auf Seite 315 bereits beschrieben, mit vier Klicks ein Raster ❷, das mit der Perspektive der Fassade übereinstimmt. Zur besseren Orientierung habe ich in diesem Fall die RASTERGRÖSSE reduziert ❶.

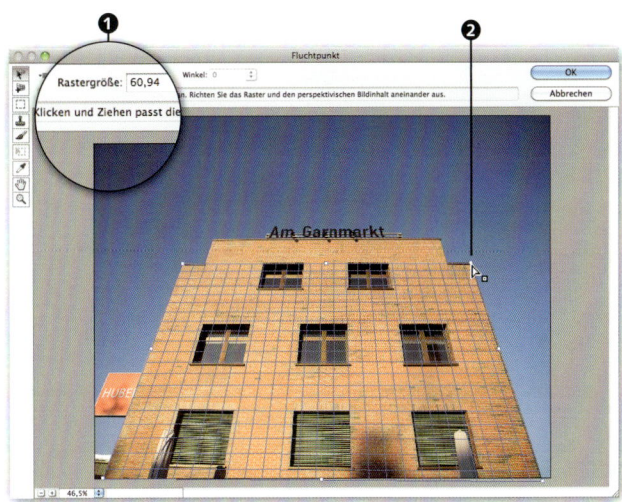

2 Raster erweitern

Sobald das Raster steht und perfekt der Perspektive der Fassade angepasst ist, sollten Sie es an den Seiten und oben verlängern. Die Retusche im Dialog FLUCHTPUNKT funktioniert nämlich nur innerhalb des Rasters. Ziehen Sie dazu an den seitlichen und am oberen Anfasser ❸. Sie dürfen dabei nicht wie im Workshop ab Seite 314 beschrieben bei gedrückter Strg/⌘-Taste an den Anfassern ziehen, denn dadurch würde ein neues Gitter in einer anderen räumlichen Ausdehnung erstellt.

3 Perspektivisches Stempel-Werkzeug

Aktivieren Sie aus den Werkzeugen links am Dialogfenster das STEMPEL-WERKZEUG 🔲. Damit arbeiten Sie eigentlich genau wie mit dem regulären KOPIERSTEMPEL-WERKZEUG (siehe Seite 138) der Photoshop-Werkzeugpalette, nur dass die Muster entsprechend des Rasters perspektivisch aufgetragen werden. Ich habe den DURCHMESSER ❹ zunächst deutlich reduziert, dann mit einem Alt-Klick die Quelle ❺ für den Stempel definiert und (ohne Alt-Taste) begonnen, den linken Sonnenschirm vor dem Fenster zu entfernen ❻.

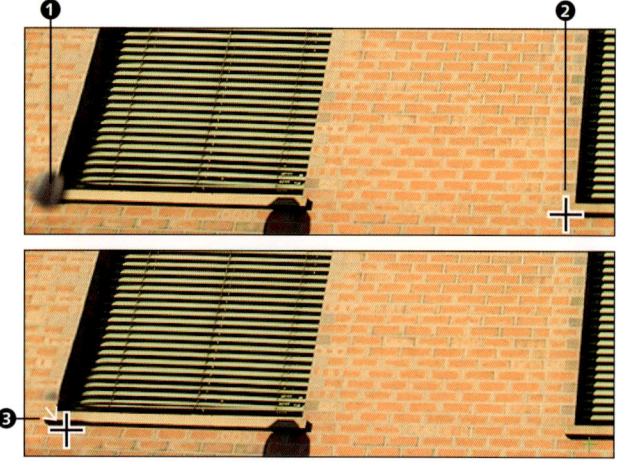

4   Entfernte Quelle kopieren

Um am Fensterbrett den letzten Teil des Son-
nenschirms ❶ entfernen zu können, ist in un-
mittelbarer Nähe keine Quelle zu finden. Ich
habe deshalb das linke Ende des Fensterbretts
❷ am Fenster rechts daneben mit einem
`Alt`-Klick als Quelle definiert und genutzt,
um den letzten Rest des Schirms zu beseitigen ❸.

5   Auswahlrechteck erstellen

Mit dem STEMPEL-WERKZEUG und der grundsätzlich gleichen, bereits beschriebenen Methode habe ich auch den Sonnenschirm vor
dem rechten Fenster ❺ entfernt.

    Nun möchte ich die Fenster im obersten
Stockwerk beseitigen. Dazu habe ich mit dem
AUSWAHLRECHTECK-WERKZEUG `[]` eine Auswahl um das Fenster ❹ gezogen – sie folgt
automatisch der Perspektive.

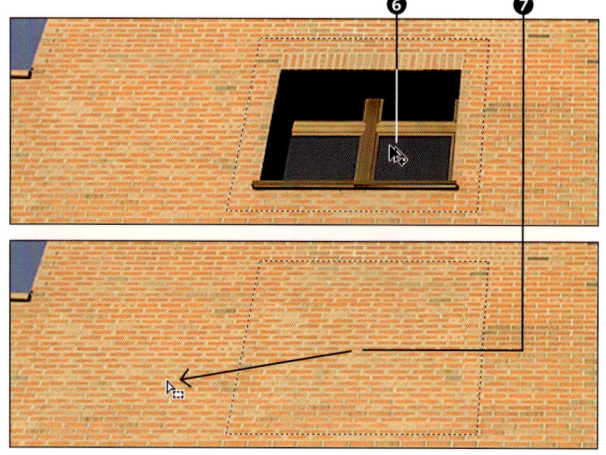

6   Ausbessern durch Verschieben

Positionieren Sie das AUSWAHLRECHTECK-
WERKZEUG `[]` in der Auswahl, und drücken
Sie die `Strg`/`⌘`-Taste – das Werkzeug
wechselt sein Aussehen ❻. Verschieben Sie
bei weiterhin gedrückter `Strg`/`⌘`-Taste die
Auswahl auf einen Bereich der Fassade, auf
dem nur Mauerwerk zu sehen ist ❼. Wie Sie
sehen, funktioniert dieses Werkzeug jetzt so
wie das AUSBESSERN-WERKZEUG ⬤.

    Tipp: Achten Sie dabei darauf, dass die Fu-
gen der Ziegel für das Kopieren korrekt ausgerichtet sind.

7   Tafel isolieren und auswählen

Mit dem STEMPEL-WERKZEUG ![tool] habe ich für die letzte Retusche zunächst das Schild vom Bildrand und von der Fassade getrennt **❽**. Wie Sie den Stempel anwenden, haben Sie ja in Schritt 3 erfahren. Dann habe ich neuerlich das AUSWAHLRECHTECK-WERKZEUG ![tool] aktiviert und eine Auswahl erstellt – folgen Sie dabei dem Pfeil **❾** in der Abbildung, sonst wird es Ihnen eventuell nicht gelingen, das ganze Schild einzufangen. Stellen Sie als Option RE-PARIEREN auf EIN **❿**.

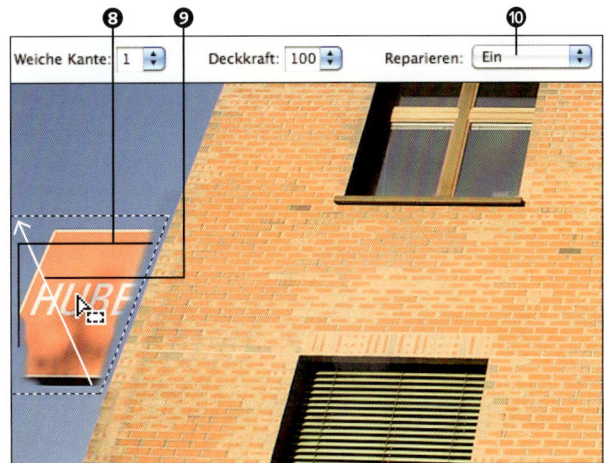

8   Tafel entfernen

Schieben Sie wieder bei gedrückter ⌈Strg⌋/⌈⌘⌋-Taste die Auswahl auf den geeigneten Quellbereich **⓫** darüber – Photoshop ersetzt die ausgewählte Tafel mit der Farbe des Himmels und passt durch die Option REPARIEREN den Tonwert an.

Die Fassade ist nun retuschiert. Sie können den Dialog mit OK verlassen.

9   Textebene erstellen

Mit dem TEXT-WERKZEUG ![tool] habe ich per Klick das Wort »Designworks« auf die Fassade gesetzt. Als SCHRIFTART **⓬** habe ich die Impact verwendet, den SCHRIFTGRAD **⓭** mit 34 Punkt definiert, als FARBE **⓮** habe ich ein Gelb eingestellt und für die Versalien habe ich die Option GROSSBUCHSTABEN **⓯** aktiviert.

10 Text mit Kontur-Effekt

Über die Schaltfläche _fx._ an der Palette EBENEN habe ich einen Ebenenstil KONTUR ❶ mit einer GRÖSSE von 10 Pixeln und einer braunen Farbe zur Schrift hinzugefügt.

Um den Text anschließend für den Filter FLUCHTPUNKT einsetzen zu können, muss er gerastert werden. Damit auch der Ebenenstil (KONTUR) gerastert wird, wandeln Sie die Ebene ❷ mit einem Rechtsklick in ein Smart-Objekt um. Klicken Sie dann neuerlich mit rechts auf die Ebene, und wählen Sie EBENE RASTERN aus dem Kontext-Menü.

11 Ausschneiden und einfügen

Nachdem die Ebene gerastert ist, können Sie mit [Strg]/[⌘] + [A] alles auswählen und den Inhalt mit [Strg]/[⌘] + [X] ausschneiden – er wird von der Ebene entfernt und landet in der Zwischenablage. Öffnen Sie den Filter FLUCHTPUNKT, und fügen Sie den Inhalt der Zwischenablage mit [Strg]/[⌘] + [V] ein. Er erscheint links oben. Ziehen Sie ihn in der Bereich des perspektivischen Rasters ❸, und passen Sie mit dem TRANSFORMIEREN-WERKZEUG [⊞] bei gedrückter [⇧]-Taste mittels der Anfasser ❹ die Größe der Schrift an.

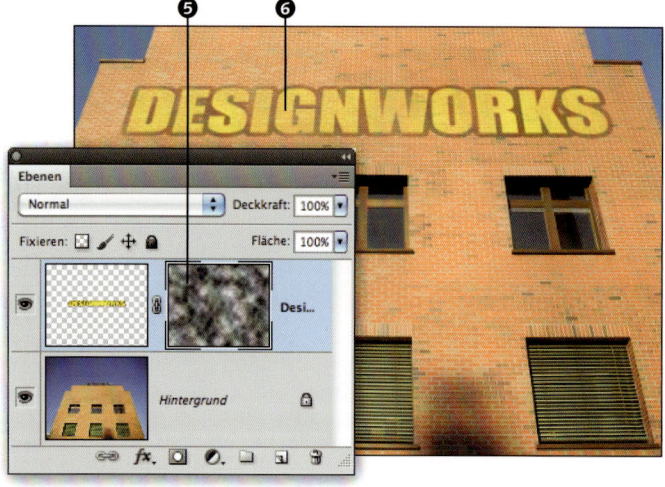

12 Wolken-Filter

Schließen Sie den Filter FLUCHTPUNKT mit OK, und erstellen Sie für die Ebene mit dem Text eine Ebenenmaske, indem Sie an der Palette EBENEN auf [◻] klicken. Wählen Sie anschließend im Dialog FILTER • RENDERFILTER • WOLKEN. Photoshop erzeugt eine wolkige Struktur ❺, wodurch die Ebene ungleichmäßig deckt und die Schrift verwittert wirkt ❻.

Tipp: Mit [Strg]/[⌘] + [F] können Sie den Filter wiederholen und mehrere Varianten probieren – WOLKEN ist ein Zufallsfilter und erzeugt jedes Mal ein anderes Resultat.

Inhaltsbewahrendes Skalieren

… wenn nur Teile skaliert werden sollen.

Inahltsbewahrendes Skalieren ist eine intelligente Transformieren-Funktion, mit der sich Bilder verzerren lassen und bei der Photoshop automatisch erkennt, welche Bildbereiche eine Verzerrung vertragen, und was nicht verzerrt werden darf – zum Beispiel Menschen. Und da das Programm nicht immer richtig liegt mit seiner Analyse, was verzerrt werden darf, können Sie mit einer gespeicherten Auswahl selbst bestimmen, was bewahrt werden soll.

Zielsetzung:

Aus breit mach hoch

[inhaltbewahren.tif]

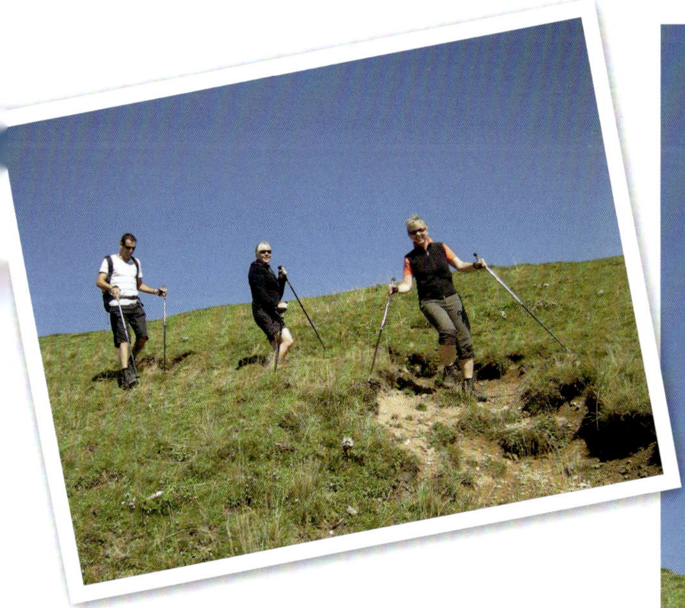

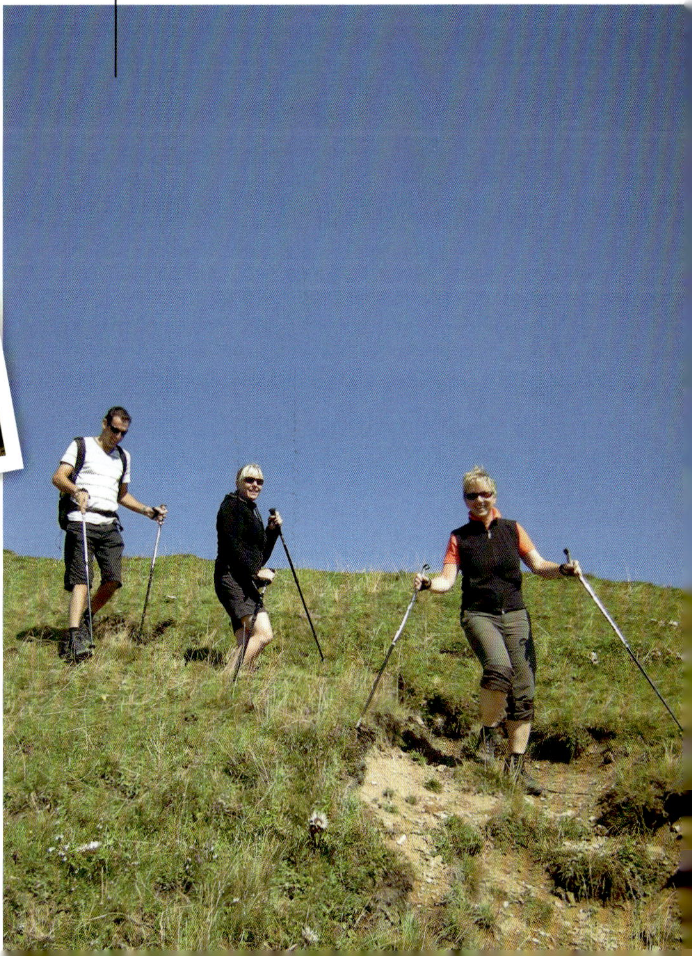

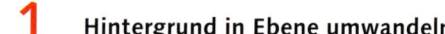

1 Hintergrund in Ebene umwandeln

Wandeln Sie den Hintergrund mit einem Doppelklick in eine reguläre Ebene ❶ um. Wählen Sie BEARBEITEN • INHALTSBEWAHRENDES SKALIEREN. Jetzt können Sie, wie bei FREI TRANSFORMIEREN, an Anfassern ziehen ❸ und dadurch die Breite des Bildes verringern. Durch die Funktion INHALT BEWAHREN werden bildwichtige Elemente (die Personen) nicht verzerrt, sondern die Skalierung erfolgt im Raum dazwischen. Leider erkennt Photoshop die Stöcke nicht als bildwichtig und »bricht« ❷ sie an einigen Stellen.

2 Abbrechen und Auswählen

Brechen Sie das Skalieren durch Drücken der ⌷Esc⌷-Taste ab, und aktivieren Sie das POLYGON-LASSO-WERKZEUG ⌷. Stellen Sie in der Palette OPTIONEN die WEICHE KANTE ❹ auf 5, und erstellen Sie um jede Person je eine relativ eng, aber nicht zu eng anliegende Auswahl ❺ (eine zweite Auswahl fügen Sie mit Hilfe der ⌷⇧⌷-Taste hinzu; mehr über das Polygon-Lasso ab Seite 166).

3 Auswahl speichern

Wählen Sie im Menü AUSWAHL • AUSWAHL SPEICHERN, und geben Sie ihr im darauffolgenden Dialog einen Namen ❻, wie zum Beispiel »bewahren«. Speichern Sie die Auswahl mit OK. Heben Sie die Auswahl anschließend mit ⌷Strg⌷/⌷⌘⌷ + ⌷D⌷ auf.

Hinweis: Wenn Sie eine Auswahl speichern, dann ist sie im Moment im Arbeitsspeicher Ihres Computers gespeichert. Tatsächlich auf der Festplatte gesichert ist sie erst, wenn Sie DATEI • SPEICHERN oder ⌷Strg⌷/⌷⌘⌷ + ⌷S⌷ wählen.

4 Inhaltsbewahrendes Skalieren

Rufen Sie noch einmal den Befehl BEARBEITEN
• INHALTSBEWAHRENDES SKALIEREN auf. Jetzt
können Sie in der Palette OPTIONEN unter BE-
WAHREN ❽ die zuvor gespeicherte Auswahl
aktivieren – der zuvor markierte Bereich ist
jetzt vor Verzerrung sicher. Das Bild lässt sich
über die seitlichen Anfasser zusammenstau-
chen und am oberen können Sie den Himmel
in die Länge ziehen ❼, ohne dass die Personen aus der Form gehen.

Tipp: Diese Schaltfläche ❾ sorgt dafür, dass
Hauttöne (also Personen) geschützt werden.

5 Alles einblenden

Bestätigen Sie INHALTSBEWAHRENDES SKALIEREN
mit ⏎. Der Bereich, den Sie im letzten
Schritt über die Bildgrenzen hinausgezogen
haben ❼, ist im Moment noch nicht sichtbar.
Mit dem Befehl ALLES EINBLENDEN im Menü
BILD können Sie das Bild soweit erweitern lassen, dass der Himmel genau so weit sichtbar
wird ❿, wie Sie ihn zuvor verlängert haben.

6 Zuschneiden

Nachdem Sie das Fehlende eingeblendet haben, können Sie das Zuviel ausblenden, denn
links und rechts ist ja noch unnützer, transparenter Bereich sichtbar. Dazu wählen Sie im
Menü BILD • ZUSCHNEIDEN. Es öffnet sich ein
Dialog, in dem Sie bestimmen können, dass
die TRANSPARENTEN PIXEL ⓫ beschnitten werden sollen. Schließen Sie den Dialog mit OK,
und freuen Sie sich, dass das Bild fertig ist.

SCHWIERIGKEITSGRAD 1 FÜR EINSTEIGER

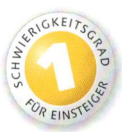

Strahlend weiße Zähne

Schneller als Zähne putzen

Je nach Lichtsituation neigen Zähne manchmal dazu, auf Fotos gelber auszusehen, als sie es in Wirklichkeit sind. Gehört das Weiß der Zähne zu einem unverwechselbaren Charakterzug einer Persönlichkeit? Ich denke nicht. Deshalb habe ich auch keine Skrupel, sie, wann immer möglich und sinnvoll, etwas weißer zu machen. In diesem Workshop erfahren Sie, wie einfach das geht.

Zielsetzung:
Weiße Zähne
[gelbezaehne.tif]

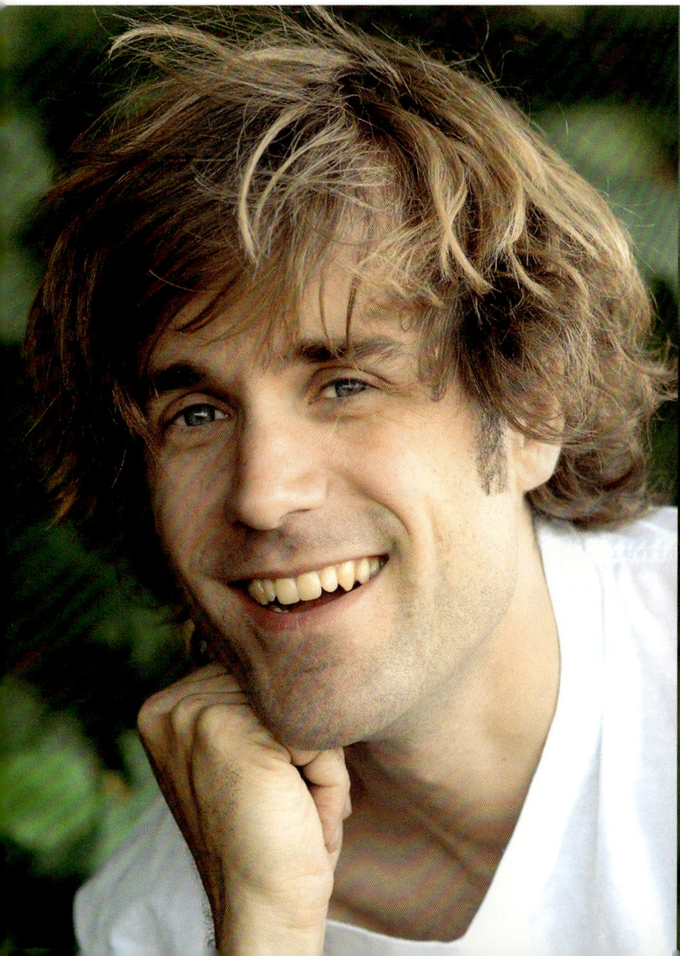

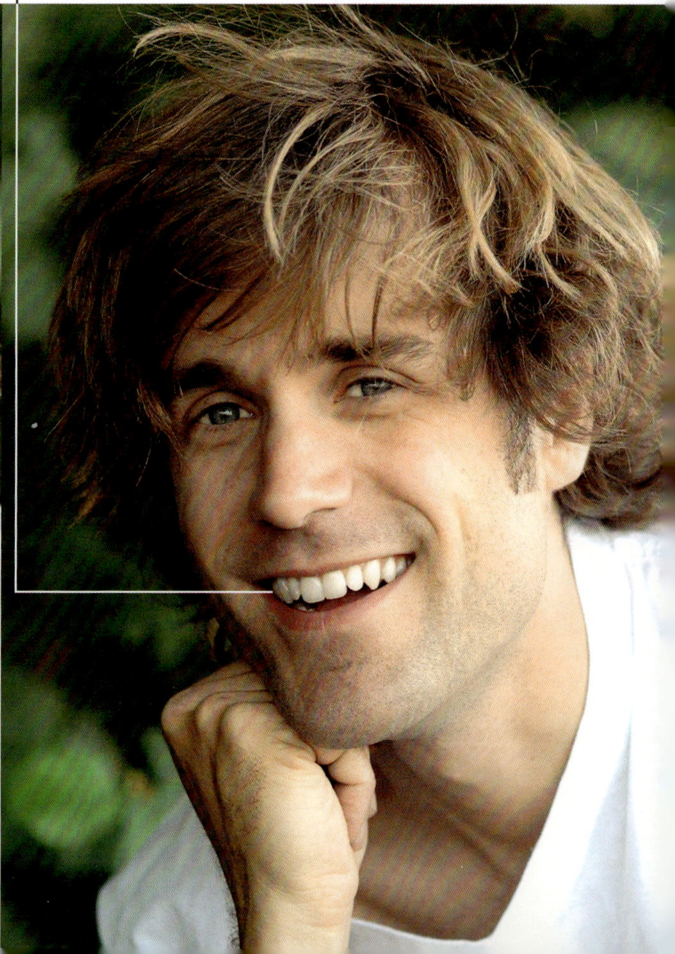

Foto: Chris Wrenger, Fotolia.com

1 Schnellauswahl

Erstellen Sie zuerst mit dem SCHNELLAUSWAHL-
WERKZEUG 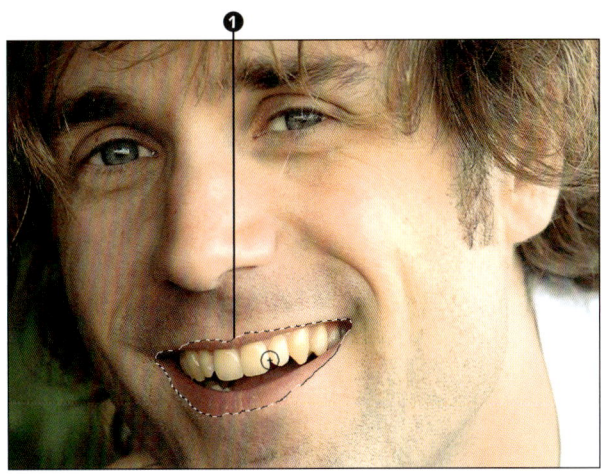 eine schnelle Auswahl um die
Zähne ❶. Wir werden in diesem Workshop
nur die Gelbtöne beinflussen, also dürfen
Zahnfleisch und Lippen ruhig mit in der Auswahl auftauchen, denn deren Rottöne werden
kaum beeinträchtigt werden. Die Haut sollte
aber nicht Teil der Auswahl werden, denn sie
enthält Gelbtöne.

2 Farbton-Sättigung-Korrektur

Erstellen Sie danach über das Menü
in der Palette EBENEN oder über die Schaltfläche in der Palette KORREKTUREN eine Einstellungsebene FARBTON/SÄTTIGUNG. Anschließend zeigt die Palette EBENEN die neue Einstellungsebene ❷ und hat aus der Auswahl,
wie bereits bekannt, eine Ebenenmaske ❸
erstellt, die dafür sorgt, dass die Farbton/
Sättigungs-Einstellungen nur in dem Bereich
wirken, der in der Maske weiß ist, also bei
den Lippen und Zähnen.

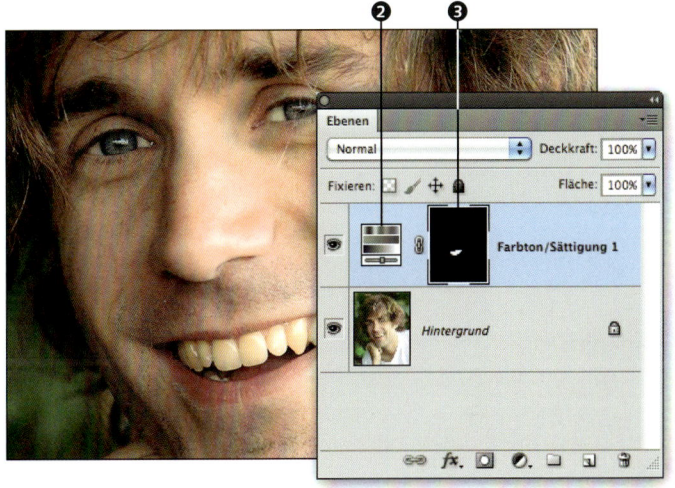

3 Gelbtöne reduzieren

In der Palette KORREKTUREN habe ich als Farb-
bereich die GELBTÖNE ❹ ausgewählt, die SÄT-
TIGUNG ❺ deutlich reduziert und die HELLIG-
KEIT ❻ ebenso deutlich erhöht. Mit diesem
kleinen Trick bekommen auch die gelbesten
Zähne das strahlendste Weiß.

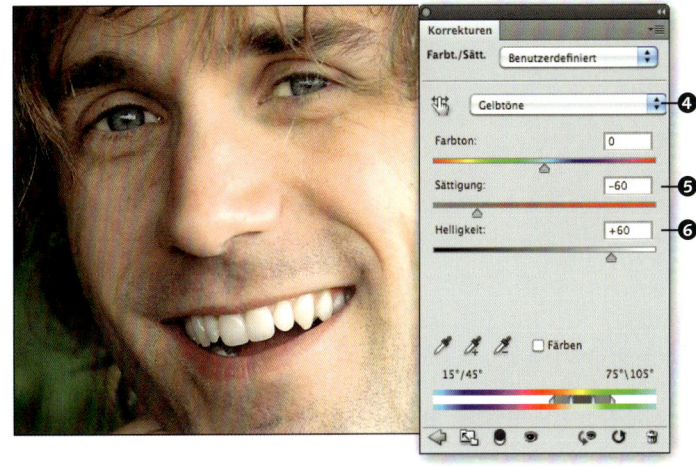

Beauty-Retusche

Schönheit aus dem digitalen Salon

Was uns aus Zeitschriften entgegenlächelt, ist längst jeglicher Realität enthoben. Persönlich ziehe ich natürliche Charakterporträts stilisierten Ikonen vor. Doch da jeder die Grenze der Manipulation für sich selbst definieren muss, möchte ich Ihnen natürlich dennoch einen Einblick in die Trickkiste der bildgestaltenden Schönheitschirurgen geben.

▶ **Video-Training**

Eine professionelle Porträtretusche zeigen auch die Lektionen 2.3 und 2.4 auf der Buch-DVD.

Zielsetzung:

Gesichtsretusche und -manipulation wie in der Beauty-Fotografie üblich

[gesichtsretusche.jpg]

Foto: Pascal Reis, Modell: Sabine

1 Doppelt sehen

Die aussagekräftigste Ansicht in Photoshop ist
100 % (TATSÄCHLICHE PIXEL). Oft kann man aber
präziser arbeiten, wenn man weiter einzoomt.
Es gibt einen Trick um beides zu haben: Wählen Sie im Menü FENSTER • ANORDNEN • NEU-
ES FENSTER FÜR »GESICHTSRETUSCHE.JPG« –
Photoshop öffnet dasselbe Dokument in einem zweiten Fenster. Über die ANWENDUNGS-
LEISTE können Sie hier ❶ 2 ÜBEREINANDER
wählen und dadurch beide Fenster nebeneinander sehen (fragen Sie nicht, weshalb Adobe
»nebeneinander« »übereinander« nennt).

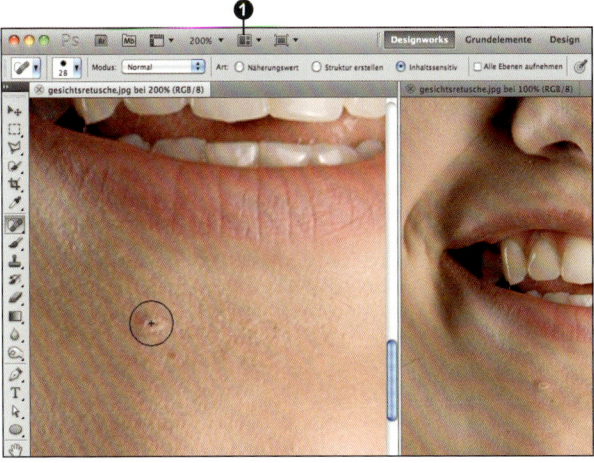

2 Hautunreinheiten wegretuschieren

Links ❷ habe die Ansicht auf 200 % eingezoomt und rechts ❹ tatsächliche Pixel gewählt. Zum Wegretuschieren der Flecken eignet sich das BEREICHSREPARATUR-PINSEL-WERK-
ZEUG 🩹 sehr gut. Klick für Klick habe ich die
kleinsten Fleckchen entfernt. Links konnte ich
dank der vergrößerten Ansicht mit kleinen
Pinselspitzen präzise arbeiten ❸, rechts in
Echtzeit das tatsächliche Resultat ❺ sehen.

Tipp: Hält man zum Verschieben zusätzlich
zur ⌴Leertaste⌴ die ⇧-Taste, verschieben
sich die Ansichten in beiden Fenstern.

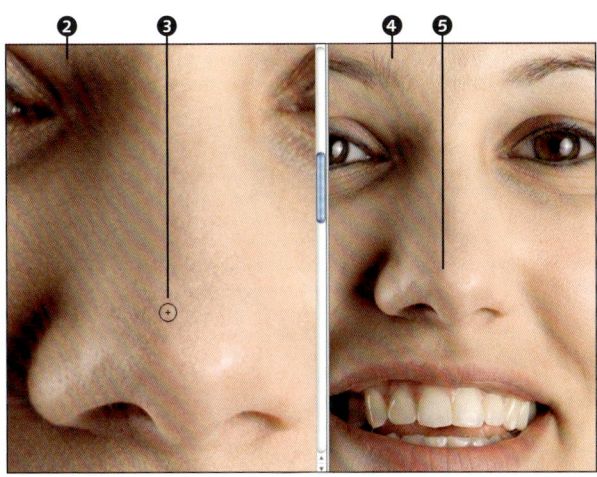

3 Glanzstellen reduzieren

Die Glanzstellen auf der Nase ❻ sollen entfernt werden. Dazu habe das REPARATUR-PIN-
SEL-WERKZEUG 🖌 aktiviert, etwas oberhalb
bei gedrückter ⌥Alt⌥-Taste die Quelle definiert
❽ und mit einem einzigen Strich ❼ die Stelle
übermalt. Das Resultat ist, dass der Glanz
vollständig verschwunden ist und die Stelle
unnatürlich wirkt. Doch über BEARBEITEN •
VERBLASSEN: REPARATUR-PINSEL können Sie die
DECKRAFT des vorangegangenen Pinselstrichs
etwas zurücknehmen ❾, um den Glanz wieder
ein bisschen zum Vorschein zu bringen ❿.

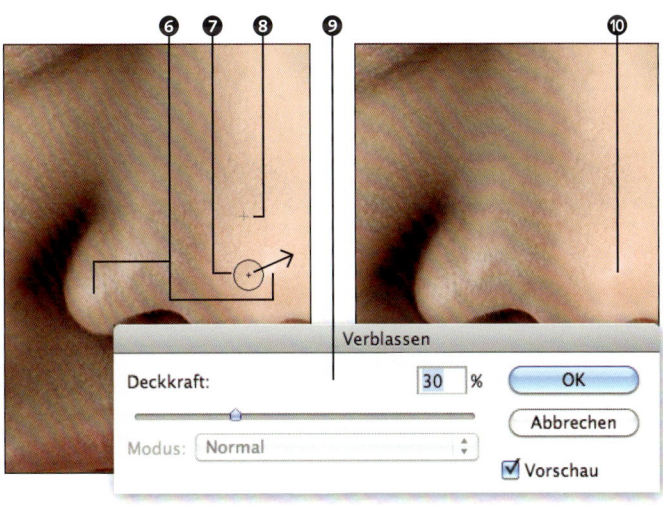

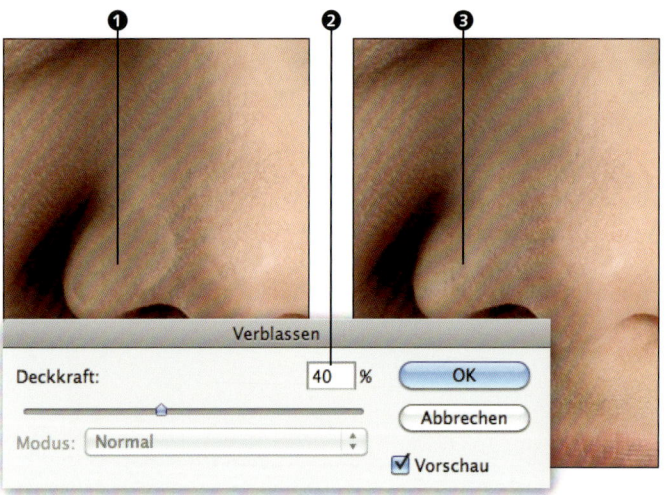

4 Verblassen

Mit VERBLASSEN lässt sich der jeweils letzte Arbeitsschritt dosierbar zurücknehmen, egal ob mithilfe von Bereichs-Reparatur, Pinsel, Fläche füllen oder einem Filter.

Auch die Glanzstelle, die sich hier ❶ befunden hat, habe ich auf die zuvor beschriebene Weise mit dem REPARATUR-PINSEL-WERKZEUG 🖊 mit einem Strich übermalt. Hier ist ein besonders hässlicher Fleck entstanden. Doch durch VERBLASSEN mit DECKKRAFT 40 % ❷ ist diese Retusche soweit reduziert worden, dass der Lichtreflex sauber retuschiert ist ❸.

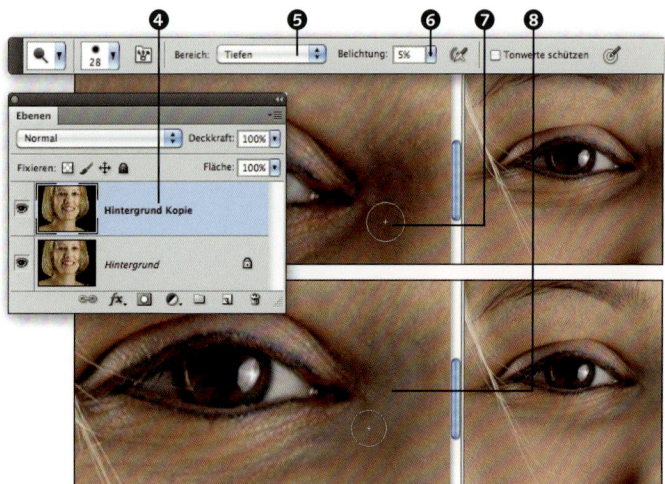

5 Ebene kopieren und abwedeln

Nun, da Flecken und Hautunreinheiten entfernt wurden, wenden wir uns Schatten und Fältchen zu. Erstellen Sie dazu ein Duplikat ❹ des HINTERGRUNDS. Aktivieren Sie das ABWEDLER-WERKZEUG 🔍, stellen Sie den BEREICH auf TIEFEN ❺ und die BELICHTUNG ❻ auf etwa 5 %. Hellen Sie mit diesen Einstellungen Schatten und Fältchen um die Augen ❼ auf. Passen Sie dabei die GRÖSSE des Werkzeugs immer wieder an Schatten und Fältchen an. Das Resultat ❽ sieht etwas ungesund aus, aber es handelt sich ja lediglich um einen Zwischenschritt.

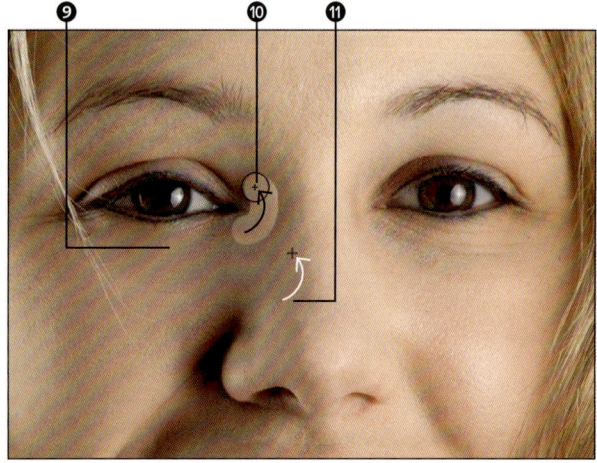

6 Fältchen weg retuschieren

Zurück zum REPARATUR-PINSEL-WERKZEUG 🖊. Man hätte auch ohne Abwedeln gleich damit weitermachen können, aber da sich eine mit dem Reparatur-Pinsel aufgetragene Quelle mit dem Tonwert des Ziels mischt, ist es oft sinnvoll, zuerst abzuwedeln (das andere Auge zeigt kaum Schatten, weshalb dort auf Abwedeln verzichtet werden kann). Dutzende Male habe ich die Quelle ⓫ per Alt-Klick neu definiert und mit kleinen und großen Pinselspitzen aufgetragen ❿, um zu diesem Ergebnis ❾ zu kommen.

7   Pinsel-Größe beachten

Kommt man mit einem zu großen Pinsel zu nahe an einen anders getönten Bereich, wie zum Beispiel den Kajalstrich, ist es möglich, dass sich dessen Tonwert wie ein Schleier ⑫ in den retuschierten Bereich ergießt. Machen Sie in so einem Fall den Schritt mit ⌨Strg/ ⌘ + ⌨Z rückgängig, und versuchen Sie es mit einem kleineren Durchmesser ⑬. Denken Sie sich nichts, wenn Sie nicht zum hier abgebildeten Resultat kommen – ich retuschiere dieses Bild seit Jahren in Schulungen, und es ist halt auch Erfahrungssache.

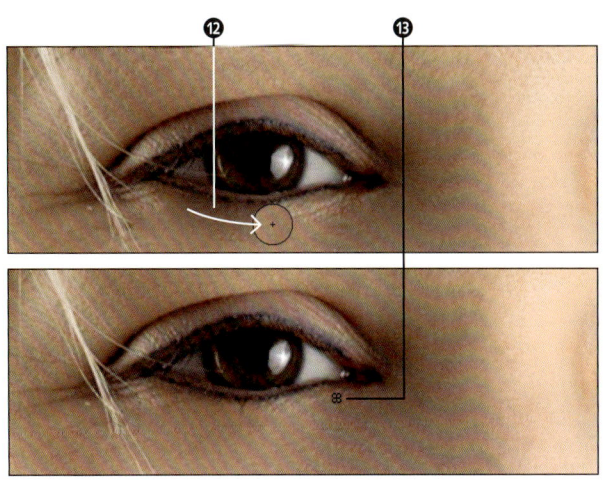

8   Zwischenstand

So etwa sollte das Gesicht aussehen, wenn Flecken, Fältchen, Glanzstellen und Schatten korrekt retuschiert sind. Aber finden Sie nicht auch, dass das Gesicht beinahe ohne Fältchen und mit kaum Schatten unter den Augen etwas sehr künstlich wirkt? Ich möchte dem Gesicht wieder etwas Natürlichkeit zurückgeben und dazu habe ich in Schritt 5 die Ebene kopiert.

9   Deckkraft reduzieren

Reduzieren Sie die DECKKRAFT ⑮ der Hintergrund-Kopie, und sanfte Schatten ⑭ und natürliche Fältchen kehren zurück in das Gesicht. Wie viel das sein soll, haben Sie in der Hand.

Hinweis: Es ist Ihnen sicher aufgefallen, dass ab Schritt 6 wieder nur ein Dokumentfenster zu sehen ist. Ich habe die im ersten Schritt erstellte zweite Ansicht geschlossen, allerdings nicht, weil sie mir nicht von Nutzen gewesen wäre, sondern weil es ansonsten doch etwas unübersichtlich für Sie ist.

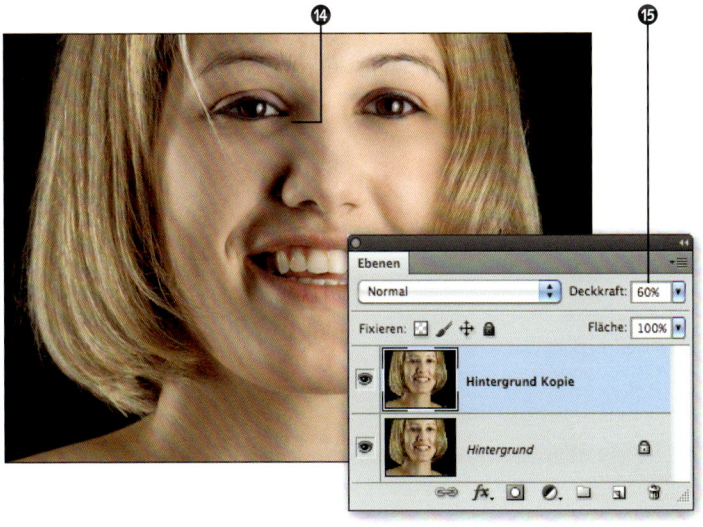

10 Neue Ebene auf eine reduziert

Wählen Sie mit [Strg]/[⌘] + [A] alles aus ❶ und über BEARBEITEN • AUF EINE EBENE REDU- ZIERT KOPIEREN. Fügen Sie die auf eine Ebene reduzierten Ebenen mit [Strg]/[⌘] + [V] als neue Ebene ❷ wieder ein. Eigentlich hätten Sie für diesen Workshop AUF HINTERGRUND-, oder MIT DARUNTERLIEGENDER AUF EINE EBENE REDUZIEREN wählen können. Doch so bleiben die Ebenen mit und ohne Fältchen ❸ erhal- ten, und Sie können im Bedarfsfall darauf zu- rückgreifen. Erstellen Sie dann in der Palette PROTOKOLL einen SCHNAPPSCHUSS ❹.

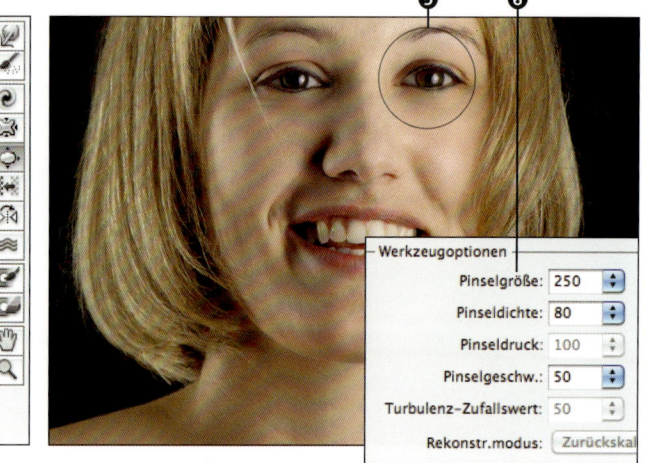

11 Verflüssigen

Nun gehen wir in die plastische Chirurgie und öffnen im Menü FILTER • VERFLÜSSIGEN.

Als Erstes möchte ich die Augen vergrößern. Dazu habe ich das AUFBLASEN-WERKZEUG ❼ aktiviert und die PINSELGRÖSSE ❻ auf 250 er- höht. Mit ganz kurzen Klicks habe ich damit die beiden Augen ein bisschen vergrößert ❺. Übertreiben Sie den Effekt nicht, es sei denn, Sie planen, aus dem Modell eine Manga-Figur zu machen.

12 Bereiche verschieben

Mit dem VORWÄRTS-KRÜMMEN-WERKZEUG ❾ habe ich das linke Auge ❽ (von Ihnen aus ge- sehen das rechte) eine Spur nach unten ge- schoben.

13 Hals schmaler machen

Ebenfalls mit dem VORWÄRTS-KRÜMMEN-WERKZEUG habe ich den Hals etwas schmaler gemacht.

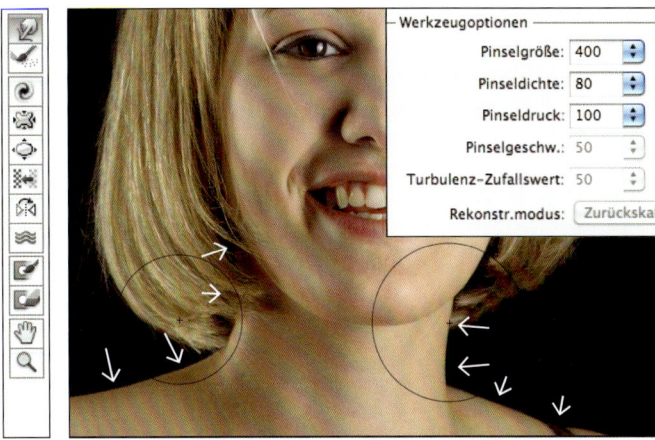

14 Lächeln begradigen

Ebenfalls mit dem VORWÄRTS-KRÜMMEN-WERKZEUG habe ich zuletzt noch den Mund bearbeitet, wobei es mir vor allem darum ging, die rechte Oberlippe (von Ihnen aus gesehen die linke) etwas nach unten zu schieben. Dadurch werden zwar auch die Zähne seltsam gequetscht ❿, aber um das dann wieder zu korrigieren, haben wir zuvor den Schnappschuss erstellt.

Bestätigen Sie den Dialog mit OK.

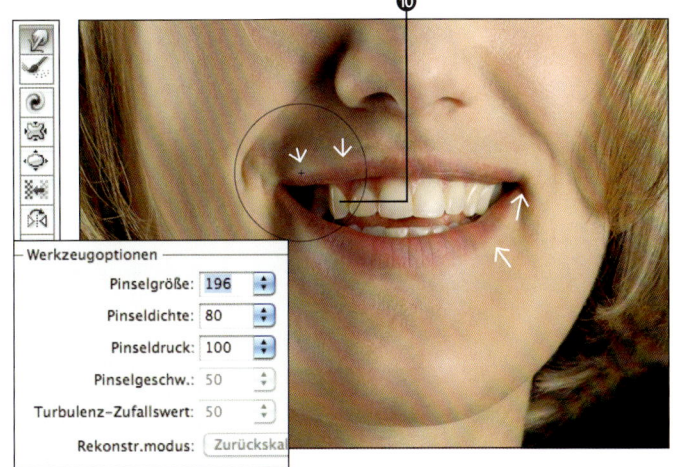

15 Zähne reparieren

Aktivieren Sie, um die Zähne wieder in den Ursprungszustand zu versetzen, das PROTOKOLLPINSEL-WERKZEUG 🖌 und in der Palette PROTOKOLL den Protokollpinsel für den zuvor erstellten Schnappschuss ⓬. Mit diesem Werkzeug und dieser Einstellung können Sie den Zustand der Zähne vor dem Verflüssigen-Filter wieder vorsichtig zwischen die Lippen pinseln ⓫. Achten Sie einfach darauf, dass Sie dabei nicht auch die Lippen wiederherstellen.

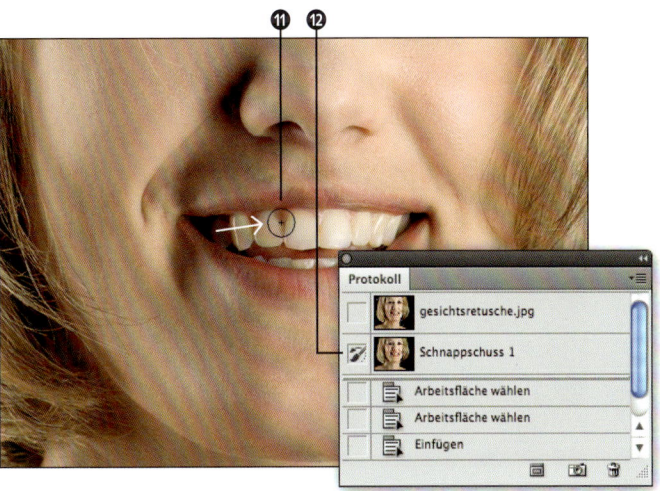

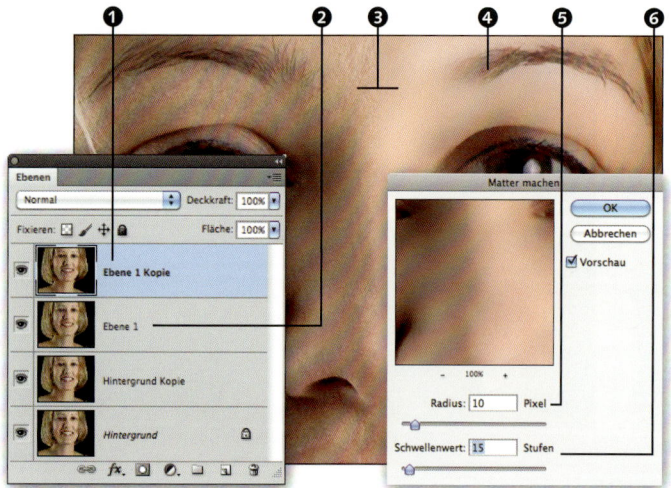

16 Haut matter machen

Als Nächstes werden wir die Sichtbarkeit der Poren der Haut verringern: Erstellen Sie ein Duplikat ❶ der bisherigen Retusche ❷ (zum Beispiel mit `Strg`/`⌘` + `J`). Öffnen Sie über FILTER • WEICHZEICHNUNGSFILTER • MATTER MACHEN. Mit einem RADIUS ❺ von 10 Pixeln und einem SCHWELLENWERT ❻ von 15 Stufen habe ich die Haut weichgezeichnet. Links von ❸ sehen Sie die Haut davor, rechts danach. MATTER MACHEN ist ein Weichzeichnungsfilter, der geringe Kontraste glättet, aber deutliche Details ❹ nur wenig beeinflusst.

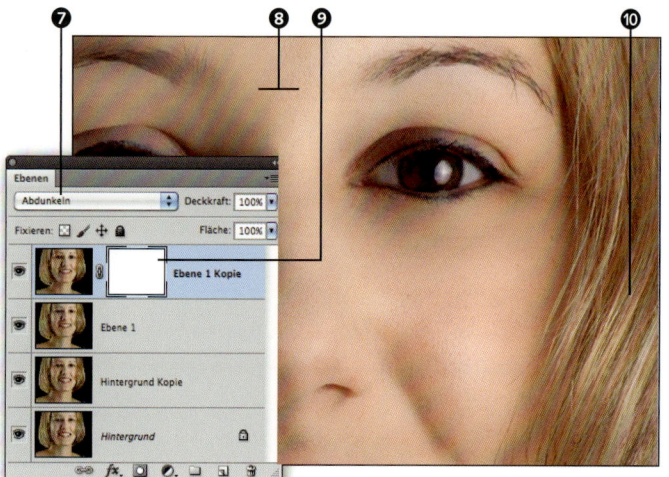

17 Ebene abdunkeln

Trotz des Schutzes kontrastreicher Details sieht man dem Ergebnis an, dass etwas nicht stimmt. Doch mit einem ganz einfachen Trick wird das behoben: Stellen Sie die Füllmethode der Ebene einfach auf ABDUNKELN ❼. Links von ❽ wieder vorher, rechts nachher. Manchen Details, wie den Haaren ❿, sieht man trotz dieses Tricks die Beeinträchtigung durch den Filter MATTER MACHEN noch an. Um das zu beheben, fügen Sie der Ebene über die Schaltfläche 🔲 eine Ebenenmaske ❾ hinzu.

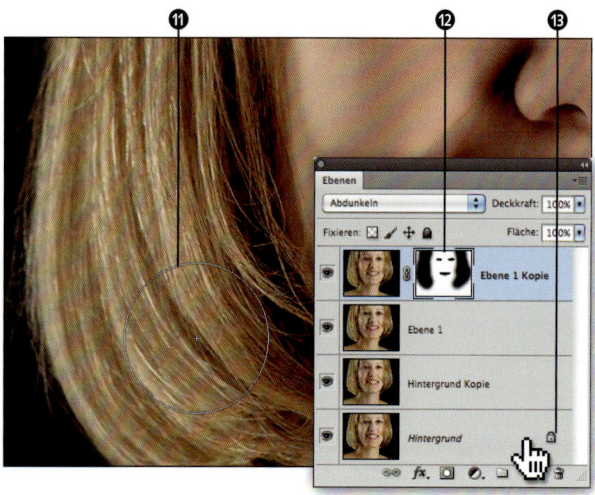

18 Details maskieren

Malen Sie mit dem PINSEL-WERKZEUG 🖌 und schwarzer Vordergrundfarbe über die Bereiche ⓫ die wieder die Schärfe der nicht matter gemachten Ebene zeigen sollen. In meiner Ebenenmaske ⓬ sind danach deutlich das Haar, die Augen und der Mund als maskierte Stellen erkennbar.

Im nächsten Schritt werden wir die bisherigen Ebenen zu einer Gruppe zusammenfassen. Damit das funktioniert, müssen Sie mit einem Doppelklick den Hintergrund ⓭ zur regulären Ebene machen.

19 Ebenen gruppieren, Auswahl erstellen

Wir brauchen eine weitere Ebene mit dem bisherigen Resultat. Wie in Schritt 10 beschrieben habe ich alles ausgewählt und über Bearbeiten • Auf eine Ebene reduziert kopieren und ⌨Strg/⌘ + V als neue Ebene ⑮ eingefügt. Für mehr Ordnung können Sie die bisherigen Ebenen ⑰ auswählen und über Ebene • Neu eine Gruppe aus Ebenen erstellen ⑯. Zurück auf Ebene 2 ⑮ erstellen Sie mit dem Polygon-Lasso ⬥ eine Auswahl ⑭, die Sie über Kante verbessern (siehe Seite 181) mit Weiche Kante • 2 Pixel versehen.

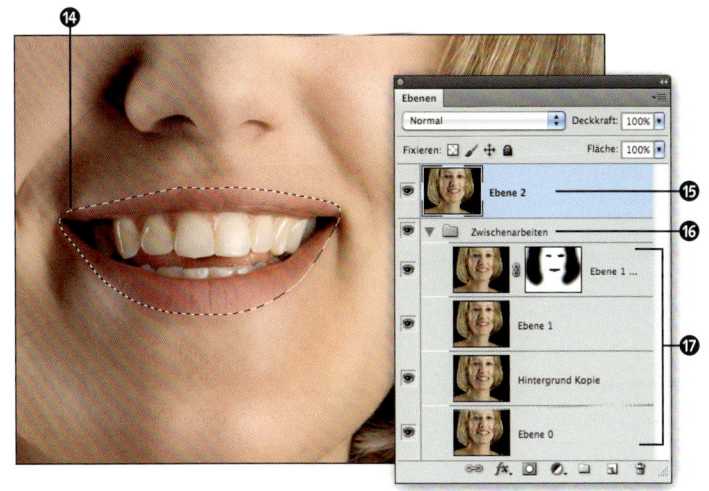

20 Digitaler Lippenstift

Für diese Retusche habe ich über das Menü Ansicht • Extras gewählt, um die Auswahl unsichtbar zu machen. Dann habe ich das Nachbelichter-Werkzeug ⬥ (siehe Seite 132) aktiviert, den Bereich auf Mitteltöne ⑱ und die Belichtung ⑲ auf 10 % gestellt und dann die Lippen an den Rändern abgedunkelt. Aus dem Grau ⑳, das dabei entstanden ist, habe ich sodann mit dem Schwamm-Werkzeug ⬥, dem Modus • Sättigung erhöhen ㉑ und einem Fluss von 10 % ㉒ wieder Farbe herausgekitzelt.

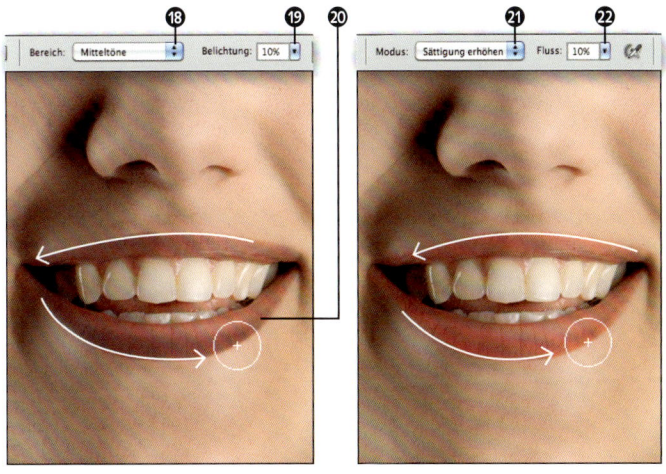

21 Weiße Zähne

Zuletzt habe ich wie im vorangegangenen Workshop die Zähne ㉔ weiß gemacht. Eine Auswahl musste ich nicht erstellen, denn es ließ sich die bestehende Auswahl für die Lippen nutzen. Mit der Palette Korrekturen habe ich eine Einstellungsebene Farbton/Sättigung ⬥ erstellt, Gelbtöne ㉕ gewählt, Sättigung reduziert und Helligkeit erhöht. Photoshop hat wie gewohnt aus der Auswahl eine Maske ㉓ gemacht. Damit wollen wir die Beauty-Retusche gut sein lassen. Ich hoffe, Sie sind mit dem Ergebnis zufrieden.

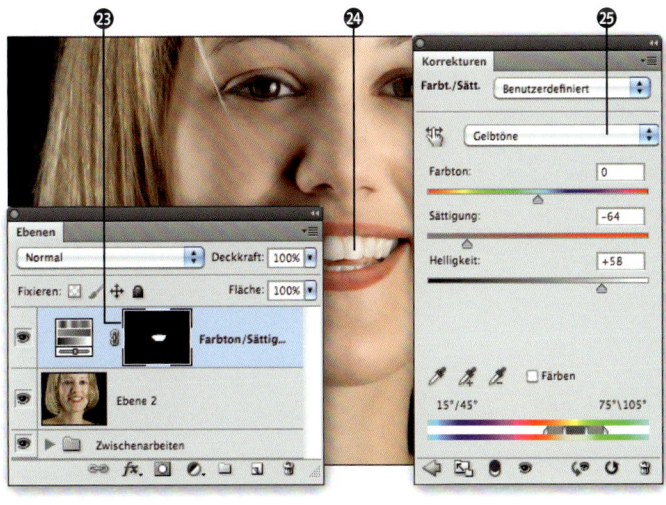

Filter & Effekte

Photoshop ist eine Spielwiese. Das lesen Sie hier nicht zum ersten Mal. Es ist ein ernsthaftes, umfangreiches, anspruchsvolles Werkzeug, aber es ist auch eine Spielwiese – besonders dann, wenn es um Filter und Effekte geht. Während die bisherigen Workshops größtenteils Standardarbeitsweisen gezeigt haben, gibt es solche nicht, wenn es um Filter und Effekte geht. Es ist alles erlaubt, was gefällt. Somit vermittelt Ihnen dieses Kapitel auch keine Grundlagen zu einem bestimmten Thema, sondern will Sie animieren, eigene Wege zu gehen, um ungewöhnliche Ergebnisse zu erzielen. Wichtig ist bei der Arbeit mit Filtern und Effekten lediglich, dass die Kreativität nicht im Drücken von Knöpfen besteht.

Foto: Markus Wäger

Filter & Effekte

SCHWIERIGKEITSGRAD 1 FÜR EINSTEIGER

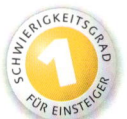

Action durch Weichzeichnung

Mit billigen Tricks zu heißen Effekten

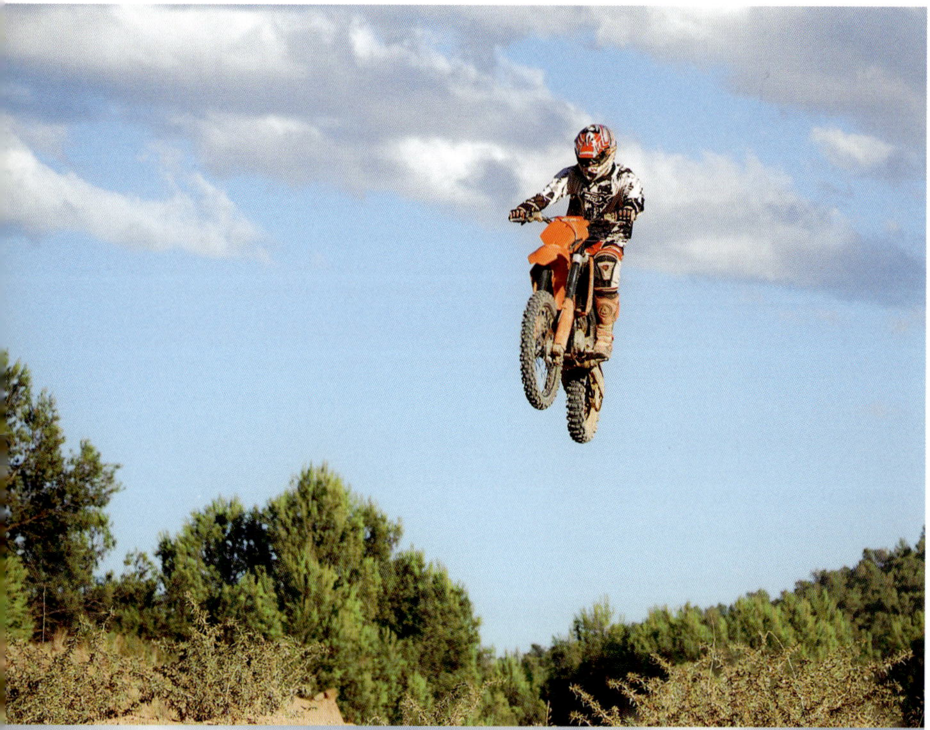

Dieser Filter gehört zu den Urgesteinen unter den Photoshop-Filtern. Ebenso wenig, wie Sie bei einem Opel aus den 70ern eine Klimaanlage erwarten dürfen, sollten Sie hier mit einer Vorschau rechnen. Puristisch wie ein britischer Roadster könnte man sagen. Der Trick gehört in der Tat zum Billigsten, was Sie in Photoshop finden werden – dennoch ist er nach wie vor in der Lage, Action-Aufnahmen mit mehr Adrenalin aufzupumpen.

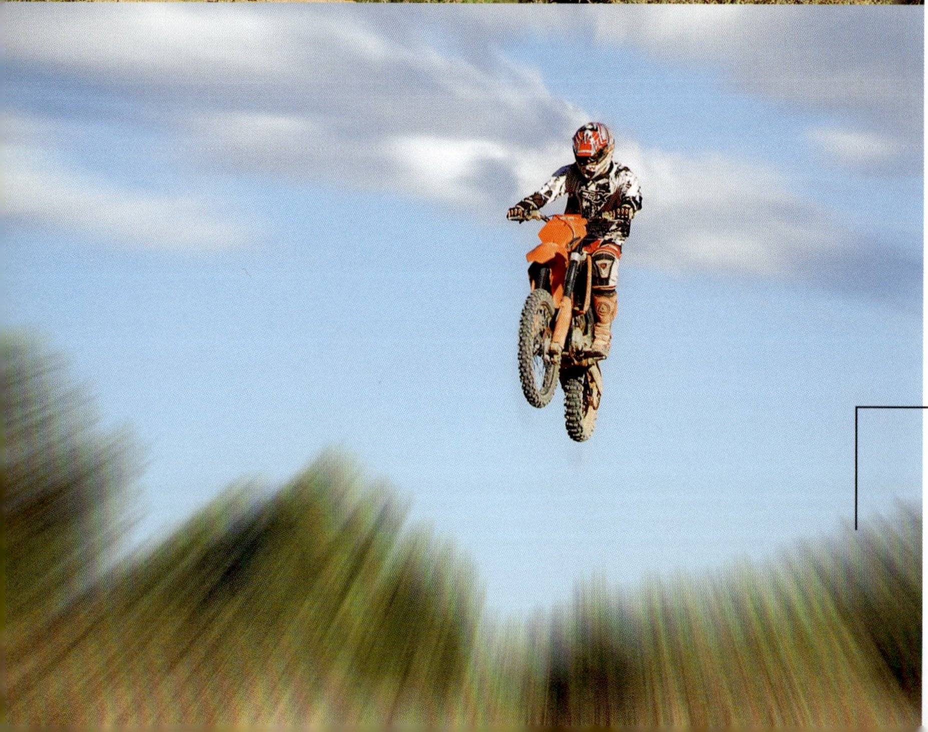

Zielsetzung:
Radialer Weichzeichner für intensivere Action
[radialerweichzeichner.tif]

Foto: Pablo – Fotolia.com

1 In Smart-Objekt konvertieren

Klicken Sie mit der rechten Maustaste auf den Hintergrund ❶, und wählen Sie aus dem Kontextmenü IN SMART-OBJEKT KONVERTIEREN. Da dadurch der aktuelle Zustand des Bildes als Quasi-Backup in der Datei mit gespeichert wird, können Sie Filter nicht-destruktiv anwenden und, wie Sie bereits bei TIEFEN/LICHTER (siehe Seite 236 f.) gelernt haben, bestimmen, auf welche Bereiche des Smart-Objekts sich eine Einstellung auswirken soll.

2 Radialer Weichzeichner

Rufen Sie über das Menü FILTER • WEICHZEICHNUNGSFILTER • RADIALER WEICHZEICHNER auf. Für die Action ist METHODE • STRAHLENFÖRMIG ❷ zuständig, und dosiert habe ich sie mit einer STÄRKE ❸ von 40. Über dieses Vorschau-Quadrat ❹ definieren Sie den MITTELPUNKT des Effekts. Eine andere Vorschau gibt es leider nicht bei diesem Oldtimer-Filter. Sie müssen nun raten, wo genau Sie den Mittelpunkt im Vorschau-Quadrat positionieren müssen, damit der Punkt im rechteckigen Bild genau in der Mitte des Kopfs ❺ landet.

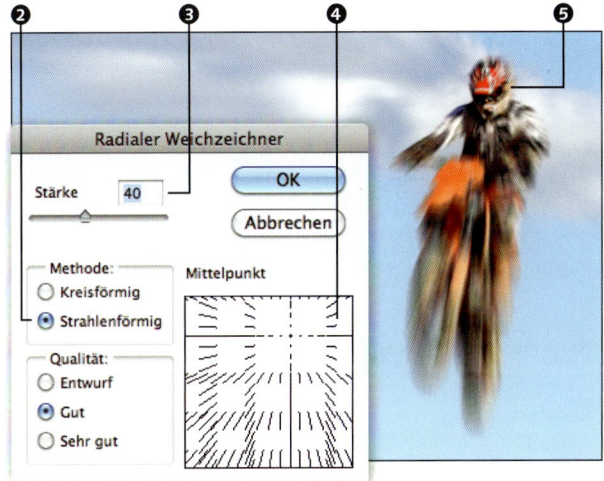

3 Anpassen und maskieren

Wenn es Ihnen so geht, wie mir, werden Sie den Fahrer nicht beim ersten Versuch mitten in den Kopf treffen. Doch mit einem Doppelklick auf den SMARTFILTER • RADIALER WEICHZEICHNER ❽ können Sie den Dialog neuerlich öffnen und verändern. Um den Fahrer samt Motorrad scharf vom radial weichgezeichneten Hintergrund abzuheben habe ich die Maske SMARTFILTER ❼ per Klick aktiviert und mit dem PINSEL ✏ und Schwarz aufgetragen ❻. So sieht das richtig abgefahren aus.

Ein Bild, das den Rahmen sprengt

Solche Montagen sorgen für Aufmerksamkeit.

Wenn ein Teil eines Bildes den Rahmen, in dem es sich befindet, sprengt und darüber hinausragt, dann vermittelt das Lebendigkeit und sorgt für besonders viel Aufmerksamkeit. Es ist fast, als würde der Sprecher in ihrem Fernsehgerät aus dem Bildschirm herausgreifen und sich selbst lauter drehen. Hier zeige ich Ihnen, wie Sie so eine effektvolle Montage erstellen können.

Zielsetzungen:

Fahrer freistellen

Foto mit weißem Rahmen

Schatten hinzufügen

[rahmensprengen.tif]

Foto: Stéphane Galliez – Fotolia.com

1 Auswahl mit festem Seitenverhältnis

Machen Sie aus dem Hintergrund mittels Doppelklick eine reguläre Ebene ❹, und erstellen Sie ein Duplikat ❸, blenden Sie die Ebene aber gleich wieder aus 👁. Erstellen Sie dann mit dem AUSWAHLRECHTECK [:] eine Auswahl ❷. Ich wollte dafür ein klassisches Foto-Format-Seitenverhältnis erzielen, deshalb habe ich vor dem Erstellen der Auswahl in der Palette OPTIONEN als ART • FESTES SEITENVERHÄLTNIS eingestellt und BREITE mit 3 und HÖHE mit 2 definiert ❶.

2 Maske und zweite Auswahl

Erstellen Sie für die untere Ebene über die Schaltfläche 🔲 eine Ebenenmaske ❼. Blenden Sie dann die obere Ebene ❻ wieder ein, und aktivieren Sie sie. Erstellen Sie mit dem SCHNELLAUSWAHLWERKZEUG 🖌 (siehe Seite 164 f.) eine Auswahl um den Oberkörper des Quadfahrers ❺. Mehr brauchen Sie nicht auszuwählen, denn der Rest soll ja am Ende auf der Ebene darunter sichtbar sein.

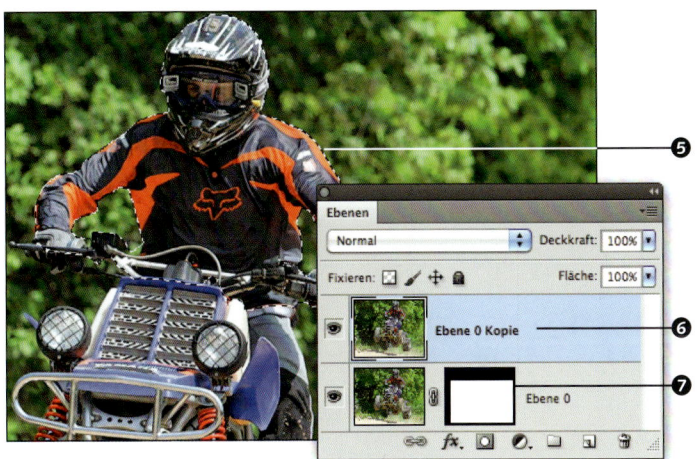

3 Maske und Arbeitsfläche erweitern

Machen Sie mit einem Klick auf 🔲 aus der gerade erstellten Auswahl eine Ebenenmaske ❽. Aktivieren Sie das FREISTELLUNGSWERKZEUG 🔲, um die Arbeitsfläche zu vergrößern. Ziehen Sie von links oben ❾ bis rechts unten einen Freistellungsrahmen auf, lassen Sie die Maustaste dann kurz los, und ziehen Sie neuerlich am Anfasser, um den Rahmen über das Dokumentformat hinaus zu vergrößern ❿ (siehe auch Schritt 2 und 3 auf Seite 111). Passen Sie das Format an allen Seiten an, und bestätigen Sie das Freistellen dann mit ⏎.

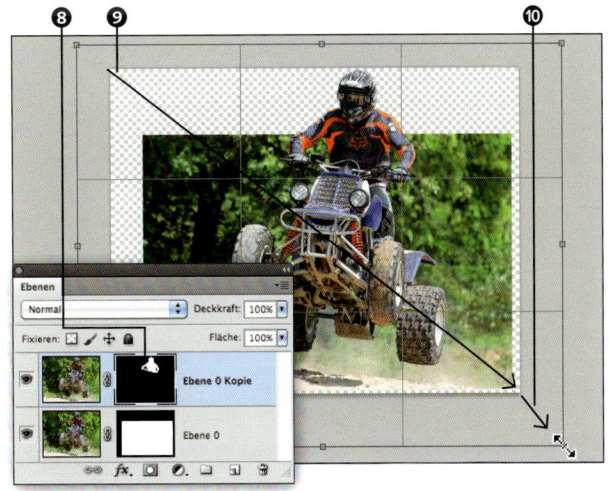

4   Farbfüllung für Hintergrund

Um den Hintergrund weiß zu bekommen habe ich über die Schaltfläche für Neue Füll- oder Einstellungsebene erstellen ⊘, der Palette Ebenen eine Farbfläche (Farbfüllung) mit Weiß erstellt und ganz nach unten gestellt ❷. Anschließend können Sie die Ebene mit der rechteckigen Maske aktivieren ❶ – dieser wollen wir einen Ebenenstil • Kontur hinzufügen.

5   Kontur hinzufügen

Erstellen Sie also über die Schaltfläche Ebenenstil hinzufügen *fx.*, ebenfalls auf der Palette Ebenen, eine Kontur. Damit die Kontur an den Ecken nicht rund ausfällt, müssen Sie als Position • Innen ❹ bestimmen. Für die Grösse ❸ scheint mir 40 Pixel ein recht guter Wert. Nun müssen wir nur noch die Farbe ändern, damit die Kontur wie das weiße Rähmchen eines altmodischen Fotos aussieht.

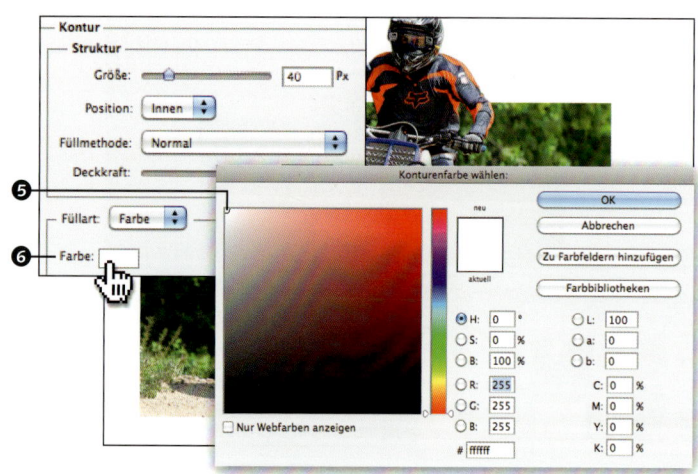

6   Konturfarbe bestimmen

Die schwarze Kontur war gut dazu geeignet, das Aussehen des Rahmens beurteilen zu können. Um ihn nun weiß zu bekommen, klicken Sie auf das Feld bei Farbe ❻ und wählen Weiß im Farbwähler ❺. Dadurch wird zwar im Moment der weiße Rahmen vor dem weißen Hintergrund unsichtbar, aber sobald wir einen Schatten hinzufügen, kommt er wieder zum Vorschein. Schließen Sie Kontufarbe wählen und Ebenenstil jeweils mit OK.

7 Smart-Objekt aus zwei Ebenen

Damit wir den Schatten um das Foto samt
Rahmen und den daraus hervorspringenden
Fahrer wie um ein Objekt legen können, müssen wir die Einzelteile irgendwie gruppieren.
Einer Gruppe, wie wir sie zuletzt auf Seite
373 eingesetzt haben, lässt sich leider kein
Ebenenstil anhängen. Aber wenn Sie die beiden Ebenen mit Strg/⌘- oder ⇧-Klick
gemeinsam auswählen ❼ und über einen
Rechtsklick IN SMART-OBJEKT KONVERTIEREN,
dann geht es fast genauso einfach.

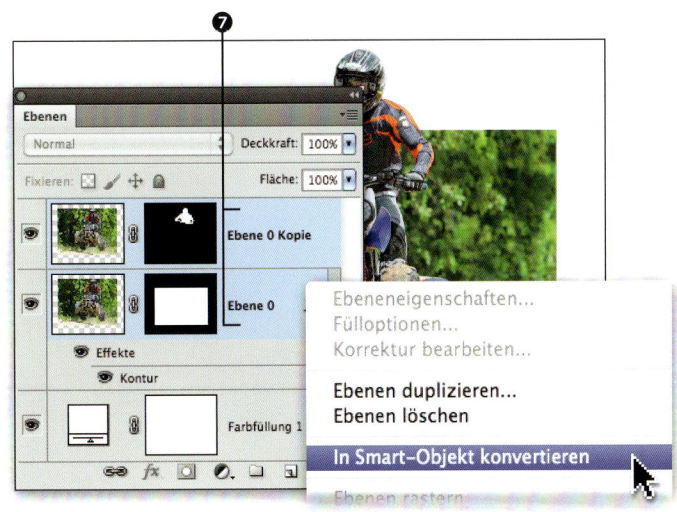

8 Schlagschatten für das Smart-Objekt

Aus den beiden Ebenen mit Masken wird eine
Smart-Objekt-Ebene. Über die Schaltfläche
fx, können Sie nun einen SCHLAGSCHATTEN
hinzufügen. Ich habe den Schatten mit einem
WINKEL ❽ von 70° von rechts nach links fallen
lassen, einen ABSTAND ❾ von 10 Pixeln und
eine GRÖSSE ❿ von 30 Pixeln gewählt, außerdem ein RAUSCHEN ⓫ von 4%.

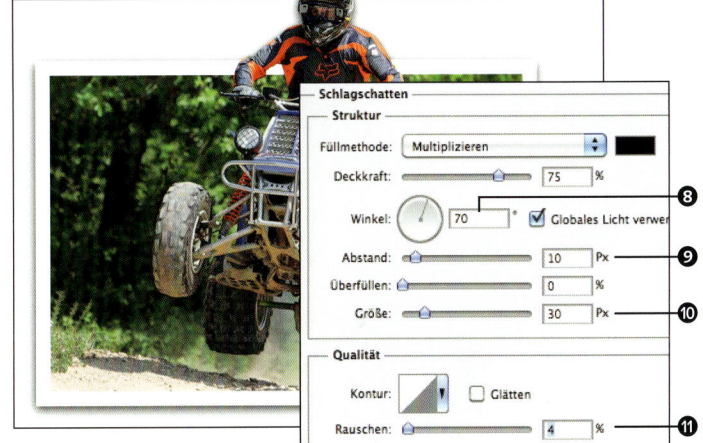

9 Bild drehen

Der Eindruck der Dynamik kann durch Kippen
des Bildes noch verstärkt werden. Zu diesem
Zweck habe ich im Menü BEARBEITEN • FREI
TRANSFORMIEREN aufgerufen und das Bild
leicht mit der Maus gedreht ⓬. Vergessen Sie
auch hier nicht zum Schluss die Transformierung mit ↵ abzuschließen.

Raster-Effekt

Grobe Raster wirken manchmal cool.

Auch ein Druckraster kann ein netter Effekt sein. Der Künstler Roy Lichtenstein hat das grobe, sichtbare Druckraster sogar zur Kunstform erhoben. Hier sehen Sie, wie Sie ein solches Raster mit Photoshop einfach simulieren können.

Zielsetzung:
Foto mit Rastereffekt versehen
[farbraster.tif]

Foto: Markus Wäger, Modell: Denise

1 Kurve und Dynamik

Dieses Bild gehört zu den Ausnahmen, bei denen wir Gradationskurven destruktiv anwenden, weil wir es in diesem Fall leichter mit dem folgenden Filter bearbeiten können. Erstellen Sie zuerst über das Menü BILD • KORREKTUREN • GRADATIONSKURVEN eine kräftig angehobene Kurve ❶. Erhöhen Sie danach ebenfalls über KORREKTUREN die DYNAMIK auf +100 ❷.

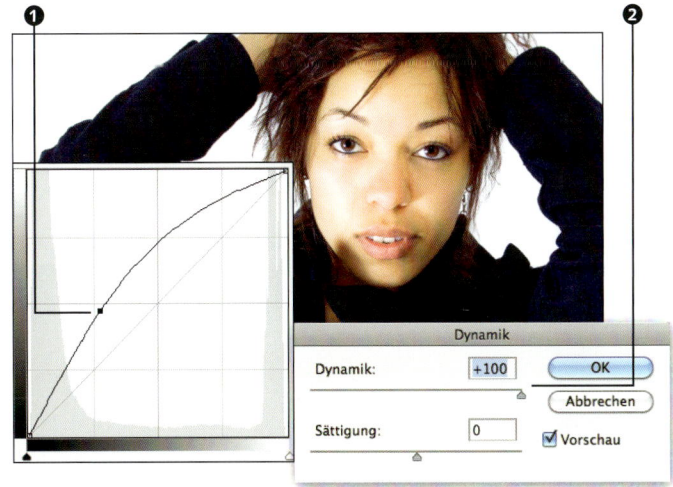

2 CMYK-Farbraster

Um ein Farbraster des 4C-Drucks zu simulieren, müssen Sie als Nächstes das Bild über BILD • MODUS in CMYK-FARBE konvertieren. Danach wählen Sie im Menü FILTER • VERGRÖBERUNGSFILTER • FARBRASTER. Die Einstellungen für RASTERWINKELUNG können Sie eigentlich immer so lassen. Den Wert für MAXIMALER RADIUS ❹ müssen Sie raten. Ich habe es zunächst mit 8 Pixeln versucht und den Dialog mit OK geschlossen, allerdings gefiel mir das resultierende, relativ feine Raster ❸ dann doch nicht so recht.

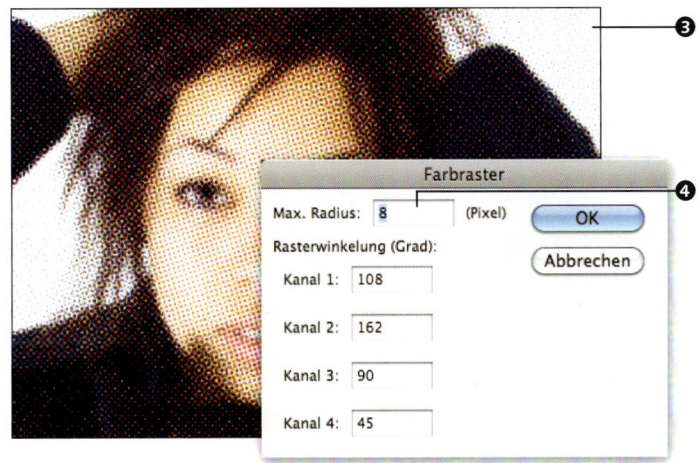

3 Neuer Versuch

Mit Strg/⌘ + Z habe ich den Filter rückgängig gemacht und es mit einer Einstellung von 16 Pixeln ❺ erneut versucht. Bingo!

Tipp: Erster Menüpunkt unter FILTER ist der zuletzt verwendete Filter (Strg/⌘ + F). Strg/⌘ + Alt + F öffnet seinen Dialog, und man kann die Parameter ändern.

Profi-Tipp: Ruft man Korrekturen über ihren Shortcut plus Alt, öffnet sich ihr Dialog mit den letzten Einstellungen (also GRADATIONSKURVEN Strg/⌘ + Alt + M und FARBTON/SÄTTIGUNG Strg/⌘ + Alt + M).

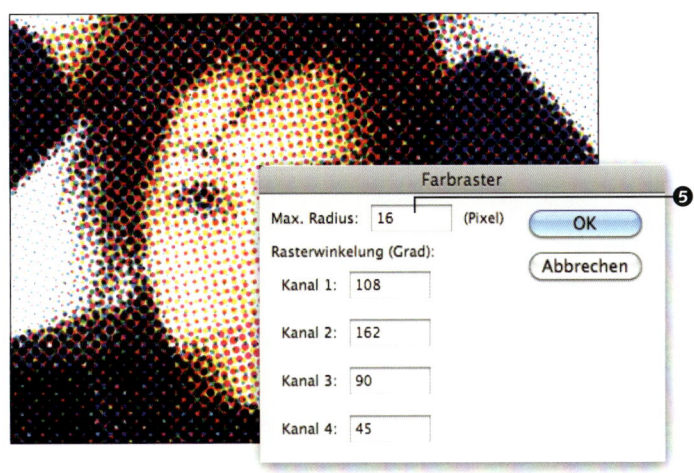

 SCHWIERIGKEITSGRAD **1** FÜR EINSTEIGER

Mosaikeffekt

Pixeleffekt für die digitale Anmutung

Auch der Mosaikeffekt gehört schon sehr lange zur Filteraus-stattung von Photoshop. Mit ihm können Sie Bildern eine Pixelstruktur verleihen und dadurch eine sehr digitale An-mutung vermitteln. Mithilfe von Smart-Objekten und Smartfilter-Masken lässt sich der Filter auch gut selektiv im Bild verteilen. Hier zeige ich Ihnen, wie Sie einen Verlaufs-winkel nutzen, um den Mosaikeffekt sich radial im Bild ausbreiten zu lassen.

Zielsetzungen:

Foto mit Pixeleffekt versehen

[mosaik.jpg]

Foto: Markus Wäger, Modell: Jan

1   In Smart-Objekt konvertieren

Klicken Sie mit rechts auf die Ebene HINTER-
GRUND, und wählen Sie aus dem Kontextmenü IN SMART-OBJEKT KONVERTIEREN. Auf die
resultierende Smart-Objekt-Ebene ❶ können
wir nun, wie Sie bereits gesehen haben,
Smartfilter anwenden und selektiv über die
Smartfilter-Maske ausblenden.

2   Mosaikeffekt

Wählen Sie im Menü FILTER • VERGRÖBE-
RUNGSFILTER • MOSAIKEFFEKT. Damit erzielen
Sie einen Effekt, der einem grobpixeligen Bild
entspricht. Ich habe die GRÖSSE DER MOSAIK-
STEINE ❷ auf 30 eingestellt. Bestätigen Sie den
Dialog mit OK.

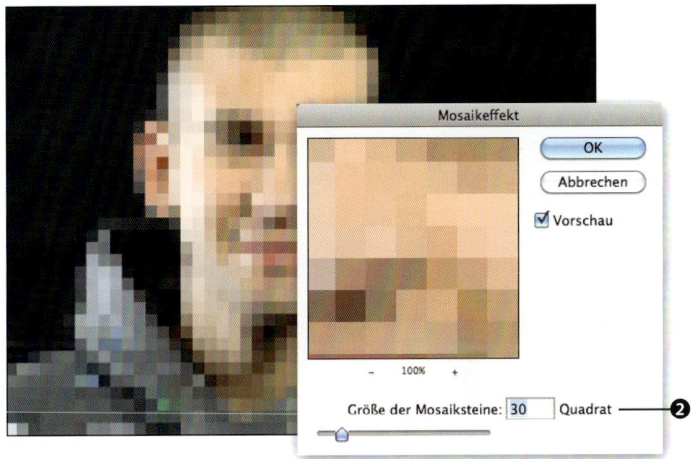

3   Filter mit Verlaufswinkel maskieren

Aktivieren Sie mit einem Klick die Smartfilter-
Maske ❻ und das VERLAUFSWERKZEUG ▦,
und stellen Sie als Verlauf SCHWARZ, WEISS ❸
ein. Als Art habe ich VERLAUFSWINKEL ❹ ausgesucht. Dann habe ich mit dem VERLAUFS-
WERKZEUG von der Nase aus, bei gedrückter
Maustaste, eine diagonale Linie gezogen ❺,
um die Richtung des Verlaufs zu definieren.
Halten Sie dabei die ⬦-Taste gedrückt, wird
der Winkel auf exakt 45° eingeschränkt.

Stempel-Effekt

Mit Filtern ein Zweiton-Bild schaffen

Im Dialog FILTERGALERIE sind die meisten Kunst-, Mal-, Stilisierungs-, Strukturierungs-, Verzerrungs- und Zeichnungsfilter unter einem Hut vereint. Hier zeige ich Ihnen, wie sie mit zwei Filtern, sogenannten Effektebenen, aus einem Foto ein Bild wie gestempelt erstellen.

Zielsetzung:
Foto in zwei Töne trennen
[**stempeleffekt.jpg**]

Foto: Markus Wäger, Modell: Pascal

1   Farben einstellen

Einige Filter der Filtergalerie nutzen VORDER-
GRUND- und HINTERGRUNDFARBE ❷. Stellen Sie
deshalb mit einem Klick hier ❶ (oder durch
den Shortcut ⒟ wie *Default Colors*, englisch
für Standardfarben) Schwarz und Weiß als
Standardfarben ein.

2   Erste Effektebene: Stempel

Ich habe als Erstes unter den ZEICHENFILTERN
❸ STEMPEL ❻ aktiviert. Der wird hier ❼ als
Effektebene angezeigt. Falls bei Ihnen in diesem Bereich ❽ noch weitere Effektebenen angezeigt werden, können Sie sie durch Anklicken und Klick auf den Mülleimer ❾ löschen.

Als Optionen habe ich für HELL/DUNKEL-
BALANCE ❹ 9 und für GLÄTTUNG ❺ 7 eingestellt.

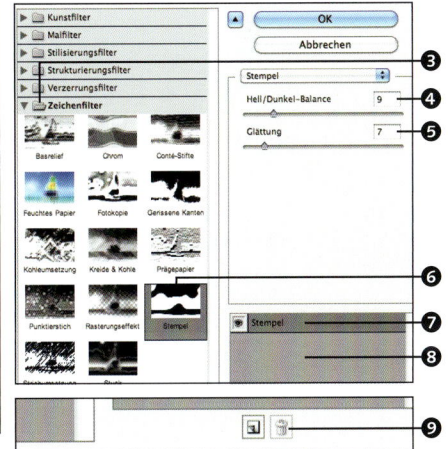

3   Zweite Effektebene: Kanten betonen

Über diese Schaltfläche ⓰ habe ich eine zweite Effektebene erstellt – die neu hinzugekom-
mene ist identisch mit der ersten, also auch
Stempel –, die untere der beiden Effektebenen ⓯ aktiviert (unterschiedliche Reihenfolge,
unterschiedliches Resultat) und unter den
MALFILTERN ❿ KANTEN BETONEN ⓫ ausgesucht. KANTENBREITE ⓬ habe ich mit 2, KAN-
TENHELLIGKEIT ⓭ mit 27 und GLÄTTUNG ⓮ mit 4
eingestellt. Nach dem Klick auf OK habe ich
einige der weißen Flecken ⓱ mit dem PINSEL-
WERKZEUG 🖌 und Schwarz übermalt.

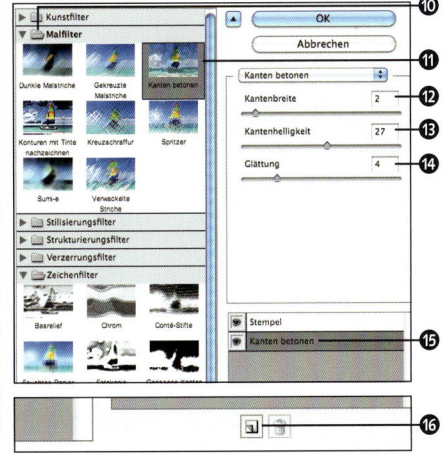

Foto im Grunge-Look

Zerstörte und zerrissene Bilder wirken oft besonders interessant.

Bilder im sogenannten Grunge-Look erzeugen eine eigentümliche Faszination. Das Schöne daran ist, dass man beim Entwickeln solcher Bilder endlos experimentieren kann. Außerdem stellen diese Methoden eine hervorragende Möglichkeit dar, Bilder, die inhaltlich interessant sind, aber technisch verunglückt, so auf Vordermann zu bringen, dass man sie gut herzeigen kann und sie sogar für einige Ahs und Ohs sorgen.

Zielsetzungen:

Ein Foto monochrom entwickeln

Mit einer Sruktur überlagern

Ausgefressenen Rand erstellen

[grunge_1.tif, grunge_2.tif]

Foto: Markus Wägerr

1 Smart-Objekt und Vignette

Klicken Sie mit rechts auf die Ebene HINTER-
GRUND, und machen Sie ihn über das Kontextmenü und IN SMART-OBJEKT KONVERTIEREN zur
Smart-Objekt-Ebene ❷. Wählen Sie im Menü
FILTER • OBJEKTIVKORREKTUR, und wechseln Sie
zum Bereich BENUTZERDEFINIERT ❸ – hier habe
ich –40 für die STÄRKE ❹ und +45 für den
MITTENWERT ❺ zur Definition der Vignette gewählt. Wenn Sie den Dialog mit OK wieder
schließen, sollte das Bild an den Ecken jeweils
eine Abdunkelung ❶ (Vignette) erhalten
haben.

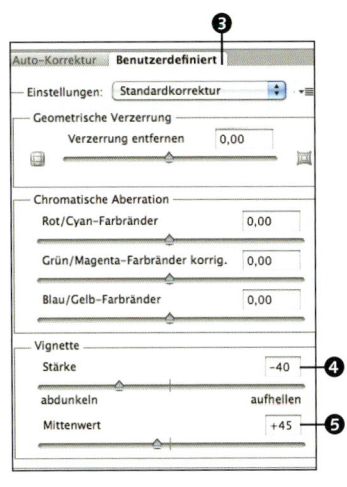

2 Schwarzweiß und Farbton

Zum Färben der Aufnahme öffnen Sie die Palette KORREKTUREN und klicken auf die Schaltfläche für Einstellungsebene SCHWARZWEISS
. Hier habe ich unter den Vorgaben INFRA-
ROT ❽ ausgesucht, dann FARBTON ❼ aktiviert,
auf das Feld ❾ zur Definition des FARBTONS
geklickt und mir über eine Farbe mit den
Werten 255 ROT, 211 GRÜN und 179 GELB ❻
ausgesucht. Schließen Sie den Farbwähler mit
OK.

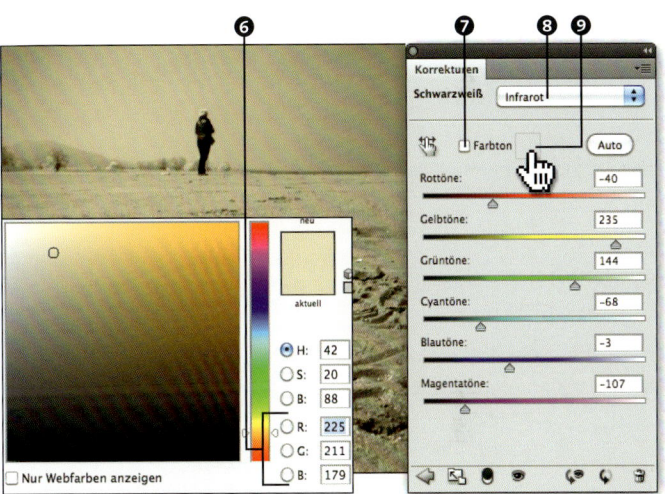

3 Helligkeit/Kontrast einstellen

Kehren Sie mit einem Klick auf ◀ zur Auswahlliste zurück, und klicken Sie dieses Mal
auf HELLIGKEIT/KONTRAST ☼. Hier habe ich
die HELLIGKEIT ❿ auf 20 und den KONTRAST ⓫
auf 100 erhöht. Die Palette EBENEN sollte mittlerweile so ⓬ aussehen.

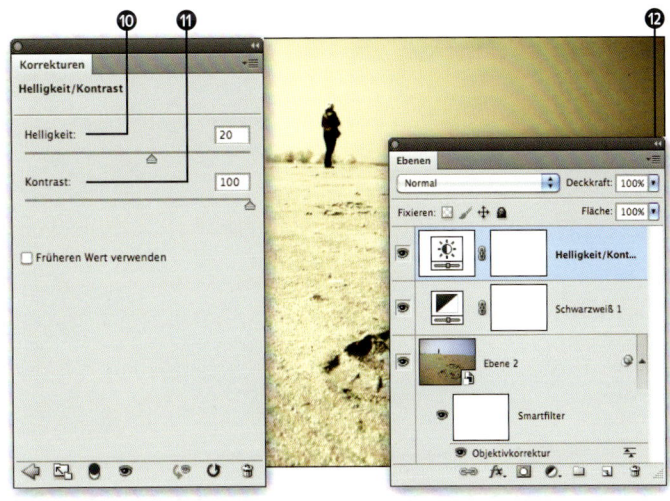

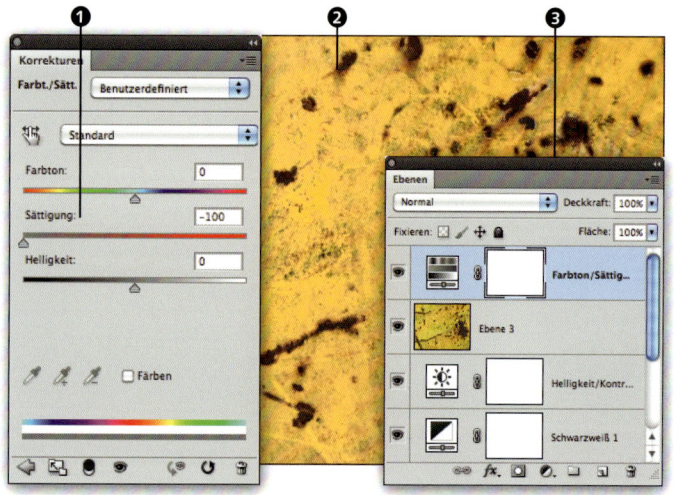

4 Bild einfügen und »entsättigen«

Fügen Sie als Nächstes das Bild »grunge_2.tif« ein ❷, entweder über Auswählen, Kopieren und Einfügen oder, indem Sie es mit dem VERSCHIEBEN-WERKZEUG ⊹ herüberziehen (siehe Schritt 6 Seite 38). Erstellen Sie über dieser Ebene eine Einstellungsebene FARBTON/SÄTTIGUNG ▦, und stellen Sie die SÄTTIGUNG ❶ auf –100. Die Palette EBENEN sieht nun so ❸ aus.

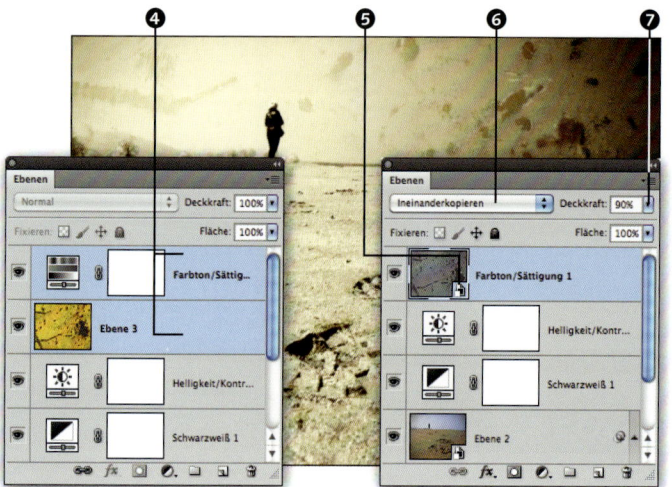

5 Smart-Objekt, Modus und Deckkraft

Wählen Sie bei gedrückter Strg / ⌘ - oder ⇧ -Taste die Ebene mit dem zerkratzten, rostigen Blech und die darüberliegende Einstellungsebene FARBTON/SÄTTIGUNG aus ❹, und machen Sie die beiden mit einem Rechtsklick zum Smart-Objekt ❺. Nun habe ich mit der Füllmethode herumgespielt und mich für INEINANDERKOPIEREN ❻ bei einer DECKKRAFT ❼ von 90 % entschieden. Versuchen Sie aber auch andere Füllmethoden – Sie werden überraschende Resultate sehen.

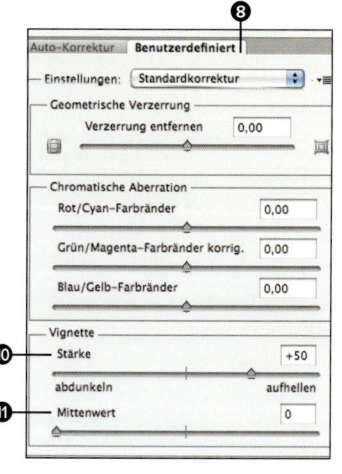

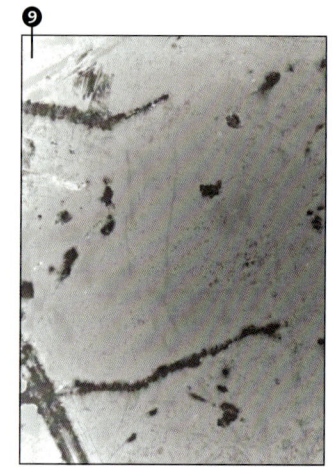

6 Helle Vignette

Für die Ecken dieser »grungigen« Struktur möchte ich auch wieder eine VIGNETTE, allerdings diesmal nicht als Eckenabdunkelung, sondern als Aufhellung ❾. Ich habe also unter FILTER • OBJEKTIVKORREKTUR aufgerufen, auf BENUTZERDEFINIERT ❽ geklickt, die STÄRKE ❿ auf +50 erhöht und den MITTENWERT ⓫ auf 0 reduziert.

7 Wolken und Rauschen

Damit die Struktur noch etwas dezenter und unauffälliger auf dem Foto liegt, habe ich eine Ebenenmaske ⬛ erstellt und über FILTER • RENDERFILTER • WOLKEN hinzugefügt ⑫. Anschließend habe ich für eine körnige Struktur ebenfalls über das Menü FILTER, diesmal RAUSCHFILTER • RAUSCHEN HINZUFÜGEN gewählt und eine STÄRKE ⑬ von 50 % eingestellt.

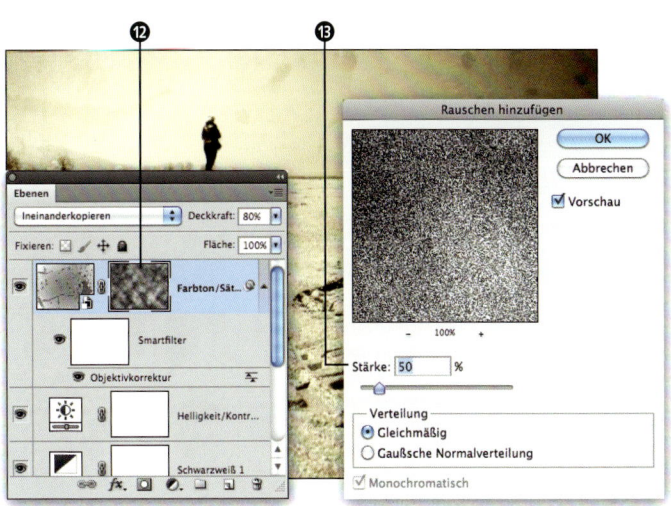

8 Pinsel suchen und herunterladen

Das Internet ist voll von kostenlosen Pinselspitzen, sogenannten Brushes, für Photoshop. Ich habe via Google nach »photoshop brushes« gesucht und die Seite *www.psbrushes.net* gefunden. Im Hauptmenü bin ich auf »Grunge« ⑭ aufmerksam geworden und hier schien mir »Grunge Brushes« ⑮ interessant. Via Download ⑯ habe ich das Set an Pinselspitzen dann auf meinen Rechner geladen.

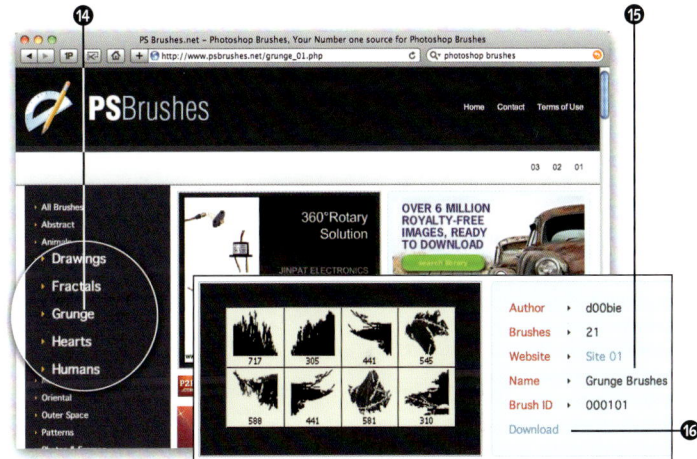

9 Pinsel laden

Nach dem Download der Pinsel kehren Sie zurück zu Photoshop (Sie können natürlich auch mit den Pinseln von Photoshop arbeiten, die sind halt nicht so »grungig«), aktivieren das PINSEL-WERKZEUG ✎, klicken auf die Schaltfläche für die Pinselvorgaben ⑰, klicken hier auf das Palettenmenü ⑱ und wählen PINSEL LADEN. Zeigen Sie Photoshop im Dialog ÖFFNEN, in welchem Verzeichnis das Pinselspitzen-Set ⑲ liegt, wählen Sie es aus, und öffnen Sie es. Photoshop ist dann um die »Grunge Brushes« erweitert.

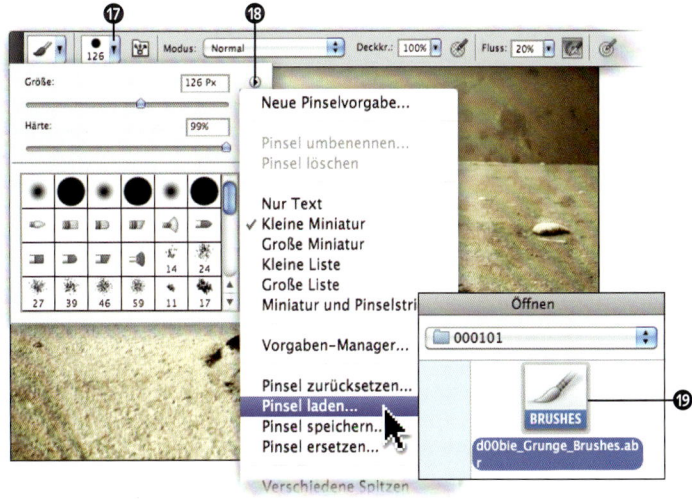

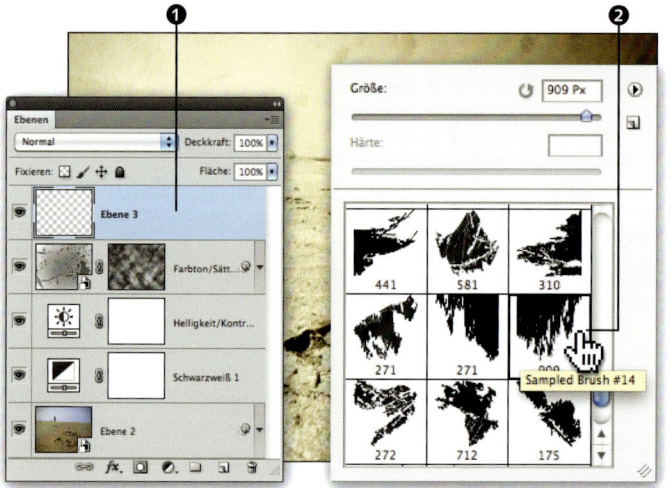

10 Neue Ebene und Pinsel wählen

Erstellen Sie zuoberst eine neue Ebene ❶, indem Sie in der Palette EBENEN auf 🔲 klicken. Durch einen Rechtsklick auf das Bild öffnet sich die Palette PINSELVORGABEN, und in der Liste finden Sie die »Grunge Brushes«. Ich habe als Erstes für den oberen Rand SAMPLED BRUSH #14 ❷ ausgesucht.

11 Grunge-Brush anwenden

Für den ersten Teils des Grunge-Randes habe ich den Pinsel, wie vom Brush-Designer vorgegeben, unverändert übernommen und mit einem Klick bei weißer Vordergrundfarbe das erste Stück ausgefressenen Rand erstellt ❸. Das reicht aber nur bis etwas über die Hälfte. Für den Rest müssen wir irgendwie variieren.

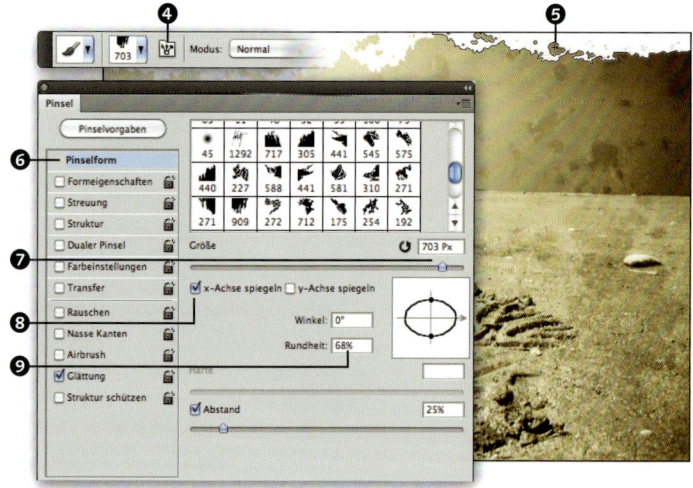

12 Pinselvorgaben variieren

Zum variieren der Pinseleinstellungen klicken Sie in der Palette OPTIONEN auf diese Schaltfläche ❹. Die Palette PINSEL öffnet sich. Hier habe ich unter PINSELFORM ❻ die GRÖSSE ❼ reduziert, den Pinsel um die x-Achse gespiegelt ❽ und die RUNDHEIT ❾ reduziert, wodurch der Pinsel flacher wird. Mit dieser Einstellung habe ich den Rest des oberen Randes ❺ fertiggestellt. Der Rest der Arbeit am Bild bestand nur mehr daraus, mit unterschiedlichen Pinseln und varriierenden Einstellungen den Rand rundum zu gestalten.

SCHWIERIGKEITSGRAD 2 FÜR AUFSTEIGER

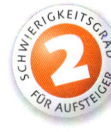

Passepartout und Holzrahmen

Mit Kunstfiltern und Ebenenstilen arbeiten

In diesem Workshop zeige ich Ihnen, wie Sie aus einem Passbild ein Gemälde machen. Wie alle Workshops in diesem Kapitel soll auch dieser Ihnen lediglich eine Basis liefern, von der aus Sie eigene Expeditionen in die kreativen Möglichkeiten von Photoshop starten können. Lassen Sie sich inspirieren!

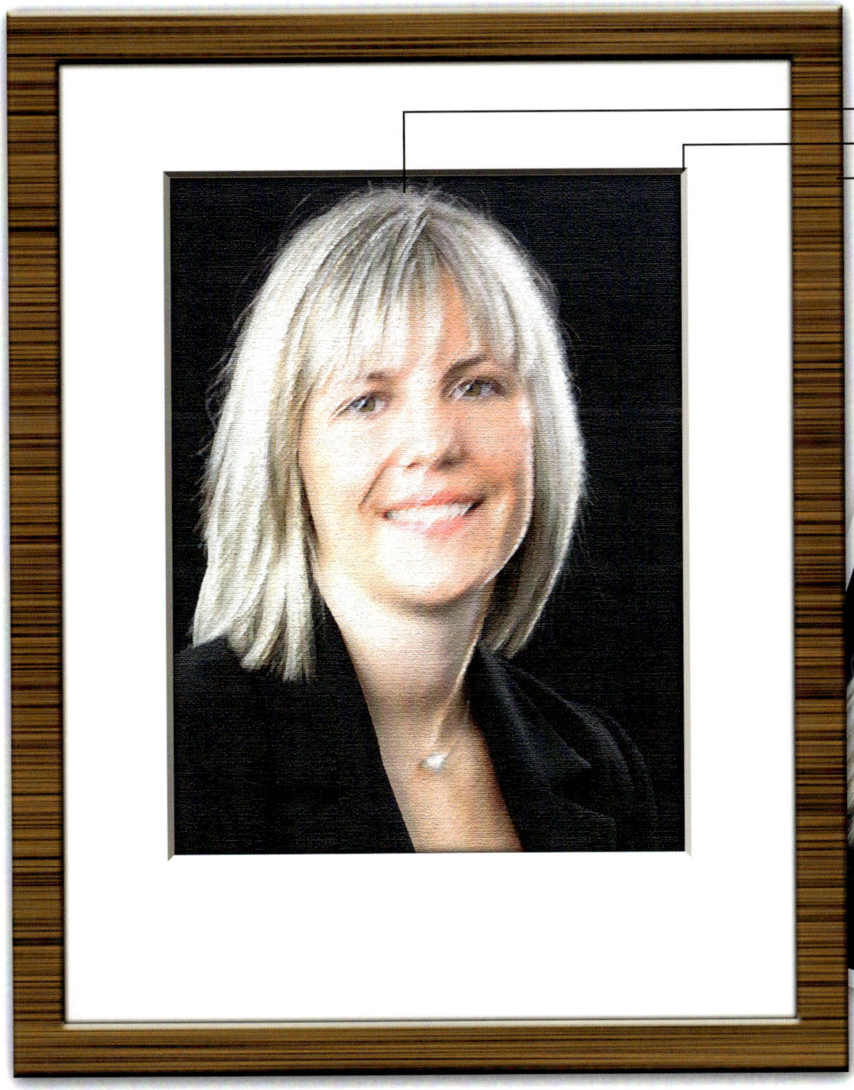

Zielsetzungen:

Foto in Gemälde verwandeln

Passepartout simulieren

Holzrahmen simulieren

[filtergalerie.tif]

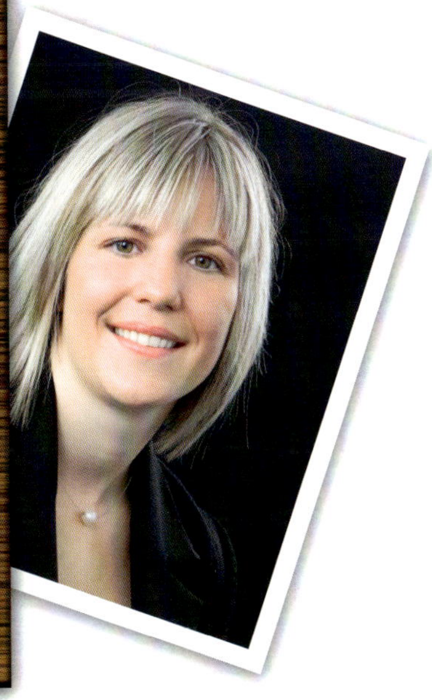

Foto: Markus W#ger, Modell: Sandra

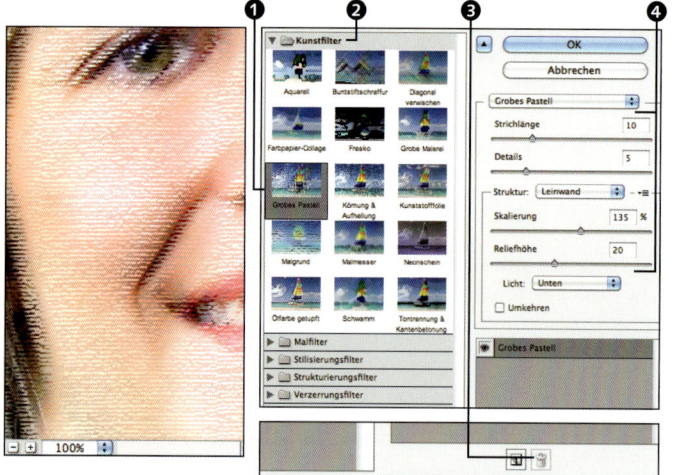

1 Filtergalerie

Zuerst werden wir das Foto zum Gemälde verfremden. Wählen Sie im Menü FILTER die FILTERGALERIE. Wenn Sie zuletzt den Workshop auf Seite 388 durchgearbeitet haben, dann sehen Sie zunächst die beiden dort verwendeten Objekte auf dieses Bild angewendet. Löschen ❸ Sie eine der beiden Effektebenen und aktivieren als neuen Filter im Bereich KUNSTFILTER ❷ GROBES PASTELL ❶. Ich habe mit den hier ❹ abgebildeten Einstellungen gearbeitet, aber Sie können natürlich auch mit eigenen Einstellungen experimentieren.

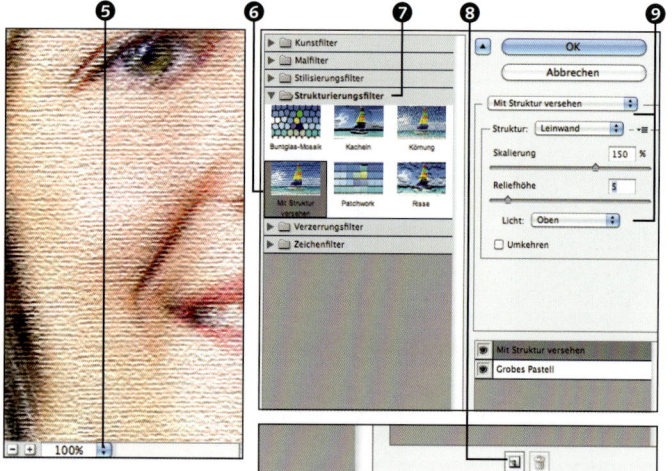

2 Nicht vergessen: 100-Prozent-Ansicht

Sie sollten auf jeden Fall die Auswirkungen der Filtereinstellungen in der 100-Prozent-Ansicht beurteilen ❺. Ich habe eine zweite Effektebene ❽ erstellt und unter STRUKTURIERUNGSFILTER ❼ MIT STRUKTUR VERSEHEN ❻ ausgewählt. Damit die Struktur kräftig herauskommt, habe ich SKALIERUNG auf 150 % erhöht und die RELIEFHÖHE mit 5 fixiert ❾.

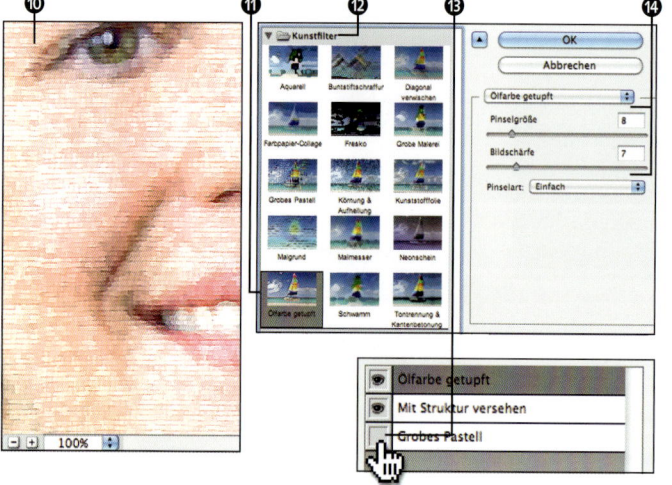

3 Neuer Filter und Filter ausblenden

Als dritte Effektebene habe ich unter KUNSTFILTER ⓬ ÖLFARBE GETUPFT ⓫ hinzugefügt, und zwar mit einer PINSELGRÖSSE von 8 und einer BILDSCHÄRFE von 7 ⓮. Eine zusätzliche Effektebene kann das Aussehen eines Bildes vollständig verändern. Wenn Sie prüfen wollen, wie das Bild ohne die eine oder andere Ebene aussieht, brauchen Sie sie nicht zu löschen, sondern können sie einfach ausblenden. Wenn Sie zum Beispiel hier GROBES PASTELL ⓭ ausblenden, dann sieht das Ergebnis so ❿ aus.

4 Filter-Reihenfolge

Ist eine Effektebene ausgeblendet, und man beendet Filtergalerie mit OK, wird das Bild, wie in der Vorschau zu sehen, umgewandelt – also ohne die ausgeblendete Effektebene. Ich jedoch habe Grobes Pastell wieder eingeblendet und probiert, wie das Bild mit einer anderen Reihung der Effekte aussieht. Dazu habe ich die oberste Ebene, Ölfarbe getupft, an die zweite Stelle, also zwischen Mit Struktur versehen und Grobes Pastell, gezogen ⓮. Mit diesem Ergebnis habe ich den Filter dann mit OK geschlossen.

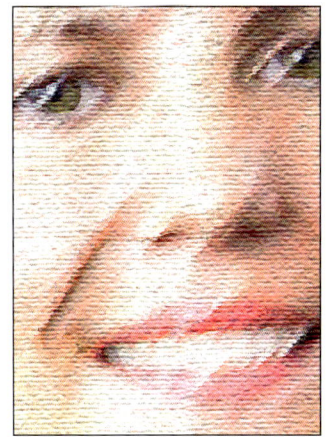

5 Transparenz als Auswahl laden

Wandeln Sie den Hintergrund mit Doppelklick in eine reguläre Ebene um. Wählen Sie Bild • Arbeitsfläche und erweitern Sie sie mit der Einstellung Relativ ⓰ um 4 cm. Bestätigen Sie mit OK, rufen Sie Arbeitsfläche neuerlich auf, stellen Sie diesmal 1 cm für die Höhe ein, und aktivieren Sie den Anker ⓱ oben – der Zentimeter wird dann unten angefügt. Nachdem Sie den Dialog mit OK verlassen haben, erstellen Sie eine Neue Ebene ⌗ ⓳ und laden per Strg/⌘-Klick hier ⓴ die Transparenz der unteren Ebene als Auswahl ⓲.

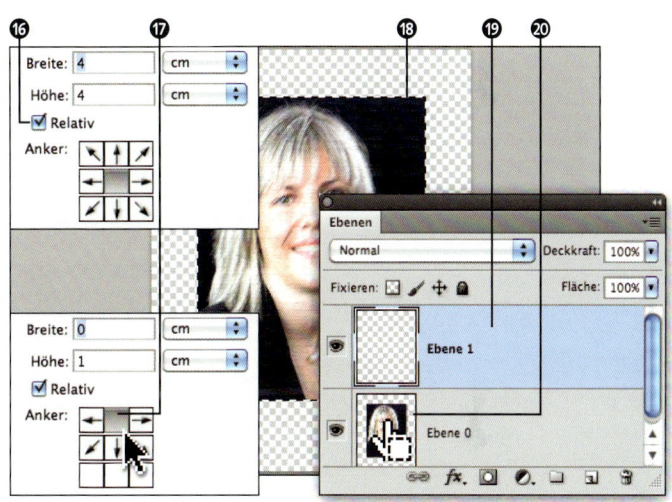

6 Auswahl umkehren, Fläche füllen

Kehren Sie die Auswahl über das Menü Auswahl • Auswahl umkehren (Strg/⌘ + I) in ihr Gegenteil um ㉑, so dass der im Moment noch transparente Bereich ausgewählt ist. Stellen Sie eine passende Farbe für das Passepartout als Vordergrundfarbe ein – ich habe 244 Rot, 239 Grün und 238 Blau gewählt –, und füllen Sie, zum Beispiel über Alt + ←, die ausgewählte Fläche der oberen Ebene ㉒.

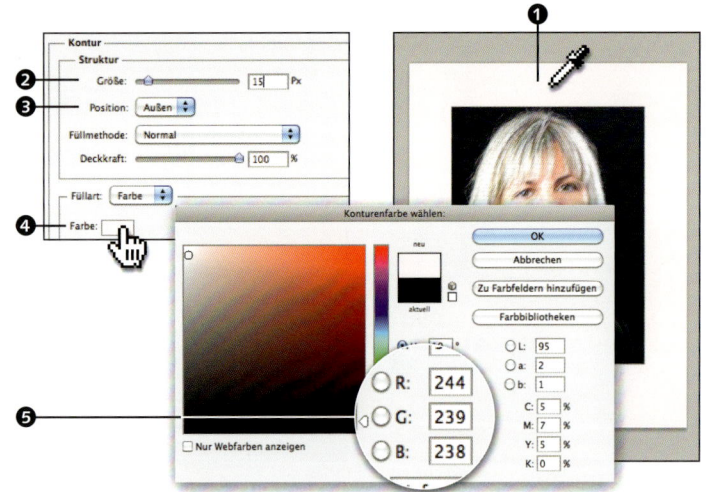

7 Tiefe mit Ebenenstilen

Passepartouts haben in der Regel eine schräge Schnittkante. Die Plastizität dieser Kante lässt sich mit Ebenenstilen simulieren. Erzeugen Sie über die Schaltfläche **fx** auf der Palette EBENEN für die obere Ebene zunächst eine KONTUR. Ich habe die GRÖSSE ❷ mit 15 Pixeln definiert – die POSITION ❸ muss AUSSEN liegen. Mit einem Klick auf das Feld bei FARBE ❹ habe ich den Dialog KONTURFARBE WÄHLEN geöffnet, den Mauszeiger über dem Passepartout platziert ❶ und mit einem Klick dessen Farbe ❺ aufgenommen.

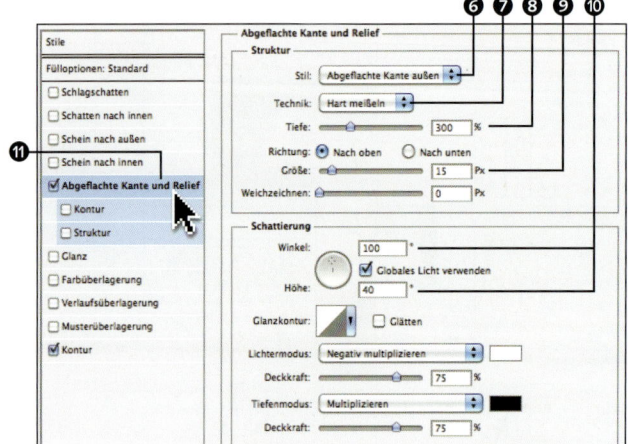

8 Abgeflachte Kante

Wechseln Sie zu ABGEFLACHTE KANTE UND RELIEF ⓫. Wählen Sie als STIL ❻ ABGEFLACHTE KANTE AUSSEN mit der TECHNIK ❼ HART MEISSELN. Die TIEFE ❽ habe ich mit 300 %, die GRÖSSE ❾ mit 15 Pixeln definiert – GRÖSSE IST hier also identisch mit der GRÖSSE der KONTUR, die unter dem nach außen ausgerichteten Reliefeffekt liegt. Für die SCHATTIERUNG habe ich einen WINKEL von 100° und eine HÖHE von 40° gewählt ❿. Dadurch sind Licht und Schatten an allen Schnittkanten zu sehen.

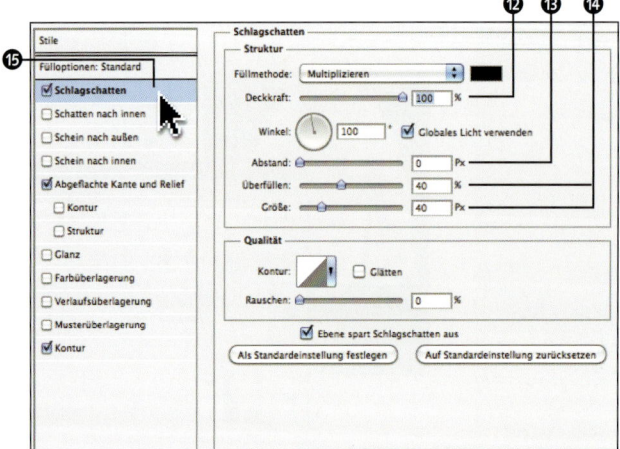

9 Schlagschatten

Zwar ist der Hintergrund des Fotos fast schwarz, dennoch kann ein Schatten den Eindruck der Tiefe unterstreichen – wäre der Hintergrund ganz schwarz, wäre Schatten nicht mehr sichtbar. Aktivieren Sie SCHLAGSCHATTEN ⓯. Ich habe die DECKKRAFT ⓬ auf 100 % erhöht, den ABSTAND ⓭ auf 0 Pixel reduziert und für ÜBERFÜLLUNG und GRÖSSE jeweils 40 ⓮ eigestellt. Der hohe Wert für ÜBERFÜLLUNG ist vor allem notwendig, weil der Effekt über die Kontur nach außen hinausragen muss. Schließen Sie den Dialog jetzt im OK.

10 Arbeitsfläche neuerlich erweitern

Für den Holzrahmen, den wir als Nächstes erstellen wollen, brauchen wir eine noch größere Arbeitsfläche. Wählen Sie deshalb noch einmal ARBEITSFLÄCHE im Menü BILD, und erweitern Sie sie RELATIV um 2 cm.

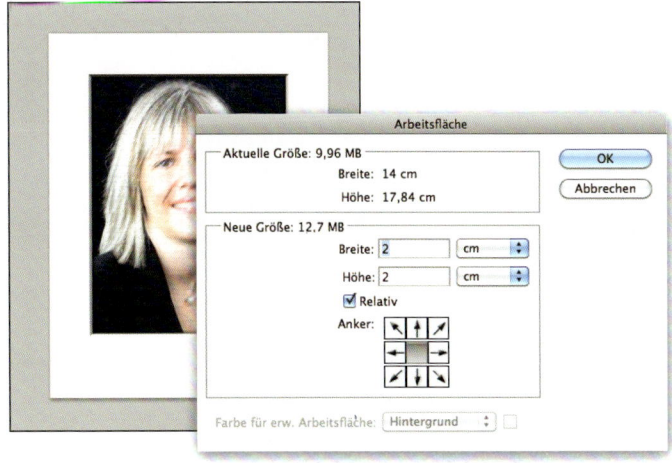

11 Neue Ebene mit weißer Fläche

Auch der Rahmen soll auf einer eigenen Ebene stehen. Erstellen Sie also in der Palette EBENEN über [ ] eine neue Ebene ❶⑥, und füllen Sie sie mit Weiß (zum Beispiel Weiß als Vordergrundfarbe und [Alt] + [←]).

12 Fasern

Das Füllen der Ebene war notwendig, damit wir den nächsten Filter anwenden können. Wählen Sie im Menü FILTER • RENDERFILTER • FASERN – auf einer transparenten Ebene würde dieser Dialog seinen Dienst verweigern.

Ich habe Fasern mit einer VARIANZ ❶⑦ von 10 und einer STÄRKE ❶⑧ von 60 erstellt.

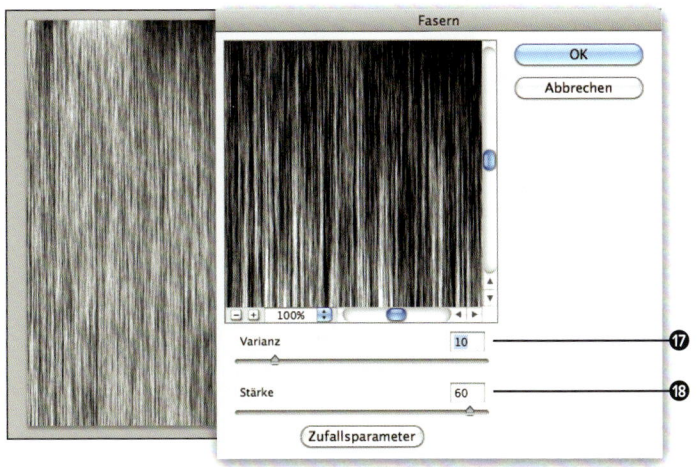

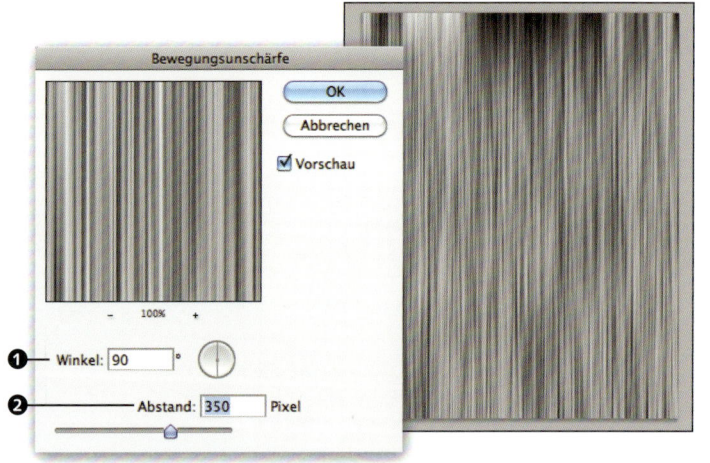

13 Bewegungsunschärfe

Bisher erinnert die mit dem Filter FASERN erzeugte Sturktur nur weit entfernt und bei viel gutem Willen an Holz, doch wenn Sie unter WEICHZEICHNUNGSFILTER • BEWEGUNGSUN-SCHÄRFE wählen, den WINKEL ❶ entlang der Fasern-Struktur auf 90° ausrichten und den ABSTAND ❷ sehr hoch definieren, dann kommen wir der Sache schon einen deutlichen Schritt näher.

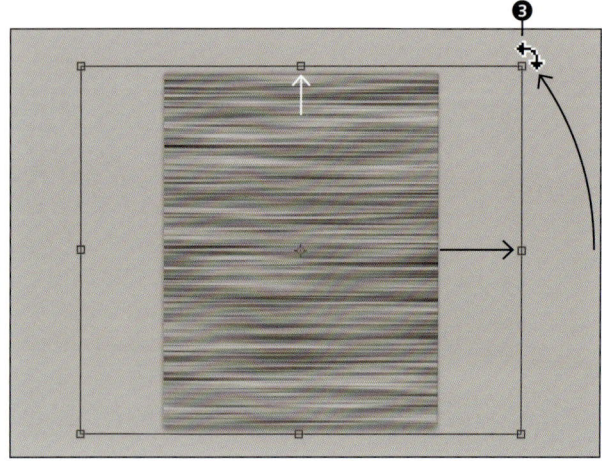

14 Skalieren und drehen

Die Strukur soll horizontal verlaufen, und die schwarzen Flecken, die durch die Fasern oben auf der Fläche entstanden sind, sollen verschwinden. Über das Menü BEARBEITEN rufe ich FREI TRANSFORMIEREN ([Strg]/[⌘] + [T]) auf, drehe den Frei-transformieren-Rahmen (bei gedrückter [⇧]-Taste) um 90° ❸ und skaliere die Struktur an den seitlichen Anfassern (bei gedrückter [Alt]-Taste, damit sich das Skalieren auf die Mitte bezieht und in die jeweils entgegengesetzte Richtung gleichmäßig verläuft).

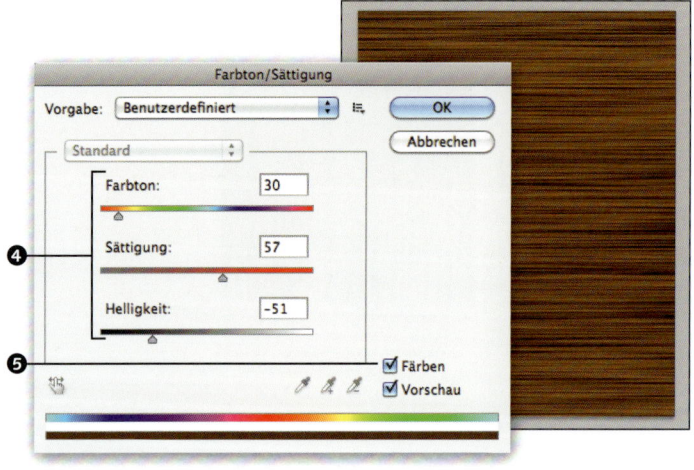

15 Färben

Bevor Sie weiterarbeiten können, müssen Sie FREI TRANSFORMIEREN mit [↵] bestätigen. Wählen Sie dann im Menü BILD • KORREKTU-REN • FARBTON/SÄTTIGUNG, um der Struktur nun auch eine zu Holz passende Farbe zu verleihen. Auch hier ist es besser, destruktiv über das Menü BILD vorzugehen als über eine nicht-destruktive Einstellungsebene. Aktivieren Sie FÄRBEN ❺, und stellen Sie eine Farbe für das Holz ein. Ich habe mit meinen Einstellungen ❹ dunkles Holz simuliert, aber experimentieren Sie ruhig mit eigenen Werten.

16 Auswahl für Rahmen-Maske

Blenden Sie für den Moment die Ebene des Holzrahmens aus ❼, und aktivieren Sie die darunterliegende Ebene ❾ mit dem Passepartout. Wählen Sie sodann den transparenten Bereich außerhalb des Passepartouts ❻ per Klick mit dem ZAUBERSTAB-WERKZEUG 🪄 aus. Für die folgenden Effekte muss der Bereich außerhalb der Arbeitsfläche, der in Schritt 14 entstanden ist, gelöscht werden. Wählen Sie dazu BILD • FREISTELLEN. Aktivieren Sie wieder die obere Ebene ❿, und erstellen Sie eine Ebenenmaske ⬛ ❽.

17 Abgeflachte Kante innen

Nun fehlt nur noch die plastische Wirkung für den Rahmen. Erstellen Sie über 𝑓𝑥 einen Ebenenstil ABGEFLACHTE KANTE UND RELIEF, wählen Sie ABGEFLACHTE KANTE INNEN ⓫, ABRUNDEN ⓬, 150 % TIEFE ⓭ (verstärkt Schatten und Lichtreflexe), eine GRÖSSE ⓮ von 15 Pixeln, und reduzieren Sie das WEICHZEICHNEN ⓯ auf 0. Um die Schatten noch mehr zu betonen, habe ich die DECKKRAFT ⓰ für den TIE-FENMODUS auf 100 % erhöht. Schließen Sie den Dialog noch nicht, sondern aktivieren Sie links zusätzlich SCHLAGSCHATTEN.

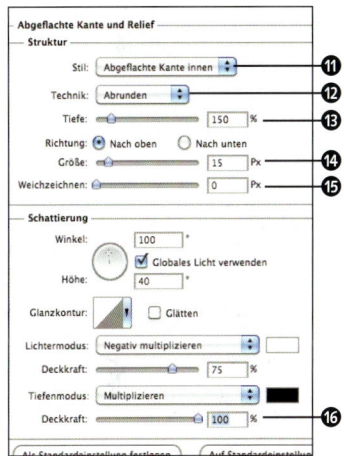

18 Schlagschatten

Für den Rahmen habe ich die DECKKRAFT ⓱ auf 100 % eingestellt, den ABSTAND ⓲ auf 0 Pixel reduziert, das ÜBERFÜLLEN ⓳ auf 20 % erhöht und die GRÖSSE ⓴ mit 15 Pixeln justiert. Mit 2 % habe ich ein geringes RAUSCHEN ㉑ hinzugefügt. Das sind keine Standardwerte, im Gegenteil sind DECKKRAFT und ÜBERFÜL-LUNG sogar etwas extrem. Bei diesem Bild scheinen sie mir aber sehr gut zu funktionieren. Wenn Sie mit Ihren Einstellungen zufrieden sind, können Sie den Dialog mit OK schließen – das Bild ist fertig.

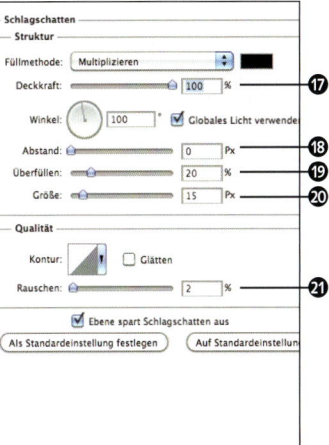

SCHWIERIGKEITSGRAD **2** FÜR AUFSTEIGER

Windeffekt mit Filtern

Ein Foto mit Speed-Effekt und Comic-Charakter

Photoshop ist, wie schon öfter erwähnt, eine Spielwiese. Zwar ist es auch ein absolut ernsthaftes Werkzeug, aber eines, das einfach auch Spaß machen darf. Gönnen Sie sich das Vergnügen, damit zu experimentieren und auf der Spielwiese der Möglichkeiten herumzutollen. Lassen Sie sich überraschen, was passiert. Als ich diesen Workshop begonnen habe, hatte ich ein anderes Resultat im Kopf, als das, was am Ende dabei herauskam. Aber hey, wenn etwas Cooles passiert, dann sollte man nicht stur auf fixen Ideen beharren. Der wahrhaft Kreative weiß, dass er ohne den Zufall als Partner nur halb so produktiv wäre.

Zielsetzungen:
Auto mit Speed-Effekt versehen
Comicartigen Illustrations-Charakter erzeugen
[comicspeed.jpg]

Foto: Markus Wäger

1 Hintergrund duplizieren

Erstellen Sie zwei Kopien ❷ der Ebene Hintergrund ❹ – ich habe das gemacht, indem
ich zweimal `Strg`/`⌘` + `J` eingegeben habe.
Blenden Sie daraufhin die obere Ebene aus ❶,
und aktivieren Sie die mittlere ❸.

2 Invertieren und Windeffekt

Wählen Sie Bild · Korrekturen · Umkehren
(`Strg`/`⌘` + `I`). Dadurch wird das Bild in-
vertiert ❺ (wie ein Fotonegativ in der analogen Fotografie). Danach wenden Sie über
Filter · Stilisierungsfilter · Windeffekt an.
Wählen Sie als Methode · Wind ❻ und Richtung · Rechts ❼. Bestätigen Sie mit OK, und
wiederholen Sie diesen Filter neuerlich mit
`Strg`/`⌘` + `F`. Es entstehen im ganzen Bild
solche Spuren ❽. Invertieren Sie das Bild über
`Strg`/`⌘` + `I` zurück.

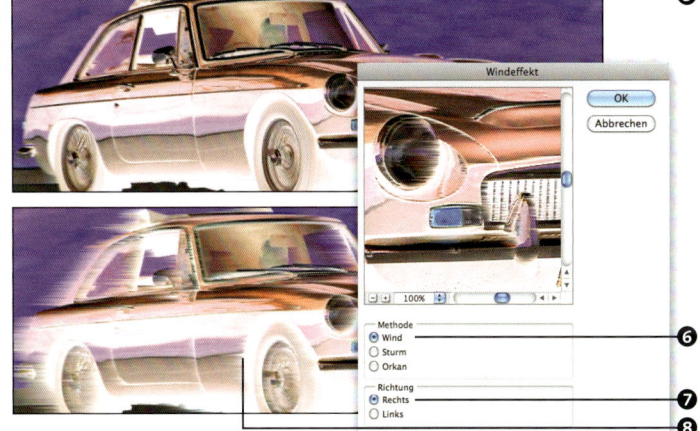

3 Schwarz maskieren

Klicken Sei bei gedrückter `Alt`-Taste auf das
Symbol für Ebenenmaske hinzufügen ,
damit Photoshop eine schwarz gefüllte
Ebenenmaske ⑪ erstellt. Dadurch wird der
komplette Bildinhalt dieser Ebene ausgeblendet. Tragen Sie dann an den Stellen, an denen
der Windeffekt sichtbar sein soll, mit dem
Pinsel-Werkzeug Weiß auf ❾. Blenden
Sie anschließend die oberste Ebene ⑩ ein,
und machen Sie sie zur aktiven Ebene.

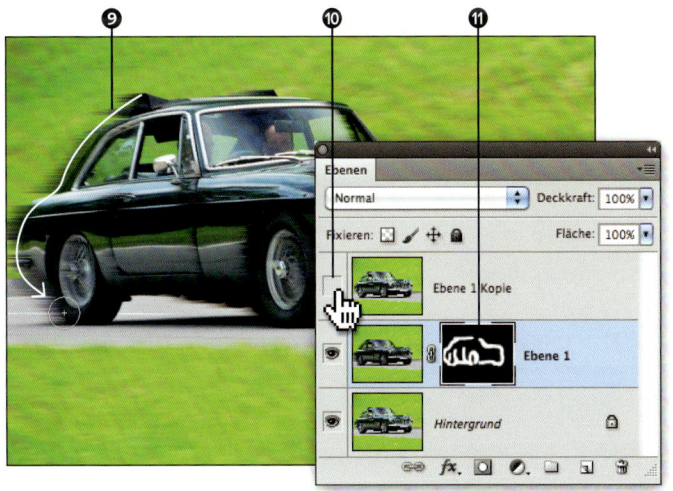

4 Windeffekt ohne Invertieren

Wenden Sie den Windeffekt mit `Strg`/`⌘` +
`F` auf die oberste Ebene an, diesmal ohne
das Bild vorher zu invertieren.

Während Sie vorher durch den Windeffekt
auf die invertierte Ebene schwarze Striche
erhalten haben, sind sie diesmal weiß geworden.

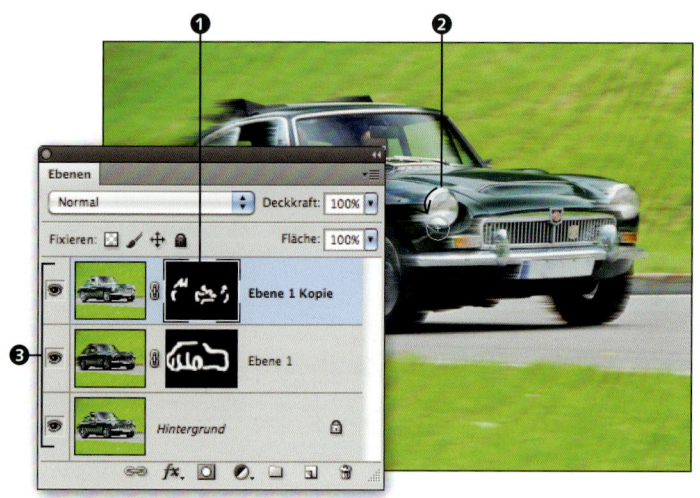

5 Hellen Windeffekt maskieren

Erstellen Sie für diese Ebene mit einem Klick
bei gedrückter `Alt`-Taste auf ◯ eine
schwarz gefüllte Maske ❶. Aktivieren Sie das
PINSEL-WERKZEUG ◯, und demaskieren Sie,
wo weiße Streifen sichtbar werden sollen ❷.

Für den letzten Schritt wählen Sie bei gedrückter ⬆-Taste alle Ebenen aus ❸, klicken
mit rechts darauf und wählen aus dem Kontextmenü In SMART-OBJEKT KONVERTIEREN, damit die drei Ebenen zu einer zusammengefasst
werden (aber im Bedarfsfall durch die Smart-
Objekt-Funktion editierbar bleiben).

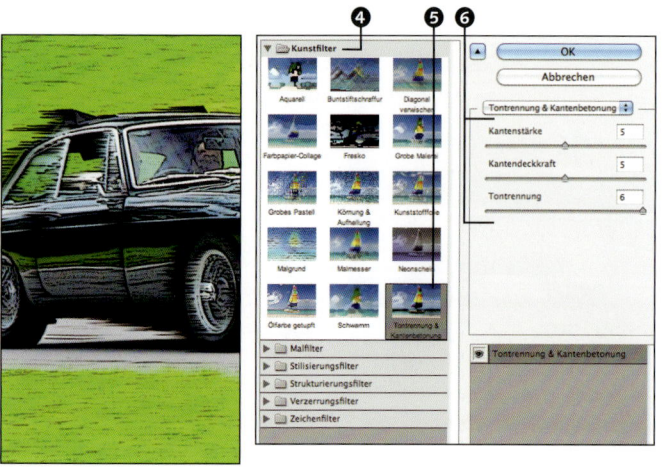

6 Tontrennung & Kantenbetonung

Öffnen Sie über FILTER die FILTERGALERIE (falls
hier mehrere Effektebenen vorhanden sind: in
Schritt 2 auf Seite 389 erfahren Sie, wie Sie
sie löschen). Ich habe mir als Effekt unter
KUNSTFILTER ❹ TONTRENNUNG & KANTENBETO-
NUNG ❺ ausgesucht und für KANTENSTÄRKE 5,
für KANTENDECKKRAFT 5 und für TONTRENNUNG
6 eingestellt ❻. Schließen Sie den Dialog mit
OK, und die Comiczeichnung mit Speedeffekt
ist fertig.

SCHWIERIGKEITSGRAD 2 FÜR AUFSTEIGER

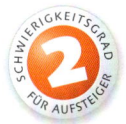

Spiegelung und Verlauf

Ein Produkt effektvoll in Szene setzen

In diesem Workshop wenden wir den Zeichenstift an, um eine Auswahl zu erstellen. Damit werden wir den Laptop freistellen und den Hintergrund löschen. Dann können wir den Computer duplizieren und spiegeln. Den Hintergrund werden wir mit einem coolen Verlauf versehen – Sie lernen, wie Sie einen komplexen Verlauf einstellen und ihn speichern können. Zuletzt dann werden wir mit einer Maske die Spiegelung nach und nach transparenter machen und die Deckraft reduzieren. Auch wenn die Perspektive dieser Montage nicht stimmt – das Resultat wirkt ungleich stimmungsvoller als das Ausgangsbild. Und in der Werbung können wir schon einmal mit Bildern arbeiten, die die Realität aufheben.

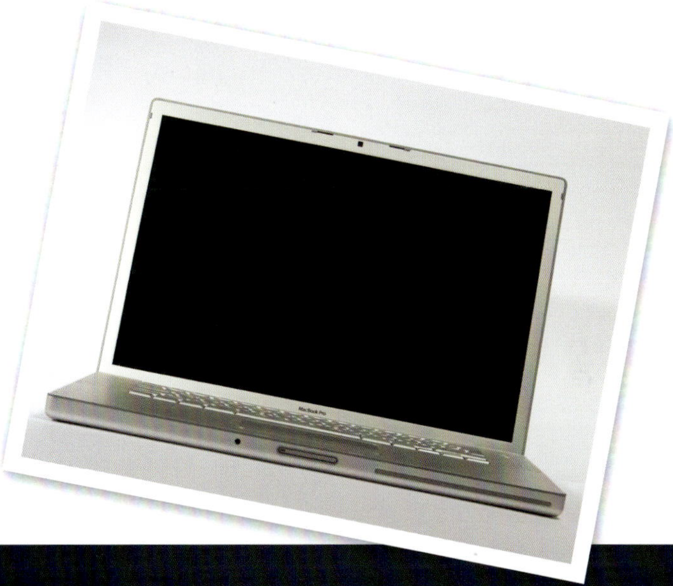

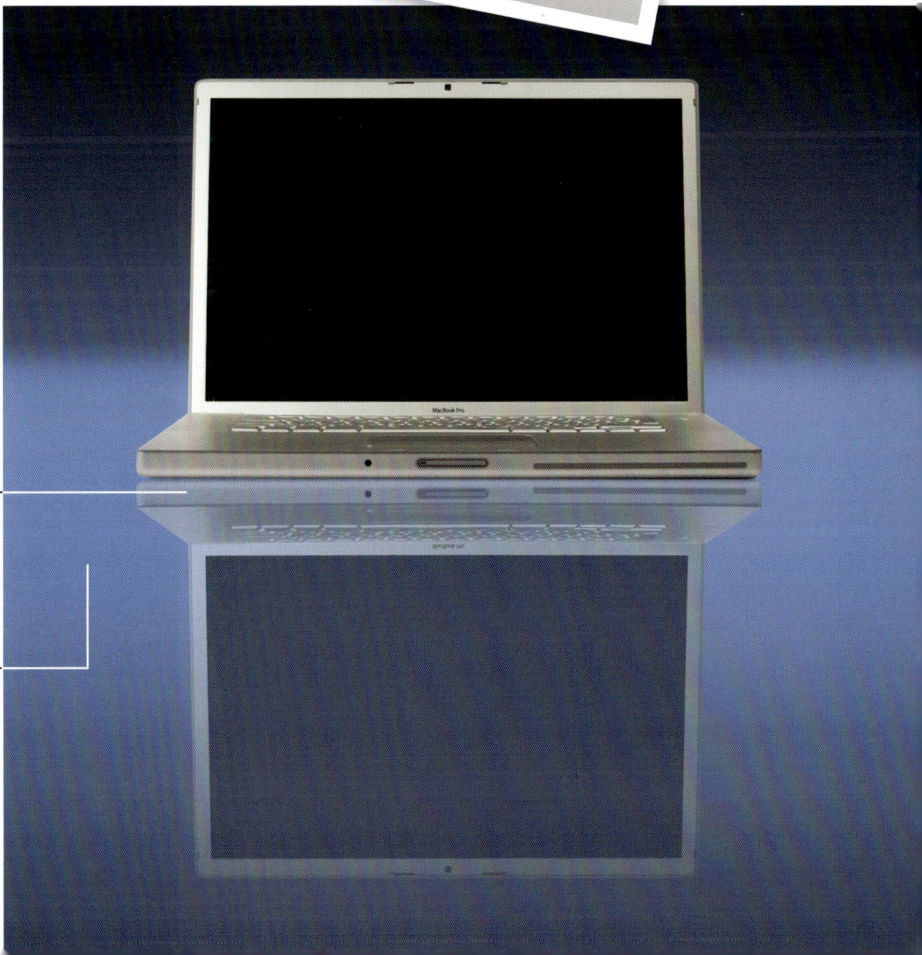

Zielsetzungen:
Laptop spiegeln
Verlauf als Hintergrund
[spiegelung.tif]

Foto: Markus Wäger

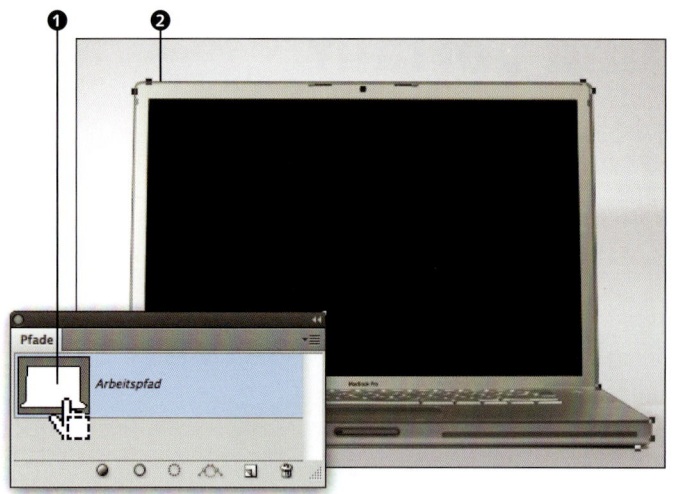

1 Pfad erstellen und als Auswahl laden

Wenn man das Zeichenstift-Werkzeug ✏️ (siehe Seite 192f.) ein bisschen beherrscht, kann man mit keinem anderen Werkzeug schneller und präziser eine Auswahl für diesen Laptop erstellen. Mit zwölf Klicks habe ich diesen Pfad ❷ erstellt und ihn anschließend mit einem Strg/⌘-Klick auf seine Miniatur ❶ in der Palette Pfade als Auswahl geladen.

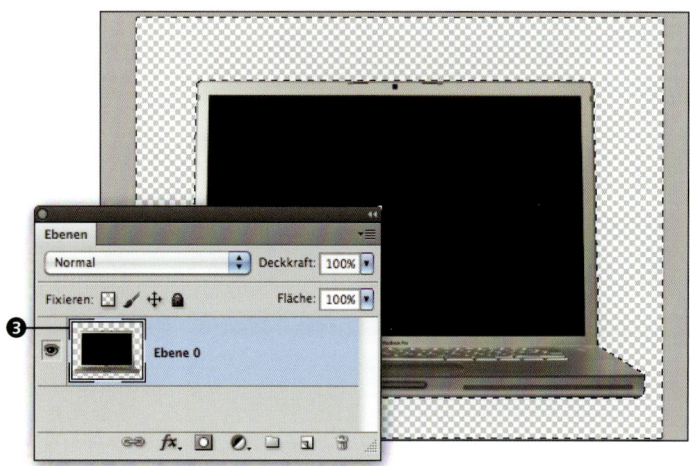

2 Auswahl umkehren und Hintergrund löschen

Um nun die Ebene Hintergrund des Laptops transparent zu bekommen, muss sie mit Doppelklick in eine reguläre Ebene ❸ umgewandelt werden. Kehren Sie anschließend über Auswahl • Auswahl umkehren oder Strg/⌘ + ⇧ + I die Auswahl in ihr Gegenteil um.

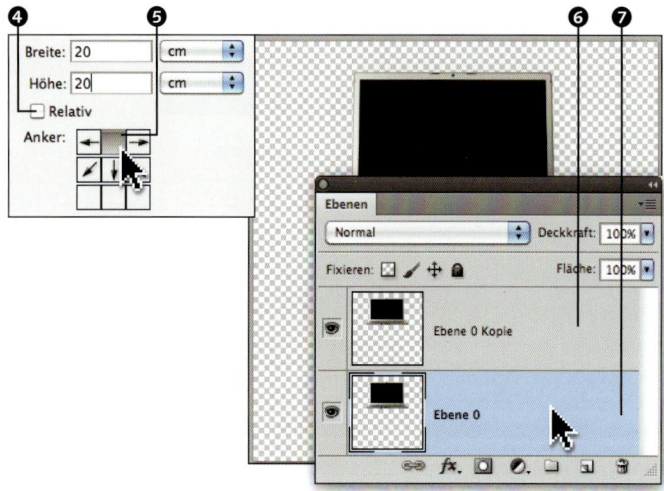

3 Arbeitsfläche erweitern und Ebene duplizieren

Wir brauchen Platz für die Spiegelung. Ich habe dazu über Bild • Arbeitsfläche das absolute Dokumentformat durch Deaktivieren von Relativ ❹ auf 20 × 20 cm ausgedehnt und den Anker ❺ oben fixiert, damit der zusätzliche Raum unten angehängt wird.

Nach Verlassen des Dialogs mit OK habe ich über den Shortcut Strg/⌘ + J eine Kopie ❻ der vorhandenen Ebene erstellt, danach aber sofort wieder die untere Ebene ❼ aktiviert – die soll jetzt gespiegelt werden.

4 Ebene um bestimmte Achse spiegeln

Aktivieren Sie über das Menü BEARBEITEN •
FREI TRANSFORMIEREN. In der Palette OPTIO-
NEN können Sie die LAGE DES REFERENZPUNK-
TES ❽ definieren. Wenn Sie mit einem Klick
bestimmen, dass der Punkt unten liegen soll
– er wird dann schwarz –, definieren Sie damit
auch die Achse, um die gespiegelt werden
soll. Nun können Sie mit der rechten Maustaste in den Frei-transformieren-Rahmen klicken ❾ und aus dem Kontextmenü VERTIKAL
SPIEGELN auswählen – die kopierte Ebene erscheint gespiegelt unter dem Laptop.

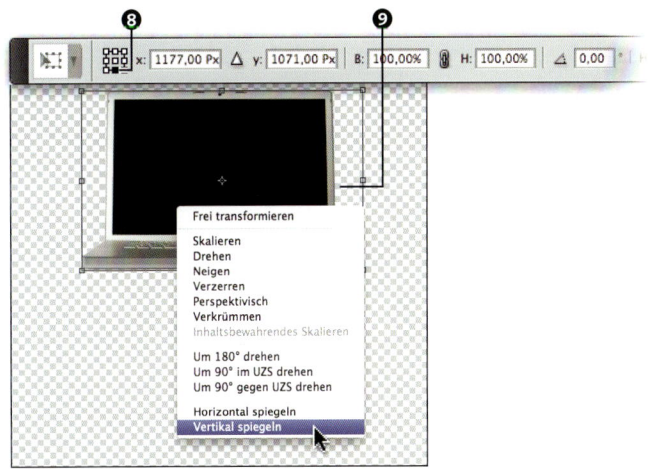

5 Verlaufsfüllung

Wählen Sie im Menü für FÜLL- UND EINSTEL-
LUNGSEBENE 🔘 auf der Palette EBENEN den
Eintrag VERLAUF. Da ich den Verlauf sogleich
bearbeiten wollte, habe ich auf den Verlauf ❿
geklickt, um in den Dialog VERLÄUFE BEARBEI-
TEN zu kommen. Damit wir mit derselben
Basis arbeiten können, stellen Sie am besten
auch, wie ich, SCHWARZ, WEISS ⓫ als Aus-
gangsverlauf ein.

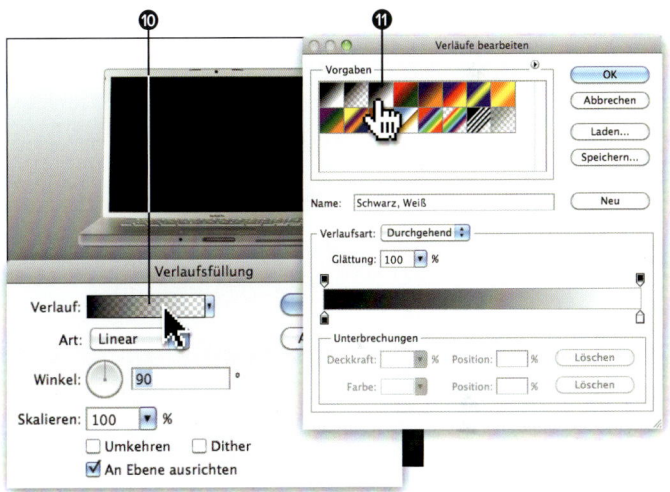

6 Verlaufsfeld einstellen

Um die Farbe der Verlaufsunterbrechungen zu
definieren, klicken Sie doppelt darauf. Ich
habe mit dem schwarzen Unterbrecher ⓬
links begonnen und im Dialog ENDFARBE WÄH-
LEN ein Blau mit diesen Werten ⓮ definiert.
Allerdings tut das exakte Blau in diesem
Workshop nichts zur Sache – Sie können auch
mit Grün oder Orange arbeiten.

Nachdem ich den Dialog ENDFARBE WÄHLEN
mit OK wieder verlassen habe, habe ich die
weiße Verlaufsunterbrechung ins Zentrum gezogen ⓭.

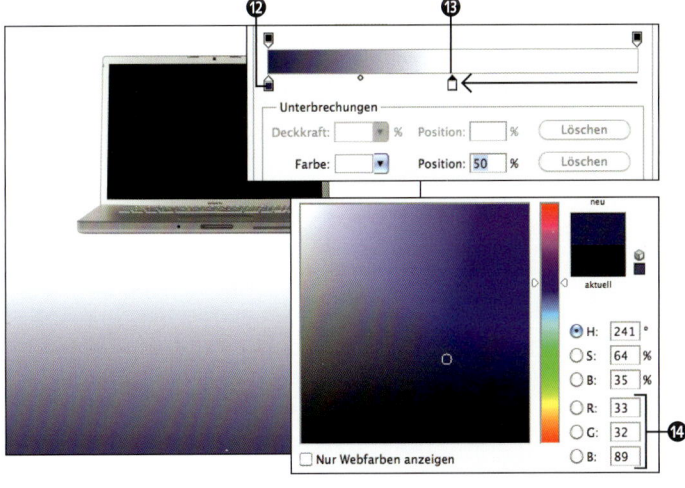

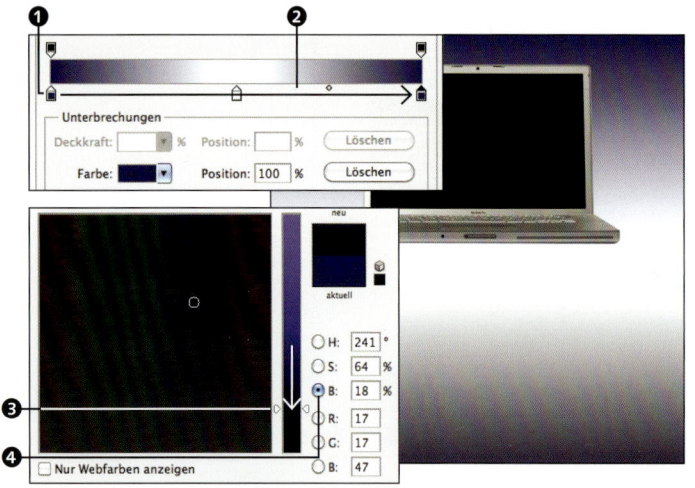

7   Verlaufsunterbrechung kopieren

Um eine zweite Verlaufsunterbrechung mit demselben Blau zu erhalten, wie wir sie schon haben, habe ich sie bei gedrückter ⌈Alt⌋-Taste von verschoben ❷. Anschließend habe ich mit Doppelklick auf die erste Unterbrechung ❶ ENDFARBE WÄHLEN aufgerufen, B ❹ für BRIGHTNESS (Helligkeit) aktiviert und dann die Helligeit mit diesen Reglern ❸ reduziert. Schließen Sie dann ENDFARBE WÄHLEN mit OK, bleiben Sie aber noch im Dialog VERLÄUFE BEARBEITEN.

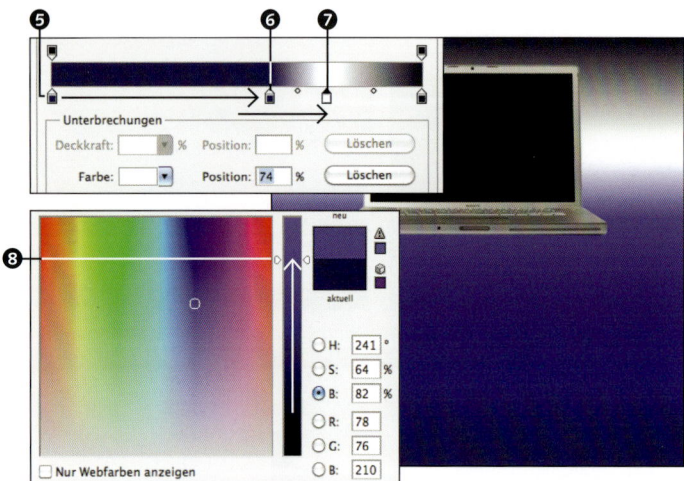

8   Verlaufsunterbrechung verschieben

Für das nächste Duplikat der Verlaufsunter-brechung ❺ habe ich zunächst die weiße Ver-laufsunterbrechung ❼ nach rechts versetzt. Dann habe ich neuerlich bei gedrückter ⌈Alt⌋-Taste die Verlaufsunterbrechung ❺ mit der Maus verschoben und etwa in der Mitte plat-ziert ❻. Mit einem Doppelklick auf ❻ konnte ich diese Unterbrechung wiederum einstellen und habe das Blau in den helleren Bereich verschoben ❽. Schließen Sie den Dialog dann wieder mit OK.

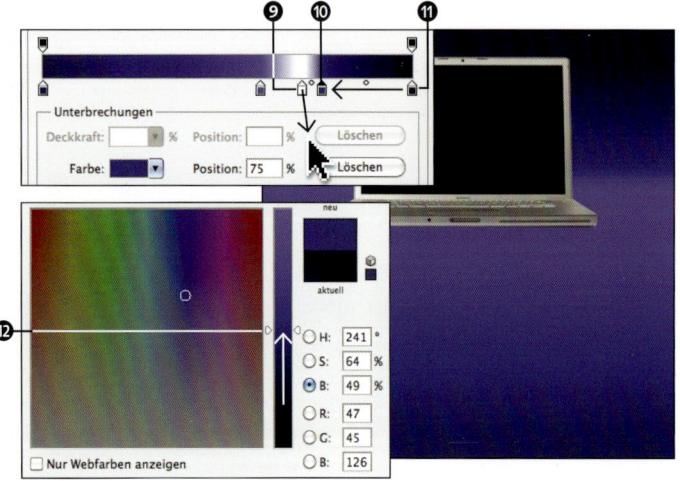

9   Verlaufsunterbrechung löschen

Da ich noch eine blaue Verlaufsunterbrechung wollte, habe ich jene ganz rechts ⓫ durch Verschieben bei gedrückter ⌈Alt⌋-Taste ko-piert und anschließend die weiße Verlaufs-unterbrechung ❾ gelöscht, indem ich sie vom Verlauf weggezogen habe. Öffnen Sie für die neue Unterbrechung ❿ den Dialog ENDFARBE WÄHLEN, und hellen Sie die Farbe ebenfalls auf ⓬.

10 Verlauf speichern

Ich habe zuletzt die beiden innen liegenden Verlaufsunterbrechungen ❶ so verschoben, dass das Zentrum des Verlaufs etwas oberhalb der Laptoptastatur zu liegen kommt ❸. Wenn Sie den Verlauf für spätere Anwendungen behalten wollen, können Sie ihm einen Namen geben ❻ und über NEU ❼ sichern. Er erscheint dann in der Liste der Verläufe ❺.

Schließen Sie VERLÄUFE BEARBEITEN und VERLAUFSFÜLLUNG jeweils mit OK.

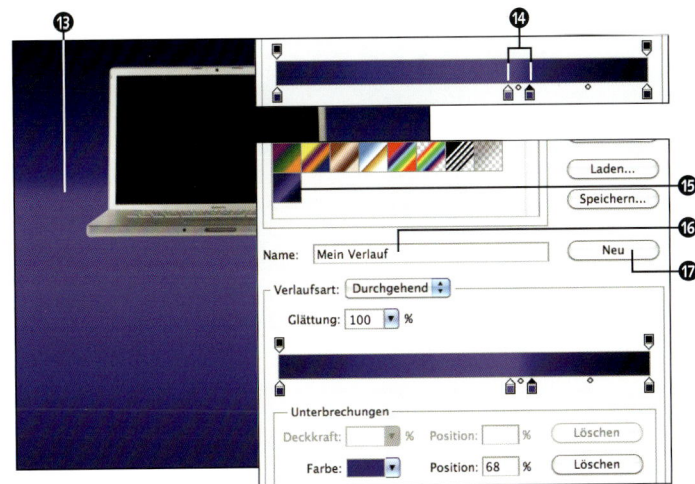

11 Spiegelung maskieren

Ziehen Sie die »Verlaufsfüllung« ❷ nach unten, unter die Ebene des gespiegelten Laptops. Aktivieren Sie dann die Ebene der Laptop-Spiegelung, und fügen Sie ihr eine Ebenenmaske 🔲 an. Aktivieren Sie das VERLAUFSWERKZEUG 🔲, stellen Sie SCHWARZ, WEISS als Verlauf und LINEARER VERLAUF ❾ als Art ein, und ziehen Sie bei gedrückter ⇧-Taste (zur exakt vertikalen Ausrichtung) einen Verlauf von unten nach oben ❽ in die Ebenenmaske ❷❶. Außerdem habe ich die DECKKRAFT ❷⓿ dieser Ebene auf 50 % reduziert.

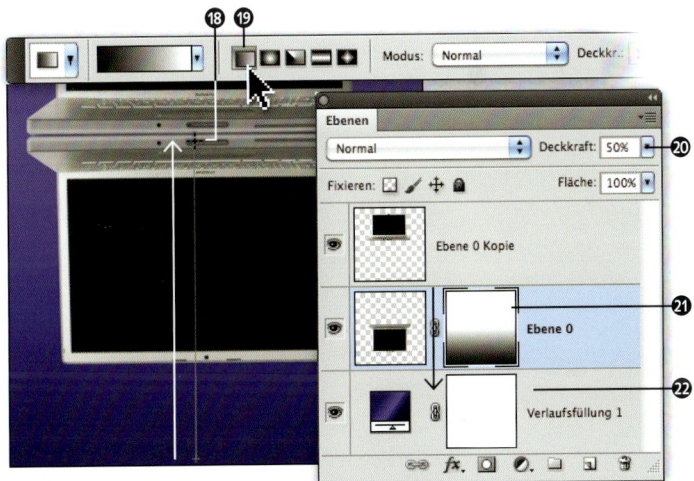

12 Farbton ändern

Da ich mit dem deutlich rötlich ausgefallenen Farbton nicht zufrieden war, habe ich eine neue Einstellungsebene FARBTON/SÄTTIGUNG 🟥 ❷❸ über die VERLAUFSFÜLLUNG gelegt und dort den FARBTON ❷❹ verschoben. Das ist eine viel einfachere Methode, als über die Bearbeitung der Einstellungsebene VERLAUFSFÜLLUNG alle vier Verlaufsunterbrechungen ändern zu müssen.

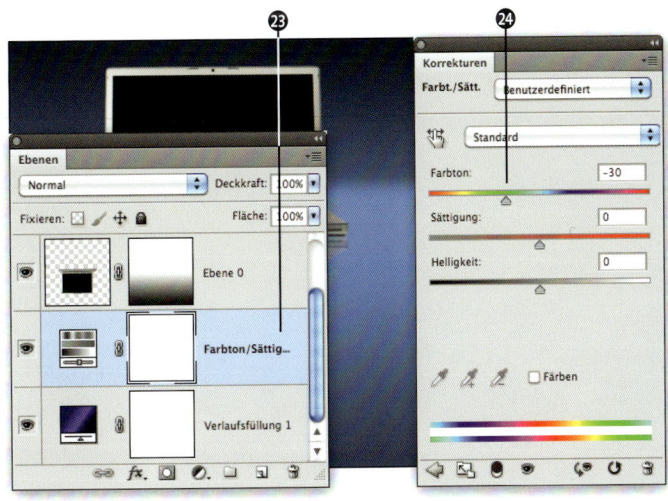

Automatisierung & Web

Lassen Sie Photoshop für sich roboten. Ich habe oft den Eindruck, dass viele Teilnehmer von Software-Seminaren von einem Programm erwarten, dass es für alles einen Knopf gibt, der Ihre Vorstellungen ausführt. Gott sei Dank ist der »Idee-in-meinem-Kopf-perfekt-umsetzen«-Button noch längst nicht in Sicht. Und ich hoffe, dass er auch nie kommen wird. Denn solange Gestaltung noch viel Kopf- und Handarbeit bedarf, werden Gestalter nicht arbeitslos sein. Doch es gibt immer wieder Aufgaben, die eine »dumme« Maschine problemlos ausführen kann. Meist sind diese Arbeiten so stupide, dass Sie sich ohnehin nur langweilen würden, wenn Sie sie auf Hunderte von Bildern anwenden müssten. Bei solchen Aufgaben sind Automatisierungsfunktionen Gold wert.

Foto: Markus Wäger

Automatisierung & Web

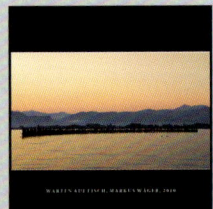

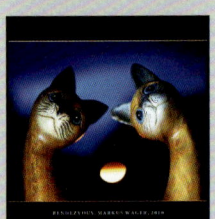

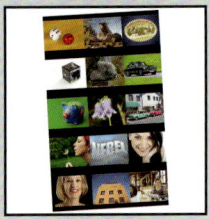

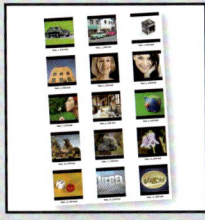

Aktionen aufzeichnen

Einen Flickr-Rahmen automatisch erstellen

Flickr ist so etwas wie You-Tube für Fotografen. Es ist ein gigantisches Fotoalbum mit oftmals ebenso gigantischen Aufnahmen und eine fantastische Inspirationsquelle. Hier zeige ich Ihnen, wie Sie Bilder mit schwarzen Balken noch effektvoller in Szene setzen, und wie Sie die dafür notwendigen Schritte aufzeichnen, um sie fortan mit einem einzigen Klick auf andere Bilder anwenden zu können.

Zielsetzung:
Die Erstellung von Rahmen für Flickr automatisieren
[aktionen.jpg]

WARTEN AUF FISCH, MARKUS WÄGER, 2010

Foto: Markus Wäger

1   Vorbereitung und Aktion starten

Öffnen Sie BEARBEITEN • FARBEINSTELLUNGEN, und aktivieren Sie EUROPA, UNIVERSELLE ANWENDUNGEN 2 ➋. Bestätigen Sie mit OK, und öffnen Sie dann BEARBEITEN • IN PROFIL UMWANDELN. Hier wählen Sie ADOBE RGB (1998) ➊. Wandeln Sie den HINTERGRUND per Doppelklick in eine reguläre Ebene um ➌.

Öffnen Sie die Palette AKTIONEN, erstellen Sie einen SATZ [ ] und benennen Sie ihn ➍. Erstellen Sie die AKTION [ ] ➎, geben Sie ihr einen Namen ➏, und klicken Sie auf AUFZEICHNEN [ ] – die Aufnahme läuft.

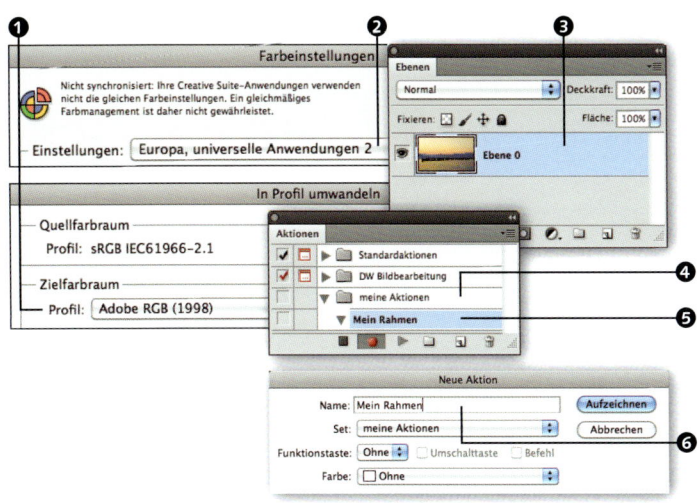

2   Auf Hintergrundebene reduzieren

Als Erstes habe ich über das Palettenmenü ≡ der Palette EBENEN den Befehl AUF HINTERGRUNDEBENE REDUZIEREN ➐. In der Palette AKTIONEN sehen Sie diesen Schritt prompt aufgezeichnet ➑.

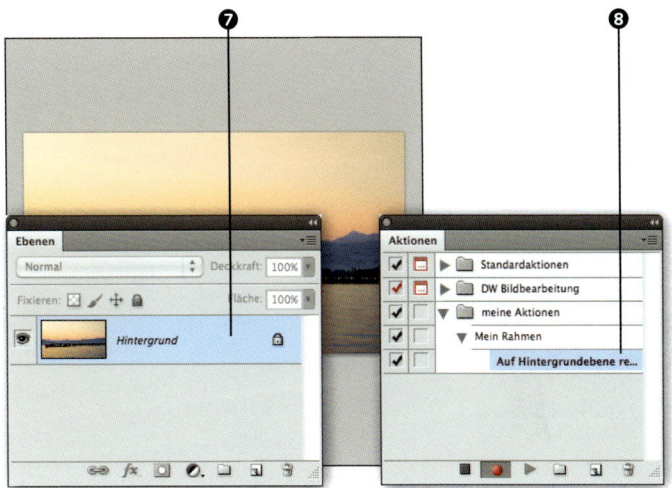

3   In reguläre Ebene umwandeln

Wandeln Sie den HINTERGRUND per Doppelklick wieder in eine reguläre Ebene ➒ um.

Wieso diese Umwandlerei der Ebene? Weil die Aktion für jedes Bild funktionieren soll! Wir hatten hier Anfangs ein auf HINTERGRUND reduziertes Bild und hätten die Aktion gleich mit dessen Umwandeln in eine reguläre Ebene starten können. Würde die Aktion aber später auf ein Bild *ohne* Hintergrund angewendet, würde die Aktion auch keinen Hintergrund vorfinden, schon im ersten Schritt ins Leere laufen und nicht weiter ausgeführt werden.

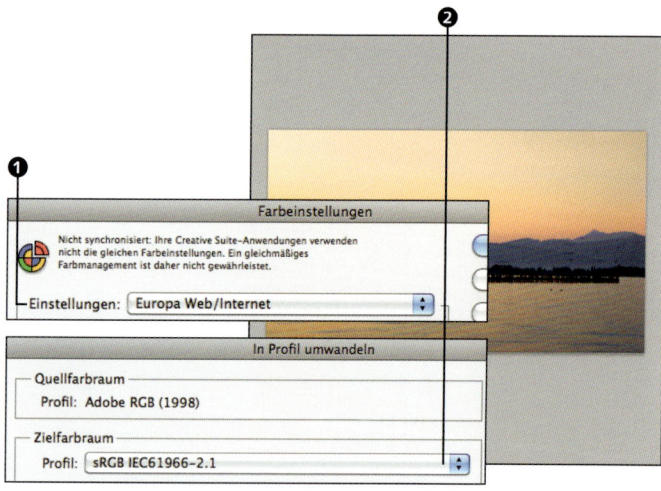

4 In Profil umwandeln

Der ideale Farbraum zum Publizieren im Internet ist sRGB. Öffnen Sie über BEARBEITEN den Dialog FARBEINSTELLUNGEN, und wählen Sie unter EINSTELLUNGEN • EUROPA WEB/INTERNET ❶. Schließen Sie den Dialog wieder, und öffnen Sie über BEARBEITEN • IN PROFIL UMWANDELN – hier wählen Sie sRGB IEC1966-2.1 ❷.

Die Umstellung in Schritt 1 war notwendig, damit sich *dieser* Schritt aufzeichnen lässt. Hätten wir das Bild im ursprünglichen sRGB belassen, könnten wir jetzt die Konvertierung *nach* sRGB nicht aufnehmen.

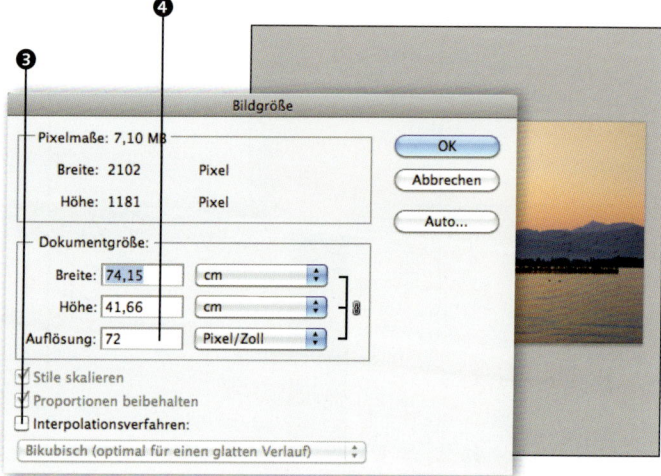

5 Auflösung definieren

Wählen Sie BILD • BILDGRÖSSE, deaktivieren Sie die Option INTERPOLATIONSVERFAHREN ❸, damit die PIXELMASSE selbst unverändert bleiben und sich nur die Ausgabeauflösung ändert, und definieren Sie für Letztere im Feld AUFLÖSUNG ❹ 72 ppi.

Die PIXELMASSE werden wir erst im nächsten Schritt fixieren. Da sich der SCHRIFTGRAD aber an der DOKUMENTGRÖSSE orientiert, muss die Auflösung für *alle* Bilder angeglichen werden, damit auch der Text immer gleich groß ausfällt.

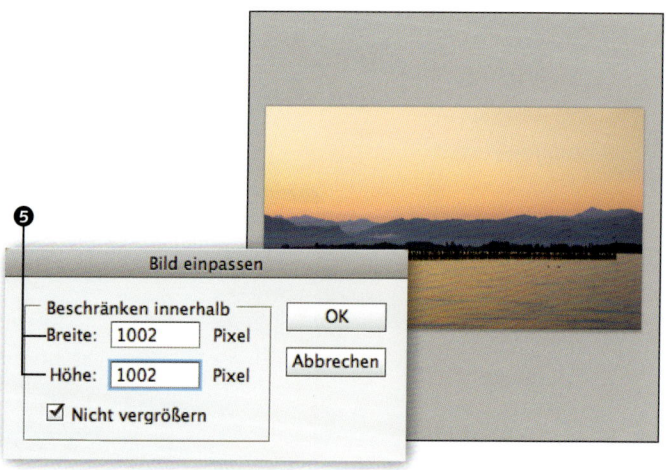

6 Bild einpassen

Für die PIXELMASSE wählen Sie DATEI • AUTOMATISIEREN • BILD EINPASSEN und geben hier für BREITE und HÖHE jeweils 1.002 PIXEL ❺ ein.

Wieso haben wir die Breite nicht im Dialog BILDGRÖSSE eingestellt? Nehmen wir an, die Aktion würde später über ein Bild mit 2.000 Pixeln Breite und 3.000 Pixeln Höhe laufen. Dann würde Photoshop aus der Breite 1.002 Pixel machen und aus der Höhe 1.503 Pixel machen – wir wollen aber *jedes* Bild zunächst im Rahmen von 1.002 × 1.002 Pixeln halten – deshalb der Weg über BILD EINPASSEN.

7 Arbeitsfläche bestimmen

Öffnen Sie über BILD den Dialog ARBEITSFLÄ-CHE, und stellen Sie BREITE ❼ und HÖHE auf jeweils 1.000 PIXEL ein – beachten Sie, dass RE-LATIV ❻ nicht aktiviert sein darf.

Wieso haben wir vorher 1.002 Pixel als BREI-TE fixiert und reduzieren jetzt auf 1.000 Pixel? Hätten wir zuvor bereits 1.000 Pixel als BREITE für BILD EINPASSEN gewählt, würde hier die Einstellung der Breite nicht aufgezeichnet, und die Aktion würde sodann ein Hochfor-mat-Bild auch nicht mehr wie gewünscht auf 1.000 Pixel BREITE erweitern.

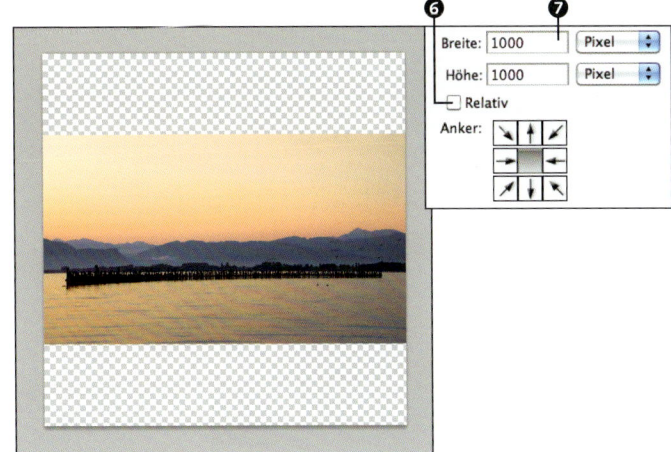

8 Neue Ebene unterhalb

Erstellen Sie mit einem Klick bei gedrückter `Strg`/`⌘`-Taste auf auf der Palette EBE-NEN ganz unten eine neue Ebene ❽.

In der Palette AKTIONEN wird auch dieser Schritt aufgezeichnet. Wenn Sie auf das kleine Dreieck ❾ vor dem Schritt klicken, dann se-hen Sie die Informationen ❿ dazu, und hier sollte eben auch zu lesen sein, dass die Ebene MIT UNTEN erstellt worden ist.

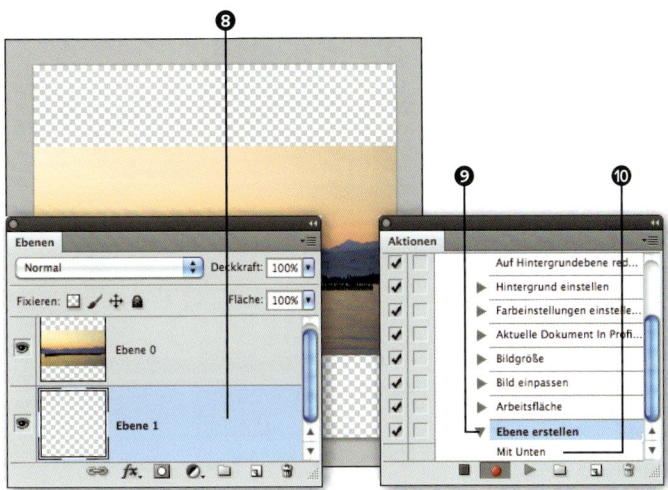

9 Farbfelder zurücksetzen und färben

Stellen Sie VORDER- und HINTERGRUNDFARBE zurück auf Schwarz und Weiß, indem Sie auf STANDARDFARBEN ⓫ klicken. Tun Sie das auch, wenn die Farben bereits Schwarz und Weiß sind! Denn setzen Sie die Farben *nicht* zurück und wenden die fertige Aktion später an, wenn andere Farben eingestellt sind, wird dann auch mit diesen Farben gefärbt, anstatt mit Schwarz, wie wir es wollen.

Füllen Sie die Fläche über `Alt` + `←` mit der Vordergrundfarbe.

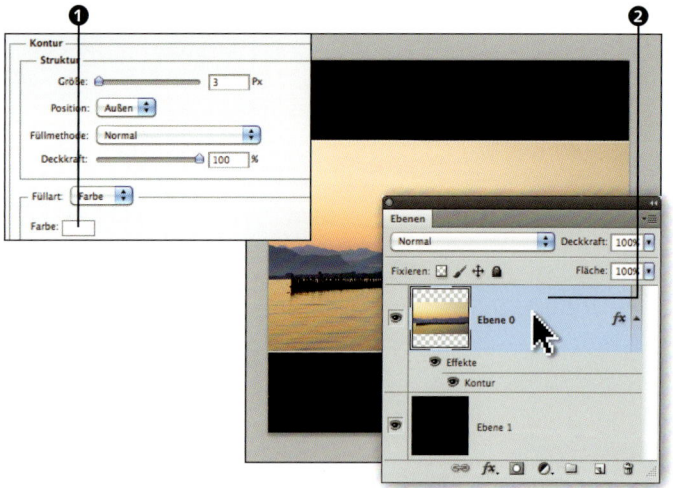

10 Weiße Kontur

Aktivieren Sie die obere Ebene ❷, auf der sich das Foto befindet, und fügen Sie ihr über die Schaltfläche für EBENENSTILE *fx* eine KONTUR hinzu. Als Einziges habe ich in diesem Dialog die FARBE ❶ von Schwarz auf Weiß umgestellt.

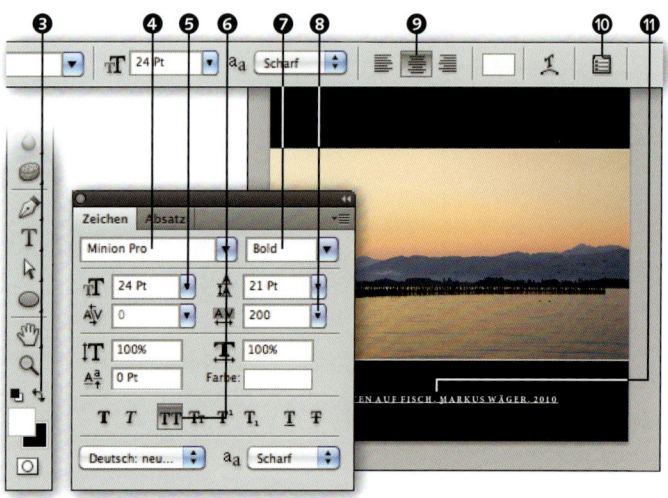

11 Text einfügen

Tauschen Sie VORDER- und HINTERGRUNDFARBE ❸, so dass Weiß zur VORDERGRUNDFARBE wird. Klicken Sie mit dem TEXT-WERKZEUG [T] etwa mittig unter das Bild ⓫. Richten Sie den Text zentriert ❾ aus. Klicken Sie dann hier ❿, um die Palette ZEICHEN zu öffnen ([Strg]/[⌘] + [T]). Ich habe als Schrift Minion Pro ❹ Bold ❼ bei 24 Punkt SCHRIFTGRAD ❺ und LAUFWEITE ❽ +200 gewählt und außerdem die Option GROSSBUCHSTABEN ❻ aktiviert. Mit diesen Voreinstellungen habe ich »Warten auf Fisch, Markus Wäger, 2010« geschrieben.

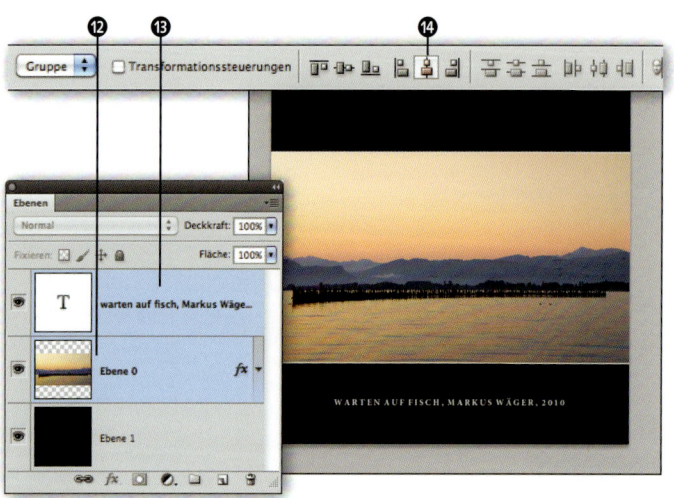

12 Ebenen zentrieren

Um die Textebene horizontal mittig auszurichten, aktivieren Sie das VERSCHIEBEN-WERKZEUG ▸⊕ und klicken mit [Strg]/[⌘]- oder [⇧]-Taste auf die Ebene mit dem Foto. Dadurch sollten dann sowohl Text- ⓭ als auch Fotoebene ⓬ gemeinsam ausgewählt sein. Nun können Sie in der Palette OPTIONEN • AUF HORIZONTALER MITTELACHSE AUSRICHTEN ⓮ anklicken und der Text wird unter dem Bild zentriert.

13 Vertikal verschieben

Falls Sie die vertikale Ausrichtung des Textes nicht mögen, können Sie das leider nicht über die Schaltfläche AUF VERTIKALER MITTELACHSE ZENTRIEREN ändern, denn dann würde natürlich der Text ins Zentrum *des Fotos* befördert. Ich habe bei gedrückter `Strg`/`⌘`-Taste auf die Fotoebene ❶❻ geklickt, damit diese deaktiviert wird und nur mehr die Textebene ❶❺ aktiv ist. Dann habe ich mit Hilfe der Taste `↑` den Text ein bisschen nach oben verschoben.

Tipp: `⇧` und `↓`/`↑` verschiebt Ebenen um das Zehnfache.

14 Aufzeichnung beenden

Nun, da alles aufgezeichnet ist, können Sie die Aufnahme beenden, indem Sie hier 🔴 ❶❽ klicken.

Tipp: Damit Aktionen nicht verloren gehen können, ist es empfehlenswert, sie als Backup-Datei auf der Festplatte zu sichern. Dazu aktivieren Sie den Ordner ❶❼ der Aktion(en) und wählen im Palettenmenü ▼≡ AKTIONEN SPEICHERN.

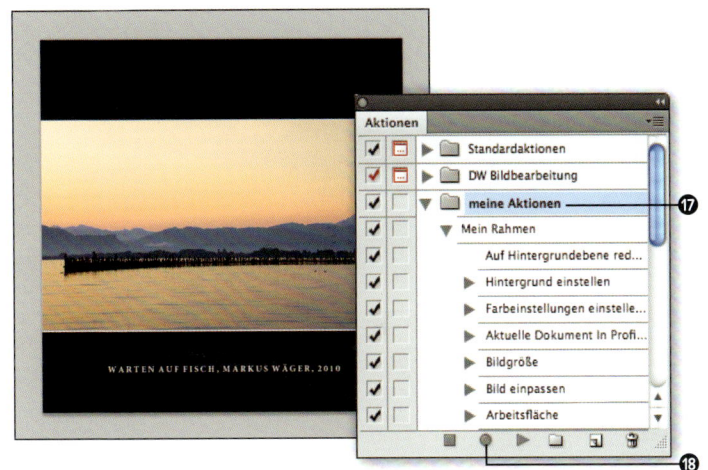

15 Schaltflächenmodus

Tipp: Wie man Aktionen starten und bearbeiten kann, erfahren Sie in den folgenden Workshops. Als Tipp möchte ich Sie aber noch darauf hinweisen, dass Sie als obersten Menüpunkt im Palettenmenü ▼≡ die Option SCHALTFLÄCHENMODUS finden, über die Sie Aktionen bequem mit einem Klick ❶❾ starten können. Wählen Sie erneut SCHALTFLÄCHENMODUS, um zur bisher bekannten Ansicht der Palette AKTIONEN zurückzukehren.

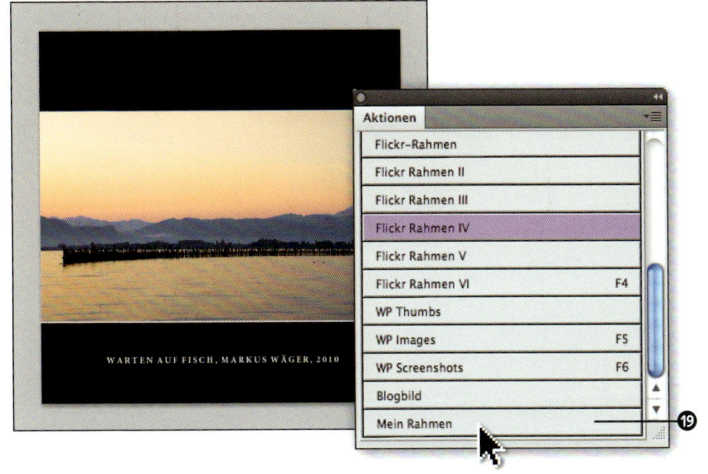

Aktionen bearbeiten

Aktionen um weitere Schritte ergänzen

Es kommt vor, dass eine Aktion um zusätzliche Schritte ergänzt werden muss. In diesem Beispiel soll in die Aktion aus dem vorangegangenen Workshop ein Zwischenschritt eingefügt werden. Zum Glück ist auch das mit Photoshop kein Problem.

Wenn Sie die Aktion im vorangegangenen Workshop aufgezeichnet haben, können Sie diesen und den nächsten Workshop damit ausführen. Ansonsten finden Sie im Ordner mit den Begleitbildern zum Buch meine Aktion und können sie über das Palettenmenü der Palette AKTIONEN und den Menüpunkt AKTION LADEN auch Photoshop hinzufügen.

Zielsetzung:

Aktion um den Schritt »Unscharf maskieren« ergänzen

[**Galileo Photoshop CS5 Aktion. atn, aktion_editieren.tif**]

RENDEZVOUS, MARKUS WÄGER, 2010

Foto: Markus Wäger

1 Position festlegen, Aufnahme starten

Um einen zusätzlichen Schritt in eine Aktion aufzunehmen, muss erst bestimmt werden, wo er am besten in den Ablauf passt. Wir wollen hier das Scharfzeichnen ergänzen – die logische Position dieses Schritts ist nach BILD EINPASSEN, wo die Bildgröße ja neu berechnet wird. Klicken Sie also in der Palette AKTIONEN den Schritt BILD EINPASSEN ❶ an, und starten Sie dann die Aufzeichnung ❷.

2 Unscharf maskieren und Aufzeichnung stoppen

Wählen Sie im Menü FILTER • SCHARFZEICHNUNGSFILTER • UNSCHARF MASKIEREN. Für die STÄRKE ❸ habe ich 200 % gewählt, für den RADIUS ❹ 0,3 Pixel – das sind Werte, die nach meiner Erfahrung für die Ausgabe für das Internet recht gut funktionieren.

Schließen Sie den Dialog. In der Palette AKTIONEN sehen Sie, dass UNSCHARF MASKIEREN ❺ hinter BILD EINPASSEN in den Aktionen-Ablauf aufgenommen wurde. Stoppen Sie die Aufzeichnung wieder per Klick hier ❻.

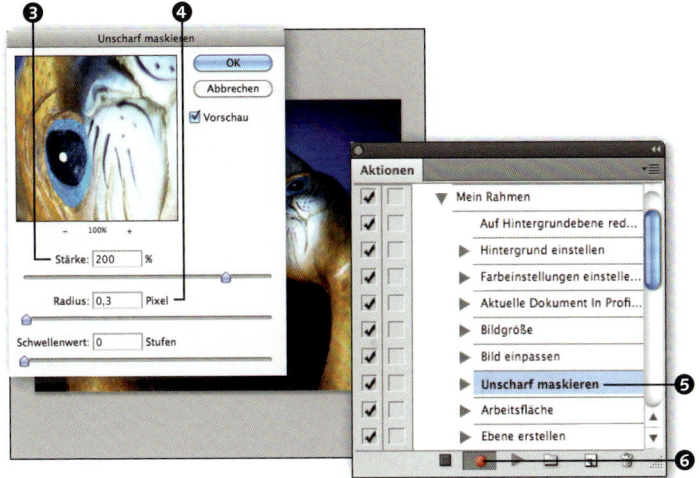

3 Aktion ausführen

Kehren Sie über DATEI • ZURÜCK ZUR LETZTEN VERSION zum Ursprungszustand des Bildes zurück. Aktivieren Sie MEIN RAHMEN ❼, und klicken Sie auf AUSWAHL AUSFÜHREN ❽. In wenigen Augenblicken entwickelt Photoshop das Bild auf Basis der Aktion. Danach habe ich natürlich den Titel des Bildes geändert. Da außerdem durch die Proportionen des Bildes unten zu wenig Platz geblieben ist, musste ich den Text durch Aktivieren des VERSCHIEBEN-WERKZEUGS und Drücken der ↓-Taste nach unten verschieben.

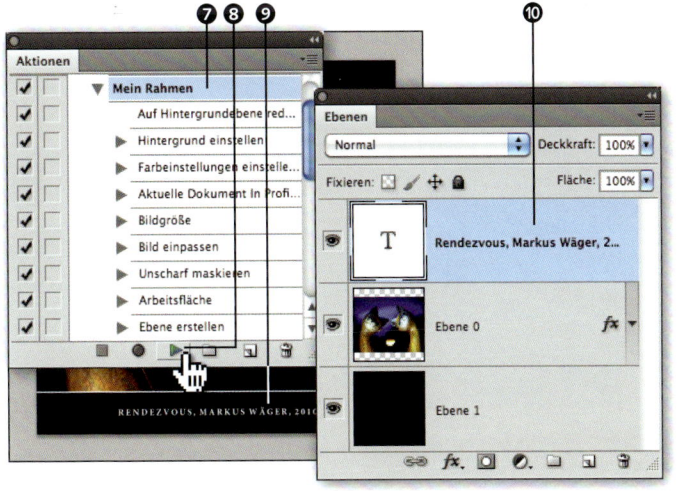

SCHWIERIGKEITSGRAD 2 FÜR AUFSTEIGER

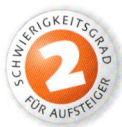

Aktionen ausführen

... und Dialoge für individuelle Anpassungen

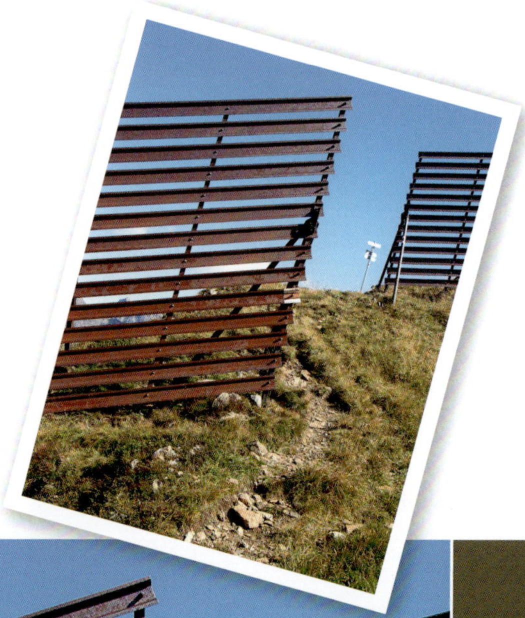

Beim Ablauf von Aktionen braucht man nicht jeden Schritt den einmal festgelegten Parametern zu überlassen. Manche Schritte sollten individuell angepasst werden – das Schärfen zum Beispiel. Außerdem lassen sich Schritte temporär überspringen, indem man sie einfach ausschaltet. Gegenüber dem Löschen von Schritten hat das natürlich den großen Vorteil, dass man sie später jederzeit wieder aktivieren kann.

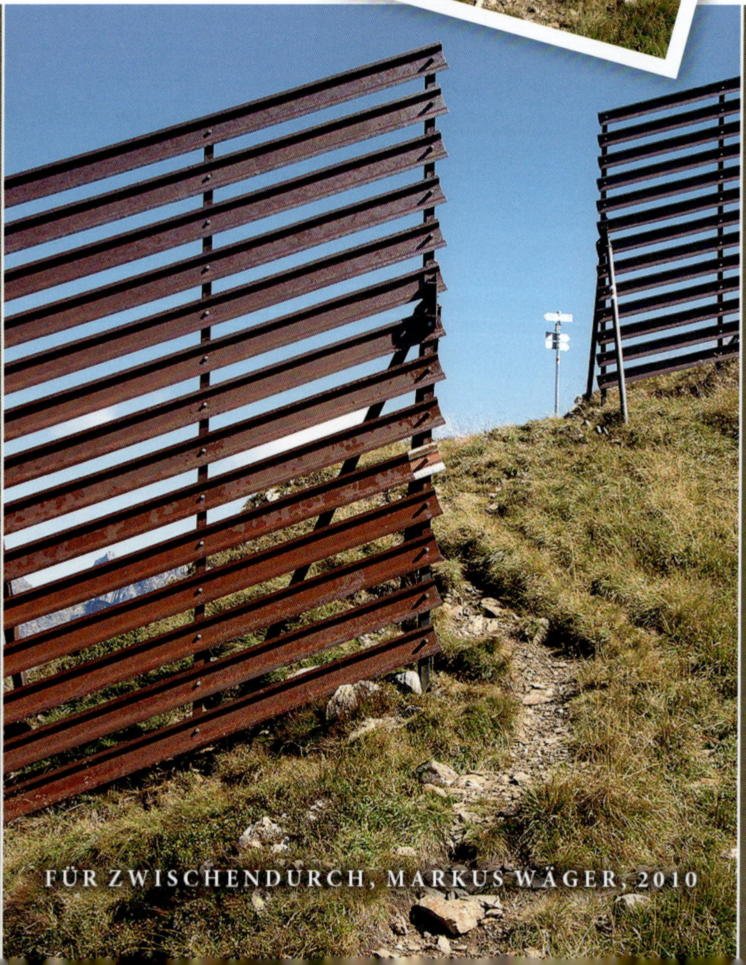
FÜR ZWISCHENDURCH, MARKUS WÄGER, 2010

Zielsetzung:

Aktion mit individuellen Einstellungen für Schärfen und Farbe ausführen

[aktion_anpassen.tif]

Foto: Markus Wäger

1 Aktionen individualisieren

Für dieses Bild wünsche ich mir eine andere Farbe für die Balken und möchte die Scharfzeichnung individuell anpassen. Dazu habe ich als VORDERGRUNDFARBE ein Olivgrün eingestellt ❶ – Sie können aber auch jede beliebige Farbe aussuchen. Damit diese Farbe bleibt, und nicht zurück auf Schwarz gestellt wird, habe ich bei FARBFELDER ZURÜCKSETZEN das Häkchen weggeklickt ❷. Um UNSCHARF MASKIEREN individuell zu bestimmen, habe ich schließlich im zweiten Quadrat die Option für das Öffnen des Dialogfensters ❸ aktiviert.

2 Aktion mit Dialog ausführen

Nach diesen Vorbereitungen können Sie nun den Titel der Aktion ❻ und dann AUSWAHL AUSFÜHREN ❹ anklicken. Photoshop führt die ersten sechs Schritte automatisch aus und öffnet, angekommen bei UNSCHARF MASKIEREN ❺, den Dialog. Hier habe ich die STÄRKE ❼ auf 220 % angepasst und auf OK geklickt – Photoshop fährt fort, alle Schritte der Aktion bis zum Schluss automatisch abzuarbeiten.

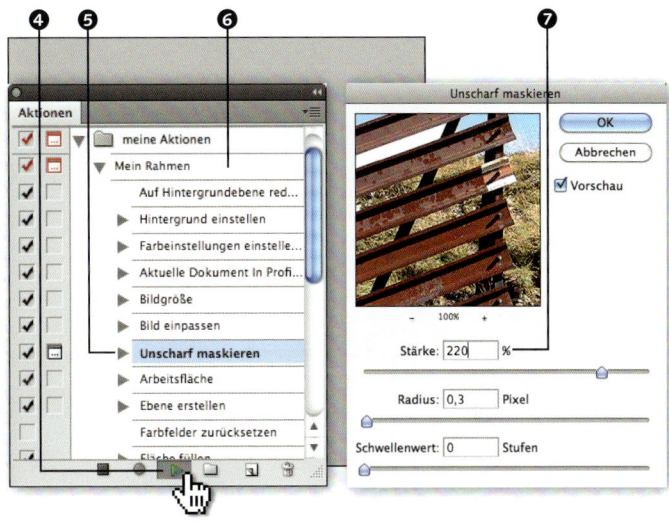

3 Schlagschatten hinzufügen

Durch das Deaktivieren des Arbeitsschritts für FARBFELDER ZURÜCKSETZEN in Schritt 1 hat Photoshop die ebenfalls in Schritt 1 definierte VORDERGRUNDFARBE verwendet, um die unterste Ebene zu füllen ❿. Den Titel des automatisch generierten Texts ❾ habe ich geändert in »Für Zwischendurch«. Außerdem habe ich über *fx.* einen SCHLAGSCHATTEN ❽ mit einer DECKKRAFT von 100 %, einem ABSTAND von 0 Pixeln, einer ÜBERFÜLLUNG von 15 % und einer GRÖSSE von 20 Pixeln der Textebene ⓫ hinzugefügt.

SCHWIERIGKEITSGRAD 1 FÜR EINSTEIGER

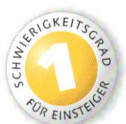

Stapelverarbeitung

Aktionen automatisch auf Bilderstapel anwenden

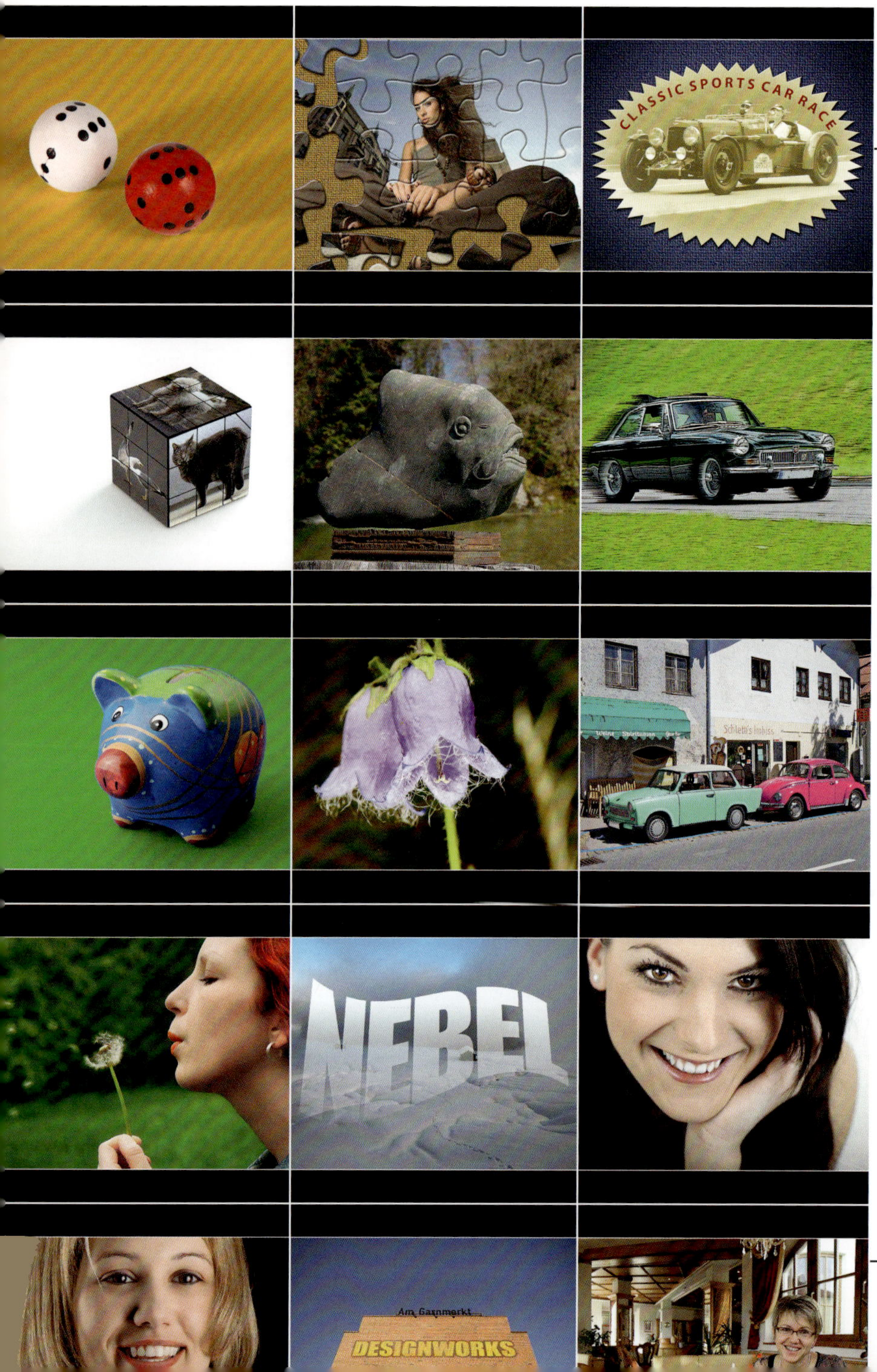

Es gibt gelegentlich Aufgaben, da müssen Dutzende oder sogar Hunderte von Bildern mit standardisierbaren Arbeitsschritten bearbeitet werden. Solche Aufgaben müssen Sie nicht von Hand erledigen, sondern sie lassen sich als Aktion aufzeichnen und dann über die Stapelverarbeitung auf einen ganzen Ordner anwenden. Ich habe auf diese Art einmal Hunderte Schwarzweißbilder für ein Heimatbuch mit einem Duplexeffekt versehen. Am besten geht man dann einen Kaffee trinken, und wenn man zurück ist, ist die ganze Arbeit erledigt. Alles, was sich aufzeichnen lässt, kann auf diese Art automatisiert werden. Für dieses Beispiel hier habe ich einfach eine Kopie des Ordners mit den fertigen Beispielen aller bisherigen Workshops auf dem Schreibtisch erstellt.

Zielsetzung:

Einen ganzen Ordner voller Bilder automatisch bearbeiten

1   Aktion vorbereiten

Eine Stapelverarbeitung geschieht auf Basis einer Aktion. Wir werden uns die Arbeit damit anhand der bisher aufgezeichneten Aktion ansehen. Falls für UNSCHARF MASKIEREN noch die Option DIALOG AKTIVIEREN eingeschaltet ist, klicken Sie sie aus ❶, aktivieren Sie aber FARBFELDER ZURÜCKSETZEN wieder ❷. Alle Ebenen, die mit der Textebene zu tun haben, habe ich für diesen Workshop deaktiviert ❸. Ausgeführt wird die Aktion in der Stapelverarbeitung wie hier eingestellt.

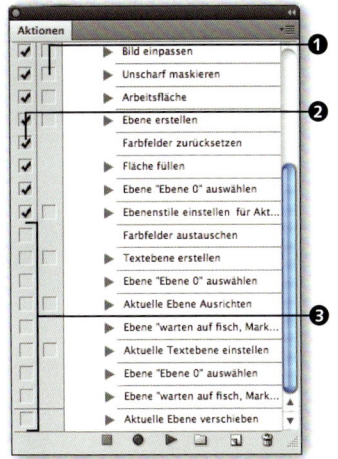

2   Optionen für die Quelldateien

Um diese Aktion auf eine größere Anzahl Bilder anzuwenden, wählen Sie DATEI • AUTOMATISIEREN • STAPELVERARBEITUNG. Zuoberst im Dialog wählen Sie die Aktion ❹ – die zuletzt verwendete ist voreingestellt. Ich habe als QUELLE einen ORDNER mit Bildern auf meinem Schreibtisch gewählt ❺. Diese beiden Optionen ❻ lassen sich in der Regel aktivieren, damit die Aktion nicht permanent durch Dialoge, in denen man ohnehin nichts verstellt, unterbrochen werden.

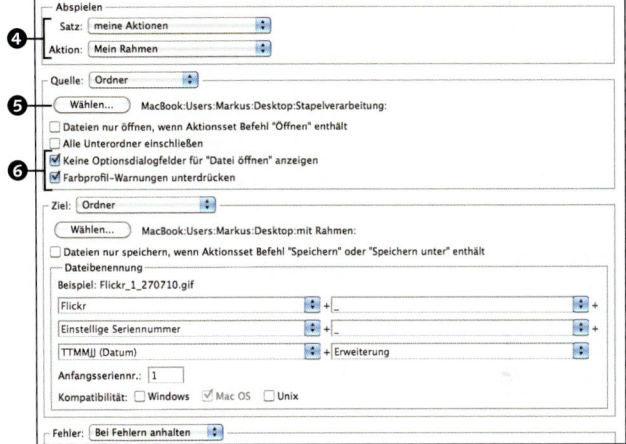

3   Optionen für das Ziel

Unter ZIEL ❼ habe ich ORDNER eingestellt. Wählen Sie hier OHNE, werden die Dateien geöffnet und bearbeitet, nicht aber gespeichert, es sei denn, es wäre als Teil der Aktion aufgezeichnet worden; SPEICHERN UND SCHLIESSEN überschreibt die Originaldateien.

Als Ziel habe ich einen leeren Ordner gewählt ❽. Ist ORDNER als ZIEL eingestellt, kann man die Namen der Dateien ändern lassen. So ergeben diese Einstellungen ❿ solche Dateinamen ❾. Klicken Sie OK, um die Ausführung der Aktion auf die Bilder zu starten.

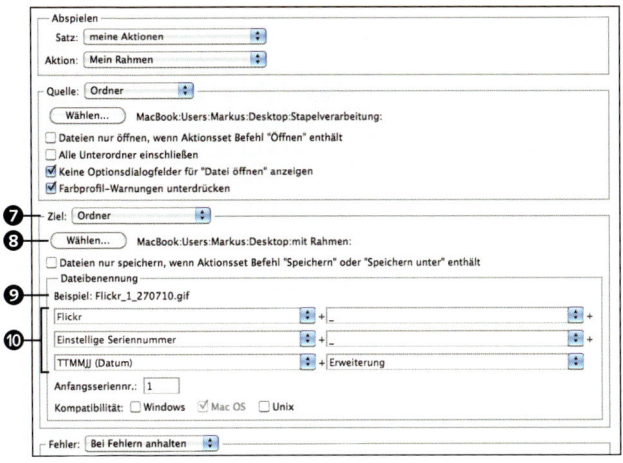

Kontaktabzug

Bilder übersichtlich auf Papier bringen

Flickr_1_270710.tif

Flickr_2_270710.tif

Flickr_3_270710.tif

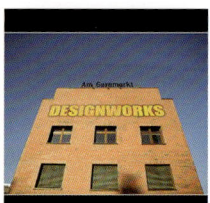

Flickr_4_270710.tif

Flickr_5_270710.tif

Flickr_6_270710.tif

Flickr_7_270710.tif

Flickr_8_270710.tif

Flickr_9_270710.tif

Flickr_10_270710.tif

Flickr_11_270710.tif

Flickr_12_270710.tif

Flickr_13_270710.tif

Flickr_14_270710.tif

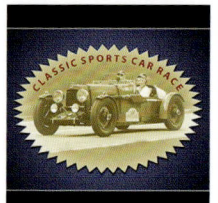

Flickr_15_270710.tif

Kontaktabzüge sind interessant, wenn Sie einem Kunden eine Übersicht über einen Bildbestand als PDF via E-Mail übermitteln wollen, oder als Beigabe zum Archivieren von Bildern auf DVD. So erstellen viele Fotografen Übersichten im Format 12 × 12 cm, um sie DVD-Archiven beizulegen. Das Erstellen von Kontaktabzügen funktioniert seit CS4 nicht mehr direkt über Automatisieren in Photoshop, sondern über die Bridge.

Zielsetzung:
Kontaktbogen zur Übersicht über ein Bildarchiv

1   Arbeitsbereich »Ausgabe«

Aktivieren Sie den Arbeitsbereich AUSGABE ❸ per Klick im Kopf des Bridge-Fensters. Wechseln Sie in das Verzeichnis, in dem sich die Bilder befinden, für die Sie einen Kontaktabzug erstellen wollen – bei mir liegt er auf dem Schreibtisch. Klicken Sie auf eines der Bilder ❷, und wählen Sie mit [Strg]/[⌘] + [A] alle Bilder des Verzeichnisses aus.

Tipp: Wenn Sie einen Ordner aus dem Finder oder Dateiexplorer ❹ in das Vorschaufenster ❶ ziehen, wird dieses Verzeichnis zum aktuellen Bridge-Verzeichnis.

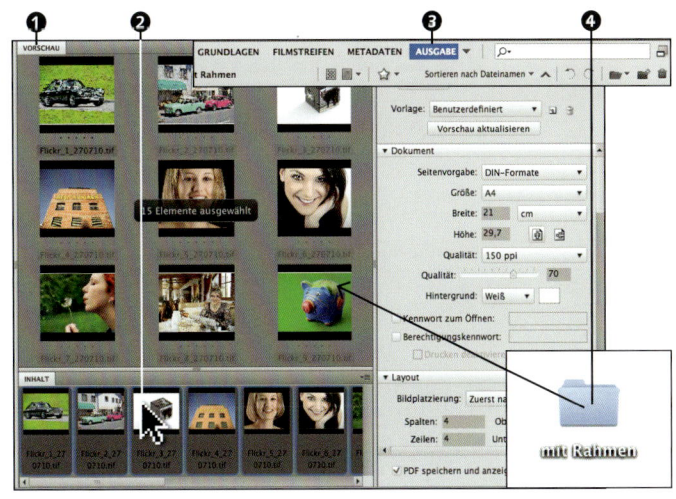

2   Dokument, Layout und Vorschau

Aktivieren Sie unter AUSGABE PDF ❺. Im Bereich DOKUMENT ❼ verändere ich selten etwas. A4 ist meist Standard, es sei denn Sie machen den Kontaktabzug zum DVD-Beileger. 150 ppi ❽ ist praktisch immer ebenso ausreichend wie eine QUALITÄT von 70 ❾. Da ich 15 Bilder auf dem Kontaktabzug unterbringen will, habe ich 3 Spalten à 5 Zeilen ⓫ definiert. Nach einem Klick auf VORSCHAU AKTUALISIEREN ❻ zeigt mir Bridge, wie der Kontaktabzug am Ende aussehen wird ⓵.

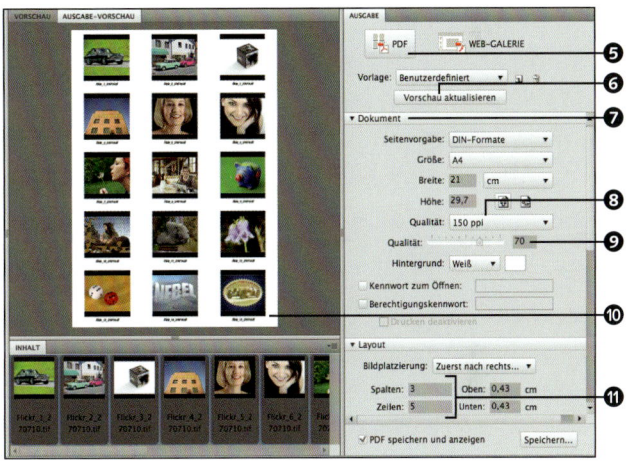

3   Schriftart und Speichern

Im Grunde sind das die wichtigsten Einstellungen, wenn es darum geht, einen Kontaktabzug zu erstellen. Viele Optionen sind möglich, aber das meiste wird nur selten gebraucht. Ich habe noch eine Änderung an SCHRIFTART und GRÖSSE ⓬ vorgenommen und anschließend auf SPEICHERN ⓭ geklickt. Bridge will im Anschluss wissen, wo es hin gehen soll mit der Datei und wie Sie sie nennen möchten.

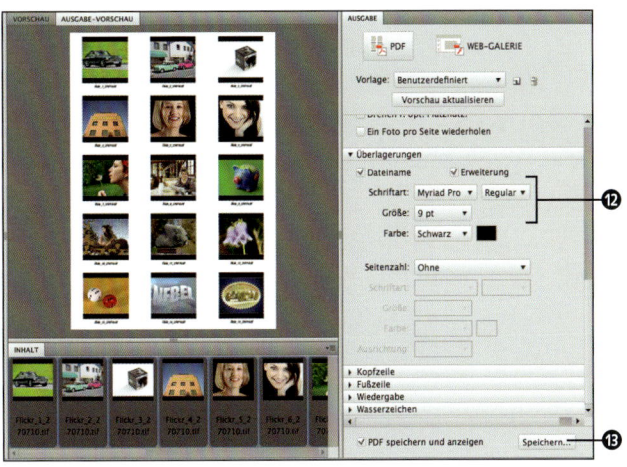

Web-Banner mit Animation

Keine Angst vor Werbebannern

Bilder über Animation zum Leben zu erwecken bereitet sicher den meisten Anwendern eine besondere Freude. Photosohp beherrscht es zwar nur beiläufig, den Bildern das Laufen beizubringen, aber einfache Trickfilme für Werbebanner kann auch ein Einsteiger recht bald problemlos erstellen. Klassische Internet-Werbebanner haben oft ein Format von 468 × 60 Pixeln, und der Gestalter muss darauf achten, dass die Dateimenge dafür möglichst klein bleibt. Ich habe uns für diesen Workshop von diesen Restriktionen entbunden und mit relativ vielen Einzelbildern eine Animation vorbereitet, bei der der Spaß am Trickfilm im Vordergrund stehen soll. Die Arbeitsweise bei einem echten Werbebanner unterscheidet sich aber nicht von dem, was wir hier machen.

Zielsetzung:
Animation mit Einzelbildern und Text-Ebenen

[animation_01.jpg bis animation_18.jpg]

Foto: Markus Wäger

1 Dateien in Stapel laden

Der schnellste Weg, Einzelbilder für eine Animation in Ebenen übereinanderzuladen, führt über Datei • Skripten • Dateien in Stapel laden. Im darauf erscheinenden Dialog wählen Sie über Durchsuchen ❶ alle Dateien, die als Ebenen geladen werden sollen, aus und klicken anschließend auf OK.

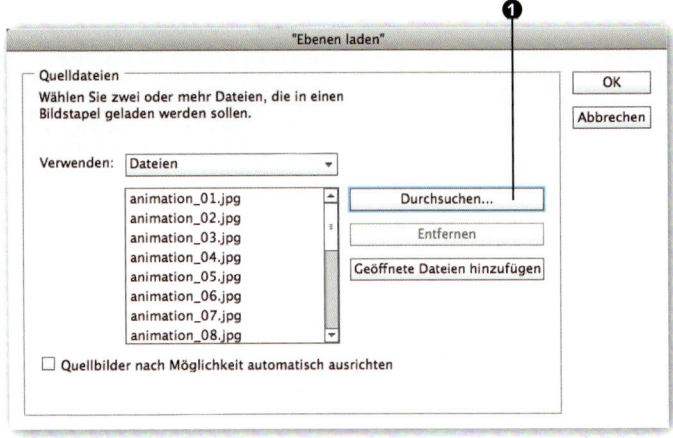

2 Frames erstellen

Zur Erstellung der Einzelbilder (Frames) rufen Sie die Palette Animation auf. Der erste Frame ❷ wartet hier bereits auf Sie. Klicken Sie auf »0 Sek.« ❸ unter der Frame-Miniatur, wählen Sie aus dem Menü Andere – geben Sie im folgenden Dialog 0,15 Sekunden ein ❹.

Hinweis: Wenn Sie mit Photoshop CS5 Extended arbeiten, dann müssen Sie ggf. im Palettenmenü In Frame-Animation konvertieren wählen, damit die Palette Animation so aussieht und funktioniert, wie in diesem Workshop.

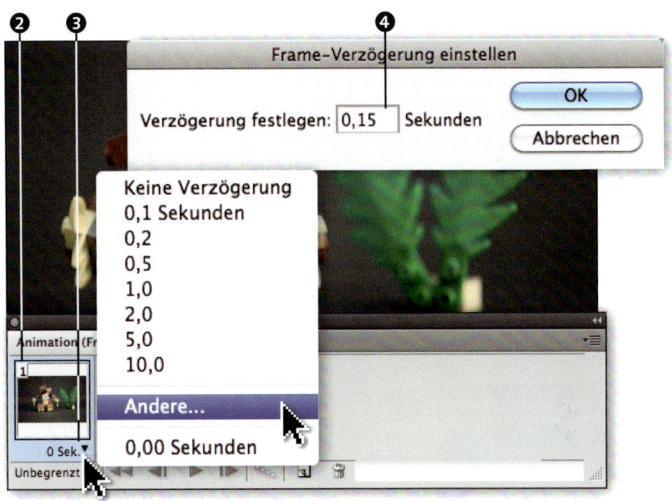

3 Frame hinzufügen

Erstellen Sie über [ ] ❽ den zweiten Frame ❼. Dieser zweite Frame sieht zunächst genauso aus, wie der erste, doch wenn Sie die oberste Ebene des Ebenenstapels ausblenden ❺, wird die Ebene darunter ❻ sichtbar, und Sie haben die erste Bildabfolge erstellt.

Tipp: Wenn Sie wie hier für jedes Einzelbild eine eigene Ebene haben, können Sie auch im Palettenmenü der Palette Animation den Menüpunkt Frames aus Ebenen erstellen wählen – Photoshop macht dann für jede Ebene automatisch einen Frame.

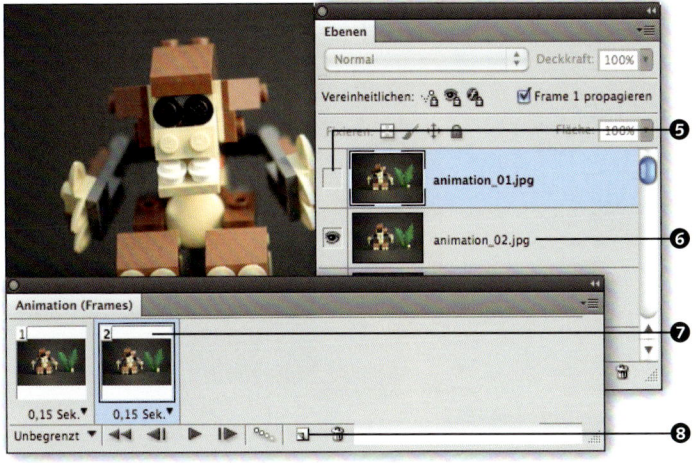

4   Eine Ebene für jeden Frame

Erstellen Sie einen neuen Frame, blenden Sie die nächste Ebene aus, erstellen Sie den nächsten Frame, blenden Sie wieder die nächste Ebene aus, usw. Führen Sie diese Aktionen so lange durch, bis nur noch die unterste Bildebene sichtbar ist ❶ – die Animation sollte jetzt aus 18 Frames bestehen ❸. Über diese Schaltfläche ❷ können Sie die Animation auch jederzeit testen.

Bevor es weitergeht, müssen Sie im Menü der Palette AKTIONEN ▾≡ noch NEUE EBENE IN ALLEN FRAMES SICHTBAR ausschalten.

5   Text-Ebene erstellen und rotieren

Mit der Schrift »Dirty Ego«, die Sie kostenlos bei *www.misprintedtype.com* herunterladen können, habe ich »Roar« über das Monster geschrieben. Die Textebene ❹ erhielt einen KONTUR-EBENENSTIL *fx.* mit den Standardeinstellungen des Effekts. Wählen Sie danach BEARBEITEN • FREI TRANSFORMIEREN oder [Strg]/[⌘] + [T]. Mithilfe der Eingabefelder in der Palette OPTIONEN habe ich den Text um 125 % ❺ skaliert und um −9° ❻ gedreht. Beenden Sie das FREI TRANSFORMIEREN mit [↵].

6   Erneut transformieren

Erstellen Sie einen weiteren Frame – den neunzehnten ⓫. Die Textebene »Roar« auf diesem Frame soll im gleichen Verhältnis gedreht und skaliert werden. Dazu geben Sie erst den Befehl [Strg]/[⌘] + [Alt] + [T] und dann [Strg]/[⌘] + [⇧] + [T] ein – dadurch wird eine Kopie ❼ der Textebene erstellt und das FREI TRANSFORMIEREN wie zuvor eingestellt, darauf angewendet. Da die erste Textebene noch sichtbar ist ❿, müssen Sie diese dann ausblenden ❽. Stellen Sie außerdem die DECKKRAFT ❾ für die neue Ebene auf 90 %.

7 Schritt wiederholen

Erstellen Sie den 20. Frame, rufen Sie mit
`Strg`/`⌘` + `Alt` + `T` KOPIE TRANSFORMIEREN
auf, und lassen Sie mit `Strg`/`⌘` + `⇧` + `T`
die Drehung und Skalierung auf diese Kopie
❸ erneut ausführen. Bestätigen Sie die Transformierung mit `↵`, reduzieren Sie die DECK-
KRAFT um 10 % auf 80 % ❹, und blenden Sie
die Textebene darunter wieder aus ❷.

Erstellen Sie den nächsten Frame, fahren Sie
wie beschrieben fort, reduzieren Sie die DECK-
KRAFT auf 70 % usw.

8 Textebene im letzten Frame ausblenden

Mit der neunten Kopie der Textebene (also
der zehnten Textebene) hat die Antimation 27
Frames erreicht, und die Deckkraft der zuletzt
transformierten Textebene sollte bei 10 % angelangt sein. Ich habe noch einen Frame mehr
erstellt, aber den Text gar nicht mehr transformiert, sondern die Ebene einfach ausgeblendet ❻. Die Arbeit an der Animation ist nun
abgeschlossen und muss nur noch exportiert
werden.

9 Für Web und Geräte speichern

Wenn Sie mit Photoshop eine Animation für
ein Banner erstellen, dann werden Sie es
wahrscheinlich als GIF exportieren. Wählen
Sie dazu DATEI • FÜR WEB UND GERÄTE SPEI-
CHERN. Ich habe in diesem Export-Dialog GIF
als Dateiformat ❼ eingestellt, weil es als einziges der Formate hier Animation ermöglicht.
FARBEN ❽ habe ich auf das Maximum gestellt
und als Dithering-Methode MUSTER ❾ gewählt. Die BILDGRÖSSE ❿ habe ich auf 300 Pixel Breite reduziert. Dann habe ich den Export
mit SPEICHERN abgeschlossen.

Was sind Slices?

Ein kurzer Einblick in ein weiterführendes Thema

Der letzte Workshop in diesem Buch ist eigentlich kein Workshop mehr. Ich möchte zum Schluss nur noch eine Frage beantworten, die sich wohl schon viele Photoshop-Benutzer gestellt haben: Was sind Slices, und was hat es mit den Slice-Werkzeugen auf sich? Slices braucht der Web-Designer, wenn er in Photoshop ein Screen-Design vorbereitet. Er kann damit das Layout eines Internet-Auftritts in Photoshop entwerfen und für die Ausgabe in lauter kleine Häppchen zerlegen lassen, wie sie für die Arbeit mit sogenannten Cascading Style Sheets notwendig sind. Mehr als einen ganz kleinen Einblick in diese Thematik kann ich hier sinnvollerweise nicht mehr geben. Denn Web-Design mit Photoshop ist ein Thema für ein ganz anderes Buch.

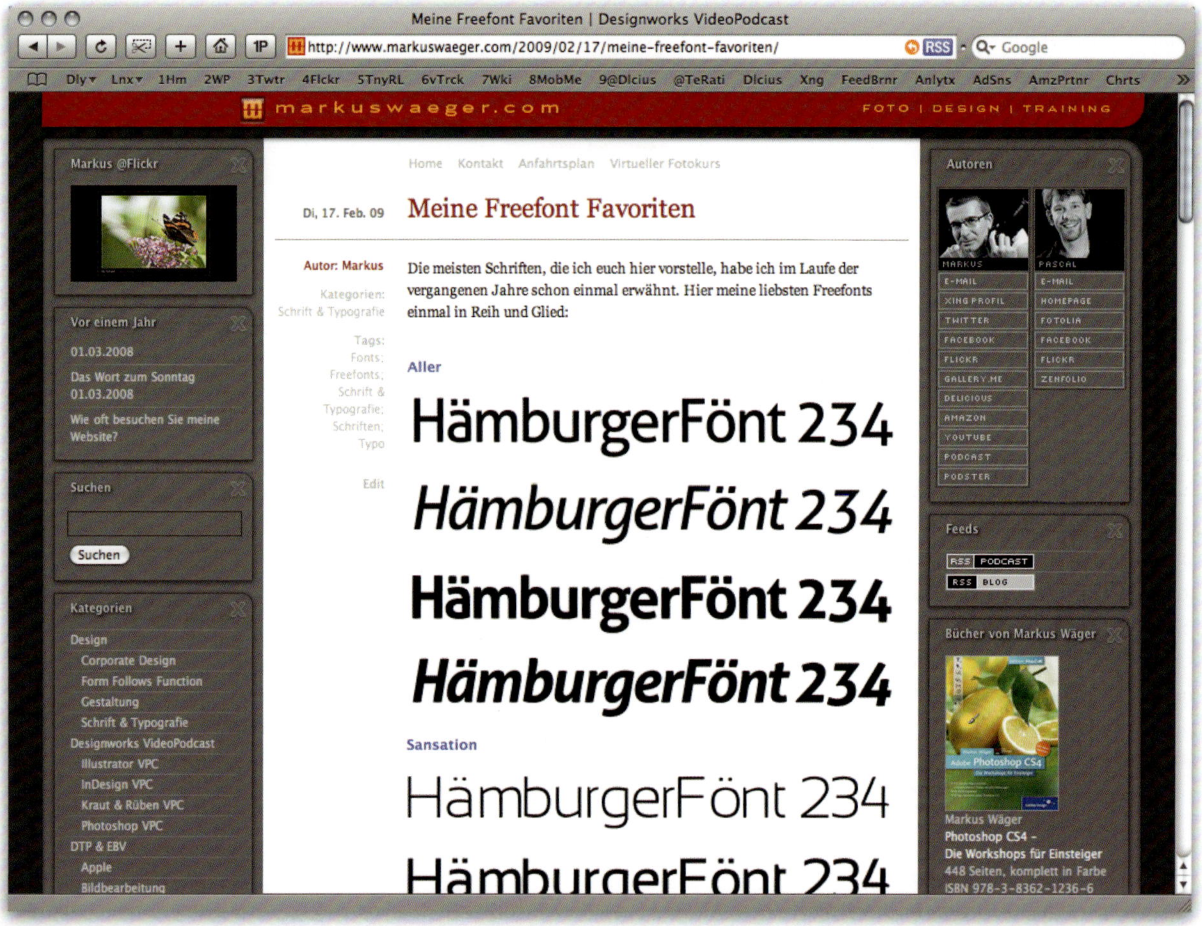

1 Slices erstellen und auswählen

Mit dem SLICE-WERKZEUG ![] erstellen Sie über einem Layout rechteckige Bereiche, die standardmäßig mit blauen Linien markiert werden. Für jeden dieser Slice-Bereiche erzeugt Photoshop bei der Ausgabe eine separate Datei. Sobald Sie einen Slice aufgezogen haben, zerlegt Photoshop die restliche Dokumentfläche in weitere Rechtecke.

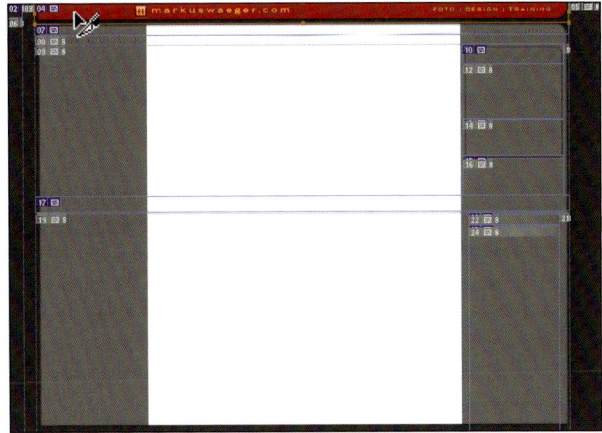

2 Slice-Optionen

Ein Doppelklick mit dem SLICE-AUSWAHLWERKZEUG ![] auf einen Slice öffnet den Dialog SLICE-OPTIONEN. Hier lassen sich eine Reihe von Parametern einstellen, wovon für mich in erster Linie der NAME, der SLICE-TYP und die MASSE interessant sind. Unter SLICE-TYP kann ich als Alternative zu BILD auch einstellen, dass keine Datei für einen Bereich ausgegeben werden soll.

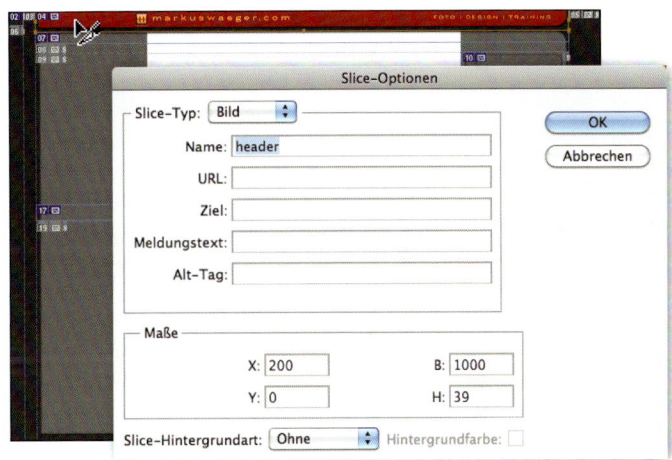

3 Für Web und Geräte speichern

Um ein Screendesign in Slices zerschnitten auszugeben, wählt man FÜR WEB UND GERÄTE SPEICHERN. Das schöne an diesem Export ist, dass sich die Slices noch einmal auswählen lassen und man bestimmen kann, in welchem Dateiformat und mit welcher Feineinstellung die einzelnen Bereiche gesichert werden sollen. Zum Beispiel Foto-Bereiche als JPEG und eher gleichmäßige Flächen mit wenig Farben als GIF.

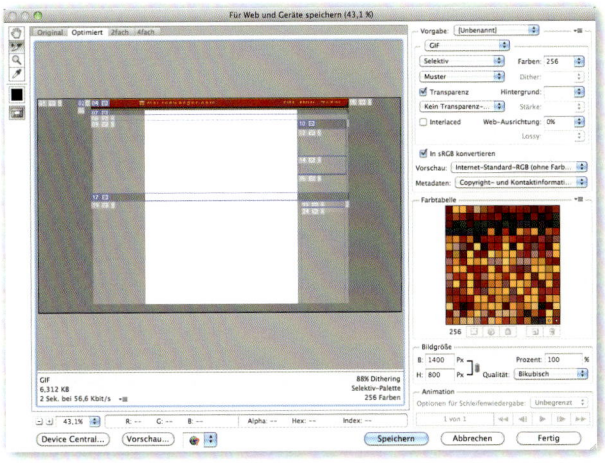

Die DVD zum Buch

Der Inhalt der DVD-ROM zum Buch ist in vier Hauptordner mit den Namen BEISPIELBILDER, TESTVERSION, GLOSSAR und VIDEO-LEKTIONEN aufgeteilt.

Ordner »Beispielbilder«

Sie finden auf der DVD zum Buch alle Beispielbilder aus den Workshops. Welches Beispielbild zu welchem Workshop gehört, wird Ihnen im Buch immer ganz vorn in der jeweiligen Einleitung eines Workshops in eckigen Klammern angezeigt.

Zielsetzung:

Bild aufhellen

[tonwertkorrektur2.tif]

Ordner »Testversion«

In diesem Ordner finden Sie eine nach Installation 30 Tage lang gültige Testversion von Photoshop CS5 Extended für Windows und Mac. Diese Programmversion ist vollständig nutzbar, und Sie können alle Beispiele in diesem Buch damit nachbauen.

Bevor Sie mit der Installation beginnen, sollten Sie den kompletten Ordner WINDOWS bzw. MAC auf Ihren Rechner kopieren. Doppelklicken Sie dann die Datei »Photoshop_12_LS4.dmg« am Mac bzw. die Datei »Photoshop_12_LS4.exe«, wenn Sie am PC arbeiten. Sollten Sie bereits einmal eine Testversion von Adobe Photoshop CS5 auf Ihrem Rechner installiert gehabt haben, so ist eine erneute Installation einer Testversion nicht mehr möglich.

Ordner »Glossar«

Die Datei »Glossar_Photoshop_CS5.pdf« enthält ein Glossar, in dem Sie Ihnen unbekannte Begriffe rund um Photoshop auf einfache Art und Weise nachschlagen können. Nutzen Sie dazu einfach die Suchfunktion des Adobe Acrobat Readers.

Ordner »Video-Lektionen«

In diesem Ordner finden Sie ausgesuchte Video-Lektionen, mit denen Sie Ihr Photoshop-Wissen vertiefen können. Die Lektionen wurden dem Video-Training »Adobe Photoshop CS5 für Fortge- schrittene« von Pavel Kaplun und Marianne Deiters entnommen (ISBN 978-3-8362-1570-1).

Um das Video-Training zu starten, klicken Sie als Windows-Benutzer die Datei »start.exe« auf der obersten Ebene doppelt an (als Mac-Anwender die Datei »start.app«). Alle anderen Dateien können Sie ignorieren. Sie finden folgende Lektionen:

Kapitel 1: Farbe & Schwarzweiß

1.1   Farbstiche entfernen (07:17 Min.)

1.2   Farbe ersetzen (08:06 Min.)

1.3   Perfektes Schwarzweiß (09:45 Min.)

Kapitel 2: Retusche

2.1   Rauschen entfernen (06:58 Min.)

2.2   Erweiterte Stempelretusche (12:56 Min.)

2.3   Porträtfotos retuschieren I (09:23 Min.)

2.4   Porträtfotos retuschieren II (12:53 Min.)

Kapitel 3: Filter & Effekte

3.1   HDR-Tonung (06:01 Min.)

3.2   Fotos nachmalen (04:33 Min.)

Index

Andrea Forst
Adobe InDesign CS5
Schritt für Schritt zum perfekten Layout

▸ Mit praktischen Anleitungen zum Ziel
▸ Lösungen für typische Gestaltungsaufgaben
▸ Visitenkarten, Briefbögen, Flyer, Anzeigen u. v. m. gestalten
▸ Inkl. DVD mit allen Beispieldateien zum direkten Nacharbeiten der Workshops

400 S., 2010, mit DVD, 39,90 €,
ISBN 978-3-8362-1592-3
www.galileodesign.de/2360

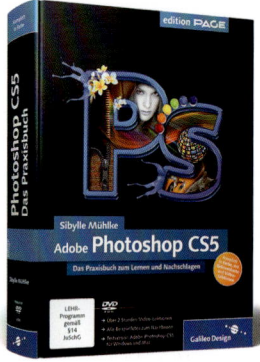

Sibylle Mühlke
Adobe Photoshop CS5
Das Praxisbuch zum Lernen und Nachschlagen

1177 S., 2010, mit DVD und Referenzkarte, 49,90 €,
ISBN 978-3-8362-1586-2
www.galileodesign.de/2353

▸ Topseller in aktualisierter Neuauflage
▸ Umfassendes Lern- und Nachschlagewerk
▸ Inklusive Referenzkarte und DVD mit Video-Lektionen
▸ Großer Infoteil mit Tastenkürzeln, Insidertipps u. v. m.

Dieses Handbuch hat sich zum Ziel gesetzt, alles nötige Wissen rund um Photoshop CS5 für Sie aufzubereiten und leicht zugänglich zu präsentieren. Komplett in Farbe, mit DVD, Referenzkarte, Infoteil, Glossar und Zusatzinfos im Web – hier finden Sie immer, was Sie brauchen!

Aus dem Inhalt:
· Was ist neu in Photoshop CS5?
· Nützliche Helfer, Tipps und Tricks
· Kontraste, Helligkeit und Schärfe
· Farbkorrektur und Gradationskurven
· Camera Raw, Adobe Bridge
· Reparatur und Retusche
· Ebenenmasken und Ebenenstile
· Smartfilter und Smart-Objekte
· Text und Pfade
· Automatisierung, Farbmanagement
· Ausgabe für Druck und Web
· Troubleshooting, Glossar
· Werkzeuge und Tastenkürzel

Markus Wäger
Grafik und Gestaltung
Das umfassende Handbuch

▸ Perfekte Drucksachen erstellen: Form, Farbe, Schrift und Bild
▸ Alle Prinzipien und Layouttechniken sicher im Griff
▸ Auflösung, Farbmanagement, Druckverfahren u. v. m.

Was macht eine Drucksache perfekt? Dieses umfassende Praxisbuch zeigt Ihnen, wie Sie mit Form, Farbe, Schrift und typografischen Rastern und Bildern ansprechende Layouts erstellen. Es erwarten Sie wertvolles Hintergrundwissen zur Druckvorstufe sowie zahlreiche Tipps und Tricks aus der Praxis.

620 S., 2010, 39,90 €, ISBN 978-3-8362-1206-9
www.galileodesign.de/1812

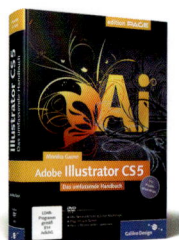

Monika Gause
Adobe Illustrator CS5
Das umfassende Handbuch

Klar strukturiert und leicht verständlich finden Sie hier Erläuterungen zu allen wichtigen Funktionen von Adobe Illustrator CS5. Dass die Arbeit mit Illustrator in erster Linie aber Spaß macht, zeigt dieses Buch durch eine Fülle liebevoll gestalteter Zeichnungen. Die Fachzeitschrift DOCMA sagt: »Selbst alte Vektorhasen können hier eine Menge lernen.«

764 S., 2010, mit DVD, 59,90 €,
ISBN 978-3-8362-1588-6
www.galileodesign.de/2361

▶ Video-Training

Pavel Kaplun, Marianne Deiters
Adobe Photoshop CS5 für Fortgeschrittene

Sie möchten Photoshop CS5 endlich richtig beherrschen und suchen Rezepte für einen effizienten Workflow? Dann liegen Sie mit diesem Training genau richtig. Der bekannte Fotokünstler Pavel Kaplun und die Grafikdesign-Expertin Marianne Deiters zeigen Ihnen anschaulich, wie Sie Photoshop CS5 professionell einsetzen. Mit vielen Tipps auch zur Arbeit in der Druckvorstufe.

DVD, Windows und Mac, 12 Stunden Spielzeit, 39,90 €, ISBN 978-3-8362-1570-1
www.galileo-videotrainings.de/2341

Photoshop & Webdesign

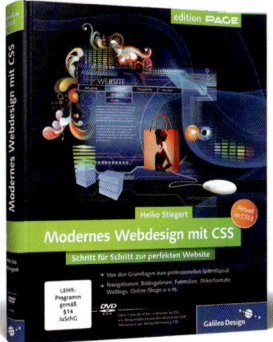

Heiko Stiegert

Modernes Webdesign mit CSS
Schritt für Schritt zur perfekten Website

In ausführlichen Praxisworkshops zeigt Ihnen dieses Buch, wie Sie moderne und professionelle Webdesigns standardkonform mit CSS realisieren. An attraktiven Beispielen wird dazu sowohl die Gestaltung einzelner Seitenelemente als auch das Layout unterschiedlicher Arten von Websites demonstriert. Die zahlreichen Profi-Tipps und -Tricks lassen garantiert keine Frage offen! Aktuell zu CSS3.

444 S., 2011, mit DVD, 39,90 €,
ISBN 978-3-8362-1666-1
www.galileodesign.de/2455

▶ **Video-Training**

Jonas Hellwig

Webdesign mit Photoshop
Webseiten konzipieren, gestalten und umsetzen

Sie wollen anspruchsvolle, moderne Webdesigns mit Photoshop gestalten? In diesem Training zeigt Ihnen Web-Experte Jonas Hellwig, wie Sie Photoshop als Webdesigner effizient einsetzen. Ein kurzweiliger Lernkurs für alle, die mit ihren Webseiten auffallen wollen.

DVD, Windows und Mac, 9 Stunden Spielzeit,
39,90 €, ISBN 978-3-8362-1582-4
www.galileo-videotrainings.de/2349

Uwe Koch, Dirk Otto, Mark Rüdlin

Recht für Grafiker und Webdesigner, Ausgabe 2011

Verträge, Schutz der kreativen Leistung, Selbstständigkeit, Versicherungen, Steuern: Dieses Buch bietet Antworten für Kreative in Web-Agenturen, Prepress-Betrieben und werbetreibenden Unternehmen. In verständlicher Sprache geht es auf viele Rechtsfragen rund um das Kommunikationsdesign ein. Mit fertigen Vertragsmustern und Checklisten.

417 S., 9. Auflage 2011, 49,90 €,
ISBN 978-3-8362-1705-7
www.galileodesign.de/2524

▶ **Video-Training**

Alexander Heinrichs

Das Photoshop-Training: Kreative Fotomontagen
Aktuell zu Photoshop CS5

▸ Dem Fotodesigner über die Schulter geschaut
▸ Fotografische Spezialeffekte zum Nachbauen
▸ Photoshop-Techniken, mit denen Sie Ihre Zuschauer verblüffen

DVD, Windows und Mac, 9 Stunden Spielzeit,
39,90 €, ISBN 978-3-8362-1580-0
www.galileo-videotrainings.de/2371

Galileo Press jetzt auch auf

Maike Jarsetz
Das Photoshop-Buch für digitale Fotografie
Aktuell zu Photoshop CS5

▶ Das erfolgreichste Lösungsbuch
▶ Fotos bearbeiten Schritt für Schritt – mit Vorher-nachher-Technik
▶ Mit Lösungsbildern und über 1 Stunde Video-Lektionen auf DVD

Maike Jarsetz
Das Lightroom-Buch für digitale Fotografie
Aktuell zu Lightroom 3

Die Bestseller-Autorin Maike Jarsetz zeigt Ihnen Schritt für Schritt und leicht nachvollziehbar, wie Sie Lightroom effizient einsetzen und Ihren fotografischen Praxis-Workflow optimieren können – von der Bildorganisation über die Fehlerkorrektur und Optimierung bis hin zur Ausgabe der Fotos.

466 S., 2011, mit DVD, 39,90 €
ISBN 978-3-8362-1601-2
www.galileodesign.de/2366

Mit diesem Buch lösen Sie Ihre Fotoprobleme, denn es zeigt Ihnen, wie Sie als Fotograf mit Photoshop das Beste aus Ihren Bildern herausholen. Die kurzen und prägnanten Schritt-für-Schritt-Anleitungen können Sie direkt mit den Beispielbildern von der Buch-DVD nacharbeiten – ›learning by doing‹ unter Anleitung der Fotografin und Photoshop-Expertin Maike Jarsetz! Es wird der gesamte fotografische Workflow behandelt: von der Bildorganisation über die Fehlerkorrektur und Optimierung bis hin zur Stilisierung und schließlich zur Ausgabe der Fotos.

539 S., 2010, mit DVD, 39,90 €, ISBN 978-3-8362-1647-0
www.galileodesign.de/2433

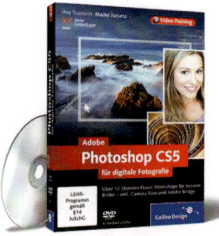

 Video-Training

 Video-Training

Maike Jarsetz
Adobe Photoshop CS5 für digitale Fotografie

▶ Über 100 Workshops
▶ Lösungen für alle Fotoprobleme
▶ Alle Werkzeuge Film für Film erklärt

Suchen Sie nach schnellen Wegen, um Schärfe, Belichtung und Farbe zu korrigieren? In diesem Training zeigt Ihnen die Photoshop-Expertin Maike Jarsetz Film für Film, wie Sie alles aus Ihren Bildern herausholen. Lernen Sie direkt am Bildschirm, wie Sie RAW-Dateien entwickeln, HDR-Bilder erstellen und die wichtigsten Photoshop-Funktionen für Fotografen optimal nutzen können.

DVD, Windows und Mac, 12 Stunden Spielzeit, 39,90 €, ISBN 978-3-8362-1577-0
www.galileo-videotrainings.de/2369

Maike Jarsetz
Das Photoshop-Training Porträtretusche
Aktuell zu Photoshop CS5

So werden Ihre Porträtfotos perfekt! Mehr Ausdruck und Schönheit, feinerer Teint und bessere Proportionen – in diesem Training zeigt Ihnen die Foto-Expertin Maike Jarsetz die ganze Kunst der Porträtretusche. Schauen Sie einfach zu und lernen Sie, wie Sie mit Photoshop Haut und Haar retuschieren, Gesichter verschönern, Figurprobleme lösen und Ihre Peoplefotos optimal finishen.

DVD, Windows und Mac, 9 Stunden Spielzeit, 39,90 €, ISBN 978-3-8362-1578-7
www.galileo-videotrainings.de/2370

Maike Jarsetz
Das Photoshop-Buch People & Porträt
Aktuell zu Photoshop CS5

Der Intensivkurs für die Bearbeitung von Peoplefotos und Porträts in Photoshop! Lernen Sie anhand vieler kleiner Praxisbeispiele Schritt für Schritt alle Retuschetechniken kennen. So entwickeln Sie das nötige Fingerspitzengefühl für die Porträtretusche und geben Ihren Bildern den optimalen Feinschliff. Ob weiche Haut für ein Beauty-Porträt oder gekonntes Bodystyling – dieses Buch macht Sie zum Retusche-Experten!

443 S., 2. Auflage 2011, mit DVD, 39,90 €
ISBN 978-3-8362-1710-1
www.galileodesign.de/2528

Video-Training

Pavel Kaplun, Marco Hayek, Eduardo Da Vinci, Dirk Metzmacher, Thorsten Thees

Die Tricks der Photoshop-Profis

Video-Training

Dirk Metzmacher

Adobe Photoshop – The Next Level

Was Sie schon immer über Photoshop wissen wollten

Endlich – die Photoshop-Profis packen aus! Mit diesem Training erleben Sie die Photoshop-Künstler bei der Arbeit. Treten Sie ein in die Kreativwerkstatt und lassen Sie sich von den Composings, Effekten und Bildstilen begeistern.

DVD, Windows und Mac, 10 Stunden Spielzeit, 49,90 €, ISBN 978-3-8362-1583-1
www.galileo-videotrainings.de/2351

Kreative Bildideen und faszinierende Spezialeffekte

Sie suchen Inspiration für begeisternde Photoshop-Projekte? Dieses Training zeigt Ihnen, wie Sie die nächste Stufe von Photoshop erreichen und spannende Effekte und Bildstile erzeugen. Der perfekte Kurs für alle, die Photoshop an die Grenzen treiben wollen!

DVD, Windows und Mac, 7 Stunden Spielzeit, 49,90 €, ISBN 978-3-8362-1747-7
www.galileo-videotrainings.de/2841

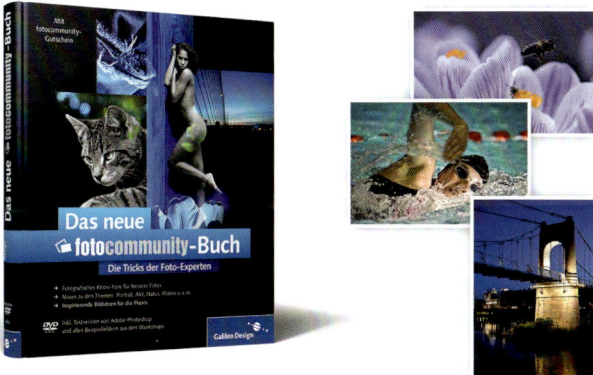

Jacqueline Esen

Digitale Fotopraxis. Rezepte für bessere Fotos

▸ Der Einstieg in die digitale Fotografie
▸ Besser fotografieren, Fotoprobleme meistern
▸ Motive sehen, Bilder gestalten
▸ Eigene Fotoprojekte verwirklichen

Dieses Buch bietet praktische, problemorientierte Anleitungen, um die digitale Fotografie in den Griff zu bekommen. Die Fotografin Jacqueline Esen gibt Ihnen wertvolle Tipps, wie Sie bessere Bilder machen und eigene Fotoprojekte realisieren können. Lernen Sie, schwierige Aufnahmesituationen sicher zu bewältigen, und schärfen Sie Ihren Blick für das Motiv. Viele Vergleichsbilder zeigen Ihnen, wie Sie mit Licht, Blende und Brennweite kreativ werden können.

375 S., 2009, 29,90 €, ISBN 978-3-8362-1213-7
www.galileodesign.de/1823

fotocommunity (Hrsg.)

Das neue fotocommunity-Buch

Die Tricks der Foto-Experten

▸ Fotografisches Know-how für bessere Bilder
▸ Das Beste aus Porträt, Akt, Natur, Makro u. v. m.
▸ Inkl. DVD mit Beispielbildern zu den Workshops

Das Wissens- und Inspirationsbuch der fotocommunity – von Fotografen für Fotografen! Hier bekommen Sie eine breite Einführung in die Möglichkeiten der digitalen Fotografie und in die interessantesten Fotothemen. Sie lernen beim »Blick über die Schulter« der Experten wichtige Aufnahmetechniken sowie die Regeln für die Bildgestaltung kennen. So bekommen Sie neue Impulse und profitieren von den vielen praktischen Tipps der Autoren. Die Themen reichen von Porträt-, Natur- und Aktfotografie bis hin zu Fotomontagen, Schwarzweißfotografie und Tipps für das Heimstudio.

360 S., 2010, mit DVD, 39,90 €, ISBN 978-3-8362-1607-4
www.galileodesign.de/2382

Der Name Galileo Press geht auf den italienischen Mathematiker und Philosophen Galileo Galilei (1564–1642) zurück. Er gilt als Gründungsfigur der neuzeitlichen Wissenschaft und wurde berühmt als Verfechter des modernen, heliozentrischen Weltbilds. Legendär ist sein Ausspruch *Eppur si muove* (Und sie bewegt sich doch). Das Emblem von Galileo Press ist der Jupiter, umkreist von den vier Galileischen Monden. Galilei entdeckte die nach ihm benannten Monde 1610.

Lektorat Katharina Geißler
Korrektorat Annette Lennartz, Bonn
Herstellung Steffi Ehrentraut
Einbandgestaltung Klasse 3b, Hamburg
Satz Markus Wäger
Druck Himmer AG, Augsburg
Coverfotos Fotolia.com: INFINITY 18538593; tuulijumala 19489762; S 8025490; Benko Zsolt 7006850; amridesign 6749277; Ivan Grlic 6668969; Valua Vitaly 2799419
Beispieldateien © Markus Wäger und Lizenzgeber. Alle Rechte vorbehalten. Alle auf dem Datenträger zur Verfügung gestellten Fotos und Beispielmaterialien sind ausschließlich zu Übungszwecken im Zusammenhang mit dem Buch bestimmt. Jegliche weitere Verwendung ist untersagt bzw. bedarf der schriftlichen Genehmigung des Urhebers.

Dieses Buch wurde gesetzt aus der Linotype Syntax (9 pt/13 pt) in Adobe InDesign CS5. Gedruckt wurde es auf mattgestrichenem Bilderdruckpapier (115 g/m²).

Gerne stehen wir Ihnen mit Rat und Tat zur Seite:
katharina.geissler@galileo-press.de
bei Fragen und Anmerkungen zum Inhalt des Buches

service@galileo-press.de
für versandkostenfreie Bestellungen und Reklamationen

julia.bruch@galileo-press.de
für Rezensions- und Schulungsexemplare

Bibliografische Information der Deutschen Nationalbibliothek
Die Deutsche Nationalbibliothek verzeichnet diese Publikation in der Deutschen Nationalbibliografie; detaillierte bibliografische Daten sind im Internet über *http://dnb.d-nb.de* abrufbar.

ISBN 978-3-8362-1590-9

© Galileo Press, Bonn 2010
1. Auflage 2010, 1., korrigierter Nachdruck 2011

In unserem Webshop finden Sie unser aktuelles
Programm mit ausführlichen Informationen,
umfassenden Leseproben, kostenlosen Video-Lektionen –
und dazu die Möglichkeit der Volltextsuche in allen Büchern.

www.galileodesign.de

Galileo Design

Know-how für Kreative.